宗教哲學

曾仰如 著

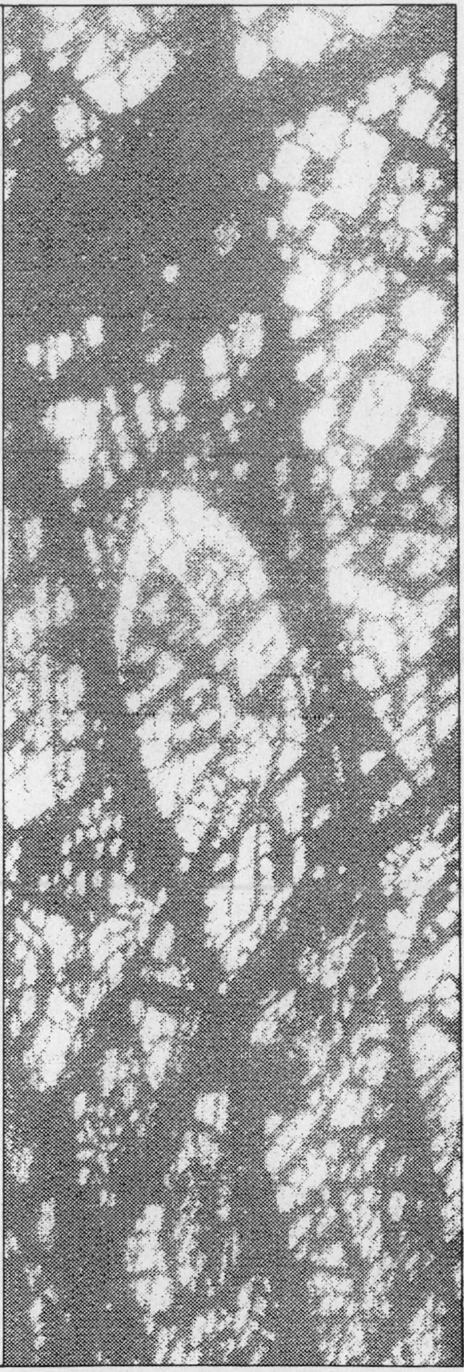

臺灣商務印書館 發行

自序

儘管有衆多不同的宗教起源學說，宗教是人類最古老的活動之一，乃無庸置疑的。地球上自有人類，就有宗教。人類文化都是以宗教爲開端，且常以宗教爲中心。人的各種思想知識，以及各種學術亦莫不導源於宗教。人類需要宗教比需要其他東西的程度有過之而無不及。理由是，人是由精神與物質合成的，但兩者相比之下，自然精神的重要性遠超過物質，因爲精神爲本，物質爲末；精神是目的，物質則只不過是爲達到目的之方法而已。本末不可倒置，目的與方法的輕重性更應分明，否則就是亂的主因，人就失去平衡，人也變成不正常，人生也就毫無意義了。故此著者對鄭聖沖教授在「三度生命」譯書中的一段話頗有同感：

「正常人的生命好似一所三層樓的房子。上層是精神生命，中層是覺性生命，下層是物質生命。這三層相通相輔相成，但當尊重它們彼此間的次序，物質生命在最下層，精神生命在最高層，它最爲尊貴，最爲重要。如果此一價值次序被顚倒，人的結構便被破壞，人便失去平衡，成爲不正常的人」。

我國傳統思想也强調精神的特殊重要性。譬如孔子說：「士志於道，而恥惡衣惡食者，未足與議也。」「朝聞道，夕死可矣。」「士謀道不謀食，憂道不憂貧。」孟子說：「生亦我所欲也，義亦我所欲也，二者不可得兼，舍生而取義可也。」荀子說：「孰知夫出死要節之所以養生也。」

我國這種重視精神的傳統思想，全被當代二大偉人——國父孫中山先生及先總統 蔣中正先生——所繼承。國父孫中山先生在一次演講會上曾說：「革命是火，宗教是油，人們只見我的革命，而不注意我的信仰，其實沒有油，那裡還有火？」「人之所以異於禽獸者」總統說，「在其精神生活。精神得不到安定，人格便陷入破碎的境域。個人不能保持其人格的完整，社會也就不能保持其安定的秩序和良好的風氣。」（見民生主義育樂篇補述）他在另一個機會上提到宗教時曾強調：「人生不可須臾無宗教的信仰。」

衆所週知，宗教注重精神的充實與重視人格的培養；關心人性的重建與強調倫理道德的提高；勸人爲善與教人避惡。故宗教對人生實大有裨益。人若一味追求物質的享受，而忽略了精神的充實；太注重獸性生活，而藐視人性生活；太留戀於世俗的浮華，而不關心倫理；太斤斤計較於世俗的榮辱得失，聲色貨利，而不強調道德，人就會虛度一生，生活就失去眞正意義，到最後所獲得的是心靈的煩惱與空虛；是人心的麻痺與人性的敗壞；是道德的低落與精神生活的貧乏，終會導致靈魂的死亡與人格的墮落，人因此所過的是醉生夢死及行屍走肉毫無意義的生活，對此蔣總統在其訓詞中，曾提出警告並有明確的指示：

「我感覺近年以來，科學愈發達，物質文明愈進步；而道德愈低落，精神生活亦愈貧乏，於是人們都感覺內心空虛，更覺得人生渺茫和恐怖，而無所歸宿；因之對生命不知有其意義，對於生活不知有其目的，這樣沒有生活意義和生命目的的人，只有懵懵懂懂的虛度一生，那對國家，對同胞，對世界人類究竟有什麼益處？……我們在這科學文明進入太空時代的今天，格外要追求眞理，宣揚宗教，來喚醒人類的心靈，解除魔力的束縛，以求得全體人類的眞正自由，和整個世界的永久和平。」（見「荒漠甘泉」一八九頁）

任何稍具世界史常識的人都知道，宗教產生的影響力是既廣且深，其幅度涉及思想學術、文化教育、政治社會、日常習俗各大層面。歐美各國是基督宗教的勢力範圍，故向有基督教國度（christendom）之稱。中東、北非、巴基斯坦、馬來西亞、印尼等受回教的管轄；亞洲的東方受佛教、道教的影響甚深。印度則以印度教爲主，以耆那教、錫克教、回教、佛教爲副。各大宗教對人民的思想意識、生活形態、日常言行所產生的影響力，遠超過其他力量。

就學問觀點而言，「宗教」是所有學科中最崇高的一門，是全部學術的頂點與精華。張其昀博士在其「我的宗教觀」一文中所說非常有理：「科學求眞；人文學求眞、求善；文學與藝術求眞、求善、求美；哲學求眞、求善、求美、求慧；宗教求眞、求善、求美、求慧、求聖。」

宗教既然對人如此重要，其影響力如此深廣，那麼人自然應對宗教有所認識，以便對宗教有較深一層的瞭解，因而能從中獲得更多的裨益。尤其對研究哲學者而言，更應把宗教作爲主要與最終的研究對象，因爲大哲人培根曾說：「哲學是通向宗教之路。對哲學只有淺嘗的人，才會傾向無神論。但到了研幾功深，自然會皈依宗教。」拉納教授（K. Rahner）也說：「不論在何時，不論在何地，宗教常是人生基本結構的一部分」。在另一地方他又說：「不包括宗教哲學及自然神學的哲學，是極爲貧乏的，因爲缺乏主要內容。」從哲學觀點去研究宗教，或就人類理性的客觀、開放和冷靜之眼光，來討論宗教對人生各重要問題——生死、現世、來生、善惡、賞罰、苦樂等——的解答；來看宗教救人淑世的意義、使命和心願；探討它的現象；思索它的起源；批判它的發展；觀察它的分類；分析它的功能；追溯它的情操；研究它的本質與因素；鑽研它的活動與行爲，稱爲「宗教哲學」。在歐美各國這門學問漸變成正式學科是最近幾十年的事。在我國其歷史更爲短淺，有關宗教哲學的書也寥寥無幾。而我國近代一般知識分子多鄙視宗教，甚至視宗教爲迷信，此現象，一方面肇因於未對宗教，尤其正統宗教，作深入的研究，大多都因道聽塗說，人云亦云，只見宗教的表面，而不知宗教的實質意義；只看宗教壞的一面，而忽略了好的一面；另一方面，由於對自然科學的過分醉心，對它的快速進步表示驚訝，對它的驚人成就表示羨慕，於是高呼「自然科學至上，科學萬能」的口號。然而，自然科學以感覺經驗爲根據，以實驗爲方法，任何超感覺經驗之物都不是自然科學的研究範圍，自然科學也對之無能爲力。再者，由於哲學的嶄新風貌，使許多人迷信理性，認爲理性可以透視一切和解決一切，凡是理性不能瞭解的，無法達到的，就成爲不合理的，或不可信的，視同虛幻，應加以排斥。

這種以感覺知識爲最有價值的想法，以經驗證據爲唯一可靠的證據之見解，對近代中國的思想界一直發生巨大的影響，終於造成了思想的眞空，動搖了我國的傳統思想，於是無神辯證唯物論的共產主義乘虛而入，造成了中國歷史上空前絕後的大浩刼，此不但是中國人的悲哀，且也是全人類的大悲劇。難怪反共先知兼諾貝爾文學獎得主索忍尼辛曾指出，二十世紀的首要災禍就是「人類已忘記了上帝」。他認爲東西方宗教的式微，是本世紀一切重大罪行的一個決定性因素與禍根，而此禍根正在由共產政權所控制的地區如火如荼地擴展，且不斷地向全世界蔓延。「宗教信仰」、「民主」、「自由」、「上帝」、「良心」、「道德」、「精神」等觀念是共產政權所堅決反對的，是在它們的字典裡所找不到的，所以中共曾蓄意地刪除了雷根總統於一九八四年四月二十七日在北平發表的電視演說中的這一段：

「我們都是一直相信，我們過去的傳統就是帶來我們美好將來的種籽。飲水思源，我們是從兩股偉大的力量——信仰和自由——而獲得無比的威力。美國是建基於一群自由崇拜上帝的人，他們相信上帝會以智慧、力量、善良和熱情來指導他們的日常生活。」

由於一般人對宗教的無知、誤知與偏見，導致對宗教的蔑視、仇視與反對才引起作者著述此書的動機，一方面想澄清對宗教的一些誤解，及使對宗教有興趣的人們能早日多獲一些參考資料；另一方面旨在拋磚引玉，盼望我國學術界今後會有更多與更成熟，有關這類的書籍出現，以供國人作研究與參考之用。本書分三大篇：

上篇　緒論：論宗教的一般性問題。

中篇　論神：論神的存在及其本質。

下篇　論人：論人的起源、構成因素及其特殊能力。

一本完整的「宗教哲學」書應討論一般宗教的本質及各宗教的所有主要觀念，這顯然是既困難又複雜的一項工作，而此工作也絕非此小書所能勝任的。僅以宗教的本質而言，學者們就有衆多的不同及複雜的意見。宗教的本質對人類學家是一回事，對心理學家又是另一回事；對神學家是一回事，對神祕學家又是另一回事；對馬克思信徒是一回事，對社會學家又是另一回事；對佛教徒是一回事，對基督徒又是另一回事。故僅對宗教的本質一問題而言，就是衆論紛紛，莫衷一是了，也因此到目前爲止尚未找到一個被大家所公認的宗教定義。將來很可能也無法找到。又因囿於篇幅及受時間的限制，在討論有關宗教問題時，難免掛一漏萬。

若干年前作者曾編寫過一本「形上學」或「本體論」(ontology)，其增訂版於去年（民國七十四年一月)由臺灣商務印書館出版。在該書的結論裡，曾指出神是萬物的第一動因(The first cause of all things)及最後目的因 (The end of all things)，對此第一動因和最後目的因，吾人必須加以認識，否則對事理的認識就不夠徹底。在哲學裡研究神的學問，稱爲「自然神學」(Natural Theology)，而他同時是「宗教哲學」的中心問題之一，故本書應算是該書(形上學)的延續，分別提供了對「物」與對「天」的知識。最近作者又寫了一本「倫理哲學」，亦由同一出版社發行，是對「人」的探討，與前二書共同構成知識的整體，因爲所謂「欲知物，不可不知人，欲知人，不可不知天。」「學不際天人，不足以謂之學」(邵康節觀物外篇)。

因爲此書所牽涉的範圍極廣，無法完整和詳細地討論所有相關的問題，故其內容殊欠充實，文字結構亦欠謹嚴，遺漏的地方甚多，錯誤之處亦在所難免，敬請高明予以指教。

中華民國七十五年二月一日曾仰如謹識於輔仁大學

目次

上篇 緒論

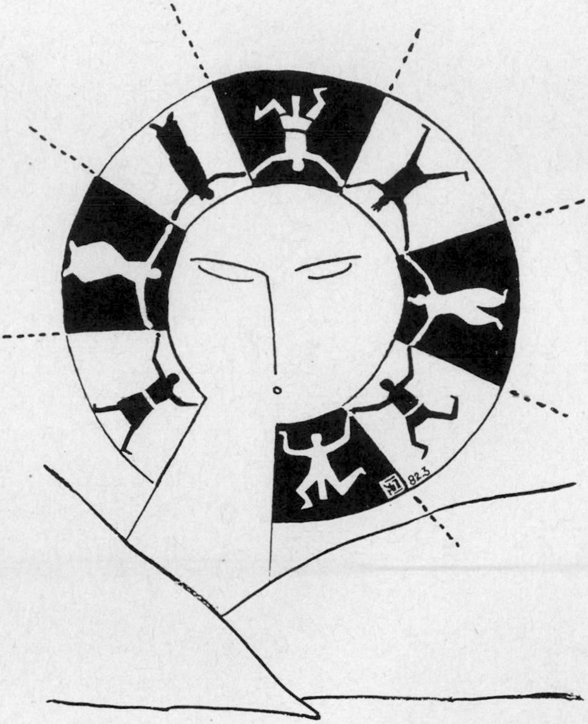

第一章　宗教哲學的起源與歷史背景

中文的「宗教哲學」英文爲 Philosophy of Religion，此乃現代名詞。因爲「宗教哲學」成爲一門專門學科，乃近幾十年的事。最早學者們只討論一些有關「神」的問題，諸如：神的存在和神的本質等，未曾正式及詳細地，論及宗教上的其他問題，所以早期只有「神論」(Theodicy)（註一），或「自然神學」(Natural Theology)，而沒有「宗教哲學」。那麼「宗教哲學」，究竟何時開始成爲一門專門學科，及如何開始，就是目前所要討論的「宗教哲學」的起源與歷史背景問題。

在尚未討論問題的核心前，先應對「哲學」、「宗教」和「宗教哲學」有個簡單的概念。

一、何謂哲學？

「哲學」是一門很古老的學問，也可以說，宇宙間一開始有人，就有哲學（註二），而後逐漸演變爲一門在人類學問中最高超、最尊貴及最能幫助人，尋找眞智慧的學科（註三），其傳統定義是：「人類以自己理性的自然光輝推知萬物至理之學」（註四）。其他學者對哲學所下的定義也都與此大同小異：「研究人生切要問題，從根本上着想，要尋一個根本的解決。」（胡適——中國哲學史上册，導言）「人類想徹底地知道一切東西的科學。」（洪耀勳——哲學導論，協志出版社民國五十一年版第八頁）「探求根本原理之學。」（傅偉勳——西洋哲學史三民書局民國六十四年版第一頁）

總之，哲學乃指對宇宙間的萬事萬物（包括神、人和物）作全盤、綜合和徹底的探討，以求得合理、圓滿和滿意的答案。爲達到以上目的，在探討的過程中，必須保持冷靜、客觀、容忍、公開、公正和公平的作風，不該存有任何私心和成見，應該深思熟慮，以「小心求證」的批判精神，和「面面俱到」的周詳態度來探求事物本身的眞相，因而獲得問題的普遍和根本的解決。

二、何謂宗教？

首先，我們無意在此對宗教的本質作深入的探討，並不企圖給宗教下一個完整的定義，因爲我們對此問題，將會有較詳細的交代。目前僅旨在道出宗教的輪廓概念，爲了瞭解「宗教哲學」所研究的對象。有關「宗教」的定義，眞是衆說紛紜，莫衷一是。但爲了我們目前的目的，牛津字典給宗教所下的定義仍有可取之處：宗教是「人類對一種不可見的超人力量的承認。這種力量控制着人類的命運，人類對它服從、敬畏與崇拜。」

然而，這個定義也不完全令人滿意，因爲此定義所强調的是一種位格的超人力量的存在，但不是所有宗教都承認此超人力量的存在，更不承認它能控制人類的命運，譬如佛教卽是。況且，宗教所牽涉到的問題較廣，雖然有些宗教的確以此力量爲其中心信念，譬如天主教、基督教、回教和猶太教等。

既然以上定義不能適合於有些宗教，那麼我們不妨再加以補充：宗教是人所憑藉的一種信念、方法與力量藉以創造羣體幸福的生活與環境，以磨鍊或塑造圓滿與高尙的人格，使人對生命的眞諦及其價值的認識、肯定和追求。

三、何謂宗教哲學？

作爲一門專門學科的「宗教哲學」，簡單的說，是「有關宗教的一切所作的哲學思考」，或「從哲學觀點去研究有關宗教的一切。」（註五）

所謂「哲學思考」或「從哲學觀點」就是我們以上所說的，以「面面俱到」的周詳態度，和「小心求證」的批判精神，去探討有關宗教的一切，包括宗教的起源、性質、作用和命運；宗教的經驗、活動和各種現象與行爲：神聖、虔誠、崇拜、信仰、懺悔、祈禱、犧牲、祭祀；神的存在、本質與能力；神與宇宙和人的關係；人的來源及其構成因素，及各因素的性質與作用；自由、惡和受苦；永恒生命等問題也都屬於宗教哲學所研究的範圍。

四、宗教哲學的歷史演變：

地球上一開始有人，就有哲學，因爲人是有思考能力的動物，並有强烈的求知慾。當他能開始運用思考力時，便不能不思考。當他思考時，便不能不對各種見聞和四週所發生的一切現象提出問題，發生疑問和不斷地反省，並求問題的答案和疑問的釋疑。一旦見到效果，人就想知道產生效果的原因；一旦發生現象，便要追求產生現象的理由，並要鍥而不舍直到獲得最後原因和根本解釋，否則人的求知慾便無法得到滿足（註六）。人的這種打破砂鍋璺到底的精神卽是「哲學精神」。

既然地球上一開始有人，便有哲學，那麼我們自然也可以說（至少廣義地），地球上一開始有人，就有「宗教哲學」，因爲宗教與人同時，既有宗教，人自然會用自己的思考去研討，有關宗教的各種問題，尤其有關宗教的中心問題——神，這便是最廣義的「宗教哲學」。

當然有些人會以爲「宗教哲學」是一個矛盾的名詞，因爲他們認爲宗教乃迷信的別名，而哲學的目的則是探討萬物的至理，尋求萬物最徹底、最根本與最合理的解釋。易言之，哲學乃最講理、最注重事實的學問。任何悖理、違反事實的事，哲學就應加以揚棄、排斥、反駁。迷信乃相反事實，與眞理背道而馳的，因爲迷信是「不察事物之眞僞，惑於世俗之見而妄信」的行爲（註七）。故把宗教與哲學連在一起豈非自相矛盾？

把宗教看成迷信的別名，不但是對宗教無知，且不公道，因爲「宗教可以是迷信，但並非一切宗教都是迷信」（註八）。因而嚴格或正宗的宗教與迷信格格不入，且有些宗教，譬如天主教，還把迷信看成一種嚴重的罪惡行爲。

另有些人也把「宗教哲學」，視爲矛盾的名詞所持的理由是：宗教所講的雖並不都是迷信，但至少不是人的智力所能瞭解的事，即宗教所講的超出人的瞭解力之外，人只能靠信仰相信宗教的內容，而哲學則是人類學問之一，它所探討的全是在人的瞭解力之內之物，人靠理性及基於物之內在明顯性，認識哲學所講的，超出人的瞭解力之外之物，就不入哲學的研究範圍，故說「宗教哲學」無異說「基督教哲學」(christian philosophy)，都是自相矛盾的說法，法國哲學家 E. Brehier（註九）及 L. Brunschvicg，德國哲學家哈納(Harnack, 1851-1930)，都是此意見的最得力支持者。但吉森 (E. Gilson)、馬利旦 (J. Maritain) 及 G. Fraile 教授則唱反調，他們堅決主張「宗教哲學」或「基督哲學」並不矛盾，固然因爲宗教裡所講的，有些的確超出人的瞭解力之外，這些物因爲缺乏內在明顯性，故人只能藉著信仰加以接受，譬如三位一體的道理。但宗教也討論一些並沒有超出人的瞭解力以外之物，譬如神的存在、靈魂之不滅等道理，這些道理因爲未超出人的瞭解力之外，自然可以藉著理性加以探討、說明或證實。易言之，人可以從哲學觀點來討論這些一方面是信仰的道理，另一方面同時也是理性所研究的眞理，這就形成了「宗教哲學」（註一〇）。至於那些超出人的瞭解力之外，及只能藉著信仰所接受的宗教道理，屬「超性神學」（Supernatural theology）的研究範圍，此與「本性神學」(natural theology)或「神論」(Theodicy)（註一一）不同，因爲後者是一門從理性或哲學觀點，去討論有關神問題的學問，屬於哲學的一部門，其範圍比哲學及宗教哲學狹小，理由是：宗教哲學除了討論神之外（雖然神是宗教哲學所討論的主要對象），尙討論了其他有關宗教上的問題，譬如宗教的起源及其性質，批判和解答有關宗教問題的各種學說。

我們已說過，任何文化，任何哲學思潮有論到「神」的問題，均可稱爲「最廣義」的「宗教哲學」，從人類的思想史得知，「神」的問題一直普遍地被提到，這種現象古今中外是一致的。

中國文化的本質言人人殊。以「天道」爲中國文化的本質，則比較合理，因爲「天道」的觀念，不但是自古就有的中心思想，且代代相傳，世世綿延。換句話說，中國文化起於敬天事天，成於順天、效天。中國人的傳統觀念是信天、敬天、尊天、畏天、效天和承天。「天理良心」爲人一切行爲的準繩：順乎天理，合乎良心的行爲是「善行」，否則便是「惡行」。「善者當行，惡者當避」，「爲善必得天賞，作惡必遭天譴」，「順天者存，逆天者亡」，「謀事在人，成事在天」，「聽天由命」等思想，在中國文化中早已根深蒂固，此可證諸於中國古代的各種經典史書，並爲諸子百家所繼承固有傳統之思想基礎。

中國最古的史書是尙書，俗稱書經，記載五帝三王的言行與敎誨，其中有：「天命有德。」「天討有罪。」「天聰明，自我民聰明，天明畏，自我民明威。」「惟上帝不常，作善降之百祥，作不善降之百殃。」「天佑下民，作之君，作之師。」「天視自我民視，天聽自我民聽」等。

周易（易經）爲中國最早講哲理的書，旨在使人明天道以通人事，是以，說卦篇有「立天之道，曰陰與陽，立地之道，曰柔與剛。立人之道，曰仁與義。」觀卦彖辭有「觀天之神道，而四時不忒。聖人以神道設教而天下服矣。」乾卦象辭有「天行健，君子以自强不息。」說卦傳第六章的「神也者，妙萬物而言者也。」繫辭上第十一章的「天生神物，聖人則之；天地變化，聖效之。天垂象，見吉凶，聖人象之。河出圖，洛出書，聖人則之。」大有卦上九爻辭的「自天祐之，吉无不利。」均對萬物的最高主宰之歌頌。

詩經爲中國最早的一部文學書，雖偏重於抒人的感情，但對「天道」的觀念，仍非常濃厚，如國風中的王風就有「悠悠蒼天，此何人哉？」小雅中的雨無正篇有「凡百君子，各敬爾身，胡不相畏，不畏于天。」蓼莪篇有：「欲報之德，昊天罔極。」大雅中的文王篇有：「文王在上，於昭于天。」「上天之載，無聲無臭。」「天監在下，有命旣集。文王初載，天作之合。」蕩篇有：「天生烝民，其命匪諶。」

禮經，爲中國古代講政治修身的經書，「天道」，也是其中心思想之一，譬如禮運篇有：「夫禮先王以承天之道，以治人之情。」「故聖人參於天地，並於鬼神，以治政也。」「萬物本乎天。」

春秋，爲中國講政治的一部書，書中充滿了「順天者存，逆天者亡」的觀念：「天禍許國，鬼神實不逞於許君，而假手於我寡人。」「孤實不敬，天降之災。」「我食吾言，背天地也。背天不祥，必歸晉君」。（秦侯語）

五經之外，諸子百家的書中，也充滿著信天、敬天的思想，譬如大學上，曾引用書經大甲篇所言：「顧諟天之明命。」中庸首先就直言「天命之謂性，率性之謂道，修道之謂教。」論語記載孔子之言，更表明「天道」的觀念：「巍巍乎，唯天爲大，唯堯則之。」（泰伯篇）「君子有三畏，畏天命、畏大人、畏聖人之言。」（季氏篇）「獲罪於天，無所禱也。」（同上）孟子講仁義尊天命，重天心：「天與賢，則與賢，天與子，則與子。」「盡其心者，知其性也。知其性，則知天矣。存其心，養其性，所以事天也。」

道家對天道的體認也很深刻，譬如老子有「無名天地之始，有名萬物之母。」「治人事天莫若嗇。」（道德經五十九章）「天將救之，以慈衞之。」（六十七章）「天之所惡，孰知其故。」（七十三章）「天道無親，常與善人。」（七十九）此與書經上「皇天無親，唯德是輔」同義。

墨家的思想，含有濃厚的宗教色彩，乃是無法否認的事實，對「天道」的觀念非常明顯，譬如墨子天志篇有「天欲其生，而惡其死，欲其富而惡其貧；欲其治而惡其亂；此我所以知天顯義而惡不義也。」

中國自古以來的信天、敬天、尊天、效天的思想，早已深入人心，故「天地君親師」一直是爲人尊敬的對象，「天理良心」爲人做事的準繩，「仰無愧於天，俯不怍於人」成爲吾人待人處事的原則，「盡人事而聽天命」是爲吾人處世的態度。中國的這種傳統天道思想——天人合一論與安身立命說，若加以整理及發揮，未嘗不是廣義的「宗教哲學」。所以筆者贊成傅偉勳教授所說的：「一般『中國哲學史』所包括的思想內容，泰半是宗教思想的成分多於哲學。」（註一二）

猶太民族以唯一的眞神，爲其信仰的中心。此眞神是天地萬物的創造者，是自有的，是全能、全善和全知的；是萬物（包括人在內）的根源。

摩西是猶太民族的英雄，生於公元前十三世紀左右，他把猶太民族從埃及帶領出來，結束了奴隸的生活，他並頒佈了法律，寫了聖經最初的五部書，稱爲「五書」(pentateuch)（雖然不是書中的每個字都是他寫的，但其中大部分，由他所編，應無疑問。）在此書中提到許多宗教上的問題，提到神的能力等，譬如出谷記的第三章第十節，有「天主向摩西說：『我是自有者。』」後又說：「你要這樣對以色列子民說：『那自有者』(He Who Is) 打發我到你們這裡來。」這句簡短的話，卻道出了宗教哲學上的深奧道理：神的本質和其存在是合一的，他的存在卽是其本質，他的本質卽是存在。後來一位西班牙籍的學者N. Del Prado 在其著名的「基督哲學的基本眞理」(De veritate fundamentali philosophiae christianae) 書中發揮了這個道理，强調並不厭煩地說明，它是基督教哲學的基礎。

聖經舊約其他書中，也提到許多宗教上的問題，雖然沒有加以詳細發揮，所以史家 Afred Fouille'e 在其哲學史上曾如此說過：「我們可以從猶太民族的聖書中，獲得一些哲學的大道理，這些大道理，日後就成爲基督教，與近代哲學的種子。」（註一三）

古代民族，除了猶太民族外，巴比倫、埃及和希臘等民族，在他們的神話中，也都找到了不少宗教的成分。

初期的哲人們，受了先民神話的影響，對宇宙的來源、形成和根源，也多多少少與宗教發生關係，譬如：西洋哲學之父的泰勒斯 (Thales, 640–546 B.C.) 就以「水」爲萬物之源，以「萬物充滿神」，爲其哲學思想。他主張有一「世界魂」的存在，此魂卽是神，類似柏拉圖的造物主(Demiurge)，他充滿大地，吸引萬物，猶如磁之吸鐵，故含有「萬物有靈說」(Animism) 的意味。

蘇格拉底，並未脫離希臘傳統的有神論思想，他有時相信多神論，有時則主張一神論。他很謙虛地認爲，人單憑自己的力量，無法解決所有問題，神的指導與援助，是絕對必要的 (Xen.mem.1.1)。

柏拉圖是創造「神學」(Theology)一詞的西方學者，所以有人稱他為西方神學之父或始祖。柏氏，因為缺乏對基督教所謂的「天啓」之認識，所以對神的觀念，和宇宙的形成相當模糊，但對神的存在，從未表示過異議，他並提出許多論證。對神的各種特性也曾論及。他的 Timaeus 即是敍述神創造宇宙的論著。

亞里斯多德，也是有神論者，他的「尤德美倫理學」(Eudemi Ethics) 强調人行為的最高原則，是服務神和神的知識。他的最重要著作，「形上學」，即稱為「神學」，因為其最終目的，即肯定神為不被推動的第一推動因 (The prime unmoved mover) 和最後目的因，他是純現實，故是至完美的。他的這種創見，日後就成為基督教哲學的中心課題，尤其成為多瑪斯學說的最基本原理。

以上有關宗教裡的中心問題之一——神，都是在耶穌基督以前的哲人們之見解，比較簡單和模糊，所以我們稱它為「最廣義」的「宗教哲學」。

在基督降生及離世之後，因為其弟子們的努力，他的教義逐漸在西方世界生根，且普遍為西方世界所接受，但也遭遇過勁敵，所以基督教的哲人們，必須一方面維護其教義，尤其當遭到攻擊之時更要挺身而出，另一方面要解釋和闡明其教義，使之合理化和系統化，以鞏固其教義，因此「教父學」和「士林哲學」就應時而起，前者多含護教學 (Apologetics) 成分，後者則注重「本性神學」，但也只提到神的問題，較詳細，並較有系統，因此我們不妨稱它是「廣義」的宗教哲學。

狹義或正式的宗教哲學，乃開始於西歐的「啓蒙時代」(The Age of Enlightenment)。

西歐的啓蒙時代，大體而言，開始於十七世紀初期，一直延續到十九世紀初期，所以也可以說，十七世紀爲準備期，十八世紀爲成熟期，十九世紀爲結束期。但具體說來，這個時代是起於宗教戰爭之卅年（一六一八～一六四八）到法國大革命（一七八九）前後。

啓蒙時代的精神，簡言之，是「唯理主義」及「經驗主義」(Rationalism) 的精神，這種精神，尤其到十八世紀末期達到了最高峯的狀態。

「唯理主義」的口號是「理性至上」，其主觀意義，即是康德所說的：「人從自己不能獨立思想，而需要別人的扶助的嬰兒時代，到能自己獨立思考的成年時代。」（註一四）其客觀意義則是，人試圖使理性，成爲人類生活的絕對尺度，使個人的思想和良心，孕育著知識的光輝。所以啓蒙時代的特徵是：人對理性有絕對的信心；企圖藉著理性去尋找足以管轄人類自然、文化和社會的普遍原理；主張思想獨立與自由。所以反對權威、傳統、教條主義；反對排除異己的作風；想擺脫經濟、宗教、政治、社會各方面的限制；以合乎理性和科學的態度，討論宗教、經濟、政治和社會等問題；發展世俗化和人文主義的宇宙觀；把宗教排除於教育和其他民政事務之外；强調政府是社會進步的合理和正確工具。

從以上所言，顯明地，啓蒙時代含有濃厚的反抗、批判、重新評估和自由抉擇的氣氛，是理性至上，是人文主義擡頭的時代。在政治方面，反抗君權神授說；反對專制和極權政體；傾向於民主和立憲政治；在社會方面，反對奴隸和農奴制度；爭取人人平等，人人自由理想之實現；在經濟方面，主張公平競爭和自由發展；反對任何限制；在宗教方面，以批判當時盛行於西歐的基督教（天主教）爲目的。重新評估當時對西歐人的思想，和生活方式有極大影響的基督教教義。但他們的批判和評估，先以理性主義、人文主義和經驗主義爲出發點，後來變爲以浪漫主義、機械主義和唯物論爲根據。促使這種趨勢發生之原因，來自三方面：宗教、哲學和科學。

在宗教方面，由馬丁路德，所領導的宗教革命，給教會的權威極大的打擊，對傳統的教義，也起了莫大的疑問。因而有了許多新的解釋，譬如人能自由地閱讀聖經，瞭解聖經和解釋聖經。這種反抗心理，和自由氣氛，在思想界、和宗教界，都起了巨大的變化，給啓蒙時代種下了反抗、批判和自由的種子。另一方面，由於長期的宗教分裂，也引起了普遍的厭惡情緒；針對這種趨勢，遂產生了企圖在人類共同的理性中，尋找統一與和諧的希望。於是有人嘗試在各種不同宗教信仰中尋找共同點，終於，產生了一種純理性的自然宗教；這種宗教排斥一切神的啓示和超自然聯繫，以及神授的權威。

在哲學方面，笛卡兒 (1596-1650) 的「唯理主義」，和他的「懷疑方法論」，開啓了對傳統宗教的批判，與重新評估的新紀元。首先笛氏反對當時教會，所重視的士林哲學的權威，他把以前人所作的知識探討，所得的結論都加以懷疑，要重新給知識尋找數學式的確實基礎，以建立一個無懈可擊的知識體系。但是他所用的方法，完全以人爲中心。以人自己的理性所能瞭解，所能接受的方式爲根據。英國籍學者陶松 (C. Dawson) 簡單地描述笛氏的方法，及其思想精神：「這是笛卡兒改造學問方面的基礎：一切西方文化的知識及遺傳，一切人類自經驗及文學所有的觀念和信念，及與他人所有的接觸，均應放在一邊，因爲它們是不確定的、不眞實的，是邪正相混；它們將應用數學確定性的新知識來代替，這種知識是從純理性和不能錯誤的光所引出的。」（註一五）

笛氏爲天主教教徒，他也試以哲學來解釋信仰，但其見解與傳統教會的道理相左，故遭到排斥。其著作於一六六三年十一月廿日被當時教會列入禁書之林，必須加以修正後才可以公開閱讀 (Donec Corrig -

antur)。

布魯諾 (Giordano Bruno, 1548-1600) 所主張的泛神論（神與宇宙實爲一體的兩面）及他反對教條主義的堅決態度，也開啓了當時歐洲封閉思想的大門；斯賓諾沙 (B. Spinosa. 1632-1677) 的思想，很可能多多少少也受到他的影響。斯氏爲猶太人的後代，年輕時候，受過希伯來民族的教育，對一神論的思想信仰非常虔誠，但等到接觸笛卡兒的理性主義後，逐漸與舊的宗教思想脫節，從事以理性來解決人生問題，對聖經的舊約，也提出了嚴厲的批評，主張神的本體，在每一個人的心中，所以人可以在自己心中，尋找神的存在。每個人都可分享神的本性，人只要求發展在自己內的神性，就可與天地合一，與上帝永存。他的這種含有濃厚泛神論的思想，不但不見容於猶太教會，甚至也無法爲基督教所接受，所以在被猶太教會開除教籍後（一六五四年，時廿二歲），就到處流浪，與生活博鬥，過著相當清苦與孤獨的生活，也因此他對人傾於「自我保全」(conatus sese conservandi) 的自然衝動，有深刻的體驗。

培根、休謨和洛克的經驗主義，也助長了對傳統宗教的批判和對教義的重新評估。

經驗主義主張人的知識，起於經驗而止於經驗，把知識限制於純粹經驗的領域內，企圖只透過感覺經驗，去解釋普遍概念或普遍判斷。他們否認人能有超經驗知識，所以一切超經驗概念，毫無事實根據，只是空談或虛幻而已，毫無價值可言。經驗論者以歸納法，爲獲得知識的方法。一方面主張以外在世界的事物所呈顯出來的色、聲、香、味、觸作爲知識的對象；感覺經驗是知識的唯一來源及最後根據；另一方面則否認，一切普遍不變和必要的眞理，一切超時、空間，一切先天和直覺知識之存在。他們也否認理性之明顯性、或自明性，爲眞理的標準，更否認不透過直接經驗（感覺）人能獲得知識。

受了休謨的影響，唯心論的康德，强調人只能認識物之現象，在現象背後物之本身(Noumenon)，人一無所知，所以以物本身，作爲認識對象的「形上學」是空中樓閣，不切實際，無法成爲一門科學化的知識。因此神的存在乃超越理性，理性無法加以解釋或證明。

以上所提到的哲學思潮，都盛行於啓蒙時代，對宇宙、人生，尤其宗教都加以新的評估，及有不同的看法與解釋。

在科學方面，哥白尼(1473-1543)，伽利略(1564-1642)，克卜勒(1571-1630)，尤其牛頓(1642-1727)等所做的新發現，一方面推翻了一些過去人所深信不移的信念(譬如天體運行說)，於是對前人之所言開始懷疑；另一方面人對自己的信心大增，於是對傳統宗教上的許多信念，開始由懷疑到批評，由批評到攻擊，由攻擊到推翻。牛頓在這方面的表現最爲顯著。

牛頓受了唯理主義的啓發，受經驗主義的鼓勵，和科學的新發現的贊助，給笛卡兒的唯理主義一個新形式，完成了伽利略、笛卡兒和克卜勒，所創立的自然機械觀。於是他引出了下列的結論：

(一)有一個合乎理性的原則，爲整個宇宙來說都有效，這個原則可作爲思想的確實根基。

(二)宇宙間的一切事情，均可用數學式的精確性，從機械行動的基本原理引出，尤其從萬有引力的定律，引出爲整個宇宙普遍有效的定理。任何事情，若不能以數學的準確性從這些普遍定律中引出，便不能稱爲科學。

(三)此普遍有效定律，來自現象(經驗)，並於現象中加以證實(註一六)。

牛頓於一六八七年，所出版的「自然哲學的數學原理」一書清楚地表明了他的立場，他所强調的「凡是自然的卽是合理的」(The natural is synonimous with the rational)（其反面是：「凡是超自然的卽是不合理的」），使他的思想與傳統上帝觀念有了分歧。牛頓的影響是驚人的，英國詩人波勃(pope)曾歌頌了牛頓的不朽：

「自然與自然界之定律兮，茫茫長夜中蘊藏；上帝曰牛頓其興起兮，處處充滿光芒。」（註一七）

因了牛頓等的影響，當時所流行的口號是：「宗教與哲學的背景在變換中」，「科學已指出了新的宇宙觀」，「新的宇宙觀要求新的宗教觀」。於是對傳統宗教的批判之聲四起。甚至過去人的倫理觀念、形上觀念、文學和藝術等都要重新加以檢討，以符合科學的新觀念。

啓蒙時代綜合了唯理論、泛神論、經驗論及新的科學知識，和反傳統宗教的情緒，遂爆發了對傳統宗教的批判及重新評估，對信仰的新解釋，對神的新看法，以純理性、合乎自然和合乎經驗的方法，去研究宗教及有關宗教的一切，這就是「宗教哲學」產生的來龍去脈。

萊布尼茲於一七一〇年，寫了一本「自然神論」(Theodicy)，其動機是爲神作辯護，因爲當時有些學者，因世界充滿汚穢邪惡，進而懷疑神的美善。萊氏於此書中，旨在發揚神的美善，其內容强調神是最完美的，他只能以全善全美的方式行動。宇宙旣爲神所創造的，也應是最美好的(The best possible world)。旣是最美好的，就不必、也不能有所增添。干涉宇宙秩序的奇蹟，附加於理性的超性信仰，超自然的恩寵(Grace)和在自然科學程序之上的啓示、預言乃不必要，同時也不可能；卽有，也是多餘的，故充其量只能是主觀的感覺，沒有事實根據，因爲這些都是「超自然的」(Super-natural)，在自然以外或之上，是超經驗的（恩寵），人的純理性不能了解的（信仰的奧理），是自然科學無法解釋的（啓示、奇蹟和預言）。自然聖經也遭到嚴厲的指責，因爲它記載了許多無稽的超自然事蹟。

啓蒙時代的這種對傳統宗教（基督敎）的敵對態度和不滿情緒，在英國、法國和德國尤爲顯著。

在英國方面，葛林 (Anthony Collins, 1676-1729) 和胡斯東 (Thomas Woolston 1670-1733) 二人，開始對聖經的啓示性產生懷疑，終於導致對「預言」和「奇蹟」之可能性加以否定。

丁乃爾 (Mathew Tindal, 1657-1733) 於一七三〇年出版的「基督敎與宇宙創造同樣古老」(Christianity as old as Creation) 一書，就强調啓示不能推翻理性所發現的眞理，人的理性，無需要其他援助，就足夠發現所有眞理，所以聖經的啓示，所說的「上帝從無中生有」是不可能的，因爲此乃相反「從無中不能生有」(ex nihilo nihil fit) 的哲理，而基督敎聲稱：自己爲啓示或超自然的宗教，這個對丁乃爾來說，乃是無稽之談，故他開始全面攻擊基督敎也就不難瞭解了。因爲他只主張自然宗敎，他在該書中也的確强調了這點，所以被稱爲自然神論者的聖經。

在丁乃爾死後四年，其學生莫爾剛 (Thomas Morgan) 對舊約的眞實性，做了嚴厲的批評，他認爲舊約上所記載的奇蹟都是神話。周伯 (Chubb, 1679-1746) 連新約的可靠性也加以否認。多藍 (Toland, John, 1670-1722) 以泛神論代替基督敎，並主張神與啓示均不超出人的理解力以外。沙德蒲利 (Anthony Shafeesbury, 1671-1713) 以懷疑論代替基督敎，是自由論的維護者，因爲是洛克的學生，故非常欣賞洛克，所强調的「理性獨立自主」(Autonomy of Reason)。

在法國方面，反宗敎氣氛，對基督敎敎義所做的攻擊大致上相同，對宗敎所强調的「超自然性」都不懷好感。白立爾 (Pierre Bayle, 1647-1706) 是十七世紀末期，最具有影響力的懷疑論者，父親爲基督敎牧師。他以譏笑信仰爲樂趣，把「神祕」視爲對理性的侮辱，是悖理的，所以基督教，所講的超理性信仰，只能爲那些不講理的信徒們所接受，對唯理論者是荒唐的，故無法被接受（註一八）。

伏爾泰（Voltaire, 1694-1778），在英國時，受當時反對「預言」的葛林和反對「奇蹟」的胡斯東，以及受洛克之經驗主義的影響，也步其後塵，稱「奇蹟」爲矛盾，是不可能的：「奇蹟是侵犯數學的、神聖的、不變的、永恒的定律；依此定律，奇蹟是矛盾的。因爲一個定律不能同時是變化無常而又是恒久不變的。」

在德國方面，吳爾夫（C. wolff, 1679-1754）所作所爲完全符合啓蒙時代的精神：否認超自然的奇蹟和啓示。神如果以奇蹟隨便改變自然定律，祂便是無理取鬧，便和祂的美善相反。

對「啓示」，他也作了同樣的批評：人的理智能知道一切眞理，啓示是多餘的，且是有害的，因爲它侵犯了人的權利，貶低了理性的價值。吳爾夫的主張，完全推翻了以「啓示」爲基礎的聖經之可靠性與可信度，其目的是企圖把宗教和倫理建立在理性上。因他的偏激主張，他必須於四十八小時內離開德國，但於一七四〇年卻以勝利者的姿態重返德國，一直熱心傳授他的思想，他卒於一七五四年，然而贊成他的人卻是寥寥無幾。

黎新（G.E. Lessing, 1729-1781）算是吳爾夫的同情者之一，他也反對「超自然」，以建立「倫理的自然宗教」爲主要任務。

五、啓蒙時代的宗教觀

我們已說過，唯理主義、經驗主義、泛神論和新的科學精神，是啓蒙時代的特徵，這種特徵，促使了人對西歐的傳統宗教——基督教——的重新評估，對其教義的重新檢討、抨擊，進而推翻，對基督教所强調的「超自然現象」，「超理性因素」不予採納，所以只承認建立於理性的自然宗教，因此「自然神論」(Deism) 是啓蒙時代的產物，此學說所强調的是：神只是宇宙大機械的創造者，在創造之後，神就不再干預了，也就放手不管了，一切順其自然，除非此大機械出了毛病，神才進行修護的工作，但這種情形發生的機會微乎其微，故神實際上是「離席」的神 (An absence God)，是無所事事的神。神所創造的自然宇宙，已夠完善完美了，不但無需祂的特別照顧，且無需增添任何東西，故基督教所說的一切超自然現象，超理性部分，不但是多餘的，且是不合理的，故也是不可能的。鮑德博士 (Dr. Edwin A. Burtt) 在他的「現代物理學的形上基礎」一書中，引述了牛頓的理論，可以代表當時的宗教觀：「神，先是宇宙的首席工程師，現在只是宇宙的保存者，祂的目的，是保存現狀；新奇的時刻已經過去，在時間中已無新進步；需要時，不時加以修理，在空間某點加一物體，但沒有創造的新作爲；祂的行動只限於日常家務的管理。」

陶松(C. Dawson)在其「進步與宗教」中，曾扼要地敍述了啓蒙時代的宗教觀：「十八世紀的自然神論，只要基督教的影子或夢幻，一個歷史性宗教的抽象，沒有自己的獨立生命；它保留基督教的一些主要思想，如相信一位施恩的造物者，相信上帝管理一切，使之有條不紊，及基督教的主要倫理律；但這一切只求適應當時哲學的功利主義的唯理要求，沒有任何超自然色彩；這樣，倫理律就沒有神修和超自然成分，與實際慈善事業相同，上帝對宇宙的照顧，變成了自然機械的法則，特別在進步的思想上更爲顯著。因爲新哲學既然沒有基督教所講的天地終窮的超性特點，它也就沒有基督教的生命目的觀；這樣，人類倫理的改變及無窮進步，代替了教徒以來世生命，作爲人類努力之最後目標的信念。這種思想是這時代哲學運動

的基礎，這在百科全書學者宣傳前早就成熟了……。」（註一九）

總括上述，啓蒙時代的宗教，是自然宗教，人文主義，充滿世俗色彩的宗教，與基督教所講的超自然宗教、啓示宗教、超性宗教背道而馳，給浪漫主義、唯物論者和無神論者鋪了路。所以，啓蒙時代，開啓了理性宗教、哲學宗教之門，從哲學觀點，從理性觀點去研究宗教，去談論有關宗教的一切，於是就有「宗教哲學」的產生。

註　釋

註　一：神論一詞爲哲學家萊佈尼茲所創造的。

註　二：V. Cousin, Introduction a l'histoire de la philosophie, lect. 1, p.15, Paris, 1861, 4a: "El dia en que el hombre comenzo a reflexionar, ese dia comenzo tambien la filosofia."

註　三：J. Maritain, An Introduction to Philosophy, 1969, p.123: "Philosophy is the highest of all branches of human knowledge and is in the true sense wisdom."

註　四：J. Maritain, op. cit., p.108.

註　五：John Hick: Philosophy of Religion, 1963, Englewood Cliffs, N.J.: "Philosophical thinking about religion."

註　六：St. Thomas, C.G. III, 25.

註　七：參看辭源。

註　八：羅光，「實踐哲學上冊」，一九六〇年香港眞理學會出版，第三頁。

註　九：E. Brehier 在他的哲學中說過下面一段話來支持他的觀點： 'Nous esp'erons doncmontrer, dans ce chapitre et les suivants, que le d'eveloppement de la pens'ee philosophique n'a pas 'et'e fortement influen c'e par l'av'enement du christianisme, et, pour resumer notre pens'ee en un mot, qu'il n'y a pas de philospphie chr'etienne'.

註一〇：E. Fraile, *Historia de la filosofia*, Madrid, 1960, vol. II, p.31-39.

註一一：「神論一詞爲哲學家萊本尼茲所創，萊氏創神論一詞爲神辯護，當時有些學者因世界充滿汙穢罪惡，起而懷疑神的美善，萊氏爲神辯護，以神論一書發揚神的善德」（參看羅光，實踐哲學第三頁）。

註一二：中國時報，民國七十三年一月廿五日「宗教系所的設立與宗教研究」。

註一三：Progress and Religion, p.10.

註一四：Dictionary of philosophy.

註一五：Fulton Sheen: Philosophy of Religion, 1948, N.Y., p.4.

註一六：Fulton Sheen, op. cit., p.11.

註一七：Fulton Sheen, op. cit., p.6.

註一八：Fulton Sheen, op. cit., p.8.

註一九：op. cit., 190.

第二章　宗教現象

在尚未對宗教的本質作進一步的探討前，我們來談論宗教的各種現象，包括社會、歷史和心理現象，其目的是，透過現象的分析法去尋找信仰宗教的動機、原因、目的和情形及崇拜的對象與心情，以認識宗教的本質，爲了給宗教下一個完整與滿意的定義。

我們把宗教現象分爲原始的和高級的二種。

第一節　原始宗教現象

一、何謂原始民族？所謂原始宗教現象，乃指原始民族的宗教現象，所以，應先知道何謂原始民族。

所謂原始民族乃生活在人類文明之前的民族，他們的思想方式、生活方式都非常幼稚、簡樸；他們的知識非常膚淺；沒有進步的文化，甚至沒有文字，沒有留下任何文字史料，所以也稱爲「史前民族」。

原始民族的另一個意義是，在人類有了文明之後，人們因著客觀生活環境的關係，與自己當時的文明相隔離，他們的思想、知識、生活方式等仍停留在原始階段，對現代文明，對各種進步的知識與科技依然一無所知，譬如目前有些地方的山地人、土著、野人等均被稱爲原始民族。

二、何謂原始宗教？

原始民族所信奉的宗教，所崇拜的宗教對象，所表達的宗教意識或行爲，所發洩的宗教情操卽稱爲「原始宗教」。一般而言，以個人、家族或部落崇拜爲主。這種宗教缺乏嚴密的組織、系統的教義、完美的教儀和合理的教規。自然也沒有經典作爲依據，他們的宗教意識和行動之產生，或靠祖傳或來自個人的遭遇或經歷。對超人力量產生了恐懼感、害怕的心情，甚至厭惡感，進而加以安撫、服從、尊敬，甚至崇拜。

三、原始宗教的起因：

由於原始民族對自然科學知識的淺薄，對自然和自我以外的認識不夠，許多自然現象之產生無法加以解釋，只知其然而不知其所以然；發現效果，而對產生效果的原因無知，尤其當這些現象發生時，對人的生命有極大的威脅，對人的安全有密切的關係，人又往往對他們無能爲力，於是發現自己很無能，進而自我檢討、自我認識，終於發現自己是有限的（受造物），不能爲所欲爲，不能隨心所欲的控制各種現象的發生，不能平平安安地生活，不能無憂無慮地生存；人雖然也盡其所能去認識，去設法尋找毛病之根源，但因受到各種限制，不是徒勞無功，就是事倍功半前功盡棄，在失望、絕望之餘，終於得到了結論：「我不能獨立自主，我必須依賴他物，我的生命與安全不完全操之在我，我是有所不能。」

原始民族的這種互爲因果的「無能」與「無知」情況，產生了自我渺小與依賴他物的心理，於是對那些威力强大的自然景象，譬如：狂風暴雨、閃電、地震等尤其害怕；但又不知道它們爲何發生、如何發生和何時何地發生。在每一次發生之後，都給人們帶來無窮的災禍，使得他們常感心有餘悸，束手無策，很自然地，驚惶與恐懼的心情，有增無減。這種心情從詹姆士（Co. James）在給他朋友的信中，描述了一九〇六年美國加州大地震時內心之感受可見一斑：

「那天早晨五點半鐘，我躺在牀上已大醒了；屋子剛震動起來，我的第一條念頭是，『貝克威爾(Bakewell)的地震，究竟是來到了；』不到半分鐘，震動已厲害到無以復加的程度，我們的屋子四面搖動，眞像一隻小老鼠被一隻猛狗用最可怕的表情在那裏搖動，那時由我看去，絕對是有一件東西，起先一直在那裏等著，暫時沒動作，到最後說一聲『好了，來罷！』就動手了。那時我眞不能不想像這件東西是有意志的，因爲眞像有那樣的一件東西，在那裏儘量的發他的壞脾氣——房間裏所有可以倒的東西，沒有一件不倒，窗呀，板壁呀，這個呀，那個呀；而震動又如此之劇而且烈。」(詹姆士書信集卷二第二四八頁)

由害怕、恐懼的心理產生了安撫、服從、尊敬和崇拜的心情，以爲它們之發生，可以用求情、尊敬、安撫等方式加以阻止，所以就有各種宗教行爲的產生。

四、原始宗教的動機與目的：

斯賓諾沙所說的「自我保存」(conatus sese conservardi) 的衝動是萬物所共同的，是與生俱來的，尤其對有意識、有理性的人而言，這種衝動更爲自然與强烈。人不但求生存，更求美好的生存，且求永存，因爲存在是最後現實，是最完美之物，是「善」，所以萬物都自然與天生的傾向它。任何有助於求生存，求更好的生存和得永存之物，人也會很自然的對之尊敬、崇拜以獲得它的保佑、它的援助。相反的，任何有礙於生存、有礙於更好的生存或永存之物，人也會很自然地避免、逃脫，這就是人的祈福求平安和避難辭禍害的心理，這也就是宗教信仰的動機與目的。若干年前，美國一位心理學家，向許多受過教育的人通信，請他們說明從宗教中求得什麼。答案是：「各種心願的滿足 (fulfilment of desire)：生活，多量的生活、更充實更美滿的生活」（註一）足可證明人類的這種普遍心理。人不但爲自己，且也爲家人，親朋好友，自己的部落、種族以及所有與自己有關係的人，祈求生存的保證和各種需要的滿足與實現；譬如健康、財富、權力、各種享受和多子多孫等。人除了盡自己的努力去追求它們外，也求助於宗教。

五、原始宗教的演變：

因爲原始民族的「無能」與「無知」，所以對一些無法預知、不能控制的「力量」，總以爲它們是「有意」和人作對，他們不認爲是「意外」或「偶然」發生的（原始民族無此觀念）。既然是「有意的」，所以它們就和人一樣，有意志和有生命，且它們的作爲均事出有因，且是活的，是具體之物，於是自然而然加以「人格化」，或至少是具體物向外發作的「力量」或「象徵」，稱之爲「隱力」或「超人力量」(mana)，它們統治萬物，宇宙的禍福全操之於他，故不得不對之尊敬、崇拜；向它求情祈福。

六、原始宗教的各種具體現象（崇拜）：

㈠自然崇拜(Nature worship)。原始民族因爲對自然常識的缺乏，幾乎對自然界的各物體都有人崇拜：有拜天（公），拜地（母），拜水（包括海洋、山河，故有海神、河神等信念），拜火，拜石頭，拜月亮、星辰、太陽，拜山，拜雷電，拜地震，拜風，拜雨等，他們都相信這些自然物體是神明的化身，有超人的力量，對人的禍福有極大的影響，所以必須加以尊敬，必須向它們討好，必須加以安撫，不要惹它們生氣，不可以得罪它們；時常向它們禱告，向它們燒香、送禮、供祭等。這種自然崇拜仍然流傳至今，許多地方尚在盛行。

㈡植物崇拜 (Plant worship)。許多原始民族對某些植物另眼看待，或因它們的長相特別，或它們的壽命特長，於是認爲它們是尊敬或崇拜的對象，譬如有些原始民族崇拜松樹、拜玉桼蜀、拜榕樹等。

㈢動物崇拜(Animal worship)。在原始民族中，動物崇拜也是很普通的現象，譬如古埃及人幾乎拜所有的動物；印度人拜牛；南美土著拜鳥；馬達加斯加人拜鱷魚；中國華北一帶拜蛇等。

㈣圖騰崇拜(Totemism)。Totem 一字源於 Ototeman ，是東北美奧希瓦 (Ojbwa) 的亞哥基安(Algonkian) 族語，原有「其兄妹關係」(His brother-sister kin) 的意義，其原根字是 ote ，指兄妹間的血統關係，彼此不能通婚。

原始民族相信一個部落或一個種族，與某種動物或植物，甚至與無生命物體之間具有特殊關係，以爲他們是從同一祖先來的，故和該物（植物、動物或其他物體）有血統關係，是該物的兄弟姐妹，自然對該物另眼看待，特別敬重與愛護；把該物視爲該部落或種族的特徵、保護者，是尊敬和禁忌的對象 (object of Taboo) ，不許殺害、禁食；同族人之間也不許通婚。有些民族中，男女有不同的圖騰。因爲是該族的保護者，所以有時也把該圖騰的像刻在身體上、武器上，甚至也吃下去，如基督教裏的領聖餐。嚴格說來，這種崇拜不是一種宗教，只含有宗教的意味，故也對該圖騰燒香、獻禮和供祭等宗教儀式。是該種族團結的中心，有時同族人一起圍繞著該圖騰，唱歌跳舞，祈福許願及實行各種禮節以示尊敬、以表心誠，於是這種團體行動就逐漸演變成了宗教。

許多有名學者都對圖騰崇拜有深入的研究，著名的法國籍社會學者涂爾幹(Emile Durkhein)於一九一五年所發表的「宗教生活的原始形器」(The Elementary forms of Religious life)一書，就强調所有圖騰崇拜是所有宗教之源，但L. Levy-Bruhl却反對此說法。其他學人也都有專著，如S. Freud的「圖騰和禁忌」(Totem and Taboo)、G. Frazer的「圖騰和異族通婚」(Totemism and Exogamy)、Claude Lévi-strauss的「圖騰主義」(Totemism)等。圖騰崇拜盛行於澳洲、美洲的印第安人和非洲等地。

㈤魂靈崇拜(Spirit or Ghost worship)。原始民族由對物裏超人力量之崇拜，進入另一個階段卽是對魂靈的崇拜。

「魂」是一件看不着、摸不到、嗅不到的東西，但它的確存在著，且能有各種作為。魂居無定所，有時無拘無束地到處遊蕩，有時寄居於各種物體上：樹、石、山、日、月、星、人體等。

「魂」既然是無形無像、無聲無色、無味無臭之神秘物，那麼原始民族如何有「魂」的觀念？可能的答案是：第一，由死的現象得知：一個活生生的人，他能有各種動作，能說能笑能動，突然間一切動作停止了，靜悄悄地躺在那裏，毫無動靜；然而，他的身體各部門却是完整的，沒有缺少任何東西，但死人與活人之間却有天壤之別，所以原始民族就自然而然地想到人之所以死了，因為缺少了某件東西，而這東西是看不見、摸不着的，它是生命之根，有了它，人就能活，能產生各種動作；一旦缺少了它，一切動作都停止了，人也就死了。這個神祕的東西就是「魂」，當它離開人的身體後，必定還繼續存在，原始民族無法想像魂從有能變成無的可能性。第二，由夢推知：人會做夢是人人都有的經驗，而人所夢見的東西，所體驗的經歷眞是無奇不有：有時夢見自己爬山越嶺，遠涉重洋，與野人猛獸搏鬥，與親朋好友言談，與仇敵打架；有時夢見自己跌入山谷或遭遇各種險境，這些都是魂不附體所致。第三，有時已去世的人，也能重現人間(至少有這種傳說)，所以魂離開身體後，仍繼續存在，且其需要情形與生前無異，故替死去的人準備生前喜歡吃的、喝的，並讓他帶走生前喜愛之物（一起埋葬）也是流傳很廣的風俗習慣。甚至當大人物死時，還把奴才、妻妾一同埋葬，好讓他們到了陰間，有人伺候。原始民族相信不但人有魂，且其他東西（動物、植物等）也有，這就形成各種魂靈崇拜的觀念：

1.實物崇拜（Fetishism）。Fetishism（費提西）一字源自葡萄牙文Fetiço，意謂「人造物」，因葡萄牙人在西非洲黑人中，發現黑人們佩帶護身與避邪物而得名。這種佩物與葡萄牙商人所佩帶的聖牌或聖物（至今有的教徒身上仍佩帶這些物品）相似，都是爲了護身、避邪和祈福。原始人相信某些物具有超人力量或魂靈，這種力量或魂靈，暫時或永久地存留於自然或人造物上，若加以利用，就能產生自己所要求的行爲，而所佩帶之物（通常把該物放入匣內或包布裹）按照各人的不同需要：若爲壯膽，就佩帶豹的爪或毛；爲了變成更聰明，就佩帶死人的一小塊腦質；爲了使眼睛明亮，就佩帶眼珠；爲了報仇，就佩帶仇人的一根髮，一片爪甲，一些吐沫，或一滴仇人的血。通常爲了有備無患，每人可佩帶很多不同的費提西，但都應恭恭敬敬的對待這些佩物，否則裏面的魂靈會不高興，所以有時要用手撫它，讚美它，或用其他方式使它歡喜，當然也可以和它交談，向它訴苦，請它幫忙。假如不靈，它也會挨物主的臭罵，若仍不靈，就會當作廢物丟掉。土人們解釋不中用的原因是：裡面的靈（生氣）跑走了，或仇人的費提西更厲害，更有力的緣故。

費提西不但有個別用途，且也有團體用途，卽屬於全體的費提西，它能保護全體的公益，是全鄉、鎭、村的保護者，於是被掛在地方的入口處爲了阻擋敵人，任何人或鬼都不敢輕易闖進來；有時也蓋一棟房子給它居住，並加以裝飾，向它燒香獻祭或禱告，在出門前或回家後都把需做或已做的事告訴它，求它保佑或向它謝恩，因此實物崇拜，的確含有宗教意味。開始時只相信物裏（自然或人造物）有一種超人力量，後來相信物裏有「靈」，故形成萬物有靈說（Animism），甚至也逐漸演變成偶像崇拜。Charles Brosses 於一七六〇年在巴黎所出版的Du culte des dieux fetiches，R.H. Nassan 於一九〇四年在倫敦出版的 Fetishism in West Africa，和 E.B. Tylor 於一八七一年在倫敦出版的 Primitive culture 都對費提西有深入的研究。

2.萬物有靈或汎魂說（Animism）。Animism 一字從拉丁文的Anima來的，卽「魂」或「靈」的意思。原始民族相信宇宙間的萬物都擁有一個魂，此魂居住在萬物內，是行動的根源，不同等級的靈魂居住在宇宙內，但瑪納(mana)普遍地充滿各物，它操縱宇宙的禍福。

泰勒（E.B. Tylor, 1832-1917）爲現代人類學之父，在他的「原始文化」一書中，强調萬物有靈說，是最早的和最基本的宗教形態，從中演變爲實物或費提西崇拜（Fetishism），多神教最後成爲一神教，所以他給宗教下的定義是：「相信精神物之存在」（The belief in spiritual beings）。

3.汎生說（Animatism）。這種學說承認萬物，包括無生物和自然物體，都具有生氣、活力，甚至意識，但否認具有個別的魂。英國學者馬黎特（R.R. Marett, 1866-1943）主張這才是最原始的宗教形態，以代替泰勒所說的「萬物有靈說」。嚴森（A.E. Jensen）也贊成這種說法。

4.祖先崇拜（Ancestor worship），有時也稱爲鬼魂崇拜。

「人死變鬼」乃古今中外相當普遍的信念，所以人死後，其魂仍繼續存在，所以靈魂不滅已是非常古老的觀念。死人的魂既然仍繼續存在，那麼祖先的魂就應加以尊敬，加以紀念，這應是很自然的。人不但相信祖先的魂存在，且相信他們會暗中保護人，尤其親人們，能答應親人所要求之事，譬如幫助親人們事事順利，事業成功，化凶爲吉，化險爲夷等。爲了討好祖先的魂，爲了祈福求安，在家中設牌位、擺祭台，供香火祭品（通常供那些祖先生前所喜歡之食物）等就成爲普遍的習慣，這就含有宗教意味。所以斯賓塞（H. Spencer, 1820-1903），著名的宗教史學家，還認爲祖先崇拜是最早的宗教形態，但此說缺乏有力的證據。當然，有時祖先崇拜也不含有任何宗教氣氛，只爲了紀念他們，爲了感恩報德，爲了飲水思源，人習慣在家中懸掛祖先的遺像，設牌位等，這種作爲就不能視爲宗教儀式，因爲不是所有人都相信，人死了會變爲鬼神，頂多只相信靈魂不滅，沒有特殊的作爲。古羅馬人、古希臘民族、中國人、日本人、北歐民族等都盛行祖先崇拜或祖先紀念。

5.至上神崇拜：相信一個或多個超宇宙實體之存在，其性質只與宇宙間的其他實體，有類比的相似點，他或他們是位格的(personal)，有理智與意志，有超人的力量，不但創造宇宙，且統治宇宙，宇宙間所發生的事，都與他或他們有關係，所以對人的命運及其他遭遇具有大的影響力，人的禍福都操之於他，也因此，人對他或他們必須必恭必敬，可以用禱告、祭祀與他們接近，並可向他們祈福求平安，求他們保佑免遭禍害。

至於「一神崇拜」(Monotheism) 和「多神崇拜」(Polytheism) 孰先孰後是一個令人爭論的問題，學者們的意見紛紜：P. Lafitau, C. de Brosses, D. Hume, J.J. Roussau, A. Comte, Marx 等均主張「多神論」先於「一神論」。Voltaire, Andrew, Lary 和 W. Schmidt 則持相反意見，多神論由一神論的退化而來。尤其 W. Schmidt 在這方面有深入的研究，收集了許多證據，證明原始民族，最先信仰一神論，與聖經創世紀的記載相同。

另有人則主張，原始人起先相信許多神的存在，但其中有一位是至高者，祂的權力最大，其他神要服從祂，在宗教上稱爲「擇一神論」(Henotheism)。有人則說，原始人所相信的衆神中，其權力相等，但其中有一位是長者，只是其地位比較突出而已 (Primus inter pares)，但對其他神沒有管轄或發號施令權。

世界上的各大宗教，從開始就相信一位至上神，這是事實。譬如猶太教就保持這種傳統，根據舊約的記載，猶太民族的傳統信仰是一神教：「以色列！你要聽淸楚，上主我們的神，是唯一的，你當全心全靈，全力愛上主你的神。」（申、六、四—五）由猶太教演變而來的基督教（包括天主教），自然也相信一神論，譬如十誡上就强調除了一位至上神爲眞神外，沒有其他的神，也不許崇拜其他的神。回教也信奉一位大仁大慈的眞主（可蘭經七十四章，一—十節）。穆罕默德臨終時還交代：「阿拉以外不可崇拜別的神。」

雖然這些大宗教所强調的是「一神教」，但同時有許多其他人信奉衆多的神，此也是事實。是以，舊約上就一而再，再而三地禁止猶太人效法，這些人之所作所爲：「所以你們應該敬畏上主，誠心誠意地奉事祂，拋棄你們祖先在大河那邊和埃及所事奉的神。」（蘇、廿四、十四—廿五）「上主，衆神誰可與祢相比？誰能像祢那樣，神聖尊威，光榮可畏，施行奇跡！」（出、十五、十一）

人類對神或唯一至上神的觀念，是旣古老又普遍的，應是無法否認的事實，在原始民族中，有時對至上神的觀念比在高度文明的社會裡更純眞，雖然比較簡單 (Simple but pure)，一般而言，有關神的觀念，有下列的方式：

(1)是生活的神(The Living God)：神是慈父、公正、大方、慈祥，充滿愛心，尊重人的自由，對人的生活有密切關係。這個神，是遠在天邊，近在眼前，祂時常在人的心中。

(2)空閒的神(Deus otiosus-Distant God)：對人的生活無明顯的直接關係。換句話說，祂不主動和直接干預人的生活，除非人遇到困難、危險，經歷各種不幸的事，譬如瘟疫、飢餓；受了委屈、寃枉；不公道的待遇等，於是人向祂求助，這時祂就不再袖手旁觀了，才干預人的生活。

(3)隱密的神(The implicit God)：對神的存在不確定，態度不明顯，觀念模糊，但人之所作所爲却暗示有神的存在，比如爲善避惡，不做虧心及缺德事，待人處事以求心安理得，相信因果報應，這些行動都暗示有超人力的神明之存在。

6.巫術(Magic)。我們前面已說過，原始民族發現自己很無能，無法控制自己的命運，但又相信一種神祕的超自然力量存在，此力量可以操縱和控制自然界的命運。於是就想辦法操縱這種超自然力量，以控制自然界所發生的事。通常以固定的「禮儀」和「咒語」以達到上述的目的。有時也用宗教和科學知識，譬如中世紀的煉金術，把普通金屬變成金，利用金屬的重量，酸性物質的份量，再配合念咒和念聖經上某些有關係的段落。總之，「巫術」是藉著祈禱、呼籲和念咒，使超人力量產生人所欲得到的效果。它本身不是宗教，但却含有宗教意味。

以產生效果的方式，「巫術」分爲二種：「相似律巫術」和「接觸律巫術」。前者基於「相似生相似」(Like produces like)的原理，譬如北美的印第安人，把針揷在敵人的木像上以刺傷木像。木像既代表敵人，自然也傷及敵人。後者基於接觸原理，當一物接觸另一物後所產生的效果，譬如澳洲的土著，相信以尖利的石英石、玻璃碎片、骨頭或木炭放在人的足印上，卽能使人變跛或殘廢。有時兩者一起用：譬如非洲有些部落，會把敵人的頭髮、手指甲或衣服之碎塊，放入火中慢燒以傷及對方。

以產生效果來分，有黑巫術和白巫術。前者爲了產生壞效果，爲了害人；後者爲了產生好效果，通常爲了治病，爲了驅魔。

「巫術」也是旣古老又普遍的習俗，不限於特定的階層的文化或特定民族。法拉西 (J.G. Frazer) 說「巫術」是宗教的「準備期」；E. Durkheim 說是宗教之源，均缺乏有力的證據。但在具體的例子上，巫術與宗教的界限不易分清。但嚴格說來，仍然不同，雖然有相同點：巫術和宗教都相信一個超越的神祕力量之存在，而此力量能產生人所欲得的效果；所用的方法也相同：禮儀、祈禱等。有不同之處：巫術以控制或命令，這種超人力量來產生效果；宗教則以服從、隸屬、尊敬的心情，去求神明的幫助，去感激神明所賜的恩惠，並以與神明結合爲目的。總之，巫術是宗教的變相，雖是原始宗教信仰的一部分，但不是重要部分，且被視爲迷信，相反一些宗教的教義，所以被禁止，如基督教（天主教）就禁止巫術。因爲聖經就曾嚴厲地指責過巫術：「幾時你進入了上主你的天主賜給你的土地，不要仿效那些異民做可憎可惡的事，在你們中間，不可容許人使自己的兒子或女兒經過火，也不可容許人占卜、算卦、行妖術或魔術；或念咒、問鬼、算命和求問死者……。」（申、十八、九—十一）。

第二節　高級宗教現象

大思想家叔本華曾說：「人先天稟有宗教心。」基督教的思想家們也說：「人的心靈天生傾向於追求宗教眞理（Anima hominum naturaliter christiana est.）泰勒（E.B. Tylor）也說「人一直有宗教信念」（Men have always been religious）在古今中外的歷史上，宗教信仰是極普遍的現象，普及於全世界的各地區、各角落。西塞羅（Cicero）早就强調說：「世界上沒有一個如此野蠻的民族，或落後的國家以至於不相信某種神明的存在；信神的觀念是先天的，深深地刻在人的心靈中。」（註二）希臘的名傳記家蒲魯塔克（Plutarch, 46-120 B.C.）也說：「在人類的歷史上，從未見過，將來也不會見到一個無寺廟、沒有神位、不舉行祈禱、不宣誓言、不記載神話、不以祭祀和其他宗教慶典來祈福辭禍的城市。」(Fulton Sheen, op. cit. p.216) 而且也爲了滿足某些時代和某些地方人士的新要求，不斷有新宗教的創立，或以新面貌出現的宗教，其中有些是比較進步的，高級的，有確定的文獻和經典作根據，而演變成有系統的「教義」，完美的「教儀」，完善的「教規」，嚴密的「組織」，和對「宗教經驗」的合理解釋，對「宗教行爲」的合法說明。

一、教義：一般而言，宗教與人的關係非常密切，她牽涉到一連串重要問題的解答：宇宙的來源，人的來源（人自何而來？）人生的目的（人爲何而生？）和人的歸宿（人往何而去？）及如何才能達到人生的目的？人與彼岸的接觸和人與神聖的關係；人所崇拜之物的存在與性質，及他與人的關係等。這些就是宗教的教義。它們或來自啓示，或來自宗教的經典，譬如基督教的新舊約聖經，猶太教的舊約聖經，印度教的吠陀經，回教的可蘭經，佛教的佛經（衆多），道教的道德經等。

二、組織：高級的宗教有嚴密的組織，以天主教爲例，其組織就非常嚴密，包括教民、教權和教規。所謂「教民」，按天主教的組織，是「所有那些有效地受了洗禮，而沒有與一致的信仰分離，並且尚與教會保持合法與正常的來往。」教宗庇護十二世在其「奧體」通諭中，重申了教會分子的資格：「唯有那些在聖洗的水中再生，宣稱了眞正的信仰，而沒有自動離開奧體，或因重大過失，由合法權威予以絕罰的人都是教會的分子。」所以按照天主教的觀念，成爲教民的條件有三：一、有效地領受聖洗聖事；二、相信教會的道理；三、與教會保持合法與正常的來往，卽服從教會的合法權威。在教民中又有系統的組織，最高領導人是教宗（通常居駐羅馬的梵諦岡），由全世界的樞機主教以民主方式由教民中所選出的，爲終身職。教宗以下的領導人有樞機主教，總主教，主教，堂區主任司鐸和一般教徒。每一位教徒都隸屬於一個地方堂區，服從該堂區的主任司鐸。所有合法的領導人都享有行政、立法和司法等權，稱爲「教權」。在天主教裡還有一部完善的法典，此法典是所有教民必須遵守的，稱爲「教規」。其他宗教也有類似的組織。

三、宗教經驗：在宗教裡有各種獨特的經驗，其中比較重要的有：

㈠「神聖」的經驗：

「神聖」，不僅是一切宗教的標誌，而且構成宗教的本質。宗教而不神聖，就不是宗教了。

廣義而論，凡是受到尊敬，受到景仰，受到愛戴，受到保護不遭到破壞與侵犯者，便是「神聖」，所以我們也經常說：「神聖不可侵犯」，稱孔子「聖之時者也。」在此意義下，不必是宗教之物也能視爲神聖的。但狹義的「神聖」，是特別地受到宗教所尊敬與保護，不許遭到絲毫破壞與侵犯，這種宗教上的「神聖」與「俗世」(The profane) 不同或對立。與神聖不同的「俗世」是「非聖」(Not sacred)，譬如那些屬於自然美及藝術美之物；那些屬於自然倫理價值之德行，如溫良、慷慨、孝悌、公正等；那些屬於高深的自然眞理。這些眞、善、美之物，雖非眞正的神聖，但亦非「反聖」。另有一些物或行爲，旣非「聖」，亦非「反聖」，但往往含有使人忘掉「聖」的危險，如賭博、跳舞、酗酒等。另有一些事或舉動却是「反聖」，如看黃色書籍、影片；爲非作歹或作奸犯科的行爲。

在宗教裡所體驗到的「神聖」，是獨特的現象，德國學者奧圖(Rudolf Otto)對此曾作了深入的研究。

奧圖爲名神學家、哲學家和宗教歷史家，於一八六九年九月廿五日生於Hanover的Peine，卒於一九三七年，先後就讀於Erlangen和Göttingen大學，畢業後，就在Göttingen母校教授系統神學；於一九一四年和一九一七年分別在Breslau和Marburg開同樣課程，直到一九二九年退休爲止，他也當了一年Marburg大學校長，他終身未娶，畢生貢獻於講學和著述工作，很受學生們的愛戴，生活嚴肅，但却平易近人，常胸懷若谷，被稱爲「聖者」(The Holy one)，爲了研究各地宗教的發展史以尋找各宗教的共同點，曾走遍全球作深入的考察，他的「論印度宗教思想與基督教教義的關係」，即是他考察的成果。他最有名的「論神聖」(Das Heilige)於一九一七年在(Breslau)出版，到一九六三年已出了卅五版。Max Scheler稱此書爲「在德國的宗教哲學的轉捩點。」John W. Harvey於一九二三年把它譯爲英文，取名爲「The Idea of the Holy。」

奧氏起初深受謝萊馬格(Fr. schleiermacher)德國名哲學家和神學家的影響，尤其他於一七九九年所寫的On Religion: Speeches to its Cultured Despisers影響奧氏的思想最大。奧氏特別注意他所說的：「宗教是獨特的感受或體驗。它雖然也包含倫理與理性體驗，但與此二者全然不同。」謝氏後來稱此體驗爲短暫和非必然者對永恒者和絕對者的「絕對依賴感」或「附屬物」(The feeling of absolute dependence)，是部分與整體的進一步結合的衝動(受造物的虛無與至高無上的超然物相形見拙之下所產生的情緒）。由依賴和衝動才產生倫理行爲和對信仰道理的反省。所以宗教主要因素是感情，而非信仰或教條，由感情才產生信仰，不是信仰生感情。換句話說，在宗教經驗裡，感情是因，信仰是果，這就是謝氏的「重情不重理」的宗教觀。但感情是主觀的，所以宗教經驗也是主觀的，信卽有，不信卽無，體驗到的，才有，未體驗到，則無，不一定有客觀事實做根據。他於一八二一年到一八二二年所出版的「基督教信仰」(The Christian Faith)就闡明了自己的此種見解。

奧氏不但同意謝氏的說法：宗教是各人的「獨特經驗」，且是「合法的」、「合理的」，對人的生存是「必要的」，但他不排除在宗教經驗裡的「理性」因素和外在與客觀存在之重要性。因此，簡稱爲「受造物的感受」(Creature-feeling)，奧氏以受造物由這種「外在」與「客觀」的存在所引起的感受來代替謝氏的主觀「絕對依賴感」，人因爲深深意識到自己是「受造物」，所以他就是非必然的(Contingent)必須絕對地及完全地依賴他物的 (Absolutely and Wholly Dependent)。人的整個實有及存在，是效果 (Effect)。在「非必然」的觀念裡自然含有「必然物」的觀念，在「依賴」的觀念裡，就含有「絕對」的觀念，在「效果」的觀念，自然就含有「原因」的觀念，所以人一旦意識到自己是受造物，就必須去尋找及肯定和體驗一種必然絕對及是原因之物的存在，人對此物之體驗卽是奧氏所說的對「神聖的體驗」(The Feeling or experience of the Holy-Numinous feeling)。此「神聖」他稱爲「令人畏懼又醉心的奧蹟」(Mysterium tremendum et fascinans)，在此奧蹟裡含有兩種感覺：

1「令人畏懼的感覺」(The feeling of dread-tremendum)。因爲神聖之物是崇高無比，至莊至大，高山仰止，神聖不可侵犯。任何其他物面對著他都不寒而慄，都敬而遠之；當人發現自己是受造物，是微不足道，是虛無（因爲人所有的一切無非來自造物者，沒有祂，人將不復存在）、是無能、無用、黯然失色、不潔、不完美時，這種感覺也就愈顯强烈。因此自然而然地就產生了不敢高攀，不敢接近的感覺(That repels)。

2.令人神迷（醉心）的感覺(The feeling of fascination)。但此神聖之物本身是無價之寶，無以倫比，絕對超越的奧蹟 (mysterium-the wholly other-utterly beyond)，是眞善美聖本身及根源，光芒四射，是全善全美，是得之者生，失之者死；另一方面人又感覺自己是不完美的，充其量只有局部的美善。人是必須依賴祂而存在、生存、永存的受造物（這就是信敎的主因），所以自然而然地傾向於祂，對祂神往，被祂所吸引(That attracts)。

總之，人發覺自己是受造物的感覺乃構成宗敎經驗的主要因素。有此感覺而無宗敎經驗固屬可能，但沒有這樣的感覺而有宗敎經驗則不可能。但是人一旦眞正意識到自己的受造性，也很自然地發現自己之外的另一物的存在，祂是「因」，自己則是「果」，自己的所有來自祂及附屬於祂。然而這種感覺並非「自我反映」，亦非「自我貶抑」，反而是人所能有的最深刻和最令人快樂的經驗，是令人確確實實銷魂蕩魄的經驗。因爲一旦有了此種感覺，人的視像完全集中於神明——造物者，故對自身虛無的覺醒只是一個相伴的現象，全非其經驗的主要點：「對現實的這種感覺，亦卽對客觀神明的感覺，必須視作意識的首要和直接對象，而人所有附屬於神明的感覺則是其結果」(The Holy, p.11)。有此經驗時，「人的靈魂震驚到說不出話來，其內心的戰慄徧及其實有的至深處。」(The Holy, p.17) 這種經驗令人有踏實、歸宿、依賴、安全的感覺，這種經驗是各人親身的獨特的，無法與外人道。(The Holy, p.10)

這兩種經驗都可證諸於聖經：創廿八16—22；出三1—12；瑪十七1—8；路五8—11。

由此兩種感覺，產生其他現象：對自己，人有謙虛、不潔、懺悔、贖罪和和解(expiation and propitiation)等感受；對神聖的神明，人懷著敬、愛、崇拜、求憐憫、求施仁慈、求寬恕、想獲救援等心情，於是終於被令人震驚的神明之無比的威力所吸引，人自然而然，有時會身不由主地傾向於祂，這就是宗教的另一種經驗——皈依——的開始。

(二)皈依(conversion)：

在宗教的經驗裡，「皈依」或「轉變」是很複雜的現象，所牽涉的因素很多。「皈依」或「轉變」有廣義和狹義兩種。廣義的皈依是人、物或地的思想、行動或存在方式的改變。譬如工廠改爲教堂或廟宇，舞廳改爲飯店或旅社，把桌子改爲床舖，把櫃子改爲書架等，即是物或地的存在方式的改變。人原有的保守作風的改變；對某種主義或思潮的嚮往，如傾向於新藝術；對某偉大或作家的崇拜；放棄共產主義歸順三民主義，唾棄極權政治傾向民主制度等。譬如許多投奔自由者之所作所爲即是重大的改變。最近王學成宣誓脫離共產黨所作的鄭重宣誓就代表重大的改變：「今天，我以最虔誠的心情，站在中華民國國旗，和國父　孫中山先生遺像，向全國同胞鄭重的宣誓，從今天起，我永遠脫離數典忘祖、禍國殃民的中國共產黨，絕不再當中共禍害中國民族，摧殘中華文化的幫兇，並願加入中華民國空軍行列，誓盡畢生之力爲三民主義統一中國，奮鬥到底。」

所以皈依或轉變的程序應是先對某人或某事物有好感（譬如王義士對共產主義），同時對另一人或事物有反感或敵意，或至少對之取無所謂的態度（譬如王義士對三民主義），後來對二者的態度完全改變了，且採取了行動。自然在採取行動時，做了很大的犧牲和冒著極大的危險。

狹義的皈依是指宗教上的皈依：人在精神或倫理上的改變：傾向於上帝和祂的法律，加入教會成為正式的教徒。

在這種皈依裡，通常意指「改過向善」及「重新做人」。由崎嶇不平的邪路走上得救的坦途，由迷途走上正道，由滅亡之路走向永生之途，類似陶淵明所說的：「悟以往之不諫，知來者之可追；實迷途其未遠，覺今是而昨非。」聖經上就時常呼籲這種皈依：「你們悔改罷！因為天國臨近。」（瑪、三、二）「那麼，你們就結與悔改相稱的果實罷！」（瑪、三、八）「你們要從窄門進去，因為寬門和大路導入死亡；但從那裡進去的人多。那導入生命之門是多麼窄，路是多麼狹啊！找到的人並不多。」（瑪、七、十三）「你們應和你們在天之父一樣完美。」（瑪、五、四八）

人的這種轉變，意含「犧牲」與「冒險」，故需要「決心」、「勇氣」和「毅力」因為人有時必須犧牲目前之所有，放棄一般俗人所夢寐以求之物。耶穌基督所說的：「天國好像一個尋找完美珍珠的商人，他一找到一顆寶貴的珍珠，就去賣掉他所有的一切，買了它。」（瑪、五、四）有些人就缺乏決心、勇氣和毅力，所以就知難而退，譬如耶穌叫那欲獲得永生之道的富少年去變賣他的一切來跟隨他，那少年就不願做此犧牲，於是悶悶不樂地走開了。所以這種犧牲或放棄有時是違反本性或自然傾向（敗壞的，不正常的本性或傾向）却合乎人的正常傾向，與人的健全本性相稱，合乎人的眞正需要，滿足人的健全慾望，因為人不僅需要生活，且需要更充實的眞善美和聖的生活及永恒的生活，因為皈依卽是「改過遷善」，而善是人之所欲也。

然而，這種善是「正善」，是眞正的善，却是相反娛善、相反表面善的「惡」，所以有時不是所有人都能體驗得到的，都能了解進而加以重視及追求。也因此宗教上的皈依的確是相當複雜的過程，而促成皈依的原因很多，其中有：

1基於受造物與造物者的關係（Creature-creator relationship）：人因爲是受造物，所以本身就是有限之物，就有缺陷，就非十全十美，但他又有無窮的慾望，不但欲「善」，且欲「至善」，只有「至善」或十全十美之物才能滿足他的慾望，一旦得到此圓滿無缺之物，他的慾望才會停止，否則，他會永遠不安，會繼續去尋找與追求。除了造物主——神之外，其他受造物都不完美，均非十全十美，充其量只有局部的完美，唯造物主是完美本身，是至善，才能完全滿足人的慾望，是人的最後目的，除非認識祂（註三），獲得祂，人心永遠不安。既然如此，人就會很自然地傾向於祂，這種自然傾向就是心理學家所說的「潛意識」行爲，這也是聖奧古斯定所强調的：「神也，祢造我們是要我們以祢爲最後目的，要我們傾向於祢，人若未獲得祢，他的心是永不安的。」（註四）這種傾向是所有受造物（包括有理性和無理性之物，甚至無生命之物）所共同的，他們都以適合於自己的方式傾向於（愛）神（De Ver. 22, 2）。

人的這種意識到自己是「受造物」的感覺，可以說是皈依的「最先」先決條件，是「非常模糊的認識」，所扮演的角色並不重要，雖然也有它的重要性，這就是以上所說過的：「有受造感而無宗教經驗是可能的。」（但沒有受造感而有宗教經驗則不可能）。因爲是非常模糊的認識，有時會因着某種原因，譬如受相反學說的影響，受世物的蒙蔽、受罪惡的侵襲，人的這種傾向會蕩然無存。況且，宗教的皈依是重大的轉變，不但是「量」的改變，且是「質」的改變，從自然到超自然，所以一些心理學家所强調的「潛意識」行爲是宗教皈依的主因（manisfestations of subonscious）實在欠妥。再者，潛意識行爲只在同性質的行爲上發生作用，在不同性質，尤其在相反性質的行爲上，就無能爲力了。從潛愛或潛恨會容易變成明愛或明（深）恨，但從潛愛變成潛恨或明恨，或從明恨變成潛愛或明愛就很不容易，必須另有積極的原因所促成。

2.基於理性受造物的關係（The reason of being rational creature）。人不但是受造物，且是理性受造物，他會推理，有求知慾，見到效果時，會尋找原因，遇到問題，會想盡辦法尋找合理的解釋，且有打破沙鍋璺到底的强烈求知慾。對宇宙的來源，對人生的意義與目的，對生死之謎，對善惡、痛苦、不幸等問題要求合理與滿意的解釋，而有些高級宗教，尤其基督教，能提供比較合理與滿意的答案，於是對宗教有了好感和認同，埋下了皈依的種子，這就是叔本華所說的「人先天稟有宗教心。」或基督教哲學家們（奧古斯定是其中之一）所說的「人心天生傾於追求宗教眞理。」（Anima naturaliter christiana）但這只能說是對神的「模糊認識」（confused intellectual knowledge），是所有人所共同的。（C.G. III, c.50）所謂模糊知識乃不能區別各種事物之不同點，如當我們看到一物在動，不知是人或其他物，此與知道物之區別點，是人或物的清楚知識（Reflex Knowledge）不同。

3.基於初步的情感反應（Emotional response）。人知道自己是受造物及對造物主之存在，有了模糊的知識後，對此造物主自然而然地產生好感，因爲當人認識了自己的虛無、不足、有限、不完美後，需要追求完美，求生存，求更充實的存在及永存，而這一切均需求助於造物主，從祂那裡得到，惟祂是慾望的適當對象，是愛的目標。然而，這只是初步的情感反應，談不上具體的愛。但我們必須强調，這種情感的反應基於理性的認識，故它是果，理性認識是因，故是先於情感的反應。正如妻子知道丈夫死了才哭，並非因爲妻子哭了，丈夫才死。

4.基於人對神的清楚知識(Reflex or distinct knowledge of God)。人對神的不清楚認識是不完備的，故所得到的情感反應也不强烈，不足構成宗教上所謂的「皈依」，因此人的求知慾和慾望均無法滿足，人必須再進一步使此不清楚和不完備的知識變爲清楚與完備的，足以抵抗分析與評論。在不清楚的知識中，人的理智立刻認神爲造物主，或以造物主的存在爲比較合理的想法，但無法告訴人此造物主是唯一的，是肉體或是靈魂，是全善全美或是無始無終的，及神與人的關係究竟如何；因此我們需要更精細的推理程序以激起對教義的研究，從教義中求得對各問題的合理解答，以便信仰與崇拜神，這就是哲學家們所說的「知爲了信」(Intelligo ut credam)。

5.基於個人的各種遭遇。人生在世的路程相當崎嶇，當遇到挫折、失敗、委屈、各種打擊以及受到不公道的待遇、不平等的對待、病痛的折磨等，於是看破紅塵，視名利如浮雲，對世事失望等都能促成人們轉向宗教，對宗教的信仰感到興趣，於是興起了對神的進一步認識，這是一般信仰自然宗教者（如佛教徒）的皈依主因之一。

到此爲止，宗教（超自然宗教）的眞正皈依尚未完成，需要另一種主要因素的參與：

6.恩寵(Grace)。有些宗教不談這種因素，但在基督教（天主教）的信仰裡，此因素扮演決定性的角色，所以對此應做較詳細的說明：

「恩寵」來自拉丁文的 Gratia，英文則爲 Grace，從Gratis 或 Gratum 演變而來的，其字義是：居高位者對其屬下所施的恩惠，此恩惠是從善意而來的一種非應得的贈與。所以，恩寵一方面是在上者出於愛心，善意施惠於屬下；另一方面在下者是完全「無功受祿」：首先，他無權要求此恩惠之施與；再者，他對這種施與應非常感激，是以，恩寵 (Gratia) 本身就含有感激之意 (Gratia)。

在宗教上，恩寵的眞實意義是：「上帝賜予理性受造物的超自然恩物，以促使理性受造物獲得永恆生命。」上帝賜予人恩寵之主要目的是使人改過向善，傾向於祂，使人接受信仰，以上帝爲最後目的。上帝以各種不同的方式進行這種施捨工作：有時在人遭遇不幸時，有時在困難時，有時當人遭受不公道的待遇，有時人在聽道時……。上帝所施予的這種恩寵，在基督教（天主教）的信仰裡是絕對必要的，因爲基督教（天主教）所講的皈依是重大的轉變，不僅是「量」的轉變，而且還是「質」的轉變，從自然界到超自然界，而人單靠自己或其他自然力量絕對無法促成這種轉變，尤其人受了敗壞與有限的本性的影響，人無法舉目向天轉向造物主。歷史上有不少例子很顯明地完全歸功於「恩寵」，譬如右盜的回頭，宗徒們於聖神降臨時的突然轉變，和聖保羅在大馬士革路上所得的神視。所以宗徒們和聖保羅的皈依完全由於恩寵所促成的。所以後來聖保羅說：「因爲你們的得救是由於恩寵，藉着信德，所以得救並不是出於你們，而是天主的恩寵；不是出於功行，免得有人自誇……。」（厄二8—9）。當然，上帝所賜的這種恩寵，也可能因着他人的祈禱和善功，譬如右盜與宗徒們的皈依因着耶穌基督的祈禱；聖保羅的皈依，由於聖斯德望的祈禱（註五）。聖奧古斯定的皈依，則得力於其母親的祈禱。

人皈依之後，對宗教的教義，對神的認識，更加深更上一層樓。人對宗教的進一步認識，以堅定其宗教信仰，這就是所謂「信爲了知」（進一步的認識），以加强對宗教的熱愛虔誠，對神的崇拜與服從，完全被此神聖之物所吸引，人會死心塌地地愛神。

四、宗教行爲：人皈依宗教之後，對神有了信仰與崇拜，就必須有所表現，必須依照信仰而生活，必須誠於中形於外，必須以行動（內在和外在行爲）證明宗教信仰，這就是所謂「宗教行爲」，其中有：

㈠虔誠（Devotion）：這是最重要和最基本的宗教行爲，是其他行爲的基礎，缺乏此行爲，其他行爲或無從而有，或毫無意義。所謂「虔誠」是對信仰之對象無條件的服從，徹底的奉獻，誠摯的侍奉和樂意的犧牲。而這種服從、奉獻、侍奉和犧牲必須出於自動自發的興高采烈心情；是以最虔敬誠摯和最誠實無僞的態度來表達。這種心情與態度對信仰一位至高無上的造物主的宗教更爲重要與自然，因爲她們所相信的造物主是萬物的根源，是所有美好的原因，是所有恩澤的來源。祂是偉大無比，祂是崇高之至，面對着祂，人自然而然感到渺小、無能、虛無、脆弱了；於是愛、敬、羨慕、感激、驚訝、依賴、服從、屈服、歸順、奉獻、犧牲、謙遜之情油然而生。當宗教人士以行動來表達這些感受時，就是虔誠的含義。耶穌基督是「虔誠」的最完美榜樣：「他一進入世界便說：『犧牲與全燔祭，已非祢所要，却給我預備了一個身體；全燔祭和贖罪祭，已非祢所喜，於是我說：看、我已來到！關於我，書卷上已有記載：上主、我來是爲奉行祢的旨意』」（希十、五—七）他在被判死刑的前夕，向天父禱告時說：「父啊！如果祢非要我喝這苦杯不可，就照祢的意願吧！」（瑪廿六、四十二）所以後來聖保羅敬佩地說：「他服從至死，死於十字架上！」。

㈡崇拜（Adoration）：是一種承認至上神的崇高，超越而對祂表示尊敬、愛慕、服從，和儘量給祂所應得的表揚、歌頌的行爲。所以人必須心中先承認至上神的卓越與崇高，而由衷地對祂表示無限的敬愛，陪伴着外在行爲，譬如以叩首、跪拜、鞠躬、俯身、脫帽、舉手、上香、奉獻和祭祀等，因爲誠於中，必須形於外。

㈢畏懼（fear）：「怕」或「畏懼」是人的心理狀態之一，由人所面臨、或所將面臨的危險、不幸遭遇或不如意的事情所引起的。自然當人一方面認識自己的渺小、無能、卑微、邪惡、不完美、有缺點、有罪惡感；另一方面面對着一位崇高、偉大、大能、莊嚴、神聖、善良、完美者，也會產生畏懼之情，所以一位平民謁見國王、總統或其他大人物時，或一位犯人見到法官時，通常都帶點畏懼感，當人處在此種心理狀態中時，其心情往往會感到不平靜、焦慮不安、驚惶失措、目瞪口呆、張口結舌、手忙脚亂、面無人色、心慌意亂、魂飛魄散、甚至會不寒而慄，其嚴重情形通常以所面臨的危險、威脅之輕重；所面對着對象的地位、身分之高低、其權威的大小和自身的情況而定。

在宗教裡，畏懼是很普通及很重要的行爲，因爲宗教是受造物與造物主、人與超人力量之間的關係。造物主是至高無上的，其地位、權威、能力、智慧、完美等均無以倫比，所以大神學家奧圖就直稱爲「神聖」——「令人愴怖的奧蹟」（Mysterium tremendum）。受造物與造物主何止天壤之別？也因此，「畏懼」在宗教裡應是很自然與普遍的現象，在某種意義上，我們甚至可以說，在宗教裡若無畏懼感，宗教也就不成爲宗教，因爲一方面宗教已非「神聖」了，而「神聖」不但是宗教的特徵，且是其本質（上面已說過）；另一方面，人——受造物——與造物主之間的關係已改變了，二者的地位、身分等也沒什麼差別，是平等的。既是平等的，對至上神，人就不必有崇拜、敬重、服從、屈服侍奉等行動，如此一來，宗教已失去所應有的特色，自然也就無存在的理由。

　　但「畏懼」在某種意義上是一種不好的，甚至是一種不正常的心理狀態，是人所厭惡之物，若宗教裡非含有畏懼感不可，那宗教豈不成了討人嫌的東西？而且，聖經上還說，上帝是愛、是完美、是善良、是慈悲、是一切美好的根源，譬如聖詠第八十五首裡就說：「上主！你却是良善慈悲的，極其寬仁而信實，不輕易發怒」。莎士比亞在「威尼斯商人」中也說：「慈悲是上帝的特徵；人間的權力接近上帝的權力之遠近以恩以濟威的比例之多少為衡量。」（註六）西諺也說：「犯錯是人的常情，寬恕是上帝的本性」(To err is human, to forgive is divine)。聖詠第一二九首又說：「上主！祢若細察人的罪辜，又有誰還能站得住？然而祢一向寬恕為懷，我們對祢起敬起愛。」聖多瑪斯也說：「上帝的懲罰都是少於人所應得的」(Deus punit citra condignum) (S. Th. 1,21,4 ad 1)。既是「愛」、「完美」、「美好」、「善良」、「慈悲」，怎能令人畏懼呢？為了解答此問題，先必須瞭解「畏懼」的種類，然後才談宗教所說的畏懼究竟如何。

　　1.俗世畏懼(Worldly fear)：為了逃避暫時的痛苦或懲罰，人寧願得罪上帝，背叛神明，做些違背天理、良知的事，譬如為了逃避暴君的為難，怕忍受皮肉之痛，人放棄信仰，背叛上帝，這種畏懼是弱者的作為，毫無可取之處。

　　2.奴隸畏懼(Servile fear)：人單為了怕遭到上帝的懲罰或報復，才勉强不犯罪，才試圖不觸犯神明，這種奴隸性畏懼，在原則上是好的，但不是最理想的，不是最上乘的，因其出發點不純正、不高尚，猶如兒女只因為怕遭到父母的責罵、懲罰才順從父母，才勉强聽從父母的話。這種畏懼在原始宗教中佔有重要地位，因為在原始宗教信徒的意識內普遍存有違犯禁忌(Taboo)便激怒神明的想法，而「恐懼感」是原始宗教的形成主因之一（我們已說過），所以憑藉犧牲、祭祀、奉獻、祈禱以平息神明的怒氣在原始宗教裡最爲流行。

3.敬畏（filial fear）：宗教人士除了相信上帝是公道、嚴厲、鐵面無私的法官外，還相信祂是仁慈、慈悲、善良、無限美好及和藹可親的天父，是一切美善的根源，人必須與祂接近，與祂結合在一起才是完美的、才有生命、才能得救，否則就是自取滅亡。但人若犯罪，觸怒神明，不順從祂的旨意，不遵守祂的法律，人就遠離上帝，就無法與上帝結合，爲了怕這種不幸的發生、爲了怕失去一位可親、可愛的父親，爲了不觸怒祂，人在消極方面勉力不犯罪，不違背神的旨意；在積極方面以修德立功、以遵守神的法律，爲了博取神的垂愛，這是最完美、最高尚、最理想的畏懼，稱之爲「敬畏」。自然人對神的崇高、偉大、莊嚴、大能等也懷有畏懼感，但這種畏懼感是來自驚訝、羨慕、景仰、欽佩、尊敬、讚賞等心情，所以也是敬畏的對象。柏拉圖在對話錄中就提到這種敬畏：「我對神明的名字時常感到畏懼，這並非普通的畏懼，而是超越其他畏懼的畏懼……。」（註七）柏氏的畏懼與聖詠上所說的不謀而合：「上主，求祢指給我祢的途徑，我必照祢的眞道進行，使我一心敬畏祢的名」（詠八十五）。這種畏懼尤其加深，當人一方面意識到神是最高及最公正的法官，另一方面發現自己是微不足道及非常不完美的受造物，對自己的惡行應負責任，應向神交帳，而惟神是評斷人的行爲，並徹底清查任何隱私祕行的正義法官。關於這點齊克果發表了若干非常動人的文章（註八）。

總之，畏懼，尤其敬畏，不但是宗教行爲，且是重要行爲，這種行爲能使人爲了尊敬上帝、熱愛上帝、爲了不得罪上帝、爲了疾惡如仇，人會勉力遵守上帝的法律，力圖爲善避惡，修德立功，這也是聖經上所說的：「畏懼是智慧」（約廿八—28）或「敬畏上主是智慧的開始」（詠一一一—10），是舊約宗教的全部精神：「以上是上主你們的天主吩咐我教給你們的誡命、法令和規則，教你們在過河後去佔領的地方遵行，好使你和你的子子孫孫，終生日日敬畏上主你的天主，遵守我吩咐你的一切法令和誡命，使你獲享長壽。」（申六—1—2）

聖經的新舊約也時常提到這種敬畏：「摩西因爲怕看見天主，就把臉遮起來」（出三—6）。「我被擄到亞述作俘虜時，曾流徙到尼尼微。那時，我的衆兄弟和同胞都吃異民的食物，但是我却是自律，總不吃異民的食物」（多一—10—11）。「耶穌醒來，叱責了風，並向海說：『不要作聲，平定了罷！』風就停止了，遂大爲平靜。耶穌對他們說：『爲什麼你們這樣膽怯？你們怎麼還沒有信德呢？』」（谷四—39—40）。「那人立刻在他們面前站了起來，拿着他躺過的小床，讚頌着天主，回家去了。衆人十分驚奇，並光榮天主，滿懷恐懼說：『今天我們看見了出奇的事』」（路五—25—26）。初期的基督徒也常在懷懼畏感下生存：「他們專心聆聽宗徒的訓悔，時常團聚、擘餅、祈禱。因爲宗徒們顯了許多奇蹟異事，每人都懷着敬畏之情」（宗二—42—43）。「教會既在猶太、加里肋亞和撒瑪黎雅得了平安，遂建立起來，懷着敬畏之情行動，並因着聖神的鼓勵，逐漸發展」（宗九—31）。「不錯，他們因了不信而被折下來，你們要因着信，才站得住。你們決不可心高氣傲，反應恐懼，因爲天主既然沒有憐惜了那些原有的樹枝，將來也不許憐惜你。可見天主又慈善又嚴厲：天主對於跌倒了的人是嚴厲的，對於你却是慈善的，只要你存留在他的慈善上，不然你也必要被砍去」（羅十一—20—22）。「爲此，我可愛的，就如你們常常聽了命，不但我與你們同在的時候，就是如今不在的時候，你們更應該聽命。你們要懷着恐懼戰慄，努力成就你們得救的事」（斐二－12）。

㈣懺悔：所謂「懺悔」是人（靈魂）對所犯之罪感到痛苦與憎惡，並立志以後不再犯罪。人人有罪，故都該有懺悔的行爲。

「懺悔」與「後悔」不同：後悔不必是有關倫理生活，因爲後悔亦能涉及理性生活，譬如人犯了知識方面的錯誤；亦能涉及物質生活，譬如人後悔坐失良機或由於人謀不臧以致招來物質上的損失或未獲得本來可有的利益，例如金錢等。所以後悔與「收回以往」有關，而收回以往的原因，則是因爲以往的事曾爲人帶來不愉快。

「懺悔」則只涉及倫理生活，它的直接對象是倫理惡——罪。人痛恨過去所犯的罪，以致後悔不已，並立志勿重蹈覆轍。人不但可以，並也應該對內在罪行和外在罪行產生懺悔之情。所謂內在罪行主要是意志的行爲，意志做了錯誤的選擇，下決心做一些違反倫理律的事，譬如：決定要殺人放火或動搶刼偷竊的邪念，但此決心並未付諸行動，卽並未牽涉到第三者，並未給他人或社會製造了不良後果。人自然也可以，且應該對外在罪惡行爲懺悔，因爲它已牽涉到第三者，已給他人及社會製造不良效果，此也等於說把自己的快樂建立在別人的痛苦上，可以說罪（內在行爲）上加罪（外在行爲），也因此人更應對外在罪行，產生懺悔之情，其程度通常以所製造的傷害之大小爲衡量，傷害愈大，懺悔之情愈深，反之亦然。

人除了能由給他人及社會所製造的不良後果產生懺悔之情外，也能因爲罪行會給當事人自己導致惡果，譬如會遭人不齒，會受國法的制裁等產生懺悔之情。

僅此，懺悔不是宗教行爲，爲構成宗教行爲，最主要的是因爲獲罪於上帝、反抗上帝、沒有遵守上帝的法律、違背上帝的旨意，而因此也會遭上帝的懲罰，所以當事人才愈生懺悔之情。但對上帝的懲罰之恐懼感在宗教行爲的懺悔感裡，主要應是因爲冒犯上帝、反抗上帝、不尊重上帝、侮辱上帝、對上帝不恭不敬，而上帝是完美的、崇高的、善良的，且酷愛人類，是人類最大的恩人；而人是卑微的、無能的、不完美的、是受惠者，原本應該感恩圖報、死心塌地的服從他、尊重他，可是反而反抗他、背叛他、侮辱他，所以才生懺悔之情，這才是宗教行爲，才算是高尙的懺悔之情。若只因怕遭懲罰所產生的懺悔之情，雖然也是好的，但不是最上乘的、最完美的。

但此尙不完備，必須陪伴着消極與積極的行動。在消極方面：人必須下定決心，痛改前非，立志勿重蹈覆轍，並付諸實行，否則當事人的懺悔心不堅、意不誠，此行爲不但無用，且是額外的侮辱、不敬，因爲人未有效地遵守誓言、履行許諾，此表示對上帝的權威的藐視、對上帝崇高地位的不尊重。

積極方面：要以行動表示對上帝的尊重、對上帝的服從，此行動通常藉着「祭祀」和「祈禱」等表現出來。

最後，懺悔又與仰望上帝的慈悲、寬宏大量相連不離。易言之，人之所以懺悔乃因爲依恃上帝的仁慈，上帝不但是公正的法官，且也是慈悲的法官，他能寬兔人所犯的罪，但需要人誠心誠意的去求寬恕，否則人會陷入絕望，既已絕望，也就不會求寬恕；不求寬恕，也不會有眞正的懺悔之心，雖然能有後悔之情。而懺悔是非常重要的宗教行爲，因爲人藉着宗教行爲與上帝結合，以便得救。但人非聖賢，孰能無過。在人的一生中，兗不了會犯錯、犯罪、得罪上帝。若不懺悔、不痛改前非、不求恕，罪就不能赦兗，人的宗教信仰就毫無意義，就不能開花結果。

總括上述，作爲宗教行爲的懺悔，包括許多因素：一、對罪行所導致的惡果的恐懼；二、對上帝的權威與地位之不尊重的懊惱；三、有痛改前非的決心與行動；四、對上帝慈悲的依恃；五、獲得上帝寬恕的希望與信心。達味王在犯了通姦（與有夫之婦巴沙咪（Bethsabee））和殺人罪（殺死其情婦之丈夫）所表示的懺悔是典型的宗教行爲，在他懺悔時所道出內心的感受，是最完美的懺悔詩章（詠51），包含了懺悔的各因素：

天主，求祢按照祢的仁慈憐憫我，
依祢豐厚的慈愛，消滅我的罪惡。
求祢把我的過犯洗盡，
求祢把我的罪惡除淨，
因爲我認清了我的過犯，
我的罪惡常在我的眼前。
我得罪了祢，惟獨得罪了祢，
因爲我作了祢視爲惡的事；
因此，在祢的判決上，顯出祢的公義，
　在祢的斷案上，顯出祢的正直。
是的，我自出世便染上了罪惡，
我的母親在罪惡中懷孕了我。
祢既然喜愛那出自內心的誠實，
求在我心的深處教我認識智慧。
求祢以牛膝草灑我，使我皎潔，
求祢洗滌我，使我比雪還要白。
求祢賜我聽見快慰和喜樂，
使祢粉碎的骨骸重新歡躍。
求祢掩面別看我的罪過，
求祢除掉我的一切罪惡。
天主，求祢給我再造一顆純潔的心，
　求祢使我心重獲堅固的精神。
求祢不要從祢的面前把我拋棄，
不要從我身上將祢的聖神收回。
求祢使我重獲祢救恩的喜樂，
求祢以慷慨的精神來扶持我。

我要給惡人教導祢的道路，
罪人們都要回頭，向祢奔赴。
天主，我的救主，求祢免我血債，
我的舌頭必要歌頌祢的慈愛。
我主，求祢開啓我的口唇，
我要親口宣揚祢的光榮。
因爲祢既然不喜悅祭獻，我獻全燔祭，祢也不喜歡。
天主，我的祭獻就是這痛悔的精神，
天主，祢不輕看痛悔和謙卑的赤心。
上主，求祢以慈愛恩待熙雍，
求祢重修耶路撒冷城。
那時，祢必悅納合法之祭，犧牲和全燔祭獻；
那時，人們也必要把牛犢奉獻於祢的祭壇。

㈤祈禱：祈禱也是重要的宗教行爲之一，先談其定義，後談其種類。

1.定義：祈禱是「人的心靈與至上神相結合，並向他感恩、歌頌（讚美）、崇拜以及向他有所祈求」。祈禱是實踐理性（Practical Reason）的行爲，因爲在祈禱中有對某種關係的認識，對上下關係的認可，是在下者知道了自己的需要，向在上者表示在自己心中所想的，也因此唯有理性的受造物才能祈禱，祈禱也就成爲有理性者的特徵，所以我們不妨說唯人是會祈禱的動物，其他無理性的動物是不會祈禱的。祈禱既然是理性或意識的行爲，在祈禱時就必須意識到向誰祈禱及祈禱什麼和爲何祈禱。所以，人在祈禱時，若完全心不在焉，只能說表面上祈禱，而實際上不是祈禱。

祈禱是基於信仰的行爲，信仰一位超人的位格之存在，並且是信仰的具體化、現有化（Actualization）、生動化、逼眞化，因爲人在祈禱時，不僅相信一位超人的位格之存在，且一方面對此位格的超人能力、超人智慧、超人完美的認同；另一方面對自己的卑微、脆弱、無能的承認，基於此，人自然對超人位格產生了服從、敬畏、依賴、歌頌、知恩、感恩、敬愛等行爲，所以有信仰而無祈禱是不可思議的；有祈禱而無信仰是更加不可思議，簡直是不可能的。斯賓諾莎以爲神明是無位格的，故當他見到人祈禱時，便不禁哈哈大笑；在這點上，他的作風是有道理的，因爲宛如向一個無位格的神明求恩，的確是毫無意義的。

既然祈禱是基於信仰的行爲，而信仰的主要對象是一個有位格的超人力量，此力量，一般而言，卽指至上神，那麼，祈禱的主要對象也應是至上神，因爲唯有祂能滿足人的希求，唯祂是人的崇拜對象，這就是定義裡所說的「人的心靈與至上神相結合」。

雖然唯至上神是祈禱的對象，但其它聖賢豪傑、已故的親朋好友也能是祈禱的對象，故有祖先崇拜、聖賢豪傑崇拜，如向菩薩、聖保羅祈禱，不過是求他們在至上神的面前替人代禱，至少基督教（天主教）如此相信。

一般人總以爲祈禱的目的是祈福避禍，其實此並非祈禱的唯一目的，也不是最主要的目的。儘管在某種意義上是最基本的（以後會提到），但是祈禱還有其它目的：感激至上神的大恩大德，歌頌至上神的崇高超越，尊重至上神的至上權威，承認人的罪孽並求寬免，這就是定義裡所說的：「向祂感恩、歌頌、崇拜及向祂有所求」，除了求恩外，尙求祂寬免人的罪愆。因爲祈禱有這麼多的功用，所以在宗教裡，祈禱變成了非常重要的行爲，是善男信女在宗教生活裡不可缺少的活動，所以才有基督教教堂、天主教教堂、寺廟（佛、回教）會堂（猶太教）的林立，它們主要是祈禱之所。對教徒而言，齊克果把祈禱比作呼吸是有道理的，爲人不藉着呼吸吸收氧氣便不能生存；同樣地，宗教生活缺少祈禱也會枯萎凋謝的。

2.種類：

(1)從形式方面而言有個人祈禱和公共祈禱；口禱和默禱。

個人祈禱是以私人或個人的名義祈禱，可以實行於個人單獨祈禱之時；也可以大家在一起時。公共祈禱則以團體的名義祈禱，可以許多人在一起，或可以個人單獨祈禱時實行公共祈禱。

口禱是當人把自己的思想藉着言語發出聲音。默禱則單是人的內在行爲——人的理智和意志的行爲，沒有外在行爲的陪伴。

(2)從性質（功用）方面而言：

A.崇拜禱 (of worship)：我們已說過，「有所求」，並非祈禱的主要功用、目的或動機，否則祈禱就變成「現實主義」或「實用主義」的工具，人就變成唯利是圖的動物。這種無事不登三寶殿的作風未免太現實了，至上神是否俯聽這種祈禱，不無疑問。人可以，甚至也應該在無所求時祈禱，而這種祈禱自然是更超然、更卓越、更高尚，其中最重要的是「崇拜禱」。卽我們在祈禱時，一方面承認至上神的卓越性、至上神的崇高、至上神的完美；另一方面表達我們對至上神的服從和歸順。自然這兩種行爲都基於對一位超越的位格至上神的信仰，由此信仰所發生的一種高山仰止的心情所引起的。這種祈禱在靜默中最爲有效。當人收斂心神，揚棄塵世的顧慮而專心面對至上神，靜想他的崇高、完美，瞭解自己的無能、脆弱。當靜想至上神的崇高時，自然有一種緊張、恐懼的感覺；但同時又產生一種依賴感、安全感，因爲面對着一位崇高、偉大而又慈祥的至上神，人又感覺受到保護、得到照顧，有了依靠、有了保障，這就是 (Von Hügel) 論祈禱時，所說的：「祈禱使緊張到無可復加的極點，亦使人緩和到鬆弛的極點。」

齊克果在其論宗教生活的一篇動人的文章中也描述人在這種祈禱中的情況：「人能講話是人高於禽獸

的優點。但人能講話並且願意講話，在人對天主的關係上，則容易變成一個禍根……人只能恐懼戰慄地同天主講話，恐懼戰慄……人越誠心地祈禱，越少有話可講，卒至全然靜默。可能的話，人還要變成一個與講話完全相反的聆聽者。人以爲祈禱便是講話，但人所學到的，則是祈禱不單是靜默，而且還是傾聽。果然如此：祈禱並非人在聽自己講話，而是嚴守靜默和期待，直到祈禱者聽到天主爲止。」(The Lilies of the Field, p.324)

B.頌揚禱：人畢竟是混合物，由靈魂和肉體合成的，他能有內在行爲，也能有外在行爲，若誠於中必形於外。所以在靜默的祈禱中所有的感受，自然而然會向外流露，於是用自己的歌聲，用自己的言語，甚至用自己的其他外在行爲來讚美、歌頌至上神無以倫比的美妙，至上神無法言喩的偉大，這些均可表現於頌揚禱中，而這種作爲常値得鼓勵和讚揚，所以天使曾對多俾亞說：「你們該讚美上帝，感謝祂，顯揚祂！該在外人前把祂爲你們所作的一切好事歸功於祂，爲讚美歌頌祂的聖名；該向外人隆重地宣示上帝的工程，不要延緩感謝祂！隱藏君王的榮耀固然好，但對上帝的工程，却應該隆重地宣示和公認」(多十二—6—7)。「只有祢是聖的，只有祢是主，只有祢是至高無上的」是頌揚禱者的典型心聲。

C.求恩禱 (of petition)：這是人所周知並且最爲流行的祈禱，其特點是：人將至上神視作一位「施予者」，並求祂施恩。在求恩禱裡存在着施予者與受惠者的關係，而在這種關係裡有些先決條件：第一必須承認相信施予者的大能、大慈、大悲，因爲它牽涉到施予者的「能力」和「善良」，祂既「能」施予又「願意」施予。祂若「不能」，卽使「願意」；或卽使祂「能」而「不願意」施予，求恩禱就毫無意義了。第二，可能的受惠者必須承認自己的受造性、非必然性、依賴性、脆弱、無能、不足。他無法滿足自己的需要，他必須得到幫助、支援，所以求恩禱常與「謙遜」相偕不離，否則求恩禱也毫無意義，及不能產生預期的效果。甚至也不可能發生，因爲自負的人目空一切，自認爲是已足夠，無需他人的支援、幫助，不會向任何人低聲下氣。耶穌基督在福音上講有關謙遜者的禱聲被接納，驕傲者的禱聲被拒絕的例子，的確發人深省。

其次對施予者寄予希望，對祂有堅强的信心，否則心不誠意不堅，也是徒然，因爲所謂誠則靈，不誠則不靈，所以耶穌基督在福音說：「你們若有信心，你們足可移山倒海」。所以缺乏信心的祈禱是徒勞無功的。

再者，對施予者應有强烈的「愛」，愛是雙方良好關係、深厚友誼的基礎；有了良好的關係，祈禱才易於被接納，否則祈禱也不會奏效。

總之，在某種意義上，求恩禱是最基本的祈禱，因它含有宗教上所講的信、望、愛、謙遜等基本德性在內。論語上的「丘之禱也久矣！」卽是求恩禱。

D.求恕禱：求恕是求恩的延伸，因爲人在求恩時不但求至上神賜福辭禍，且求至上神寬恕自己的罪孽。而在另一種意義上，求恕禱應先於求恩禱，因爲當人犯罪得罪了至上神，卽是至上神的敵人，人與至上神之間已沒有良好的關係。良好的關係一遭破壞，相通的管道已不存在，猶如無外交關係的兩國，無法直接交往，所以雙方的直接來往必須先藉着求恕禱以恢復良好的關係，先建立適當的管道，否則至上神不但對求恩者的心聲裝聾作啞，且把它當做耳邊風，甚至感到厭煩，引起更多的反感，得不到回響，因此在「天主經」裡人必須先禱告說：「求祢寬恕我們的罪過」，後才說：「救我們免於凶惡」。

E.感恩禱（of thanksgiving）：知恩圖報不但是人的義務，也是人的美德之一。忘恩負義的人是永遠遭人不齒，禽獸尚知反哺，何況爲萬物之靈的人呢？孝道是知恩圖報的具體表現，是做人的基本原則，所以古訓有「百善孝爲先」。

感恩的程度應以所得的恩惠之大小作爲衡量，所得恩惠越多，感恩之情也應越深，反之亦然。人是社會動物，當他生存於社會中時，處處得到他人的援助，時時得到他人的照顧。在四週的人中，援助我們最大，照顧我們最多的人自然應算我們的父母，所以感恩的主要對象是我們的父母，也因此，「孝道」一直受人重視和讚揚。但宗教人士把至上神視爲比父母更大的恩人，祂照顧、援助、關懷我們的程度遠超過我們的父母，因爲人「存在、生活、活動於祂內」(In Eo movemus, Vivimus et Sumus) 如聖保羅所說的。人一方面深知「一切美好均來自至上神」；另一方面意識到自己是無功受祿者。凡人所有（包括人的存在，人能繼續生存），無非出自至上神的寬仁表現，慷慨的賜予，這是宗教人士的信念，同時也是感恩禱的基礎。所以，人在一生中，從生到死，都應常懷感恩之情，在此意義上，感恩禱應先於求恩禱。

感恩禱與求恩禱有密切關係；是互爲因果。求恩之後，自然生感恩之情，在這種意義上，求恩爲「因」，感恩爲「果」。若人只知求恩而不知感恩，求恩將毫無意義，因爲是徒勞無功的，在這種意義上，感恩是「因」，求恩則是「果」，所以感恩禱也是宗教的重要活動之一，是高度宗教情操的表露。美國的感恩節是重要節日之一，當天的最主要活動是教徒們聚集在教堂裡或家裡感謝上帝在一年內所賜予的恩惠，這是有理由的。

以上所說的五種祈禱都已包括在天主教的正式禱文中，其中主要有：

天主經：「我們的天父，願祢的名受顯揚，願祢的國來臨，願祢的旨意奉行在人間，如同在天上。求祢今天賞給我日用的食糧，求祢寬恕我們的罪過，如同我們寬恕別人一樣，不要讓我們陷於誘惑，但救我們免於凶惡」。

光榮頌：「天主在天受光榮，主愛的人在世享平安。主、天主、天上的君王、全能的天主聖父，我們爲了祢無上的光榮，讚美祢、稱頌祢、朝拜祢、顯揚祢、感謝祢。主、耶穌基督、獨生子；主、天主、天主的羔羊，聖父之子；除免世罪者，求祢垂憐我們。除免世罪者，求祢俯聽我們的祈禱。坐在聖父之右者，求祢垂憐我們；因爲只有祢是聖的，只有祢是主，只有祢是至高無上的。耶穌基督，祢和聖神，同享天主聖父的光榮」。

㈥祭祀 (Sacrifice)：人的懺悔不但表現於祈禱中，且也表現於祭祀裡。而祭祀也可以說是祈禱的另一種方式，故也可以稱爲「祭禱」，因爲在祭祀裡表示人對至上神的崇拜、感恩、祈恩求福和寬恕等。所以，談論過了祈禱，接着討論祭祀。論祭祀時，先論其意義，次談其歷史和種類，末說十字架祭祀與彌撒祭的關係。

1意義：「祭祀」或「犧牲」(Sacrifice) 是人日常用語之一，它乃意指人爲了更崇高的目的放棄某些事物，譬如年輕人爲了保衞國家而犧牲自己的性命；一位少女爲了照顧生病的母親，而犧牲自己的婚事；一位學者爲了獻身於教育，終生不娶，自然也是一種犧牲。一位用功的學生，放棄各種娛樂，終日伏案勤讀，也稱爲犧牲。神職人員，爲了專心事主，立志守貞，更是一種犧牲。

祭祀是宗教的主要行爲之一，沒有無祭祀儀式的宗教，若無祭祀就不成爲宗教。在宗教裡，「祭祀」

則有特別的意義：把某種有價值的有形物（動物、植物、食物、飲料、甚至人）由合格的司祭（或私人）將以毁滅以便奉獻給神，一方面爲了承認他的至上權、他的尊威；另一方面爲了歌頌感恩、祈恩和贖罪（求恕）。所以，眞正的祭祀在宗教裡具有六種特徵：

(1)有形的祭物陪伴着內心的虔誠。在舊約時代把綿羊、山羊、鴿子、油、麵餅、酒、蔬菜和水果等作爲有形的祭品是很普通的事。

(2)只有上帝是祭祀的奉獻對象。

(3)祭祀的目的，是爲了承認上帝的至上權威，和對天主表示絕對的服從和尊敬。

(4)由合格的人——司祭和以全體民衆的名義奉獻祭祀。

(5)祭品必須經過一番事先的準備工作以表示隆重。

(6)祭品必須加以全部或局部的毁滅。

2.歷史：

(1)祭祀是非常普遍的，各古老民族早就盛行祭祀。我國古代每逢大節君王都以全民的名義舉行隆重的祭神大典。周易就談到了祭神的行爲，叫做「享帝」，或「享上帝」。如鼎卦象辭有：「聖人享以享上帝。」益卦六二：「王用享于帝。」渙卦象辭說：「先王以享于帝，立廟。」這裡所說的「帝」，或「上帝」即指創造萬物的主宰。連孔子也重視祭祀：「祭神如神在」。

(2)希臘和羅馬時代：古希臘人早已盛行祭祀。古希臘人因相信有天上神或奧林匹克神和地獄神，故有天祭和地祭(celestial and infernal sacrifice)的存在：

A.天祭：在天祭裡，通常人準備一桌豐盛的食物以便祭神，但人也分享這些食物；這種祭祀可以說贖罪祭（propitiatory）和求恩祭（of supplication）。

a 贖罪祭：人冒犯了阿波羅神，其司祭凱斯（chryses）把奧德賽（Odysseus）所獻的一百隻牛屠宰獻給阿波羅以救回被 Agamemnan 所拐走的女子凱斯詩（chryses）（凱斯的女兒），稱爲百牲祭（Hecatomb）。荷馬的伊里亞特史詩的第一卷有記載這種祭祀。

b 求恩祭：在伊里亞特第六卷記述，女司祭 Theano 向 Athena 神爲特洛伊（Troy）城的年老婦女求恩說：「我們現在在祢神殿裡把皮毛光滑而完整的小母牛獻給祢，請求可憐特洛伊城和此城市的婦女和小孩子們！」（伊里亞特六－一二〇五－一二一〇）

B.地祭：荷馬在奧德賽史詩中（卷十516－528）記述女巫（Circe）訓示奧德賽挖了一個四方形的坑，把牛奶、蜂蜜、甜酒和水倒在死者身上，然後把白大麥製成的食物撒在洞裡。最後向死者求恩後把一隻公羊和黑色母羊宰了，把他們的頭朝向塵世通往冥府的暗處。通常祭品是黑色的，而祭祀儀式則在夜間舉行。人不吃祭品，通常用火把祭品燒掉。

柏拉圖在他未完成的對話錄中阿特蘭提斯（Atlantis）也提到阿特蘭拉斯國王的宰牛祭。

柏氏雖然贊成祭祀，但反對祭祀的濫用，他曾說：「祭神及以祈禱、奉獻和其他崇拜與神結合是美好和高貴的，對幸福的生活有好處，是最善良的風尚。」（法律篇卷四716 D）

古羅馬人和希臘人的祭祀大同小異，通常以豬、牛、羊等作爲祭品。

⑶古猶太人所舉行的祭祀更爲普遍及愼重，其對象是「雅威」。舊約裡充滿祭祀的行爲，加音和亞伯

爾兄弟各以植物和動物作祭品。

創世紀又曾記載當亞巴郎擊敗敵人回來時，索多瑪王出來到沙委山迎接他。撒冷王默基瑟德也帶了餅和酒來，他是至高上主的司祭，祝福亞巴郎說：「願亞巴郎蒙受天地的主宰，至高者天主的祝福，願將你的敵人交於你手中的至高者的天主受讚美！」（創十四17－20）。祭品通常以動物植物爲主，以人作祭品的事則極爲罕見，且被嚴禁，譬如耶肋米亞書就記載雅威反對人祭；「猶太子民作了我視爲邪惡的事，火焚自己的兒女，這是我從沒有吩咐，也沒有想到的事（七－30）。創世紀記載亞巴郎殺子祭神的事可能只是象徵性，旨在消滅不良的人祭的俗習（創二十二章）。最隆重的祭祀是全民所舉行的逾越節爲紀念並感謝上帝把他們從埃及人的奴隸中解救出來。

(4)基督敎（天主敎）最重視十字架祭祀，因爲耶穌基督爲人類的救世主，他不但自己身爲祭師，且把自己充做祭品，死於十字架上，成爲最完整的全燔祭，所以後來聖保羅說：「事實上，每位大祭師是由人間所選拔，奉派爲人行關於天主的事，如奉獻貢物和犧牲，以贖罪過，好能同情無知和迷途的人，因爲他自己也爲弱點所糾纏。因此他怎樣爲人民奉獻贖罪祭，也當怎樣爲自己奉獻。誰也不能自己擅取這種尊位，而應蒙天主召選，有如亞巴郎一樣。照樣，基督也沒有自取作大司祭的光榮，而是向他說過：『你是我兒子，我今日生了你』的那位光榮了他；祂又如在另一處說：『你照味基瑟特的品位，永做司祭』，當他還是血肉之身時，以大聲哀號和眼淚，向那能救他脫離死亡的天主，獻上了祈禱和懇求，就因他的虔敬而獲得了俯允。他雖然是天主子，却由所受的苦難，學習了服從，且在達到完成之後，爲一切服從他的人，成了永遠救恩的根源，遂蒙天主宣稱爲按照味基瑟特品位的大司祭」（希五1－10）。聖保羅並也證實了耶穌基督將自己充作祭品：「這樣的大司祭才適合於我們，他是聖善的、無辜的、無玷的、別於罪人的、高於諸天的；他無須像那些大司祭一樣，每日要先為自己的罪，後為人民的罪祭獻犧牲；因為他奉獻了自己，只一次而為永遠完成了這事，因為法律所立為大司祭的人是有弱點的；可是在法律以後，以誓言所立的聖子，却是成全的，直到永遠」（希七26—28）。

十字架祭祀雖已完成了，但至今一直被紀念着。天主教裡每日所舉行的彌撒，卽是為紀念十字架祭祀，所以「彌撒」也可以說是十字架祭祀的延續，而「彌撒」也的確具有祭祀的意義。當耶穌基督於最後晚餐祝聖麵餅和葡萄酒時說：「這是我的身體」，「這是我的血」之後，立刻接着說：「為你們而犧牲」，「為你們而流的血」，「是新約的血為衆人而傾流的」，「你們要紀念我而舉行」，很明顯的是一種眞正的祭祀，尤其他分別地祝聖了「麵餅」和「酒」，以此表明他的身體與身上的血分開，是死亡的象徵，是徹底的犧牲，是一種全燔祭。

舊約的出谷紀說明了摩西把天主的十誡告訴百姓後，要他們奉行天主的一切吩咐，並殺牛宰羊給天主獻祭。之後，摩西取了一半血，盛在盆中，取了另一半血，灑在祭壇上。然後拿過經書來，唸給百姓聽。摩西又拿「血」來灑在百姓身上說：「看，這是盟約的血，是上主來照這一切話同你們訂立的約」（出廿四1—8）。這種血的祭祀也象徵彌撒聖祭，所以耶穌基督把彌撒——新約之祭祀，與舊約的祭祀加以聯繫：「這是新約的血，為衆人傾流的」。唯一的分別是：舊約以動物之血獻給天主，新約則以耶穌自己的血作為祭品，所以更高貴、更超越。

聖保羅强調基督是預定為「依照默基瑟德司祭品位永為司祭者」（希七23—24）。而默基瑟德以「餅」和「酒」作祭品，所以基督也應以相似物充祭品，否則他就不能說是依默基瑟德的司祭了。基督在最後晚餐時，確實以「餅」和「酒」充作祭品，雖然餅和酒的本質已改變，但其外形仍繼續保留，所以他的所作所爲，完全象徵默基瑟德之所作所爲，也因此是眞實的祭祀。而彌撒只不過是重複基督當時所舉行的禮儀，所以應是名副其實的祭祀。他在致格林多人的前書中，曾警告教友，切勿把彌撒禮儀與外教人的祭神混爲一談，也不可相提並論：「我們所祝福的即祝福之杯，豈不是共結合於基督的血嗎？我們所擘開的餅，豈不是共結合於基督的身體嗎？因爲餅只是一個，我們雖多，只是一個身體，因爲我們衆人都享用同一個餅。你們且看按血統做以色列的，那些吃祭物的，不是與祭壇有分子人嗎？那麼，我說什麼呢？是說祭邪神的肉算得什麼嗎？或是說邪神算得什麼嗎？不是，我說的是：外教人所祭祀的，是祭祀邪魔，而不是祭祀眞神。我不願意你們與邪魔有分子，你們不能喝主的杯，又喝邪魔的杯；你們不能共享主的筵席，又共享邪魔的筵席」（格前十16—21）。聖保羅在此很顯明地把在彌撒中所舉行的聖體聖事，與外教人舉行的祭邪神的祭祀做比較。倘若彌撒不是祭祀，這種比較就毫無意義及非常不恰當了。

總之，按天主教人士的說法，「彌撒」之所以稱爲眞正的祭祀，因爲它確與十字架祭祀有密切關係，實際上與十字架祭祀，沒有根本上的區別，是同一祭祀，因爲它是十字架祭祀的「重視」(Re-presentation)「紀念」(commemoration) 及其效果的「應用」(Application)。

五、教儀或禮儀 (Ritual)：

所謂「教儀」或「禮儀」是象徵性的語言加上象徵性的行爲來表達某種意義。在宗教上，教儀是教徒們以外在行動表示對心中所信仰之物的尊重，對所崇拜的對象——上帝——所行的禮節，如下跪、叩首、鞠躬和起立等，其目的除了對崇拜的對象之尊敬外，且想藉著世俗與神明的接觸，以求得神的恩惠，或此岸對彼岸的溝通，以獲得彼岸對此岸的垂青，使世俗世界的混亂秩序得以恢復，使舊的更新，使衰老的更充滿了活力。

在禮儀中最先及最基本的是「入教禮」(Rite of initiation)：藉著象徵性的禮儀行爲和語言，由合法的人來主持，由此進入神道世界，正式成爲一位教徒，與神道發生關係，譬如基督教（天主教）裡的洗禮，佛教裡的剪髮和三皈依禮：佛、法、僧等這些禮儀均有除舊更新之意。

六、教規：是宗教爲自己的教徒們所制定所應遵守的法則，藉此法則教徒們的行爲能合乎宗教的宗旨以達到宗教的目的——天人合一。

對宗教（原始和高級）現象所作的探討，我們得到下列結論：

一、在探討原始和高級宗教的各種現象後，我們發現有一個共同點：對一種超人力量之物的信仰，此物是神祕的、崇高的、莊嚴的；祂是神聖不可侵犯的，是萬物的根源，是人命運的主宰，祂能促進人的福利(propitious)，但同時也能給人帶來災禍(Dangerous)，是畏懼和神迷的對象，與人的關係至爲重大和密切，因此人們對祂（們）崇拜、服從、信賴、尊敬、讚美、敬愛；向祂（們）求情、求恕、祈恩、祈福、祈禱、獻祭、感恩等。

二、原始民族雖然崇拜實物：水、火、石頭、太陽、月亮、星辰等，但絕大部分不是對實物本身的崇拜，而是針對這些實物本身背後所代表的一種意義或力量的崇拜。

三、一神教與多神教的先後仍是人們所爭論的問題。但根據 W. Smidth 所做的研究，似乎一神教先於多神教，多神教是一神教的退化，此雖合乎創世紀所載，但也可能是同時的。

四、宗教的發展史不是有關連的直線或單線發展，譬如由自然崇拜演變爲植物崇拜，由植物而動物、而鬼靈。而是無關連的曲線發展，至少在有些民族裡，這是確實的現象。易言之，宗教的發展史是多源的，有些民族開始時，就是自然或多神崇拜者，有些民族一開始就是鬼靈或一神崇拜者，絕不是進化論所堅持的，向上進行，以爲史前人類的宗教觀念由粗鄙的實物崇拜，進而爲高尚的一神信仰。故今日的宗教不一定是原始宗教的演變，所以基本上可以是完全不同的（相反孔德、羅素等的說法）。「無知」或「恐懼感」不是所有宗教信仰之主要原因，雖然這種現象在原始宗教信仰裡扮演非常主要的角色。在高級宗教裡，「眞知灼見」扮演更大的角色，此也印證了大哲人培根的話：「淺薄的哲學引人到無神論；博大的哲學使人轉向宗教。」及大數學家高奇所說的：「微小的學識，使人遠離上帝，廣博的學識，使人接近上帝。」

五、原始民族的宗教現象仍能在文明人中找到。換句話說，文明人的宗教信仰仍有可能停留在原始階段之中，仍存有許多迷信，甚至一些大學者，大科學家，在宗教信仰方面仍甚無知或幼稚，往往仍相信一些違反常理的事情。同樣的，在原始民族中，也能找到高級宗教現象，雖然其形式甚不完備、完美。

六、不完備的原始宗教現象不能道出宗教的眞相，因此以不完備的原始宗教現象來研究宗教本質的方法，並非最好的、最科學化的。一部成熟作品才能看出人的天份，譬如畫家的傑作才代表畫的美妙；花的芳香只能從怒放的花朵上找到。從種子或花蕾中找芳香乃是緣木求魚的舉動。原始宗教不能代表宗教。研究「宗教史」，必須研究原始宗教，但是研究宗教的本質或眞相，由高級宗教所提供的資料更可靠、更合理和更有效。因此研究「宗教學」時最好、且必須研究高級宗教，因爲它更能顯示宗教的眞相，更能有效地指出宗教的本質。因此高級或進步的宗教更能顯示宗教的精華。

七、在時間上不完備先於完備，但在本質或性質上，完備先於不完備；如在人的成長過程中，先是兒童，後才是成年人；但成年人才能眞正代表人，才是完人，因爲此時人的能力、知識、經驗等均已成熟。在時間上，有些民族先崇拜巫術或圖騰，但若因此結論說宗教只是巫術或圖騰，或所有宗教均由巫術或圖騰演變而來，不但欠妥，且是違反科學精神的武斷。

八、爲了知道宗教的本質，不需要先知道宗教的不完備形態，猶如研究天文學，不需要先知道落伍或陳舊的天文知識。

九、「相似」即「不相似」(like is unlike)，因爲凡相似之物就非一模一樣的，故有不同之處。在各種宗教裡有許多類似的地方，但不可因此肯定所有的宗教都是一樣的，其價值相等。

十、「類似」，或「不同」也不代表「不存在」，如帽子有「不同」或「相似」的形狀，不能說帽子就不存在了。因爲宗教彼此相似，就說宗教不存在，是不正確的推論方式。

十一、在宗教裡即使有些東西是後來的，不一定是借來的，因爲人同此心，心同此理。在西方中世紀的天主教修會組織，會士們的生活情形，許多地方與佛教和尚相同，但不是抄襲而來的，因爲當時西方人士根本不知道佛教的存在。懷德海說天主教在彌撒聖祭裡，司祭們喝酒乃模仿波斯國王於波斯神(mithra)紀念日時狂歡大醉，這是不倫不類的結論，因爲前者於彌撒中飮少許的酒是爲祭神 (consecration) 後者爲酗酒 (Intoxication)。人可以用繩子上吊，也可以用繩救人，難道繩子的功用就是一模一樣的嗎？同樣的，有人以酒消愁，有人以酒助興，酒可以提神，也可以亂性，同樣是酒，卻有不同，甚至相反的用途。所以在判斷之時，必須慎思熟慮，對各種現象做進一步的研究，才不致於產生了許多似是而非的結論而貽笑大方（註九）。

註釋

註　一：摩耳著「宗教的出生與長成」，江紹源譯，商務印書館，民國六十二年出版，第二版，頁七。

註　二：De lege, I.C. 24.

註　三：馬利旦曾強調，人有強烈的慾望想認識神，以認識祂作爲知識的最大滿足，爲人生的最大幸福：

"To penetrate into this transintelligible is the deepest desire of our intellect. From the outset it knows instinctively that only there will it find its repose. And according to the saying of Aristotle, it is a more precious joy for it to glimpse anything of that world obscurely and in the poorest fashion than to possess clearly and in the most perfect fashion that which is proportionate to us." (Maritain, The degrees of knowledge, 1959, Charles Scribner's Sons, New York, p.219-220.)" Omnia cognoscentia cognoscunt implicite Deum in quolibet cognito. Sicut enim nihil habet rationem appetibilis nisi per similitudinem primae bonitatis, ita nihil est cognoscibile nisi per similitudinem primae veritatis." (De Ver. 22, a. 2, ad 1)

註　四：Fecisti nos ad te, et inquietum est cor nostrum, donec requiescat in te (Conf. 1,1, n.1).

註　五：宗、七、六十。

註　六："Mercy, being an attribute of God himself; and that earthly power came nearest to God's in proportion as mercy tempered justice." (Merchant of Venice.)

註　七：Philebus, 576, no. 12.

註　八：Alice von Hildebrand: Int. to a phil. of Religion. 韓山城譯，安道社會學社出版，民國六十二，頁九五。

註　九：以上參考 Fulton Sheen, Philosophy of Religion, 1948, New York, 第九章：「比較宗教哲學」。

第三章　宗教的定義

當我們探討宗教的現象時，就曾說過，其目的乃透過宗教現象的分析法以認識宗教的本質，爲了給宗教下一個完整與滿意的定義。是以，談過宗教的各種現象後，如今就來討論宗教的定義。先說定義的意義，次論宗教的各種定義。

第一節　定義的意義

「定義」(Definition) 就字源來說，有「界說」或「界定」之意，是給某種事物劃定界限、規定範圍，使與其他事物分離，以便知道與其他事物的不同點。就意義而言，是把一事一物所含的意義，用簡單扼要，但是卻完整的表達方式加以說明，使人對之有正確的觀念，而不致與其他事物混爲一談。

「定義」通常有三種：「字面定義 (Nominal Definition)：從文字的來源或組合以確定其意義，故也稱之爲「字源定義」(Etymological Definition)，例如「哲學」，其字面意義是「愛智之學」，因爲它譯自希臘文的 Philosophia，而此字是由「愛」(phileo) 和「智慧」(sophia) 組成的。二「實質定義 (Real or Essential Definition)：說明事物是什麼性質之物，指出該物與其他物之基本區別點，故也等於指出一物的「本質」。物的本質由「近類」(proximate genus) 和「種差」(Specific Difference) 合成的，因此，實質定義也應指出物之「近類」和「種差」。所謂「近類」，是不同種之物的共同要素，可適合於不同性質之物，爲不同性質之物所共同擁有的。「種差」則是使一物成爲特定物的因素、限定「近類」的共通性，是一物之所以爲該物，而不是其他性質不同之物的較基本要素，它與「近類」相合，而完全限定了一種物的範圍，與其他不同種之物劃清了界限，成了一種特定及與衆不同之物。以人的定義——理性動物——爲例子，卽可說明實質定義的構成要素。「理性動物」中的「動物」性質，不但適合於人，且適合於與人同類的其他無理性動物，譬如豬、狗、牛、羊，故對人而言，它便是「近類」。若人僅有此要素，則人與其他不同類之物無異，無法指出人與他們的不同點，不能劃清彼此間的界限，所以必須另加其他要素——理性——才能顯出人之所以爲人之理，及與衆不同之處，那麼，「理性」便是「人」的定義的「種差」，是人的特徵，與近類——動物性——相合，才使人與其他不同種之物有別。「近類」在定義裡代表「寬」的一面，因爲它不僅適合於人，且也適合於其他與人同類之物，是同類之物的「共同點」。「種差」則代表「狹」的一面，因爲它只適合於人，不適合於其他同類而不同種之物，是同類之物的「區別點」。是以，一個良好與科學化的定義，必須恰到好處，「過」與「不及」均無法達到定義的眞正目的。換句話說，眞正的定義不應太寬，也不應太狹 (Not exclusive, nor inclusive)，應包括所有應包括的，該排除所有該排除的 (include what has to be included, and exclude what has to be excluded)。假若把傢俱的定義寫成：「爲睡或爲坐的木製品。」此定義一方面犯了「太狹」的毛病，因爲不僅傢俱，其他東西也可以用爲睡覺或用來坐（未把其他也可以用來睡或坐的東西包括進去）；另一方面又犯了「太寬」的毛病，因爲傢俱不僅爲了睡覺或坐，它還有其他用途。而且「木製品」的字樣在定義裏也不恰當，因爲不是所有傢俱都是木製品，更不是所有木製品都是傢俱。三、描述定義（Descriptive Definition）：以事物的一些特點，給人對該物一個概念；在近類的內涵上，附加一些特性，以便與其他事物有別，但這些特性通常不涉及物的本質，所以描述定義非完整的，有欠妥之處，不指出一種事物，與其他物之基本區別點。例如說人是「會笑的動物」，是「感情動物」，是「社會動物」等，這些都是描述定義而已，但也有其不可忽視的價值，因爲一方面物的本質，不易爲人所知，而通常人對物的本質也知道不詳；另一方面，物的特點多少也能說明該物的特性，故也能幫助人對物的識別。

第二節　宗教的字面定義

中文的「宗教」，由「宗」和「敎」合成的，在我國古書中有「宗」字，有「敎」字，但找不到「宗敎」二字一起被沿用過，所以「宗敎」一詞是近代才通行的，由日本人所創譯的（註一）。「宗」照說文從宀從示，宀謂屋也，示謂神也。故「宗」即指事神的宗廟或尊祖廟。自然也有其他意義，如尊、本、主、衆等。

「敎」有「上施下效」之謂，如易經觀卦所言：「聖人以神道設敎，而天下服矣。」這裏的「敎」有「敎育」的意義，聖人根據神道來教育（敎導或訓誨）民衆，天下就服了。但也有宗敎之「敎」的意義，其目的在於上施下效，使天下人民效法服從自已對於至上無限的神聖「神明」，所有的信仰、所有的崇拜及所執行的敬禮（註二）。故宗教一詞的字面意義是「有所宗以爲教者也。」（辭海的解釋）。或「以神道設教，而設立誡約，使人崇拜信仰者也。」（辭源的解釋）

「宗教」洋文原文是拉丁文的 Religio，依西塞羅的意思，是從動詞(Relegere)演變而來的，其意義是：「重讀」，「復閱」或「尋思」(to read over, to think over divine things)。下面是西塞羅的話："...qui autem omnia, quae ad cultum deorum pertinerent diligenter retractarent et tamquam relegerent, sunt dicti religiosi ex relegendo, ut elegantes ex eligendo, tamquam a diligendo diligentes, ex intelligendo intelligentes; his enim in verbis omnibus inest vis legendi eadem, quae in religioso"（註三）。

拉克丹雪 (Lactantius 260-340)（註四）卻認爲此名詞淵源於動詞 religare，有「束縛」、「聯繫」(to bind to God) 的意思，因爲拉克丹雪曾經如此說："Hoc vinculo pietatis obstricti Deo et religati Sumus, unde ipsa religio nomen accepit...(inde et sententiam Ciceronis refellit)...nomen religionis a vinculo pietatis esse deductum, quod hominem sibi Deus religaverit et pietate constrixerit; quia Servire nos ei ut domino et obsequi ut patri necesse est"（註五）。

奧古斯丁則主張從動詞 reeligere 來的，意即「再擇」、「復得」之謂(to choose again God lost by sin)，他曾說："...hunc ergo religentes, unde et religio dicta perhibetur, a Deum dilectione tendimus ut perveniendo quiescamus"（註六）。

多瑪斯比較喜歡拉克丹雪的意見，即從 religare 來的，意指「聯繫」——「人與神之間的聯繫」。但多瑪斯也未揚棄其他意見，因爲他說：「宗教一詞或淵源於『復閱』，或『復得』因著疏忽所失去的、或淵源於『束縛』，但宗教主要意義指人與神之間的聯繫。因爲神是我們所應該主要緊貼在一起不可缺少的泉源；我們必須不斷選擇神爲我們的最後目標。因著罪我們失落了神，我們必須相信祂及信從祂以便『復得他』」（註七）。

從以上所言，宗教二字照文字方面的意義，乃指一再嚮往、小心翼翼地關切某件事物，而此所熱切關心之物，應該是有價值的，值得追求的。若此物指的是至高無上的神明，那麼人就應想盡辦法獲得祂，擁有祂，甚至與祂密切地結合在一起。所以宗教簡單地也可以說是：「神人之間的某種聯繫」(Religion is union of man with God or is a moral union between God and men)，或指「天人合一」，此也可以說是宗教的最廣意義，至少對有神論的宗教而言。

第三節　宗教的實質定義

實質定義是最重要的定義，因是對事物的最完整、最徹底和最基本的認識。

有關宗教的實質定義，眞是見仁見智，說法不一，多達四百多種，在學術史上是非常罕見的。學者們給宗教下的定義，往往不是「太寬」，便是「太狹」，未包括應包括的，或包括所不應包括的；來排除所應排除的，或排除所不應排除的；不是太廣泛，太籠統，便是不夠明確，不夠清楚。爲了給宗教下一個完整的實質定義，先必須規定一些應遵守的原則。有了必須遵守的原則後，我們再來給宗教下一個正確的實質定義；最後來考驗或證實一下所下定義之正確性。

一、宗教定義的原則：

㈠「應避免堂區主義」(As inclusive as possible)：世界上有各式各樣的宗教，既然要給宗教下一個一般性的定義，而不是給特定宗教下定義，就應該下一個適合於所有正式宗教的定義，不應排除任何正當、正式及合情、合理的宗教（有些有名無實的宗教，如鴨蛋教，則另當別論，它們是旁門左道，是邪教，而非正式宗教），所以應避免狹隘的「堂區主義」(provincialism)。當然，在五花八門的宗教中，一定有不同點和共同點，所以我們必須從不同的宗教中找出共同點，如此才能下一個適合於所有正式宗教的定義。下列的定義就違背了此原則：

1.宗教是「對上帝的信仰和服從」(Belief in and service to God)。此定義對有神論的宗教，如基督教（包括天主教）、猶太教和回教等也許可以適合，但對佛教就不適合，因爲嚴格地說來，佛教不相信上帝的存在，至少不相信基督教等所信仰的一位至高無上的位格神的存在（註八）。

2.宗教是「信仰對人的福利有關的超自然實有體的存在」(The conviction that there are supernatural realities rele．nt to man's well-being)此定義裡的「超自然」(Supernatural)字樣有可議之處。此字的字首乃來自拉丁文的Super，有「超越」(Beyond)，「以外」(Outside)之意思，那麼，「超自然」就有「超經驗」(Outside ordinary experience)，「超感覺」(Beyond Sensory experience)之謂，是「可經驗的」(Experiemental)，「可感覺的」(Sensible)之反，相等於「非感覺的」(Super-sensible)。世界上有許多東西是無法感覺到的，譬如原子、電子和介子；眞、善和美等，但它們無疑地對人類的福利有極密切的關係，難道相信這些超感覺之物的存在就是宗教嗎？

「超自然」即「非自然」，甚至可以是「反自然」，有「超物質」(Above matter)，「超理性」(Beyond reason) 的意思。凡超理性之物，均非人以自己本性的自然光輝所能瞭解的，甚至極易成爲非理性或反理性的 (Irrational)，縱然嚴格地說來超理性不一定是反理性的。所以定義裡的「超自然」字樣有諸多欠妥之處，第一、宗教不是哲學研究的對象，因爲哲學只研究那些人的理智的自然光輝所能瞭解之物，任何超理性之物，就不是哲學研究的對象，如此一來，就無所謂「宗教哲學」了。第二、視宗教爲反理性、背理或迷信。第三、有些宗教信仰超自然實體的存在，有些則不相信，它們只相信一些自然現象，譬如佛教、道教等均不談超自然。因此，此定義所包括的範圍太狹，沒有包括所有的正式宗教。

3.宗教是「人與神的關係」。對無神論的宗教不適合。

4.宗教是「集體神經病」。（佛洛依德的主張），此定義所言的主觀色彩濃厚乃不言而喻，是狹隘的堂區主義的好例子。

(二)「應是明確的」(As specific as possible)。我們已說過，定義之目的，乃爲了劃清界限，確定事物的眞相，以便與其他不同種之物有別，所以應是明確的、清楚的、特定的；不應是模糊的、籠統的、廣泛的以致易於與其他不同性質之物混爲一談，不能看清楚彼此間的分別點。下列的定義就冒犯了此原則：

1.宗教是「人生命的全部」。此定義是如此籠統、如此浮泛，以致未說明宗教究竟是什麼，人對宗教仍然無正確與清楚的觀念。許多人不是也常說他們的兒女，他們的名聲，甚至他們的財富，是他們生命的全部嗎？

2.宗教指出「人生命的意義或目的」(Whatever gives meaning or purpose to life)。此定義也太籠統、不夠明確。誠然，許多人在宗教裡找到了生命的意義，宗教也給人指出了人生的眞目的，但有更多的人，在其他地方找到了生命的意義或目的，譬如在工作中，在職業上，在各種活動裡，所以有人覺得從事運動、藝術、學術的研究，非常有意義，能充實生活，不但給人帶來樂趣，且極有意義，難道這些活動可稱爲「宗教」嗎？況且，許多人認爲自己的生命充滿意義，自己的所作所爲，具有重大價值，但他們並非宗教人士，不信仰任何宗教。相反的，有許多宗教信徒（雖然多半是有名無實的信徒，未領悟到宗教的眞諦。）對生命的意義感到失望，認爲人生毫無目的可言。

3.宗教是「終極關切」(Ultimate concern)（田力克的主張），這個定義也失之浮泛，因爲不同的人把不同的物視爲終極關切之物，有人把生命，有人把財富，有人把各種享受，做爲其終極關切之物，但不是宗教。

㈢「應是普及的」(As unspecialized as possible)。首先，宗教不是某特殊階級的專利品，它是屬於各行各業的人。不論男女老幼、貧富貴賤，聖賢、才智平庸、愚劣都可以有宗教信仰。次則，宗教信仰應牽涉到人生活的全部，應影響到人的思想、慾望、感情和行爲。下列的定義就未符合此原則：

1.宗教是「富人用以剝削窮人的工具。」這是馬克思信徒們，所津津樂道的荒唐說法，任何無偏見的正常人均會一笑置之斥爲荒誕之說。

2.宗教「給人精神慰藉」。這只是宗教的功用之一，並未指出宗教的全部功用，只說明宗教對人的局部影響，卻未道出宗教對人的全部影響。

㈣「應是寬大的」(As hospitable as possible)。宗教不但牽涉到人的思想，且牽涉到人的其他方面，如感情。而且每一宗教，以特殊的實習來表達本身特殊的信仰和情緒。我們既然要給宗教下一般性的定義，就不應單單注意某些宗教的特殊信仰，及只注意到某些宗教的特殊實習，譬如把宗教說成：「對三位一體道理的信仰」就欠妥當，因爲「三位一體」道理，雖然是基督教的中心信條，但其他宗教卻不以爲然，且此定義只提到宗教，所要求的「思想」方面，而未提到「感情」方面。同樣的，說宗教是以忠、孝爲本，以敬天法祖，利物濟人爲務，可能適合於道教，卻不適合於其他宗教。

㈤「應是周全的」(As permissive as possible)。宗教有社會作用，也有個人作用。換句話說，宗教對整個社會有影響，對個人也有影響，所以宗教不但具有社會性質，且也具有個別性質，所以給宗教下定義時應面面顧到，不應只偏重其中之一。下列的定義就犯了偏差的毛病：

1.宗教是「給社會分子提供統一的倫理法則」(To provide unified ethical norms for the members of society-Emile Durkheim)(註九)。的確，宗教具有社會性質，但也具有個別性質。此定義也許適合於宗教社會學，但卻不適合於宗教哲學。

2.宗教是「個人在私下之所作所爲」(What the individual does with his Solitariness-Whitehead)(註一〇)。個人在私下所作所爲就不是公開的，就不具備社會性質，但宗教强調公開與個人崇拜。

㈥「應是容忍的」(As open as possible)。在宗教裡含有迷信，但宗教裡所講不全是迷信。有些宗教信仰是荒唐的、背理的，但也有合理的宗教信仰，所以當給宗教下定義時，最好避談眞僞，否則就有所偏，就不客觀，比如以下定義就犯了這種毛病：

1.宗教是「相信一些沒有根據的事」。

2.宗教是「相信宇宙間最實有之物」。

(七)「應摒除偏見」(As unprejudiced as possible)。宗教信仰能給人帶來益處，有時也能帶來壞處。自然所謂益處或壞處，能因當事人的不同價值觀而異。因此，在定義裡特別提出益處或壞處。下列定義很明顯地欠妥：

1.宗教乃「相信一些缺乏證據之物，但對人產生良好的心理作用及對社會有所貢獻。」（註一一）主張宗教相信一些「缺乏證據」之物，是一種相當無知的說法，因爲所謂「缺乏證據」，等於是迷信，相信一些背理、無理之物。我們已說過，宗教裡含有迷信部分，但不是宗教所信的全是迷信。有些宗教信仰，雖然是超越理性的，但並非悖理，可以很合理地加以解釋，譬如來世的生命；有些則是人的理性可以證明的，譬如上帝的存在，靈魂之不滅等。再者，宗教也不一定對人產生良好的心理作用，對心靈不平衡者而言，宗教信仰反而引起心靈的不安，產生諸多的困惑。最後，宗教有時給社會帶來不安，製造混亂，譬如歷史上許多大小戰爭，均由宗教信仰所引起的。

2.宗教是「人民的鴉片」。這是共產信徒們所强調的。這種偏激的說法，相反事實的濫言，不會引起有識之士的共鳴。難道宗教對人類社會所作的貢獻都可視若無睹？宗教家憑著信仰的熱忱，所從事的慈善事業均可一筆抹煞？

二、宗教的正式實質定義：「人對（最需要之）物的最廣泛及最强烈重視。」或另一種說法：「人對最有價值之物至爲重視」(One's way of valuing most comprehensively and intensively)。這是Frederick

Ferré 的定義，筆者認爲是最好和最完整的定義，因爲它符合上述的七個原則。

「對物的重視」是宗教定義的「近類」。所謂「重視」，是對物感興趣，特別對自己所需要之物感興趣或加以珍惜。人的這種對物感興趣的活動，牽涉到人類生活的全部活動，需要整個人的參與：人的思想、人的感情、人的言行都參與其事。其次，所有人都可以對自己所需要之物感興趣，並加以重視，這種活動不是任何特殊階級人士的專利品，而是各行各業的人之正常活動（符合第三原則）。

「人對物的重視」，不但需要情緒和行動的表現，且需要理論的支持。有理論的支持，行動才能情緒化，才能具體化。缺乏理論（信念）做基礎的行動是無根的，無行動支持的理論（信仰）是空洞的。無感情做後盾的行動，不會是積極的、有效的。宗教的教義代表「信」，即理論部分；教規代表「感」，即感情部分；教儀則代表「行」，即實踐部分，是教義與教規的實現之象徵（符合第四原則）。

「人對物的重視」可以個別地，也可以群體地。換句話說，有時有些事是整個團體所重視的，有時則只是個人所重視的，與團體無關。譬如一政黨的主義，或團體的章程及政黨或團體的利益，爲該政黨或團體所重視的，但個人的名聲、地位或財富，只是個人所重視的（符合第五原則）。

「人對物的重視」，是一種包含主觀色彩非常濃厚的活動。對甲而言，是千眞萬確的事，故非常重視，但對乙來說，可能是極爲荒謬，所以有見仁見智之分。在宗教上，這種現象尤爲顯著，譬如回教信徒，信以爲眞的事，因此對之非常重視，卻被其他宗教人士認爲荒誕不經，不但被認爲毫無價值，且加以口誅筆伐。所以，人所重視之物可以是眞的——對當事人而言，也可以是假的——對其他人而言（符合第六原則）。

人所重視之物，不但可以是眞的和假的，且可以是有益的和有害的。一物對甲而言是有益的，因此他對該物非常重視，但對乙來說，卻爲害匪淺，這就是西諺所說的：「對甲是美味可口的肉，對乙卻是致命的毒藥」（One man's meat is another man's poison）。再者，人所重視之物，可以給人帶來好處，也可以給人帶來壞處，譬如金錢是福源，故許多人視錢如命，但也可以是禍根，所以有人要破財消災，這就是人所常說的「錢是忠僕，但卻是災主」（money is a good servant, but a bad master）（符合第七原則）。

從以上所言，「人對物的重視」，完全符合宗教定義所應遵守的原則，故可做爲定義的「近類」。但「近類」只是完整定義，所應具備的要素之一，它只指出同類物的共同點，僅此，尙無法確定宗教與其他不同種之物的區別點，所以還要加上「種差」，才構成完整的宗教定義。

人會對任何自己所需要之物感興趣，因此加以重視，但宗教對人的影響最大、最深、最廣，因此其價值亦遠超過其他物，人對宗教的需求也最強烈、最迫切，那麼，人重視宗教的程度、態度、心情與情況自然也與衆不同。「最廣泛」(most comprehensively)和「最強烈」(most intensively)的重視，是人對宗教重視的特徵，是表示宗敎對人的影響之程度，和人重視宗教的態度，此二特徵即是宗教定義的「種差」，指出了宗教與其他不同種之物的區別點，完全劃清了宗教的界限。

「最廣泛」是指人所重視之物價值之「普遍性」，該物所產生的影響之「普及性」。換句話說，人在宗教裡所信仰和所崇拜之物，對人的影響最大、最廣，因此其價値也最高和最大，沒有任何其他物的價值可與之相提並論，是無價之寶。人需要許多東西，也因此對自己所需要之物感興趣，加以重視。但人需要各物的程度和需要情形不同，因爲各物對人所產生的影響，所提供的價值不同。譬如食物對人而言是非常重要的，故所有人都重視食物，但其價值仍然是有限的，對人所產生的影響力是局部的，因爲它只能提供人物質上的需要，對人的物質生活雖然產生影響，但是卻與人的精神生活至少不發生直接關係，所以耶穌基督曾說：「人不僅僅靠麵包而生活。」同樣的，健康、財富、權力、地位等對人都會產生影響，均有價值，人因此也加以重視，但它們的影響力畢竟有限，其價值也受到限制，對有些人來說是重要的，但不是對所有人而言；它們影響人的某些方面，但不影響人的全部，所以有人會對名利看得很淡泊，對物質享受並不熱衷，因爲它們不產生最大和最廣泛的影響，故人重視它們的程度也是有限的，不是最廣泛的。宗教對人的影響卻是最大的和最廣的，它不但影響了整個人，且影響人的終生，其價值凌駕於其他物之上，是名副其實的無價之寶。耶穌基督所說的「即使人賺得全世界，但卻失去靈魂，對人而言毫無裨益」可清楚地說明宗教對人的影響程度之廣大與深遠，也因此人對它的重視程度，與對其他物不同，必須是「最廣泛的重視」(valued most comprehensively)。

「最廣泛的重視」乃指出在宗教裡，所受重視之物的性質，它對人所產生影響力的情形和程度，但此只構成宗教定義「種差」的要素之一，僅此尚不能成爲一個完整的定義。「最强烈」的重視是此定義「種差」之另一種要素，指出人對宗教裡所信仰與所崇拜對象之重視的「方式」。簡言之，是當事人（宗教信徒）的心理狀態之强烈情形，他願意爲自己的信仰而犧牲所有，他珍惜宗教信仰甚於一切。人的這種心理狀態與前面所說的「最廣泛」重視雖有關聯，但畢竟是不同的，因爲人可以對最有價值之物，對人影響最大最廣的東西，不很熱衷，甚至漠不關心。相反的，有時人對微不足道之物，卻非常愛惜，譬如有人對心愛的小動物，一些紀念品，非常熱愛，但他們本身的價值卻不大。所以，人對宗敎，除了應視爲最有價值，影響人最大之外，尚應對宗敎所信仰和所崇拜之物，有最强烈的追求與熱愛，對它的珍惜甚於一切，寧可犧牲任何其他物，甚至其他所有物，也不能犧牲宗敎信仰，沒有任何東西可以取代它。聖經上說一位商人費盡心血找到了珠寶之後，把它視爲無價之寶，珍惜它甚於一切，於是把自已所有的一切都變賣了，爲了換取此無價之寶，是說明人對宗敎之最大强烈感的最好例子。

人在宗敎裡所表現「最廣泛」和「最强烈」的重視之對象，即是所謂「神聖之物」(The Holy)，此神聖之物就是名神學家奧圖(R. Otto)所說的「令人畏懼又醉心的奧祕」(mysterium tremendum et fascians)，此物的價值是至大至廣，對人的影響至深至巨，所以人必須，有時也自然而然地產生瘋狂的愛好與强烈的追求，人會被它所迷，以致神魂顚倒和情不自禁，因爲它有一種令人消魂的吸引力和使之心生嚮往的魅力，是人的眞正「終極關切」(Ultimate concern)(田力克語)。

總之，宗敎的定義之「近類」，是「對物的重視」(One's way of Valuing)，其「種差」則是「最大的廣泛性」(maximum comprehensiveness)和「最强的强烈感」(Supreme intensiveness)。因爲定義裡的「最廣泛」字樣，實際上乃指物的影響力之普遍，及其價值之重大，故宗敎定義的另一種說法也可以是：「人對最有價值或最重要之物至爲重視」。是以，任何物對人能產生最大的影響，對人有最重大的價值，人因此對它至爲重視，對它特別感到興趣，能爲了它而犧牲一切的一切，即是宗敎或宗敎所信仰的對象，而宗敎也應能對人產生最大的影響，能給人提供最高的價值，進而令人對它有最强烈的追求，使人對它情不自禁的嚮往，否則就不能稱爲「宗敎」。這就是奧圖所强調的，「人生命中最眞實的極其內在核心」(It lives as the real innermost core--The Holy, p.6)。歷代許多虔誠的宗教信徒，也都證明了他們的確把自己的信仰，視爲最有價值之物，並且對此至爲重視，所以他們樂意拋頭顱、灑熱血、上刀山、下油鍋，赴湯蹈火，排除萬難，寧願犧牲一切，包括自己的生命，以保持自己的宗教信仰，以爲自己的信仰作證。無數懷著宗教高度熱忱的傳教士，爲了宣揚自己的宗教，爲了傳播自己的信仰，不惜離鄉背井深入溽暑的赤道雨林地區，走進冰天雪地的北極，穿越滴水難尋的不毛沙漠，到達危機四伏的非洲莽原，這一切都足證明了「宗教情操」高於一切的事實。所以在日常的生活裡也經常聽說：「以宗教的熱忱從事某件事」，代表人做事的嚴謹、小心和非常熱心的態度。英語裡的 He is religiously punctual; Do it with religious care，均表示非常準時，極爲謹愼之意。

三、定義的考驗：以上給宗教所下的定義是完整的，是良好的，因爲一方面包括了所應包括的；另一方面已排除了所應排除的。

㈠所有正式的宗教，都已包括在定義裡。換句話說，此定義可適合於所有正式和正純的宗教：

1.適合於一神論(Monotheism)的宗教。天主教、基督教、回教、猶太教、摩門教等均爲一神教，信仰一位至高無上的神存在，此至上神是人類的根源，並是最後的歸宿，不但對人產生最大的影響，與人關係最爲密切，其價值對人而言，乃遠超過其他物，且對整個宇宙來說，也是最重要的。祂不但創造了萬物，且還繼續掌管、照顧宇宙萬物，沒有祂的繼續掌管與照顧，宇宙萬物（包括人在內）就無法生存，故祂是最有價值之物，對人的影響最大最廣，也因此人對祂有最強烈的追求，以擁有祂，與祂結合在一起爲最終的目標，套一句田力克的話：「是人的終極關切之物」。

2.適合於無神論的佛教或耆那教(Jainism)(註一二),雖然這些宗教,不信仰一神論所信仰的神,但它們也有最後的目標,盡力追求一些它們認爲最有價值及最重要之物,譬如求超脫,求圓寂或涅盤——極樂世界(Nirvana),這就是這些宗教的信徒們所最關心,所日夜追求,所全神貫注的最有價值之物。

3.適合於多神論宗教。雖然主張多神論者信仰衆多的神,且在衆神中有大小之分,但都被認爲是崇拜的對象,他們對人有大影響力,與人有極密切的關係,故盡心盡力尊敬他們,應死心塌地的服從他們,如道教。

4.適合於部落或原始民族的宗教。這種宗教以圖騰、祖先或自然物等爲崇拜對象,但也都被視爲對人有非常密切的關係,具有巨大的影響力,所以對他們要必恭必敬以達到求福辭禍的目的。

㈡凡不是宗教之物,此定義就不適合。易言之,此定義排除了所有不是宗教之物:

1.不適合於巫術:人藉著巫術要求超人力量,干涉人間之事,藉以治病、驅魔、算命等。故,在巫術裏把超人力量當做一種「方法」,但在宗教裏所崇拜的對象、所重視之物是一種「目的」,人爲獲得它,與它結合在一起爲最終「目的」。

2.不適合於人所重視的其他物,如哲學、科學、藝術等。雖然這些物對人的生活產生很大的影響,但其影響力畢竟有限,不像宗教一樣產生最廣泛的影響,故不是最有價值之物,也因此人不會對它們如對宗教一般的重視,人也不會爲了它們而犧牲一切(註一三)。

四、宗教的其他定義:世界上絕大部分的宗教都以信仰至上神,或信仰一種不可見的超人力量,爲其中心思想,因爲神或超人力量與人有密切關係,故對有神論的宗教而言,我們已提過的牛津字典,所給宗教下的定義可以適合，即：「宗教是人類對一種不可見的超人力量的承認，這力量控制著人類的命運、人類對它服從、敬畏與崇拜。」若再加上「以達到天人合一之目的」，就更爲完善。所以對有神論的宗教而言，宗教應是：「人對於有位格的『主上神』所有的精神關係的總彙。這些精神關係具有客觀的及主觀的兩種因素：客觀的因素是教義、教規和教儀。從這些客觀的因素一面說宗教是引導人類敬愛『至上神』的那些教義、教規和教儀的總彙(objectively considered, Religion is the sum total of beliefs, rules of conduct and rites governing the relations of man with God)；主觀的因素是人的理智的承認及意志的遵從。從主觀的因素一面說，宗教是人認識了『至上神』的存在及其本體之後，在心靈裡發生著一種甘願的傾向，促使人向『至上神』致敬，並遵守其誡命，以尊崇至上神的無上尊嚴和權威」(Subjectively considered, Religion is a voluntary disposition of the soul to recognize God or the Supreme Being and Lord of the universe, and to pay Him due worship)（註一四），以達到天人合一之目的。

人爲什麼必須與神發生關係？人與神之間有什麼樣的關係，以致人必須服從、敬畏與崇拜神呢？人類是萬物之靈，與天地並立爲三才，但畢竟是一種受造物(a creature)。既是一種受造物，他的存在就必須是外來的，是從別處接受來的，就不是自有的，就不是非有或非存在不可之物(not a necessary being)，是可有可無及忽生忽滅之物(a contingent being)。非自有之物，可有可無及忽生忽滅之物不但開始時其存在是外來的，且他的繼續存在也需要與自己不同物的干預，這就是哲理所說的：「非自有之物，必須藉著他物才能存在或才有存在」(That which does not exist of itself must exist through another)或(everything which has not the reason of its being in itself must have it in another)。人的存在既是外來的，那麼從何處而來呢？有神論者認爲人乃從神而來。易言之，神創造了人。有神論者還認爲神不但供給人存在，且繼續不斷照顧人的存在及人的一切活動。也因此，人若一分一秒沒有神的保管與照顧，就不能生存，其一切活動就停止了，就如聖保羅所說的：「我們存在、生活及活動於神內」(in Eo vivimus, Sumus et movemus)。這樣一來，我們就可以答覆以上的問題：人因爲是神造的，故必須與神發生關係，且關係非常密切。人與神之間的關係是僕人與主人，原因與效果或本與末之間的關係。人需要神的照顧、幫助與保管；人對神必須完全依賴及絕對服從。因此人就必須運用他的一切去崇拜、認識及尊敬神，人與神之間所有的這種關係就形成宗教。故宗教也可以說是「人類生活的向上，以承認人與超越於人的境界之間存在著某種關係因而承認在人這方面，負有一些任務。按照這種廣泛的定義，無論是迷信或眞正的信仰；無論崇拜邪神或崇敬眞神；又無論是多神教或一神教都可稱爲宗教」（註一五）。

第四節　宗教的描述定義

我們已說過，有關宗教的本質，眞是言人人殊，也因此不易找到一個爲大家所公認的實質定義。學者們給宗教下的絕大多數都只是描述定義——强調宗教的某些特徵，而這些特徵因著各人對宗教的不同看法而異，所以均不是完整的定義，均偏重於各人所從的角度看宗教，但也能幫助人對宗教有些概念，而宗教的確也多多少少具有他們所講的特徵，所以特將介紹以資比較。

一、柯尼格(Samuel Koenig)在他所著的「社會學」一書中，從社會學觀點給宗教下的定義是：「對超自然力量或神祕力量的一種信仰，此種信仰與敬畏、恐懼和虔誠感相聯合，於是表現在爲應付這些超自然力量，或神祕力量而設計的外顯的宗教活動。」（註一六）此定義至少有下列缺點：㈠不適於無神論的宗教；㈡未說明爲什麼人必須對這些超自然力量，或神祕力量有敬畏、恐懼和虔誠感。

二、傅雷式(James. G. Fraxer)在其巨著「金樹枝」(The Golden Bough)中說宗教是「向指導和控制自然和人類生活的過程之超人力量贖罪（求情）或講和。」（註一七）此定義的主要缺點是未包括所應包括的，因爲不是所有宗教都相信有指導和控制自然和人類命運的超人力量存在。其次，求情、贖罪或講和只是宗教的行爲之一，宗教的其他行爲，如崇拜(Adoration)、謝恩(Thanksgiving)、祈恩求福(imploration)等並未提到。

三、施邁士(W. Robertson Smith)說宗教是「社區內全體成員對一種勢力所發生的聯繫，此種勢力關懷社區的利益，保護社區的法律和道德秩序。」（註一八）此定義因爲過分强調宗教的社會性而忽略了宗教的其他功能。再者，定義裡所提到的「勢力」也模糊不清。政府、政黨、社會上各種機構、組織、社團都可以成爲一種關懷社區的利益、保護社區的法律和道德秩序，難道它們都是宗教？

四、涂爾幹（Emile Durkheim）在他的「宗教生活」的基本形態（The Elementary forms of Religious Life），一書又解釋宗教爲「有關神聖事物之種種信仰和行事的聯合體系」。所謂神聖事物，係指隔離的和禁止的事物（註一九），涂氏因爲是宗教社會學家，所以他一直强調，宗教是社會所創造的，那麼，與俗世有別之神聖的事物，自然也是由社會所產生的，社會則由各分子所組成的，既然各分子不是神聖的，當組成社會時，怎麼會搖身一變而成爲神聖的呢？（當我們探討宗教的起源時，還會提到他的主張。）

五、馬丁奴(James Martineau)說宗教是「對管轄宇宙和與人類保持精神關係的永恒上帝之信仰。」（註二〇）此定義除了不能適合於無神論的宗教外，只强調宗教的理論部分的「信」，全未提到感情部分的「感」和實踐部分的「行」。而且，「精神關係」也是非常含糊不清的語氣。

六、斯賓塞(Herbert Spencer)强調宗教乃「承認萬物均爲一種人類無法理解（超越人類的知識）之力量的表現。」（註二一）斯賓塞所說的「力量」必定是位格的(personal)，他有理智和意志，並有無限力量，否則他無法創造萬物，萬物就不是此力量的表現。既然如此，此力量事實上就是一般宗教所說的「上帝」。上帝的確是崇高的、無可名言的、奧祕的、無法理解的，但不是有關上帝的一切人類全無法理解，完全超越人類的知識，因爲人類基於自己的推理能知道一些有關上帝的事，譬如上帝的存在。再者，「承認」上帝的能力之表現充其量只是宗教行爲之一，所以此定義完全忽略了宗教的其他行爲。只「承認」，而無其他行動的表現，根本不能成爲宗教。

七、康德的宗教定義是：「宗教是承認人的一切義務好似神的命令。」（註二二）我們承認人生在世有應盡的義務，有應守的法律，而這些義務與法律乃以神律和自然律爲最基本的依據，所以在這點上，康德的說法是正確的。但康德爲有名的不可知論者(Agnosticist)，他不認爲吾人可以理論證明神的存在，神的存在只是「實踐理性」的要求，出於道德的需要而已。既然吾人無法證明神的存在，怎能知道吾人應盡的義務是神的命令？難道承認神的命令之前，不應先承認「神的存在」嗎？神如果不存在，那來神的命令？

再者，康德似乎只注意到宗教與倫理的關係，卻忽略了宗教在其他方面的功能，犯了見樹不見林的毛病。

八、赫胥黎(Thomas Henry Huxley)說宗教是「對倫理理想的尊重與愛好，進而願將此理想實現於生活上。」(註二三)無人否認宗教重視倫理，宗教與倫理有密切關係，但促進倫理生活的實現，只是宗教功能之一，而宗教之所以重視倫理，乃因爲倫理律是神的命令，是達到目的之必要方法。赫氏的定義既未提到神，又沒有談到倫理的基礎和人生的目的，故嚴格說來與宗教無關，絕不是宗教的完整定義。

九、傑斯脫洛(Jastrow)於一九〇一年所出版的「宗教研究」(Study of Religion)一書中說：「宗教具有三大要點：㈠承認人所不能控制的一神明或一些神明之存在；㈡對於神明，人有一種隸屬的感覺；㈢人領悟到與神明有某些關係。如果把這三大要點，聯合在一起，那麼，宗教便是『對於人所不能控制的一位神明或一些神明的一種自然信仰，同時，也就是對於神明的一種隸屬感。這種信仰和感覺，激起了宗教組織，宗教行爲，以及宗教規律，因而建立了人與神間的某些關係』。」(註二四)此定義自然比前二定義高明多了，但仍有不足之處，第一、未說明人爲何有隸屬神明的感覺。人不能控制神明，並不意含神明能控制人。神明若不能控制人，人又爲何要隸屬於神明呢？第二、人若不隸屬於神明，又何必與神明建立關係？第三、無神的宗教，根本就缺乏定義裡提到的三大要點。

十、史密特(Max Schmidt)——曾任柏林大學教授，在他所著的「人類的原始民族」(primitive races of mankind)一書中說：「宗教是對某些神明的一種信仰，就人的感情生活而言，神明是衆物的根源，同時也是自然界中與人生中所發生的一切現象的來源。」(註二五)此定義補充了上述定義的不足，說明了人信仰神明的原因——是萬物的根源，萬物爲神所創造的，但這種論調乃基於感情，而非出於理智的判斷。基於感情的論證是盲目的，其基礎不夠鞏固，不夠客觀。

總之，我們已提到了一些比較有名的宗教描述定義，它們從不同角度的確也都指出了宗教的某些特徵，給我們提供了對宗教的某些概念。

註釋

註一：釋聖嚴，比較宗教學，中華書局五十七年六月初版，頁一。

註二：羅光，公教教義，香港眞理學會出版，一九五五年，頁三；實踐哲學上冊，同上，一九六〇年，頁五。

註三：*De natura deorum*, 2, 28.

註四：爲天主教教父之一，於三〇六年到高盧接受國王君士坦丁堡(Constantine the Great)的邀請爲其兒子 Crispus 的家庭教師。著有論「神物七書」(*Divinarum Institutionum Libri Septem*) 及論「迫害者的末日」 (*De mortibus persecutorum*)。

註五：*Dic. Inst*, 1, 4, 28; mL 6, 5365.

註六：*De Civitate Dei*,10, 3, 2-mL, 41. 2805.

註七："Sive autem religio dicatur a frequenti relectione, sive ex iterata electione ejus quod negligenter amissum est, sive dicatur a religatione, religio proprie importat ordinem ad Deum. Ipse enim est cui principaliter aligari debemus tamquam indeficienti principio; ad quem etiam nostra electio assidue dirigi debet sicut in ultimum finem; quem etiam negligentes peccando amittimus, et credendo et fidem protestando recuperare debemus" (S. Th. 2-2, q.81, a. 1)

註八：甘易逢在他所著「淺談佛教」（民國七十三年臺中光啓社出版）就說佛教是無神論的宗教。（頁二十）某些佛教徒可能會宣稱他們不信任何神，但他們却不承認自己是無神論者。

註 九：Emile Durkheim: The Elementary Forms of Religious Life, 1915, New York, p.12.

註一〇：Religion in the Making, New York, 1926, p.47.

註一一：C.J. Ducasse: "Whatever set of beliefs that held without evidence, perform the functions of supporting useful behaviour for society and healthful psychological attitudes in the individual." (A Philosophical Scrutiny of Religion, New York, The Ronald Press, 1953, p.130-142.)

註一二：於公元前六世紀左右起源於印度的宗教，是別名 Mahavira Vardhamana 所創立的，主張過最簡樸的生活以求解脫物質的桎梏；不信仰任何神，只相信宇宙是永恒的，充滿無數魂，受普遍律的統治。

註一三：以上乃根據 Frederick Ferré 所下的定義(Cf. Basic Modern Philosophy of Religion, New York, 1967, p.57-83.)

註一四：楊紹南著「宗教哲學概論」，臺灣商務印書館，民國五十八年出版，第十六頁。

註一五：同上，第十五頁。

註一六：朱岑樓譯，民國五十三年十月十五日三版，協志出版社，第一〇六頁。

註一七："By religion, then, I understand a propitiation or conciliation of powers superior to man which are believed to direct and control the course of Nature and of human life." (The Encyclopedia of Philosophy--Religion.)

註一八：參看柯尼格著「社會學」，第一〇八頁。

註一九：同上。

註二〇："Religion is the belief in an ever living God, that is, in a Divine Mind and Will ruling the Universe and holding moral relations with mankind." (The Enc. of Phil.--Religion.)

註一一："Religion is the recognition that all things are manifestations of a power which transcends our knowledge." (The Enc. of Phil.--Religion.)

註一二："Religion consists in our recognizing all one's duties as divine commands." (Introduction to Studies in Comparative Religion, E.C. Messenger, p.5.)

註一三："Religion is reverence and love for the ethical ideal, and the desire to realize that ideal in life." (Ib.)

註一四：Cf. Study of Religion, Jastrow, 1901, p.171 et seq.

註一五：Cf. Primitive Races of Mankind, p.199.

第四章　宗教的因素

一件物之產生或形成都有四個主要因素，就是亞里斯多德所提出的「四因說」(The doctrine of four causes)：動因(efficient cause)，目的因(final cause)，形式因(formal cause)及質料因(material cause)。譬如一張桌子的形成，就具備此四個因素：木料爲質料因，木匠爲動因，桌子異於椅子的固有形狀爲形式因，桌子之受造目的，譬如用爲放東西就是目的。爲了方便及清楚起見，我們也以此「四因說」來解釋宗教之形成對宗教之性質有進一步的了解。

宗教的質料因是教義、教規和教儀。所謂教義是指宗教上，所講的一些眞理或道理，這些道理是信徒必須相信的，譬如神之存在，靈魂不滅，永恒生命，罪惡之害處及德行之好處等。所以正統的宗教必須有一套完整而有系統，及合情合理地解釋宇宙，人生各問題的教義。所謂教規乃宗教所規定的一些要信徒遵守的章程或規矩，譬如星期天上禮拜堂崇拜上帝，及停止其他活動以便專務一些對靈魂有益的事情。教儀則是在宗教上規定一些教徒們在崇拜上帝時所必須實行的禮節，譬如下跪、叩頭、鞠躬和起立等。我們已說過，宗教教義告訴人，人爲受造物，神爲造物主，人爲神所造的，故神爲主人，人則爲僕人，人對神有服從、依賴及崇拜的義務。但神造人時，先形成肉體，後付以靈魂，卽人是靈魂與肉體所結合而成的，而靈魂有兩種特殊的能力：理智和意志。人旣爲神所造，就應以全部所有，對至上神盡其天職：以理智認識至上神的眞理；以意志承認至上神的權威，及服從至上神的命令；以四肢五官向至上神致敬。易言之，人需以理智認識教義；以意志遵守教規；以四肢五官實行教儀。「這種有所『信』（認識並相信合情合理的教義），有所『感』（對教義的眞和教規的善以高度的熱忱加以接納，使之欣然願爲之而生，於必要時，且亦欣然爲之而死）及有所『行』（把所相信及所感受的證諸於行動）爲宗教的必要因素。是以，宗教乃是理論的，熱情的，及實踐的：教人堅於信，高於情，勇於行，且以信仰爲證達到行爲與情緒的階梯。」（參看魯一士著，謝扶雅譯「宗教哲學」，臺灣商務印書館印行，民國六十五年十一月二版，頁三。）

「教義」屬於「眞」的一面，「教規」是屬於「善」的一面，而「教儀」則屬於「美而聖」的一面。「宗教的任務，在於引導人類，走向『眞、善、美、聖』的境界，使人類的生活，眞化、善化、美化和聖化。人生若充滿着眞、善、美、聖，就成了圓滿的幸福生活了。」（楊紹南，宗教哲學概論第二四頁）。

人必須認識教義，遵守教規及實行教儀的最後或最根本理由是：「至上神具有無比尊嚴和無上權威」，因爲至上神是高高在上的造物主，人則隸屬於至上神，而人的這種必須認識教義，遵守教規及實行教儀的最後或最根本理由，也就成了宗教的「形式因」，卽這種最後或最根本理由是宗教之所以爲宗教的最根本理由，最徹底原因，因爲我們若不因爲至上神有無比尊嚴，和無上權威的理由而發動宗教行爲，這些行爲表面上是屬於宗教的，但實際上已不是了，已沒有宗教的價值了，也不會得到任何好處。（至少對有神論的宗教而言。）

宗教簡單地說是「天人合一」，「人與神之間發生某種關係」。但因爲神是造物主，人是受造物，神爲主人，人爲僕人，主僕之間任何關係之成立，尤其友善關係之成立必須來自主人，而不應來自僕人，因此也唯獨「至上神」能創立宗教，能建立神人之間的關係，如此，「至上神」自然就變成宗教的「動因」了，因爲沒有至上神的發動，神人之間的關係就無法成立，宗教也就無法形成了。

宇宙間存在物之所以存在，所以有活動，都有其目的，人的所作所爲更應有目的，沒有目的之行爲自然也就沒有價值，也不應存在了。人生存於宇宙間的目的是什麼？這是一個大問題，自然對此問題有見仁見智之異。但宗教家告訴我們，人生在世上的最後目的是恭敬至上神，救自己的靈魂。恭敬至上神包括認識、愛慕及奉事至上神。此也等於說人必須相信至上神所傳示的道理，遵守至上神所立的誡命，奉行至上神所定的禮儀，及善用至上神所立的得神恩的法子，藉着這些方法人與神之間的友善關係才能建立起來，進而得以維持並能加以發揚光大，以臻於鞏固和圓滿的境界，終能獲得至善神所許諾的永恒生命——永遠享見至上神的眞幸福，這是人的最終目的，同時也就是宗教的「目的因」。

第五章　宗教的起源

知道了宗教的定義或本質之後，如今就來討論宗教的起源。首先，我們可以肯定，在所有可見的受造物中，唯有人有宗教意識和能實行宗教行爲。換句話說，只有人可稱爲「宗教動物」。但人何時、如何、爲何及最初以何種宗教形態，來表達其宗教行爲，這些就是宗教的起源問題，是我們目前所要討論的。

一、宗教何時開始？

叔本華所說的「人先天稟有宗教心」爲絕大多數學者所贊成。既然傾向於宗教，是人的天性使然，那麼，我們可以肯定地球上一有人類就有宗教，甚至有些學者還認爲：人類越古老，其宗教意識也越明顯。（註一）有痕跡可尋的，至少大約在八萬年前，就發現人有宗教信仰，因爲史前舊石器時代的尼安德塔人(Neanderthal)（註二）在埋葬死人時，有固定的位置，家人把其生前所用過的東西陪葬，且舉行宗教儀式，表示對來生的信念。（註三）

著名的宗教人類學家斯密特(W. Schmidt)（註四）在其所著的「宗教的起源與演進」和「最早期人的宗教」(Religion of the earliest man)一書中甚至强調，人類從一開始就有唯一至上神的觀念和信仰。雖然他們的物質生活非常簡陋，僅用粗製的石器，但其宗教生活已有輝煌的表現，譬如非洲中部赤道下，印度洋中安達曼群島(Andamans) 以及菲律賓深山中的小黑人(Pygmies)，他們生活於石器時代前的木器時代

（距今十萬年）；然而他們卻信仰唯一眞神。（陳百希：宗教學，民國六十八年九月，光啓出版，第二十二頁）

二、人爲何及如何有宗教信仰？有關此問題，有不同的學說：

㈠恐懼說：

贊成此學說的人士主張宗教爲人所創立的，是社會與心理的現象。人類，尤其原始民族，因爲知識淺薄，一方面對自然現象如閃電、强風、迅雷、暴雨、洪水、乾旱等的發生之原因無知，另一方面又害怕這些現象之發生會對他們不利，以爲是鬼神在作怪，是鬼神在發脾氣，於是就懷著求情、安撫、講和和求寬恕等心情，陪伴著各種儀式以平息鬼神的憤怒，以安撫鬼神的情緒，以緩和鬼神的怒氣，以阻止其脾氣的發作而達到求福、求長壽、求福祿、求安全、避禍的目的，這就是宗教的起源。羅馬詩人兼哲學家魯克絲烏(Rucretius, 99–55, B.C.)卽是此學說的提倡者。在其所著的「論物性」(De Rerum natura) 一書中就敍述了他的論調，並勸告世人對神明或死亡勿存任何恐懼心，因爲是純主觀的產物，死亡是一種自然現象，非任何能力所能挽回的，不値得大驚小怪。宇宙並非神創造的，是在自然律的運用下，由原子的調和所形成的。其他自然現象也是自然律運用的結果，不是神在作怪。人的靈魂是物質，與身體同性質，故與身體同生同滅，絕非不滅的。

休謨也擁護此學說。在他的「宗教的自然史話」(The Natural History of Religion) 書中曾說：「畏懼種種自然力量使人類信仰能操縱自然的神祇，進而相信及敬奉神祇，便能獲得保佑。」

費兒巴赫 (Ludwig Feuerbach, 1804–1872) 也同意此說。在他有名的「宗教本質講演錄」的第四講：

曾高談闊論了此意見：「古代無神論者，甚至好多古代以及近代有神論者，曾經主張恐懼是宗教的根源。但恐懼不是別的，正是依賴感的最常見最顯著的對象。大家知道羅馬詩人的一句格言：『恐懼在世界上最先造成了神』(Primus in orbe Deus fecif Timor)。在羅馬人中，甚至『恐懼』(Metus) 這名詞含有宗教之意。反之，『宗教』(Religion) 這名詞又往往含有畏怖、恐懼之意。所以一個 Dies religiosus，即『宗教日』在他們看來，恰是一個不幸的日子，一個為人所畏懼的日子。」（註五）

德國籍學者馬勒(Max Muller, 1823-1900)為比較宗教史之父，也認為人類對異常而恐怖的自然現象的心理創造了宗教。

衆所周知羅素是反對宗教的，尤其對西方的基督教一向抱著仇視的態度，「恐懼說」正投其所好，所以他舉手贊成：「我覺得宗教信仰主要是基於恐懼。一部分是由於對未知的恐懼，一部分如我方才所說的，是渴望有位長兄之類的人物，在一切麻煩和爭執中支持自己。恐懼是宗教的基礎——對神祕的恐懼、對失敗的恐懼、對死亡的恐懼，恐懼是殘酷之母。殘酷與宗教永遠攜手並進，這是再自然不過的情形，因為恐懼是此二者的基礎。」（註六）

總之，以「恐懼說」來解釋宗教的起源是相當普遍的，引起許多學者的共鳴。

㈡感恩說：

人對自然現象懷著恐懼感，因為它們會對人不利，給人帶來禍害。雷電擊倒了樹木、禽獸，甚至人；洪水淹沒了稻田，沖走了房屋；狂風暴雨造成了山崩，威脅人的生命與財產的安全，於是人對它們產生恐懼感，想盡辦法阻止災禍的發生。但它們也能造福人類，給人帶來好處：雨水灌溉田園、微風帶來清涼、陽光溫暖了大地，所以災禍所從來的地方，也是產生福利的根源，恐懼的基礎也是快樂的根由。人不會爲了某種事物，激起眼前的畏懼和驚恐而忘記了其良好的功能，所恐懼的對象同時也是尊敬、愛慕和感激的對象。因此，當人發現各種自然現象造福萬物，有利人類時，自然而然對它們起敬起愛，感恩圖報，用各種方式來表達感激之情，並懇求這些福源繼續照顧萬物，繼續不斷替人類謀幸福，於是神化了這些自然現象，以它們爲崇拜的對象，這就是宗教的起源。

費兒巴赫就認爲「恐懼」與「無知」只是宗教起源的原因之一，不是宗教起源的全部原因，若僅以「恐懼」與「無知」來解釋宗教的起源，對宗教是不公平的，是偏見的：

「我與過去的無神論者和泛神論者（他們在這方面意見是與無神論者相同的，尤其是斯賓諾薩）不同之處，主要就在於我不僅是拿消極的原因去解釋宗教，我兼提出積極的理由，卽不僅是拿無知和畏怖，而且拿與畏怖相反的感情、快樂、感恩、愛和尊敬等積極感情，來說明宗教底起源，我說愛、快樂、尊敬等，也像畏怖一樣被人神化了。我在宗教本質註釋中說過：『災難或危險渡過以後，那時感情是與身處其境，或正在驚恐時候完全不同的。事過後我是拿我去遷就對象的，當事時則拿對象來遷就我；事過後我是唱讚美歌的，當事時則唱抱怨曲；事過後我是感謝的，當事時我則祈禱。臨難時感情是實踐的，目的論的，感恩時感情則是詩意的、審美的。臨難時感情是暫時的，感恩時感情則是持續下去，則拿愛和友誼爲縛帶而連結起來。臨難時感情是一種卑俗的感情，感恩時感情則是一種高尚的感情；前者祇在不幸中崇拜他的對象，後者也在幸福中崇拜。』這裡我們就有一種心理學上的宗教解釋，不僅解釋其卑俗方面，而兼解釋其高尚方面。」（第四講）

費兒巴赫用「依賴感」(借用史來馬赫爾(Friedrich Schleiermacher)的名詞)概括了這兩種有關宗教起源的心理狀態：

「但如果我不顧也不能夠單獨拿畏怖或者快樂或愛來解釋宗教的起源，那麼除了『依賴感』以外，我還得到其他普遍，而能包括雙方面的名稱麼?畏怖是死的感情，快樂是生的感情。畏怖是依賴的感情，其對象是我非依賴不可，否則我不能存在的，或者有權力毀滅我的。快樂、愛、感恩，也是依賴的感情，其對象則是使我所有成就，給我感情和意識，使我知道，我是由它而生活，由祂而存在。因爲我由於自然界或神而生活、而存在，所以我愛祂；因爲我由於自然界而受難，而毀滅，所以我畏懼祂、害怕祂。總而言之，凡是給人以生命快樂上之手段或原因的，人就愛祂，凡是奪去這些手段或有權力奪去這些手段的，人就怕祂。但是二者都連合在宗教的對象裡面；同一個東西，本是生的源泉，但在消極方面——倘若我沒有它——也就是死的源泉。」(同上)

㈢受造說：

人及其他萬物均爲「受造物」，不是「自有之物」(Ens a se)，其存在不來自自己，是來自他物(Ens ab alio)。既是受造物，即是偶有的(coutingent being)非必然的，是有限的，是不完美的，是暫時的，是非永恆的，是不常有的，不但曾經在一段時間裡不存在過，且將有一天會失去存在，因爲其存在是外來的，附加的，後來的，是來自他物，此供給受造物存在之物應是「必然的」，是非有不可的，是永恆的，其存在不來自他物，是自有的，存在即是其本質(Existence is his essence)，是祂給萬物存在，祂是萬物的首因——根源，是造物主，祂與每個受造物之間存在著一種「因果」的關係，這種關係一直存在直到物不存在爲止。易言之，萬物不但需要造物主的創造，且需要祂的連續與直接的保存，因爲保存萬物的行動只是創造萬物之行動的繼續而已，造物主一旦停止了保存萬物的行動，萬物就頃刻之間歸於虛無，萬物會即時停止活動（註七）。理由是，宇宙萬物既爲可有可無的「偶然物」，而又爲「有限物」，則其本身必無力量足以保存其自身的存在，而需要在其本身之外的那位造物主，予以消極和積極的保存。這就是聖保羅所說的「我們在祂內生活著，存在著和活動著」(In Eo vivimus, sumus et movemus)，正因爲如此，受造物對造物主有一種「絕對的依賴性」，（此與費兒巴赫所說的依賴感覺完全不同），因爲受造物本身意含著一種「根本的存在不穩定性」(radical existential instability)（註八）。就其本身而言是不存在，是虛無，這也就是馬斯嘉 (Mascall) 所說的「有限物（受造物）的基本特徵即是絕對無法供給自己存在」(Aradical incapacity to accounts for its own existence)（註九）。也因此祂的存在必須「絕對依賴著一個超越的存在者—造物主（上帝）」(Absolute ontological dependence on God, the transcendent Being)（註一〇）。

造物主不但是萬物的根源（首因），且是萬物的最後目的，萬物，尤其人，均以祂爲最後歸宿，以獲有祂爲最高滿足，以與祂結合才能生存，才有更美好和更充實的生存，才能永存；以追求祂爲唯一的最後目標，有了祂，人就心滿意足(Solo Dios Basta)（註一一），否則人心是永遠不安的。正如聖奧古斯定所說的：「神啊！祢造我們是要我們以祢爲最後目的，人若未得到祢，他的心是永不安的。」此造物主卽是至上神，最高主宰，人則是受造物。由人的受造性，人一方面體驗到自己的不足、無能、虛無、有限、不完美、依賴性；另一方面發現造物主的存在、偉大、實有、完美及是萬物的根源，是萬有之有，有了祂存在，其他萬物才有存在，並才能繼續存在。既然人與祂的關係如此密切，所以人自然而然地傾向於祂、崇拜祂、歌頌祂、敬愛祂、感激祂、依賴祂、服從祂、侍候祂；向祂求情、求助、求寬恕，這些就是宗教行爲，所以宗教基於「人性」，建立於人的「受造性」(createdness)上，「宗教是人不斷對自己的受造身分的認知。」(Religion is the continuing awareness of the status of the creature)（註一二）。

人不但由自己的「受造性」，且從其他受造物的神奇、美妙、大能也能推知造物主的存在，進而對祂崇拜，所以聖經上曾說那些不認識造物主的存在者是愚人，他們犯了不可原諒的罪：「是眞正的愚人，因爲，他們未能從看得見的美物去發現那自有者；注意了工程，卻不認識工程師；反而認火、風、流動的空氣、運轉的星辰、洪流的巨濤、天上的光體，爲統治世界的神。如果有人因這些東西的美麗而着迷，奉之爲神；那麼，他們就應知道：這些美物的主宰更美麗，因爲，全是美麗的唯一根源所創造的。如果有人驚奇這些東西的力量和效能；就應明白：創造這些東西的更有能力；因爲，從受造物的偉大和美麗，人可以推想到這些東西的創造者。不過，這種人的罪尚較輕微，因爲，他們尋找天主，也有意找到，卻一時誤入了迷途：這或許是由於他們所見的世物實在美麗，因此在專務研究祂的工程時，只追求外表；但他們仍然不能推辭無過：因爲他們既然能知道的如此淵博，甚至能探究宇宙，爲什麼不能及早發現這些東西的主宰？」（註一三）

聖保羅也說：「原來天主的憤怒，從天上發顯在人們的各種不敬與不義上，是他們以不義抑制了眞理，因爲認識天主爲他們是很明顯的事，原來天主已將自己顯示給他們了。其實，自從天主創世以來，祂那看不見的美善，卽祂永遠的大能和祂爲神的本性，都可憑祂所造的萬物，辨認洞察出來，以致人無可推諉。他們雖然認識了天主，卻沒有以祂為天主而予以光榮或感謝，而他們所思所想的，反成了荒謬絕倫的；他們冥頑不靈的心陷入了黑暗；他們自負為智者，反而成為愚蠢，將不可朽壞的天主的光榮，改歸於可朽壞的人、飛禽、走獸和爬蟲形狀的偶像。因此，天主任憑他們隨從心中的情慾，陷於不潔，以致彼此玷辱自己的身體。因為他們將虛妄變作天主的眞理，去崇拜事奉受造物，以替造物主——祂是永遠可讚美的，阿門！」（註一四）多瑪斯也同意聖經的說法：「對所有人而言，認識上帝的存在是很自然的，因為人可以很容易地從受造物推知造物主的存在」(cognitio existendi Deum dicitur omnibus naturaliter inserta, quia omnibus naturaliter insertum est aliquid unde potest pervenire ad cognoscendum Deum esse.")（註一五）以上所言與易經上所說的：「神也者，妙萬物而言者也。」（說卦傳第六章）不謀而合。人不僅從萬物的「受造性」推知造物主的存在，造物主也把自己的存在啓示給人，這就是斯密特和拉咪尼 (Lamenais, 1782-1854) 等所強調的「原始啓示」(Primitive Revelation)，雖然這種啓示不很明顯，不甚確定。（註一六）

但為什麼有人未發現這種明顯的事實？為什麼有人不相信造物主的存在？學者們的答案是：

1. 從受造物的「受造性」和受造物的「神奇美妙」推知造物主的存在，是從效果到原因的推論法，是相當複雜的，是一種間接的認知，所以有人不易發現原因的存在。
2. 有人忙於生活、忙於發財、忙於享樂、忙於工作，因而無暇思考。
3. 人的理性受到蒙蔽，不易見到事情的眞貌。
4. 有人受教育、宣傳、環境的影響，盲從附和無神論者的說法。

5. 有人誤會了宗教信仰的眞諦，把宗教信仰與迷信混爲一談，把破除迷信與反對宗教視同一回事。

6. 有人過分愛好自由，不願受倫理律的約束，以胡作非爲，爲非作歹爲享受，於是不願意相信有賞善罰惡的上帝之存在。卡謬所說的「假若上帝不存在，人就可以爲所欲爲了」是這些人的心聲。

㈣社會學家的意見

以涂爾幹(Emile Durkheim)爲首的社會學家，主張人天生非宗教動物，且無倫理觀念，是社會創造了宗教和道德。

社會雖由個人組成的，但在個人之上，是與個人不同且無關係的自立體，因爲團體思想、活動、感覺都與個人不同。個人是俗世的(Profane)，社會則是神聖的(Sacred)。換句話說，神聖來自社會，俗世來自個人。

在社會裡存在著兩種不同階級：統治者與被統治者，此兩者均需要宗教，故創造了宗教。

統治者爲了滿足自己的統治慾，爲鞏固其地位，爲了控制被統治者的思想與行動，要求他們絕對服從，並對自己忠心，所以才創造了宗教，藉著宗教制訂法則——教條，以便被統治者遵守，使社會秩序安定，使各分子安份，如此統治權才會鞏固。

被統治者也樂意接受，並遵守統治者爲他們所制訂的法則或教規，因爲人是社會動物，他必須依賴其所屬的團體，必須與團體相連，才能得到各種滿足。當一旦與團體隔離時，人必感到不足、不幸、無助，故團體才是人活力的來源，是安全的保證，是幸福的根源。

人藉著儀式和典禮——儀式活動(ceremonial or ritual activity)實現其群體生活。儀式活動主要是歌唱與舞蹈。當與會者實行這種活動時，通常都把自己的全部情緒發洩出來，形成一股偉大的力量，這種力量只能在參與群體活動中得到，所以非常神奇、奧妙，初民稱爲「瑪納」(mana)，人人想得到它，於是初民都樂意參加團體的聚會，群體生活也就變成初民的主要活動，此種生活卽是宗教，因爲宗教的本意卽是把個人連在一起。

從團體活動中所得到的力量，不但是神祕的、神聖的，且是超自然的，此神祕力量卽是「神」，於是「神」的觀念就因此而產生。總之，依照社會學者的見解，宗教和神的觀念都是人所創造的，爲了保全自身在社會中的生存。

群體生活起源於「圖騰」，故「圖騰崇拜」是最原始的宗教形態，圖騰也就自然而然地變成神聖的，是崇拜的對象（註一七）。是以，社會學家的結論是：由圖騰產生群體活動，由群體活動獲得「瑪納」，是神聖不可侵犯的神祕力量。此力量加以人格化，加以神化之後就變成宗教所崇拜的「上帝」。

社會學者以上的見解有許多不妥之處：

1我們同意社會是由各個成員所組成的，但由每一個成員所組成的社會，其性質應與各成員相同。既然各成員是俗世的，社會也應是俗世的，不是神聖的。既然是俗世的，就不能創造神聖的宗教。因爲哲理有言：「無人能給他人自己所沒有。」(Nemo dat quod non habet)。

2實際上社會根本不是神聖的，到處充滿暴力，時常發現相反正義，違背道德的罪行，所以許多聖賢或以改善社會風氣，糾正社會衆多的傷風敗俗惡行爲己任，或遠離社會而去獨善其身，以免與之同流合汚。

3.歷史上充滿了聖賢不見容於當時社會，或受當時社會迫害的例子。蘇格拉底、耶穌基督、聖女貞德不都是不公道的社會輿論下的犧牲品？至聖先師孔子，在當時的社會裡還不是成爲不受歡迎的人物？

㈤心理學家的意見：

佛洛依德是代表人物，他寫了四本有關宗教的著作：「文明與文明的不平」(Civilization and Its Discontents)，「圖騰和禁忌」(Totem and Taboo)，「虛構的命運」(The Future of an Illusion)和「摩西和一神論」(Moses and monotheism)，其中以「虛構的命運」最重要。

首先，佛洛依德也與其他人一樣，主張宗教是人虛構的，神的觀念是人所捏造的，人之所以虛構宗教，捏造神的觀念，乃出於無知、幼稚、恐懼感和人的幻想。

人生在世經常受到威脅和迫害，其中有自然力量的威脅和社會的迫害。自然力量，諸如地震、洪水、狂風暴雨、火山爆發等，時常威脅到人民的生命與財產的安全，人們面對著這些自然力量，時常感到束手無策。又因爲人的知識淺薄，對這些力量的來源性質和威力相當無知，因此更加深了自己的恐懼感，於是就認爲它們是和人一樣的有生命之物，但它們的威力强，人無法加以控制，所以認定它們是神靈，是和人一樣有感情之物，既有感情，人多多少少可以想辦法對付，是以，人雖然無能，但並不絕望(We are defenseless, but not helpless or hopeless)向它們求情、討好、行賄賂等，就是約束它們威力的方法，於是就產生了宗教的行爲：祈禱、奉獻、歌頌等。

人在社會中也經常遭到他人的欺侮、迫害和不公平的待遇，所以需要他人的保護，需要人替他打不平，討回公道，這時受害者自然而然，想起幼年時的經驗：他的父親就是他的保護者、他的靠山和力量。只要服從命令、不違背他的旨意，並向他求援助，他就能得到愛護、照顧和保護。父親也許在某些事上可以保護他，但其力量畢竟有限，人需要比父親更强有力者，於是就幻想一位萬能的天父的存在，祂就是宗教所說的「上帝」。（此主張至少不能適合於佛教）此萬能的上帝能爲所欲爲，能顯奇蹟，能重建倫理秩序，能主持公道，能賞善罰惡。祂是寬宏大量的，只要人對自己的過失懺悔，做補贖，就得到寬恕。照佛洛依德的意見，宗教裡所提到的上帝的照顧（Divine providence），奇蹟、祭祀、祈禱、罪惡感、愧疚、懺悔（由厄迪斯情結（Oedipus complex）所生的情緒）、補贖、靈魂不滅、來世的生命等都起源於這種幼稚的幻想，是一種病態，所以宗教可簡稱爲「集體神經症」。

既然宗教是幼稚的幻想下的產物，那麼，人的知識愈進步，科學愈發達，宗教就應消失了，爲什麼仍有衆多的人信仰宗教呢？佛洛依德的答覆是：㈠人盲目地繼承了祖先的信仰；㈡不許對祖先所傳下來的信仰表示異議；㈢基於人對舒適與安定生活的强烈慾望(Belief based on wishes-wishes for comfort and security of life)，因爲他曾說：「宗教所信雖然都是幻想的產物，但能滿足人的最强烈慾望。」（註一八）在別處他又說：「如果有一位上帝，祂是萬物的造物主，同時又是慈祥的保護者；如果世界上有倫理秩序和來世的生命，那的確是最理想的，但很可惜，這些只不過是我們的妄想而已。」（註一九）

佛洛依德有關宗教的見解之重點是：㈠宗教信仰出於無知、幼稚和幻想；㈡宗教信仰是盲從、背理、缺乏證據；㈢宗教信仰是建立於人對舒適生活的追求之慾望上。這種論調實際上有許多與事實不符之處：

1宗教不但是一門學問，且是一門高深的學問；不但是哲學，且是哲學之母，各宗教教義均含有深奧的哲學思想。信仰宗教者，有些是無知的，知識水準低，但有些是博學多才，思想深刻的大思想家，他們窮其一生之力研究教義，對教義做深入的探討，譬如與佛洛依德同時代的 Reinhold Niebuhr, William Temple, Karl Barth, Albert Schweitzer, Martin Buber，尤其馬里旦 (Jacques Maritain)。當馬里旦教授說上帝是「超理解的」(Transintelligible)（註二〇），這句言簡意賅的話，是他多年精心研究的結論，不是一般人所能了解的，難道是無知者之言？大數學家高奇 (Cauchy, 1789-1857) 曾說：「微小的學識，使人遠離上帝；廣博的學識，使人接近上帝。」大哲學家培根也說：「淺薄的哲學引人到無神主義；巨大的哲學則使人歸向宗教。」牛頓、哥白尼、伏打和巴斯德等也都認爲：「科學淺，令人不信神；科學深，則令人認識神。」（註二一）柏拉圖還認爲「無神主義是人心靈的一種病態。」而宗教也鼓勵信徒研究學問，追求眞理，不僅宗教眞理，而是所有眞理，因爲當人追求任何眞理時，其最終目的卽是追求絕對眞理——上帝。（註二二）歐洲中古時代各有名大學之成立（如巴黎、牛津、劍橋等），其主旨也不外乎研究教義，追求眞理。哈佛大學之建校目的，原來卽是提供給教會的領導人一個研究教義、追求眞理、吸收新知識的場所。

2.有些宗教信仰是超理性的，無法理解的，（因爲人的理解力有限），有些則是可以理解的。卽使無法理解的部分，也可以加以合理的解釋。理性在宗教信仰上扮演相當重要的角色，所以中古時代的基督教學者們，所提出的口號是「知爲了信」(Intelligo ut credam)，「信爲了知」(Credo ut intelligam)。聖經也勸人要對信仰的道理盡量加以瞭解，因爲「易信的人，心地必然輕浮。」（德一九、四）聖若望曾警告當時的信徒切勿盲從，切勿盲目地相信他人之言，因爲盲從會導致人犯錯：「可愛的諸位，不要凡神都信，但要考驗那些神是否來自上帝，因爲有許多假先知來到世上。」（若一、四、一）聖保羅也對當時的信徒們提出警告：「不要輕視先知之恩，但要考驗一切，好的，應加以保留，各種壞的，要加以拋棄。」（德前、五、二一～二二）聖彼德要求信徒們，經常準備答覆他人的質問，時常去告訴這些人信仰的理由：「若有人詢問你們心中所懷希望的理由，你們要時常準備答覆。」（彼前、三、一五）

多瑪斯、亞奎那（Thomas Aquinas）被公認爲人類思想史上的巨人，一生的主要任務是研究宗教眞理，給自己所信的宗教教義做合理的解釋，提出各種證據，證明教義的可靠性，盡量提出各種疑難，來考驗教義的合理性與眞實性，他的不朽名著：「哲學大綱」與「神學大綱」，就是爲此目的而寫成的。佛洛依德大概不曾讀過他的著作，否則他就不會說宗教信仰是盲從、背理及缺乏證據（除非他所强調的是經驗證據。）

3.佛洛依德解釋人仍然信仰宗教的理由，乃基於人對舒適生活的慾望，而宗教正好能滿足人這種慾望，所以仍然擁有衆多的信徒。這種解釋表示對宗教非常無知，因爲誰也知道，宗教並不提供人現世生活的舒適。相反的，人必須背起自己的十字架，必須忍受痛苦，必須犧牲享受，必須約束自己，才能稱爲虔誠的教徒，因爲進入天國之門是狹的。耶穌基督曾說：「我實在告訴你們，有錢的人進天國比駱駝穿過針孔還難。」（瑪、一九、二四）有一次他告訴一位青年：「你若是願意成爲完善的人，就去變賣你所有的施捨給窮人，你必有寶藏存在天上，然後來跟隨我。」（瑪、一九、二一）聖保羅也說：「無論是淫蕩的、或拜偶像的、犯姦淫的、作變童的、好男色的、偸竊的、貪婪的、酗酒的、辱駡的、勒索的，都不能進入天國。」（格前、六、九～一〇）當耶穌基督在被判刑之前，向天父禱告：「父啊！如果可能的話，請別讓我飲此苦爵！然而別照我所願的，而要依祢所願的。」（瑪、二六、卅九）難道他在求舒適？求享受？巴斯卡說得有理：「人討厭和藐視宗教，而深恐宗教所講的是眞實的」(Men hate and despise religion and fear it may be true)（註二三）

三、最早的宗教形態：

宗教哲學家、宗教人類學家、宗教比較學家、宗教社會學家和宗教心理學家，均對最早的宗教形態做過一番研究，但究竟何種形態爲最早的，到目前爲止，仍是意見紛紜，沒有共同意見，其中比較有名的有：

㈠魯波克 (John Lubbock, 1834-1913)，是英國籍的人類學家，在他的「文明的開始與人類的原始情況」(The origin of civilization and the primitive condition of man) 書中，採取進化論的立場，說人類開始時是無神論，逐漸才演變成實物崇拜 (Fetishism)，自然崇拜，圖騰崇拜，黃教 (Shamanism)（註二四），神人同性論 (Anthropomorphism)，一神崇拜，最後才有倫理一神崇拜 (Ethical monotheism) 的出現。總之，依照他的說法，「實物崇拜」爲最早的宗教形態。

㈡泰勒 (E.B. Tylor, 1832-1917)，被公認爲現代人類學之父，在他的「原始文化」 (primitive culture) 書中，主張「汎靈崇拜」(Animism) 是最早和最根本的宗教形態。由汎靈崇拜才演變爲實物崇拜，多神崇拜。最後才出現一神崇拜。

㈢斯賓塞 (Herbert Spencer, 1820-1903) 在其所著的「社會學原理」(principles of sociology) 以「祖先崇拜」代替泰勒的汎靈崇拜爲最早的宗教形態。

㈣英國籍人類學家馬黎特 (R.R. Marett, 1866-1943) 不贊成泰勒的說法，主張「汎生說」(Animatism)

才是最早和最基本的宗教形態。

㈤孔德(Augustine Comte, 1798-1857)爲社會學之父，主張人類的知識發展猶如人的成長過程：兒童、少年和成年三階段，兒童時代是幼稚、無知；少年時代雖然已逐漸脫離了幼稚階段，但人的理智尚未完全成熟，到成年時代才成熟，這就是他那有名的「三階段定律」(The Laws of three stages)，所以他也把知識分成三階段：㈠神學時期(Theological stage)亦卽宗教階段，是假想的，但是人類知識的起點；㈡形上時期(Metaphysical stage)，是抽象、不切實際、是過渡時期；㈢科學或實證時期(Scientific stage)是人類知識的終點或最高境界，是眞實的，唯一可靠及有價值的。

既然在神學時期和形上時期，人的知識是幼稚的、假想的、不切實際的，自然沒有什麼價值，只是準備或過渡期，有關宗教信仰及有關上帝存在的證據全是虛幻，缺乏根據，遲早會被科學知識所淘汰、所取代，所以他贊成以人道宗教代替神道宗教，把神的神性移到人類身上去，以人國代替神國，他自封爲教主，是人道教的創始人，是精神權力的中心，是極權或獨裁的象徵。

人類知識在神學或宗教期間，孔德主張「實物崇拜」(Fetishism)爲最早的宗教形態，多神教和一神教乃逐漸演變而成的。

㈥法拉西(James Frazer, 1854-1941)，大概受了孔德的影響在他的「金枝」(The Golden Bough)一書中，也把人的知識的成長分爲三階級，但與孔德不同的地方是，他以「巫術」爲最早的宗教形態，他認爲巫術在性質上與宗教相同，沒有太大的分別，是宗教的準備期，是宗教的前身，含有宗教意味，因爲人開始時想利用巫術，藉著「相似律」和「接觸律」使事情能依照自己的願望發生，當嚐到失敗的滋味後，才轉向宗教，才相信有位格的超自然力量的存在（在巫術期間沒有此信念），才向他們禱告，這時行巫術時所用的「符咒」，就變成宗教上的「祈禱」，行巫術時所用的技巧，就變成了宗教上的「祭祀」，這種轉變能更合理地解釋失敗的原因，因爲在宗教裏，禱告的對象是鬼神，他們也和人一樣有喜怒哀樂等情緒，禱告能否被接受，是否有效全看他們對禱告者的心情：喜歡或厭惡。而這種心情決定於禱告者的身分、品德和誠懇等，所以法拉西認爲宗教比巫術高明。但人向鬼神祈求時，不但不是有求必應，且註定要失敗，所以在失望之餘只好轉向科學，利用科學知識知道事情發生的原因，然後再藉著科學方法去對付所發生的事情。因此在科學的光照下，宗教會逐漸消失。

(七)涂爾幹 (Emile Durkheim)，佛洛依德、黎依納 (Salomon Reinach 1858-1932) 和斯密特(Robertson Smith, 1846-94) 等均以「圖騰崇拜」爲最早的宗教形態。當一種族的人把象徵種族的動物吃掉後，每人都分享了該動物的力量，他們不再是分散的個人，而是團結在一起的社團中之分子，產生了超越個人的力量，所以把象徵自己種族的圖騰當做神來崇拜。因爲象徵種族的圖騰不只一種，所以後來才演變成汎靈崇拜，多神崇拜。這些鬼神都是人造的社會象徵。

(八)馬林諾基 (Bronislaw Malinowski, 1884-1942)，爲英國籍的波蘭後裔，在他的 Trobriand and Islanders 一書中，把「神話」做爲宗教的前身。與他同時代的拉寧(Paul Radin, 1883-1959)也附和了他的主張。

(九)瑞士籍的人類學家兼法學家，馬曹芬 (J.J. Bachofen, 1815-1887)，主張最初人類以「女神」爲崇拜的對象。爲支持自己的論點，他曾寫過一本名叫「母權」(The Mother Right) 的書。

(十)施爾斯(Raymond Firth)和孟昔厄(Paul Mercier)提倡多神崇拜爲最早。每區域和每事物有不同的神來照顧，故有山神、海神、風神、雨神和看管農作品的神等。施氏在他的 Human Types 一書中詳細說明了自己的意見。

(土)斯密特 (W. Schmidt)、安德魯・藍(Andrew Lang)、高巴爾 (Kroeber)、沙當 (J.R. Swanton) 等都以「一神崇拜」(Monotheism)爲最早的宗教形態。多神崇拜及其他宗教形態都是由一神崇拜演變而來的，(以後還會詳細提到他們的意見)因此斯密特等推翻了「直線進化」的觀念。很可惜在我國流行的一些教科書，還以堅決的口吻說：「原始社會的人，頭腦很簡單，對於自然界中各種現象，都不明其所以然，一切都是驚異，一切都帶著神祕性；於是一切都化成神明了。原始宗教當然是庶物崇拜，是多神的。但到了奴隸制度成立之後，地上權力統於一尊，於是天上的神明也不能不歸於一統了。地上在國家成立之後，天上便會有天堂出來。」這種缺乏有力證據的論調，難免貽笑大方。

註釋

註一：Hans Urs Von Balthasar: "As far as human tradition can be traced back and possibly the farther back the more evident it becomes-man has always been a religious being." (The God question and Modern Man, New York, 1967, p.12.)

註二：於一八五六年於德國的尼安塔 (Neanderthal) 山谷所發現的，是人類的祖先，知道利用工具，有相當高的智商。

註三：The New Columbia Encyclopedia, 1975, Columbia Univ. Press.

註　四：於一九五四年生於德國的 Hoerde，爲天主教聖言會神父，是人類學家，曾任維也納大學人種學和宗教學教授，對人種學和原始宗教有深入的研究，由他所主編的「人類學」(Anthropos) 雜誌極爲有名。他的「宗教起源與演進」一書也極負盛名。他另有其他十餘種大著問世。

註　五：這是沒有根據的說法。我們已說過，拉丁文的 Religio 並沒有「恐懼」的意思。「宗教日」是神聖的日子，是崇拜神明的日子，含有敬畏之意，絕不是不幸的日子。

註　六：羅素著：「我爲什麼不是基督徒」，王若璧譯，民國六十八年，第五版，第廿頁，牧童出版社。

註　七：S. Th. 1, q. 9, a. 2.

註　八：Fr. F.C. Copleston, in Aquinas, p.106.

註　九：E.L. Mascall, Existence and Analogy, London, 1949, p.71.

註一〇：Anthony Flew, New Essays in Phil. Theology, pp.170-186.

註一一：St. Theresa of Avila: "Nada te turbe: Nada te Spante: Todo se pasa: Dios no se muda: Quien a Dios diene: Nada te falta: Solo Dios Basta. (Let nothing disturb you; let nothing dismay you; All things pass; God does not change. To him who has God, Nothing is lacking: Only God suffices.") (Complete Works of S. Theresa, London, 1946, p.288.)

註一二：The Knowableness of God, Phil. Studies, 1959, Dec. vol. IX, by C.B. Daly.

註一三：智慧書，第十三章，一～九節。

註一四：羅馬書，第一章，十八～廿五節。

註一五：De Veritate, q. 10, a. 12, ad 1.

註一六：斯密特主張這種原始啓示後來因着人的墮落與敗壞才變成模糊不清。Schmidt: Primitive Revelation obscured by the fall of man, together with its subsequent fate." (Primitive Revelation, Tr. by J.

Baierl, St. Louis, 1939.)

註一七：Emile Durkheim: Elementary Forms of The religious life, p.195-196.

註一八：D.E. Trueblood: Philosophy of Religion, New York, 1957, p.182-183.

註一九：It would be indeed very nice if there were a God, who was both Creator of the world and a benevolent providence, if there were a moral world order and a future life, but at the same time it is very odd that this is all just as we should wish it ourselves." (The future of an illusion, p.58.)

註二〇："The knowledge of which requires that it have recourse to a whole art of deciphering the invisible in the visible, we are calling transintelligible. We do so not, certainly, because it is unintelligible in itself (on the contrary, it is the domain of absolute intelligibility), nor because it is unintelligible for us, but because it is disproportionate to our human intellect. It is not intelligible for us in an experimental nor in a dianoetic way. In other words, it is not connatural to our power of knowing. It is intelligible to us only by analogy. Our bat's eyes can discern nothing in this too pure light except by the interposition of obscure things from here below." (op. cit. 219)

註二一：葉西孟著：「科學的吶喊」，民國五十二年，臺中光啓社出版，第四十七頁。

註二二："Omnia cognoscentia cognoscunt implicite Deum in quolibet cognito...nihilest cognoscibile nisi per similitudinem primae veritatis." (De Ver. 22, 2, ad 1)

註二三：Jacques Maritain: The Degrees of Knowledge, New York, 1959, p.219. Pensées, 187.

註二四：盛行於亞洲北部。北美的印第安人也信仰類似的宗教，相信一些巫師有治病和心理醫療的能力。

第六章　各大宗教的簡介

我們已說過，宗教哲學是「從哲學觀點，去研究有關宗教的一切」。但世界上有許多宗教，它們所相信的教義，所遵守的教規和所實行的教儀不盡相同，所以我們先必須對各大宗教有一個概念，以便知道它們的異同，然後才能知道宗教到底論些什麼，進而才能研究有關宗教的一切。

世界上有五花八門的宗教，我們無需一一加以介紹。我們目前所要介紹的是現有的若干大宗教，其中有道教、佛教、印度教、猶太教、回教和基督宗教（天主教）。

第一節　道教

有關道教，先介紹其教史，再談其教義，最後論其教規和教儀。

一、教史：

我們把道教的歷史分成三個階段：1.準備期；2.生長期；3.盛衰期。

㈠準備期：

道教是中國的固有宗教之一，與我中華民族的學術思想，民間信仰和一般百姓的心理發生密切關係。

所以，在介紹道教的歷史時，必須先知道在道教未正式成立前，中國的學術思想，民間信仰和一般百姓的心理。

1古代中國學術思想：

中國人自古就相信，人類和其他宇宙萬物由天地——陰陽——二氣而化生。由陰陽變合而生五行——金、木、水、火和土。而此五行散佈四方，四時運行，化育萬物，爲人日常生活不可缺者，故人的生死、吉凶、禍福均以順逆陰陽、五行爲依憑，故周易有：「太極生兩儀（卽陰陽），兩儀生四象（老陽、少陽、老陰、少陰），四象生八卦。」周敦頤的「太極圖說」有：「二氣交感，化生萬物。萬物生生，而變化無窮焉，惟人也得其秀而最靈。」朱子的解釋是：「蓋人物之生，莫不有太極之道焉。然陰陽五行，氣質交運，而人之所禀，獨得其秀。故其心爲最靈，而存以不失其性之全。所謂天地之心，而人之極也。」老子的道德經有：「道生一、一生二、二生三、三生萬物。」老子的「一」，或是「大一」（馮友蘭的解釋），或爲「氣」（羅光的意見）（註一）。「二」爲陰陽。「三」或爲天地人，或爲氣形質。三者相合乃有萬物。（註二）

「道」在中國學術思想裡，佔相當重要的地位，其意義也相當複雜。有作路、理解；有作言、教、方法解；有作原理、道理、萬物之根源解，故有天道、人道、王道、正道之說。而「道」與「天」最接近，爲萬物之根，爲存在之理，故「天道」常並稱，此是道中之道，爲中國文化的中心思想，故中國最早講哲理的書，旨在使人明天道以通人事：「立天之道，曰陰與陽；立地之道，曰柔與剛；立人之道，曰仁與義。」（易說卦篇）中庸有：「天命之謂性，率性之謂道，修道之謂教，道也者，不可須臾離也。」老子書有：「道可道，非常道，名可名，非常名；無名天地之始，有名萬物之母。」「有物混成，先天地生，寂兮寥兮，獨立不改，周行而不殆，可以爲天下母，吾不知其名，字之曰道。」所以，「道」乃主宰萬物，造化宇宙，而生育萬物之謂，此「道」卽是「天」，或「天道」，所以中國古代思想，有「萬物本乎天」的說法。（禮記禮運篇）

天道既然爲萬物之源，爲人生之本，爲禍福、吉凶之因，爲人行爲善惡之所依憑，是崇高和神祕的，是奧妙和神聖的，也可稱爲「神道」，人必須順從遵守此道，以期達到國泰民安，與天人合一的理想境界。此乃聖賢之職責，本於天道教化萬民以推測判定人事，故易云：「觀天之神道，而四時不忒。聖人以神道設教而天下服矣。」禮運篇有：「夫禮先王以承天之道，以治人之情。」「故聖人參於天地，並於鬼神，以治政也。」老子有：「治人事天莫若嗇。」「天之救之，以慈衞之。」「天之仍惡，熟知其政。」「天道無親，常與善人。」此與書經上所說的：「皇天無親，唯德是輔」和尙書的：「天道福善禍淫，降災於夏」（湯誥篇）不謀而合。

2. 古代中國民間信仰：

相信鬼神之實有，並能干預人事的說法，爲古老的民間信仰。上天有神，創造萬物是極爲普遍的信念，譬如說苑修文篇：「神者天地之本，而爲萬物之始也。」詩經有：「天生蒸民，有物有則。」此天或神亦稱天帝，是一切的主宰，世間所有善惡、災祥、禍福、存亡、人事和政治之變遷等，均爲天意，俱與天命有關，故中國人常言：「盡人事，聽天命。」「謀事在人，成事在天。」「舉頭三尺有神明。」天既能左右世間事，人自然對天必恭必敬，爲祭祀的最崇高對象，是君王的重要職責，爲周禮之「祀昊天上帝。」

禮中庸有：「郊祀之禮，所以事上帝。」禮郊特性有：「郊之祭，迎日之長也。」

中國人除了以天爲至上神外，亦把日、月、星、辰；風、雨、雷、電；河、川、山、谷及其他怪物視爲神，故也是祭祀的對象。禮記祭義云：「郊之祭，大報天而主日，配以月，夏石氏祭其闇，殷人祭其陽，周人祭日必朝及闇。」周禮春官大司伯有：「以實柴祀日月星辰。」禮記祭法中有：「埋少牢於泰昭、祭時也。相近於坎壇，祭寒暑也。王宮壇，祭四方也。山林、川谷、丘陵、能出雲爲風雨，見怪物，皆日神，有天下者祭百神。」

除了敬神外，古時中國人還拜鬼。「人死變鬼」是日常用語。禮記祭法有：「人死曰鬼。」祭義云：「衆生必有死，死必歸土，此謂之鬼。」禮運云：「形氣歸於天，魂魄歸於地。」故鬼有「歸」的含義，所以說文有：「人所歸爲鬼。」釋言：「鬼之爲言歸也。」

人死旣變鬼，繼續存在，而鬼卽是人之魂魄，故人之魂魄或靈魂不滅，乃很古老的信念。但是，人死雖爲鬼，有德者則變爲神，故鬼神經常並稱。鬼神有所作爲，有超人的力量，是神祕的象徵，能左右人間的禍福與吉凶，故是崇拜、祈禱、祭祀、求情、求恕、求恩的對象，是以，中庸云：「鬼神之爲德，其盛矣乎！視之而弗見，聽之而弗聞，禮物而不可遺，使天下之人，齋明盛服，以承祭祀，洋洋乎如在其上，如在其左右！」又詩經之大雅文王章：「文王陟降，在帝左右。」民間所相信的鬼神，經過墨子明鬼篇的描述，更說明了鬼神之實有。

人死旣能成鬼，且有所作爲，那麼，祖先崇拜，祈求列祖列宗，保佑家人也就順理成章了。當然中國人對祖先崇拜，亦含有愼終追遠之意，是孝道的發揚。

人雖死，其德尤在，並能與世間人溝通，故有厚葬、殉葬、看風水和招魂等習俗。此外，中國也相信星象與人之轉生有密切關係。時日之吉凶與人生之命運有關，此可證之於詩經小雅小弁：「天之生我，我辰安在。」至於其他迷信，諸如占卦，譬如書大誥有：「我有大事休，朕卜並吉，天命不僭，卜陳惟若玆。」占夢、算命、符咒等也很盛行，且相當根深蒂固，到兩漢時，尤其盛行，雖經有識之士口誅筆伐，例如揚子之法言，不信神仙；王符之潛夫論，排斥卜筮；王充之論衡皆極力抨擊當時的迷信，但並不引起一般教育程度偏低的民衆之共鳴，收效不大。

3. 古代中國一般百姓的心理：

「生存是最完美的善」，這是形上學的原理，一切物，尤其人，對自身的生存均有强烈的追求與愛好，所以大哲人斯賓諾莎說：「每一個人都盡其所能求生存。」(conatus sese conservandi) 人不但求生存，且追求更美好的生存及永存，這種心理是古今中外一致的。所以，一般人都以長壽（永存）、財富、無災疾、善終爲五福之四；以短命、疾病、災患、貧窮爲六不幸之四。福祿壽爲中國人的理想生活，是極力追求的最終目標。故，生時求幸福生活，死後入神仙之境是人的夢想，於是成仙之說世代流行。誰不羨慕「天上神仙府，人間皇帝家」的理想境界？這種成仙的觀念，正合中國人長生不死的美夢，故文人筆下的夢想（虛幻）極易變成一般人所欲追求的實有。

神仙的存在，神仙之居所早就有所傳聞，譬如屈原之遠遊章有：「貴眞人之休德，羨往世之登仙，羽化去而不見，名聲著而日延。」又天問章：「崑崙縣圃，其居安在？增城九重，其高幾里？」莊子天下篇有：「千歲厭世，去而上僊，乘彼白雲，至於帝鄉。」及「古之眞人其備乎！配神明，醇天地，育萬物，和天下……。」漢書藝文志有載神仙之家。傳說中把蓬萊、方丈、瀛洲，視爲神仙所居之山，稱三仙山，或三壺或三島。十洲（祖洲、玄洲等）亦被信爲神仙之居所，此可證諸於史記封禪書：「蓬萊、方丈、瀛洲三仙山，在渤海中，諸神人及不死之藥皆在焉……。」既有神仙在，又有神仙所，加上有成仙藥可取，故人所夢想的成仙事應是可能的，因此，秦始皇欲求長生不死之仙藥，在當時就並非是癡人的妄想了。然而，仙藥畢竟難求，所以人們就想盡了辦法製造仙藥。戰國策之楚策及韓非子之說林，皆敍述獻長生不死之藥於楚頃襄王之事。蘇東坡赤壁賦裡：「浩浩乎如馮虛御風，而不知其止；飄飄乎如遺世獨立，羽化而登仙。」和抱朴子的對俗篇：「古之得仙者，或身生羽翼，變化飛行。」乃根據這種思想與心理。

(二)生長期：

道教爲後漢張道陵所創（原名張陵，道字乃後人所附加），實際上，是綜合古代中國學術思想，民間信仰和一般百姓心理的宗教。當時黃老之學甚盛行，且有祭老子之事。古代的民間信仰，譬如信陰陽五行、占星術、巫術和成仙術等，也非常流行。張氏於後漢桓帝（公元一四七年至一六七年）生於沛國之豐邑，係張良八世孫，遊太學，好黃老之學，博通五經，修長生之道，晚年得金丹術，入鶴鳴山（在四川崇仄縣西北），著道書廿四篇，勸人信奉黃老之道。入門學道者，皆贈五斗米，故稱五斗米道。許多學道者，並非出自眞心，乃唯利是圖之徒，故被時人譏之爲「米賊」。初信道者寥寥無幾，張氏便以符咒治病，及供應免費的旅舍爲號召，有病者使飲符水，若病癒，則謂神明顯靈，若病不癒，則謂信道不誠，一般愚民易信以爲眞，故信道者日增。張氏又於各地建免費旅舍，並供應免費米肉，任旅客自由取用，若有貪心過分多取者，以生重病相威脅，以此敎民誠實，不可欺詐，頗得民心，故稱爲「天師道」。凡入道者，一方面禁止飲酒，又依月令，每春夏禁止殺牲釀酒；另一方面，必須修心懺悔、獻祭、祈禱等。信者日增，於是制定儀式，創立規律，使「天師道」成爲正式的道教。張氏死後，其子衡、孫魯皆繼承其道，蕭規曹隨，唸咒治病廣泛的吸收民衆。

在張道陵所創立的天師道之前，前漢于吉已創太平道，亦以符水治病吸引愚民。到東漢張角亦奉其道，所採用的方法與天師道相似，故兩者之間實難分辨。後其信徒結衆造反，以著黃巾爲標幟，時人稱之「黃巾賊」。于吉也因張角之累，被孫策收斬，太平道隨之滅亡，天師道亦大受影響。嗣後，張魯之子張盛，移居江西的龍虎山，繼續宣傳此道，得以繼續而不至於中斷。

㈢盛衰期：

張道陵雖創道教（五斗米道），宣黃老之道，但含有虛無主義及社會主義的色彩，其中摻雜許多怪力亂神之說，又加上成仙之說所產生的疑問，不能長久誘惑人民，故以治病延年爲手段。在當時，因爲一般人對醫學常識非常貧乏，在病急亂求醫的心理作祟下，此法頗能收效。然而，仍然缺乏學理之根據，不易令人信服。魏伯陽與葛洪爲製仙藥大師，對仙藥之可能及其製法大肆宣傳，使人易信其言。前者生卒不詳，有謂漢桓帝時人（公元一四七至一六七），有謂東漢西晉間之人，著有參同契，闡明仙藥之煉術及其功效，分內外金丹，能使人長壽，甚至成仙。後者字稚川，丹陽句容人，博學多才，好神仙導養之法，其名著爲抱朴子，分內外篇，爲道教的主要經典之一。外篇專論政治得失，與人事臧否；內篇論神仙之術，此書對道教之成長有莫大的貢獻。

道教雖經張道陵，綜合古代中國學術思想（尤其以易經與黃老之道），民間信仰和一般人民心理而創立，加上魏、洪之努力，而頗具學術基礎，然仍不能成爲一個有系統、有完備組織之宗教，尤其與外來的佛教相比，更顯幼稚、淺薄，大多含有迷信色彩，無論在教理方面，在優劣方面均不敵佛教，尤其兩教在激烈爭論之後（魏晉六朝之間與北周武帝時均有爭論），道教人士愈發現自己的缺點，爲了圖自保，於是有人主張依道教本位，而提倡道佛合一，擬佛經而作道教經典，並制定較完備的儀式。寇謙之是使道教在社會上有鞏固基礎的大功臣，曾入嵩山修道十餘年，精黃老之道及各種妖術，熱心傳道，甚得北魏宰相崔浩之欣賞，力勸世祖信此道，於平城（魏之都）之東西建天師道場，爲五層重壇，集道士百廿人，每日祈禱六次，世祖甚信之，自稱太平眞君，於是開始排斥佛教，信徒遽增，道教之基礎得以奠定，不得不歸功於寇謙之。其後各帝王均遵道排佛，實爲佛教之大災期。又加以魏晉及南北朝時代，甚流行迷信，天下多亂，人心不安，人多附會妖言迷信，也助長了道教之勢力。至唐朝，五代及宋時，道教勢力不減，尤其因爲道教所遵之老子姓李，與唐皇室同姓，道教在唐朝受到特別禮遇。宋徽宗對道教實行家林靈素等甚信任，徽宗還自稱道君皇帝。史家把這個時代形容爲道教的黃金時代，實有其意義。

宋南渡後，道教分南北二宗，南宗主性，北宗主命。主性者，由服食煉養，而保畜人之眞性，可稱爲自力宗。主命者，由符咒科教，而得延命，可稱爲他力宗。至北宋時，名道士有王重陽所主持的道教，稱全眞教，傳說其教理得自八仙之一的唐朝呂洞賓，取名純陽，故又叫純陽宗。在南方爲正一教，以江西龍虎爲根據。但正一教較普遍。目前臺灣所舉行的大拜拜及喪葬儀式，多用正一教的科儀。

元朝時，道佛兩教又形成水火不相容的局面，爭辯甚烈，甚至引起朝廷的注意。元憲宗時，二教辯論於朝廷，道教失敗，於是遭朝廷排斥，下令焚道教經典，除道德經外，幾被焚盡，道教從立教以來所受的打擊莫此爲甚。至元朝末年，道教人士爲報復朝廷對道教之迫害，建白蓮社，組織香軍，志在驅夷復華，後又助朱元璋滅元。

明朝成立，太祖感道教人士對創明有功，甚爲器重。但又深恐道教之勢力壯大，對自己不利，又暗中排斥，所以道教在明朝只能圖自保，無甚大發展。到清朝入主中原，明白道教過去歷史，不但是宗教團體，且能發展爲政治勢力，故也不蒙朝廷優待。又加上外來宗教，如基督宗教，也排斥道教，道教在多面受敵之餘，可說困難重重。後來義和團事件失敗，國人都歸罪於道教，於是道教元氣大傷。這時西方科學知識也逐漸輸入中土，國人對多含迷信成份的道教已不熱衷，於是道教逐漸走向下坡。

鄭成功爲了反清復明，在臺灣創洪門會，以道教爲民族思想的中心，深入內地，以傳教方式，宣傳反清。道教也因鄭成功之提倡，得在臺灣繼續發展，臺灣第一個廟宇卽是道教廟。在日據時代，日本人深恐中國人藉道教興起民族思想，於是多加限制，禁止人民有道教組織，道士亦改稱「師君」。目前在臺灣的道教多與佛教相混，不易分辨，而且道教的教義，早就摻雜有佛教的思想，譬如：「去惡從善改愆，獲得彌陀錫憐。」「崇信因果」「受旨到如來」「極樂西方佛降來」等均爲佛教術語。

大陸淪陷前，張道陵裔孫張恩溥來臺，創臺灣中國道教協會，目下有兩萬餘會員，但民間的眞正道教信徒卻難以估計。

二、教義：

我們已說過，道教乃滙合古代中國之學術思想、民情和民心而成，故其教義自然與中國人的思想、風俗習慣發生密切關係。一般而言，道教崇拜黃老之道，以周易、老子、莊子的思想爲基礎，所以黃帝之「

陰符經」（言修道之旨）、老子之「道德經」、莊子之「南華經」，爲道教的主要經典，再加上「黃庭經」（傳爲王羲之所著，言養生之道）和文姬經（關尹子，爲周尹喜所著，言長壽之法）合稱五大經，尤以道德經爲其中心思想，所以，道教人士說其教源於黃帝，發揚於老子，成教於張道陵。

道教所標榜的宗旨是：「以忠孝」爲本；「以敬天法祖，利物濟人」爲務（註三）。所謂「忠」乃忠於國家，尤指不信外來之宗教；所謂「孝」，乃指拜神敬祖、恭儉事親、愼終追遠。所以道教着重忠、孝、慈、儉爲修身之工夫。

道教也相信「因果報應」，故亦勸人爲善避惡，蓋老子書中有「天網恢恢，疏而不漏。」所有道教人士都有這種信念，此可證諸於史記陳平世家：「我多陰謀，是道教之所禁。吾世卽廢亦已矣，終不能復起以吾多陰禍也。」

道教的因果報應主要在於來生，所以也承認「靈魂不滅」，這種思想也可以從老、莊書上找到根據，譬如老子的「谷神不死，是謂玄牝。」（谷謂養也。人能養神（五臟之神），則不死。）莊子的「凡物無形無毀，復還爲一。」「其生也天行，其死也物化。」（天道篇）靈魂既然不滅，且於來生接受報應，故也主張「地獄」與「仙境」的存在，及「輪迴」之說。而其中地獄與輪迴之觀念乃取自佛教。「招魂」——招回已死去親人之靈魂——也是道教的時習之一種。

道教受佛教的影響，也認爲人生多痛苦，故以解救人生的痛苦，以普渡衆生爲目的。爲了達到目的，道教勸人避惡行善，分爲三個階段：學道、修道和行道。學道者應通悉三經：玉清天寶君之道寶尊、上清靈寶君之經寶尊和太清神寶君之師寶尊，作爲皈奉道法之「道、經、師」三寶。修道者以人身之「精、氣、神」爲修養性命，作出世工夫之三寶。行道者以「慈、儉、讓」爲立身行道，作入世工夫之三寶，此乃根據老子三寶章，所說的：「我有三寶，持而寶之，一曰慈、二曰儉、三曰不敢爲天下先。」（註四）道教既以老子爲教主，以莊子爲師祖，那麼，老莊的思想自然成爲道教的中心信仰，而老子所主張的是尚古主義，從紛亂不安的生活走向虛空、無爲、清靜和順乎自然。人順乎自然，乃能反璞，反璞才可以得道以養生而成眞人：「天法地、地法天、天法道、道法自然。」（道法經第廿五章。自然爲道之性質，非道之外另有自然。道則爲宇宙萬物之本源。）老莊的養生論由道教引申爲長生論，所以長壽成仙和普渡衆生，就變成信道的最終目的，其方法爲走向空虛，崇尙無爲，圖謀清靜和順乎自然。道教承認人有爲，但也有所不爲，所以當有所不爲時，必須靠神明的幫助，而道教所相信的神明眞是無奇不有，凡神必拜，但有大小高低之分。最高之神爲無極界三清：玉清元始天尊、上清靈寶天尊、太清道德天尊。次爲太極界至尊之神：斗姥天尊、玉皇上帝（居昊天金闕、彌羅天宮。統御諸天、綜領萬聖，主宰宇宙，開化萬天，爲太極界最高的神。）和四極大帝、三官大帝；南辰北斗及諸星宿之星君等。這些均稱爲先天眞聖，因爲出於天地未分之前。（註五）

凡天地開闢之後，在現世得道的神仙，道教也奉爲神明，譬如黃帝、老子（太上老君，爲元始天尊之化身）、莊子（南華眞主）、呂純陽（洞賓）、岳王、關帝、天上聖母（媽祖）、鄭成功，以及歷代忠臣孝子，貞節義烈，對國家民族有功，堪爲後世效法者，均尊之爲神，是爲後天仙聖，或地方神靈。

道教也尊土地公，或財神爺、城隍爺——保佑地方之神靈，是生前對地方有功之士。穀神或五穀大帝爲農家所奉之社稷土神。還有守門神、風神、雨神等不勝枚舉。

三、敎規與敎儀：

道敎對求道信道者皆表示歡迎，但必須先具備信道的條件，譬如要從師學道，應焚香齋潔，並立誓不妄傳妄洩。道敎人士表示信道之虔誠，必須避五戒行十善，否則得不到天人善神之保護，更無法消災享福。所謂五戒是：㈠不殺生，㈡不嗜酒，㈢不口是心非，㈣不偸盜，㈤不淫色。所謂十善是：㈠孝順父母，㈡忠事君師，㈢慈心萬物，㈣忍性容非，㈤諫諍蠲惡，㈥損己救窮，㈦放生養物種諸果林，㈧道邊舍井種樹立橋，㈨具利除害敎化未悟，㈩讀三寶經律奉香花供養。一般道士若觸犯規戒，尙應受到嚴厲的懲罰，所觸犯的規戒及應遭何種懲罰均有明文規定：

1開靜貪睡不起者，跪香。
2早晚功課不隨班者，跪香。
3早午二齋不隨衆過堂者，跪香。
4朔望雲集祝壽天尊不到者，跪香。
5止靜後不息燈安禬者，跪香。
6三五成群交頭接黨者，跪香。
7失誤自己執事，錯亂酣睡者，跪香。
8奸滑慵懶，出坡不隨衆者，跪香。
9上殿誦經禮斗，不恭敬者，跪香。
10本堂喧嘩驚衆兩相爭者，跪香。

11出門不告假，或私造飲食者，跪香。
12毀壞常住物件，照數包補者，仍跪香。
13越職管事，倚上倚下橫行兇惡者，跪香。
14廚房抛撒五穀，作賤物料飲食者，跪香。
15公報私仇，假傳命令，重責遷礻詹。
16毀謗大衆，怨罵鬪毆，杖責逐出。
17無故生端，自造非言，挑弄是非，使衆不睦者，逐出。
18違令公務，霸佔執事者，逐出。
19茹葷飲酒，不顧道體者，逐出。
20賭博引誘少年者，逐出。
21偸盜常住物件，及他人財物者，逐出。
22犯淸規不受罰者，杖責革出，永不復入，逐出。
23違反國法，姦盜邪淫，壞敎敗宗，頂淸規，火化示衆。

道敎因爲相信鬼神能干預人間事，故凡事都要求神問鬼，所憑藉的方式不外乎祈禱齋戒、符咒、作法過火、建醮等。神明能附身，能告訴人福源與禍因，並替人除害（如治病）邀福。童乩即是神明附身的工具。

道教應算是中國的固有宗教，雖然其教義後來也染上不少外來佛教的色彩，甚至也摻雜景教的思想（註六）。

第二節　佛教

佛教雖是外來的宗教，然而，它能很成功地利用中國思想來說明佛教教理，即所謂「以外典」（非佛教的經典）「釋內典」（佛教經典），所以甚合中國人的胃口，這是佛教之所以能在中國生根，進而能發揚光大的主因，甚至成為中國文化的一部分。自南北朝以至隋唐五代，佛教思想支配了中國學術界，當時許多有名及具有影響力的思想家，都與佛教思想結了緣。至宋、元、明、清和民初，佛教思想影響中國文化和人民生活方式不減當年，連梁啓超先生也不得不承認：「吾師友多治佛學。」（飲冰室卷三宗教篇）

佛教既對中國人的思想，與生活方式有如此大的影響，甚至與中國文化分不開，那麼，介紹過道教後，如今就應談論佛教。先談其教史，再論其教義、教規與教儀。

一、教史：

佛教由釋迦牟尼(Sâkyamuni)所創立。釋迦(Sâkya)，是一宗族姓名，有能仁之意，他的原姓是喬達摩(Gautama)，本名是悉達(Siddhartha)，意思是「一切完成」，即達到目標者。牟尼，有「賢者」之意。佛陀(Buddha)為後人對他的尊稱，因「佛陀」，原意是「大覺」，兼有自覺及覺他的意思，所以通常稱他為釋迦牟尼佛。也有人尊稱他 Tathagata，意謂「相似絕對的那位來者」，「一個循常道而來的覺者。

」「一個僅僅循常道而來的人。」中譯爲「如來」（有說是來去自如之謂），故又稱「如來佛」，俗稱「菩薩」，出身王族，爲淨飯王的太子，母名摩耶(Maya)，於公元前五六三年（有說五六六年）生於印度北部，在現在的尼泊爾境內的迦毗衞國，父親爲該國國王。他的生平，充滿傳奇，多難以考證。母死於太子生後七日（有說兩日），由姨母扶養成人。從小在皇宮裡長大，過着奢侈與舒適的生活，曾納三妃，生一子。廿九歲時，欲多接觸外面世界，於是離宮出遊，所看到的是一個老人、病人和死人，代表人生充滿生、老、病、死等痛苦，無人倖免，於是決定私下拋下妻(Yashodhara)、子(Rahula)，去尋找痛苦的原因，及解脫痛苦的方法。開始時,他跟隨波羅門教的兩位師傅(Alara Kalama 和 Uddaka Ramaputra)學道,但無法令他滿足，終於離開他們，想憑自己的力量尋找解決之道。經過六年的摸索，度非常刻苦和守齋的生活，使得身心交瘁，曾暈倒地上，猶如死人。深恐自己在尚未發現眞道之前就去世，於是放棄這種過度刻苦的修行，靜坐在一棵樹下（現稱菩提樹(bodhi)，有覺悟之意）沉思，下定決心，未獲大徹大悟前決不起身。據說在一個月亮全明的夜晚，在逐脫惡魔之引誘後，終於覺悟了眞理，時卅五歲，爲公元前五二八年，該地現叫做「佛陀蓋雅」(Buddha or bodh Gaya)。

覺悟後，他花費了六或七個星期，思索所發現的眞理，尤其較難及較重要部分，例如因緣律，此定律指明所有物都是相對的、相關的，沒有所謂永恆、不變、絕對之物的存在。

佛陀承認自己所發現的眞理非常深奧，不易爲一般人所瞭解，只有智者才是他的知音，所以他先從與他一起修行的五個人開始，把所發現的眞理試講給他們聽。他第一次宣道的內容，即是四眞諦與八正道。他們都相信其言，遂成爲佛陀的首批弟子。不久之後，許多富商，如雅莎(Yasa)，及王族也信奉其道，漸漸形成一個團體，過苦行的生活。他花了四十九年時間，到處宣道。八十歲時，傳說有一天誤吃了梅檀樹耳，有說吃了發臭的豬肉（當時在鬧飢荒），使年邁多病的佛陀體力更加惡化，在娑羅（Sala）樹下不支而倒。他的最後遺言是：「汝等當精進勤修，不可放逸！」遂安然入滅，時在公元前四八六年，有說四八三年，三月十五日（日月不確定）。北傳佛教（如中國、日本等地）把佛陀的生日定爲四月八日；南傳佛教（如緬甸、泰國、錫蘭等地）則以五月廿四日爲佛陀的生日。

佛陀有衆多弟子，其中川莎利步大（Sariputra）和阿難大（Ananda）比較有名。前者長於組織，故在佛陀死後，創立了僧侶制度，是小乘佛教（只圖個人的得救）的重要人物；後者精通師傳的教義，並多加發揮，是大乘佛教的中心人物，主張自救救人，使佛道擴展到在俗的一切人，其目的爲兼善天下。初期佛陀共有十位得力弟子，爲原始佛教的重要人物。

從佛陀死後到公元初期這段時間裡，佛教勢力以恆河流域爲主。大約在公元前第三世紀，就逐漸傳到錫蘭，後經巴基斯坦向亞洲中部伸展。於公元第一世紀，佛教已傳入中國的新疆。在六七—六五間（後漢明帝在位時），江蘇北部接近山東省的彭城，已經有一個佛教團體之成立（註七）。佛教再由中國傳到韓國、日本。如今東北亞和東南亞全在佛教的勢力範圍內。在中國的佛教共有十一大宗：

㈠律宗：以持戒律爲主而得名，唐道宣（五九六—六六七）爲此宗派之始祖。

㈡法相宗：爲玄奘所立。玄奘俗姓陳，名禕，河南人，生於隋，卒於唐（五九六—六六四）。此宗有唯識論，明萬法唯識之理，故亦名唯識宗，謂心外無法，百法皆心。

㈢三論宗：依憑鳩摩羅什所譯之中論、百論、十二門論而得名。中論及十二門論爲龍樹所著，百論爲其弟子提婆所著，後由嘉祥大師發揚之。大師名吉藏，俗姓安，安息人，生於五四九年，卒於六二三年。此宗之要旨，在於發揮「空」的眞義以顯露眞理；兼論「八不中道」：不生不滅，不斷不常，不一不異，不去不來，明乎此理，始爲中道。

㈣眞言宗（密宗）：惠果和尚爲此宗之中心人物，俗姓馬，於公元七二六年出生於今陝西臨潼縣，爲不空法師所賞識，親授三密（身密、語密、意密）四曼（道場）之奧祕。此宗修行，重在實踐，其基本原理，在於「卽事而眞」四字。以自我之精神，作爲中心，漸次擴大；以至宇宙一切，均視爲自我主觀之宇宙一切。日本弘法大師（空海）卽奉行此宗之要理，爲日本密宗之祖。西藏喇嘛教，由印度傳入，亦爲密宗。

㈤天臺宗：由天台大師智顗（五三〇—五九七）發展而成，以法華經、涅槃經和大般若經爲主要經典，闡明「五時八教」之義；以「一心三觀」，「圓融三諦」，明「中道實相，會三顯一」之道。

㈥華嚴宗：杜順爲立宗之祖，由賢首完成，以華嚴經爲主要經典而得名。主張法界緣起，眞如法性（心）自己起動而成迷悟染淨萬有諸法，並非藉着外界東西而才緣起的。「事事無礙法界觀」也是此宗的主要點之一，以十玄緣起和六相圓融之說來解釋此要點。

㈦淨土宗：善導大師爲此宗之完成者，生於六一三年，卒於六八一年。但在他之前，世親、慧遠、道綽等都已闡明了此宗的教義：相信阿彌陀佛的願力和念他的名號，並發願往生極樂世界淸淨佛土（故有淨土之名），便可往生西方成佛，所謂「極重惡人，無他方便，唯稱彌陀，得生極樂，一念彌陀佛，卽滅無量罪。」

往生淨土的條件是衆生必須具足三心：「至誠心」，「深心」和「迴向發願心」，卽專心於阿彌陀佛，及將自己到目前所作的一切善根，迴向於淨土發願往生之心。自然還要加上善行和日夜不斷念「南無（歸向之意）阿彌陀佛」（光明無量，壽命無量之佛之意。傳爲釋迦佛化身之一。阿彌陀乃「無量」之意）。

(八)毗曇宗：以六足論、發智論等爲宗旨。主張一切諸法俱爲實有，故亦稱有部宗。對現象界之分析，極爲詳細，把「心」「物」二界分爲「色法」和「心法」。「色法」有十一種：眼、耳、鼻、舌、身之五根，及色、聲、香、味、觸、法之六塵；「心法」分爲六識：眼識、耳識、鼻識、舌識、身識、意識。此宗後來爲俱舍宗所代。

(九)俱舍宗：以阿毗達磨俱舍論爲敎義之根據，言五蘊之理，論九品之分，以宇宙萬有，不外乎五蘊之作用。所謂五蘊卽色、受、想、行和識蘊。九品爲：界品（爲諸法之體）、根品（爲諸法之用）、世間品（爲有漏之果）、業品（爲有漏之因）、隨眠品——煩惱（爲有漏之緣）、賢聖品（爲無漏之果）、智品（爲無漏之因）、定品（爲無漏之緣）、破我品（以明無我之理）。

(十)成實宗：爲有部之異派，以訶梨跋摩所著的成實論爲根據而得名，主張以徹悟世界萬有之空，解脫生死輪迴之苦，如此才可達修養之極致，得滅諦之眞理。

(土)禪宗：爲菩提達摩所創，南天竺人，於梁魏之時來中國，住嵩山少林寺，終日面壁而坐，號稱壁觀，達九年之久。後把坐禪心得傳於慧可（四八三—五九三年），稱爲二祖。再經三祖僧璨五九四—六〇六年），四祖道信（五八〇—六五一年），五祖弘忍（六〇二—六七五年），其下有神秀（六〇五—七〇六年）與慧能（六三八—七一三年）。慧能在江南立下根基爲第六祖，神秀在華北立北宗禪。慧能天機深遠，獨得玄奧，對禪學之弘揚，其功不可滅，並也深獲五祖弘忍之賞識。當五祖欲傳衣鉢，令衆門人作偈以明本性時，神秀作「身是菩提樹，心如明鏡臺，時時勤拂拭，勿使惹塵埃。」四語爲偈，五祖以神秀未明本性。慧能隨後亦作偈以對：「菩提本無樹，明鏡亦非臺，本來無一物，何處惹塵埃。」五祖心喜，以其有頓悟之功，遂傳以衣鉢，令之南行創禪宗之學。有關禪的宗旨，將會論及。

二、教義

佛教的教主——釋迦牟尼，當他親自體驗到衆生有生、老、病、死等諸痛苦時，就肯定：人生是痛苦的，生活全由痛苦所組成。但痛苦畢竟是「惡」，是人當避免的。欲避免痛苦，欲從痛苦中解脫，而達到極樂的境界，必須尋找解脫痛苦的方法。然而，人無法找到適當的方法，除非先找到痛苦的原因。所以佛教的教義不外乎：㈠人生是痛苦的；㈡痛苦是有原因的；㈢痛苦的原因是可以消滅的；㈣消滅痛苦的「因」之方法是有的。是以，佛教教義的整個重點，都放在尋找痛苦的原因及解脫痛苦的方法上。（心理學家（Flügel）說：人生喜樂佔百分之五十，痛苦佔百分之廿二，不苦不樂佔百分之廿八。）

㈠痛苦的原因

佛教以十二因緣來解釋人爲什麼會在生、老、病、死的苦海中打轉、輪迴的道理。因此十二因緣人才輪迴受生，因生受苦，因苦再生。故若能斷絕因緣，不再輪迴，人生的痛苦就結束，就不再輪迴，就進入極樂境界——涅槃。故先論十二因緣。但十二因緣爲因果律的細則，故先講因果律，然後再談十二因緣。

1因緣律：因緣律在佛教教義是非常重要的，且其中錯綜複雜，千頭萬緒，而又與哲學上所講的一般「因果律」不太一樣，既是因，又是果，故有說明的必要。先說「因」，次論「緣」，再講「業」，最後說「果」和「報」。

(1)、因

凡能產生效果者均稱爲「因」。「因」與「果」有連續的關係。我們通常說「種瓜得瓜」，「種瓜」卽是「因」，「得瓜」卽是「果」。

(2)、緣

「緣」有助力的意思，其意義比「因」狹，而佛教也非常重視此「緣」字（註八）。「種瓜」是「因」，但，不一定能得瓜，因爲種瓜之後要得瓜，還需要其他條件，譬如陽光、水分、肥料、適當的土壤，甚至工人的辛苦耕耘和細心培育，這些是「緣」（由因緣、等無間緣、所緣緣和增上緣組成），但不是「因」。故凡是「因」都是「緣」，不凡是「緣」都是「因」。「因」不一定會產生「果」。「因」若欲產生「果」，尤其理想的「果」，需要靠「緣」的贊助。因此假若一個人前生雖種了善因，但他卻不繼續行善，就結不出善果。但是，前生的善因仍存在，並不消滅，仍保有結善果的潛力，等待有「緣」的贊助時，就會開花結果，所以不像缺乏水分的瓜會枯死，一旦枯死了，再加水分，也無濟於事。

(3)、業

「業」又是因，又是果，由業而有報應。業有功過的意義，所以是「行爲」或「作爲」，且是倫理行爲，是有意識的行爲，而不是指所有的行爲。業的作用是產生效果，稱爲「業果」，所以業也是因，也是果。但「果」，有善果和惡果，因此，業也有善業和惡業。人若在死的那一刹那，尚留下了某些業——行爲，尚未結「果」的業，不論是善業或惡業，他就必須再生，就是所謂的輪迴。再生的路有六種：天、人、阿修羅 (asura)、（由瞋慢疑三因所生。似天非天之道：男醜女端正）畜生、餓鬼 (hungry spirit)、地獄。其中「天」和「人」是好的，其他四者是壞的。人若欲能親證涅槃，到達極樂的境界，就必須在死的那一刻清淨生前的行爲（不種惡因）以及淨化了過去世所集積的染業，如此才不會有慾望與佔有，既沒有慾望與佔有，才不至再生，才到達了極寧靜的境界——涅槃。也因此，佛教人士主張淨化一切慾望，因爲不淨的慾望是再生或輪迴的因，同時也是痛苦的因。

人可以單靠自己的力量，淨化一切行爲和一切慾望以親證涅槃（小乘佛教的主張），也可以除了靠自己的力量外，另外依賴佛 (Buddhas) 及菩薩 (Bodhisattras) 的幫助（大乘佛教的主張）。這種外來的幫助，可藉著不斷唸「南無阿彌陀佛」。

(4)、果

由因所產生任何物稱爲果。

(5)、報

是果的一種，普通的效果稱爲果，報應的果稱爲報，或果報，由人的倫理行爲，所招來的效果是報。人的倫理行爲有善惡，所招來的效果是報。善行招來賞，惡行招來罰，賞是好的，罰是惡的，由善行產生善報——賞，惡行產生惡報——罰，這種「因緣果報」（佛教不太說「因果報應」，而說「因緣果報」，因爲在因與果之間，有一個很重要的「緣」字，如前所說的。）是確定的，這也就是佛家所常說的「善有善報，惡有惡報」。

佛教非常重視這種「因緣果報」定律，其中含義很深，一般人不太瞭解，所以有數點必須加以說明：

第一、果報有四種。立刻報：目前業目前報。現報：現世業生現世報。生報：今生業所生的來生報。後報：今生業過一生，或過若干生受報。

第二、前生的善事或壞事，原則上都會招來善報或惡報，但不論從量方面或質方面均非絕對的。易言之，前生雖做了善事，若今生不繼續爲善，反而作惡，那麼，前生的善事，不但不招來善報，甚至「也許」反而招來惡報，反之亦然，所以善報或惡報，全憑一個人在今生，所做的善事或惡事的大小、多寡作爲衡量。是以，一個人前生做了善事或惡事，他如果反善爲惡，或反惡爲善，他都「可能」招受或不招受惡果（註九）。但是應注意的是，佛教只說是「可能」而已，不說是「絕對的」。這種不同的報應，與行善或行惡的多少、種類與以前所種的善因和惡因有密切關係。

但有些佛教學者有不一樣的說法：因果永不會消滅，除非你不種因，如果已種了因，不論好壞，永不會消滅，遇「緣」便起作用，招來果報，除非修習佛法，斷盡三界煩惱，獲得出世聖果，方可免除輪迴受報的痛苦。而且，善惡不相抵銷，但能由重變輕，或由輕轉重。同時由於善果增多，惡緣漸減，也是使善果迅速成熟的好辦法（註一〇）。

第三、所謂報應，即是賞罰，但賞罰之輕重，不由神靈或其他外力作決定，而是由人的行爲本身。每一種行爲自然地引發相應的賞罰，好像在山谷裡喊叫，自然會引起山鳴谷應的回響。而山鳴谷應之大小、輕重全決定於叫喊聲之大小與輕重。

第四、報應有今生報、來生報和後生報。再生的「生」本身是痛苦，故卽是一種報應，否則人已停止輪迴，已達極樂境界，已不再受苦。此外，怎麼樣再生，卽前所說的輪迴六路，及再生之後這一生的各種遭遇，如壽命長短、富貴、貧賤、吉凶禍福，也都是賞罰，多已前生註定的，這就是佛家所常說的：「欲知前世因，今世受者是；欲知來世果，今世作者是。」所以人入母胎時，前生業已留下一個命運，但此命運多少還會因人今生的行爲而有所改變，所以佛教不是徹底的宿命論。

第五、每一個「因」必招來「果」，但「果」的成熟有遲早之分，全以「因」的力量之遲早和「緣」的力量之强弱爲衡量，所以有在現世成熟的「現果」，有來生成熟的「來果」，有後世多生成熟的「後果」。

第六、佛教的這種說法——因緣果報律——旨在勸人一方面更積極爲善，因爲善行總會得到善報；另一方面勿爲惡，因爲惡行也必定要招來惡報，這就是佛家所說的「諸惡莫作，衆善奉行」道理的基礎，或勸人「勿以善小而不爲，勿以惡小而爲之。」

第七、「因緣果報」是遲早要兌現的。卽使今生行善，反而受苦，或今生作惡，反而享福，那是因爲「時候未到」。但也可能好人受苦，是因爲前生所種的惡因已緣熟，壞人享福，是因爲前生所種的善果已成熟。然而，好人在今生所做的善事却要在來世，甚至要經過好幾世，才能有善報，因今生的善因薄弱，善緣未熟，反之亦然。當然也有今世因今世報的事實，也就是所謂的「因果到頭終有報，只爭早到與遲到」。

總之，佛教的因緣果報律，可以用幾句俗語作爲結論：「善惡終有報，天道本輪迴，不信抬頭看，蒼天饒過誰？」——這是說因緣果報的絕對性。

「善有善報，惡有惡報，如果不報，時候未到。不在生前，必在死後。」——這是說此律的不固定性（時間上）。

2.十二緣：佛教把人的生命分爲前生、今生和來生三個階段，此三個階段的生命由十二緣作解釋，這就是所謂的三世流轉說：由前生的因，產生今生的果，而今生的果又同時是來生的果之因。所以此十二緣分別屬於此三階段：

屬於前生的因，有：⑴無明，⑵行；

屬於今生的果，有：⑶識，⑷名色，⑸六入，⑹觸，⑺受；

屬於今生的因，有：⑻愛，⑼取，⑽有；

屬於來生的果，有：⑾生，⑿老死。今分別論之：

⑴、無明：無明卽是無知（ignorance）、不知、或愚癡。由於人的無知（不是認知之反），誤認爲事物實有，於是引起人對各不存在事物的妄動，衆生才輪迴世間，在生死圈裡打轉，所以是生死的根本，同時也是痛苦的原因。

⑵、行：行是「行爲」或「動作」。由無明所產生的矇昧行爲，是對生活的一種盲目意向，或盲目慾望，因而發動身口意三種有漏的行業（由形色所形成的事是身業；由口舌所說的話稱爲口業；由心意所促成的事稱爲意業。）這行和上面的「無明」，卽是過去所有的惑和業，也便是四諦中所說的集諦內容，是前生的二因。

(3)、識：識是意識，但是潛意識，是一種求生的慾望，卽投胎受生。

(4)、名色：名色代表新生之組成部分。名卽名稱，指心靈，是內在部分，屬於精神部分，因是我們無法把握到而只能由名稱來認識之物；色乃指外在部分，如外貌、顏色、形狀，屬於物質部分。易言之，「名」指心，「色」指身，兩者結合而成人，但只是初步的結合，屬於人生命的第一階段，故指胎相初成，未具六根。

(5)、六入：胎兒漸長，就具備六種感官：眼、耳、鼻、舌、身（觸覺感官）和意。有了這六種感官，胎兒才能和外界接觸，正是人生的胚胎時期。

(6)、觸：觸是指接觸。指嬰兒出生後的一到三歲期間，六種感官開始進入活動狀態，就開始與外界接觸，但只有簡單的知覺，不能分辨是非、苦樂，也沒有愛惡，一切舉動都是自然與天眞的。

(7)、受：指感受。幼兒從四歲開始進入兒童時期（六歲至十二歲），心智逐漸發達，所接觸的範圍也隨著歲月的增長而擴大，感受也逐漸深刻、敏銳，對苦、樂、捨等有所反應。

(8)、愛：愛指對外界物的愛好與渴求，於是引發貪的念頭，進而想佔爲己有。譬如人對財物、色情、飲食等有强烈的慾望與非分的追求。

(9)、取：取指把物佔爲己有。人有了貪的念頭後，就付諸行動以滿足自己的慾望，於是三業不淨，成爲貪慾的俘虜，做出惡業，譬如謀財害命，未婚有孕，酗酒惹事等。有了這些惡業繫身，就種下未來身心的苦因。

(10)、有：有指存在、生存，或實有之形成之意。人對物有了貪心，進而佔爲己有之後，不但不努力加以消滅與阻止，反而變本加厲，貪得無厭，於是越陷越深，無以自拔。人在現世由於「愛」（貪）與「取」所做的惡業，就構成潛在業力，此種業力是現世與來生的連鎖，是一種潛力，並非現際的實有，乃為來世生命做了充分的準備，所以是「新實有的形成」(Formation of a new being)，也就是來世之因。因此，愛、取、有共同構成現世的三因，此乃對前世的「果」而言，因為此「三因」是現世的「因」（惡因），同時就是前世的「果」；是現世的「果」，同時就是來世的「因」。當葡萄在樹上成熟時，未來葡萄的種子也就形成了。在葡萄成熟落地之後，未來葡萄的種子，也正預備長出新的葡萄樹，以產生更多未來的葡萄。所以「種子」是現在葡萄的「果」，同時是未來葡萄的「因」，以前葡萄的「果」，是現在葡萄的「因」。

⑾、生：生指未來新生命，實際形成——投胎受生。此新生命的實際形成淵源於過去的（苦）因，既然是「苦因」，所形成的自然是「苦果」，所以新生命並非可喜的現象，其本身是一種懲罰，故是苦果，因為它為未來的苦果（老、病、死）種下了根。

⑿、老死：老死乃指現生命的衰老（其中夾雜著病痛、憂愁）與現生命的結束。人既然已投胎新生了，必然又要老死，所以這「生」和「老死」是現世的果。此二果是現世的因所種下的。人在享用此二果時，同時又經歷前所提過的各種因和果（無明、行、識、名色、六入、觸、受、愛、取和有），於是又為未來的果（生死）種下了因。所以，從現在的觀點看，生與老死是果，但又是來世的因。是以，從連續的「生命之輪」上看，我們可以把來世視之為現世因開展（為結來世的果做了準備），或封閉（生命的第一輪已因之而結束）的時候。然而，來世之果本身又包含著其「更遠的未來之生命」的因。因為「生命之輪」

是流轉不息的（除非加以淨化——修佛之目的），所以從整體來看，是「果」又是「因」，是「因」又是「果」，在「果」中有「因」，在「因」中也有「果」。因爲所有的「因」都是「苦因」，所以所嚐的「果」，也是「苦果」，這就是佛敎以十二因緣，說明人生痛苦的原因：由無明緣行，行緣識，識緣名色，名色緣六入，六入緣觸，觸緣受，受緣愛，愛緣取，取緣有，有緣生老病死，不斷流轉。若從因果律來分析，則是從過去「無明」和「行」的二支因，緣起現世的「識」、「名色」、「六入」、「觸」、「受」的五支果。又從現世的「愛」、「取」、「有」的三支因，緣起來世「生」、「老死」的二支果，而此二支果又是其他因和果的根。所謂人生，就是這樣生生死死，死死生生，循環不已，叫做輪迴——前世行爲之影響力，產生新生命的一種創造作用（並不指肉體死後，靈魂再投入另一個肉體，因爲佛敎原本就否認靈魂的存在）（註一一）。所以，簡單地說，人生生死的苦果，乃由「無明」和各「業」的因所引發的。人若要解脫痛苦，就應實行「滅」的工夫，把苦因消滅，自然不會有苦果：無明滅，則行滅；行滅，則識滅；識滅，則名色滅；……乃至來世的生老死亦滅，如此痛苦就結束，人就進入永樂的仙境——涅槃。但是，人欲「滅」苦因，需要適當的方法，所以佛敎就要進一步談滅苦因，解脫痛苦，享受快樂的方法。

㈡解脫痛苦的方法：佛敎教人解脫痛苦的方法不外乎：明四諦、循八正道、守六度、戒十惡、行十善，今依次論之。

A、四諦：四諦是佛敎的總綱，也是佛敎的中心思想。此四諦是釋迦牟尼成道後，首次的佈道內容。「諦」是「眞理」或「道理」的意思。佛敎所講的四諦，對佛敎人士而言，不但是眞理、道理，且是正確的眞理，是大道理，是人生的大道、要理，是生活的方法，指出人生正確途徑，故通常也加上「聖」字，說是「四聖諦」。

a、苦諦：說明人生多痛苦的種種事實：生、老、病、死、愛、別離、怨憎和求不得八苦。生爲苦，因爲是一切痛苦之所由來；老爲苦，因爲老能變壞及變殘廢；病是苦，因爲病痛是相連的；死爲苦，因爲人怕死，死後又該輪迴，所以死時爲苦，死後也是苦；愛是苦，因爲有愛則貪，有貪則生；別離是苦，因爲有情人愛相聚，惡別離；怨憎是苦，因爲會使人心不安，不平衡，生氣動怒；求不得是苦，因爲人欲得所愛之物，一旦得不到，心裡就忿忿不平，寢食不安。

b、集諦：有結集的意思，說明人生集起貪、瞋、癡（不明是非，胡作非爲，妄貪妄想），許多煩惱的「因」，去做種種的不善業，才會招受種種的苦果，所以「苦」以「集」爲因。

c、滅諦：指滅盡的意思。人因爲有慾念和無明等因產生了種種惡業，而招來了種種苦，所以必須加以消滅，人才能免生死，才不再輪迴，而能入四聖（聲聞、緣覺、菩薩、佛）。

首先必須滅「無明」，因爲由無明，以假爲有，以空爲實，於是人才對之起慾念，沒有慾念，苦也不會有。但「無明」不易全滅，所以人仍有慾念，故痛苦仍存在，因此，慾念也應加消滅，「無明」是煩惱痛苦的遠因，慾念是近因，先滅遠因，進而滅近因。

d、道諦：道是正道，指出滅苦的方法。道諦跟滅諦是相通的，滅諦講滅絕苦的因，且指出滅苦因有方法可循，但只是原則性的。道諦則指出實際可行的方法，所以比較具體，且較近於實行，共有八種，稱爲「八正道」。

B、八正道

a、正見：對於事物的眞正瞭解。避免對事物的偏見和誤解。這種毛病可以明四諦來克服。等毛病克服後，人就能眞正的解脫及得到快樂。

b、正思惟：用理智來決定我們所追求的正確目標。愛護一切衆生，捨己爲人，不用暴力，好慾念是決定正確目標的標準。自私自利，損人利己，邪惡的慾念爲決定不正確目標的標準。

c、正語：規規矩矩、誠誠懇懇地說話，包括不說謊，不造謠生事，不挑撥離間，不尖酸刻薄，不以粗魯無禮的言詞批評、責罵他人，不講無意義、無益處的空話。總之，說話時要謹愼、小心、正當、要三思而後言。

d、正業：指端正的行爲。故人的行爲必須合乎道義、榮譽、和平。不做任何違法之事，不發生不軌之行爲，譬如流血、殺生、酗酒等。

e、正命：以正常的職業爲維持生活，不從事任何與道德法律相抵觸的行業。更不能從事損人利己的勾當，例如販毒、開酒家、賭場、走私、舞弊等。

f、正精進：一心專業、敬業，以堅定的意志，努力不懈地去努力、耕耘，有勇往直前的精神以達到目標。所以包括勤、恒、忍、耐、專、實、穩等美德。

g、正念：保持清醒的明覺，對事情應有正確的觀念，保持不斷的警覺和深入的觀察以明眞相。具體的修行方法有四：

①、觀身不淨：人的身體原本是不清潔、汚穢不堪。美麗、潔淨只是暫時的，不會持久，因此不必對外表的美麗、潔淨太過費神與迷惑，要努力自己的心性，只有人的「佛性」才是美的，值得重視的。

②、觀受是苦：受就是苦和樂的感覺。世間的快樂都是暫時的，而苦樂不但猶如影隨身，且是相對的，苦盡甘來，甘盡苦生，快樂越大，過後所嚐的痛苦也越多，所以人不必汲汲於現世暫時快樂的追求。多修養品德、淨化心靈才是得長久與眞正快樂的方法。

③、觀心無常：人的心經常「見異思遷」，不可控制及不可靠。常會盲目地闖禍，會不顧一切地胡作非爲，並貪得無厭地去追求事物，終久會帶給自己無窮的煩惱和苦楚。明乎此理，人就應格外小心。所以要「明心」、「修心」，要加以控制，不讓它控制人，受它的引誘而去做一些壞事以致種下苦果。

其實，不但「心」無常，佛敎認爲除了「眞如」（絕對）是恒久、不變、不生、不長外，其他萬物均是無常、短暫、變動不居的、缺乏恒久性，因此「觀法無常」。所以人必須超越無常才會解脫痛苦。

④、觀法無我：所謂萬物（法）無常，包括自我在內。萬物都是隨著因緣而生滅的。因緣合則生，因緣散則滅。人也是如此，由各部分、各元素（地、水、火、風）合成；各部分、各元素均不是自我。而且各部分、各元素一旦分散，死亡卽將來臨，自我也就消失了。人根本沒有一個眞實的本體存在，所以是「四大皆空」。而且，每一個人時時刻刻都在變，根本找不到「現在」的我，所以說「無我」。但人又不能叫自己不生病、不衰老、不死亡，人對自己沒有「自主」之權。然而，因爲「無明」，才產生一個錯誤的假定，認爲有一個「常我」的存在，由此錯誤的假定，才招來苦果。爲了解脫痛苦，人必須有「無我」和「我空」的正確意識。有了此正確意識，人就不必汲汲於名利的追求，不必與人斤斤計較，要寬忍待人，能犧牲小我，完成大我，能看破一切以達到服務社會，造福人群的目的；不會損人利己或假公濟私；能對義之所在，勇往直前；不會成爲名利的俘虜，能得到眞自由、自在，沒有患得患失的煩惱（註一二）。

h、正定：由正當的禪定而達到身心的清淨、寧靜的境界，人才能無憂無慮，不爲世物所騷擾，能全神貫注，進而能清楚地認識、體會眞理，能透視事物的實相。這是佛祖的親身經驗，當他在菩提樹下經由「正定」而進入和諧、寧靜、清淨、平衡的境界中，才有所「覺悟」，徹底見到生命的眞正意義，他也完全解脫了，他已享有「有餘涅槃」。（生命結束後所享的涅槃稱爲「無餘涅槃」）。

以上的八正道就是達到永恒、眞實的快樂的正當方法，同時也是佛教教人解脫痛苦的主要途徑。此八正道可納入戒、定、慧的三學中：正語、正業、正命屬於戒；正念、正定屬於定；正見、正思惟、正精進屬於慧。修行者應依次修此三學，所以此三學也等於佛法的總綱，缺一不可。

C、六度：「度」梵文是「波羅密多」，意指「到彼岸」。眞正意義是：能度過生死苦海，到達快樂的彼岸。所以「六度」就是使人能由生死苦海的此岸，安全地到達涅槃安樂的彼岸之六種方法。此六種方法均含消極和積極兩面：應禁（度）和應做的事。

a、布施：無量壽經上給布施下的定義是「布恩施惠」，以福利恩惠施捨給他人，共有三種：

①、財施：消極方面是戒慳貪；積極方面是以金錢財物救濟貧窮者、需要者。指在鼓勵人勿吝嗇、要慷慨。

②、法施：以佛陀眞理傳授給別人，勸人修善斷惡，給人指出做人處世的正確方針，有傳道、授業、解惑之意，這種是積極工夫。但自己應先探求眞理，瞭解眞相以消除無明，這是消極工夫。

③、無畏施：不膽小，不懦弱，要見義勇爲，不怕困難，要冒險去救人，使衆人脫離恐怖與不幸遭遇，卽使犧牲自己的一切亦在所不惜。

在布施時，應不求報答，不起優越感，不存虛榮心。除了純粹助人外，不應有其他目的。佛敎非常重視這一點，所以金剛經上說：「應無所住行於布施。」

b、持戒：「持」指執持，「戒」指戒止、不做。要遵守戒律，使自己不越軌、不踰矩。佛敎所定的戒律甚多，有五戒、八戒、十戒，名目繁多。出家的和尚要守二百五十戒；尼姑要守五百戒。這種戒律算是敎規，所以等論敎規時再談。

c、忍辱：對於別人所加予的侮辱、欺害不懷恨，不報復；對於自己在修道方面，所遇到身心方面的困難，或遭人譏笑，不畏縮、不灰心；向別人佈道時不求稱心如意、不生氣、不動怒，要心平氣和等，全要靠忍辱的工夫。

d、精進：要努力不懈，力爭上游，意志堅定，恒心不渝。這些是指人在成佛的漫長與崎嶇道路上，所應有的態度，所應做的努力。

e、禪定：指思惟靜慮的意思。靜能生「定」，慮能生「慧」。這對修佛道的人而言，是非常重要的，因爲只有靠著專心一志，集中精力，保持鎭定，人才能有堅決的意志與高度的智慧，以覺悟眞理，明心見性，克服名、利、聲、色之誘惑，戰勝困難；以超越一切，沉著應付各種危險，安全的渡過難關。「空手把鋤頭，步行騎水牛，人從橋上過，橋流水不流。」梁武帝時代的善慧所作的這首詩，表達了「禪」的精神，因爲第一句指出超越「空」和「有」，第二句超越「自」和「他」，第四句超越了「動」和「靜」。所以修禪，先要靜，由靜入定，由定得慧，有了眞智慧才能超越一切而入涅槃——達到禪定的目的。

「禪」雖是從梵文「禪那」(Dhyana) 的音譯，但意義卻不相同。吳經熊博士在他的「禪學的黃金時代」，曾指出二者的差別：「『禪那』是指一種精神的集中，是指一種有層次的冥想，而『禪』，以中國祖師所瞭解，那是指本體的一種頓悟，或是指對自性的一種參證。他們一再的提醒學生，冥想和思索，都會失去了禪的精神。」（註一三）。修禪以定，所以也叫「禪定」。正規的方式是打坐，在靜默之中面壁而坐。坐時全身放鬆，兩腿交叉盤起，背脊挺直，手保持一種冥想的姿勢，眼睛半閉半開，然後全神貫注，集中心志超越所有的感覺以及思想等，以到達一種忘己和忘物的意識狀態。其目的是體驗到眞正的覺悟，以見自己的「佛性」（佛教主張每一個人都有自己的佛性，但會被蒙蔽，故應加以揭發）。所以「直指人心，見性成佛」是禪的主要宗旨。六祖慧能對答神秀的四句偈語充分說明了修禪的功效：「身是菩提樹，心如明鏡台；時時勤拂拭，莫使惹塵埃。」慧能則應對：「菩提本無樹，明鏡亦非台；本來無一物，何處惹塵埃？」這種「以心傳心」，「心心相印」或「心照不宣」，正是修禪的寫照。（以上對語也說明了佛教的基本信條：「觀法無常」，「觀法無我」。）這對佛教而言是極爲重要的修練工夫，因爲全部佛教的精神不外乎：「諸惡莫作，衆善奉行，自淨其意。」（註一四）

f、般若（智慧）：指對事物的最透徹、最眞實的覺悟。所以般若卽是眞智慧，人要修這種智慧，才能確實正確地分析、解釋、瞭解宇宙人生的眞相，能從有中觀空，空中觀有，才不致於產生偏見、誤知、盲從、迷信，而有敏銳、精確的判斷力，進而知道痛苦的原因，和尋求解脫的方法，以達到常樂我淨寂靜涅槃。

佛教非常重視「般若」，被尊譽爲五度的明燈，三世的覺母。修行一切善法，均應以它爲前導，否則不但無益，反而爲害匪淺，所以智度論有言：「一切諸智慧中最爲第一。」有所謂「三般若」：實相、觀照和方便（有的以文字般若代替）。星雲大師在一次演講中曾扼要地描述了般若：

「『般若』是什麼？『般若』就是你我的本來面目；『般若』就是眞如佛性。佛經中常提到的『法身』、『慧命』、『實相』、『眞如』、『自性』、『不二法門』等等，指的就是這箇『般若』。般若又可分爲所謂的三般若，卽實相般若、觀照般若、文字般若。

①實相般若：卽是我們的眞心理體，用通俗話說，就是『本來面目』。這個實相般若是不能用『有』、『無』加以敍述，也無法用『彼』、『此』、『大』、『小』加以想像的。所謂『言語道斷，心行路絕』，實相般若離世間一切有爲相，在凡夫不減少，在聖賢也不增加。

我們人人本來具足佛性、具足般若，佛性般若本是人生的主宰，可悲的是：我們卻任由這箇主宰日復一日、年復一年地沉睡，任由身心處在黑暗無明之中，蒙受漫天的塵障，造作種種罪業，陷入無窮無盡的輪迴。

『金剛經』卽是要喚醒我們沉睡中的自性，以實相般若的智光照破黑暗，光光相映，成就無上的光明世界。

②觀照般若：了知諸法實相的大乘空慧，便是觀照般若，這個觀照般若是由大悲方便助成。悲智和合的般若，既不是凡夫利害參半的俗慧，也不是外道徒勞無果的邪慧，更不是二乘解脫生死的偏慧，而是大乘觀照諸法空性，能引發大悲方便、利生濟物的妙慧。是透過勇猛精進的修持之後所體證的智慧。這種般若就好像一面明鏡，胖子去觀照，便看到胖子的顯像；瘦子去觀照，便看到瘦子的模樣，絲毫不起分別心，如如實實地映現諸法的本來面目、眞如實相。平常我們誦經拜佛，以及作種種功德，目的就是要拂拭心

鏡上的塵埃；一旦心鏡光明顯耀，般若便能現前。

③文字般若：不僅指經本典籍，舉凡一切表達思想的文字、語言、圖表、符號等，都可以攝入文字般若的範圍。像禪師們雖然主張不立文字，但其藉以傳達思想禪機的言語舉止，也無非是一種文字般若。所以，只要我們肯用心，念念留意，不難發現處處皆有般若妙諦。

這三種般若之中，金剛的『堅』代表實相般若；金剛的『利』代表觀照般若；金剛的『明』代表文字般若。佛教有句話說：『我們要以聞、思、修而成爲三摩地』，三摩地就是涅槃境界，從『聞所成慧』、『思所成慧』、『修所成慧』皆可證入般若三昧境界；更廣泛地說，就是處處皆有禪機，隨時都可頓悟，證入般若三昧。」（普門第六卷、第六期）。

㈢佛教的其他教義

1無神論：世界上絕大部分的宗教，都以「神」爲信仰的中心，以神爲崇拜的對象，唯獨佛教是例外的，這是非常特殊的現象。在一般人的觀念裡，所謂「神」是一個超越世界，創造世界及控制世界的至高位格實有。」在佛教的教義裡，絕對不承認這個實有的存在（註一五）。佛教所景仰、崇拜的佛祖——釋迦牟尼，卽使成佛之後，也仍然是「人」（註一六），佛教徒所追求的目標——極樂世界的涅槃，只是一個境界，不是什麼實有體。佛教相信每一個人都是自己的主宰，決定自己的命運；人的吉凶禍福，成敗榮辱，全決定在自己的行爲善惡和努力與否。沒有一個人可以提拔人上天堂，或把人推入地獄（註一七）。（雖然大乘佛教主張佛能從旁協助人成佛）。

假若我們採取牛津字典給宗教所下的定義：「是人類對一種不可見的超人力量的承認，這力量控制著人類的命運，人類對他服從、敬畏與崇拜。」那麼，佛教就不能稱爲宗教，只能說是一種說明痛苦的原因，及解脫痛苦之方法的人生哲學，這與其他哲學、社會學學說並無兩樣，譬如共產主義，在某種意義上，也是一種宗教，所以當我們說：「共產主義是一種荒謬和盲目崇拜的宗教」(communism is a false and idolatrous religion)並無語病（註一八）。是以，與其說佛教爲「宗教」，不如說「佛法」來得恰當。

但佛教在某種意義上，也可以說是一種宗教，因爲旨在領人自求解脫，使人超越現世的生命，並有明確的規律可以遵循以達到目的。

2.宇宙自有：佛教既不承認有一位創造宇宙萬物的萬能神之存在，自然也不承認宇宙是從無到有，宇宙有開始。不但宇宙是無始的，且是無終的，不是神所創造的，一切萬物都只是「因緣暫時的聚合」而已。神爲「宇宙的第一因」的觀念，在佛學裡是找不到的。因爲當你找到「第一因」時，你勢必發覺在它之前還有一個「因」。如此循環不息，周而復始，那來的一個固定不變的「第一因」？佛教人士也經常反問有神論者：「神造宇宙，誰造神呢？」「神能夠自己存在，難道萬物就不能自己存在嗎？」（對此問題的答覆，請參考拙著「形上學」，民國七四年一月增訂一版，臺灣商務印書館出版，第一七五頁－一七六頁）

3.靈魂不存在？在原始的佛學裡，不承認靈魂存在及靈魂不滅的說法。他們的「輪迴」觀念並不主張人死後，有某種東西從一個身體，投入到另一個身體，而是指前世行爲之影響力，產生新生命的一種創造作用（註一九）。

但也有佛教徒承認有靈魂存在，譬如太子瑞應本起經卷上：「此所謂死者魂神。」俱舍論記卷第十三：「若無有我，不應生死流轉。」星雲大師在一次演講中也說：「如果身上所有的部位都冷了，而眼睛還是煖熱的，就表示靈魂從眼睛出去。」（參看普門第六卷第五期：人死亡之後的生命怎麼樣？）

總之，對靈魂的存在及其不滅性，佛學的說法相當含糊。若靈魂不存在，人又如何及爲何要親證涅槃？

4.涅槃問題：「涅槃」梵文爲 Nirvana，有「熄滅」，「被吹去」，「被消去」的意思。這是佛教徒所最關心的事，也是最重要的事，因爲修佛的目的，就是爲了免受輪迴而入涅槃，但不幸得很，涅槃到底是什麼，恐怕連佛陀自己也無法加以詳解，所以他在生前對此問題並未多說。偶而被問到時，他多半也是顧左右而言他（註二〇）。

也許說涅槃不是什麼，比說它是什麼更容易。

首先，涅槃不是一個特別的場所。所以不可視之爲在該處佛陀，或其他成佛的人，生活得安寧快樂的世界，好像道教人士所夢想的神仙樂土，或基督宗教聖經所描述的伊甸樂園或天堂。

「死亡」不就等於入涅槃，因爲人死時，若五蘊或五險（色、受、想、行、識）未斷，要受輪迴之苦，無法入涅槃的。

「輪迴」自然更不是涅槃，因是涅槃之反。

不但人死後可能入涅槃，且人尚活著時，也可能入涅槃，譬如修行者能逐漸除去煩惱、貪慾，他能有「覺悟」，能將自己的心予以安靜，不受外界刺激所動搖，他就入涅槃，但只是「有餘涅槃」，因他尚留下一些尚未結「果」的「業」，他的五蘊尚未徹底滅斷。人一俟死去後才可能入「無餘涅槃」。

但到底涅槃是什麼？有人稱它爲「滅度」（原是道教術語）：「滅」代表「死」，「度」意指到達一個地方。人死時能從此岸（現世）度到彼岸，再不受輪迴之苦之謂，但至少還有二十多個異名稱呼這個境界：無生、無出、無作、寂靜、圓寂、無相、無我、無漏、解脫等。

佛經中的大涅槃經，解釋涅槃較詳細，也許也比較正確：

⑴、涅槃卽佛性的自證。衆生都有佛性，但常被蒙蔽，人心若能顯佛性，便入涅槃。（佛性卽是衆生的本性，卽是眞如，是絕對的實體。）

⑵、涅槃爲「常」。所謂「常」，是指法身常存之意。人的法身（佛性）要等到五陰滅斷後才能顯出。一旦顯出後，就不必輪迴，就沒有生滅，故是「常」。

⑶、人入涅槃，乃知眞我，覺悟了自己的法性。

⑷、涅槃是一種大樂的境界。

總之，涅槃的確是很奧妙的東西，「人類的語言實在太貧瘠了，以致於無法表達涅槃（絕對眞理或最終實體）眞正的本性。但可說：就人類的最後命運而言，涅槃就是絕對。就涅槃本身而言，它就是「眞如」(Tathatâ)；就它與諸佛的關係而言，它就是「佛性」(Buddhatâ)；就它與佛陀的「三身」的關係而言，它就是「法身」(Dharmakâya)；就它與不同的「界」，或不同的存在層次的關係而言，它就是「法界」(Dharmadhâtu)。法界指的是一切事物的最後根基或原因，所有的一切依此向前進展；就它與人類超越生死「輪迴」(Samsâra) 的命運而言，它就是「涅槃」(Nirvâna)；就「苦」海的另一岸而言，它就是「彼岸」；「此岸」是現世的生活與彼岸相對。」（註二一）。但絕大部分學者，都贊成涅槃是一種完全自由、自在、美好、圓滿、幸福的境界；是人生理想的歸宿；徹底毀滅、幸福、快樂的狀態；是「歸眞返本」。譬如據說在涅槃中的佛陀，就有完全的自由，能夠隨心所欲的生活在他所願意的任何地方，他能用任何他所希望的方式去行動，因此他沒有固定的居所，所以他的涅槃叫做「無住處涅槃」（註二二）。

總之，涅槃是泯除了人我關係，時空障礙和物量對待的一種無上光明境界，是我們大家清淨的本性，眞實的自我。在作者所參考的資料中，星雲大師對涅槃的敍述最爲簡明、扼要、清楚，極有參考價值，故加以引用。下面這段有關涅槃的話就是他在一次演講中所說的：

「『涅槃』，就是佛教四聖諦『苦集滅道』中的『滅諦』。『滅』並不是一般觀念裏消滅、幻滅的『滅』；涅槃的『滅』，應該包括動詞的滅和名詞的滅。動詞的滅是指滅除了煩惱、痛苦、人我、是非、差別、障礙等種種無明；滅除之後的滅，就是名詞的滅，代表寂滅無染的世界，那便是充滿快樂、光明、物我合一、自由自在的世界。對於『涅槃』的解釋，我們又可以從四方面來說它：

㈠從涅槃同義異名的詮釋來解說：

1.從否定意義來詮釋涅槃——像「法蘊足論」對涅槃的解釋就有「無爲、無邊、無漏、無生、無住、無作、無滅、無起、無染……」等四十三種說法；四諦論則有「無壞、無失、無等、無礙、無求、無上、無量、無憂……」等六十六種解釋，這些都是從否定層面的觀點來詮釋涅槃的意蘊。

2.從肯定意義來詮釋涅槃——「法蘊足論」有「眞實、彼岸、微妙、寂靜、恒在、安穩、勝義、至善、稀有……」等五十種解釋；四諦論則有「解脫、超絕、唯一、圓滿、清淨、最上、眞諦、眞如、態度……」等四十六種解法，這些都是從肯定的觀點直接對涅槃作廣義的詮釋。

3.各種經典的說法——則各具經義上的不同風貌：

大涅槃經說：「佛性」就是涅槃。

華嚴經上講：一切諸法的自性就是涅槃。

法華經裏面說：最上的一乘道就是涅槃。

在般若經裏，「理無所知、無所不知」的「般若」就是涅槃。

楞嚴經則說：證顯了「理絕動靜」卽是涅槃。

維摩經中的「十地不二法門」就是涅槃。

勝鬘經裏說「如來藏」、「自性清淨心」也是涅槃。

另外，禪宗的證得「本來面目」就是涅槃。

各家經典對於涅槃的詮釋，雖然名義各異，可是理實無二，都是指這個「清淨自性、眞實本體」。我們學佛法，主要的是要淨化自己，找回自己眞實的涅槃。在座的各位有沒有找到自己眞實的涅槃呢？我現在出四個題目來考考大家，從雜阿含經中對涅槃的四個定義，來看看自己印證了多少涅槃：

第一：貪欲的心掃除淨盡就是涅槃。

第二：瞋恨的心清除滌盡就是涅槃。

第三：愚痴、無明、邪見之心去除蕩盡卽是涅槃。

第四：煩惱、是非之心破除泯盡卽是涅槃。

四題一百分，請問大家得了多少？及不及格呢？如果對涅槃的境界把握得還不夠，那就要多多努力加緊修持了。

㈡從涅槃本身的意義來解說：

雜阿含經中說：「貪慾永盡，瞋恚永盡，愚痴永盡，一切煩惱永盡。」可見涅槃首在破除貪瞋痴，斷滅一切煩惱。

大毘婆娑論說涅槃的意義是「煩惱滅，三火息；三相寂，離諸趣。」因此，一切煩惱滅盡，貪瞋痴三毒火止息；解脫相、離相、滅相三相寂然，也就是無生死相、無涅槃相、無相亦無無相；並且遠離五趣六道輪迴受生之苦，這種災患永盡的境地就是涅槃的境地。

玄奘大師將涅槃譯為「圓寂」。圓，指圓滿，應有的一切功德都具足了；寂，指泯寂，一切汚染的習氣、煩惱都泯除了，這便是涅槃的眞諦。

我們常說「人生無常」，可是，在這個無常裏面有一個恒常的涅槃。人生是苦，而涅槃却是絕對的快樂。人生無我，因為這個「我」不究竟，而涅槃有我，因為涅槃裏的「我」是眞我；人生很汚穢、煩惱，而涅槃是我們最究竟、最清淨的本性樂土。我們用最平易的話來說明：

涅槃是佛教最高的理想。
涅槃是佛陀追求眞理的目的。
涅槃是人類思想最深究的探討。
涅槃是最眞實，最有價值的人生。
涅槃是人生最究竟的歸宿。
涅槃是快樂之境、幸福之地。

涅槃是宇宙之源、萬物之本。

涅槃是常樂我淨最美滿的境界。

㈢從涅槃的特性來解說

我們知道涅槃是什麼之後，再從各種的經典中，選取證悟涅槃的聖者對涅槃的描繪，來說明涅槃的特性。從前人的聖言量裏，我們知道涅槃有十大特性：

1.涅槃如蓮花——蓮花在佛敎裏被視爲最潔淨的花朶，在中國人的心目中，最足以代表君子的特質，不能離開淤泥而生長，但是却不被淤泥所染。涅槃也和蓮花一般，不爲一切煩惱所汚染，涅槃不能遠離生死而證得。

2.涅槃如水——涅槃具有水的清涼性，能熄滅一切煩惱熱苦；涅槃更具有水的止渴性，猶如雨澆旱土，能解除我們對愛慾的渴望。

3.涅槃如解毒藥——涅槃是一切被煩惱毒物所苦的衆生安養生息之處，猶如袪除百病的甘露靈藥，能滅除世間一切苦惱病症。

4.涅槃如大海——大海對於一切屍骸沒有愛憎之念，涅槃也是一樣的遠離煩惱形骸，無所罣礙，這就是涅槃的「無愛憎」；大海浩瀚無際，沒有此岸彼岸之分，容納百川而不溢，涅槃廣大無邊，也能包容衆生而不壅塞。

大海澄淸，是芸芸衆生的生長之地；涅槃無垢，能滅盡煩惱染汚，也是證得大自在、擁有大神力的大阿羅漢之安住處。

大海無法斗量，泛起朵朵浪花；涅槃也無法計度，叢叢綻生妙華，盛開出種種廣大、清淨、智慧的解脫之花。

5. 涅槃如食物——食物能維持我們的生命，使身體强壯康健；能證得涅槃的人也沒有老死，能享無量壽，使生命的光輝臻於永恒。

涵攝食物能增加體力，證得涅槃者，亦能增長神通力。

食物可以養顏滋容，使我們容光煥發，涅槃則能美化我們的道德容顏。

食物能解除飢餓衰弱，涅槃也能去除一切痛苦的飢餓、衰弱，鎭靜衆生的煩惱和憂慮。

6. 涅槃如虛空——涅槃就像虛空，不生、不死、不老、不去，不被征服也不爲盜賊所奪，更不被任何東西掛礙。所以涅槃的境界無邊無際，不住一處而徧於一切處，不依一物而爲一切物所依，足以讓聖者自由自在行於其中的。

這個虛空是無所不在的空、無處不有的空、無相無不相的空，是「千江有水千江月，萬里無雲萬里天」，那種千古亘在常存的空，住世時是一種清淨滿月的人格，出世時是一種自在明星的天慧；你如果懂得涅槃，那麼，虛空宇宙之間，無處不爲你的法身自性所遍滿，畢竟空的境界，就是「處處無家處處家」的安住之所。

7. 涅槃如摩尼寶珠——涅槃就像摩尼寶珠，能放出美麗的光輝，使人人歡喜，滿足衆人的一切欲求。

8. 涅槃如赤梅檀——赤梅檀是最稀有難得的奇樹，涅槃也如赤梅檀，擁有無與倫比的芬芳，能讓聖者也爲之讚嘆。

9.涅槃如醍醐——涅槃的味道如何呢？它就像醍醐灌頂，具有道德的美麗光彩，有戒行的芬芳香氣，還有美味可口的滋味。

10.涅槃如山峯頂——涅槃又像高高聳立的山峯頂，在風雨飄搖之中也一樣卓然不動，任何的煩惱惡賊都難以攀登。峯頂上土質堅實，所有煩惱、痛苦的種子都不能生長，是完全脫離一切有漏汚染的境界。

㈣從涅槃的種類和層次來解說：

在佛經裏面，涅槃是有層次等級之分的，如同教育有小學、中學、大學等不同的階段，每個學習階段的境界也都各不相同。我現在就把涅槃的種類，按照深淺的層次一一向各位說明：

1.庸俗的涅槃——印度有一位外道，吃飽飯後，就志得意滿的拍拍自己的肚子說：「這就是涅槃！」，生病的人病好了之後享受安樂，就說他涅槃了；窮苦的人撿到七寶財物，生活舒適起來，也說進入涅槃境了；膽小的人本來畏懼外緣，後來有所皈依而不怕了，也說是證得涅槃。像這種偏重飽食、健康、財富、依靠之類的涅槃，都是以滿足物欲享樂爲主，談不上精神的不朽，是世俗境界的涅槃。世俗的涅槃因爲建立在變化不定的外緣上，所以隨時會消失，會有反效果，享有的時間也很短暫，以前面提到的涅槃十大特性來看，勉強只具備十分之一二而已，這種庸俗的涅槃，不是眞正的涅槃。

2.有餘依涅槃——庸俗的涅槃只是小學程度，有餘依涅槃就是中學水準的涅槃。在有餘依涅槃的境界裏，雖然還有肉體存在，仍有飢寒苦樂，可是，心性能斷盡一切煩惱，不受飢寒苦樂的影響，平靜安然的面對人生世事，這就是有餘依涅槃。有餘依涅槃雖已破除我執、斷盡煩惱，但還不能眞正進入無苦的天地，因爲還有一個身體在，餓了要吃、冷了要穿，會疲勞、會辛苦，易老、易病，還不是完全究竟的涅槃。

但是能證入有餘依的境界，就不會因身苦而引起憂愁煩惱等心苦，在證入法性時，也能卽身體驗到不生不滅的法味。在世界各地，包括西藏甚至我們臺灣，證得有餘依涅槃的人還是有的。我現在舉出兩位已證得涅槃的人介紹給大家：一個是佛陀的首座弟子大迦葉尊者，他雖是二千五百年前的人物，但身體還活在這個世界上。大迦葉尊者奉了佛陀的慈命，捧著佛陀的袈裟衣鉢，要等到六十七億年以後，彌勒菩薩降生成佛，龍華三會時，把釋迦牟尼佛的衣鉢傳交給彌勒菩薩；幾十年前，法國的柏克森博士在印度的雞足山大迦葉尊者涅槃的地方還見過尊者，並且皈依在他的座下。

另外一位是十八羅漢中的長眉羅漢，也就是阿彌陀經中的賓頭盧頗羅墮尊者，他奉了佛陀的慈命，要在末法時期度化痴迷衆生；我在中國的佛教高僧歷史裏，曾經三次翻到有關長眉羅漢的記載，如東晉時候的道安法師就曾經與長眉羅漢對答過，這兩位尊者至今還住世接引大衆，眞是稀有微妙的事。

3.無餘依涅槃——這種涅槃的境界是大學的階段了，這時候，業報已盡，身體亦無，身與心的組合都離散了，不再引發新的身體、新的苦果，而能將自己的眞如本性流露於造化之間，與萬事萬物合而爲一，無迹可尋，所謂「十世古今始終不離於當念，無邊刹土自他不隔於毫端」，就是說明這種通天人、合內外的無餘依涅槃。

在增一阿含經中，曾經記載通天梵志尊者證得神通，能一眼看出各人的宿命和造化，如果有人指著一堆死人的骸骨請他辨認，他只消略看一眼，就立刻可以斷知這是某人某人的，死於某年某月，絲毫沒有差錯。有一次，佛陀指著一堆骷髏要他辨認，梵志凝神看了很久，天上地下三世十方都辨認過了，就是看不出是誰，也不知死因及往生處所，佛陀才開示他：「這是已經證悟涅槃的人，他的精神已經提昇到無始無終、無內無外的光明世界，能夠無生無死、契理契機，橫遍十方，貫通法界；所以，你無法從他遺留下來的骨灰中辨識出來，因爲他就是東方世界普香山的南優陀延比丘！」可見證得無餘依涅槃的阿羅漢，是無法從肉身滅處來指認的，因爲他早就業盡報息，完全不受凡身牽繫掛礙了。

4.大涅槃——就是我們通常說的「阿耨多羅三藐三菩提」，也就是如來的法身。勝鬘經中說：「法身卽如來大般涅槃的體」，大涅槃是諸佛的法界，是諸佛甚深的禪定，也就是常樂我淨的境界。法華經裏面也有一段闡釋的說：「惟如來證大菩提，究竟圓滿一切智慧，是名大涅槃。」

說過了上面四種涅槃的層次後，我還要順帶講說一下唯識家所講的四種涅槃。這四種涅槃是：

1.自性清淨涅槃——一切的法相眞如，雖然會受外在的影響而有染汚的情形，但是法身自性是清淨不變的，具有無數無量的微妙功德，可以無聲無滅，澄明虛空，一覽無遺。這個眞如本性是一切有情萬物衆生平等共有的，與一切法不一不異，任何人都可以不假外求的證得這個淸淨自性。

2.有餘依涅槃——與前面所說的有餘依涅槃相同，這時眞如已脫離煩惱障，雖然還有微苦所依未滅，但是種種煩惱都已經了斷，不再受衆苦交迫了。

3.無餘依涅槃——能出離生死輪迴苦海，煩惱旣斷，餘依亦滅，所有微苦皆已離盡，和前面講的「無餘依涅槃」相同。

4.無住涅槃——如前面的「大涅槃」一般，此時眞如已出所知障，以大悲大智而應化世間，圓融無礙。因爲有眞正的慈悲心胸，所以不會貪著於涅槃境界的安樂，而能觀照衆生疾苦，倒駕慈航，常爲衆生的依怙。有了眞實的般若智慧，必然不會沾滯於生死輪迴的空假，而能覺知諸法的虛妄，引導迷津，常爲衆生的明燈。經上說：「因智慧故，不住生死；因慈悲故，不住涅槃。」能夠證悟無住涅槃，就能悲智雙運、染淨俱超。好比「天何言哉？四時行焉，百物生焉，天何言哉！」的「天」一樣，包容一切而不自以爲包容，擁有一切而不自以爲擁有，這種用而常寂的境界，就是菩薩不住一法而善運一切法的涅槃妙境。

從以上各種涅槃的層次，可以瞭解涅槃的境界並不一定等到死亡才能證得，如釋迦牟尼佛三十歲在菩提樹下金剛座上早已證悟了涅槃，只是還有身體的依報在，爲有餘依涅槃；八十歲在娑羅雙樹下寂滅證入的是無餘依涅槃；而佛陀五十年間行化各地、接應群機，過的是無著無染的無住涅槃生活，這種住而不住、應化自在的生活，才是眞正的大涅槃。」（普門第六卷第六期）

5.本性清淨說：佛陀認爲萬物，尤其人，具有清淨的本性，原本是美好的，稱爲「佛性」。「一切衆生悉有佛性」，這是他的主張，所以人人平等，人人皆可成佛。這種思想本來是針對當時印度社會的階級區分而發的，但後來卻發展到連山川國土、一隻臭蟲、一隻猛虎也有佛性，故有「衆生卽佛，佛卽衆生」之說。

這種原是清淨無瑕的「佛性」，却受「無明」（對眞理無知）所困，受貪慾所蒙蔽，遂變成困惑，變成穢汚，於是人有導致種種煩惱的妄想與幻覺。所以爲滅絕煩惱，只有想辦法對「眞理」有所覺悟，以發現佛性——眞我。當人覺悟「佛性」後，人就得道了，就能親證涅槃。因此親證涅槃卽是「歸眞返本」之意。

人一旦覺悟「佛性」之後，就能成佛，就變成菩薩（Bodhisattra）——有佛性和慈悲心的人（不是神），是人景仰和效法的對象，是成聖的楷模，因爲菩薩的原意是指上求佛道，下化衆生的修行大乘佛教的行者而言，所以凡修道的佛教徒都可稱爲「菩薩」。

菩薩雖能成佛，有時不願成佛——不入涅槃，因爲他們要以憐憫慈悲之心，去拯救所有仰賴他們的人，以普渡衆生爲懷，也因此世人常以「慈悲」、「憐憫」、「善良」爲菩薩的代名詞。這也就是歷史上一些名人變爲菩薩的理由，譬如，關帝菩薩、朱天菩薩（明代崇禎帝）……。

6.中有（中陰）說：指人在死後與來世尚未出生（輪迴）的一段時間。這個時期至少有七日，或有四十九日之多。所以在中國或日本等地每逢人死後七日之時，請僧侶舉行佛事，爲亡靈實行追悼以求超度，在中國俗稱「忌日」。但佛教乃無神無鬼論，不相信有亡靈的存在，只是藉此安慰尚活著的死者親友而已。

7.佛陀的三身：佛教人說佛陀有三身，即化身、報身和法身：

「化身」是指活在人類歷史中的佛陀，是一種顯象或形象，不是眞正佛陀的本身。

「報身」是指佛陀因了自己的努力而獲享報酬的那個身，是「極樂之身」，充滿光輝的身體，所以經常人用金色來塑佛像。當佛陀顯現給人時，是以「報身」出現。

「法身」：這才是佛陀眞正的身，是佛陀的絕對本性，具有佛性之身，也稱爲「金剛身」。

8.死亡觀念：死亡是各宗教所關心的重要問題之一。佛教對死亡的看法非常特殊：每個人活在世上，好比烏龜揹著軀殼一樣，負擔沉重，行止笨拙，死亡一旦來臨，如釋重負，感到無比的輕鬆，猶如「行也布袋，坐也布袋，放下布袋，何等自在！」所以，對佛教人士而言，生是苦，死是樂。但這種「樂」也只是相對的、有條件的，因爲死後的走向才能決定死亡的眞正苦樂，理由是：死亡與其說是人生的結束，無寧說是開始。人死後，或轉世投生，或進入涅槃，投生原則上是苦，進入涅槃是樂，這種苦樂的命運全操之在我，由自己生前的業力做決定；未來輪迴六道的去向，全看自己過去造業的因果而定。是以，人過去的業力是未來命運的審判官，而不是其他宗敎所講的上帝，或閻羅王；也不是佛祖，或菩薩。星雲大師曾用一首偈描述死後的命運相當有趣：「頂聖眼升天，人心餓鬼腹，旁生膝蓋離，地獄足底出。」

「這首詩偈的意思是說：人死了以後，身體的哪一個部位最後冷却，就代表往生到哪裏。如果這個人死後是從脚底冷至頭頂，而頭頂還煖熱的話，就表示他成聖果了；如果身上所有的部位都冷了，而眼睛還是煖熱的，就表示靈魂從眼睛出去（所以死亡可以說是靈魂脫離肉體——作者），這個人必定是昇天去了；全身僵冷而心窩還是溫熱的人，是再世爲人而轉生人世了；如果身上各部位都冷了，只有腰部是熱的，就表示這人墮入「餓鬼道」了；膝蓋至死猶煖熱的，是淪入「畜生道」的命；如果一個人最後發冷的部位竟然是脚底，那就是受罪而墮落到地獄裏去了。

所以，人死了以後，會隨著各人業力的不同而有不同的歸宿，有的可以升天成聖，有的轉世做人，不一定都會下地獄或變成餓鬼。而死後究竟輪迴到五趣六道的哪一處呢？這就要完全看自己平生所做的善惡業報如何了。所謂「欲知來世果，今生造者是」，人死後所能依憑的業力也有三種：

(1)是隨重受生：好比銀行查帳，債務欠得最多的人要先查先還，人死了以後，依照各人生前積聚最多的重因，而隨從去輪迴受生。譬如善根深厚的人，出生善途享樂；惡業盈貫的人，輪迴惡道受苦，也就是「善有善報，惡有惡報」。

(2)是隨習受生：佛敎相信人死後會隨著平日的某種習慣去受生。例如一個人平時唸「阿彌陀佛」唸得習慣成自然了，一旦遭到意外事故而死亡，在瀕臨彌留的一剎那間也是一句「阿彌陀佛」，這時候的一句「阿彌陀佛」，比唸佛幾十年還要有效，隨著這人天交戰時的一句「阿彌陀佛」，便能往生西方極樂淨土。

(3)是隨意受生：人死後受生的去向，跟日常自己的所思所念關係很大。如果平日專心致志想成佛成道，死後便能隨這個意念往生淨土。如果平日一心一意想躋登天堂，死後便能隨這個意念往生天界。所以日常修持的時候，如何念念相續不斷是非常重要的關鍵。

無論是用哪一種業力受生，大部分的人死後都要通過一條漫長而黑暗的隧道，然後自有人前來接引。有的人是靠一條船引渡，帶他渡過生死海到達彼岸，有的是牛頭、馬面鬼卒來拘拿，前往地獄受苦；而唸佛的人，會有阿彌陀佛、仙佛、菩薩等聖衆來接引我們往生西方極樂淨土。」

他又把死亡描寫成：

「1.死如出獄——衆苦聚集的身體如同牢獄，死亡好像是從牢獄中釋放出來，不再受種種束縛，得到了自由一樣。

2.死如再生——「譬如從麻出油，從酪出酥」，死亡是另一種開始，不是結束。

3.死如畢業——生的時候如同在學校唸書，死時就是畢業了，要按照生前的業識成績和表現，領取自己的畢業證書和成績單去受生轉世，面對另一個天地。

4.死如搬家——有生無不死，死亡只不過是從身體這個破舊腐朽的屋子搬出來，回到心靈高深廣遠的家。如同出曜經上說的「鹿歸於野，鳥歸虛空，眞人歸滅」。

5.死如換衣——死亡就像脫掉穿舊穿破了的衣服，再換上另外一件新衣裳一樣。楞嚴經云：「十方虛空世界，都在如來心中，猶如片雲點太清」，一世紅塵，種種閱歷，都是浮雲過眼，說來也只不過一件衣服而已。

6.死如新陳代謝——我們人身體上的組織每天都需要新陳代謝，舊的細胞死去，新的細胞才能長出來；生死也像細胞的新陳代謝一樣，舊去新來，使生命更可珍貴。」（參考普門第六卷第五期）

三、教規：

佛教所規定應遵守的規矩既多又繁雜，而且普通教徒與僧尼應守的又不同。通常所講的有五戒、八關齋戒和十善戒，它們同時也是滅斷痛苦的方法。

(一)五戒：乃五項戒律，是所有佛教徒都必須遵守的：

1.不殺生：凡有生命的（只包括人和動物，不包括植物）都不可殺害，不管用何種方式，甚至指使他人去殺害，或看到他人去傷害，內心生起歡喜的念頭，都是違犯殺生的戒法，所以要吃素。其理由是，自己的父母、兄弟姐妹、鄰居、朋友、師長有投胎於各生物的可能，所以戒將之殺傷。而且，佛教還認爲動物也具有佛性，有來日可以成佛的潛能，所以牠們享有與人同等的生存權利，所以也應受到平等的待遇。他們經常引用孟子的話：「聞其聲，不忍食其肉。」來說明殺生的殘忍，以禁止人殺傷動物。有些佛教徒爲了方便起見也不守此戒律。換句話說，不殺生，而應吃素不是成爲佛教徒的必要條件。

2.不偸盜：不屬於自己之物，上自金銀財寶，下至一針一線、一草一木，都不可以任何不法的方式（欺、詐、奪、劫、偸），將之佔有己有。

3.不邪淫：非夫妻不可有淫亂行爲。

4.不妄語：禁止說虛話。

5.不飲酒：因爲酒醉時，會神志不清，會做出許多違法的糊塗事。

㈡八關齋戒：又名八戒齋。除了以上五戒外，另加上：

6.不塗脂粉、香水、不戴裝飾品，如手飾等；不穿華麗服裝，不觀賞玩樂歌舞；不到娛樂場所去。

7.不睡臥高大舒適床褥；不可睡臥高而寬大、舒適、華麗的床舖。

8.不非時食：吃飯有定時，不是吃飯的時間不可吃飯，即過午不食。自然吃零食也是犯戒。

以上八戒中，前七項是屬於戒法，最後一項是屬於齋法，故總稱八戒齋，是「爲在家人制出家法。」

㈢十善（十惡）：佛教認爲人的行爲來自三方面：身、口、意，他們稱爲三業，由此三業產生的行爲，稱爲業行。業行有善的，有惡的。綜合三業所做的壞事，就叫做十惡，若能不違犯，就叫做十善。十善注重積極的一面，故是行律，消極方面是戒律。

（十善戒經）

1.不殺生而慈心於仁：要仁愛待生命，要慈祥護衆人。

2.不偸盜而益利節用：節儉日用，生財有道。

3.不邪淫而貞良守禮：男女之間的關係，來往要端正；夫婦須相敬如賓。

4.不妄語而誠實無欺：說話要誠實、誠懇；要互相信任。

5.不兩舌而無爭是非：說話要正直、坦誠。

6. 不惡口而出言慈和：說話要溫和、慈祥。

7. 不綺語而言說有禮：要說合於禮儀，眞理的話，且要心正言順，彬彬有禮。

8. 不慳貪而慈心捨施：樂善好施，慷慨大方，知足少欲。

9. 不瞋恚而慈忍積福：要勤修慈悲忍辱的美德。遇事要心平氣和，任重致遠的態度與含忍的精神處世待人。佛教常警告人：「忍字上面一把刀，爲人不忍禍自招，能忍得住片時刀，過後方知忍爲高。」「火燒功德村」。

10. 不愚癡而多聞增智：要多學習，多研究以明事理；凡事應以智慧觀察，憑理智思考。要明辨是非，分別善惡。

以上不殺生、不偸盜、不邪淫，是爲「身」三善業。不妄語、不兩舌、不惡口、不綺語，是爲「口」四善業。不慳貪、不瞋恚、不愚癡（不邪見），是爲「意」（心）三善業。佛教人士遵照佛祖的訓示，在此三業中以「意業」最重要；口業爲次，再次爲身業，所以阿含經說出了佛教的全部精神：「諸惡莫做，衆善奉行，自淨其意，是諸佛教。」由此可知淨意正心之重要性。

十善業與十惡業，各分三品，人輪迴時的命運全按其品級上下而定：行上品十善者升天，中品爲人，下品成（阿）修羅。行上品十惡者入地獄，中品爲餓鬼，下品爲畜生。

四、教儀（皈依的條件與過程）：

要成爲佛教徒，必須接受三皈依，就是以「佛、法、僧」做立身處世的準則。

「佛」是具有眞知灼見，大覺大悟的人，他是人類的偉大導師，必須向他學習。這是成爲佛教徒第一條件。

「法」是佛所覺悟的道理，它能給人指出解脫痛苦，走向幸福、快樂的方法，人必須深入研究，必須相信。這是皈依的第二條件。

「僧」是嚴守戒律的出家人，他們看破紅塵，拋棄人間的榮華富貴，宣揚佛法，普度衆生，解釋疑難，人必須向他們請教。這是皈依的第三條件。

人在心中一旦有了以上的準備，並具備了這些條件，就已經是一位佛教徒了。但爲了更爲正式，通常還要到寺廟接受這些條件所附帶的儀式，並立下四個誓願：

㈠衆生無邊誓願度（地獄不空誓不成佛）。

㈡煩惱無盡誓願斷（以智慧劍斬煩惱根）。

㈢法門無量誓願學（學習救人救世的技能和知識）。

㈣佛道無上誓願成（向最偉大、完美的人格學習、邁進）（註二三）。

在皈依的儀式中，所宜的誓詞，大致是：

我某某盡形壽，皈依佛、皈依法、皈依僧，我某某盡形壽，皈依佛竟、皈依法竟、皈依僧竟。（以上是小乘的三皈依法誓詞）。

弟子某某，願從今身盡未來際，皈依佛兩足尊，皈依法離欲尊，皈依僧衆中尊，弟子某某，願從今身盡未來際，皈依佛竟、皈依法竟、皈依僧竟。（以上是大乘三皈依法誓詞）（註二四）。

第三節　印度教

一、教史：

Hinduism 通常譯爲「印度教」，其實它除了代表宗教外，也代表印度的文化和哲學思想。原來自波斯文 Sindhu，是波斯人給那些居住在印度河一帶的居民所取的名稱。印度河起源於中國西藏的岡底斯山脈西麓，爲巴基斯坦的主要河流，經印度之喀什米爾部，折而西南，至判查布合而流入阿剌伯海，全長約一千八百哩，沿著印度河的印度土地，於公元前二千年左右，被來自西北方的亞里安或印歐人（Aryans）所征服。亞里安人（有高尚之意）的語言是梵文（Sanskrit），他們帶來了用梵文寫成的吠陀經（Vedas）作爲他們宗教的根據，嗣後也加入一些原先在那一帶居民的宗教信仰和禮儀，而形成印度教，是印度主要的宗教，雖然尼泊爾和錫蘭一帶也有信徒，但本質上，仍是一種地區性的宗教，因此，雖然擁有四億多信徒，論人數是世界上第二大宗教，僅次於天主教，然而其影響力遠不如其他人數較少的宗教，如佛教、回教等。論時間是現存大宗教中之最古老者，或至少是最古老宗教之一，已有四千多年的歷史。

印度教的特徵是：第一、沒有一個固定的教主，因爲誰也不知道誰是它的創立者；第二、强調階級制度，把教徒、人民分成不同等級；第三、以吠陀經爲最神聖的經典；第四、是地區性的。

吠陀經（Veda），梵文是指知識、智慧之意，是一種讚美詩，或智慧書，全部經書很可能編成於亞里安人，於征服印度之後的五百年間，其中摻雜了原先當地居民的宗教思想。據傳統的說法，其作者爲一些受啓示的先知詩人們，分成四部：第一部（也是最早的）是詩篇吠陀（Rig-Veda），由一千零廿八首詩組成；第二部是咏歌吠陀（Sama-Veda），內容取自詩篇吠陀，爲歌唱時用，故有固定音律；第三部爲祭詞吠陀（Yajur-Veda），內有祭祀時使用的經文，司祭們獻祭時念的，比第一部晚一百到兩百多左右。此三部稱爲正典或三知典（Trayividya）。第四部是呪文吠陀（Atharva-veda），是最後寫成的，經過一番長久的爭執後才列入正典，內有爲巫士們使用的符咒和咒語。於公元前九百年與五百年之間又增加了三部：Brahmanas（說明祭祀和禮儀的重要性與意義）；Aranyakas（教人如何默想與度苦行生活）；Upanishad（把禮儀建立於哲理之基礎上）。

每部經典又分爲四篇：第一篇是曼塔斯（Mantras），主要是讚美詩和不斷重複神的名字；第二篇是婆羅門（Brahmanas），是祭師僧侶們用的祭式、禱告，與符咒典範；第三篇是阿蘭亞加（Aranyaka），爲隱逸聖哲的「山林文」（forest-texts）；第四篇是伏波尼沙（Upanishad），完成於公元前九百年，由一百零八首詩編成最具哲學意味的書，upa 意指「接近」，Shad 指「就坐」：接近老師而坐，洗耳恭聽其講授，是哲學家們的密談，所表達的意見、教訓與印象，是印度教教義之主要根據。書中有時充滿了荒唐與矛盾，有時又論及一些玄奧的哲學，如宇宙的起源和控制世界的力量；人與宇宙的關係，祭祀的意義；絕對實有者──（Brahman）之性質，以及他與宇宙和人的內在自我（Atman）之合一性，著名的表達方式是「你就是那」（That art thou）和「這一切（世界）均爲絕對實有者」（All this is brahman），含有泛神論色彩。叔本華相當愛好此書，他曾說：「在全世界沒有一門學問，能有如優波尼沙經典一樣的有益與高尚。它曾慰藉了我的一生，使我死也瞑目」（In Müller, India, p.254）。

印度教有不同的學派，其中主要是：

㈠分析派（Nyaya）：屬於實在邏輯體系，主張外在世界實有，其存在與人的思想無關。以邏輯為研究哲理的方法，而研究哲理的目的，是為求解脫（痛苦）。

㈡原子派（Vaishesika）：主張宇宙萬物從土、空氣、火、水和空間五種原素合成，每種原素由若干原子組成。

㈢清點派（Sankhya-the School of Count）：主張宇宙萬物從二原理組成，即 Purusha 和 Prakrti。前者為精神體，是存有的原理，有點類似亞里斯多德的原形(form)，或本質（essence），後者是變動的原理，類似亞氏的原質(matter)，人的本質和自然世界均從此二原理形成。purusha 是永恆的、不變的，但因著無知，在人內 Purusha 才能與 Prakrti 合而為一。人的最終目標應以超越世界成為純精神體，此同時也是人的最後歸宿。

㈣瑜珈派(Yoga)：Yoga 意指「結合」。著重實踐哲學，教人如何把 purusha 與 prakrti 分開而得到解脫。實際上，每個學派均主張從痛苦中尋求解脫，但瑜珈派强調利用實踐方法求解脫。教人不要被物質(prakrti) 所支配，為得發現自己純精神的眞本性。相信一位上帝的存在，祂是純精神體，能協助人的靈魂解脫。此學派迄今仍對印度人民的生活和思想有巨大的影響。

印度教有許多地方無法令人滿意，所以有些印度人出來加以改革，這些改革者被視為異端，如由 Mahaviza 創立的耆那教（Jainism），主張過最簡樸的生活，以求解脫物質的桎梏；不信任何神，只相信宇宙是永恆的，充滿無數魂，受普遍律的統治，擁有五百萬信徒。釋迦牟尼的佛教，也算是印度教的改革。

公元後十五世紀由Nanak所創立的錫克教（Sikhism）也以改革印度教自命，其主要經典是格蘭德(Granth)，不贊成階級制度、泛神觀念及拜偶像；反對重男輕女及過分刻苦生活。其他主張則與印度教無分別：輪迴說，人得救是靠天神的協助；相信至上神的存在等。有一千三百萬信徒，與印度教相處極不融洽。一九八四年六月二日印度政府調派軍隊，對阿木里查市的「金寺」發動攻擊，導致錫克教人士對印度政府的不滿，甘地夫人也因此於一九八四年十月被錫克教派侍衞槍殺死亡。一九八五年五月十至十一日之一連串爆炸事件；甚至最近（一九八五年六月廿三日），一架印度航空公司客機於愛爾蘭外海發生爆炸墜海，機上三百廿九名乘客與機員無一生還，據說也是錫克教的恐怖分子所爲。

山加拉（Shankara），生於公元第八世紀左右，當時耆那教、佛教和其他異教均盛行於印度，他能把佛教教義的精華部分，加入於印度教教義中，使印度教鞏固，仍然是印度人的主要宗教，影響印度人的生活方式和思想型態，山氏的確是一大功臣，他强調吠陀經是絕對眞理的啓示，能使人解脫的唯一眞理。主張 Brahman 是獨一無二的，對 Brahman 的眞知識不能用推理，只能透過直覺。在直覺中，靈魂發現自己與 Brahman 合而爲一，是唯一的眞實，其他由感官所發現的萬物，都是虛幻、夢幻，認識 Brahman 是唯一的眞知識，同時也爲人的至福極樂，人才能算完全解脫。

二、教義和教規

㈠一神論及多神論；泛神論和擇一神論：印度教主張一神論(monotheism)，但也主張多神論（polytheism），甚至也含有擇一神論和泛神論色彩。婆羅門神(Brahman)是最崇高的神，是獨一無二的，是絕對的，是創造者，其力量充滿宇宙，支撐宇宙。「這一切（世界）均爲婆羅門」(All this (world) is Brahman）是印度敎的名言，宇宙萬物均由婆羅門神而出，但他又不是被瓜分成部分，以至於各物均分享他的一部分，所以「婆羅門不是這個，也不是那個」，因爲他是純精神體，他除了是知識及至福外，什麼都不是，所以稱他是「知識與至福的存有」(Being-knowledge-bliss-saccida-nanda)，他不是思想的客體，而是主體，藉著他萬物才被認識；他是知者，是物內之統治者 (Ruler within)，是永恆的，是內在自我(The Brahman is Atman (self))。易言之，自我或靈魂的最終基礎與宇宙的最終基礎合而爲一。這是印度敎義，或哲學的最基本道理。（參看天主敎百科全書 Hinduism 條）與婆羅門神類似的，還有米斯奴(Vishnu)，爲持護神，和施娃 (Shiva)，爲破壞神，此三大神維持宇宙的永恆輪轉。印度敎又把神分爲三種：天神、大氣神和地神，其中以火神(Agni)、暴風雨、戰神 (Indra) 和雷神爲最重要，尤其火神，他是祭祀的中心對象。在吠陀經裡至少可找到卅三不同的神。

㈡因果報應說：每個人的行爲是因，它一定要結果受到報應，因此吾人必將種善果得善報，種惡果則得惡報。

㈢輪迴說：人要輪迴再生，輪迴是痛苦的，爲了免遭輪迴，人得滅絕物慾，對物應有眞知識，卽認識物之眞相，及與神結合爲一。故也主張靈魂之實有，及是不滅的。其目的乃勸人爲善避惡，修德立功至於至高至善，而可得完全的解脫。

㈣階級劃分：印度敎的階級劃分制度是人盡皆知的，主張四個不同階級：由第一代祖宗普路沙(purusha)的口生而來的，是第一種階級婆羅門人，他們當祭司，受人供養，勢力極大；從臂上出生的，正是第二種階級，是 kshatriyas 人，卽是王、地主、武官。釋迦牟尼卽出自此階段。從腿出來的爲第三種階級，是 vaishyas 人，卽是居士和資本家（以上三種人都是亞里安族）。從脚出生的爲第四種階級，是須陀羅族人('shudras)卽是佃傭農夫，他們沒有國民權利，是被統治者，備受人的壓迫。

㈤階段劃分：印度教又把人生分成四個階段：㈠學生：在老師足下研讀吠陀經，應守貞潔；㈡理家：結婚、生男育女、組織家庭；㈢林居者：當頭髮蒼白時，把家托付給兒子，棄妻離家，到森林中坐禪默想，做補贖爲了靈魂的好處；㈣無牽掛的流浪者：捨棄一切，無牽無掛，到處流浪，以乞食爲生，度守齋刻苦的生活。自然許多人無法付諸實行。但不爲物慾所控制以求解脫，是印度教徒所公認的理想境界，故含有消極的厭世主義。

㈥人生的目標：人生有四個目標：㈠享受(kama)；㈡財富(artha)；㈢守法(dharma)，是維持社會秩序的基本原則。每個人都按四個階級分類，盡自己的義務和享有所規定的權利。每個人和全體社會的幸福，全基於法則之遵守。全人類社會的各種活動，均受神律之支配，此乃印度教的中心教義之一；㈣從世上解脫(moksa)：從世上解脫與婆羅門神結合在一起，此乃最終及最高尙目標，遠超過以上三種。此觀念影響印度人生活甚巨。

㈦瑜珈(Yoga)：梵文意指「結合」，著重內心機能之控制，使身心安靜，摒棄一切物慾、牽掛，使思想集中而成空虛，一切感覺、思想停止，內心空虛以享受最高的寧靜。佛教的禪定卽從瑜珈演變而成。印度教最令人垢病之處是階級制度、重男輕女、消極的厭世主義，和許多迷信色彩。

三、教儀：

祭祀是印度教的隆重禮儀，時常舉行，但無固定的場所，可以隨地舉行，也無須安置神像，所祭之神從天直降接受獻儀；也可以在野外，或家中舉行，稱爲家祭，一家之父爲家祭之主祭司。祭品通常爲食物與飲料；食物爲牛酪、乳、米、油等；飲料則以蘇馬(soma)爲主，是一種能使人精神陶醉的植物汁。馬是最尊貴的祭品。

在舉行祭祀時，唱讚美詩爲不可缺少的，任何祭祀若缺少讚歌，卽毫無價値。通常讚美神力之强大，神智之無限，神體之美，神性之善。信徒們相信藉着祭祀（與祈禱），就能如願以償，獲得神的保佑。因爲印度教相信衆多的神，各種自然現象可以說都是神力的表現，故當信徒們需要那一種神的保佑時，就特別向他獻祭與祈禱，譬如對暴風雨神，或是戰神，就特別重視，因爲雨水對印度及利亞族人而言勝過太陽；而且也能於戰爭中助陣，故也是戰神。

第四節　猶太教

一、教史：

以色列雖然是世界上的一個小國，但卻是非常引人矚目的國家，與中東問題有密切關係。以色列國爲以色列民族，又稱希伯來民族，或猶太民族所建立，他們以亞伯拉漢(Abraham)、依撒格(Isaac)和雅各伯(Jacob)爲祖先。依色列(Israel)卽是雅各伯的別名，他有十二個兒子，就形成後來以色列的十二支派。猶大(Judah)卽是雅各伯的第四個兒子，亦就是猶太民族名稱的來源。因爲以色列國在所羅門王朝之後，於公元前九三三年，分裂爲南北二邦，而南邦以猶大支派人數最多，北邦於公元前七一一年先猶大而亡國，故以色列國民就被統屬於猶大的名稱之內。在羅馬帝國時代，又把猶大變成一個行省。於是以猶大卽猶太代替以色列民族的稱呼逐漸通行，而猶太教也由此而得名。

就廣義而言，猶太教是指猶太民族的宗教信仰、宗教規律、風俗習慣，以及他們的生活方式，是以民族主義爲立教的背景，故是民族性的宗教。所有猶太人均爲猶太教的當然教徒（除非明確地表示放棄他們祖先的信仰，或被開除教籍。大哲學家斯賓諾莎卽被開除教籍）。而一般而言，也只有猶太人屬於此教的教徒（雖然也有極少數的外人加入）。所以，猶太教不像其他世界性的宗教，譬如基督教（天主教）、佛教和回教等。它不向外宣傳，不熱衷於外人的加入。

雖然亞伯拉漢（公元前第十八世紀人）、依撒格和雅各伯爲猶太民族的遠祖及猶太教的始祖，並給猶太教的中心思想——一神論——立下了基礎，但是，一般而言，摩西（Moses）才是猶太教的眞正創立者。因爲猶太教的主要信條、章規、禮儀等都淵源於摩西的指示，是摩西把猶太人救出埃及後（於公元前一三二〇年），在西奈半島的曠野中漂泊時所訂定的。而摩西則接受耶和華（上帝）的指示於西奈山上，故西奈山應算是猶太教的發源地。摩西所寫的五書（The Torah）也就成爲猶太教的主要經典，雖然全部舊約（共二十二本）均爲猶太教的根據。

摩西死後，由農（Nun）的兒子，若蘇厄（Joshua）接位，他非常盡職，完全遵從上帝的指示：「謹守奉行我僕人摩西所吩咐你的一切訓示，好使你無往不利。這部法律書總不要離開你的口，你要日夜默思，好叫你能謹守奉行其中所記載的一切……。」（蘇一7～8）。摩西所吩咐的一切，主要指：「不許朝拜其他的神，不許拜偶像。」（出卅四11～17）甚至在臨終前，若蘇厄還念念不忘上主的吩咐：「所以你們應該敬畏上主，誠心誠意地侍奉祂，拋棄你們祖先在大河那邊和埃及所侍奉的神……。」（蘇廿四、十四）「因此，你們要更忠實謹守奉行，摩西法律書上所記載的一切，不可偏左偏右，不可與你們中間所餘的異族往來，不可提起他們的神名，不可指著他們起誓，不可侍奉那些神，也不可在他們面前跪拜。」（蘇廿三、六～七）若蘇厄這番語重心長的話，的確發生極大的作用，所以百姓聽完他的話後，都異口同聲回答：「我們絕對不願背棄上主，去侍奉其他的神。」（蘇、廿四、十六）。所以若蘇厄乃繼摩西之後，堅定猶太民族的宗教信仰的大功臣。

若蘇厄之後的士師兼先知，撒母耳（Samuel），達味王，所羅門王和以賽亞，耶利亞等先知，都是猶太教的重要人物，對保持猶太教的信仰有極大的影響和貢獻。譬如達味王所作的聖詠，就洋溢著猶太教對至上神的傳統信仰：「上主，祢實在良善寬仁，以仁慈厚待呼求祢的人。上主，沒有一個神明相似祢，沒有任何作爲可與祢的相比。祢偉大無比，施行奇蹟。祢是獨一無二的上主。」（詠八五）「祢是愛好正義的大能君王，祢制定公正的法律……上主，我們的主，神聖無比。」（詠、九八）

隨著時間的更替，時代的改變，環境的變遷，猶太教也起了不少變化，產生了各種派別，與他們祖先的信仰頗有出入。比較有名的派別有：

㈠撒馬利亞的猶太教：非純血統的猶太人所奉的猶太教。在基利心（Gerizim）山建立一座聖殿與耶路撒冷聖殿對抗。他們的經典主要是摩西五書。他們不禁止與外邦人通婚。

㈡撒都尼派（Sadducees）的猶太教：於公元前兩百年所形成的派別，主要分子爲城市裡上層階級人士，他們只相信聖經，而不相信傳統。主張自由解釋聖經。他們只承認耶和華爲獨立無二的，卻否認天使、魔鬼的存在。也不相信靈魂不滅、死後復活和默西亞的來臨等道理。他們主要任務是管理聖殿及處理百姓的獻儀。聖殿於公元七年被毀後，此派別也同歸於盡。

㈢法利賽派（Pharisees）的猶太教：屬於保守派，與前派針鋒相對，他們相信有天使、魔鬼、靈魂不滅、復活、天堂、地獄，以及各先知的預言。對經典的解釋太過呆板，墨守成規，甚至曲解文義以遂其私，曾被耶蘇基督指責爲假善人。

㈣以西尼派（Essenes）的猶太教：此派的特徵是勤工作、講衞生、崇廉儉、克私慾、重平等、愛好自由、和排斥奴隸制度。他們常著白衣以表示聖潔，不但注重內心的純潔，且也甚重視外表的清潔，故日日沐浴。對摩西特別敬重。嚴守安息日。

二、教義：

猶太教的信條以舊約全書爲根據，他們相信：

㈠至上神的存在。這是猶太教的中心信仰，因爲創世紀的開宗明義，就如此肯定：「在起初，上帝創造了天地。大地還是混沌空虛，深淵上還是一團黑暗，上帝的神在水面上運行。」

㈡至上神是自有的，是無始無終的。「上帝向摩西說：『我是自有的。』」（出，三，一四）「我，上主，是元始，與最末者同在的也是我。」（依、四一、四）

㈢至上神是獨一無二的位格神：「以色列！你要聽：上主我們的神，是獨一無二的神。你當全心、全靈、全力，愛上主你的神。我今天吩咐你的這些話，你應牢記在心，並將這些話灌輸給你的子女。」（申、六4～7）

㈣至上神是從無中創造萬物之大能的神：「在起初，上主創造了天地。」（創、1）「為上主豈有難事？」（創十八14）「上主能為所欲為。」（詠一一五3）

㈤至上神是忠信的，慈悲的：「雅威、慈悲、寬仁的上主，緩於發怒，富於慈愛忠誠。」（出三四6）

㈥至上神是大公無私的：「萬軍的上主必因正義而受尊崇；至聖的上主必因公平而顯為聖。」（依五16）

㈦至上神是愛的神：「厄弗辣因！我怎能捨棄你？以色列！我怎能拋棄你？我的心已轉變，我的五內已感動，我不再按我的盛怒行事……。」（十一8～9）

㈧至上神是神聖的，譴責一切罪行：「以色列子民，請行上主的話！因為上主譴責此地的居民：因為此地沒有誠實、沒有仁愛、沒有人認識上主；只有詛咒、謊言、殺戮、偷竊、姦淫、强暴和纍纍血案。因此，此地必要荒廢……。」（歐、四1～3）「你們不能侍奉上主，因為祂是神聖的神，是忌邪的神，祂絕不寬赦你們的過犯和罪惡。」（蘇廿四19）「萬軍的上主是聖、聖、聖。」（依六3）「你們務要聖潔，因為我是聖潔的。」這種思想影響後代以色列人的倫理生活至大。從此引申出許多法律、制度、禮儀均以達到聖潔為目的。

㈨禁拜偶像。因為至上神是至高無上及獨立無二的，所以其他均為邪神，任何拜偶像的行為都被嚴禁。當以色列子民見摩西遲遲未下山，就用女人所佩戴的手飾鑄成一座金牛奉為神明時，至上神大發雷霆，摩西也奉命重罰了拜偶像者。出埃記的第卅二章詳細記述了此事的經過。後來先知們也經常譴責此種惡行。

㈩天使、惡魔之存在，靈魂不滅及來世的生命等，也是猶太敎的主要信條。

三、敎規和敎儀：

猶太敎的主要敎規是耶和華所頒佈的十誡。此十誡後來也成形爲基督敎（天主敎）的主要誡律，當我們介紹此二敎時，再敍述十誡的內容。

除了十誡外，還有許多其他規定，多達六百餘條，譬如，把每人收入十分之一，獻爲宗敎費用卽是其中之一。

割損禮（割去包皮）（Circumcision）應算是猶太敎的入敎禮。凡男子生後八日卽行割損禮，並爲獻祭。卽使外邦人如欲入猶太敎，也應接受此禮，否則就未加入猶太敎。此禮原爲亞伯拉漢所訂立，摩西重申此令，做爲上主與百姓之間立約的標記，而猶太人也都忠實遵守，並引以爲榮，故「未受割禮」（uncircumcised）一詞，在猶太人眼中，有含藐視外邦人的意味。此禮爲宗徒們所廢。（宗、十五）在猶太敎裡有不少節目必須紀念：

逾越節（Feast of passover）。爲紀念猶太人未與埃及人同遭殺害，並獲得自由的事蹟。於猶太聖曆正月（尼桑月（Nisan））之十四晚（四月間）開始，一連七天。他們於十四晚以祭殺羔羊爲節期揭開序幕，十五到廿一連七天不准吃有酵之物，象徵猶太人匆忙逃離埃及，無充分時間準備有酵的食物，故也稱無酵節。廿一日以隆重的儀式做結束。所用的餐具也應是全新的。在紀念期內，除了吃羔羊肉和無酵餅外，也吃苦菜，以紀念他們在埃及爲奴時的苦日子。

七七節(Feast of Seven Weeks)。又稱五旬節(Pentecost)或收穫節，於逾越節後七個星期(五十天)所舉行的節，獻初熟麥子爲開始，慶祝活動連續五十天，爲歡樂的節日。這節日在摩西五書中都有記載：「在收穫初熟麥子時，應過七七節；在年尾過收藏節。」(出卅四、廿二)「你應數七個星期，從鐮刀收割莊稼算數，數七個星期，爲上主你的天主舉行七七節。」(申、十六、九～十)

安息日(Sabbath)。一年中有五十二個安息日(每一個星期日)，爲紀念上帝創造萬物工程之完成。十誡裡已有明文規定此日爲安息日，停止一切工作。「六天工作，但第七天，應是完全休息的安息日，任何工作都不可做。」(肋、卅三、三)。由安息日而有安息年(Sabbatical year)，即於工作六年後第七年爲休假年。基督徒也遵守此節，但以星期日代替，爲紀念耶穌基督的復活。

帳棚節(Feast of Tent or Booths)。當五穀已登場，猶太人就各架一棚，居住在裡面八天，爲了紀念他們的祖先在出埃及和回祖國前在曠野中度過四十年的漂泊生活，並也爲感謝上主所賜的恩惠。是一個狂歡的節日，他們也藉此機會到耶路撒冷聖殿朝拜上帝，非常熱鬧。(參看肋、廿三、卅三～卅六；申、十六、十三～十五)

重建聖殿節。爲紀念公元前一百六十八年重修聖殿的節日。

贖罪節(The Day of Atonement)。此節日於第七月的初十舉行。由大司祭一年一次進入至聖所(Holy of Holies)，首先爲他自己和家人的罪獻牛爲祭，再把牛血灑在香壇四周。然後他爲百姓的罪，獻上山羊，再把山羊的血灑在香壇四周，象徵「樹德務滋，除惡務盡」。這也是上主所規定的節日：「還有七月初十是贖罪節，是你們應召集聖會的日子，要克己苦身，並給上主奉獻一火祭。這一天，任何工作都不

可做，因爲是贖罪節，應在上主你們的天主面前，爲你們自己行贖罪節……。」（肋、廿三、二六～廿八）

第五節　回教

一、教史：

回教又名伊斯蘭教（Islam），大約於公元六世紀由阿拉伯人，穆罕默德（Mohammed）所創立的。（回教人自稱該教始於人類的原祖——亞當，故爲世界上最古老的宗教。）擁有四億多信徒，佔世界總人口七分之一。中東的阿拉伯世界爲主要根據地，但巴基斯坦和印尼也有大量的信徒。於唐高宗時代（公元六五一年）傳入中國。目前在臺灣有四萬多信徒，分佈全省各縣市，並有五所清眞寺。

伊斯蘭的阿拉伯文是 al-Islam，有「和平」、「服從」、「歸順」之意，稱信徒爲回回（Moslems），意指「歸順上帝者」。

阿拉伯人自稱爲亞伯拉罕的後裔，因其祖先爲依斯米耳（Ismael），由亞伯拉罕和其元配之女僕，阿那（Agar）所生，故屬於閃族。初時，阿拉伯爲游牧民族，散佈各地，無固定的國體，以部落爲單位，崇拜各種神明，崇拜偶像之風甚盛。

穆罕默德於公元五七〇年（或五七一年）生於麥加城，是一個遺腹子，六歲時喪母，由伯父扶養長大，家貧，是文盲。廿五歲時與其富有的女主人，哈尼維（Khadijah）結婚。四十歲時，自稱忽見異象，有天使嘉彼爾（Gabriel）向他啓示，傳授他眞正及正統的聖道，叫他信奉唯一的眞神，阿拉（Allah），說他是上帝所派遣的使者。他所得到的啓示，卽是可蘭經裡所記載的。其實可蘭經的內容絕大部分都與猶太教的舊約，和基督教（天主教）的新約相似，所以後來的許多學者，都深信穆氏的宗教思想，受猶太教和天主教人士的影響甚大，因爲，當時中東一帶已散居不少猶太人，而天主教的勢力也已發展到中東，穆氏妻子的表妹，烏拉格（Waraqa），卽是天主教教徒，且對聖經相當熟識，而穆氏本人也與猶太教和天主教教士過從甚密。據說，穆氏本來想信奉猶太教，但被猶太人所拒絕，故才自立宗教，雖然回教人士不承認此種說法。回教人士甚至不承認穆氏爲可蘭經的作者，因爲他們堅信可蘭經之所記載，乃來自上帝的啓示，故上帝才是眞正的作者。

穆氏原想以麥加城爲宣傳其宗教思想的發源地，歷十三年之久，但遭到排斥，無甚進展，故與少數同道逃到麥加北方的邁地那（medina）尋找新的根據地，時爲公元六二二年六月十六日，實爲回教的紀元，稱爲「僑遷」（Hegira）。

到邁地那後，信徒日增，形成一大政治與軍事勢力，用武力抵抗敵人，也用武力制服爲非作歹的人，這就是回教徒所標榜的「聖戰」。既有政治與軍事力量作後盾，傳教工作就更加順利，不到十年時間，幾乎整個阿拉伯半島都接受了伊斯蘭教。穆氏於六三二年卒於邁地那，享年六十二歲或六十三歲，他的傳教生涯歷廿三載，是一位很成功的宗教家，他的遺言是：

阿拉以外不可崇拜別的神。

對窮人要慈善。

在勞工汗乾以前要給工資。

不要服從相反信仰的命令，因「不該服從有罪的命令」。

絕不可崇拜偶像。

要知道：每一位眞正的信徒，是其他眞正信徒的弟兄。

你們都是平等的：你們都是弟兄。

二、教義：

回教徒所相信的道理，主要有：

㈠信唯一眞主的存在：這是回教教義的最重要與最基本的信仰，也是穆氏所宣傳的宗教的中心思想，是他一生所努力的主要目標，所以在他臨死前，還不忘告訴環繞他病榻的人說：「阿拉以外，不可崇拜別的神。」

不但眞主是實有，且是獨一無二的，是無形無相、無始無終；是大能、大仁、大智、大公的；是明智的、全知的、至寬大的及充滿慈愛的。

㈡天使（天仙）的存在：這也是回教的重要信條之一，因他們相信可蘭經的內容，即是眞主藉著天使嘉彼爾，啓示給穆氏的。天使之職務乃充作眞主之使者，由眞主驅使去完成眞主所要完成的使命。他們也相信魔鬼的存在。魔鬼原是天使，但因不願服從眞主之命叩拜亞當，才被貶爲魔鬼。天使與魔鬼均爲精神體：無男、女、老、少之別；不食、不飲、不眠。

㈢信經典：古蘭經（研讀、分辨之意）是回教信仰的根源，故被奉爲聖經，每一位教徒都應信它爲天書，故譯義爲天經、眞經或定命眞經，雖然古蘭經之言，基督敎之新、舊約二書大都已言過，且有抄襲之嫌，但回敎徒不把新、舊約當作信仰的根據，因爲他們認爲，新、舊約已經人修改、增添，已混雜許多人爲的言語在內，只承認在古蘭經裡所提到的，才是眞正的天啓，直接來自眞主。

㈣信列聖：眞主既造化了人類，並要人類崇拜他，自然也派遣了許多聖賢敎化和引導他們，而穆罕默德爲最後一位聖人，回敎人士尊之爲「萬聖之至聖」。至於在穆氏以前，自然也有過不少聖賢，譬如舊約所提的先知、聖祖，和新約的耶穌基督等也被尊爲聖，尤其對猶太民族的英雄，特別尊敬。

㈤信前定：因爲眞主是全知的，他能預知未來，所以人的命運，人的未來遭遇早就在眞主的掌握中，早就已預定好的。然而，並不是絕對不變的，眞主能因著人的祈禱而加以修改。

㈥信來生：回敎徒把人分爲三個階段：⑴先天⑵現世⑶來生。靈魂在未與肉體結合前，是爲先天階段；與肉體結合時，是爲現世階段；人死時，靈魂與肉體分離，直到靈魂與肉體再度結合，接受最後的審判，依照各人生前的功過決定升天堂或下地獄的命運，此乃人生的最後歸宿，是爲來生的階段。

㈦信靈魂不滅：人類之靈魂係由唯一神之光芒中流溢而出者，最初爲一個整體，或稱之爲「絕對人」，此一整體，後來依其性質之異同，分裂爲若干靈群，最後，更分裂爲個個靈體，卽是每個人之靈魂。人之靈魂原先爲一個絕對自由的精神物，飄遊於太空中，後來由於透過宇宙萬有之靈魂，下降至地面與肉體結合。此結合不形成性質不同的第三者，故並非自然和本體結合，是偶然的結合，對靈魂而言，是一種阻礙，其自由受到限制，更由於肉體具有某些需要，靈魂反遭肉體之支配，受到物慾之蒙蔽，已不能直接認識眞理。所以格物致知，明心見性爲當務之急。

所謂「人」，是指靈魂而言，肉體只不過是供靈魂表現其潛能之一種工具而已。所謂「死亡」，乃指此結合之終止，使靈魂恢復自由，返本歸眞，繼續過原先自由的生活，故是永生不滅的。

當靈魂脫離肉體後，則漸漸上升，時日愈久，上升程度亦愈高，而其上升之速度與在肉體內時，所含之物慾程度之濃淡，格物致知之程度深淺有密切關係。越淡薄、越深遠，其上升之速度亦越加速，逐漸依序透過七層天，盡快擺脫宇宙萬有之牽制，依性質再行結合爲若干群靈，最後又結合成原先的「絕對人」，返回唯一神之光芒中。靈魂所經歷的這種過程或階段，回教人士稱爲「三世」，或「三生」。靈魂於結合爲群靈前，還會返回大地與在世的家人共度吉慶夜，因此回曆的九月廿七晚卽是團圓的日子。

(八)信靈蹟：眞主是大能的，能做一些非尋常的事，以使人對眞主所派遣的欽差有信任感。此靈蹟有二種：暫時性的和永久性的。前者卽指欽差們藉着眞主之力量所顯示的奇蹟，如摩西救猶太人出埃及時之各種作爲，耶穌使病者癒、瞎子明、聾子聽、死者復活、跛子行等。後者僅有一項，卽穆罕默德由眞主所承受之可蘭經，遺留後世永垂不朽。

(九)肉體復活：人死後，其肉體雖已腐化，且已變成其他物體，但最後，以眞主之大能，能使肉體與靈魂重新結合以接受公平的待遇，或受賞，或受罰。

一般而言，以上所說的回教信條，與基督信仰無太大的區別，因爲基督徒根據新舊約的啓示也相信這些。但有些基督教的基本信條，回教則加以反對，譬如：原罪（故人無需救援），三位一體的道理，耶穌基督爲全人類的救世主，耶穌基督的降生成人等信條。回教徒只相信耶穌基督爲先知，是上帝的使者之一，是生於童貞女瑪利亞，能顯奇蹟，是阿拉的靈，但不相信他是上帝的兒子，是與上帝同性同體的神，這些是此二教根本的區別所在。

三、教規：

回教之主要規定有所謂「五功」，或「五大支柱」和「五典」。五功包括唸、禮、齋、課、朝。「唸」乃對信仰的表白；「禮」乃指祈禱；「齋」乃齋戒，對飲食之禁忌；「課」乃指捐獻或施捨；「朝」乃朝聖之謂。五典乃指夫妻、父子、兄弟、君臣與朋友間的適度關係，今分別論之。

㈠信仰的表白：「除了阿拉外，沒有其他的神；穆罕默德是他的使者」，是回教徒在表白信仰時的用語。回教徒不但重視心中的信仰，且要以語言向外表達。誰如果誠意地說出了上面的話，最好在證人前，誰就成爲回教徒。

㈡祈禱：回教徒非常重視祈禱，每天五次：晨禱、晌（午前）禱、晡（午後）禱、昏禱和宵禱。隨時隨地都可祈禱，但在每一個星期五中午到寺廟祈禱，是比較正式的，尤其有人佈道時。正式祈禱時，面向麥加。所有成年人要參加星期五的午禱，女子則不許參加。祈禱時，先說：「主是最偉大的！」後讀可蘭經的某些章節。除了公禱外，尚有私禱和默禱。

㈢齋戒：每年齋戒一次，爲期一個月，此月回曆稱「拉瑪大」(Ramadar)（約農曆九月），由日出到日落。在齋戒期內，不飲不食，不接觸婦女，除了禮拜外，停止所有工作，或到寺廟聽道，或靜守家中，思過向主。病患者，戰士，出外旅行者，可以暫免，但得擇日補行之。

㈣施捨：把各人的總收入五分之一，或十分之一，或以百分之二點五的標準，捐獻給教會或作濟貧之用。如今以自由樂捐方式最通行。

㈤朝聖：麥加爲回敎徒的聖地，所有聖徒盡可能，至少一年一次到麥加朝聖。在朝聖期間，禁止暴行、性交。應多行善功。朝聖後，最好順道到邁地那（穆氏之墓地）和其他與穆氏生平有關之地參拜。

參加「聖戰」，也是回敎徒的神聖職責之一，所以有人把它列爲信仰的第六支持。回敎徒相信，人人有信奉回敎的責任，回敎是全人類的宗敎，故「原則上」可用武力强迫人信敎，也因此，爲了維護信仰可不惜一戰，有時戰爭成爲唯一有效的工具，稱爲「聖戰」。在「聖戰」中陣亡者，都能獲得「升天堂」的保證，這種視死如歸的精神正是回敎徒勇於作戰的主要因素，同時也給人以武力傳敎的印象。

回敎徒除了五功外，尙信守五典：指五倫中應有的適當關係，各有應盡的責任：夫待妻以「愛」，妻待夫以「敬」；父待子以「慈」，子待父以「孝」；兄待弟以「友」，弟待兄以「恭」；君待臣（民）以「仁」，臣待君以「忠」；朋友之間則注重「義」、「信」、「利」等。

對飮食方面，亦有諸多規定：不食豚犬，不食死肉，不食妄殺之物，不飮酒，不食一切動物之血。

四、敎儀：

最普遍的儀式有兩種：大小淨和入敎禮。

㈠入敎禮：凡人欲歸依回敎，必須先對回敎敎義有基本的認識，經過敎長的認可後，並由兩個回敎徒的介紹，方有資格入敎。入敎時，有一定的儀式：先要沐浴，以表示心靈的潔白，然後用左手按可蘭經，發誓相信回敎敎義，並遵守敎規。誓言內容是：

「我作證，委實事情，再沒有主，只除阿拉乎，主是獨一的，在他上沒有其他伙伴。」

「我又作證，委實事情，穆罕默德，是主的板代，是主的欽差。」

在念該誓言時，抬起右手，曲肘，腕與肩平，手移前面，手背向面，直伸食指，大指尖端與中指尖端合作環形，餘兩指曲折於手心中，頭正直，雙目着視食指之指甲蓋，然後恭誦作證言。誦畢，將食指送至唇邊，輕吻指甲蓋，再將食指抬至前額中央，以甲蓋接觸前額，繼而沿鼻樑順勢下移，經準頭，再觸雙唇，然後，手放下，復原，至此，宣誓儀式才告完成。最後由教長爲信者取一個經名，如亞伯拉罕、亞當、諾亞、或穆罕默德等。

(二)大小淨：凡祈禱前均應行大淨或小淨禮，應遵守所規定的條件：

1.大淨條件：

(1)壞大淨的事：房事、夢遺、愉快出精、月經、產後。

(2)必須先舉意：我舉意遵主命洗大淨，求眞主把我轉爲潔淨的人。

(3)洗法：

A先洗雙手。

B淨下去汚穢。

C依小淨順序先洗小淨。

D再洗全身（先上後下，先右後左，用肥皂洗三次。）

E站立處如有積水，需再洗脚。

2.小淨條件：

(1)壞小淨的事：大小便、流血、膿、黃水、嘔吐、瘋癲、發暈、拜中大笑、倚物盹、忘記。

(2)必須先舉意：我舉意爲了禮拜洗小淨，求眞主把我轉爲潔淨的人。

(3)洗法：

A左手淨下。

B洗手過腕三遍，先右後左。

C左手執壺，右手捧水，漱口三遍。

D左手執壺，右手捧水，飰鼻三遍。

E左手執壺，右手捧水，洗臉三遍。

F左手執壺，洗手至肘三遍，先右後左。

G抹頭一次，捧水用後六指抹頭，大指抹耳外，食指抹耳內及耳孔，指背抹頸。

H洗雙脚，右手執水，洗左手，先右後左。

第六節　基督宗教(天主教)

英語的 Christianity，通常譯爲「基督教教義」，「基督教精神」，或「基督宗教」，是指由耶穌基督所創立的宗教，以他的訓示爲中心信仰。屬於此團體的正式成員稱爲「基督徒」，英語爲Christians 意指信仰或跟隨基督的人們。目前世界上有三大宗教宗派，均以基督宗教自稱，卽天主教 (Roman Catholic Church)，基督新教，或改革基督教，俗稱基督教(Reformed or Protestant Church)和東方正教(Eastern

Orthodox Church)，他們都以耶穌基督爲教主，以他的訓示作爲中心信仰，是世界最大的宗教，佔世界人口總數三分之一，以西方世界所佔的人數最多，對它的影響力也最大，故有「基督國度」(Christendom)之稱。此三大宗教宗派的共同點是：相信聖經（新、舊）爲上帝的啓示，同時是信仰的根源，故也稱自己的宗教爲「啓示宗教」(Revealed Religion)；相信耶穌基督爲上帝的兒子，是「道成人身」的救世主，與聖父、聖靈形成三位一體，是宇宙的創物主，是獨一無二的。原是三位一體的第二位耶穌基督曾降生爲人，以他的受難（被釘死於十字架上）、復活和升天的偉蹟救贖了全人類，所以人類要藉著對他的信仰，遵守他的訓示才能得救，而獲得永恒生命。

此三大宗教宗派，原屬於一個團體，但後來因著種種原因而分裂，形成各自爲政的局面，對於各信仰道理和應遵守的教規，也有了不同的解釋。然而，論人數、論影響力、論組織之嚴密等，天主教是首屈一指，所以當我們介紹基督宗教時，著重於天主教，也兼提到其他宗派。

一、教史：有關此宗教的教史，先簡介其成立經過與發展情形，後再特別談到其教主——耶穌基督。

(一)簡史：我們把它劃分成若干時代：

1.初期教會：基督宗教的前身是猶太教，而猶太教的遠祖是亞伯拉罕(Abraham)，大約生於公元前二千年左右，是巴比倫的遊牧民族中之一家族族長，後定居巴勒斯坦。因爲他對獨一無二的上帝有堅定的信仰和虔誠的態度，因此，得到上帝的欣賞與嘉許，上帝特別選他爲選民的祖先。因爲他的虔誠與忠心，「一神信仰」(monotheism)才能在他的家族——猶太民族——中一脈相傳，綿延不絕，所以他有「信仰之父」(Father of Faith)之稱。

當猶太民族客居埃及時，受盡了折磨，上帝動了惻隱之心，指派他們的英雄——摩西，把他們領出埃及回到祖先的故鄉——巴勒斯坦。雖然在漫長的時間裡，他們對「一神信仰」也幾經波折，但經過上帝的不斷指示和信心堅定的領導人之指引及先知們的及時警告、忠言，他們得以維持原始的信仰。上帝還許諾派遣救星——默西亞——來拯救他們和其他民族，來親自指導人類對上帝的信仰，而此救星要來自他們的後裔。上帝終於在一千九百多年前實現了諾言，耶穌基督之誕生卽是此諾言的兌現，可惜猶太民族不知道，所以也不承認這個事實。

耶穌基督乃奉上帝——天父之命而來救贖人類，重振「一神信仰」及使猶太民族的其他信念更新、改良而成爲十全十美，得以傳之後代，綿延不絕，因爲祂曾說：「你們不要以爲我來是廢除法律或先知之言；我來不是爲廢除，而是使之更完美。」（瑪五17），因此，後來的基督宗教卽是繼承猶太敎的信仰，雖然經過更新和改良，所以基督宗教的信仰通常稱爲「猶太敎與基督敎所共有的」，或「猶太敎之繼承」（Judeo-christian beliefs）。

擔當承先啓後之使命的耶穌基督，花了若干年時間（三年到四年）成立了一個由十二人（俗稱史徒）組成的小團體，以巴勒斯坦爲根據地，向全世界宣傳他的訓示，使全人類都皈依上帝而得救。經過他的弟子們和後來的信徒們，近二千年的努力，終於成了世界上最大的宗教團體，，其教徒分散於世界上每一個角落，深入各階層，對全人類的文化、文明、教育、倫理、思想、生活影響至鉅。

開始時，他曾費了不少苦心來訓練此小團體的成員。在他升天前一刻才正式把訓誨萬民的使命，交託給首批弟子：「你們要到普天之下去向萬民宣講福音，叫他們遵守我所吩咐的一切，因父及子及聖靈之名，給他們授洗；信而授洗的人，必要得救；但不信的人，必被判罪。」（瑪廿八19～20；谷十六15～16）。

不過這個團體的成員們，於十天後才正式執行所交託的使命。當天他們正在耶路撒冷聖殿裡祈禱時，耶穌基督履行了以前所作的許諾，派遣眞理之神，來指導他們所將要宣講的福音，並協助他們圓滿地完成使命（若十四15～17；宗一8）。當眞理之神降臨後，史徒中的領導人——聖彼得，就起立向在場的人首次宣講福音。史徒行傳敍述當時的情形是這樣：「彼得站起來向來自各地的猶太人說：諸位以色列人！請聽這些話：納匝肋人耶穌是上帝用德能、奇蹟和徵兆——卽上帝藉他在你們中所行的，一如你們所知道的——給你們證明了的人。他照上帝已定的計畫和預知，被出賣了；你們藉著不法者的手，把他釘死在十字架上，殺死了他；上帝卻解除了他死亡的苦痛，使他復活了，因爲他不能受死亡的控制。……所以，以色列全家應確切知道，上帝把你們所釘死的這位耶穌，立爲王，立爲默西亞了。」彼得的這番話產生了奇妙的功效，當時就有三千人改過自新，都接受了洗禮，成了第一批信徒。（宗二）

不久後，有一位非常重要的人加入了這首批的十二位領導人物（叛徒茹達斯的遺缺由馬弟亞替補）的行列，就是原名掃羅（Saul）的保羅（Paul），他原是此團體的死對頭，想盡辦法爲難他們，但他奇異的歸化了。（史徒行傳第九章有詳細敍述他的歸化經過。）因他的加入，這小團體的陣容越顯堅强，他們分散各地，到處播種信仰的種子，信教的人越來越多，他們不但在猶太境內，且到鄰國去吸收新血輪。雖然信徒的人數增加了，但信仰卻始終保持一致。開始時，此團體的成員尚未正名，首次正式被稱爲「基督徒」，或「信仰基督者」（Christians）是在希臘的一個城市，安提約（Antioch），此名稱從那時起一直被沿用迄今。

福音的傳佈之迅速，出乎人的意料，確實是一個奇蹟。公元六十五年左右已伸入敍利亞、小亞細亞、希臘和羅馬等地。自然也不都是一帆風順，也遭遇過重重困難，尤其他們的教義，他們的教規及禮儀等，均與當時人的思想、風俗習慣格格不入，譬如他們强調一神信仰，反對拜偶像、人祭和亂倫等，他們的作風，甚至被譏爲「對人類的憎惡。」(Odium humanis generis)(Tacitus: Annal, 15.44) 後來尼羅王把焚燒羅馬城的惡行嫁禍於基督徒，於是引起一場大教難，許多忠貞的信徒遭到殺害，教會的兩大台柱——聖彼得和聖保羅——也在這次的教難中殉道了，揭開了三百年中十大教難的序幕。從六四年到三一三年，教徒們不斷遇難，他們均在提心吊膽的情形下保持信仰與宣傳福音。大部分宗教活動都於夜裡在地下墓穴（地窟）中舉行，他們所過的眞是不見天日的日子，若被發現，隨時會招巨獅猛虎咬死之禍，這完全應驗了耶穌基督的預言：「他們雖爲了我，他們也不會放過你們。」「世俗惱恨你們，因爲你們不是其中的分子。」在這期間，前後發生過不勝枚舉的大小教難。有時在國內發生一些不幸的事，如瘟疫、飢荒等也因此遷怒於教徒，於是由君王親自下令所發起有組織、有計畫的教難，旨在徹底消滅基督宗教，譬如在 Septimius Severus (193-211), Maximus Thrax (237-238), Decius (249-251), Diocletian Galerius (284-305), Domitianus (81-96), Marcus Aurelius (161-180), Dacianus, Decimus Gallus 等執政時，教徒們都遭過大規模與有計畫的迫害，許多中堅人物也都在教難中殉道。十二位門徒中，除了聖若望外，都先後遭到殉道成仁的命運。在這期間，教徒們殉道的人數實在難以計算，史家們也經常用「死了許多教友」，「無數的教友被殺害」，「殉道者難以計算」等字樣來形容。譬如在尼羅當朝時，就死了四千多人。第十次教難時，在埃及每天總要殘殺六十人到一百人，提督一聲命令，兩天的工夫，就殺死了兩千名教徒（于炳南編著：聖教會史綱，一九五二年，香港眞理學會出版，第十頁），但奇怪的是，教徒犧牲的越多，信教的人數增加越速，「殉道者的血是教友的種子」，不是毫無根據的。雖然教會不斷遭受迫害，教徒們不但不氣餒、不畏縮，他們的信心反而越堅强，對擴展教務也越熱心，所以私下傳播福音的工作並未停頓，且有許多達官顯要、博學通儒、軍事首領加入了教會。教難於三一三年才正式告一個段落，因爲君士坦丁國王與東羅馬皇帝聯名於三一三年頒佈了有名的「米蘭詔書」，准許信教自由，同時也下令把原先被沒收的財產歸還給教徒。在君士坦丁大帝統一東西羅馬後，實際上天主教已成了羅馬帝國的國教，而君士坦丁大帝也在臨終前領洗入教。

2.中世紀（第五～十六世紀）：自從「米蘭詔書」頒佈後，大致而言，教會就能在穩定的基礎上，求更大的發展，可說是天主教的黃金時代，在整個歐洲建立了鞏固的基礎，教會的內部也趨於統一，羅馬教宗成爲最高首領。自四七六年至一〇七三年，大批的野蠻民族（當時凡不受羅馬皇帝管轄的民族均被稱爲野蠻民族）也皈依了，譬如國王 Clodovaeus 受了皇后 Clotilde 的影響，不但全家信教，且有三千名兵士也同時接受洗禮。這期間，天主教的勢力已遠達北方的丹麥、瑞典、挪威、冰島；西方的英格蘭和愛爾蘭；南方的北非；東方的希臘、土耳其、阿拉伯世界及印度，雖然也遭遇過困難，但都能一一克服。

教徒們的宗教生活也趨熱忱，隱修的風氣很盛，聖本篤 (St. Benedict) 就在這時創立修會，吸收有志度隱修生活者，打開西方隱修生活的新紀元，同時也給後來的修會生活勾出了藍圖。修士們對西方文化貢獻很大，因著他們的辛勞，許多文化古蹟得以保存。

當西羅馬於四七六年滅亡之後，東羅馬皇帝便成了全國的唯一元首。自公元五二七年至五六五年，在君士坦丁堡稱帝的儒斯底年(Justinian)，時常干涉教會的事務，於是和教宗起衝突，在教會內造成了不滿的氣氛，爲東西教會種下了分裂的種子。當時教友有敬禮聖人聖像的習慣。其實敬禮聖像並非拜偶像，只是爲了景仰所代表的聖賢們的芳表以玆效法而已。但此種善意却成了東西教會分裂的導火線之一。公元七一七年一位將軍卽皇帝位，取名良三世，禁止敬拜聖像，此事引起教徒的不滿和抗議，也因此許多教徒遭到迫害。到第九世紀時，聖像問題又引起爭執，這時東方主教們都贊成皇帝的作風，反對代表西方教會的羅馬教宗，於是雙方的衝突變本加厲。後又因君士坦丁堡主教依納爵，因指責皇帝而被放逐，且擅自作主命佛西(Photius)爲宗主教，羅馬教宗對此事甚爲不滿，於公元八六六年開除了佛西的教籍。佛西於是著書攻擊西方教會，斥爲異端，因爲在信經中多加「及子」一詞，甚至召開大會(八六七年)開除教宗的教籍。至此羅馬教宗的首席位也引起了爭論，其領導整個教會的權柄也受到影響。嗣後接君士坦丁堡宗主教位的 Michael Cerularius，野心勃勃，想作東方教會的教宗，於是藉故指責羅馬教會的許多措施。教宗爲了避免教會的分裂，就派代表團到君士坦丁堡商談。不但毫無結果，且激怒了宗主教，雙方互相指控，宗主教不但不服從羅馬教會對他所作開除教籍的決定，且把詔書焚毁，儘量曲解教宗使團的一切措施，爲了爭取東方教會的同情，甚至以教會的唯一合法代表自居，於是東西教會分裂終於造成，無法挽救，連同俄羅斯的教會也傾向東方。此事發生於一〇五四年。

東西教會最大的分歧點是：東正教認爲教會的元首是耶穌基督，彼得和其他史徒，教宗及其他主教平等，至多只是榮譽性的頭銜而已(primus inter pares)，沒有長上與屬下之分。西方教會——天主教——卻認爲耶穌基督是教會的無形元首，但教會還有一位有形的元首，卽耶穌基督的代表——彼得史徒和他的繼承人羅馬教宗。至於其他基本信條，大體上是一致的，雙方都承認聖經與聖傳，（起初七次大公會議的決議和教父們的著作）是信仰的根源。聖經的卷數則有些出入，但希臘的東正教，完全贊成天主教的說法。七件聖事也一致。至於信經中所用「及子」一詞的爭執，只是語意問題而已，在意義上沒有實質的不同。「及子」一詞意指「父及子共發聖神」。若不加「及子」一詞，意指：「聖神由父藉子而發」。此種分裂遠不如十六世紀，由馬丁路德所領導的宗教改革嚴重。雖然教會由一小群，未曾受過高深教育者所成立，然而，從開始就有不少有名望、學識淵博之士皈依教會，他們以言行，以筆墨來宣揚，並維護教會的道理，反駁教外人的攻擊。最初，這些人被稱爲「衞道之士」(Apologists)。因爲基督宗教算是一個革新的宗教，所以其教義、教規和教儀等都與衆不同，自然從開始就遭到很大的阻力，是攻擊的對象，也因此「衞道之士」，從開始就扮演著相當重要的角色，其中比較有名的是："Justin (100-165), Origen (185-254), Tertullian (165-220), Hippolytus (217-235) 等。等到阻力逐漸減少了，教會學者就開始整理教義，解釋及發揮教義的內容，使教義系統化、合理性及科學化。擔任此任務者前有「教父們」(Fathers of the Church)，後有「士林學者們」(Scholastics)。比較有名的教父有：St. Basil the Great, St. John Chrysostom, St. Cyril of Jerusalem, St. Cyril of Alexandria, St.Athanasius, St. John of Damascus,（以上是希臘教父）：St. Hilary, St. Ambrosius, St. Augustine, St. Jerome, St. Gregory of Tours, St. Bernard of Clairvauy（以上是拉丁教父），其中以聖奧古斯定 (St. Augustine) 最爲有名，其影響和貢獻也最大。他的「懺悔錄」和「上帝之干城」爲世界名著。在士林學者中，更是人才輩出，他們的講學、著作對教會思想的影響，都非常深遠，譬如聖安瑟莫 (St. Anselm)、聖大亞爾伯 (St. Albert the

Great)、聖文都拉(St. Bonaventure)，尤其聖多瑪斯．亞圭納(St. Thomas Aquinas)，其著作汗牛充棟（凡九十餘部），畢生從事學術之研究、眞理之追求，他的「神學綱要」(Summa Theologiae)和「哲學綱要」(Summa contra gentiles)最爲膾炙人口，宛如照耀寰宇的兩盞明燈，把天主教思想做了最有系統、最科學化和最合理的解釋與發揮。他的最大貢獻是：使信仰與理性之間得以協調；利用亞里斯多德的哲學，來解釋天主教教義；使天主教教義系統化和科學化。他在學術方面所作的貢獻，眞可說：「前無古人，後無來者。」他不但學識淵博，且道德高超，故有「賢人中之至聖，聖人中之最賢」的雅號。

教會一直視耶路撒冷爲聖地，因爲那裡是耶穌基督活動、被釘死與被埋葬的地方，所以虔誠的教徒常往該地朝聖。最初還很方便，自從土耳其人入侵之後，朝聖者受到諸般的阻擾。教宗烏爾班二世(Urban II)遂於一〇九五年與東羅馬皇帝聯合，組織「十字軍」以收復聖地。經過七次的東侵歷兩個世紀，均告失敗，既勞民又傷財，眞是得不償失，唯一的收穫，可能就是促進東西的交通，和與回教世界有了接觸。隨著十字軍的東侵，教會人士也組織了「聖殿武士軍」(Knights of the Temple)，收容旅客，接應並保護朝聖者。

雖然全歐洲幾乎都接受了天主教信仰，但也不缺乏與教義相左的異端，譬如主張二元論的亞爾比學派(Albigences)，嚴重地威脅教會。由西班牙籍的聖道明 (St. Dominic) 所創立的道明會(The Dominicans)即負起反駁此異端，並維護信仰的使命。同時，另一個修會組織——方濟會 (The Franciscans) 也在義大利成立。當異端盛行時，教會與政府都認爲有携手合作加以撲滅的必要，於是有「宗教法庭」(Inquisition)之成立，由教會負責審核、勸導，令其悔改之責。若有怙惡不悛者，交給政府處理，施以火刑。因爲異端對治安構成嚴重的威脅，所以當時民衆也支持這種措施。當教宗的權威越來越大時，教會與政府間也時常起衝突，有些教宗也濫用職權，不能稱職，到十五至十六世紀時，教會的內部日形腐敗，教庭也趨向奢侈，需要改善的地方不少。有識之士，目睹教會的危機，都憂心忡忡，改革之聲時有所聞。首先是一位名叫 Savonarola 的道明會會士提倡重整，但觸怒了當時的教宗，被開除教籍，並被處以火刑而死，這可能爲後來馬丁路德的宗教改革作了鋪路。

德國籍的馬丁路德 (Martin Luther)，生於一四八三年，卒於一五四六年，早年家境貧困，家教甚嚴，但天資聰明，後因從一次意外中脫險，而矢志修道，入聖奧古斯定會，廿四歲晉鐸。開始時，他對自己要求極嚴，曾實行一切善工，如祈禱、守齋、克己。但他發覺在靈修生活上毫無進展，常覺良心不安，罪惡滿身，於是焦慮、自責之情侵襲著他，他感到非常失望，深怕自己不能得救。有一天，當他發現聖保羅致羅馬人書中的一句：「義人藉著信仰而生活」，認爲見到了新光，他就私下肯定：人只靠信仰即能得救，一切善工都是無用的。這自然與天主教的傳統思想不符。又加上受文藝復興運動的影響，他反對傳統和權威，强調個人的良知與自由，對當時教會的許多措施更加不滿，尤其反對教宗爲了完成羅馬聖彼得大殿的工程，所頒發的「贖罪券」。於是在一五一七年十月卅一日，路德便在威登堡教堂門上，張貼九十五條短文，反對「贖罪券」。許多不願捐錢的農民和政府官員，因此都贊成路德的主張。消息傳到了羅馬教廷，爲了不使事件擴大，教宗派代表與路德商議，但雙方都意氣用事，互不相讓，彼此指控，甚至對某些基本信條，譬如得救問題，都有激烈的爭辯。德王查理五世於一五二九年，在斯拜爾(Speyer)召開會議，會議決定採取容忍態度，但不許再擴大。擁護路德的人反對這項決議，這就是誓反教(Protestants)之名稱的由來。德王查理五世，仍不放棄協調的希望，於一五三〇年又在奧斯堡（Augsburg）召開會議，以促進雙方的和解。路德派的代表們，編了一本包括廿八項信條的册子，表達他們的論點，這就是歷史上有名的奧斯堡信條（Confessions of Augsburg），雙方終於無法協調，路德也於一五二一年一月三日，被教宗良十世開除教籍，於是改革運動就一發不可收拾，這是天主教的第二次大分裂。改革之風很快就蔓延歐洲各地：瑞士以加爾文（Calvin）爲首，蘇格蘭則以諾克司（John Knox）爲首，相繼脫離天主教。在英國，英王亨利八世，本來極力反對路德的改革，他還寫了一本衞護七件聖事的書，教宗尚賜他「信仰之保護者」的雅號，但後來爲了婚姻問題，不得教宗的諒解，於是也與天主教分裂，自立爲英國教會的元首，這就是英國聖公會的成立。不久荷蘭和北歐諸國的教會也宣布獨立，各自爲政。

天主教與基督教同是基督宗教，因爲都承認耶穌基督爲他們的教主，都以聖經爲信仰的根據，但在許多問題上仍然有別。基督教的主張，比較顯著者有下列數點：

⑴、不承認羅馬教宗爲耶穌基督的合法繼承人。

⑵、以聖經爲信仰的唯一根據，不承認聖傳的重要性。

⑶、主張自由解釋聖經。每個人在閱讀聖經時，都充滿聖靈，能正確地了解聖經，無需任何權威作統一的解釋。但各人的看法不同，因此在基督內沒有統一意思，以致教派林立，且互相攻擊。

⑷、得救只靠「信仰」，無需善工。天主教則主張，信仰固然重要，但沒有善工——愛德——的陪伴是死的信仰，對人的得救毫無益處，此乃根據耶穌所說的：「不是那些說：主啊！主啊的人能進入天國，而是那些實行我父的意旨者才配進入天國。」聖保羅也說：「現今存在的，有信、望、愛這三樣，但其中

最大的是愛德。」

(5)、只承認兩件聖事：領洗和聖餐，而聖餐也只有象徵性意義。反對嬰兒受洗有效。

(6)、反對耶穌的母親，瑪利亞的特殊地位。天主教則認爲瑪利亞的地位非常崇高，對她也特別尊敬，但她畢竟還是人，不把她視爲「神」，對此基督敎人士產生許多誤會。

(7)、反對敬拜聖賢們的像。天主教雖主張敬拜聖像，但不是對聖像本身，而是對它們所代表的人，紀念他們的芳表以玆效法，也可求他們代禱。只要不把他們當做神，就不算拜偶像。

(8)、不承認煉獄的存在。

3. 近代：

無疑地，由路德所領導的宗教改革，對當時的社會與教會，都造成了很大的混亂，教會也受到嚴重的威脅與考驗，爲了應付局面的惡化，許多忠貞人士群起保護信仰，由西班牙籍的依納爵 (St. Ignatius of Loyola) 而成立的耶穌會，則是應該時代的需要而創立的。此修會團體對教會的學術、教育有很大的貢獻。天主教本身也開始實行改革，於一五四五年十二月十三日，所召開的脫利騰大公會議(Council of Trent)即是改革的成果。會議通過多項重要決議：應遵照教會的意思解釋聖經，其他任何人不能擅自解釋；確定了聖經的書目；闡明了「成義」的眞義；聖事爲七件；强調婚姻的不能拆散性和對聖母與聖人敬禮的合理性等。雖然當時的局面一片混亂，但也產生了不少偉大的聖賢，譬如教宗比約五世，聖嘉祿鮑羅梅 (St. Charlos Borromeo)，聖方濟・撒肋爵(St. Francis of Sales)，聖斐理伯・耐理 (St. Philip Neri)，聖大德肋撒 (St. Theresa of Avila)，聖十字架・若望(St. John of the Cross)，柏拉明(Robert Bellarmine)

，聖彼得．加尼削 (St. Peter Canisius)，聖彼得．亞爾剛大辣 (St. Peter of Alcantara) 等。

雖然天主教在歐洲大陸遭到挫折，在其他地方卻有新的發展。自從哥倫布發現美洲新大陸後，隨著也把福音的種子傳佈到新大陸，這是不幸中的大幸。東方的非律賓群島也因西班牙傳教士的努力，紛紛接受了天主教信仰，到目前爲止仍是亞洲唯一的天主教國家。一四九〇年至一四九一年首批傳教士到非洲的剛果開教。聖方濟．沙勿略 (St. Francis Xavier) 則到印度、麻六甲 (Malaca) 和日本等地。但也企圖到中國來傳教，可惜未果，因爲他於一五五二年十二月三日，病死於廣東省的上川小島上。

十七和十八世紀時的教會，雖然呈現一片繁榮的景象，但也遭遇不少困難，各種新學說、新思潮如雨後春筍紛紛產生，對天主教教義構成嚴重的威脅，如楊森主義 (Jansenism)，主張人已被原罪徹底破壞，無法救治，爲了聖化自己，唯有厲行苦工；法蘭西主義 (Gallicanism)，贊成限制教宗的權力，不得干涉其他國家的教務，大公會議的權威高於教宗，促成了第一屆梵蒂岡大公會議，決議教宗的不能錯誤權。這時的歐洲也充滿了自由與俗化氣氛，許多思想家都主張理性至上，科學萬能，否認超理性、超自然、超經驗知識的存在，所以主張「自然神論」(Deism)。笛卡兒、休謨、洛奇、伏爾泰、牛頓、來布尼玆、佛爾夫及百科全書的學人們，即是代表性的人物。尤其法國大革命後，給教會帶來的衝激與損失最大，使人民的宗教信仰生活陷於空前的低潮。

自十九世紀開始，俗化主義 (Secularism) 的氣氛，更是有增無減，企圖建立無宗教的社會。但最嚴重的是徹底無神論的共產主義的興起，它對各宗教，尤其對天主教的迫害更是無所不用其極，整個東歐教會都陷入鐵幕中，凡實行共產主義的地方，即是宗教受迫害最劇烈之處，各任教宗也都發表通諭譴責無神論的共產主義。

因著時代的變遷，人民生活方式的改變，思想的更新，教會也深深體會到在許多方面，應有新的作風以適應時代的需要。由教宗若望廿三世，於一九六二年所召開，並由保祿六世所完成的梵蒂岡第二屆大公會議，卽朝向此目標邁進。大會除了使教會適應時代，使教友的活力復興外，把重點之一，放在與分裂的教會合一的運動上。開幕時，列席人數有三千餘人，基督教與東方正教也派代表出席，大家都同意儘量放棄私見，應以大公無私及友愛的精神，尋找彼此接近之點以爲「共成一棧，共屬一牧」的合一運動鋪路。現任教宗是波蘭籍的若望保祿二世，他不但週遊列國，到處發出正義的呼聲，且對世界政治也有舉足輕重的影響，對人類所渴望的和平、正義、友愛更關懷備至。

中國天主教簡史

天主教的旁支（因爲否認瑪利亞爲上帝之母及第一屆大公會議以後的決議）聶斯多派（Nestorians）於唐太宗貞觀時（公元六三六年）傳入中國，自稱景教，歷二百多年之久，後因遭到排斥而絕跡。

天主教最早與東方古國的接觸，開始於公元一二四五年，是在教宗意諾增爵四世在位時，他曾派遣方濟會會士 Pian del carpine (John) 等三人，携國書東來，試圖與蒙古通使。嗣後法王路易九世，於一二五三年也託方濟會會士 William of Rubruquis 等人帶信給蒙古大汗，然而此二次的差使，對教務無大建樹。

教宗尼各老四世在位時，曾派孟德哥迷諾（John of Montecorvino）率領使節團，於一二九四年抵北京，覲見當時的元朝皇帝，受到相當的禮遇，並在北京建立一座大教堂，把聖經的新約和聖詠譯成中文。一三〇九年教宗格來孟五世，准許成立北京總主教區，任孟氏爲首任總主教。一三〇八年又有三位傳教士抵北京，一三四一年又有十九位加入傳教行列，於是教務逐漸向南方推展，泉州的教堂建立於一三一四年，一所修道院也在該地成立，開始培育本地傳教士，有十二位修士。

教宗本篤十二世，於一三八八年派大批傳教士來華，由 John Marignolli 率領，三年後抵達北京。大致而言，在元末之前，教務相當發達。可是好景不常，元滅亡後，教務也跟著停頓，可能起因於明朝皇帝之排外舉動。

一五四九年八月十五日，耶穌會會士，方濟沙勿略先到日本，後轉到中國傳教，可惜於一五五二年十二月三日，病逝於廣東的上川小島上，享年四十六歲，是年剛好利瑪竇 (Matteo Ricci) 出生。

一五七八年，耶穌會會士范禮安 (Fr. Alessandro Valignano) 抵達澳門，開始向中國人傳教，其同會會士，羅明堅 (Michele Ruggieri) 於翌年也到澳門協助羅氏。一五八二年利瑪竇也抵澳門，於一六〇一年一月四日進入北京。爲了入境隨俗，利氏也改穿儒服，蓄髮留鬍，先與當時的士大夫交往，傳授他們西方的學術，如算術、天文、地理等，以引起他們的興趣與好感，然後再向他們傳播福音。他在這方面非常成功，有不少達官顯要信教，其中以徐光啓、李之藻和楊廷筠比較有名，號稱「早期中國教會之三大台柱」。利氏也著書立說，其中以「天主實義」最爲有名。在該書中利氏闡明了天主教的主要教義，如上帝的存在，上帝之特性，靈魂不滅等。他也與徐光啓合譯「幾何原本」前六卷，此譯文爲西學輸入中土之先聲。利氏卒於一六一〇年五月十一日，當時教友人數有兩千多人。利氏能把封閉已久的中國傳教之門叩開，並建立了根基，的確是一位大功臣。在利瑪竇所出版的「天主實義」之前，西班牙籍的道明會士 Juan Cobo 已於一五九三年寫過一本名叫「傳眞教正辯」的册子，證明天主的存在等基本教義。此册子的原本現存於馬德里國家圖書館裡，一九五八年爲方豪教授所發現。

一六三一年有兩位道明會士，由非律賓繞道到臺灣，其中一位得潛入福建。兩年後又有道明會會士黎玉範 (Juan Bautista de Morales) 和方濟會會士利安當 (Antonio de santa Maria Caballero) 進入福建，與耶穌會會士取得聯絡，積極擴展教務。中國第一位殉道聖人，眞福方濟嘉彼來(Francisco de Capillas)也於一六四二年三月經臺灣到福州，後到福安傳教，於一六四八年一月十五日殉道。一九〇九年五月二日與其三四位中國殉道教友一起被列眞福品。到一六五〇年，全國傳教士已有廿餘人，教友人數增加到十五萬人，其中不少成爲傳教士的得力助手，其中以徐光啓之孫女甘第大和羅文藻最突出。羅文藻是福建福安人，生於一六一六年，後到馬尼拉入道明會，並升了神父，且於一六七四年被祝聖爲主教，是首任國籍主教，並也是第一位國籍神父，管理南京教區教務。後來三位耶穌會會士，吳漁山、劉蘊德和夢其淵卽由他祝聖爲神父。著名的耶穌會會士湯若望和南懷仁 (Ferdinand Verbiesl) 也在此時加入傳教行列，可惜湯若望後遭楊光先的誣告，說他推算曆法有誤，並傳邪教，被捕下獄，許多教士也受累被充軍或斬首。最後湯氏雖被釋放，但因年老力衰，於翌年（一六六六）病故。當外籍傳教士被驅除出境後，教務全靠本地教士和熱心的教友維持，羅文藻主教爲當時的中心人物，他到各地鼓勵教友，在三年內由他付洗的教友有三千多人。

康熙執政時發現楊光先的曆法推算不如南懷仁後，把楊光先充軍，委任南懷仁爲欽天監監正，並拜他爲師，向他學習西學，且對教義也感興趣，於是對傳教士也有好感，此乃大有助於教務的推展。不幸後來因「禮儀之爭」（拜孔與祭祖之爭論），康熙帝改變了態度，並下令禁止西洋人在中國傳教，給在中國傳教的教士很大的打擊，後來很多教難也都因此發生。乾隆、嘉慶、道光、咸豐、同治和光緒時代都發生過教難，許多教士教友都以身殉道。雖然教難不斷發生，但傳教工作並未中止，到一八〇〇年已有二十一萬五千餘教徒，北京主教還於一七九四年派遣江蘇蘇州周雅各神父到高麗開教。到一八〇七年基督新教才派第一位傳教士，莫黎霜（Robert Morrison）於九月七日抵達澳門，後入廣州傳教。繼有 Bridgman 於一八一九年來華，曾發行一報紙；Parker 於一八三四年來華，創立一所醫院於廣東。中國大陸易色前，有一百萬新教徒，目前在臺灣約卅萬人。

一八九五年中日甲午之後，中國戰敗，臺灣割讓給日本。兩年後，德國以傳教士遇害爲藉口，强佔膠州灣和青島，嗣後，其他列强也起而效尤以擴展自己在中國的勢力，於是造成了國人對外籍傳教士之不滿，排外情緒高昂，遂有義和團的「扶清滅洋」的事件發生，到處焚燒教堂，殺害教士教友，至少有四位主教，卅一位神父和三萬多教友在該次暴亂中喪生，教務大受挫折。

一九一一年，民國成立，標榜信教自由，來華傳教的人士也越來越多。一九一九年教宗本篤十五世發表「夫至大」通諭，强調培育本地教士之重要性，各教區也都盡力設立大小修道院，招收有志於傳教救靈的年輕人。教宗庇護十一世，於一九廿二年派剛恆毅以宗座代表身分來華，並創辦主徒會收國籍人士入會。一九二四年在上海召開首屆全國教務會議。在雷鳴遠等人的努力下，一九二六年第一批六位國籍主教產生。雷鳴遠神父原籍比利時，因熱愛中國，入中國籍，刻苦耐勞，熱心傳教，一心一意，使中國人接受福音，他創立若翰兄弟會和德萊女修會。中日戰爭爆發後，他發起組織救護隊，到前線救護傷兵，表現優異，深受最高當局的欣賞。先總統　蔣公爲他寫的輓聯：「博愛之謂仁，救世精神無媿基督，威武不能屈畢生事業盡瘁中華」即是他一生的寫照。

一九四六年抗戰勝利，黎培理出任第一任駐華公使，吳經熊爲中華民國駐教廷公使（第一任公使爲謝壽康，於一九四三年二月廿六日上任），同年教宗庇護十二世升青島主教田耕莘爲中國第一任樞機，爲北平總主教，同時也是亞洲第一位樞機，中國教會的地位大大提高，聖統制也同時成立，全國分廿一教省，一百卅七教區，國籍主教廿九位，廿位總主教，其中不少爲國籍人士，如于斌卽爲南京總主教。于氏博學多才，精通數種外國語言，其口才尤其出衆，是中國教會一顆彗星，對國家、對教會均有莫大的貢獻。

大陸淪陷前，教友人數已有四百萬左右，三千位國籍神父，一千餘位等待接棒的修道生，四千多所教會學校，兩百多所醫院，兩百六十四所育嬰院，教會的前途無量。但，不幸的是，唯物無神論的共產政權竊據了中國大陸，極盡其迫害宗教之能事，先以各種罪名驅逐了外國傳教士，後又發起了「三自運動」，提倡教會自治、自養和自傳，強迫本地神職人員和教徒成立愛國教會，切斷與羅馬教廷的關係，凡不願參加愛國教會的神職人員，不是被捕下獄，就是被迫勞改，教堂及其他教會機構多被沒收，是教會所遭到的空前大迫害。

被中共驅逐的部分傳教士分批來臺灣繼續傳教。當時臺灣只有一個監牧區，由道明會主理，因爲臺灣教務原來就由道明會會士開教，早於一六二六年西班牙籍的道明會會士就來基隆、淡水一帶傳教。後臺灣北部爲荷蘭佔領，教務中斷。直到一八五九年五月十八日，西班牙籍道明會會士郭德剛和洪保祿等抵達高雄後，才奠定了教會基礎，屏東萬金的天主堂，即是在臺灣的第一座教堂，由高賢明神父興建。一九四九年十二月卅日分高雄與臺北兩個監牧區，分別由陳若瑟和郭若石任監牧，後臺中（一九五一年）、嘉義（一九五二年）、花蓮（一九五二年）、臺南（一九六一年）、新竹（一九六一年）也先後成立監牧區，並在一九六一年升格爲聖統制教區，分成七教區，以臺北爲總主教區，現任總主教爲賈彥文。金門與澎湖分別於一九六八年和一九七〇年成立宗座署理區。現教徒人數約卅餘萬，教堂八百餘座，神學院有三所，大專院校三所，中學廿七所，小學十所，幼稚園三三八所，出版社十二家，周刊二，月刊十，電台四，醫院廿三個，診所四十一所，孤兒院四所，安老院二，殘障中心十，家庭服務十，心理輔導三。男修會廿一，女修會五十一，神父八二六人，修女一一五一人。

(二)教主——耶穌基督

世界上三大基督宗教的宗派——天主教、東方正教和基督教——均以耶穌基督 (Jesus Christ) 爲創立者，教主。Jesus（耶穌）爲希臘文，希伯來文是 Joshua，是「救世主」的意思。根據路加福音的記載，此名字是他母親在懷孕前由天使所代取的（路、一、卅一）。Christ 也是希臘文，譯自希伯來文的 Messiah（默西亞），有「被敷油者」(Anointed) 即品位至尊者的意思，他的生平以四部福音和史徒行傳爲主要史料。但聖經的舊約已預言過有關他的一切，而他來世的主要目的，也是爲應驗先知們有關他的預言（瑪廿六，56；路十八，31；若，十九，28～30）。

西方世界很早就以他的誕生爲計算年代，我們現在所說的「公元前」，即指在他誕生以前的年代，「公元後」，即指在他誕生以後的年代，因爲他的確是劃時代的人物，他扭轉了世界歷史。今年是一九八六年，意思是他生於一九八六前，此乃根據一位在第六世紀於北歐出生的修士的計算，以爲耶穌生於羅馬建城後七五四年，於是他以這一年作爲耶穌的出生年。不過，他的計算錯了。現在的史家們都認爲耶穌出生在大黑落德 (Herod the Great) 逝世之前，而大黑落德在羅馬建城後七五〇年已去世。又根據路加福音所載，耶穌誕生於羅馬皇帝凱撒奧古斯都 (Caesar Augustus) 下令猶太人作戶籍登記之後（路，二，一～七），此事發生於羅馬建城後七四六年（即公元前八年），所以耶穌的生年應在公元前七～五年之間。他的出生日期和月份也無法查考。現在基督徒以十二月廿五日紀念他的生日，是源自第四世紀信徒的一種傳統而已，只是有象徵意義的紀念日，是羅馬人慶祝太陽神的日子，而基督徒視耶穌爲正義的太陽，所以才把此日子作爲他的生辰。

根據四部福音和史徒行傳，耶穌一生充滿神奇，是一位傳奇人物，而絕大部分史家，尤其基督徒，都相信它們的可靠性，是他們信仰的根據，譬如教會道理總綱中有關耶穌所作的聲明是：

「我堅信並聲明主耶穌基督是上帝的獨生子，是眞神和眞人，他在萬世之前由聖父所生，而非聖父所造，與聖父同性同體。他因聖靈而受孕，生於瑪利亞之童貞。他於般雀比辣多主政時蒙難，被釘於十字架上，死而乃瘞並下降陰府。他並按照聖經之所載，第三日從死者中復活，他並升了天，坐於全能者聖父之右。他日後會從天重降，審判生者與死者。」

以上有關耶穌生平的簡單描述，的確非常神奇，非一般人所能接受的，所以有人懷疑它的可靠性，因此有人反對他是歷史人物，譬如顧夫 (D.C. Couchoud) 就於一九二四年寫過「耶穌之謎」(Mystère de Jésus) 一書，說耶穌只是象徵性人物。耶穌會會士克蘭曼梭 (C. De Grandmaison) 曾著「在歷史與奧蹟中的耶穌」(Jesus dans l'histoire et dans le mystére)一書，於一九二五年在巴黎發表，針對顧氏所提出的論調一一加以反駁。史懷哲(Albert Schweitzer, 1875-1965)，一九五二年諾貝爾和平獎得主，也於一九〇六年寫過相當有分量的書：「歷史人物耶穌的查證」(Quest of the historical Jesus)，證明耶穌爲歷史人物，聖經上有關於他的敍述，具有高度的可靠性。作者也於拙著「天主救世主」(民國六十九年六月一日，高雄市多明我出版社發行)中討論過此問題，深信耶穌爲歷史人物，四部福音和史徒行傳是可靠的史料，所以現在就依其所述簡單地介紹耶穌的平生：

耶穌是希伯來民族的國王大衞(David)的後裔，他的父親(養父)名叫若瑟，是一位木匠，爲人正直，有正義感；母親是瑪利亞，是一位處女，雖然許配給若瑟，但從未同房過，她以處女之身懷孕生耶穌。路加福音描寫此事的經過是這樣：到了第六個月，天使加俾額爾奉天主差遣，往加里肋亞一座名叫納匝肋的城去，到一位童貞女那裏，她已與達味家族中的一個名叫若瑟的男子訂了婚，童貞女的名字叫瑪利亞。天使進去向她說：「萬福！充滿恩寵者，上主與你同在！」(在女人中你是蒙祝福的。)她却因這話驚惶不安，便思慮這樣的請安有什麼意思。天使對她說：「瑪利亞，不要害怕，因爲你在天主前獲得了寵幸。看你，將懷孕生子，並要給他起名叫耶穌。他將是偉大的，並被稱爲至高者的兒子。上主天主要把他祖先達味的御座賜給他。他要爲王統治雅各伯家，直到永遠；他的王權沒有終結。」瑪利亞便向天使說：「這事怎能成就？因爲我不認識男人。」天使答覆她說：「聖神要臨於你，至高者的能力要庇廕你，因此，那要誕生的聖者，將稱爲天主的兒子。且看，你的親戚依撒伯爾，她雖在老年，却懷了男胎，本月已六個月了，她原是素稱不生育的，因爲在天主前沒有不能的事。」瑪利亞說：「看！上主的婢女，願照你的話成就於我罷！」天使便離開她去了。

耶穌的祖籍是加利勒亞的納匝肋，但他却出生於猶太的伯利恆（Bethlehem），長大於納匝肋，所以也稱爲納匝肋人耶穌（Jesus of Nazareth）。他在納匝肋住了大約卅年，在這段時間裏之所作所爲，及他所受的教育，無史可查。他一定會說當時所通用的亞拉美語（Aramaic），也會閱讀古希伯來文，或許也懂希臘文。在他嬰兒與童年時期，値得一提有幾件事：出生後的第八日，他的父親抱他到耶路撒冷的聖殿去，爲了服從摩西的法律，接受割損禮，取名耶穌，並也爲了應驗馬拉基先知的話：「我遣派我的天使，在我前面淸掃道路，那時你們所要求的君王，所盼望的立約使者，就要進入聖殿。」（三，一）當時就有一位白髮長者，名叫西默翁，走來請允許接抱嬰兒。他用雙手抱住嬰兒，舉目向天，感謝上主說：「主啊！現在可照你的話，放你的僕人平安去了！因爲我已目睹了你的救援，卽你在萬民之前早就準備好的，爲作啓示異邦的光明，你百姓以色列的榮耀。」那位長者並對嬰兒的母親說：「看！這孩子已被立定，關係以色列人的興亡禍福，他將成爲衆矢之的。一口利劍也要穿透你的心坎。天下人口的向背，從此將要顯明昭著了！」（路二29～32）原來那位長者曾經先得了上主的保證，在他去世之前，必親眼目睹以色列人所等待的救世主。還有一位八十四歲的寡婦安娜，也由上主的指引在聖殿裏朝見嬰兒，並向希望耶路撒冷得救的人們，講論這孩子。（路二36～38）

剛從聖殿回到伯利恆，西默翁的話就應驗了。有三位從東方（大概指波斯一帶）來的天文術士，遠道來訪，並獻禮致敬。由於他們沒有向黑落德王回報所見所聞，觸怒了國王，遂下令要殺害嬰兒。他的父母得到指示，就抱著嬰兒到埃及去避難，等到國王去世後，才回到故鄉納匝肋。他們在埃及大約住了九個月

。（瑪二20）

照猶太人的習俗，每人都要到耶路撒冷聖殿朝聖若干次。當耶穌滿十二歲時，也和父母一起上京朝聖。在回程中，發現孩子不在身邊，他們焦急萬分，連夜趕回京城尋找他的下落。第三天，才在聖殿中發現他靜坐在那裏聽經師們講解經書，有時發問，句句驚人。他的母親就責備他：「我兒，你怎麼這樣待我們，我們尋你尋的多麼苦！」他却反問：「你們爲什麼尋我呢？難道你們不知道我應該忙於我父親的事？」（路，二48）他的父母都呆住了，不解其意。他們知道他的父親就是上帝，但不知道上帝吩咐才十二歲的耶穌做什麼事。可是耶穌也不再分辯，乖乖跟他們回家，做個孝順聽話的孩子。此後他的智慧、德行與日俱增。（路二52）

公元後廿八年（凱撒提庇留（Caesar Tiberius）執政第十五年）在約旦河近死海入口處，出現了一位名叫洗者若翰（John the Baptist），是一位苦行的佈道者，自稱是依撒意亞先知所預言的「曠野中之呼聲」。他的使命是「爲上主預備道路，修直他的途徑」。（瑪，三，一～三）他的講道內容是勸人及時悔改，因爲天國卽將來臨。他的言詞鋒（犀）利，深入人心，許多人都改過自新，接受洗禮以淨化心靈。他並向聽衆宣稱，將有一位比他更偉大者要來。不久之後，耶穌也和其他人一樣，到約旦河邊接受若翰的洗禮。當耶穌走近時，若翰就指著他說：「看，他就是上帝的羔羊，除免世罪者；這位就是我論他曾說過：「有一位在我以後來，成了在我以前的，因爲他原先我而有。」（若，一，廿九，卅）

受洗之後，耶穌就到曠野中隱居了四十日，度守齋，刻苦祈禱、默想的生活，爲他日後的事業做充分的準備。四十日過後，就開始公開活動，當時他大約卅歲。他以加利略亞，尤其葛法翁(Capernaum) 做他的佈道中心。鄰近的城市、村落、大街、小巷、湖邊、山頂上、會堂裡、荒野地區、民舍、路邊都是講道說教的地方。男女老幼、貧富賢愚、好歹善惡、强弱病衰都是他傳道、授業、解惑的對象。沿道吸收徒弟，前後共收十二人，大部分是未受什麼教育的純樸漁夫，這些人後來成爲他思想的傳薪。

他的佈道方式簡單、明瞭、扼要；常以大家易懂的比喻道出深奧的道理。其內容則多具有革命性，是前所未聞，譬如他曾說：

「安守貧苦的人是眞福的人，因爲天國是屬於他們的。悲哀痛哭的人是眞福的人，因爲他們要享有安慰。溫和良善的人是眞福的人，因爲他們要取得大地人心。慕義如飢渴的人是眞福的人，因爲他們要得有滿足。慈善施惠的人是眞福的人，因爲他們是要受到慈惠。清心潔慾的人是眞福的人，因爲他們將要享見天主。和平不爭的人是眞福的人，因爲他們將稱爲天主義子。爲義被難的人是眞福的人，因爲天國是屬於他們的。」（馬竇第五章第三節第十節）

「禍哉你們富人們，因爲你們享盡了你們的安逸！禍哉你們飽食的人們，因爲你們要受飢餓！禍哉你們歡笑的人們，因爲你們要悲哀痛哭！禍哉你們受人讚譽的人們，因爲讚譽你們的人，他們的先人也曾這樣讚譽先知（後來却成了殺害先知的罪徒）！」（路加第六章第二十四節第二十六節）

「你們曾聽見舊律說：不要殺人！……我却告訴你們：凡是惱怒兄弟的人就要受罰！……幾時你到祭壇前獻禮，若是想起來你和一個兄弟有隙，你便放下禮物，先去和他和好了，再來獻禮！」（瑪竇第二十一節至第二十四節）

「你曾聽見舊律說：不要犯姦！但是我告訴你們，凡是看見一個女人，心起淫念的，他心中已經犯了

姦！」（同上第二十七節第二十八節）

「你們曾聽見舊律說：不要背誓言，你向天主所宣的誓，都該實行。我却告訴你們，不要發誓！……你們說話，該當是爲是，非爲非，多說一句都是妄言。」（同上第三十四節第三十七節）

「你們曾聽起舊律說：眼睛賠眼睛，牙齒賠牙齒。但是我告訴你們，不要和惡人相抵抗。有人打你的右臉，你拿左臉也給他打。有人和你相爭，要奪你的外衣，你把裏衣也給他。」（同上第三十八節第三十九節）

「你們曾聽見舊律說：愛你的親友，恨你的仇人。我却告訴你們：該愛你們的仇人，替侮辱你們的人行祈禱。這樣你們纔可以成爲你們天父的兒女。天父叫太陽出來，照着善人也照着惡人。」（同上第四十三節第四十五節）

「你行祈禱時，不要效法那班僞君子，他們喜歡站在會堂中間和大街上行祈禱，叫大家看見。……你行祈禱時，你進到你的寢室，關上門，私自地祈禱你的天父……

「你守齋時，不要面作憂色，像那班僞君子故意裝作悲哀的神氣，生怕人不知道他們是在守齋。……你守齋時，要洗刷頭髮，整理你的面容，不要叫人看出你是在守齋。」（馬竇第六章第二節至第十六節）

「一個人不能事奉兩個主人，他或者是愛這一個恨那一個，或者是附合這一個抛棄那一個。因此人便不能事奉天主又事奉錢財。」（同上第二十四節）

「你們謹愼小心，你們修德行善，不要爲求炫耀衆人的耳目：不然，你們便不能希望你們在天之父的報酬了！」（同上第一節）

「因此我告訴你們，你們不必要憂心焦慮用甚麼飲食去養生，用甚麼衣服去蔽體。生命難道不貴於飲食，身體難道不貴於衣服？（生命和身體乃是天父造的。）你們爲什麼不看一看天空中的飛鳥，不耕不稼，沒有倉庫的積糧，你們在天的天父，尚且養活牠們；你們較比飛鳥，不是貴重的多嗎！況且你們中間，誰能夠憑自己的思慮，叫自己的身體加高一寸，或把自己的壽命延長一分呢……

「唉呀！你們的信心怎麼這樣薄弱？你們不必憂慮，說我將有甚麼可吃，有什麼可穿。這是那班沒有信仰的人所做的。你們要緊有衣食，天父豈有不知道的！你們只該先去追求天國和天國的仁義，其餘別的一切，都會加給你們。你們不必替明天憂慮，明天有明天的憂慮，今天一天的憂慮，已經足夠受了。」（同上第二十五節至第三十四節）

「凡你們願意人家給你們做的事，你們也該給人家做。法律和先知們的訓言，都包括在這兩句話裏。」（同上第十二節）

「你們不要責備人，免的你們要受責備；因爲你們所責備人的，同樣的責備必要加諸你們。你們用甚麼繩索量人，將來必有用同樣繩索來量你們的。爲甚麼你對於兄弟眼中的木屑，你看的清楚，你自己眼中橫着巨木，你倒不覺得呢？你眼中既橫有巨木，你又怎麼敢向兄弟說：讓我替你拿去眼中的木屑呢？僞君子呀，你何不先除去你眼中的巨木，然後再設法洗去兄弟眼中的木屑！」（同上第一節至第五節）

這種顛倒禍福、善惡、是非、輕重、正反、和利弊的徹底革新語氣，的確非一般凡夫俗子所能瞭解的，所以他也常遭非議，不受歡迎。不過這也不值得大驚小怪的，自古以來，有高瞻遠矚的聖賢之見地本來就不同凡響，曲高和寡。多少人能接受孔孟的思想，並付諸實現？譬如孔子所說的：「賢哉回也！一簞食、一瓢飲，在陋巷，人不堪其憂，回也不改其樂。」「士謀道不謀食，憂道不憂貧。」「朝聞道、夕死可矣！」「飯疏食，飲水，曲肱而枕之，樂在其中矣。不義而富且貴，於我如浮雲。」「士有殺身而成仁，無求生以害仁。」孟子不是也有他的妙論：「生亦我所欲也，義亦我所欲也，二者不可兼得，舍生而取義者也。」「窮不失義，達不離道。」（盡心上）

耶穌不但提出建設性的高論，且大肆譴責僞君子，假善人；撻伐那些只說不做和口是心非的法利塞人，那些好話說盡，壞事做絕的經師們（谷十二38～40；路廿46～47；瑪廿二）和那些不明是非，猶如瞎子引路的撒杜塞人（瑪廿二23～33；谷，十二18～27；路廿27～40）。因爲他的言詞鋒利，不與任何惡勢力妥協，常抱著善惡不兩立、邪正不相容的態度，所以引起仇敵的不滿，觸怒了當權者，終於遭到他們的陷害。不過他本來就是爲眞理而生，爲眞理而死，爲正義而奮鬥，爲拯救萬民而視死如歸，他明知前途險惡，毫不畏縮，義之所至，要勇往直前，義無反顧，所以他英勇果斷地告訴弟子：「走！我們去耶路撒冷！在那裡人子要被交付外邦人，要受盡侮辱、折磨、拷打、被處死刑。」多麼英勇的作爲！當他騎著驢駒進城時，許多人把自己的外衣，把從田間砍來的綠樹枝，舖在路上，前呼後擁，都歡呼：「賀三納，因上主之名而來的，應受讚頌！」（谷十一7～9；若，十二12～14）

踰越節是猶太人的最大節日，也稱爲無酵節，爲紀念他們的祖先從埃及解放自由，結束了奴役生活。前一天，耶穌和弟子們一起吃晚餐，正在吃飲時，他拿起餅來，祝福了，擘開遞給弟子們說：「你們拿去吃罷，這是我的身體。」然後他又拿起杯來，祝謝了，也遞給弟子們說：「你們喝吧！這是我的血，新約的血，爲大衆傾流，以赦免罪過，你們要同樣地做，以紀念我。」（瑪廿六26～29；谷十四22～25；路廿二

17～20）現在天主教所舉行的「彌撒」卽是此事的重演，他們宣稱爲耶穌所建立的聖體聖事。耶穌同時也給弟子臨別贈言：「我給你們一條新的誡命：你們該彼此相愛；相親相愛者，才是我的門徒。」（若，十三，34～35）那是最後的晚餐。過後，就帶了三位弟子到山園裡去祈禱，祈求天父免他一死，但一切要隨從天父的意思。這時他心中憂鬱萬分，幾乎氣絕！因爲他已預知未來的命運。不久之後，深山靜夜，忽然聽到人聲，就知道他所要遭受的一切都卽將來臨，他便喚醒三位弟子：「你們已睡夠了？起來罷！我們下山去！出賣我的人已經到了。人子卽將被交付於罪人之手。」（瑪廿六45）果然，出賣他的茹達斯，就領著一隊人逮捕他。弟子本拔劍抵抗，他反而加以阻止，並責備他們的魯莽：「收劍入鞘，操刀的人要亡於刀下。你想我不能要求我父，卽刻給我調動十二軍以上的天使驅敵嗎？若這樣，經書上所載又如何應驗呢？」（瑪廿九52～54）於是在毫無抗拒之下，他們逮捕耶穌，先被送到大司祭蓋法前，他的敵仇們已在那裡等待多時，以洩心中之恨，他的罪名是褻瀆上帝。衆人遂向他臉上吐唾沫，用拳頭打他；另有一些人也用巴掌打他，還戲弄他：「默西亞，你猜猜是誰打你？」（瑪廿六57～58）

以色列當時是羅馬帝國的殖民地，猶太人無權判人死刑，所以耶穌又被送到羅馬總督比拉多前。懦弱的比拉多，爲了平息猶太人的怒恨，明知耶穌是受陷害、是清白的，但他還是做了遺臭萬年最不公道的判決，以謀反罪名（因爲耶穌自稱是猶太人的國王）定他的死罪，要受釘死於十字架的重刑。臨死前他還求天父寬恕他的仇敵們：「父啊！請寬恕他們吧！因爲他們不知道自己所作的！」死後，他被安葬在借用的墳墓裡，第三日復活了，應驗他生前的預言。（瑪廿八1～8；谷十六1～8；路廿四1～12；若廿1～9）復活後的耶穌，多次顯現給人，還不斷執行他以前的使命——佈道說教，他尙停留在世界四十天，然後就升天了，他的最後訓示是：「上天下地一切權柄都交給了我，所以你們要訓導萬民，使他們成爲我的門徒，因父及子及聖靈之名給他們授洗，訓導他們遵守我所吩咐的一切：信而領洗者，必要得救，否則必被判罪。看！我同你們天天在一起，直到今世的終結。」（瑪廿八18～20；谷十六15～16）所以他的弟子們日後信守他所吩咐的，到各地去傳播福音，成立了基督宗教。

從所得的資料和基督宗教的傳統說法（自然其中有些不是科學或哲學所能解釋的，只能是信仰的對象）我們對耶穌的認識是：

1. 上帝之子，與上帝同性同體，故是眞神。（意七14；瑪一，23；廿二44；十四33；十六16～17；十七5；廿七54；谷一24；十二35～37；十五39；路一35；二49；四43；八28；若四25～26；六62；八42；十30、36；十一27；十六27～28；十七22；廿31；若三13；31～34；斐二6；希四14）

2. 先天地而有。（若一1～3；八58）

3. 眞人。除了罪惡外，他具有一般人所有的一切。（瑪一31；二7；四2；八24；廿六38；十一19；路四2；廿三46；廿二44；若四6；十九30；羅一2～3；格前一23；路卅三46；廿二42；若十九30；斐二7）

4. 未卜先知，知人知心的先知。（瑪十三57；十九17～19；廿四2；谷六4；八31；十32～34；十五39；若九17；路十八31～33；若一47；二24）

5. 能赦免人的罪。（瑪九2；十六19；路五20；七48）

6. 充滿智慧者（瑪廿二21；路二40；若一14；一48；哥二3）

7. 眞理之導師，世界之光，爲眞理作證。（若一7～9；八45；十三13；十四6；十八37）

8. 聖潔無玷。（若八46；若一14；八46；伯前二22；格後五21；希四15；七26）

9. 奇功異能之擁有者。他使水變酒，使跛子行，聾子聽，瞎子看，病者癒，死者復活。四部福音充滿了他所行的奇蹟之記載。

10. 奉公守法，守正不阿。（瑪八4；十七27；廿二21）

11. 安貧樂道者，謀道不謀食，憂道不憂貧。（瑪四4；八20；路一41～42；九25、58；十八22；若六27）

12. 充滿愛心者。（瑪八7；谷一29～34；十49；路四39；若十三34～35；十四13；十五12）

13. 濟困扶危，樂善好施者。（瑪十四14；谷六34；八2；若十一33～38）

14. 非常機智。（瑪廿二21；谷十二17；35～37；路廿25）

15. 良善心謙者。（瑪十一39；若十11；33）

16. 寬宏大量，以忠恕待人。（瑪十八22；路十五11～32；若八1～11）

17. 嫉惡如仇。（瑪廿一12～13；廿三1～36；谷十一17；路十九45～46；若二16；八11～34）

18. 服務人群。（瑪廿28）

19. 平易近人，和藹可親。（路十八15～17）

20. 捨己救人。（若十二47；路五32）

21. 見義勇爲；捨身取義；義之所至，勇往直前。（瑪廿六39；廿七13～14；谷八31～33；十四36；路

九22；31～32；十五4；廿二42；若十八11）

22.他之所作所爲均被預言過，而他的主要使命卽爲應驗先知們有關他所說過的話：「以前我尙跟你們在一起的時候，就對你們說過：凡是摩西法律、先知和聖詠上有關於我所記載的話，都必定應驗。」（路廿四44）「我天天在你們當中，在聖殿裡施教，你們沒有捉拿我，但這是爲應驗經上的話。」（谷十四49）「你想我不能要求我父，卽刻給我調動十二軍以上的天使嗎？若這樣，怎能應驗經上所記載應如此成就的事呢？」（瑪廿六53）「耶穌一嚐了那醋，便說：『完成了。』」（若十九30）「摩西在法律所記載和先知們所預報的我們找到了，就是若瑟的兒子，出身於納匝肋的耶穌。」（若一45）（有關默西亞預言的應驗，參看拙著「天主造物主」，民國六十八年高雄多明我出版社發行）

23.是善牧，爲自己的羊犧牲了性命。（若十11～18；十五13）

24.是萬民的救世主，使人類分享神的生命，是全人類與上帝之間的居間者：「我很高興告訴你們和以色列全體人民：我們是憑納匝肋人耶穌基督的名字，就是你們所釘死，上帝從死者中所復活的那一位……這位耶穌就是爲你們『匠人所棄而不用的廢石，反而成了屋角的基石。』除了他以外，無論憑誰，絕無救援，因爲天下人間，沒有賜下別的名字，能使我們賴以得救的。」（宗，四10～12）「我是世界的光，跟隨我的，決不在黑暗中行走，必有生命。」（若八12）「我來，却是爲叫他們獲得生命，且獲得更豐富的生命。」（若十10）「你要給他起名耶穌，因爲他要把自己的民族，由他們的罪惡中拯救出來。」（瑪一21）「我是道路、眞理、生命，除非經過我，誰也不能到父那裡去。」（若十四6）「摩西在曠野裡怎樣舉起了蛇，人子也照樣被舉起來，使凡是信他的人在他內得永生。」（若三14～15）「恩寵決不是過犯所能比的，因爲如果因一個人的過犯，大衆都死了；那麼，上帝的恩寵和那因耶穌基督一個人的恩寵所施與的恩惠，更要豐富地洋溢到大衆身上……那些豐富地蒙受了恩寵和正義恩惠的人，更要藉着耶穌基督一個人在生命中爲王了。」（羅五15～17）；「上帝藉着自己的光榮與德能，將最大和最寶貴的恩寵賞給了我們，爲使我們藉着這恩許，在逃脫世上所有敗壞的貪慾之後，能成爲上帝本性的分享者。」（伯後一4）「父愛子，並把一切交在他手中，那信從子的，便有永生；那不信子的，不但不會見到生命，反有上帝的義怒常在他身上。」（若三35～36）「凡喝這水的還要再喝，但誰若喝了我所給的水，他將永遠不再渴，並且我所給的水，將在他內成爲湧到永生的水泉。」（若四13～14）「我就是生命的食糧，到我這裡來的，永不會飢餓。……這就是我父的旨意：凡看見子，並信從子的，必獲永生；並且我在末日，要使他復活。」（若五35～40）

二、教義：

所有基督教宗派（天主教、東方正教和基督新教）均肯定自己的是「啓示宗教」(Revealed Religion)，或「超自然宗教」(Supernatural Religion)。所謂「啓示宗教」乃意指他們的信仰，建立於上帝的啓示上，上帝的啓示則主要記載於聖經上。所以聖經是啓示的主要根據。既然上帝的啓示是信仰的根源，那麼，只要是上帝的話，他們都深信不疑，是信仰的對象，不管人的理智是否能夠瞭解其內容。上帝的啓示，有些人的理智能夠瞭解的，有些則超過了人的理智；有些東西，人只能知其然，而不知其所以然；（但它們並不悖理，能加以合理的解釋）有些東西，人不但知其然，且知其所以然。人能瞭解的啓示道理，他們稱爲「信仰的前導」(praeambula fidei)，是哲學問題，故嚴格說來，不是信仰的對象；人所無法瞭解的啓示道理，才是信仰的眞正對象，是神學所研究的問題，因爲所謂「信仰」，嚴格說來，是「因著上帝的權威，贊同他所啓示的道理。」或「堅信那些人無法瞭解（看不見）之物。」（希十一1）我們現在所說的基督教教義，主要討論那些人所無法瞭解的啓示道理；其次也提到那些人的理智能瞭解的問題：

㈠一神信仰（Monotheism）。我們已說過，基督宗教是猶太教的繼承，它也相信猶太教的某些教義，「一神信仰」即是其中之一。眞神是獨一無二的。基督宗教絕對反對「多神論」。聖經的新舊約對此均有清楚的交代：「所以今日你該知道，且要牢記在心：上天下地，只有上主是神，再沒有別的神。」（申四39；五6～7）聖保羅也說：「除了一個神外，沒有其他的神。因爲雖有稱爲神的，或在上天，或在下地，有人相信那麼多的『神』，和『主』，可是，對我們而言，只有一個神。」（格前八4～5）。此獨一無二的神是自有的（出三14），是永恆的（弟前一17），是先天地萬物就有（詠九十篇），是無始無終的（詠一〇二篇），是純精神體（意五六15），是無所不在的（列上八27），是最單純的，套一句哲學的術語，是純現實（pure act），是最完美的（瑪五48），是永不變的（戶廿三19），是全知的（羅十二34；希四12～13），是萬能的（創卅五11；耶卅二27；瑪十九26；三9；路一37），是全善的，是眞、善、美、聖和愛本身，故是一切美好的根源。（詳細請參看本書中編第二章「神之性質的探討」。）

㈡三位一體。在基督宗教的教義裡，應以「三位一體」的道理最爲重要，同時也最爲玄妙，套一句老子的話：「玄之又玄，衆妙之門。」其中的奧妙，絕非人的理智所能瞭解的，所以上帝的「啓示」是唯一的根據，它的含義是：論「體」或「本性」（Nature）只有一個上帝，論「位」（person），則有三位，所以是「三位一體」（one God in three persons），此三位第一位聖父，第二位聖子，第三位聖靈，但是同一個上帝，不分彼此，不分大小和先後；無大無小，無先無後；同是永恆的，永不變的，所有的美善與福樂都是共同的。但聖父又與聖子完全不同，他們又與聖靈完全不同，因爲是不同的三位。聖子由聖父所生，聖靈則由二者所共發的，但他們的存在又是同時的。

聖父生聖子時，乃藉著他自己知識的行動，猶如當我們思考時，就在我們的思想中產生「理性表象」，或「觀念」，所以聖子也可以說是聖父的「表象」，或「聖言」(Divine Word)（若一1），是智慧的象徵。是以，聖父與聖子的關係，好像火與光的關係。光是由火所產生的，但又與火同時，有火，就同時有光。倘若有一把永恆的火存在，那也應該有一道永恆的光存在，而聖子本來就是聖父之光輝（若一4～5、9；希一3）

就如同聖父之知識，是聖子的根源；同樣的，聖父與聖子的「愛」是聖靈的根源，是以，聖靈卽是聖父與聖子相愛的結晶，故他是「愛」的象徵，他由聖父和聖子所共發的，猶如太陽和它的光，共同產生熱以作爲生命的根源，使宇宙萬物深蒙其惠。因爲聖父能生聖子，故是「能力」的代表，他是無所不能，那麼宇宙的創造工程，自然由他來擔任。聖子生於聖父的理智，故是「智慧」的象徵，宇宙的美妙秩序由他來負責。所以他藉著「救贖」的工程，使被破壞的秩序復原。聖靈是聖父與聖子相愛的結晶，故是「愛」的代表，是所有恩物之泉源，是人獲得上帝之各種恩物的途徑，而人所能有的恩物中，以獲得永恆生命最爲寶貴、最有價值，所以使人靈成聖以擁有永恆生命是聖靈的使命，同時也是三位一體的上帝「分工合作」的最終目的。所謂「分工合作」是指上帝的任何對外行動都是共同的，是分不開的；萬物之造成，人類之救贖，與人靈的成聖，他們都參與，都彼此分工合作。理由是，上帝三位一體是同性同體，共享同一的神性，共有同一的存在方式，彼此「共存」和互相「共處」(mutual coexistence and mutual codwelling)：聖父在聖子內，聖子在聖父內（若一2），聖父與聖子在聖靈內，同時聖靈也在聖父與聖子內（若十四10），這種密切關係，眞可以說是「三而一」，「一而三」，其對外行動自然也應是共同的。

我們已說過，這種玄妙的說法，不是任何人所能想像得到的，基督教人士也只好從聖經裡去找根據了。若望福音開宗明義就這樣說：「在起初已有聖言，聖言與上帝同在，聖言就是上帝，聖言在起初就與上帝同在。」（若一2）瑪竇福音敍述耶穌受洗後，「立時從水裡上來，天主聖靈有如鴿子降下，停留在他上面；又有聲音從天上說：『這是我的愛子，我所喜悅的。』」（瑪三16～17）耶穌在升天前，把傳播福音的使命，交託給門徒們說：「你們去訓導萬民去吧，因父及子及聖靈之名給他們付洗。」（瑪廿八19）基督教人士以這些話做爲「三位一體」道理的根據。

㈢創造說。宇宙的起源，仍是一個令人爭論的問題。哲學家和科學家都意見紛紜，未成定論。有的主張宇宙是永恆的，有的則說宇宙是從已存在之物所形成的，譬如柏拉圖就敍述宇宙的形成過程是這樣：神使未定形之物質，印上觀念的模型而成定形 (Creation is the determination of the determinable)，神使已存在而無秩序，或零亂之物變成有秩序 (out of disorder he brought order)。所以在柏拉圖宇宙形成說中，神只是一位技工，而非創造者，不是從無中生有，而是從已有存在之物變成與原先不同的其他物。基督教教義則主張上帝「從無中生有」(ex nihilo sui et subjecti)。在萬世萬有之前，除了上帝之外，不會有任何物之存在，自然包括宇宙本身，但神出於愛，基於「善與人同」的心理，從絕對虛無中創造了宇宙及其他萬物（創一）。所以只有神是自有者，其他萬物都是因他而有，也因此只有神是無始無終的，是永恆；其他萬物均爲有始有終，非永恆的：「在起初已有聖言，聖言與上帝同在，聖言就是上帝，聖言起初就與上帝同在。萬物是藉著他而造成的；凡受造的，沒有一樣不是由他而造成的。」（若一1～3）

在上帝所創造的萬物中，有純精神體的天使（有一部分因反抗上帝被貶爲魔鬼），有純物質的無生命物，有只具有生魂的植物，有只具有覺魂的禽獸，還有由精神（靈魂）與物質（身體）合成的人。上帝是依照自己的「肖像」造人，使人分享他的靈性（理性），所以人爲萬物之靈，其地位特殊，爲有形受造物之首，有掌管與處理，並使用其他萬物的權利。

㈣靈魂不朽。上帝造人時，給人一個不朽的靈魂（每一個人的靈魂都是直接由上帝所創造的），當人死時，靈魂就脫離肉身而繼續存在，其命運由先前與肉體結合時的生活情形而定。若其命好，脫離肉體後（最後尚能與肉體結合）就獲有永恆的生命，與上帝生活在一起，永遠享盡榮華富貴；若其命苦，則與永恆生命絕緣，不但無福可享，且要遭到譴罰而受苦受難。

㈤原罪。起初上帝造人時，不但給了一個不朽的靈魂，且給靈魂兩個特殊的能力——理智與意志。人藉著理智認識眞理，藉著意志追求美善。意志是自由的，故人也是自由的，他可以爲非作歹而受罰，也可以立功立德而獲賞；他可以爲善避惡，也可犯罪或修德。他可以忠於上帝，也可以背叛上帝，而上帝也尊重人的自由，不加干涉，不强迫人做任何事。但人不幸濫用了自由，隨從私意，不肯服從上帝，反抗上帝，於是人自絕於上帝的愛，自動放棄了得賞的機會，喪失了上帝所許的一切特恩，尤其失去獲永恆生命的特恩之權利，人永遠無法高昇與上帝結合在一起。一旦失去這種獲得特恩的權利，全人類也遭池魚之殃，全都被摒於永生之門外，這便是原罪。聖保羅對此事有清楚的交代：「就如果罪惡藉著一人進入了世界，

藉著罪惡，死亡也進入了世界，這樣死亡也殃及了衆人。」（羅五12～13）

㈥聖子降生成人，救贖人類。雖然人類拒絕了上帝，但上帝却不忍心拒絕人類，他仍要爭取人類皈依他而獲永生。可是人類既已拒絕了上帝，已背叛了上帝，這種叛逆之罪是極爲重大的，已傷害到上帝的尊嚴，上帝的權利已遭到嚴重的侵犯，所以應得到賠償，應加以彌補。但人因爲是有限的受造物，無法爲自己所種下的嚴重罪行做相稱的補償，這就是聖奧古斯定所說的：「人能出賣自己，却不能把自己贖回。」所以，上帝就做了一件難於置信的奇事：他親自下凡，取了人性，與他自己的神性相結合於唯一的神位格上，所以他是神，因爲有神性，他同時又是人，因爲他有人性，他是眞神（上帝），同時又是眞人。因爲他是人，所以才能忍辱受苦做補贖，又因爲他是神，所以才能做相稱的補贖。這位降生成人的上帝即是聖三的第二位聖子——耶穌基督，於近兩千年前生於童貞女瑪利亞而成爲人，爲應驗上帝原先的許諾：「我要將仇隙置於你和女人之間，使你的後裔和她的後裔彼此爲敵。女人的後裔要踏破你的頭顱，你要力圖傷害她的脚根。」（創三14～16）「時期一滿，上帝就派遣了自己的兒子來，生於女人。」（迦四4）而耶穌來世的主要動機，卽是以他所受的苦難、死亡、復活和升天完成了救贖全人類於罪惡中，使人能重獲已失去得永生的權利：「基督是爲了消除世界的罪及使人類與天主和好……」（道三9）「上帝自己將要親自來拯救人類。」（意卅五4）「給他取名耶穌，因爲他將要把自己的民族從罪惡中救出。」（瑪一21）當洗者若翰看到耶穌時，曾當衆宣佈了其使命：「看！這是除免世罪的上帝羔羊。」（路二10）耶穌自己也曾公開聲明了自己的主要任務：「我來，並非召義者，而是來召叫不義者。」（路五30）

㈦耶穌的死亡、復活和升天。基督徒相信耶穌爲了替世人做相稱的補贖，在受盡侮辱、折磨之後，被釘死於十字架上而死。四部福音對此有詳細的敍述，譬如：「耶穌大聲呼喊說：『父啊！我把我的靈魂交托於你手中』說了這話，便斷了氣。」（路廿三46；若十九30；谷十五37；瑪廿七50）

羅馬史學家達齊都（Cornelius Tacitus, 55-117 A.D.）曾寫過不少有關羅馬帝國史，在其中一部編年史（Annales）中說：「基督宗教的教主是耶穌基督，他在第伯利烏（Tiberius）爲王時，被比拉多總督處死。」

耶穌死後第三日又從死者中復活了。

「耶穌死而復活」的事，雖然科學和哲學無法解釋，但根據福音的記載（除非是揑造的），及初期基督徒的信念，確是一件歷史事實，而此事實對基督宗教的信仰而言，是非常重要的，所以聖保羅日後曾說：「若耶穌沒有從死者中復活，我們所宣稱的，便是虛僞，你們的信仰也是空的，毫無價值。」（格前十五3～10；14～24）初期耶穌的弟子們的主要任務，也是爲此事實作證：「以色列人！你們藉著不法者的手，釘他在十字架上，殺死了他；上帝却解除了死亡的苦痛，使他復活了，因爲他不能受死亡的控制。」（宗二23～24）耶穌已多次預言過，他將要復活的事：「人子將被交於人們手中，他們要殺害他，第三天他必要復活。」（瑪十六21；十七22；谷九10）「你們拆毀這聖殿，三天之內，我要把它重建起來。」（若二19）耶穌的敵人們也聽說過這種預言，所以他們要求派兵士看守墳墓，怕門徒們來把屍體偸走，藉口說他復活了。（瑪廿七62～66）

復活後的耶穌，尙停在世上四十天，多次顯現給人（谷十六9；瑪廿八9；路廿四；若廿、廿一）最隆重的一次是，在他卽將升天之前，於加利略亞山上，出現在五百多人面前，在衆人衆目睽睽之前，他莊

嚴地升天了，結束了他塵世的生活，完成了救贖人類的偉大工程。（谷十六19；路廿四51；宗一9）

(八)教會。耶穌雖然以自己的受難死亡、復活與升天，完成了救贖人類的使命，但此工作仍應繼續下去，使世世代代的人類都能蒙受其惠，於是他成立了一個宗教團體——教會，此團體的首批中堅分子共十三人（包括聖保羅），以聖彼得為首，然後到世界各地去宣傳福音，告訴人遵守耶穌所吩咐的一切。此團體逐漸擴大，而今已是世界上最大的宗教團體。此後這個團體的無形元首是耶穌基督，有形元首是教宗，他是聖彼得的直接繼承人。因為聖彼得是首任羅馬主教，他的繼承人自然也是羅馬主教，所以經常駐地在羅馬。耶穌基督從十二位門徒中，特別選拔聖彼得做他在世的代表之問題，在基督宗教裡仍是一個爭論的問題，但天主教人士則認為此是千眞萬確的事，因為聖經上曾多次指出耶穌委任聖彼得做他的代表：「你是彼得（盤石），在這盤石上，我要建立我的教會，任何惡勢力均無法戰勝它。我要將天國的鑰匙交給你：凡你在地上所束縛的，在天上也要被束縛；凡你在地上所釋放的，在天上也要被釋放。」（瑪十六18～19）此種許諾，在復活後又被重提：「你餵著我的羊；你牧養我的小羊。」（若廿一15～17）東方正教和基督新教不同意此種說法，認為耶穌在世時並未指派任何特定人物領導他的教會，十二位門徒同是繼承人，沒有大小或長上與屬下之分。這是與天主教的意見中最大的分歧之處。

耶穌所創立的教會是有形的組織，藉此組織人能成聖自己，以達到得救目的，故是「聖事」。同時也是基督的「淨配」（厄五25）和「奧體」，基督是頭，是靈魂，此團體的分子是肢體，惟有人們屬於此「奧體」時，才能有生命、有活力。（若十五5；宗四12；格前十二13、21）教會也是人類的「母親」，她生、養、育、照顧、保護、熱愛各分子，猶如母親對自己的兒子；是上帝的「國度」，是神聖的國度，以宣揚眞理，攻擊邪惡，保護弱小，制服頑强，懲惡勸善，去僞存誠，伸張正義，促進和平與友愛；是「上帝的子民」，所有分子都是此一大家庭中的一部分，大家是平等的，享有同樣的權利，各盡自己的職務，服從相同的領袖，形成一個民族，去完成基督在世的工程。所有分子分屬於三個不同的國度（教會）：凱旋教會、受苦教會和戰鬥教會，各分子可彼此互助，稱爲「諸聖相通功」。

教會雖然是一個國度，但與其他政治國度不同，它有自己的特徵：它是「唯一的」：一個信仰、一個洗禮、一個民族的子民、一個元首，有同一個精神食糧——上帝的聖言和基督的聖體，並由同一聖靈所指導並滋養、聖化。是「至聖的」：它的目的乃使人達到聖善的境界，並爲此目的提供了有效的方法。是「至公的」：它歡迎並邀請所有人加入，不分男女老幼、種族、國家、時代。是由「史徒傳下來的」：它的主要與基本教義、教規和教儀源自耶穌，由他傳給史徒們，再由史徒們傳到後代，一脈相傳，從未間斷過，或改變過，而且也不可能發生這種現象，因爲耶穌曾鄭重許下：「我要天天和你們在一起，直到世界末日。」（瑪廿八20）「父要因我的名派遣一位護慰者，是眞理之神，他必要教訓你們一切，也要你們想起，我對你們所說的一切。」（若十四26）「無論誰，即使是我們，或從天上降下的一位天使，若給你們宣講的福音，與我們的不一致，當受詛罵。」（迦一8～9）

(九)成聖的方法。雖然耶穌基督已完成了救贖工程，已爲全人類重獲已失去的得永生之權利，但人仍應自己努力，與他合作，利用他所提供的方法成聖，遵守他所規定的誡律行事，否則人仍會自絕於上帝的愛，仍無法蒙受救贖的恩澤，這就是聖奧古斯定所說的：「上帝造人無需人的參與，但他不救人，除非人與他合作」(Deus creavit te sine te, sed non salvabit te sine te)。上帝所提供的成聖方法有：恩寵、聖靈的恩物、七件聖事，藉著它們人才能修各種德行：信、望、愛、智、勇、義和節德以成聖自己。上帝所規定的誡律有十條，人也必須遵守，否則就冒犯上帝，是有罪之身，焉能談成聖？當我們論教規與教儀時，再來討論它們。

㈩人類的最後命運。「人死後往何處去？」「往墳墓裡去」，這是連三歲小孩都知道答覆的問題。可是，這只是問題簡單一面的答案。複雜一面的答案，就非常人能知道的，更遑論三歲小孩了。「人死後往墳墓裡去」是說人死後的肉軀，可是，別忘了人還有一個「靈魂」，此神祕之物，是人生命的根源，是人肉眼看不到，手摸不著的精神體，人的死亡，就是因為此神祕之物離開肉軀而去，它將繼續存在，因為它是永存不朽的。既然靈魂離開肉軀後，尚繼續存在，那麼，它究竟存在那裡及它的命運如何，這不但是哲學問題，更是宗教問題。佛教告訴人，人死後或投胎轉世，或進入涅槃。但基督宗教的信仰則肯定，人死後，肉軀很快就化為烏有，直到公審判時，才再和靈魂結合。人的靈魂則繼續永存，它的去所與命運按照它與肉軀結合時的生活而定：如果人生前為善避惡，循規蹈矩，奉公守法，依照上帝的旨意生活，上帝就論功行給賞，靈魂就會與上帝同在一起，永遠享福；相反的，倘若人在生前為非作歹，違背上帝的旨意，上帝就依過懲罰，靈魂就會到受苦的地方去，這就是所謂的「天堂」與「地獄」，是人的最後歸宿，是決定人的最後命運，瑪竇福音曾論到人類的最後命運的決定情形：「當人子在自己的光榮中，與眾天使一同降來時，他要坐在光榮的寶座上，一切民族，都要聚在他面前；他要把他們彼此分開，如同牧人分開綿羊和山羊一樣，把綿羊放在自己的右邊，山羊則在左邊。那時，君王要對那些在他右邊的說：『我父所祝福的，你們來罷！承受自創世以來，給你們預備了的國度罷！……』然後他又對那些在左邊的說：『可咒罵

的，離開我，到那給魔鬼和那些使者預備的永火裡去罷！』這些人要進入永罰，而那些義人却要進入永生。」（瑪廿五31～46）

以上爲基督宗教（天主教）教義大綱，教會後來把它們編成條文，稱爲「信經」，是每一位教徒必須相信的：

我信全能者天主聖父，化成天地。

我信其惟一聖子，耶穌基利斯督我等主。

我信其因聖神降孕，生於瑪利亞之童貞。

我信其受難，於般雀比辣多居官時，被釘十字架，死而乃瘞。

我信其降地獄，第三日自死者中復活。

我信其升天，坐於全能者天主聖父之右。

我信其日後從彼而來，審判生死者。

我信聖神。

我信有聖而公教會，諸聖相通功。

我信罪之赦。

我信肉身之復活。

我信常生。

三、教規：宗教是一個正式的團體，它對自己的教徒自然有行政、立法與司法權。基督宗教，尤其天主教，是一個龐大而嚴密的組織，它自然也有自己的教規以便教徒們遵守爲達到信教的目的。教規有兩種：上帝所親自規定的和教會所規定的。

(一)上帝的規律：俗稱「十誡」，是上帝在西乃山上透過摩西，向以色列人民所頒布的誡律（出廿章），後來經過耶穌基督的認可向全人類宣布（瑪五17；十九18～19；谷十20；路十八21），其內容是：

1.欽崇一天主（上帝）在萬有之上：卽人應重視、敬重、尊敬、愛慕上帝勝於其他一切，應全心、全靈、全意和全力敬愛上帝。敬拜邪神、行迷信等自應避免。

2.勿呼天主聖名以發虛誓：應恭敬上帝的名號，並尊重與上帝有關的一切。發虛誓，許願不還，詛咒天地均應避免。

3.守瞻禮主日：應抽時間感激上帝所施予的恩惠，應經常與上帝來往。人不應只顧物質生活，而疏忽了精神需要。

4.孝敬父母：應維持人倫之間的適當與合理的秩序或關係：父慈、子孝、兄友、弟恭、夫義、婦從、長惠、幼順、君仁、臣忠。不但子女應孝敬父母，父母也應盡生、養、育子女的義務；不但國民應愛國家、國家的元首；國家的主管、和那些負有管理公衆事物之責任者，對國民也有應盡的義務。總之，這條誡律所包括的範圍最廣，爲維持社會、國家和任何團體的良好秩序非常重要，各分子、各關係人均有應盡的義務和應享的權利，欲享權利，先必須盡義務。

5.勿殺人：應尊重自己和別人的生命，以及避免任何危害肢體的不法行爲。所以自殺、殺無辜、墮胎、吸毒、醉酒等也應被禁止。

6. 勿行邪淫：指不正當的性行爲應被禁止。任何在合法婚姻以外的性行爲均爲不正當的。甚至在合法婚姻生活上也應遵守互愛、互敬的原則。

7. 勿偸盜：未經物主之同意，不可把該物佔爲己有。且借物不還，或毀壞別人的財物也應被禁止。

8. 勿妄證：人與人之間的來往，應建立在眞理與愛德上，所以人不可說謊，道人之短，誣告他人，作假證人，毀壞他人的名譽等。

9. 勿貪他人妻：人不可有任何不軌的邪念。

10. 勿貪他人財物：人不可有偸盜的思想，因爲思想爲行動的根源和前奏。

總之，以上十條規律可歸納成兩項：「上愛上帝」，「下愛世人」，所以耶穌曾說：「『全心、全靈、全意、全力愛上主你的天主』。這是最大，也是第一條的誡命。第二條與此相似：你應當愛其他人如你自己，全部法律和先知都繫於這兩條誡命。」（瑪廿二37～40）。

㈡教會的規律：教會有立法權。爲了幫助教徒善盡責任，教會按地方、環境、時間，而規定教徒應守的規矩，其中有：

1. 每星期天與聖誕節，應參與彌撒，以保持與上帝來往，以堅固自己的信仰，並爲感激上帝的恩惠。

2. 聖灰禮儀日及耶穌受難日，應守大小齋（不吃肉和節食）。

3. 每年至少一次，該妥當告解，並善領聖體。爲幫助人接近上帝。

4. 當盡力幫助教會的經費，以使各地方教會能自給自足，並有餘力作慈善事業。

四、教儀：我們把基督宗教——天主教——所稱的「聖事」（聖禮）(Sacraments) 叫做「教儀」，因爲聖事的定義是：爲上帝所親自設立以提供恩寵，以聖化人靈的有形標記或記號。所以行聖事時，均陪伴著有形的禮儀，藉此禮儀賜予人們恩寵。共有七件：

㈠聖洗（聖事）：是耶穌基督所建立的，人藉著水的洗禮和聖三名字的呼籲，其罪過（原罪與本罪）得到赦免，成爲基督的門徒，上帝的子民，和重獲神聖的生命。這是最基本的聖事，是其他聖事之門，是成爲正式敎徒，正式加入敎會的必要手續，所以也稱爲「入敎禮」。耶穌曾多次强調它的重要性：「誰若不由水和聖靈再生，不能進入天國。」（若三5；瑪廿八19）

㈡堅振：藉此聖事，人領受了聖靈以堅固信仰，並維持在受洗時，所獲得的新生命以成爲有作爲、充滿活力的健全分子。（宗八15）

㈢告解：藉此聖事，懺悔者在領洗後，所犯的罪得到赦免。耶穌確把赦罪權交給敎會：「領受聖靈吧！你們赦誰的罪，誰的罪就赦了；你們留誰的罪，誰的罪就留下。」（若廿23）。但需具備一些條件：

1.事先的愼重「省察」所犯的罪之大小、次數及環境。

2.懺悔：對自己所犯的罪自責，因爲辜負了上帝的大恩大德。

3.定改：下定決心，不再重犯。定改與懺悔是分不開的，眞懺悔必有眞定改，立志改過，否則懺悔之心不夠堅强、誠懇。而此二條件爲獲得罪之赦免，是絕對必要的。所以，人若沒有悔改的決心與行動，罪也不可能獲赦免。

4.告明：把自受洗後，或自上次告解後所犯的罪之性質、次數、環境、情況，就其記憶所及，都要向合法（有權）的司鐸（神父）交代清楚，不可有所隱瞞。

5.補贖：罪是冒犯上帝的行爲，上帝的尊嚴、權利受到侵犯，人應爲此行爲負責，應作適當的賠償——補贖。通常應作所規定的補贖外，自己最好再做些其他補贖。

㈣聖體：耶穌基督在麵餅與葡萄酒的外形下，帶著他的「體」和「血」，眞實的臨在，爲了以非流血的方式，自獻於天父，並且把自己賜給信友，作爲靈魂的食糧。這是一端很深奧的道理，但天主教教徒們相信有形的麵餅和葡萄酒，在彌撒中被祝聖後，確實已變成耶穌的「體」和「血」，以作爲靈魂的食糧，以紀念他爲拯救世人所作的自我犧牲與奉獻，因他曾說過：「我是生命之糧」（若六34）；「我實在告訴你們：如果不吃人子的肉，不飲他的血，你們便沒有生命」（若六53）；「誰吃我的肉，飲我的血的，必得永生，到世界末日，我且要使他復活」（若六54），這種奇妙的改變於「彌撒」典禮中完成，所以教徒們對「彌撒」禮儀也非常重視，因爲它是十字架祭祀的「重視」(Re-presentation)、「紀念」(memorial)和其效果的「應用」(Application)，而耶穌於最後晚餐中把此奇妙的改造能力賜予使徒們：「這是我的身體，爲你們而犧牲，你們應照樣做，爲紀念我。」（路廿二19），此能力再由使徒傳授給繼承他們的主教們，再由主教們傳授給代表耶穌的司鐸（神父）。這是信仰的道理，是科學與哲學無法解釋的。

㈤傅油：又稱病人傅油，是爲生重病有生命危險，或臨終的教徒而建立的聖事，爲了減輕人的神形病苦，提供足夠的力量以得善終。（雅五14）

㈥聖秩：使有志分擔耶穌的服務使命之人，於接受相當時期的品學教育後，經主教認可，被祝聖爲司鐸（神父）或執事，以繼續耶穌的救贖工程。所以聖秩聖事授以舉行彌撒祭祀（執事不能），祝聖聖體，及其他聖事之權（唯聖秩和堅振聖事保留給主教）。（弟後一6）

(七)婚姻：使成爲夫妻之男女爲善度婚姻的生活，蒙上帝的特別祝福，使婚姻美滿。此聖事通常在教堂內舉行，由神父代表教會證婚後便完成。聖保羅曾描述夫妻的結合，象徵基督與教會的密切結合，是神聖的。（弗五25～32）

五、組織：天主教不但是全球最大的宗教團體，且其組織也最有系統，及最嚴密，大致情形是這樣：

(一)聖統：教宗——主教——司鐸（神父）——教徒。

(二)行政組織：

1中樞組織：

(1)、教宗爲教會的最高元首，猶如其他獨立、自主國家的元首，和他的中樞輔佐機構稱爲教廷，享有國際承認的獨立主權，並有權利與各國互換外交使節。一九二九年二月十一日成立梵蒂岡獨立國，計有面積一〇八·七英畝，公民一千人。

(2)、會議：教宗主持下的大公會議或由教宗召集的全球主教代表會議，爲教會最高權力。

(3)、樞機團：原爲教宗的參議院，由教宗自由任命，享有選舉教宗權。

(4)、教廷各部門：

A、國務院：以國務卿爲首，領導教廷其他部門。

B、公共事務部：等於外交部，由國務卿兼任部長，主管教會與各國之間的事務。

C、十個部門：主教部、東方教會部、聖事及禮儀部、聖職部、修會及在俗團體部、宣道部、列品部及教育部。

D、三個秘書處：合一秘書處、非基督徒秘書處和無信仰者秘書處。
E、廿四個委員會。
F、三法院：最高法院、聖輪法院及聖赦院。
G、地區組織：各國主教團——總主教區（教區）——總鐸區——堂區。
每堂區可以組織各種教友團體或善會，如教友協進會、聖母軍、基督生活團、工青會、主婦會、同學會等。
各種男女修會，有國際性的，也有地方性的，成員們在教區或堂區內協助教會推展教務及服務人群。

註釋

註一：羅光著：中國哲學史大綱，一九五二年，香港眞理學會出版，下册，第廿四頁。
註二：羅光，同上。
註三：李叔還編撰：道敎要義問答集成，民國六十年七月，港臺版，第二頁。
註四：同上，第七～八頁。
註五：同上，第三頁。
註六：Catholic Encyc. Taoism.
註七：Eurcher 著「佛敎征服中國」，第一册，第廿七頁。
註八：林世敏著：佛敎的精神與特色，一九七六年，佛敎法喜蓮社出版，第五七頁。
註九：同上，第五十七頁。

註一〇：佛學入門手册，佛教總會編，民國六十五年六月再版，第一二四頁。
註一一：高楠順次郎原著，藍吉富譯：佛教哲學要義，民國六十七年五月一日，正文書局印行，第廿九頁。
註一二：「觀法（諸行）無常」，「觀法（諸行）無我」，「湼槃靜寂」為佛教的三大信條，稱為「三法印」。
註一三：吳怡譯，臺灣商務印書館出版，民國六十六年一月七版，第二頁。
註一四：周中一著：「禪話」，民國六十七年七月初版，東大圖書有限公司出版，第一頁。
註一五：林世敏著，同上，第十七頁～二二頁；高楠順次郎原著，同上，第四十一頁。甘易逢著：淺談佛學，民國七十三年再版，光啓出版社，第廿頁。
註一六：林世敏，同上，第一〇四頁。
註一七：同上，第一〇五頁。
註一八：Fr. Ferré: Basic modern phil. of Religion, New York, 1967, p.32.
註一九：高楠順次郎著，同上第廿九頁。
註二〇：同上，四十九頁。
註二一：甘易逢，同上，第八十九頁。
註二二：高楠順次郎，同上，五十一頁。
註二三：林世敏，同上，第一二三頁。
註二四：龔天民著，佛教學研究，中華基督徒文字佈道中心出版，一九六七年四月版，第四八頁。

第七章　共產主義的宗教哲學

「善」與「惡」之爭是與生俱來的，雖然「善」終究要戰勝「惡」，但有時「惡」過度兇猛，「善」似有向之示弱之勢。「惡」之爲害尤以吾人今日所處的世界爲甚。自德國人馬克思所提倡的共產主義侵入世界之後，世界就成爲多難之所。「共產極權」與「人類自由」之爭即是「善」與「惡」之爭，「生」與「死」之鬪。正如一位有識之士所云：「共產主義是一種錯誤百出及充滿詭詐的主義……豈止如此，它擾亂了社會秩序，因爲它推翻社會基礎及把國家的眞源與眞目的置之不問，它並否認人的權利、地位及自由」，總而言之，「共產主義是一種名副其實的邪說」（註一）。痛心的是，這主義的邪惡本質被一般人所忽視，因此才造成空前的大災害，把宇宙五分之二的人類變成它的犧牲品。救這些已陷入水深火熱的人，及不使尚在自由中的人們再遭受共產主義的荼毒，是刻不容緩的事。那麼，能幫助人更瞭解此主義眞相的文字是目前所迫切需要的。

共產主義是一種有系統的哲學思潮，儘管它是錯誤的，中共產主義的毒即是中思想的毒，是無形及精神的毒，比中有形及物質的毒厲害了千百倍。但有多少人能清楚地明瞭此主義而不受其害呢？尤其共產主義的宗教哲學，錯誤百出，不知欺騙過多少人。又因其對宗教態度出爾反爾，時而逞其肆無忌憚的殘酷手段來迫害宗教，時而標榜宗教自由，愛護宗教，弄得人莫名奇妙，眼花目眩，以致罔知共產人士對宗教的眞正看法如何，究竟它的宗教理論是怎麼一回事。

共產主義在宗教哲學敍述宗教的起源、演變、性質、使命及命運等可代表一般對宗教有偏見者的意見，故著者在此特別加以介紹。

十年前筆者負笈意大利羅馬，在多瑪斯大學（天使大學）修博士學位時，以「駁斥毛澤東的中國革命理論」爲論文題目。因論文內容涉及共產主義之哲學，故有機會瀏覽這一類的書籍。其中尤以馬沙典(C. J. Macfadden) 博士所著的「共產主義的哲學」(The Philosophy of Communism) 及施恩主教「自由、平等及友愛」(Liberty, Equality and Fraternity)，「共產主義是人民的鴉片」(Communism the Opium of people) 等最爲筆者所欣賞。本文也以他們的著作爲主要參考書，筆者不願掠人之美，謹以此聲明。

「不認識事情的眞相，無法對之作公道的批評」。故在未駁斥共產主義的宗教哲學之前，應先介紹該哲學。當我們介紹共產主義的宗教哲學時完全憑客觀態度，毫無成見，並且都取材自正派的共產作家的作品，如馬克思、恩格斯及列寧等。共產主義作家有關宗教的理論可歸納成三點：一、宗教的起源及演變；二、宗教的性質及其使命；三、宗教的命運。本文的目的是先給讀者介紹以上三點，然後再加以駁斥。

第一節　宗教的起源及其演變

當我們尚未介紹共產主義，關於宗教的起源及其演變前，應先寫出當時的時代背景，因爲任何一種學說，很少能不受時間與空間的影響，大都因時代的需要而產生，而時代的背景也就更能助人瞭解該學說的眞象。

共產主義的眞正始祖是馬克思（Karl Marx）。馬氏生於一八一八年，即十九世紀初期，這時代對他影響極大。稍讀過一點西洋史的人，都知道十九世紀的歐洲是多難之秋，尤其是思想界更是首當其衝。歐洲的思想界因革命的影響起了極大波浪，如同失去舵的船隨波逐流，任其飄盪，毫無方向。「自由主義」（Liberalism）是這個時代的特產。起先是提倡思想學術自由，次則道德、行動自由，再則政治經濟自由，各種學說如雨後春筍。其中盛及一時，影響最大者首推英人達爾文所提倡的「進化論」：主張物競天擇，適者生存，論宇宙生命由淺入深，由簡而繁，由無生物而變有生物，由無機體而變爲有機體，由植物而演進至動物，由低級動物而變成高級動物。此種新學說，開始時人們投以新奇的眼光，後便很神速地遍及英國，而後傳遍全世界。

不久，「進化論」就被人利用來解釋宗教。英人泰勒（Ed. Tylor）以進化論爲根底著「原始的文化」(The Primitive Culture)首先以進化論爲基礎來解釋宗教。按泰氏的意見，宗教也是由進化而來的：一種貪生怕死，求生避死的慾望，使原始的人產生「靈魂」的觀念，妄想這靈魂脫離肉體後還繼續生存；另一方面，因原始人的頭腦簡單，知識淺薄，不了解自然界力量，如風雨雷電的性質，對這些力量都感到莫名其妙，神奇異常，於是就臆測，是神明發怒的記號，用以處罰人的罪愆。當人發怒時可用各種方法使之制止，神怒又何嘗不然？人於是就想法用祈禱及祭祀來制止神怒。自然力量衆多，故開始時人相信的是「多神教」，經過相當的時間及因人類智慧的進步，才逐漸演變成目前我們所熟悉的「一神教」。

泰氏這種學說發表後，立卽風靡一時，再加上世人對此新學說的好奇心，當時就前呼後應，認爲沒有比泰氏關於宗教起源的論調更合乎科學。持反對論者就被目爲相反科學。對馬克斯及其信徒們而言，當然更是如獲至寶，正中下懷。

馬克斯及其信徒們是名副其實的抄寫者，他們缺乏創造性，可是他們的模倣性極强，他們的各種學說都是東拉西扯抄襲前人，再加上一點自己的意見就變成己有。他們的宗教學說自然也不例外。以泰氏的宗教論爲基礎，摻雜點自己的主張，馬克斯及其信徒們把宗教的起源分成兩期，第一期：墨守成規的共產信徒，依照泰氏的主張說原始人思想簡單，知識淺陋，對於自然科學可以說是毫無所知。可是人既生活於大自然內，無法擺脫大自然的勢力範圍，尤其一些超人力的天然現象，如風雨、雷電、水火等，對於這些天然現象，起先是莫名其妙，繼之心驚膽戰。它們的威力又是超過人力，奇妙無窮，原始人就很自然地以爲是超人的行動，是神威的表現，把毀壞人財的烈火、巨風，驚心駭目的雷霆、洪水當做神發怒的記號；把澆田灌地的雨水及造福人群的凱風當做神慈善的象徵。

神發怒的情況眞使人不寒而慄，當風吹雨打，山崩地裂，雷擊地震時，誰不爲之談虎色變？在頃俄之間能使你的人財俱毀，人力又無法加以救援，難道坐而待斃嗎？誰也不願如此做，那麼只有向神求助，求神發慈悲息怒。求神的方法是禱告，獻祭等，這就是「宗教」。故依照第一期的宗教史，在尙沒有私產前，宗教的基礎是純粹自然基礎。自然力量旣是神的行動表現，自然力量繁多，那麼初時人所信奉的宗教，也必是「多神敎」而非「一神敎」，這是馬克斯和他的信徒們，對宗教起源所做的肯定，其實就是泰氏立論的翻版。

第二期：原始人無私產，各盡所能，各取所需。漸漸地資本家出現，控制大部分的財產，奴役人民，剝取無產階級的福利，使之無法生存。

因着私產的出現，社會就形成兩個階級：統治者與被統治者——無產階級與資本階級。資本家爲了鞏固自己的地位和勢力，遂利用各種方法，利用國家政府的力量作爲保護自己的地位，甚至也利用宗教的力量。

按共產信徒的論調，資本家是無所不用其極來剝取無產階級。無產階級則成了資本家的犧牲品，過着牛馬不如的非人生活，在痛苦中他們需要安慰，在失望中他們需要希望，而能給他們安慰，能給他們希望的只有「宗教」。如上所云，依馬克斯的意見，宗教的目的在於消滅人的恐懼，減輕人的精神痛苦。如今受資本家的壓迫，經濟力量之害，人所受的痛苦比受天然災害的痛苦有過之而無不及，那麼他們更需要宗教來減輕他們所受的痛苦。因此，宗教在沒有私產前只有自然基礎，到了私產制度出現之後就套上經濟基礎。

「所有宗教都是人幻想的產物」恩格斯曾如此肯定過。「人的幻想把自然力量變成超自然力量；開始時人的幻想只限於自然力量，後來因私產制度的侵入，又加上經濟力量……開始時人所信奉的是多神教。後來人漸漸把天然力量和社會力量集中於一個全能的神，這是『一神教』的開始。根據歷史『一神教』是希臘人所發明的，淵源於猶太人所信的耶和華」（註二）。

列寧說：「在現代的資本主義國家中，宗教的基礎具有社會性質。資本主義的殘暴、兇猛使無產階級產生恐怖的心理，因此就創造『神』的概念……」（註三）。恩格斯又說：「因着科學的發達，現代的人不像古時的人，對天然力量那樣恐懼及感到束手無策。人已發明了足夠的方法，來與天然力量對抗在這方面宗教已失去了信徒。但經濟及社會力量取而代之，甚至比自然力量所造成的恐懼、禍害更厲害百倍，因此宗教尚有其用途，爲抵抗經濟力量的迫害，只要資本主義奴役人一天，宗教就有一天存在的必要。」恩格又繼續說：「資本家不顧解決勞工階級的痛苦及其失業的煩惱，只說此乃天命，非人力所能爲也。」（註四）

綜合以上所說，共產主義的哲學論宗教的起源及其演變是：爲了解脫及安慰無法逃避的「死的恐怖」，人下意識地產生了「不朽」的概念；爲了解脫並慰藉自然力量及經濟力量，所加給人的痛苦及奴役，人創造了「宗教」。「一神教」是由「多神教」演變而來的。

第二節　宗教的性質及其使命

如衆所周知，馬克思曾說過一句名言：「宗教是人民的鴉片」，此也就是共產信徒們所公認的宗教定義。馬克思說這句話是經過三思，對宗教作過一番研究，並非未加思慮脫口而出。

無疑地，這種對宗教所作的比喩，共產信徒們都引爲驕傲，覺得滿意及恰當。我們知道鴉片的功用是爲減輕人的痛苦，鎭靜人的神經及麻醉人的智力。馬克斯說宗教是人民的鴉片，因爲以他的意見宗教的功用與鴉片同，也是爲減輕人生活的痛苦，許下來世的幸福，哄騙窮人要茹苦含辛邀天福。總之，宗教是鴉片，因爲他麻醉人的智力，紓解人的精神，叫人逃避現實，阻擋人體驗眞生活及使人看不見整個存在的宇宙。所以宗教是無望之乞憐，痛苦之呻吟，鴉片之麻醉。

「宗教是被壓迫者的呼吸」，馬克斯早就如此肯定過，「是在無感覺的世界前的感情，是在沒精打彩中的元氣，一言以蔽之，宗教是人民的鴉片」（註五）。

以上是共產主義之父——馬克斯，給宗教所描畫的一幅輪廓，後來又經過他的信徒們的修改及完成。我們可從他們的著作中找到三大理由，替他們始祖的立場辯護：

一、使富人覺得有剝削窮人的權利，因此更增强富人剝削窮人的意志；

二、使窮人覺得對富人負有義務，因此更鞏固他們（資本家）的暴政；

三、宗教本質是「消極的」(passive)，使全人類陷入痲木不仁。

宗教阻止經濟發展，妨礙社會進步。這三大理由是共產主義的哲學，給宗教性質及其使命所作的最淋漓盡致的描寫，也就使他們理直氣壯在大唱：「宗教是名副其實的人民鴉片」。這三大理由絕不是吾人憑空揑造的，都可從他們的著述中找到佐證。

第一、宗教教富人有剝削窮人的權利，因此，更增强富人剝取窮人的意志：

列寧說：「宗教告訴那些寄人籬下、受壓迫的工人們要善與人處，含悲忍辱，以邀天上的祝福。」（註六）

「基督教越來越成爲統治階級的獨有遺產」，恩格斯說，「被利用爲剝取勞工階級的純粹工具」（註七）。

「宗教不但過去，就是現在仍是統治階級爲保持社會不平衡現象的有力工具，並使無產階級變成統治階級的馴良及聽話的僕役」（註八）。

第二、宗教是人民的鴉片，因爲告訴窮人他們對富人有一種先天的義務，受壓迫，過含辛茹苦的生活是理所當然，不該反抗，只應順從與刻苦，忍氣吞聲，因爲這是上帝的旨意，窮人以現世的痛苦換取來世的幸福。統治者是從神手中承受權利、威力，反抗他們的統治是逆天意、反神威，對神不敬，等於侮辱神，罪不容誅。

「宗教是一種精神毒藥」，列寧曾如此警告過人，「使資本主義的奴隸們（勞力階級）失去勇氣，去追求一種合乎人性及合理的生存」（註九）。

他又繼續說：「勞工階級（無產階級）與統治階級的鬪爭失敗後，爲了自我安慰計，就自然地相信一種來世的更好生活的存在，如同原始的野蠻人，與大自然對抗失敗後，自然地產生一種信神、信鬼及奇蹟的觀念一樣」（註一〇）。

「宗教祭司及神職人員們是被雇用爲告訴人，統治階級（地主與資本家）的存在是合理的，合乎神的規定，故宗教和他的祭司們，非但過去，而現在還是社會上統治與被統治階級的防衞線，使兩階級永遠分開，永久存在」（註一一）。

第三、宗教是鴉片，因爲教人應馴良地接受現世的生活，不論如何痛苦及反人性。總而言之，宗教使人「消極」、「被動」，培養人過分的聽天由命的不爭氣心理，不斷地宣講順從命運的支配，遷就環境的惡劣，勸人忍耐、服從、良善、心謙諸德。無論如何不幸，人不應反抗，否則就違背天命，相反天主的旨意。聖經上有：「人打你的右頰時，再把左頰給他」，共產信徒說，聖經上這句話是宗教的「消極性」的最明顯例子。

列寧曾這樣說：「宗教勸告掙扎於貧苦的人忍苦耐勞，並以得未來天上報酬的希望來安慰他們」。（註一二）

第三節　宗教的命運

知道了共產哲學對宗教的起源、性質及使命所做的解釋之後，我們很自然地會提出一問題：共產黨以什麼態度對待宗教？易言之，他們對宗教的未來命運的看法如何？知道這問題的答覆是異常重要的，尤其爲那些對共產主義尚不了解者，這些人大都被共產黨徒，對宗教所要的各種花樣弄得眼花目眩。共產哲學對宗教未來的命運，所做的答覆是異常邏輯的，是從他們對宗教的起源及其使命的學說所推論出的合理結論。我們尙記得，共產主義說宗教淵源於私產制度，爲減輕勞工階級所受統治階級經濟壓迫的痛苦；另一方面，宗教又被統治階級所利用爲奴役勞工階級，及鞏固自己地位的工具。因此，共產主義斷言說，只要經濟奴役存在一天，宗教也是要繼續存在，一直到經濟奴役從社會中被拔除爲止。更淸楚一點說，當人還是經濟力量的犧牲品，是統治階級的奴隸時，人就仍需要宗教鴉片的陶醉，使人痲木不仁，減少痛苦，逃避現實，忍受今生的奴役產生私產制度，私產制度又創造宗教爲維護其存在，因此，私產制度是經濟奴役的產生及宗教存在的原因，原因未除，效果——宗教——也必定仍然存在，一直到毀滅私產制度的共產主義實現爲止。

在這裡我們必須提醒一下：對於共產主義宗教不是一個首要及基本的問題，甚至連「次要」都談不上。列寧曾坦白地說過：「宗教的重要是位居第三。」理由很簡單，因爲我們剛提過，依他們的意見宗教的存在是私產制度的效果，是私產制度的反映，是故，私產制度才是眞正禍根，尤其是宗教的禍根，是實現共產主義的大障礙，私產制度若未被消滅，不論費多大的力量，任憑你用雷霆萬鈞之力也無法打倒宗教。相反的，私產制度被剷除，宗教也就不攻自破，不滅自亡。因此，爲共產主義，私產制度才是首號敵人，基本問題，是一切病根所在。

「我們不應把宗教當做首要問題」，列寧說：「因爲她的重要只位居第三，何必集中我們的革命力量打擊這些不太重要的輿論及夢想？它們在經濟革命的鬪爭中會很快地自生自滅」（註一三）。

宗教不僅跟着私產制度同時並存，且其發展也與私產制度並駕齊驅。理由是，私產越伸張，資本家就越得勢，人民所受的壓迫也越厲害，過的生活也越痛苦，也就更需要宗教鴉片的救援，宗教的發展也越神速。但這對共產主義倒是好現象，越能助長其勝利。因爲人民所受的迫害越深，反抗也越强，所謂「物極必反」，資本主義的末日也就越接近，一旦資本主義被打倒，還怕宗教不自滅？皮之不存，毛將焉附？「宗教迷信的發展，是資本主義敲喪鐘的信號」（註一四）。

宗教既是建立在私產制度上，那麼，最科學及有效的消滅宗教的方法，自然是先消滅私產制度，先打倒資本主義，所謂擒賊先擒王，射人先射馬，共產黨是明白這原理的。請聽列寧的高調：

「勞工階級應採取公開及徹底的方法來消滅經濟奴役，因爲它是人類宗教欺騙的眞源」（註一五）。

有人一定要問，按共產主義的理論，消滅宗教的最好及最科學的方法既是先消滅私產制度，一旦共產制度被打倒，宗教也跟着下臺，那麼爲何共產黨還費盡精力與宗教作殊死戰？當共產黨征服一個地區時不是都無所不用其極地奴役宗教信徒，否沒其財產，殺害其教士，把宗教放在一邊，集中力量攻擊宗教的禍根——私產制度——難道不更合理嗎？

共產黨答覆這種質問相當巧妙，並很合理。他們說私產制度雖然是宗教存在的原因，可是宗教是私產制度存在的武器，資本家利用宗教爲保持他們的勢力，維護他們的地位。消滅宗教的最好方法固然是先消滅其原因——私產制度，但是消滅私產制度先消滅其防身武器——宗教，也未嘗不是有效的戰略。所以他們的結論是攻擊私產制度，與消滅宗教的戰爭是無法分開的，應同時並進，彼此是相輔相成，打擊宗教是給私產制度迎頭痛擊，是資本主義的致命傷。

列寧曾說：「無論在何種情形下，我們不能抽象地處理宗教問題，宛如是一純粹理論性問題，好像以爲與階級戰爭風馬牛不相及。」（註一六）

「反宗教鬪爭不應有所限制」列寧繼續說，「也不應縮小到一個抽象或理論性的爭辯，應與階級的具體戰爭連在一起，其目的是要拔除宗教的根源」（註一七）。

共產信徒徹底明瞭宗教的力量，及對壓迫人民所起的作用。有系統組織的宗教是私產制度强有力的武器，共產黨是不能容忍這種組織存在，應先加消滅。個人的信仰則不同，不像有系統組織宗教那樣有力協助資本家鞏固其地位，因此，他們有時按時間及環境的需要准許其存在，這就是所謂「個人良心的自由」。比如在蘇聯及中共統治的大陸，有系統組織的宗教幾乎都已絕跡，但個人的信仰有時還加以默許，取容忍的態度，供給受經濟壓迫痛苦的人們的需要，一直到共產主義的大同世界實現爲止，到那時任何宗教信仰都不存在，因爲人民所享的是眞正自由、平等、幸福、康樂。在共產世界裡，任何奴役都烟消雲散，沒有立足的餘地。

「文化革命的極重要任務之一是如何有系統、有組織地攻擊宗教—人民的鴉片……在勞工階級的國家裡，一方面准許信仰自由，另一方面准許所有方法作反宗教宣傳，把一切教育出版工作建立在科學唯物論上」（註一八）。

稍爲知道共產主義的宗教哲學後，我們就不難明瞭馬克斯的言簡意賅的名言：「宗教是人民的鴉片……宗教批評是一切別的批評的根源」。

註釋

註一：宗教庇護第十一世的 Divini Redemptoris 通論。
註二：Engels, F.: Anti-Dühring, N.Y. 1935, p.353s.
註三：Lenin, V.: Religion, 1935, p.14s.
註四：Engels, F.: Anti-Dühring, N.Y. 1935, p.354.
註五：Marx, K.: "Selected Essays of K. Marx" N.Y. 1926, p.16.
註六：Lenin, ibid., p.7.
註七：Engels, F.: Ludwig Feuerbach, N.Y. 1934, p.69.
註八：Bukharin: The ABC of Communism, London, 1922, p.247.
註九：Lenin, Religion, p.7.
註一〇：Ibid., p.7.

註一一：Yaroslavsky, E.: Religion in the U.R.S.S.N.Y. 1934, p.33.

註一二：Lenin, V.: Religion, N.Y. 1935, p.7.

註一三：Lenin, V. ibid., p.10.

註一四：The Program of the Communist International, N.Y. 1936, p.13.

註一五：Lenin, ibid., p.11.

註一六：Lenin, ibid., p.10.

註一七：Lenin, ibid., p.14.

註一八：Program of the Communist International, p.54.

第八章　共產主義的宗教哲學之駁斥

我們認識了共產主義的宗教哲學之後，誰不說那是一種有條有理而有系統的學說？不僅愚夫愚婦能深信不疑，學者名流有時也不易指出其錯誤所在。我國智識分子過去就是這樣，現在也不見得對共產主義的宗教哲學有眞的瞭解。現在我們想把共產主義的宗教哲學的謬論一一揭開，以饗同好，並祈賜正。

第一節　宗教的起源及其演變之駁斥

我們曾指出共產主義主張宗教起源於「恐懼」，他們同意泰勒氏所說宗教由進化而來的立論：一種貪生怕死的慾念，懼怕自然力量的心理產生了「宗教」，把人力無法克服的衆多天然力量奉爲神明，最初人們信奉的是「多神教」，後來的「一神教」是由「多神教」演變而來的。

其實考查歷史，宗教起源的「恐懼說」，最先是羅馬哲學家及詩人魯克理細烏(93-55B.C.)所提倡，在他所著「論事物的本質」(De rerum natura)曾提到；到十八世紀英國哲學家休謨，在他的「宗教的自然歷史」(Natural History of Religion)一書中加以發揚光大。泰勒氏也不過是繼前人的論調，飾以進化論的外衣大吹一番而已。馬克思與恩格斯等適逢其時寫他們的論著，自然是一字不改，接受進化論對宗教起源所做的解釋。

可是科學是不斷的在進步，時間會替眞理伸寃。進步中的科學無情地推翻了共產主義的學說。當然我們也不能過分呵斥共產主義的祖先們，因爲他們也只是人云亦云，跟着時代走，盲目地接受當時的學說，未曾脚踏實地親自作一番深刻的研究。我們只能說他們逢時不利，倘若今日重生，他們也許不致走錯路線。可是生當今日的共產信徒們，還盲目地隨從已被推翻的「進化論」用以愚弄民衆，就情無可原了。

人類學在今天已成了一門獨立學問，有自己的原理及研究法，其進步之速可說是一日千里，著名的人類學家比比皆是。今日的人類學家已不再接受缺乏科學基礎的「進化論」，利用「進化論」來解釋宗教的起源，尤爲可笑之至！

安德魯・藍（Andrew Lang）（1844-1912）是一位多才多藝的作家，有六十多種著述產生於他的生花妙筆下，不愧爲一位卓越的人類學家。在他的「宗教的形成」(The Formation of Religion)（註一）一書中，首先駁斥共產主義哲學關於宗教的起源所做的解釋，他堅決地推翻以進化論解釋宗教起源的立論。藍氏的論調可說震動整個學術界。不久藍氏的主張找到了一位强有力的支持者，出類拔萃的「人類雜誌」編輯者，司密斯 Wilhem Schmidt，他是目前最具權威的人類學家之一，他在報章雜誌迭次發表其主張，並著有專門書籍指責共產主義的謬論，缺乏事實的證據及科學基礎。作者在他的「宗教的起源及發展」(The Origin and Development of Religion)（註二）指出前人對宗教起源的誤會，他並告訴我們經過一番詳細及科學化的研究後，進化論對宗教所做的解釋，是無法被接受。他並在該書中指出許多與他同時的權威學者的意見，與自己的意見不謀而合。例如 Von Schroeder 曾在歐印民族中（Indo-Europeans）作一番詳細的探求，發現進化論無法在這些民族中獲得支持（註三）。同樣，美國最具權威的人類學家之一Kroeber也堅決地放棄該學說，他曾考究過美洲原始民族的來源、宗教、文化等，所得的結論，迫他放棄宗教的進化論（註四）。有名的東方學者 Brockelmann 也說進化論，不能被史前的阿拉伯回教民族的宗教所支持（註五）。

母鐸(Murdock)是耶魯大學人類學教授，曾著一書，是多年研究的結晶，他研究過許多開化民族的宗教，最後的結論也與上述幾位學者相同：指出進化論的宗教起源學說是毫無根據。

羅意 (R. Lowie) 教授，是美國加州大學人類學家，在他的「原始的宗教」(The Primitive Religion)（註六）一書中，把共產主義所承認的宗教起源學說批評得體無完膚，此書照馬沙典博士的意見是在所有的這類論著中最好者之一（註七）。

我們的結論是：任何一部同時代稍有權威的人類學著作，都徹底地駁斥以往的宗教進化論，都把它指爲眞理的敵人。

美國著名人類學者沙當 (J.R. Swanton)，對這問題曾做過一番細心的研究，他的結論可代表近代學術思想界對這問題的撮要：

「我的結論大略是：一、宗教的觀念及信心起源於自然現象的立論，不論如何去看它，是缺乏證據及不確實的；二、宗教的歷史告訴人多神教是一神教的腐化」（註八）。

沙當的第一結論我們已經說過很多了，可以說是現代人類學的總結論，共產主義不能找到一個有權威的人類學者替其學說辯護，我們已多次說過，無庸贅言。沙氏所說的第二結論却極重要，因爲共產主義主張宗敎開始時是多神敎，一神敎是由多神敎演變而來的。沙氏的結論却適得其反，根據他的研究結果，一神敎是先於多神敎，多神敎是一神敎的腐化，由一神敎演變而來。原始人信奉唯一的至上神，至於拜天叩地，信太陽崇月亮等行爲都是後人所揑造，是人心腐化時所產生的壞現象。這不僅只是沙當一人的主張，而是大多數人類學家的共同結論，讀者如果有興趣可參看 R.P. Trilles 的「厄娃多森林的矮人」（註九）、Le Roy 的「原始人的宗敎」（註一〇）等。

綜合以上對共產主義宗敎哲學的宗敎起源，及其演變所做的駁斥，我們的結論是：新的人類學不但指出馬克思主義的宗敎進化論不能被接受，因爲缺乏科學根據，而且告訴人一神敎是先於多神敎。換句話說，「宗敎進化論」根本不能立足，宗敎根本就不起源於恐懼，原始人所信的是「一神敎」，其腐敗才變成「多神敎」。

第二節　宗敎的性質及其使命之駁斥

我們已說過，馬克思的「宗敎是人民的鴉片」名言，是共產主義給宗敎的性質及其使命，所做的最扼要說明。宗敎是人民的鴉片，因爲：一、使富人覺得有剝削窮人的權利，因此更能助長富人剝取窮人的信念；二、告訴窮人對富人負有「義務」，這樣更鞏固富人的地位；三、使人趨於「消極」，阻止人生活改善、經濟進步。

這三個罪名是馬克思信徒們費了相當心機與精力，才找出來加給宗敎的，也因此他們認爲是師出有名，所以逞其肆無忌憚的瘋狂手段，來撲滅宗教以爲民除害。許多不知原委者，不分靑紅皀白，受他們的欺騙，也大唱反宗教的論調，無意中做了殺害無辜，磨滅眞理的幫兇。

當我們尙未反駁共產主義，對宗教所提出的這三個控告前，願意先聲明一點：無庸諱言的，有少數不仁之士、敗德的人，假宗教的名義來奴役人民，剝取其權利，霸佔其財產，爲了滿足他們統治的野心。蘇俄的彼得大帝、沙皇及法國的拿破崙是最好的例子。對於這些人的非法反道的行爲，我們是與馬克思信徒們站在一條線上來指責他們。可是這些人畢竟是少數，只能說是宗教的敗類，是例外，絕不能以他們違反宗教精神的所作所爲來衡量宗教本身。如果爲了團體中的極少數敗類，而定整個團體的罪，這正如爲了發現幾個假錢幣而毀滅所有的錢幣，或因少數駕車惹禍者，而毀滅所有的汽車，同樣的無理與可笑（註一一）。

有了上面這個槪念，我們如今平心靜氣地來檢討一下共產主義所控告宗教的第一罪名是：使富人覺得有剝削窮人的權利。

對馬克思信徒給宗教所做的這種控告，我們本來不想申辯，因爲實在是太無稽可笑，任何明理知情之士都能一笑置之。共產信徒所提出的控告，不是證明他們對宗教極端地無知，即是表示他們的誣告完全出於惡意。他們所斥責的事包括一切宗教，但實際上可以說是針對基督信仰。因此，他們不但不能從教會的歷史、教會的法典及其文獻中，找出半字爲他們控告辯護的證據，而且祇能證明其相反者爲眞理，即教會不但從沒有告訴富人有剝削窮人的權利，而且利用各種方法使富人愛護窮人，爲貧窮無告者，爲工人僕役的利益着想。聖保祿告訴我們，耶穌基督本來是富有，但自願變成貧窮（格後八章）爲敎我們愛好貧窮及尊重貧窮者。他所宣傳的道理，叫人遵守的誡命，句句都是講論人應彼此相親相愛，不能相殘相賊，應扶貧助弱，不該欺貧凌弱。「你們應該愛人」他對他的聽衆如此大聲疾呼，「如同愛你自己一樣」（註一二）。在他離世前夕尚念念不忘地重申該訓：「我給你們一條新的誡命：要彼此相親相愛，如同我愛了你們一樣……衆人因此就可以認出你們是我的門徒」（若，一五，三五）。他責斥那些自私自利的富人，只顧自己的生活無憂無慮，逍遙自在不管他人家中四壁皆空，食不果腹，這種人進天國的希望微乎其微：「富人進天國，比駱駝穿針孔尤難」（瑪，一九，二三）。故富人若要想親近及跟隨基督，成爲至善者，其先決的條件是把他們的財產變賣，分施給貧窮無靠者，這是基督的教訓：「你如果欲做完美的人」他對願跟隨他的少年說，「你就去變賣你所有的財產，分給窮人，然後來跟隨我」（瑪，一九，二〇）。

教徒們極明瞭耶穌救貧濟急，愛窮扶弱的誡命，而努力付諸實行。基督教義使那些唯我獨尊，倨傲不遜的羅馬主婦把她們的奴俾看成基督的姐妹。初興的修會人士，以躬耕設教，苦口婆心把那些南侵的無法無天，貧極無聊的蠻族變成文明人，施以教化；中世紀應時而興起的修會，有以贖擄宣道爲使命，有以濟貧恤孤，服務病患以終身的。歷代的教宗以各種通諭、文告，促使富人愛貧救窮，利用宗座的權力發出正義的呼聲，爲那些受壓迫、被欺侮的弱者叫寃，抱不平，提出反抗。教宗良十三在他的勞工通牒中有過這樣一席話：「富人當記住，如爲了自私自利，使用他們的大權來欺貧凌弱，做些損人利己的事，是神人共怒，天地不容的不法行爲」（註一三）。良十三在同一的通牒中警告富人，不該自私地運用財產，應幫助解決窮人的痛苦：「大地雖然分屬於每個私人，但仍應爲大衆服務和謀利」。教宗比約第十一重申良十三的思想：「……因着社會及經濟的進步，財富也在不斷增多，但應分給社會各階級，以不損害社會公益爲原則……。社會正義禁止任何階級唯我獨尊地霸佔財富，富人若以爲自己有獨佔財產的權利，不分給貧窮者，他們就大大地違反社會正義的法則」（註一四）。

教宗在同一通諭中又繼續說：「『提高無產階級的地位』，是我們所提出必須追求的目標。……但自從機器工業，和人類的技巧，那麼迅速地侵入並盤踞了我們，稱爲新世界的無數國家，以及古代已開化的遠東國家以後，貧乏的無產階級的數字，便無限地激增了，他們的哀嘆，從地下直向天主呼籲；此外，還有一大羣出賣勞力的農民，過着最低限度的生活，連獲得一寸『立錐之地』的希望也沒有；因此，若不施行一個對症下藥的補救辦法，他們將永恒地陷溺於無產的苦境。……因此應努力振作，至少要使將來，在資本的盈利上，以公平的一部分，讓富有財產者去積聚，給施展勞力的工人們，却應相當充足地分配給他們……使他們能更輕鬆更安定地負擔家庭的重任……。」

受耶穌的精神感化，遵教宗訓示的指導，歷來教士信徒們爲拯救貧窮者，不惜離鄉背井，冒險犯難，深入不毛的非洲；翻山越嶺，忍饑挨餓，來到崇山峻嶺的東方；歷盡艱難險阻，遠涉重洋，到深林密茂的美洲；披星戴月，餐風露宿，去冰天雪地的北極，把生死置之度外，獨來獨往於千山萬壑中。到處辦慈善事業，做救濟工作，拯民於水火，解民於饑渴，這是有目共睹，有口皆碑的事實。共產信徒們何以竟睜著雙眼說瞎話，抹殺一切眞理，信口雌黃地說宗教告訴富人有剝削窮人的權利呢？

共產主義對宗教第二個控告是：宗教告訴窮人對富人負有「義務」，使之馴良地受富人的剝削，不加反抗，因此統治者的地位，更加鞏固。

共產主義這個控告與前者同樣無稽，並且表明對宗教的道理、精神、規律極端的無知。馬克思信徒不僅不能找到任何證據爲他們的控告申辯，而且所有的事實都證明相反者爲眞理。教會從未說過半個字，更沒做過半件事爲證實共產黨徒對宗教的指控。相反的，教會口口聲聲說：不是窮人對富人，而是富人對窮人負有「義務」。

「所有的人都應彼此相親相愛」，這是耶穌基督的嚴命，我們已經說過，但聖若望告訴我們「愛不在空言，重在實行，應以事實來證明」（若一～三，一七）。聖人又說「如果人有財富，眼看他弟兄的困境而袖手旁觀，無動於衷，天主的愛焉能存在他心裡。……」（同上，十六節）因此多瑪斯推論說：「愛旣是誡命，救貧濟急是愛的實行，那麼救濟貧乏者也應是責任所在」（註一五）。「把你們的富裕救濟窮人，你們就變成純潔無玷」（路，一一，四一）；……於是君王也要對立在祂右邊的說：「你們這可咒罵的人哪！離開我，到永世的火裡去罷；我作旅客時，你們沒有收留我；我赤身露體，你們也沒給我穿的；我病了，我坐監，你們都沒有來看望我，我渴了，你們不給我解渴，我餓了，你們不接濟我」。於是他們也要回答說：「主啊！我們什麼時候見祢餓了、渴、生病、赤身露體……沒有服事您」。那時君王必要回答他們說：「我實在告訴你們，你們每次沒有爲我弟兄間最小的一個作這些事，就是沒有爲我作」（瑪二五，四二～四五）耶穌的這一席關於富人對窮人負有「義務」的話難道還不夠透徹？富人若不盡他們的「責任」救濟窮人，所應得的懲罰如何嚴重！

共產主義並指控宗教勸窮人馴良地受富人的剝削，不應反抗，變成統治者刀俎下的魚肉。

無可否認，教會勸人忍耐及遷就環境的惡劣，生活的貧苦，例如比約十一世在他的通諭中有這樣的話：

「窮人當牢記住，吾人所處的世界是免不了貧乏、憂患及痛苦；少數者是比較幸福些，但所有的人都需要忍耐，這種基督教的忍耐能安慰人心，以天上保證而得到永久的福樂」（註一六）。

可是教會所宣傳的忍耐和遷就精神，與共產主義所控告宗教的罪名：使人心甘所願成統治者的犧牲品，是風馬牛不相及的兩回事。在尚未說出兩者間的基本區別前，我們願意在這裏先提一下一個與這答案有密切關係的問題，即宗教與共產主義不同的人生觀與道德觀念。

天主教的人生觀告訴人有個至上神的存在，祂是無始無終的，是萬物的開始，又是萬物的最後歸宿，尤其是萬物之靈的人的最後目的。人有可腐壞的肉體，却又具不朽的靈魂。人在世的最後及最重要目的是：使不朽的靈魂追求獲得至上神，與之同遊於來生。因此，天主教承認人有兩種生活，除了自然界生活外尚有超自然生活，這些超自然生活包括精神生活。物質生活是爲了精神生活，物質享受應不危害精神生活。今生的暫時物質與精神生活，是爲追求來世與神合一的永恒精神生活的道路及方法。方法的好歹、善惡及取捨，完全以能否達到目的爲衡量、爲標準。神已給人定了追求此「目的」的法則、規律，人應以利用今生的生活，順從神所定的法則與規律，以期達到來世與神合一的生活。神所定的法則即爲簡單四個字：「爲善」與「誡惡」。「善惡」的最高標準爲神自身，神的意志。神的意志製成「十個」具體的條文，公之天下，使人民遵守，順從即爲「善」，叛逆就是「惡」。「惡」就阻止人得永生，「善」能導人達到最後「目的」——與神結合的精神生活——永生。能障礙人得永生的「惡」，不論如何，吾人應拒之千里之外，應視之如毒蛇猛獸，避之誡之。能導人達到最後目的的「善」。人則應堅持不放，拳拳服膺，勇往直前，義無反顧。頭可斷，血可流，就是赴湯蹈火也不應放棄，進修能助人得「永生」的「善」，因爲耶穌已警告過世人：「人若獲得舉世萬物，而喪失自己的靈魂，何益之有」？故，天主教的人生觀及道德觀念，與儒家所說「士謀道不謀食，憂道不憂貧」及「朝聞道夕死可矣；士志於道而恥惡衣惡食，未足與議也」的「精神第一，爲善至上」主張是不謀而合的。

共產主義的人生觀與道德觀與天主敎迥不相同。共產主義主張物質至上，否認精神存在，只顧今生，不問來世。人只是世界大機器的一小齒輪而已，其目的是爲建立人間天堂，使共產世界實現，階級鬪爭勝利。至上神的存在對共產信徒更是不可思議的。因此，共產主義無法定個正確的道德標準。無產階級的利益（物質）是其道德標準，爲共產世界的實現所有的人都充當牛馬，爲階級鬪爭的勝利而犧牲、而奮鬪。只要能達到目的，就不擇任何手段，不論如何殘酷，如何毫無人道，諸如殺人放火，謀財害命，姦淫擄掠，禍國殃民等都可利用，爲達到目的——階級鬪爭以求物質進步經濟發展。總之，對馬克思信徒來說，一切道德都應附屬於無產階級的利益之下，行爲的「好歹」、「善惡」以此爲最後依憑及抉擇（註一七）。

以上不過提綱挈領地把基督信仰，與共產主義的人生觀與道德觀念略爲敘述。如今再來答辯馬克思信徒對宗敎的責斥，來解釋一下宗敎所宣傳的忍耐與遷就，與共產主義對宗敎所作的指控（說宗敎勸人盲目地服從，使窮人變爲統治者的奴役）的不同。

宗敎所宣傳的忍耐是一種有益人生的美德。宗敎非常明白人在世是無法找到眞幸福，眞幸福是在來生，人對當前惡劣的環境，除了應盡力改善之外，則尚需遷就。當我們竭精盡力已盡其在我，環境仍然不能如意，就應容忍與遷就。吾人旣不能「自殺」以逃避現實，又不許「搶刼」以害人利己，那只好忍受現世暫時的痛苦，遷就短促的惡劣環境，以換取未來的永久眞福樂，一如以上所指出。宗敎也知道，人性也有傾向於惡的部分，所謂「從善如登，作惡如崩」，人天生就是自私自利，古人有言：「有生之初人各自私也，人各自利也」（黃宗羲：原君）。任何一種經濟制度，都無法逃避此自私行爲，都不能是盡美盡善，毫無缺陷。宗教所說的忍耐是要富人不剝削窮人，窮人不用暴力毀壞財富，互相幫忙解難，彼此相安共處。我們有敎宗良十三的話爲證：「……見到這些神聖的表樣，更易瞭解人類眞正的尊嚴和優越全在乎道德，也卽是說在明明德，這個明德是人類共有的遺產，不論貧富貴賤都可均等分享；任何人祇要修德立功，便可獲得永福的報酬；並且天主的意志似乎更傾向多苦多難的人；所以耶穌基督稱窮人爲眞福者（瑪，五～三）；他很慈祥地召一切勞苦憂愁的人都到他那裡去，他要安慰他們（瑪，一一，二八）。懦弱而受害者，他以特殊的慈愛歡迎他們。認識了這些敎訓，富有者可稍減驕矜之氣而成爲和藹可親；窮苦者可消除自卑之感而成爲質樸，如此，驕傲所造成階級間之距離得以縮短，不難要求雙方的意志友善地、手攜手地聯合起來，共享幸福」（勞工通牒）。

馬克思信徒們絕對無法找到任何證據，爲他們的控告辯護，敎會絕未說過隻字要窮人心甘情願受富人的無理剝削，不反抗地屈服於惡劣的環境。敎宗良十三的話，是給共產主義對宗敎誹謗的一個迎頭痛擊：「國家的責任是應著重提高窮人的利益……敎會的意思非常希望窮人能擺脫貧窮及無靠，改善今生的生活，及爲提高生活水準而努力」（註一八）。

只要稍爲瀏覽一下敎會的文獻，吾人就無法不承認敎會處處爲窮人着想，嘔心瀝血以謀取窮人的幸福。雖然重視精神幸福，但從未忽略物質進步，不僅進一步求來世的福樂，也操心今生的福利，堅持要國家特別照顧窮人：

「當我們討論維護個人權利的問題時，窮人及無靠者（弱者）有優先權。富人有足夠的方法爲保護自己，不太需要國家的幫忙。貧窮者缺乏自助的力量，應依賴國家的幫助。因此工人（無疑地要算是貧窮者及無靠者）應特別受政府的保護及援助」（註一九）。

教宗若望廿三說：「雖然教會最重視聖化人靈，而使之分享天國的產業，但也操心人類日常生活的需要」（註二〇）。

教會不但用言語文字三令五申勸人愛護無靠者，反對窮人受剝削，且證諸於行動。事實上，教會一直是貧窮者的偉大保護者，痛斥剝奪窮人的富人。教士教徒們以拯救貧窮者爲己任，千方百計，促進他們的福利，辦醫院、建孤兒院、開養老院、設學校……無非爲了窮人。因此，事實告訴人，是宗教而非共產主義眞正愛護貧窮者，竭忠盡智爲無靠者謀幸福。當然教會明白，所謂「人間天堂」，完全是空中樓閣，無法實現的狂人妄想，因此勸人忍耐，培養遷就的精神，如此助人容忍現世的貧乏與不幸，以得來世最高的眞善美生活。

共產主義所加給宗教的第三個罪名是：宗教播種「消極」的種子，導人趨於消極，完全撲滅追求改善經濟的欲望。

爲了洗清這個無辜罪孽，我們必須重提一下剛說過的答辯：宗教所宣傳的忍耐及遷就，絕不是使人消極。相反的，完全是積極的象徵及工作進步的原因。因爲宗教告訴人要盡所能改善環境的惡劣，來減少所受物質貧乏的痛苦，到了人費盡精力不得已的時候，那只好容忍與遷就。其實不僅窮人，就是富人也同樣需要忍耐，也許富人在物質享受方面要比窮人强，可是在精神方面就未必盡然。我們已說過，「人間的天堂」是無法找到，世界是流浪之所，涕泣之谷，人無遠慮必有近憂，富人與窮人都要受痛苦的考驗，眞正幸福絕不能在今生獲得，故人人都應忍耐與遷就。

共產主義對宗教的指控又全是無稽讕言，完全是捕風捉影，與事實背道而馳。不論在那一方面，在理論方面或在行動方面宗教都是異常積極，朝氣勃勃。馬克思信徒應不能否認基督教的記號是「十字架」，十字架是耶穌戰勝惡勢力的記號，基督徒的任務是跟隨耶穌每人背負自己的十字架往前走。在十字架前誰都不能無動於衷，站着不動，趨於消極，而應奮力向前，戰勝敵人。

教會的理論是主張進步，人的意志自由自主，肯定學問的進步是人自由行動的效果，人的行動是促進經濟進步，物質增多的原因，這樣的哲學絕對不含任何消極性。教會反對「宿命論」(Determinism)，這是共產主義的哲學，因爲「宿命論」卽是「唯物論」的代名詞，主張一切命中註定，一切註定於經濟力量，否認人力的作爲，因此，是共產主義而非宗教促使人消極、被動。

宗教且告訴人要積極工作，「誰不工作，誰就不應吃飯」聖保祿曾如此肯定過。「誰不努力奮鬪，誰就不能得救，因爲天國是强者的」，這是耶穌基督的教訓。每人應按照自己所接受的才幹而努力工作。你如果接受了十個就應再賺十個回來，接受了五個也應另賺五個，你如果懶惰，好吃懶做，貪逸惡勞，消極不幹，把才能埋沒在地下，那你就必受懲罰，大禍就臨頭，把你所有的搶走，這是聖經上的比喻，其中却有至理。

宗教又告訴人世界如戰場，人生就是奮鬪，只許勝不許敗，勝利的花冠只給那些抗戰到底，不撓不屈者。

這種思想難道是叫人消極，導人萎靡不振，阻止人類進步？

宗教如果是消極，爲什麼共產主義還大張旗鼓，無所不用其極來反抗宗教，消滅宗教，難道我們需要動雷霆萬鈞之力來殺害一隻死狗嗎？

宗教如果是消極的，如何教會還譴責「消極主義」(Quietism)？無非爲了告訴人不應無所作爲，應是積極地每人爲自己的未來幸福而奮鬪。聖奥斯定說：「神造人不需人，可是神救人需要人付出代價，努力與神合作」（註二一）。

共產主義說宗教導人消極、被動，因爲宗教把希望寄託於未來。首先我們要說共產信徒這種指控是自打嘴吧的糊塗行爲。難道共產主義不是把希望寄於未來？難道不是用慘無人道的方法强迫所有人爲實現未來的共產世界而奮鬪，而忍飢挨渴？爲了階級鬪爭的未來勝利而令人備嘗憂患，飽經痛苦？

其實宗教把希望寄於未來，正是積極的象徵、力量的來源、行動的原因。因爲宗教所說的未來希望是極可能的，不是杯弓蛇影，無法實現的。耶穌曾愼重地許下把未來的永生賜給那些順其道，遵其旨者：「凡是看見子而信祂的人，都要獲得永生；在末日我要使他們都得到復活」（若，六，四〇），神藉着聖保祿重申其許諾：「祂能使獲得成義的人，也使他們享受榮耀……天主既然沒有憐恕了祂的親子，却把他爲我們衆人置於死地，怎能不將一切與祂的聖子一齊賞賜給我們呢？」（羅，八，三〇～三二）。就因爲未來的希望極可能得到，人才會積極地追求，如人爲得錦標而賽跑，誰不用九牛二虎之力去爭取？但未來的希望如果是不可能實現，只是空頭支票，如共產世界的實現，階級鬪爭的勝利，那才眞正導人「消極」，使人氣餒，把人變成萎靡不振，麻木不仁，因爲誰也不願意爲空中樓閣而努力，而付出代價去奮鬪。

共產主義所指控宗教的三個罪名，說宗教是「人民的鴉片」，我們已經加以駁斥，完全是誣告，與眞理相左。現在輪到我們控告共產主義的時候了。我們要把共產主義所加給宗敎的無辜罪名奉還給她自己：共產主義才是名副其實的「人民鴉片」。

共產主義是人民的鴉片，因其敎富人（黨的統治階級）有剝削窮人的權力，窮人有無條件服從黨的義務。這個慘無人道的黨，用各種方法欺騙人民，叫人民束緊腰帶，咬緊牙關，刻苦耐勞，含辛茹苦，搜盡民脂民膏爲建設未來理想的人間天堂，爲實現幻想的共產世界。這不仁的黨是極少部分人所組成，騎在人民頭上，作威享福，用鐵腕統治人民，只許盲目地服從，聽黨的指使；黨的意志，就是人民的意志，不許反抗，毫無自由，沒有言論自由，沒有思想自由，沒有行動自由，沒有宗敎自由……。已故胡適博士說：「在共產統治下的人民，不僅沒有說話的自由，連不說話的自由也被剝取得一乾二淨」。在共黨統治下「自由」是「反動」的代名詞，一旦他們把「反動」一詞給你套上，你的腦袋就要立刻搬家。「反動」一詞是黨員們的防身法寶，可以輕易地送給任何異己者。世間還有比這些馬克思信徒們更專橫無道，剝削人民時所用的手段更殘忍不仁嗎？還有比在共產主義統治下的人民更可憐、更貧窮、更無權利嗎？這如果尚不是「人民的鴉片」，那麼「鴉片」一詞就失去其意義了。

而且「鴉片」一詞應用於宗敎完全不合：

施恩主敎說，「何爲鴉片的效果？鴉片是一種麻醉理智及意志的毒藥，只許生理及比較低級的生命有其活動。人在此毒藥影響之下，不能思維，不能推論，只能呼吸及消化。如今要問，世間還有一件東西比共產主義更麻醉人的理智？共產主義用宣傳、撒謊毒害人的理智，遏止人推論；麻醉人的意志，不許有自由……把人變成禽獸，把人當作機器，其唯一任務是爲國家蓄財生產……，否認人有其他目的，祇能做共產主義的奴隸。……因此，共產主義才應叫做『人民的鴉片』」（註二三）。

共產主義是人民的鴉片，因爲它使人「消極」。把人變成「被動」，使人失去自由自主，並使人喪失思想及行動的自由。在共產主義統治下，黨成爲神聖不可侵犯，人變爲黨的統治者的牛馬，純粹的工具。還有比牛馬、工具更被動、更消極、更無元氣的東西嗎？這種把人變成牛馬，視如機器，任其剝削，不許反抗的人民鴉片使社會混亂，世界不安，人民食苦的禍根，此禍根未被拔除，人類就永無自由的一天，世界就不會有太平的日子了！因此，吾人若願意保持人性、人格，願意自由自主，享有人性的權利，過合乎人性的生活，就應對此人民的鴉片深惡痛絕；並且大家一起同心協力把它從人類社會中永久驅逐，徹底消滅。捨此，吾人若想苟安過太平日子，那眞是緣木求魚了。

註　釋

註　一：Lang, A.: The Formation of Religion, London, 1900.

註　二：Schmidt, W.: The Origin and Devepment of Religion, N.Y. 1931, p.185-289.

註　三：ibid., p.187.

註　四：ibid., p.188.

註　五：ibid., p.195-197.

註　六：Lowie, R.: The Primitive Religion, N.Y., 1924.

註　七：Mcfadden,The critics of the Philosophy of Religion of Communism.

註　八：Swanton I.R.: Three factors in the Primitive Religion, "American Anthropologist", Vol.

XXVI, p.365.

註　九：Schebesta, P. Among the Pigmeaus of Congo, London, 1933; The Pigmeaus of Ecuatorian forest by Trilles, Paris, 1932.

註一〇：Le Rog, A.: Religion of the Primitives, N.Y., 1922.

註一一：Sheen, F.: The Communism, Opium of the Peoples, N.Y., 1937, p.6.

註一二：瑪、二三、三九。

註一三：Rerum Novarum.

註一四：Quadragessimo Anno.

註一五：St. Th. s. t. 2-2, q. 180, a. 1.

註一六：Divini Redemptoris.

註一七：Sheen, F.: Liberty, Equality and Fraternity, N.Y., 1938, p.150.

註一八：Rerum Novarum.

註一九：Rerum Novarum.

註二〇：「慈母與教師」通諭。

註二一：St. Augustine: "Deus creavit te sine te, sed non salvabit te sine te".

註二二：Sheen, F.:Liberty Equality and Fraternity, N.Y., 1938, p.152-153.

第九章　論神爲的啓示(天啓)

第一節　啓示釋義

「啓示」英文爲 Revelation，其文字方面的意義是：「隱蔽之物之揭發」(a drawing back of the veil) 或「阻止人的視線或知識之障礙物的移動」，因此啓示可以說是：「先前隱密或不爲人所知之事物之揭發」(The manifestation of formerly obscure, hidden or unknown things)。神可以把不爲人所知之事物；或人根本無法知道之事物加以揭發或透露；人也可以把原先不爲他人所知之事物加以揭發或透露，故啓示可分爲二種：神爲的與人爲的(Divine and human Revelations)。

第二節　神爲啓示的合理性及必要性

神透露隱密之物的方法很多：神可以親身直接把隱密之物告訴人；也可以藉着其他受造物，譬如先知與聖賢們，神也可以藉着某種神奇的方式，直接把新知識灌輸給人，故聖保羅曾說：「神在古時，曾多次以多種方式，藉着先知對我們的祖先說過話」(希、一章一節)。因此，大體而言，神爲的啓示可以定義爲：「神對人說話」(locutio Dei ad homines)（希、一章一節）。

「人爲萬物之靈」這是一般人的共同信念。在所有可見的受造物中，唯人具有與衆不同的理智——認識超感覺眞理的能力。故人不但能有感覺知識，因爲人與動物一樣有認識感覺眞理的能力——感官，且有理性知識，因爲人有認識超感覺眞理的能力——理智。人的理智雖爲認識眞理，但因爲人是有限的受造物，他所具有的認識眞理的能力也是有限的，受到諸般的阻礙，他不能認識所有眞理，因爲有些眞理乃超過人的認識能力以外。就是那些嚴格說來未超過人的認識能力以外的眞理，人也不能很清楚，很正確及很容易地加以認識，尤其那些有關宗教、倫理及非物質物的眞理，譬如神等，更不容易爲人所知。人是由靈魂與肉體結合而成的混合物。當人的靈魂與肉體結合時，人知識的直接對象爲物質物，非物質物就不是人知識的直接對象。「我們的理智在現階段裡（人的靈魂與肉體相結合的階段）與物質物的性質有自然的關係」多瑪斯曾如此說，「因此當它認識事物時，必須透過含有物質物性的影像(Phantasms)……如此一來不是感官與想像力，所能達到的非物質物就不是吾人所直接及首先認識的對象」（註一）。「因爲非物質物與物質物的性質完全不同」他在另一地方又說，「所以不論我們的理智如何從物質中，抽出物質物的性質，卽物質物的非物質部分，我們的理智也無法認識非物質物。因此，我們透過物質物；無論如何不能正確地認識非物質物」（註二）。「從物質物我們可以得到一些非物質物的知識，但這種知識不夠完整，因爲在物質物與非物質物之間，沒有適當與正確的相稱；爲了瞭解非物質物，從物質物中所取來的相似物，畢竟與非物質物有很大的差別」（註三）。在這種情形下，人的理智只能簡接或不很正確地瞭解非物質物，故人認識非物質物時，是用否定方式或消極方式，卽不把物質物所具有的性質歸於非物質物 (by way of negation of their materiality）。易言之，我們「與其於說知道非物質物是什麼，不如說知道非物質物不是什麼更好」(what these (immaterial) things are not rather than what they are)（註四）。

受造的非物質物既不是人知識的直接對象，也因此人對這些物無法有正確的觀念；那麼人若想對非受造的非物質物的神，有所認識那就更加困難了，人最對非物質的神之觀念更是糢糊不清，也更容易犯錯。因爲神是超理解的(transintelligible)，祂不是人理智的自然和適當對象，我們只能以「類比方式」認識祂。雖然祂本身是最可理解的，但因爲人的智力有限，反而對祂認識不清。"God is transintelligible, the domain of absolute intelligibility, but is not connatural to our power of knowing. It is intelligible to us only by analogy." (Maritain: The degrees of knowledge, 1959, New York, p.219) 是以，人單靠自己理智的自然光輝對神或不認識，或不能有正確的觀念，卽容易犯錯。如此一來，人若欲正確地及不費力地了瞭神及有關神的一切，就必須藉着外來的贊助，這種外來的贊助就是「神爲的啓示」或「天啓」(Divine Revelation)，因爲所謂神爲的啓示無非是：「一種超性行爲，藉此行爲神把一些眞理（不爲人所知或人不容易知道的眞理）啓示給人」(a supernatural act by which God makes known certain truths to man)。神藉天啓所啓示給人的眞理，可以是超過人的瞭解力以外的超自然界眞理，也可以是在人的瞭解力以內的自然界眞理。

人單靠自己的力量無法對倫理、宗教，尤其對神有正確及完整的知識，應不爲人所懷疑的事實。

哲學家與科學家的使命，是發現及尋找各種眞理，揭發宇宙奧祕，但在尋找眞理，揭發奧祕的過程中不知犯了多少錯。「愛好眞理是人的本性」，筆者在「形上學」一書中曾如此強調過，「謊言、錯誤、虛僞或欺詐都是相反人性的行爲，尤其哲人們對眞理的愛好更是欣喜若狂，他們都以探求眞理，揭發宇宙間的根本原理爲己任。但錯誤、邪說也多是哲人們所發明的，這有西塞羅(Cicero)的話爲證：『世界上最荒謬不過的事，只有在哲學家的書中可以找到』。但這並不是說，哲學家們都存心胡說八道。相反的，他們對眞理的追求都是誠心誠意的，而事實上哲學家們所發現的眞理也比較多，雖然有時因著諸多原因，譬如人的理智有所缺陷，事物本身的複雜等，哲人們在追求眞理的過程中，犯了不少錯誤，但此絕非故意的。在五花八門的哲學學說中，有的自相矛盾，有的與眞理背道而馳，有的較接近眞理，這也是無法否認的事實」(註五)。只要我們翻開哲學史，就不難發現很少眞理爲所有哲人所接受的。甚至從同樣觀點看同一個問題，哲人們也常有見仁見智之異。關於大多數眞理，都是衆說紛云，迄無定論，此足可證明人類能力的薄弱及智力的無能。正因爲人類智力的有限與薄弱，所以對本身太明顯、太超越之物，譬如上帝，及有關上帝的奧祕，反而認識不清，猶如人的肉眼無法直接正視太陽，因爲太明顯，其强烈的光度與人的視力不相稱。

誰也不能否認柏拉圖與亞里斯多德，爲人類思想史上的兩位巨人，他們的卓越智慧與超常人的聰明才智很少人能與之比擬，但他們的著作不知含有多少錯誤，而有些對我們而言，還是難以置信的謬論。柏拉圖在他的理想國裡主張共妻制度，及主張處死或悶死那些不健康或生來有殘疾的小孩(註六)，多麼荒唐！亞里斯多德主張奴隸制度的合理與合法及把奴隸視爲禽獸，這是多大的錯誤！難怪亞氏到晚年時越發現自己所知道的太少，因爲他發現他所不知道的東西太多，故他不得不說：「當我獨自沉思時，我越發現我是一位神祕的愛好者」(The more I find myself by myself and alone, the more I have become a lover of myth)（註七）。所謂「神祕的愛好者」，據一些學者的意見，亞氏是說他對啓示的重視，即他發覺他單憑自己的力量，無法獲得所有眞理及毫無錯誤地發現宇宙的奧祕，尤其那些有關超自然物的奧理，亞氏更發現自己的無能，他承認需要他人的指點（註八）。他的老師柏拉圖也與亞氏有同感，因爲他會說：「那些爲人類所需要的眞理，若有人加以指示我們更容易認識。但無人能認識這些眞理，除非神把這些眞理指示給人」(The truths necessary to man are easily learned if we are taught them, but no one can learn them unless God shows him the way)（註九）。「我們必須等待」他在另一個地方又說，「直到有人來告訴我們那些我們應如何對神及對人的事」(We must wait until some one comes to teach us how we must bear ourselves and toward men)（註一〇）。偉大的孔子還不是坦誠地承認對許多事情無所知，譬如對生死及鬼神等：「不知生，焉知死！」「敬鬼神而遠之」。康德對人類智力的無能，及對神爲的啓示重要性會說過一段很精闢的話：「福音（康氏似乎在此處以福音代表全部聖經，聖經則是神爲的啓示的主要根據）爲眞智慧的永恒指南。當人的理性完成了思考後，她會發覺自己所找到的結論與此指南不謀而合。可是，當理性走完了整個路程，她發現許多她所要尋找的仍在黑暗中摸索，因此她需要新光及新指示，但此兩者她都能從福音那裡得來」(...... the Gospel, that imperishable guide of true wisdom, when reason completes her speculations, she finds that her conclusions coincide with this guide. When, moreover, reason has covered her entire course, much that she sought still remains in darkness; she needs new light and fresh instruction, and draws both from the Gospel.)（註一一）Henry Poincaré 也說：「科學家旨在揭發神祕，但他們會發現有越來越多的神祕等待他們。」由此可知羅素對人的理智的性質及功能相當無知，對宗教的本質更是無知之至，因爲他曾說：「從文化發展的過程來看，宗教的影響是壞的居多……宗教最大的缺點是：教人信仰些沒有充分理由說明一定要信仰的東西，而且摧殘個人的獨立思考，破壞教育和其他社會制度的功能，所以，就道德而言，宗教簡直是異端邪說：教人堅信這是對，那是錯，卻不管事實確否如是」。（註二）嚴格的宗教信仰雖不反理，但是超理的，即超過人的理解力之外，故人的理智無法找到充分理由說明宗教的信仰。是以，人單靠自己的力量也無法獲得宗教信仰，更無法瞭解宗教信仰。若欲有宗教信仰，及瞭解宗教信仰的內容，人就必須靠外力的贊助，此外力無他，即是神的啓示及恩寵 (Divine grace)。神利用此二種恩惠，幫助人獲得宗教信仰，及幫助人瞭解人自己無法瞭解之眞理——宗教信仰的內容，此猶如醫師用特效藥醫治人身體的疾病一樣，羅素怎能說神或宗教摧殘個人的獨立思考？護士扶着病人走路，難道是干涉病人的行動自由？難道是摧殘個人的獨立行動？

註　釋

註一：S. Th. I, q 88, 1. c: 'Our intellect in the present state of life has a natural relation to the natures of material things; and, therefore, it can understand only by turning to the phantasms...And thus it is manifest that immaterial substances, which do not fall under sense and imagination, cannot be known by us first and essentially (primo et per se) according to the mode of knowledge of which we have experience.'

註二：S. Th. I, g. 88, 2. c: 'Immaterial substances differ altogether from the quiddity of material things, so that however much our intellect may abstract the quiddity of a material things from matter, it could never arrive at anything like an immaterial substance. Therefore, we are unable to understand immaterial substances perfectly through material substances.'

註 三：S. Th. I, 88, 2. ad I: 'from material things we can rise to some sort of knowledge of immaterial things, but not to a perfect knowledge; for there is no proper and adequate proportion between material and immaterial things; and the likenesses drawn from material things for the understanding of immaterial things are greatly at variance from them.'

註 四：S Thomas in IV sent. dist. 49, 2, 7, ad 12^{m}.

註 五：參閱拙著「形上學」臺灣商務印書館，民國六十年，第一六三頁。

註 六：Republic, Book V.

註 七：大英百科全書亞里斯多德條。

註 八：'Myth may have meant to Aristotle a little of what revelation has meant to millions in later centuries; and for all his scientific labours he may yet have felt at the last - what indeed he suggests in passages of his own treatises-that there was a supreme consolation in the life of contemplation which might lead, at its highest moments, to visions of the Divine.'

註 九：W. Devivier, S.J.: Christian Apologetics, New York, 1903, p.32.

註一〇：同上。

註一一：Scholasticism by Josef Pieper, London 1960.

註一二：布朗恩著，賀陳白譯：「廿世紀的哲學與信仰」，民國六十年出版，第一四二頁。許多人也和羅素一樣，誤以為宗教上所講的「神祕」(mysteries)，或「教條」(dogma)是悖理的，缺乏充分證據的，無法經得起考驗的。其實其眞正意義是：並非其本身是不可理解的，而是人類的有限智力不能理解(They are not unknowable in themselves, but by our finite minds. On the contrary, they are too knowable in themselves, so they are disproportionate to our minds.)相反的，其本身太可理解，所以人的有限智力才無法瞭解。

第十章　論信仰

我們已說過，宗教哲學，乃以公開、理性、客觀和冷靜的眼光去討論有關宗教的一切，尤其有關宗教的信仰，所以「信仰」問題，在宗教哲學裡佔相當重要的地位，因此不得不談。這裡所談的「信仰」，主要從基督宗教（天主教）的觀點來看所謂「信仰」的問題。

基督教（天主教）人士强調，人的理解力有限，人的聰明才智受到極大的限制，單靠自己的力量，人絕對無法完全及清楚地知道上帝的奥祕、有關得救之道，及獲永生（分享上帝的生命）的適當方法，於是上帝才把祂自己啓示給人，把得救之道指示給人。人若對上帝的這種啓示有了回響，肯接受祂的教導，就等於相信祂的權威，對上帝有了「信仰」。因此，上帝的「啓示」，與人對上帝的信仰之間的關係，是「因」與「果」的關係：「啓示」是「因」，它所產生的效果是「信仰」。是以，談過「啓示」後，如今就來討論「信仰」。先談信仰的性質；次論信仰與恩寵的關係；末論信仰與理性的關係。

第一節　信仰的性質

「信仰」(Faith)，或「信心」、「信念」，簡而言之，對某種權威的信賴，譬如張三相信李四所言，那麽，張三就對李四有信心，或信仰。兒女相信父母之言，學生相信老師所說的話，均可稱爲信心，或信仰。但宗教上所說的信仰，却是狹義的信仰，它可以是一種行爲，也可以是一種習性。若是後者，是神賦的超自然德行之一種，稱爲「信德」(theological virtue of faith)，是使人「因着上帝的權威，完全相信上帝所啓示的道理」。聖保羅給信仰下的定義是言簡意賅的：「對未見之事物的確證」(conviction of unseen realities)（希一一1）。牛曼樞機 (Card. Newman) 曾發揮聖保羅的思想：「信仰是認定某道理是眞的，卽使我們看不出，亦不能證明該道理是眞的；只因爲不能犯錯的上帝說它是眞的。」(Discourses for mixed congregations, p.145)。他在另一處把上面的話作了進一步的解釋：「……而人所以認定該道理是眞的，只是因爲上帝是眞實無僞的，只因爲上帝發了言，而決非因爲他看出，或能證明該道理是眞的。」（同上，頁一六八）所以上帝的啓示，是信仰的先決條件，而啓示的內容絕非人的智力所能瞭解的，所以稱爲「奧祕」(mysteries)。也因此，信仰的對象，嚴格說來，是不可思議的 (incomprehensible)，是無法追究的 (impenetrable)，是不能理解的 (unknowable)。信仰與理解是完全對立的，信其所未見，見其所不信，因此，主張理性至上者（要完全瞭解後才相信），不可能有眞正與嚴格的宗教信仰。但，此並不意味，信仰的對象本身是不可思議的、不能理解的、無法追究的。相反的，其本身是最可理解的，是最合理的，只因爲人的智力有限，受到限制，才無法理解，充其量，人只能以「類比」方式對其內容有些概念，馬里坦敎授 (J. Maritain) 稱它爲「超理解」(transintelligible)。猶如人的肉眼無法直接凝視太陽，並不因爲太陽本身是黑暗的，而是因爲太陽本身太過明亮，它所發出的强烈光度，與人的視力不相稱，所以人的視力才無法直接觀看它。

「信仰」是理智的行爲，因爲信仰是對眞理的贊同，而眞理是理智的對象。但人對信仰的贊同，與對自然事物的贊同不一樣。後者乃由於事物的內在明顯性所引起的，前者則不由事物的內在明顯性，而由事物的外在明顯性所造成的。也許我瞭解所信之道理的內容，但我絕無法完全知道它的理由，此卽所謂的「知其然，而不知其所以然」。人對自然事物的瞭解方式是：不但「知其然，且知其所以然」。人之所以相信信仰道理爲眞實的，乃純粹基於上帝的權威，因爲人知道上帝不能騙人，也不肯騙人，更不能受騙，祂所講的話，一定是千眞萬確的，所以人才對之深信不疑，這就是齊克果所說：「基督教教義從未由人的頭腦進入」的名言之印證。

上帝所啓示的信仰道理，雖其本身是最明顯的、最合理的，然而，對人而言，卻不明顯，無法理解。「上帝爲愛祂的人所準備的，是眼所未見，耳所未聞，人心所未想到的。……除了上帝聖神外，誰也不能明瞭上帝的事。」（格前二9～11）人只因上帝的權威誠心誠意、自動自發地接受這些眞理。但理智天生就想「透視」(intus-legere) 各種眞理，想發現眞理的內容。倘若理智未發現眞理的內容，是不會自動地去相信、去接受它。要使理智接受自己所未親自發現的眞理，意志的介入是必要的。但理智若對一個眞理全然無知，連對此眞理的可信性都不知道的話，意志也無能爲力，無法强迫理智去相信。意志不能促使理智去相信意志所選擇的任何東西。理智在接受意志的干預之前，至少須知道某事是可信的、有根據的，不是悖理的。悖理的事，是毫無意義的，理智絕不會盲目地去相信。然而意志不但能夠，且必須影響理智去相信上帝所啓示的眞理，雖然它們是高深莫測，非理智所能理解的。理由是理智自己已先發現了上帝的存在、其本性及其特性（雖然不徹底），譬如上帝是全能的、全知的、獨一無二的、神奇的、是萬物之本、眞理之源；祂所說的話是絕對可靠的；從各種事蹟顯示，祂旣不騙人，也不會受騙，更不肯騙人，因爲祂本身卽是眞理，那麼，祂所講的話，自然也是眞實無僞的，因此，「三位一體」，「聖子降生成人」，「永恒的生命」等道理，雖然人的理智無法理解，但因爲是上帝所啓示的，所以人必須信以爲眞，受意志所推動的理智，就能欣然加以接受，在接受的同時，人會發覺他是在接納最眞實、最實在、最有價值之物，這也正是人眞正偉大之處，他能由衷地自我信服、自我奉獻、自我授予和自我放棄。這點曾爲尼采所蔑視、譏笑、摒棄。然而，齊克果則認爲，人的最大光榮就在於人，崇拜上帝時自覺空虛烏有（註一）。所以，對有宗敎信仰的人而言，基於上帝權威的信仰，不但不是不合理的，且是最合理的、最眞實的，對此，他感到喜樂與榮幸、得意與驕傲。聖奧斯定曾描述自己的這種經驗：「那究竟是什麼呢？它觸及我的全身和我的心，但並不傷害我。它使我感到戰慄，又使我熱情沸騰。」（註二）

理智接受一個啓示的眞理時，不是因爲它知道該眞理爲上帝所啓示的，也不是因爲它知道上帝是不會犯錯的（雖然這種知識是信仰的必要條件，但不是信仰的動機），而是因爲它知道「不會犯錯的上帝」啓示了該眞理，所以才信以爲眞。也因此，人對上帝的信仰，應有絕對的可靠性，因爲其可靠性是建立在上帝不能錯的權威上，這種基礎要比任何其他基礎鞏固。是以，人對上帝的知識，就其本身而言，要比其他人爲知識更鞏固、更可靠。「人的證據，我們當然接受」聖若望曾告訴他的信徒們說，「但上帝的證據是更有力的。」（若前五，9～10）聖多瑪斯也說：「人的權威是最薄弱的，但上帝的權威（話）是最可靠的。」牛曼樞機對信仰的性質，有深刻的瞭解之後，說出了他的心聲：「信仰並非只是出自理性的一種信服。信仰是一個堅決的贊同，一個清楚的準確性，一個大於任何準確性的準確性。」（註三）所以，信仰絕非不合理的、悖理的，或迷信的。把宗教信仰視爲迷信的人（羅素卽是其中之一），至少應承認下面的不合理結論：

一、人的智力是無限的、萬能的，可洞悉所有事理，上天下地沒有人的智力不能達到的領域。這是正確的嗎？聖伯爾納多（St. Bernard）說得有理：「沒有比以理性企圖超越理性更違理的；也沒有比不肯相信理性所無法理解之事更違信的。」（for what is more against reason than by reason to attempt to transcend reason? And what is more against faith than to be unwilling to believe what reason cannot attain?）（註四）大思想家巴斯卡（Pascal）也說：「在沒有比承認理智在這方面——信仰——無能爲力，更合理的說法。」（pensées, 272）

二、每一個人的所有知識均由自己研究得來的，不必靠別人的權威。這顯然是無稽之談。人從小到大，「信賴別人」是絕大部分的知識之來源。那一位小孩的啓蒙知識不是來自其父母？不是以父母之言，作爲初步知識的唯一可靠根據？我們大部分的歷史、地理、考古等知識不都是根據前人的報導、紀錄？我們都相信秦始皇曾焚書坑儒過，但却很少人曾親眼見過。若不相信他人的報導、紀錄，又如何得知？多少人曾親自研究過及能瞭解愛因斯坦的相對論？我們相信它爲眞，因爲我們相信大物理學家愛因斯坦的研究心得。若每一個人都要親自去研究科學家們的所有發現後才相信，那是不可能的事。那一個正常的病人不相信合格與資深醫師的診斷？人若能合理地相信其他人的權威，難道不能更合理地相信上帝的權威？

三、歷史上至少有些人，在探討眞理的過程中，在追求知識所作的努力上，未曾犯過任何錯誤。誰敢承認此事實？人若能犯錯，且常犯錯，卽使絕頂聰明的人，所謂「犯錯乃人之常情」（To err is human）

，由此可見，一方面人的智力是有限的、薄弱的、有所不能；另一方面宇宙間確實隱藏着許多不易與不能為人所知的奧祕，所以大學人 Henry Poincaré 在臨終前不得不說：「科學家旨在揭發奧祕，但他們會發現越來越多的奧祕正在等待他們。」既然如此，相信一些人的理智無法瞭解的事，應是非常合理的，尤其相信那些由不能犯錯的眞理之神所啓示的奧理。這種超凡入聖的奧理之存在，不但是合理的、眞實的、現實的與實在的，且遠超過感覺或理解力的現實，較諸我們日常生活所體驗到的現象，更為現實，更是實在，是其他現實與實在之根源。關於這點，Alice Von Hildebrand 在其「宗教哲學」一書中，根據柏拉圖的思想，作了相當美妙的發揮：

「何況有信德的人深知：信德啓廸我們的無形可見與無從瞭解的現實，形成理解我們所體驗到的世界的一把鎖匙。兩種形上觀念可以幫助我們瞭解這點。而這兩種觀念深深奠基於柏拉圖思想。首一觀念是：有價值的、持久的物事，其現實性較諸一瞬卽過的物事最為崇高。柏拉圖認為：觀念是最現實的；物質的現實性遠遜於觀念的現實性，卽使物質是可以捉摸到的。柏拉圖說：附屬於變化及流動的物事，其形上地位不可能與凌駕乎變化與流動之上的物事相比。又說：人如將現實說成可以為人捉摸到的物事，則大錯特錯。果然，凡為人所能捉摸者，都具有某現實性，但現實並不得歸納為人們直接捉摸到的狹小範圍中，因為依照柏拉圖的思想現實並不附屬於人的心靈。

有信德的人雖然承認其生於斯的世界的現實性，但因了信德仍然深知在這世界之上尙有其他現實值得稱之為更是高深及更是純眞的現實存在。

此外，凌駕乎此世之上的現實，在有信德的人來說，正是他們用以解釋其所居住的世界的媒介。對人提出許多問題的世界及其存在，無法解釋自己。沒有信德的人不是認爲世界根本是一個不可能解釋的謎，便是否認解釋這問題的重要性。但有信德的人却認定我們憑了信德可能說明我們由經驗所認識的宇宙萬象的意義。」（韓山城譯，頁七七～七八）此種現實，在某種意義上，是與此世所有不穩定的現實互相對立，他也就是聖詠所說的：「天地必將毁滅，而你永存在。」（一〇二2）和默示錄上所說的：「我是『開始』（阿耳法）和『終了』（敖默加），那今在、昔在及將來永在的全能者。」（一8）聖保羅曾爲此奧理作證說：「我們所講的智慧，不是今世的智慧，而是那隱藏的，上帝奧祕的智慧，這智慧是上帝在萬世之前，爲我們獲得光榮所預定的；今世有權勢的人中沒有一個認識祂。」（格前二6～8）聖保羅嗣後又說：「因爲我們並不注目那看得見的，而只注意那看不見的；那看得見的，原是暫時的；那看不見的，才是永恒的。」（格後四18）可與柏氏的高論前後媲美。

第二節　信仰與恩寵的關係

我們剛說過，「信仰乃建立於上帝不能錯的權威上」。「信仰有兩個特點」，牛曼樞機曾如此强調，「出自信仰的贊同或肯定是最準當、最決定、最明確及不可動搖的。同時來自信仰的贊同並非由於人的眼睛看見了，或人的理智瞭解了，而是因爲一位來自上帝的人這樣說了。」（註五）作爲信仰基礎之上帝的不能錯權威是一種「外在的明顯性」，與一般知識的基礎不同，它們是建立於「自然信服」(natural conviction) 的基礎上，是事物的「內在明顯性」。信仰既然建立於外在的明顯性上，人的思想不會自動地去接納它，除非先受意志的推動。但意志的對象是先由理智所發現的「善」，所以意志也無法推動理智去相信一些理智自己所不能發現的眞理，除非意志先被上帝所激發。上帝利用恩寵和聖靈的援助去激發意志，被激發的意志才能促使理智去接受自己所無法瞭解的眞理。因此，信仰是一種上帝所賦予的超自然德行之一，簡稱爲「信德」，聖保羅把它與望、愛二德行並列。因爲「信仰」是上帝所賦予的超自然德行，直接來自上帝，單靠人的力量乃無法獲得的。上帝給人「恩寵」(Grace)時，就一起賦予人「信仰」。人不可能有信仰，除非上帝先給人「恩寵」，因爲信仰是一種超自然習性，其本質是超自然的，屬於自然界的人，單憑自己的力量絕無法攀登信仰的高峯，因爲兩者之間隔着一道無法越界的鴻溝。因此，信仰是完全出於上帝的善意，出於上帝的慷慨大方，免費送人的一種恩物，它不是一種酬報，絕不因人的任何功勞、任何努力。所以從人方面而言，完全是無功受祿，聖保羅曾爲此作證：「因爲你們的得救是由於恩寵，藉着信仰；這並非出於你們自己，而是上帝的恩惠。旣然不是出於你們的功行，你們就不要自誇。」(厄二8～9)「你們的信仰不是憑人的智慧，而是憑上帝的德能。」(格前二5)耶穌基督也說：「除非蒙父恩賜的，誰也不能到我這裡來。」(若六65)

由上所言，信仰與恩寵(上帝賜給理性受造物的超自然恩物，使理性受造物——人——獲得永恒生命)的關係，是原因與效果的關係。恩寵是因，它所產生的效果是信仰。不能有無因之果。同樣的，如果人不預先獲得上帝的恩寵，人也不能有信仰。上帝時時刻刻都在分施恩寵給世人，因爲祂要所有人得救，但人有時則加以拒絕，因此，有些人有信仰，有時則缺乏信仰。有信仰之功歸於上帝，無信仰之過，則由人自己負責。

因此，信仰從人方面來說，是一種自由的響應，透過信仰，人自由自主與自動自發地與上帝的恩寵合作（卽人能拒絕而不拒絕），相信祂的話爲眞，服從祂的指示，聽從祂的指導。所以，人的自由（自由地接受上帝所啓示的眞理）與上帝的自由（自由地把此恩物贈送給人）相會合，其結果就產生「超自然的信仰」。說它是「超自然的」，因爲信仰是純粹來自上帝的一種恩物，以相信來自上帝的啓示；說它是「信仰」，因爲與上帝合作的「自由」來自人。聖保羅說信仰是一種「服從」，但是「自由的服從」，是「整個人的服從」，因爲它滲透整個人格。「有信仰的不說其心靈相信，或其意志相信，乃是其整個人格相信。」（註六）其信心是如此堅强，如此確定（自然也有不堅不强的信心），他能爲它而生，爲它而死。歷史上有無數的殉道者，捨生致命，殺身成仁而不肯絲毫違背其宗教信仰，卽是最有力的佐證。所以上帝的恩寵，不但在人內與人的意志自由合作而產生信仰，且使信仰變成甘甜、愉快，虔誠。它並能光照人的理智，使它感到相信上帝的無比快樂，及樂意地對奧理的加深瞭解；對恩寵的重視，及對未來永恒生命的嚮往。上帝的恩寵自然也促使人的意志，對上帝之言的堅持，使心無旁鶩，不受世物的干擾，不爲任何危害信仰之物所動搖，以便對上帝忠心耿耿。是以，上帝所給人的恩寵之大小、多少（其質與量多少也能操諸在人）乃決定人信仰之强弱、大小的主要因素，雖然人對信仰道理，尤其對這些道理之「前導」(preambles of faith) 的瞭解程度之深淺，也能對信仰有所幫助，但絕比不上恩寵的分量，也因此，一位凡夫俗子對上帝的信仰，比一位神學家的信仰更堅强，此事不但是可能的，且是司空見慣而不足爲奇的。

一旦人有了由恩寵所產生的信仰之後，人的所作所爲，才開始有了眞正價值，才對永恒生命有所裨益，才能中悅上帝，才能開始與上帝有密切的交往。所以，信仰也可以說是上帝與人之間的橋樑，無此橋樑，上帝與人之間永遠扯不上關係，人也無法與上帝接近，所以聖保羅說：「因爲福音正是上帝的德能，爲使一切信仰的人獲得救恩，先使猶太人，後使希臘人。因爲上帝的正義，源於信仰，而又歸於信仰，正如經上所載：『義人因信仰而生活。』」（羅一16～17）

上帝給人恩寵產生信仰之主要目的是，使人藉着它們能專務救靈獲得永生——分享上帝的生命，能立相稱之功於今生，以便享受永福於來世，所以，產生信仰的恩寵與永恆福樂的關係，猶如種子與果實的關係，恩寵是「永恆福樂的開始」(Gloria inchoata)，永恆福樂是「恩寵之完成」(Gratia consummata)，所以聖多瑪斯說：「恩寵與永恆福樂屬於同一類型，因爲恩寵無非是永恆福樂在我們身上的某種開始。」

第三節　信仰與理性的關係

人對自己能瞭解之物，假若瞭解的程度很徹底，人不但易於相信，且能深信不疑。因此，人對事物的相信程度，以對該事物的瞭解程度來衡量：瞭解越深，信心越大；瞭解愈多，其信心也愈强。然而宗教信仰與一般人所謂的信仰不同。前者乃相信人無法瞭解，或至少無法徹底瞭解的奧理。旣然人的理性無法瞭解，却必須去相信，又談何容易。因此，爲獲得超自然的宗教信仰，人的意志必須先受到上帝的推動，然後才能去促使理性相信那些單靠自己的力量，無法瞭解的奧理，故聖多瑪斯說：「信仰是受指示的贊同」(assensus imperatus)（註七）。那麼，很顯明的，信仰是上帝（利用其恩寵和聖靈的援助）與人的意志及理性合作的結果。但人的理性不是絲毫無法抵抗，與盲目地接受意志的推動。理性必須先見到一些光明之後，才肯順從意志的引導。聖多瑪斯曾說：「若未發現所應相信之物，人是不會相信的。」因此，不論在信仰的形成，信仰的維持，及信仰的發展過程中，理性都扮演了重要的角色，兩者之間的關係也非常密切，所以談過信仰的性質，和信仰與恩寵的關係後，就來討論理性與信仰的關係。

首先我們必須指出，人爲萬物之靈，位居所有可見的受造物之首。他之所以異於他物，及比其他物更爲尊貴，是因爲人具有獨特的思考能力，卽理性，這是人的貴重財富，人必須善加利用，否則人就辜負了造物主的善意，而實際上人也不能不常利用理性，人的一舉一動、一言一行，甚至一切思想都受到理性的支配，都受到理性的操縱，時時刻刻都在運用理性，理性不但沒有失去作用，且用處極大、極廣。人的各種活動、經驗、行爲都離不開理性的運用，包括宗教信仰。我們已說過，信仰的動機是建立在上帝不能錯的權威上。換句話說，人之所以有信仰，人之所以相信上帝所啓示的道理爲眞實無僞的，乃因爲是不能犯錯的眞理之神所講過的。這種行爲，這種動機本身就意含理性的運用，因爲理性必須先發現上帝的存在，及此存在者有權威，使人有充分的理由相信祂的話爲眞。不僅如此，理性尙需知道那些是上帝所啓示的道理，否則人不會有信仰的行爲的。理由是，一位成熟的正常人不會盲目地去相信，任何被告訴之事情。我們連一個人的存在都不知道，或不確定，而能去相信他的話爲眞，是一件不可思議的事。所以聖多瑪斯說得有理：「除非由某種記號，或類似之物的明顯性發現所應該相信之物，否則人不會去相信它。」（註八）因此，在一個人尙未合理與明智地相信一切之前，他必須先發現該物之可信性。同樣的，人若欲對上帝有信仰，會相信祂所說的話爲眞，他必須先知道祂的可信性，他必須先發現信仰的憑據，這些就是我們以前所提過的「信仰的前導」(Preambles of faith)，否則人也不會有信仰的行爲，因爲這是信仰的先決條件。

這也就是宗教人士所常說的「我知乃爲了信」(intelligo ut credam)。

理性的運用，不但是信仰行爲的先決條件，且對信仰的加强，對信心的增加，也是不可少的。因爲人若對啓示的眞理知道越多、越清楚，人對該眞理的信心也越强、越活潑、越提高和加大。啓示的眞理誠然是超理解的，人無法完全清楚地瞭解，但此並不意指人對之完全不瞭解。尤其受信仰光照及聖靈輔導的理性，能對啓示的眞理做相當深入的瞭解，而此知識是非常有益及值得鼓勵的，所以有深厚信仰的聖賢們，均對此種知識稱讚不已，都勸人勿錯過良機。而他們自己也以身作則，把「我信乃爲了進一步，及更深入瞭解我所相信的；我對所信的作更深入的瞭解，爲了加强我的信心」(Credo ut melius atque magis intelligam et intelligo ut melius atque magis credam) 當做座右銘。

聖經也時常勸人要對信仰的道理多加瞭解，因爲「易信的人，必然心地輕浮 (qui credit cito, levis est corde)(德十九4)。聖若望曾警告當時的信徒們，切勿盲從，切勿輕易相信他人之言，因爲盲目地相信會導致人犯錯：「可愛的諸位，不要凡神就信，但要考驗那些神是否來自上帝，因爲許多假先知來到了世上。」(若一四1)聖保羅也對當時的敎徒，提出警告：「切勿輕視先知之恩，但應考驗一切，好的，加以保留，壞的，加以放棄。」(德前五21～22)聖彼得勸信徒們，要經常準備回答他人的詢問，隨時準備告訴人信仰的理由：「若有人詢問你們心中所懷的希望之理由，你們要時常準備如何回答。」(彼得三15)

因此，若說理性是信仰的仇敵乃是無稽之談，反之亦然。所以，說信仰與理性衝突，或是說，有信仰的人輕視理性，並拒絕承認理智的能力，均是不正確的。信仰雖然超越理性，但却不抵觸理性，兩者之間沒有矛盾之產生，我們只能說理性無法進入信仰的領域。亦正因爲如此，理性絕不可能與信仰發生衝突，因爲任何衝突之產生，兩者必須先碰面。理性既然無法進入信仰的領域，衝突又如何發生？

說有信仰的人輕視理性，拒絕承認理性的能力，並與理性爲敵，早已爲人類思想史所否定了，因爲大思想家如聖奧斯定、聖安瑟莫、齊克果、牛曼、馬利坦、吉森（Gilson），尤其聖多瑪斯，均是信仰深厚的人，但他們却窮其畢生的精力，運用理性以說明、解釋、發揮信仰的道理，使它們合理化、系統化及科學化。Cochrane 在這點上曾欽佩聖奧斯定之所作所爲：「奧斯定在三位一體的道理上，揭示了一個足以拯救理智、意志，乃至整個人格尊嚴於不墜的原則。這原則拯救理智於不墜，因爲它一方面否定自詡爲全知和不能犯錯的自大狂；另一方面則肯定某些眞理及價值，無論屬於或超越此世者，都是人的理解力可以學到的。」（註九）

雖然理性不抵觸信仰，反而能對信仰有益，但切勿太過分强調理性，因爲信仰畢竟是超越理性，是理性無法攀登的山頂，是以，在某種意義上，理性的分量與信仰的分量形成明顯的對比：理性的論證越多，則信仰的成分越少；信仰如不幸微弱下來，則論證便要增多（註一〇）。關於這點齊克果又有精闢的言論：「信仰如開始不成其爲信仰，則人便感到論證的重要性，以期在沒有信仰的人們前，享有令名和重視。」（註一一）因此，學人們在研究信仰時，若將理性運用得不適當，其信仰已亮起了危險的信號。歷史上有不少大思想家，在運用理性說明信仰時，自大自狂，終於走火入魔，導致自己信仰的失落。耶穌基督對史徒多默所說的「多默！因爲你看見了我才相信（雖然他所見的與他所信的不一樣：所見的是耶穌的人性，所信的是他的神性——作者）。但那些未看見而相信的人，比你更有福氣（功勞更大）。」可能即是對這種人提出警告。

總而言之，因爲信仰與理性屬於兩個完全不同的層次，所以絕不相抵觸，且能相輔相成。正確的理性，能證明信仰的基礎，及經過信仰光照的理性，能發揮有關上帝之物的知識。健全的信仰能使理性不犯錯，及使理性發現種種藉着它自己所無法獲得的知識。有關信仰與理性的深一層關係，留待以後論神學與哲學的關係時，再提出詳細的說明（註一一）。

註釋

註一：Alice von Hildebrand: Introduction to a Philosophy of Religion，韓山城譯，安道出版社，民國六十二年七月初版，頁八二。

註二：懺悔錄 xI, 9.

註三：同上，頁一六八。

註四：Letters, 125, 1.

註五：同上，頁一四六。

註六：Alice von Hildebrand, op. cit. 頁八五。

註七：St. Th. 1-2, q. 17, a. 6.

註八："Non enim crederet nisi videret ea esse credenda, vel propter evidentiam signorum vel propter aliquid hujusmodi." (St. Th. 2-2, q, 4 ad 2)

註九：Alice von Hildebrand, op. cit. 頁八〇。

註一〇：同上，頁八四。

註一一：同上。

註一二：本章內容的部分取材於拙著「天主造物主」，高雄多明我出版社，民國六十八年九月一日出版。

第十一章　論奇蹟

宗教經常提到奇蹟，而奇蹟的確也變爲宗教信仰的一部分。但奇蹟畢竟爲超人力的傑作，故極不易爲人所相信或接受，尤其有些自命不凡的知識分子們，視奇蹟有點類似神話，他們自然不認爲奇蹟有發生的可能性。但奇蹟畢竟是神奇的，故極易引起一般人的好奇心，於是對之表示驚訝，進而表示信服，也因此有些宗教大談奇蹟，而奇蹟的確有時也能幫助宗教的傳播及教義的發揚，因爲它是啓示的記號，藉之我們可以認出那些是來自上帝的啓示，同時也是啓示的「標準」，可作爲辨別啓示的眞僞之憑據，它與「預言」共同構成信仰的「外在動機」，因爲它們可以產生信仰、加强信仰，並堅固信仰，所以「奇蹟」與「預言」就是梵一所說的：「爲了我們信仰的服從，能與理性一致，上帝願意把一些啓示的外在證據，加在聖靈的內在助佑上，爲了證明上帝的全能和全知……。」馬谷福音也說：「他們出去，到處宣講，主與他們合作，並以奇蹟相隨，證實所傳的道理。」（十六20）但有時奇蹟對宗教的信仰也爲害匪淺。故在宗教學裡奇蹟確實有研討的必要。

第一節　奇蹟釋義

中文的「奇蹟」，英文爲 miracle ，原文爲拉丁文的 miraculum，而拉丁文的 miraculum 又從動詞(mirari)來的，其原來的意思爲「引起驚訝」，故所謂奇蹟乃「引起人的驚訝之事物」(something which causes astonishment)。人在兩種情形下會對事物之發生表示驚訝：當一件事之發生的原因不爲人所知時，往往會對所發生的事表示驚訝；人也會對一件事物發生的非平常方式表驚訝（註一），譬如一場大病的突然痊癒。當然也有些事物之發生的原因不爲某些人所知，但有些則對此原因知道得很清楚，譬如日或月蝕的原因，對天文學家來說沒有什麼神祕，但對那些知識水準較低的人們說則極爲神奇，因爲他們無法知道這些事物的發生原因，因此對它們發生的原因就表示驚訝。但這種自然現象的發生，所引起的驚訝自然不能稱爲奇蹟，因爲這種驚訝純粹由於人的無知所引起的。

第二節　奇蹟的種類

對人而言，奇蹟可分爲兩種：一種爲廣義的奇蹟：「由超人的力量所促成的反常規事件」(an effect which exceeds the ordinary course of nature and operated by a superhuman agent)。一般而言，在受造中，人的力量比動物大，人能做許多動物所不能做的事，尤其那些需要精密思考作用的東西，更不是動物能力範圍所能爲的，故人的所作所爲，對動物而言乃極爲神奇的。但人的力量也是有限的，非絕對的。可能有些物的力量遠超過人的力量，譬如天使(Angels)或魔鬼(devils)，故天使或魔鬼之所作所爲，對人而言也是非常神奇的。但天使或魔鬼畢竟也是受造物，也是至上神所創造的，他們的力量雖超過人的力量，但也是有限的，是相對的，非絕對的，故任何受造物，因爲都是有限的（受造本身就含有限性，都從現實與潛能合成的，現實必須受到潛能的限制），故不能無所不能及爲所欲爲。惟神是全能的，祂的力量是無限的、是絕對的，惟祂能爲所欲爲及無所不能（參看神的性質的探討），故眞正及嚴格的奇蹟或狹義的奇蹟也只有神能促成，這種奇蹟可定義爲：「由全能的神所促成的反常規事件」（an effect which exceeds all the forces of nature and produced only by the special intervention of God Himself）或依照多瑪斯的意思是：「違反整個自然現象的事件」(Quod fit praeter ordinem toitus naturae creatae)（註二）。

第三節　奇蹟的可能性及合理性

「天生蒸民，有物有則」。我們解釋多瑪斯證明神之存在的第五論證時，我們將會指出宇宙間的每一事物都有自己固定的目標，他們的存在及行動都極有規律，他們的行動都非出於偶然。水往下流，重物往下墜，鐵在水中會沈，輕物則在水上會浮；火會燃燒，雨水會侵濕，陽光會照耀；水爲液體，金屬品等爲固體；土是軟的，石是硬的；食物能滋養人身，毒藥則能危害人體。故宇宙萬物的活動、存在方式及其內在構成因素都是固定的，都極有規律，很少有變化。易言之，宇宙萬物受到某些定律的管轄，這種管轄萬物的定律，普通稱爲「自然定律」(the laws of nature) 或「物理定律」(physical laws)。但這些定律是否一成不變？是否絕對不能更改？是的，在正常情形或一般情形下，除非有奇蹟出現，這些定律是絕對正確的，是不會更改的，也因此科學家才能根據物的固定活動形式，固定的規律或法則，來制定管轄他們活動的各種定律。也因此所謂奇蹟乃「反常規」之謂，卽發生相反自然律的情形，譬如鐵在水中不會沈；水不往下流；重物不往下墜；死人復活；火不燃燒；雨水不侵濕；毒藥不傷人體等。

奇蹟因爲是一種反常規的事件，故嚴格地說來只有那制定自然定律的神，才能促成它的發生。水之所以往下流，重物之所以往下墜的緣故，乃因爲神依照各物的本質曾如此規定過，而也唯有他才能另作規定，譬如使水不往下流，使重物不往下墜；其他受造物，包括天使或魔鬼在內，都不能更改自然定律。是以，眞正及嚴格的奇蹟，也唯有藉着全能的神所擁有的力量才能完成（註三）。

但神不一定要親自促成所有奇蹟的發生。神可以利用天使或善人；甚至在特殊或非正常情形下，也可以利用魔鬼或壞人促成奇蹟的發生。

神或親自或利用他物爲工具，所發生的奇蹟可分屬不同種類：有物理界的(miracles of physical order)：一些反自然現象事件的發生，譬如重病的突癒，死人復活等；有理性界的(miracles of intellectual order)：有些超人知識的擁有：預知未來要發生的事(prophecy)、知道人心中的祕密等；有倫理界的：人的倫理行爲的出奇轉變、聖保祿及聖奧古斯丁的改邪歸正或棄暗投明的例子算是神所促成屬於倫理界的奇蹟(miracles of moral order)。

對一位相信有全能的神之存在的人而言，奇蹟的發生應該不但是很容易接受的事實，且是必須接受的事實，因爲相信全能的神之存在，又不肯承認奇蹟的發生之可能性乃自相矛盾的行爲（無神論者自然不會承認奇蹟的可能性）。神之所以爲神，我們已說過（參看神之性質之探討），是因爲祂是自有的，是純現實，是至成全的，是全能的，祂的力量至高至大，不受任何限制，祂能爲所欲爲，祂是無所不能，祂是萬物之首，萬物是祂從無中所創造的，萬物的活動、存在方式及他們的內在構成因素，全爲祂所制定或規定的，而祂完全自由自主地及自動自發地對萬物所做的規定，祂所做的規定不受任何外力的强迫。神如果不能改變原先對萬物所做的規定，那神的行爲就受到限制，如此，神就不是自有的，就不是純現實，也就不是至完美的，就不是全能的，宇宙萬物也不是祂從無中所創造的，那神就不是萬物的主人，反而是萬物的僕人了。這樣一個徒有其名而無其實的神，還能稱爲眞正的神嗎？故身爲萬物之造物主與主人的神（Creator and Master of the world of nature）當有必要時，就一定必須可以更改原先自由自主地所制定的法則或定律。若沒有必要，神自然不會更改祂原先所制定的定律（miracula non sunt facienda sine necessitate）。這種「更改」就是一種反常規事件的發生，就是一般人所謂的「奇蹟」。而這種「更改」也不影響到神的智慧或明智，因爲神早就預見到這種反常規之事件的發生。而不是臨時對原先計畫的不滿意所做的修改。

從受造物方面而言，奇蹟的發生也應該是很自然及很合理的事。因爲我們已說過，受造物之所以爲受造物，乃爲神從無中所創造的，他的內在構成因素，與外在的存在方式都完全依賴着神，絕對服從神的指揮，必須無條件及不論在任何情況下聽從祂的指使，否則受造物就不是受造物了，即不爲神所創造的，因爲他不聽從神的指使，不受神的管轄，不服從神的指揮，他能反抗神的規定，如此一來神就不但不是受造物的主人——反而是受造物的僕人了。這種本末倒置所造成的主僕顚倒的事情是合理嗎？有可能嗎？

結論：

味希意（Beogier）教授曾對奇蹟作過一番相當深刻的研究，我們可以引證他的一段有關奇蹟的話作爲

「人一旦承認神出於自己的自由意志，及利用其無限力量創造了宇宙萬物，他就不會懷疑奇蹟的可能性了。神既出於自己的自由意志創造了宇宙萬物，那麼宇宙萬物的秩序與發展也應是神所爲的。神建立了我們所覺察到的物體之因果間的關係，除了神的意志之外，我們不能指定任何其他原因來解釋這種關係。神隨心所欲地供給不同物不同程度、力量與活動，所以事情的發生全是神的至高意志的結果。倘若從開始神就建立一種與目前不同的秩序，那宇宙也必定受與目前不同的秩序的管轄。神雖從永久規定人死了就不復生，木料會被火所燃燒，但神具有改變此二定律的力量並未被剝奪。易言之，神仍然具有使死人復活及使木料在火焰中不被燃燒的力量，當祂要如此做以引起人的注意，爲教導人或爲了實現祂的一些特殊目的。」

「這種反常規的特殊事件的發生，毫無疑問地，與神建立一般定律時一起被預見到了。神既可隨心所欲地制定了自然定律，祂自然也可以隨心所欲地另作規定。當神因着某種特殊原因使死人復活，神的意志並未改變，神的智慧也未受到影響，自然定律也不因此而改變，因爲其他絕大多數的人，仍然依照常規死了不復生，其他的木料亦仍然會被火燃燒」（註四）。

第四節　奇蹟的功用

以上所言，我們只企圖指出一個事實：奇蹟的發生是可能的。但神是否實際上曾促使過奇蹟的發生？我們的答案是肯定的。只要人一翻開聖經，就不難發現神曾親自或利用其他受造物，促使無數奇蹟的發生。而奇蹟的發生有時還是必要的，因爲它會帶來許多好處：第一、奇蹟顯示神的大能。「由奇蹟可以證明萬物爲神所創造的」，多瑪斯曾說，「且證明萬物的受造全出於神的自由意志，非出於自然的必要性」(ex miraculo enim apparet quod ordo rerum processit ab Eo, et non per necessitaten naturae, sed per liberam voluntatem)（註五）。自然定律由一種神奇的力量所規定的，自然定律的更改當然也需要同樣的神奇力量；第二、奇蹟可以證明神的善意，因爲奇蹟的發生大都爲了醫治人的疾病，或爲了阻止罪惡的發生，且使人向善以獲得來世的福樂。福音上所記載的奇蹟大部分爲了上述的目的；第三、奇蹟能證明神不說謊，因爲人極容易因着奇蹟（超自然的神奇效果）相信一些超自然眞理，猶如人能因着自然效果而認識神（註六）；第四、奇蹟能證明神是公道的，尤其神利用一些受造物促使奇蹟的發生時，譬如利用一些聖賢。因爲這些人是神的好忠僕，他們循規蹈矩遵行神的旨意，終生爲善避惡及奉公守法，神爲了報答他們對自己的忠誠，於是就付給他們一些神奇的能力以發生奇蹟，如此，他們自然就會受到他人的尊敬。譬如若望福音的第十一章，敍述拉匝祿起死回生的奇蹟，就充分說明了奇蹟的各種功用：

那時候，拉匝祿的姊妹二人便派人到耶穌那裏說：「主啊，祢所愛的病了！」耶穌聽了，便說：「這病不至於死，只是爲彰顯天主的光榮，並爲叫天主子因此受到光榮。」耶穌素愛瑪爾大及她的妹妹和拉匝祿。當他聽說拉匝祿病了，仍在原地逗留了兩天。此後，纔對門徒說：「我們再往猶太去罷！」

耶穌一到了伯達尼，得知拉匝祿在墳墓裏已經四天了。瑪爾大一聽說耶穌來了，便去迎接他；瑪利亞仍坐在家裏。瑪爾大對耶穌說：「若是你在這裏，我的兄弟絕不會死！就是現在，我也知道：你無論向天主求什麼，天主必要賜給你。」耶穌對她說：「你的兄弟必定要復活。」瑪爾大說：「我知道在末日復活時，他必要復活。」耶穌對她說：「我就是復活，就是生命；信從我的，卽使死了，仍要活着；凡活着而信從我的人，必永遠不死。你信麼？」她回答說：「是的，主，我信你是默西亞，天主子，要來到世界上的那一位。」

耶穌心神感傷，難過起來，遂說：「你們把他安放在那裏？」他們回答說：「主，你來，看罷！」耶穌流淚了。於是猶太人說：「看，他多麼愛他啊！」其中有些人說：「這個促使瞎子復明者，豈不能使這人也不死麼？」耶穌心中又感傷起來，來到墳墓前。這墳墓是個洞穴，前面有一塊石頭堵着。耶穌說：「挪開這塊石頭！」死者的姐姐瑪爾大向他說：「主！已經臭了，因爲已有四天了。」耶穌對她說：「我不是告訴過你：如果你信，就會看到天主的光榮嗎？」他們便挪開了石頭，耶穌舉目向上說：「父啊！我感謝祢，因爲祢俯聽了我。我本來知道祢常常俯聽我，但是，我說這話，是爲了四周站立的羣衆，好叫他們信是祢派遣了我。」說完這話，便大聲喊說：「拉匝祿！出來罷！」死者便出來了，脚和手都纏着布條，面上還蒙着汗巾。耶穌向他們說：「解開他，讓他行走罷。」那些來到瑪利亞那裏的猶太人，一看到耶穌所行的事，就有許多人信了他。

註釋

註一：S. Thomas, *De po tentia*, q. 6, a. 2.

註二：*S. th.* I, q. 110, a. 4.

註三：*S. th.* I, q. 113, a. 10; q. 114, a. 4; 2-2, q. 178, a. 1. 4; 3, q. 43, a. 2, 4; q. 78, c;

4; 1, q. 110, a. 4: "Ex hoc ergo aliquid dicitur esse miraculum, quod fit praeter ordinen totius naturae creatae. Hoc antem non potest facere nisi Deus."

註四：W. Devivier, *Christian Apologetics*, N.Y., 1903, p.170: "No one can doubt the possibility of a miracle, once he admits that it is God who created the world, that He did it of His own free will. and in virtue of His infinite power. In fact, according to this, the only true hypothesis, God regulates the order and march of the universe; He has established the connection we perceive between physical causes and their effects--a connection for which we can assign no other reason than the will of God; He has given to the different agents according to His good pleasure the various degrees of force and activity which it pleased Him to bestow; all that happens is an effect of this supreme will, and the order of the universe would be different had He willed it other than it is. In decreeing from all eternity that a dead man should remain without life, that wood should be consumed by fire, God has not deprived Himself of the power of derogating these two laws, of restoring life to a dead man, of preserving a bush in the midst of flames, when He wills thus to awaken the attention of men, to instruct them, or to convey His positive precepts.

"If He has done this at certain periods, it is clear that the exception to the general law was as undoubtedly foreseen and determined by God from all eternity as the law itself; and that thus the law and the exception in such a case are the effect of the visdom and the will of God, since, before creating the world, God knew what He willed to do and what He would do throughout future ages...It was with fullest liberty and unconstrained by necessity that God established a certain order in nature; He was free to regulate it otherwise...when God raises a man from the dead it argues no change in the divine will, which has resolved from all eternity to restore him to life and thus derogate a general law. Nor can this exception be said to destroy the law since it follows its wanted course in the case of all other men. A resurrection, finally, interferes in no way with the established order, or impugns the eternal wisdom which created this order".

註五：*Cont. Gent.*, 1, III, c. 99; *De potentia*, q. 6, a. 1, a. 4.

註六：Naturae enim est homini ut veritatem intelligibilem per sensibiles effectus deprehendat. Unde sicut ductu naturalis rationis homo pervenire potest ad aliquam Dei notitiam per effectus naturales, ita per aliquos supernaturales effectus, qui miracula dicuntur, in aliquam supernaturalem cognitionem credendorum homo inducitur" (S. Th. 2-2, q. 118, a. 1)

第十二章　哲學與神學

哲學與神學或理性與信仰間的關係(The relationship between philosophy and theology or between reason and faith)是哲學家與宗教學家所共同關心的問題，此問題尤其爲西方中古學人所注重。中古時代的每一學人幾乎都在此問題上下了工夫，花過心血，但對此問題討論比較徹底的應推奥古斯丁及多瑪斯二大學者，故他們對此問題所作的答案也比較圓滿。

大體而言，學者們都主張哲學與神學在基本上，爲兩門性質完全不同的學問，但並非絲毫扯不上關係。哲學與神學的關係是分而不離。故二者雖屬不同性質的學科，但彼此間的關係仍相當密切且能相輔相成。

何謂哲學？吾人若想給哲學下個被大家所公認的定義，實在不易。哲學的傳統定義是：「人類以自己理性的自然光輝推知萬物至理之學」(Philosophy is a science which by the light of natural reason studies the first causes or the highest principles of all things)（註一）。

此定義首先道出哲學作爲一門學問所研究的對象（每門學問都必須有自己的研究對象）；次則，研究對象的方式及所藉以研究這些對象的方法或工具。

哲學是一門與衆不同的學問，因爲它所研究之物包羅萬象。宇宙間的萬事萬物，都是它所研究的對象。宇宙萬物不外乎三大類：神、人、物，而這三大類都是哲學所要討論的，故歷代哲學家也都對這些對象下過工夫。譬如他們討論過知識本身與知識的方法；存在與不存在；好與壞；運動；宇宙；生物與無生物；神與人等（註二）。總而言之，任何有存在及能存在之物，都是哲學所研究的對象，甚至哲學也談到虛無。

如此說來，哲學豈不把其他學問都吸收進去？而哲學豈不變成唯一的學問，其他學問不外是它當中的一個部門？或哲學本身豈不已被其他學問所吸收，它只不過是其他學問系統化的整理而已？即哲學不是一門獨立學科。實則不然。哲學雖研究萬事萬物，但它仍然是具有獨特的性質與對象的學問，因爲它研究其對象（萬事萬物）的出發點，與其他學問研究對象的出發點不同。哲學家與其他學者所研究的對象（材料對象）(material object)可能相同，但二者却以不同觀點來研究同一對象。易言之，同一物直接引起哲學家的興趣，與直接引起其他學者的興趣却不相同。這種不同興趣的引起，不同注意力的貫注，不同觀點的採取，使哲學與其他學問不同。舉例說：「如果哲學研究人，其目的並非要研究人的脊椎骨的數目，或其他疾病的原因，那是屬醫學中解剖學的工作。哲學研究人時，所要問的問題是：人是否具有一種可以使他跟其他動物有絕對分別的理智？他是否有靈魂？他是否爲享受上帝或者其他受造物而受造的？求得這些問題的答案後，人的思想就不能翱翔得更高了，我們所欲知道有關人的問題也到了終極。於是我們可以說，哲學家並不去求跟我們感官，所能知覺到的現象最靠近的解釋，而是在尋求與這現象距離最遠，而又最根本的解釋。套用一句哲學專有名詞，可以說哲學尋覓的，不是第二原因或相近的解釋，而是第一原因，最高原理，最終解釋」（註三）。也因此，哲學在所有人類知識中是最高貴的，最卓越的。因爲它對萬事萬物的研究最徹底、最根本，唯哲學才能提供智慧(wisdom)。因爲研究事物的最高原因是智者的工作(Sapientis est altissimas causas considerare)，其他學問只能提供一般性的知識（註四）。

從以上所言，我們已知道了哲學研究萬事萬物的最高原因，尋找萬事萬物的最根本原理，要求萬事萬物的最徹底解釋，但它畢竟是一門屬於人類的學問(a branch of human sciences)，故它所利用的工具，亦應是人類理智的自然光輝 (by the natural light of human intellect)，此工具是所有人類學問所共同的（與神學正相反）。易言之，萬事萬物的內在明顯性是哲學原理的標準，而此種內在明顯性，藉着人類理智的自然或本性光輝而獲得。故任何超越人類理智之外的原理，都非哲學所研究的對象，哲學只能研究未超出人類理智以外的眞理，而在研究未超出人類理智以外的眞理時，哲學比其他學問作得更徹底，「也因此在所有人類學問中哲學爲最高者，且是名副其實的智慧之學。其他（人類）學問都隸屬於哲學，意思是說：它判斷並管理它們，且保衞它們的假定。在另一方面，哲學在與各種學問的關係上是自由的，且祇把它們當作它所使用的工具而依賴於它們」（註五）。

在人類學問中，哲學雖是最崇高的，所佔的地位雖最特殊，但此崇高性及特殊性並非絕對的，因爲有一種不論在本質上、在功用上、在地位上都比它崇高及特殊的學問，此卽神學(Theology)。西洋文的Theology其文字方面的意義是討論上帝或神之學，因爲它是從希臘文的 Theos（神）及 logos（學問）組成的，而不是論神話之學，雖不乏作此想法的人。在歐美大多數的大學裏，不但設有神學系，而且上神學課的學生非常踴躍（註六）；各國政府不但都承認神學學位，且神學學位也比其他學問的地位高，這有陳之藩（劍橋倒影的作者）從英倫給張曉峰先生的信中的一段文字，可資印證：「曉峰先生：謝謝您的手教，看到您的宗教觀，不勝欽佩。不知爲什麼，宗教對西洋文化有如此鉅大的影響。非至國外，才能慢慢領悟，當初介紹西洋文化先進，可能是故意避免談及。此可謂受羅素蕭伯納輩的影響，不用說別的，每年畢業生，給學位時，也是神學博士最高，哲學博士壓低」（註七）。如所周知，我國教育當局不承認神學學位，在大學裏也不准設神學系。筆者委實不知教育當局此舉的出發點安在，根據什麼不給神學學位一種法律上的認可。在共產國家內神學學位不被承認，在他們的大學裏神學不被承認是有其原因的，因爲共產主義所標榜的是無神論，所主張的是唯物論，他們自然反對神的存在，自然視精神爲其勁敵，故反對一切研究神的學問，任何討論有關精神價值的舉動都被視爲大逆不道，都被嚴禁。可是一方面我國的國策並非無神論，我國的固有文化乃主張精神爲本，物質爲末（註八），另一方面我們却不承認神學學位及不准成立神學系，這就使人大惑不解了（註九）。

我們固然不一定要贊成神學是最重要及最高深的學問這個說法，但神學是名副其實的學問及其重要性絕不亞於其他學問乃無庸置疑的事。神學分爲兩種：一爲本性或自然神學(Natural theology)，萊布尼玆稱它爲「神論」(Theodicy)，是一種屬於哲學性的學問，是哲學的一部門，是形上學中最高的部門，一種我們藉之自然之光輝對神及有關神的各問題作個探討的學問(Natural Theology is th science of God and of divine things, acquired through the natural light of reason)；另一種是超性或超自然神學(Supernatural theology)，或略稱作「神學」(Theology)，是一種我們的理性不經輔導，不可能自然獲得上帝的學問或知識，而當上帝藉着啓示或天啓(Revelation)（註一〇）把自己告訴我們，而我們人類的理性，因信仰的光照獲得這種啓示，就隨之而演繹得出的某些結論的學問(The knowledge or science of God which is unattainable naturally by the unassisted powers of reason, and is possible only if God has informed men about himself by a revelation from which our reason, enlightened by faith, subsequently draws the implicit conclusions.)，這種神學是我們目前所要談的（註一一）。

從以上的定義，我們可以很明顯的看出，哲學與神學是二門在基本上不同的學科。哲學與神學所討論的對象（材料對象）有些可以相同，譬如兩者都討論上帝，及有關上帝的各種問題（神學討論這些對象爲上帝所啓示的；哲學却以人藉着理性的自然之光、人本身經驗或人的權威所獲得的）；有些則不同，因爲神學也討論一些人類完全不能明瞭的東西，而只有上帝自己在祂神聖的生命中所瞭解的。哲學所討論的全是人類可能瞭解的，任何人類所不能瞭解之物都不列入哲學範圍。哲學與神學討論各自對象的觀點或出發點則完全不同。神學以上帝之所以爲上帝，爲研究的出發點，卽以上帝之所以爲上帝的觀點來研究上帝，及與上帝有關的一切(sub ratione deitatis)；哲學則以上帝爲最高物、無限物、絕對物爲研究的出發點，而這些東西都是人的理智，所能領悟得到的。神學的大前提爲上帝所啓示的眞理（這些眞理對人的理智而言是不明顯的），而它主要的眞理的標準，則爲啓示它的上帝的權威。故人研究神學對象之光，不再是理性的自然之光，而是受信仰所光照的理性之光——理性的超自然之光，以神學名詞言之，乃含蘊的啓示（virtual revelation)，就是說，啓示中含蘊了理性所能引申得到的任何結論。哲學的大前提爲人藉着理性的自然之光，及人的經驗所得到的自明原理，故哲學的主要眞理的標準，是事物本身的內在直接明顯性，因爲我們已說過，人用以研究哲學的對象之工具是理性的自然之光，人藉着理性的自然之光，去探討在萬事萬物中所隱藏的眞理，這是哲學所利用的工具及所執行的任務。

執筆至此，我們必須注意的是，神學超乎所有人間學問（自然包括哲學在內），因其自己的對象的超越性，前提的確定性，與其研究對象之光輝之優越性。雖然神學家不能清楚看見（瞭解）他所相信的前提之眞理，而哲學家却能看見自己的前提之眞理，但神學仍超越過哲學。雖然多瑪斯曾指出：訴諸權威的論證，乃是最薄弱的論證，但那僅限於人類權威而言，而訴諸啓示者上帝之權威的論證，却比任何其他論證更有力及更可靠(Licet locus ab auctoritate,quae fundater super ratione humana,sit infirmissimus,locus tamen ab auctoritate quae fundatur super revelatione divina est efficacissimus)（註一二）。因爲上帝本身就是眞理，祂絕不能犯錯，祂所說的話都是千眞萬確，也都是最可靠的；祂既不能受騙，也不願騙人，祂的權威自然是最有力的證據。

多瑪斯認爲哲學與神學之間的基本區別，在乎二者屬於基本上的不同界：自然界及超自然界。自然界及超自然界雖爲不同界，但並非二相反之界，亦不是自相矛盾的，而能相輔相成，因爲恩寵（是神給人的一種屬於超自然界之恩物）不但不破壞本性，且成全本性(Gratia non destruit naturam,sed eam perficit)「恩寵如此附加於本性之上，不僅不破壞本性，且使本性更爲完美，故上帝所恩賜給我們的信仰之光，並不破壞我們所擁有的自然理性光輝。」(Dona gratiarum hoc modo naturae adduntur, quod eam non tollunt sed magis perficiunt; unde lumen fidei quod nobis gratis infunditur non destruit lumen naturalis cognitionis nobis naturaliter inditum)(In Boet. de Trin. q.2,a.2c)。

人的知識亦分屬於兩種不同之界：本性界或自然界及超性界或超自然界。自然界知識乃單由人理性的努力而得來的，其結果就產生哲學。哲學在自己範圍內是絕對有效的，以自己的原理原則及藉着適當的方法，所得的結論是正確的，故是眞正學問。

超自然界的知識之獲得，不藉着人自己的理性，而藉着上帝的啓示(God's revelation)。此知識以其本身而言是不清楚的，但能替我們指出許多眞理，在這些眞理中有些未超出一般人的理解力之外，卽嚴格的說，人僅憑自己的本性理解力，能獲得這些知識；另有一些則超出人的理解力以外，卽人單靠自己的本性理解力決無法獲得，必須靠着信仰以接受這些眞理。

自然界的知識與超自然界的知識同來自上帝，卽上帝是此不同界知識的最終共同泉源，故此二界所含的眞理，不僅不自相矛盾，且可相輔相成（註一三）。

天啓（信仰）或神學對理性提供兩種服務卽：消極與積極。在消極方面天啓能保護理性不致於犯許多錯。因爲天啓來自上帝，上帝本身是眞理及眞理的準則。人則不但能犯錯且常犯錯（註一四）。故人僅憑自己的理性，在追求眞理的路途上免不了會失足、會犯錯的，尤其容易犯一些相反信仰眞理的錯誤。但人若樂意聽從天啓的指導，在追求眞理時，必會收到事半功倍之效，必會避免許多不必要的麻煩與挫折。在這種意義上，我們可以說神學或天啓能約束、指導與管制哲學，猶如哲學能約束、指導與管制科學一樣。不過神學對哲學的約束、指導與管制只是消極的，因爲我們已說過，哲學的前提對神學而言是獨立的，因它的前提是一種理性的自明原理，而神學的前提則爲上帝所啓示的眞理。哲學的前提是由它自己支持而成立的，並非自神學中引申出來的。同樣，哲學藉以知道其對象之光也是獨立的，與神學無關，因爲它的光是理性之光，它就是它自己的保證。故哲學並非積極的受神學的控制，或者需要神學替它的前提作辯護，而哲學在自己的範圍內，自由自主地發展自己的原理（註一五）。神學在約束或管制哲學時，並不直接侵犯哲學的原理，或哲學的方法，或哲學的特殊活動，只對哲學的結論加以評鑑而已。

在這種情形下，哲學雖然間接隸屬於神學或信仰，但對哲學而言，不但沒有任何害處，反而獲益匪淺。因爲人會犯錯，人的智力有限，故在探討眞理時不能享有絕對自由，猶如病人不應享有行動上的絕對自由（註一六）。人的犯錯可能性若受點兒約束（受信仰之約束），自然易走上眞理之坦途。故人在探討哲學的眞理時之自由表面上受到信仰的干涉或約束，但那是有益的干涉，是具有建設性的約束。

積極方面天啓（信仰）或神學，能給理性指出應達到或不應離開的界限，卽指出理性之正確方向，故神學對哲學或信仰對理性而言，猶如在黑暗中指引方向的彗星(veluti stella rectrix)。故多瑪斯說得有理：「不經輔導的理性在哲學範圍內，在任何特殊問題上雖能不犯錯，但因着人性的軟弱，缺乏聖恩的幫助，哲學不可能在某些問題上不犯錯。易言之，缺乏恩寵的特殊贊助，或啓示與神學的消極管制，哲學不能獲得人間完整的智慧(S.Th.1.q.1,a.1; C.G.I,4; Garrigou-Lagrange,De Rev. 1, pp.411 sqq.)。也因此奧古斯丁認爲人單憑本性的理解力，充其量只能獲得一些自然界知識，但絕無法獲得智慧及最高眞理。

而且，由於哲學的許多觀念爲神學所應用，它就必須更精確及更細緻地去界定哲學的一些重要概念與學理；如果由它（哲學）自己，那些觀念可能落入被忽視的危險中。譬如多瑪斯學說在神學影響下發揮有關本性（nature）與位格(personality)的觀念及使習慣(habits)等的學理，達於完美的地步（註一七）。

理性在追求眞理時，從天啓或信仰得到益處。同樣的，理性亦能對天啓或信仰作有益之貢獻：能說明、發揮、解釋及保護信仰的道理。（這種信仰與理性或哲學與天啓的融洽關係，就產生一門新的學問——神學。故神學是一門使信仰與哲學融洽的學問。）信仰或神學從哲學得到益處：以哲學的推理方法及論證說明、證實、發揮及保護信仰的道理，使信仰的道理更易爲人所瞭解；說明信仰的道理如何合法及有理；

反駁那些對信仰道理所提出的異議，哲學因而被稱作神學的婢女(Ancilla theologiae)（註一八）。故具體而言，哲學對神學提供的服務有：一、證明那些屬於信仰前導的眞理(Praeambula fidei)，譬如神之存在，神的獨一無二，靈魂不滅（這些是宗教哲學或自然神學所討論的對象）。在這情形下，一般而言，哲學先於神學。神學當作一種信仰之學，以對這些眞理有哲學化的認識爲先決條件；二、以類似之物的例子來說明信仰的道理，如奧古斯丁在論「三位一體」書中所作的，他從哲學中引用許多例子，來說明三位一體的奧理；三、可用哲學的論證反駁那些相反信仰的學說，或用以說明學說之所以是假的，或用以證明他們如何與眞理背道而馳。總而言之，哲學對神學提供下列功用：一、證明功用(demonstrative function)：以嚴格的科學方法，證明那些屬於信仰前導之道理；二、說明功用(declarative and explicative function)：以各種類似物對信仰道理加以說明，使之更易爲人所瞭解；三、演繹功用(deductive)：把信仰的道理加以解剖、分析以引出符合邏輯的結論；四、系統功用(systematic function)：使信仰道理合理化、系統化及秩序化；五、保護功用(defensive function)：反駁那些與信仰道理相反的論證，至少使人知道那些相反信仰道理的論證，在嚴格的理性考驗之下是站不住的。故神學與哲學的關係，及哲學與科學的關係不同。哲學由於事物的性質必須利用感官的明顯性，有時甚至必須利用科學的結論爲工具。神學就本身而言，不一定需利用哲學爲工具：它是絕對獨立的。但實際上，因着人的理解力的薄弱，人只能以萬物的相類似性推知有關上帝的東西，神學無哲學的幫助不能獨立發展的。可是神學家利用哲學與哲學利用科學的情形不同。哲學家應用他由科學借來的前提或結論，不是去建立他那至少具有形上確實性的結論，而僅以說明它的原理，故此形上系統的眞僞，並不在於它所應用的科學資料的眞僞。相反的，神學家在每一地方，都應用哲學原理來證明他自己的結論，因而，假如所利用的形上學是假的，神學系統不可能是眞的。神學家的確絕對需要一種與人類常識相符的眞哲學（註一九）。

以上是西方中古時代的大神學家兼哲學家多瑪斯，有關神學與哲學或信仰與理性之間的關係之意見。西方中古的另一位學人奧古斯丁（St. Augustine）對此問題也提出極有價值的意見。

奧古斯丁對中古哲學——基督教哲學——的貢獻是相當偉大的，尤其他所提出的基本原理：「信仰尋找理解」(fides quaerens intellectum) 更是中古哲學的出發點，所有其他哲學問題都建立於此原理上。

在談論信仰與理性或神學與哲學間的關係時，奧氏首先强調信仰的重要性及超越性。人單靠本性的理解力，充其量只能獲得一些本性界或自然界的知識，但絕無法獲得智慧及至高眞理，奧氏的親身經驗，使他不得不相信唯宗教智慧才是眞智慧，及人唯有透過信仰才能獲得眞理及眞理本身。當我們有了信仰後，眞理才彰明昭著，我們才能按照信仰所顯示的眞理而生活。

奧氏雖强調信仰的重要性及超越性，但他並不低估理性，理性亦有他的重要性，故信仰與理性間的關係是循環的，彼此相輔相成，信仰雖然能增强人理性的理解力，但理性的理解力對信仰亦有幫助，因爲人除非先有理性或理性魂，否則不能有信仰。有些宗教狂者否認理性的價值，對此奧氏不表贊同，因爲他在一封書信中曾有這樣一段文字：「神造人時，賦予人理性，使人高居受造物之首，神若不重視祂給人的此種超越能力，誠爲不可思議的事」。故奧氏絕不同意有些中古學人們所主張的：「因爲是悖理故我才信」(credo quia absurdum)。奧氏從未低估理性的價値，因爲在來世的生活裡，信仰已不存在，因爲人已親自看到神及有關神的一切，那時就如聖保祿所說：「人將面對面看見神」，那時理性及聖光 (the light of glory）將是人認識神的唯一工具，受聖光所輔助的理性將是人來世完整知識的唯一泉源。

爲了清楚地知道奧氏有關信仰與理性間的關係，最好先知道奧氏對信仰的見地。大體而言，信仰乃是「基於權威而對一些事表示贊同」(to believe is to assent to something upon the testimony of others)，而權威可以是人的權威或神的權威。基於人的權威相信某些事情時，就形成人爲信仰 (human faith)，譬如吾人相信科學家們在科學上的各種發現；小孩們相信父母的話。基於神的權威相信某些事情時，就形成宗教信仰(divine or religious faith)，神藉著聖經及聖傳啓示了一些永恆眞理或人生大道，人因此而相信在聖經及聖傳裡所包含的內容，宗教信仰就因而形成。但這種信仰形成的過程非常不單純，人只靠自己的意志無法獲得此種信仰，人的意志必須被神所推動，才能相信這些神所啓示的眞理。神用以推動人的意志，使之相信啓示的眞理之工具爲聖寵 (grace)，故聖寵也可以說是神給人的一種超自然力量，以幫助人相信一些單憑自己力量無法相信的眞理，這種因着聖寵所形成的信仰，就是宗教上所說的三樞德之一的「信德」(theological virtue of faith)，而此種德行乃人得救之道，缺乏此德，無人能得救，因爲神曾藉着聖保羅告訴人：「缺乏信仰，人絕無法取悅於神」及耶穌基督曾親身說過：「你們往普天下去，向一切受造物宣傳福音，信而受洗的，必得救；但不信的必受罰」（馬爾各十六章十五節）。

奧氏在注解舊約意撒意亞先知書第七章第九節上的一句話：「除非你先相信，否則你無法理解」時曾說：「理解爲了信，信爲了理解」(Understand that you may believe; believe that you may understand)，故照奧氏的意思，信仰與理性間的關係是「循環的」，人因爲是理性的動物，故對任何事都不能盲目地相信，雖然對啓示的眞理——信仰的對象——人無法完全瞭解，否則就無需信仰，蓋信仰的對象如奧氏所言：「乃看不見之物」。但至少應對之有些知識，至少應知其然雖無法知其所以然，即應知其大概內容；應知道自己所信之事之可能性及合理性，雖無法證明信仰之內容。自然要人堅信一些所無法徹底理解之物，乃極度困難之事，故需要外力的干預，否則無人能相信的，此外力卽是神所付給信者的聖寵，神若不給人聖寵，人絕不能相信神所啓示的那些超出人理智以外之道理，譬如神爲三位一體，神是賞善罰惡的最高主宰，及有否天堂地獄之存在等。人在尚未相信這些信仰的眞理前，應對所將信以爲眞之物先有一些模糊觀念，然後藉着神所賦予的聖寵，人就相信這些眞理爲眞，雖然理性無法證明它們的眞實性，這就是奧氏所說的：「知爲了信」。等有了信仰後，人就好像戴上一副新眼鏡，能看清，及能進一步瞭解那些原先對之只一知半解之有形及不變之物(We shall come to a great understanding of the corporeal and unchanging things)，在此種情形下，信仰先於知識，對原先只認爲可能之物，及模糊不清之物，有了信仰之後人對之有了清楚的瞭解及確實的認知，對信仰提供清楚的知識及合理之解釋的學問就成爲「神學」(theology)，這就是奧氏所說的：「信爲了知」，故人有了信仰之後才能對信仰作進一步的瞭解、更圓滿的認識。

故奧氏認爲信仰與理性不能絕對分開的，因爲人乃理性動物，我們對所信之物必須先有所認識，我們也應知道爲什麼相信。但人絕不能單靠理性能有宗教信仰，神的聖寵是使人有宗教信仰的原動力，而宗教信仰是人得救之道或方法，因爲人有了宗教信仰，才能相信神的存在，神是造物主，是賞善罰惡的大主宰，進而愛祂，敬祂，渴望得到祂及變成祂肢體的一部分。故神所要求於人的是「信仰」（宗教信仰），但神必須藉着聖寵先賜予人信仰，否則神無法從人那裡得到祂所要找到的——信仰(It is faith itself then that God exacts from us; and He finds not that which He exacts, unless He had bestowed what He may find")

哲學或理性對信仰或神學有如此大的貢獻，因此敎會當局（天主敎會）盡力鼓勵人從事哲學的研究，這可從敎會的各種文件中得到證實：

首先梵蒂崗大公會議（I.C., ch. 4th.）曾指出：「天主敎會一向都認爲不論在來源方面，或在對象方面有兩種不同知識的存在：自然界知識與超自然界知識。前者的獲得乃藉着理性的自然光輝，認識那些未超出人智力範圍之眞理，人藉着理性的超自然光輝，認識及相信那些隱存於上帝的奧理，而這些奧理上帝若未啓示給人，人單憑自己的智力乃無法知道的。」在同一會議中又指出：「雖然信仰超乎理性，但信仰與理性決不相抵觸，因爲把奧理啓示給人及賜予人信仰的同一上帝把理性之光賞給人，上帝自然不能自相矛盾，故超性界奧理或信仰也不能與本性界眞理或理性相抵觸。」信仰與理性不但不相抵觸，且能相輔相成。正確的理性能證明信仰的基礎，及經過信仰之光照的理性，能發揮有關上帝之物的知識；信仰則能使理性不犯錯，及使理性發現種種藉着它自己所無法獲得的知識。因此，敎會不但決不反對人從事各種人類學問的研究，且千方百計鼓勵人作類似的研究。

聖經也勸人要對信仰的道理先加理解，因爲：「易信的人，必然心地輕浮。」(Qui credit cito, levis est corde; He that is hasty to give credit, is light of heart（德，十九章四節）。聖若望曾警告當時的信徒們切勿盲從，盲信他人之所言，因爲盲目相信會導致人犯錯：「可愛的諸位，不要凡神就信，但要考驗那些神是否出於上帝，因爲有許多假先知來到了世界上。」（若一，第四章第一節）聖保羅也對當時的信徒們提出同樣警告；「不要輕視先知之恩，但應當考驗一切，好的，應保留；各種壞的，要遠避。」

（得前，第五章第廿—廿一節）。聖彼得勸信徒們要經常準備答覆他人的詢問，經常告訴這些人信仰的理由：「若有人詢問你們心中所懷希望的理由，你們要時常準備答覆。」（伯前，第三章第十五節）許多大思想家們亦都認爲理性對信仰有大貢獻。多瑪斯曾說：「理性若未發現它所應該相信之物，理性是不會相信的。」(Reason would not believe, if it did not see that it must believe) 奧古斯丁也說：「上帝決不願意我們對信仰的道理不聞不問卽不加理解，因爲我們若缺乏理解力，我們甚至不能相信。」母那洛(Bourdaloue)說：「信仰是合理的贊同(rational assent)，否則它不能是一個德行。但若缺乏理性的參與，此贊同怎能是合理的？如何證明我所信仰的宗教，及此宗教所教授的一切爲可信的，是以，我必須知道及必須仔細研究，以求瞭解我所信仰的宗教是合理的，與此宗教所教授的一切爲可信的，因此我必須好好利用我的理性，在此事我就不能說：我不推理。未經過嚴格鑑定及研討的信仰是不確定的、動搖的及模糊的；既缺乏原則又缺乏一貫性」(Rickaby, Oxf. Conf., I.S., ch. 9)

哲學對神學有益，但亦有害：一、把假學說引入神學裏來；二、強用哲學來解釋一切信仰的道理，凡不能以哲學來解釋之物，我們都不能接受，以爲哲學爲一切眞理的絕對法則及準繩。我們必須知道，信仰的道理大超出人類的理智以外，卽人的理智無法瞭解信仰的道理，故吾人才需要信仰，許多眞理雖然不和哲理相抵觸，但絕不能單憑哲理能得到圓滿的解釋（註二〇）。

總結上述：神學與哲學顯然是兩門不同性質且各自獨立的學問，雖然彼此能相輔相成。哲學及人類其他的學問，在探討眞理過程中是從下到上，從已知（原理）求未知（結論）；神學在探求眞理的過程中是從上到下，卽爲預先既知的結論找出論證 (The finding of arguments for a conclusion given in advance

——羅素語）。易言之，哲學家藉着理性的自然光輝，所知道的原理以追求藉人的努力所能得到的未知結論；神學家先藉着信仰之光輝（卽超性之光）接受上帝所啓示的道理，而利用理性來證實，說明原先所接受的啓示眞理。故神學與哲學間的「基本」分別點，不在乎所討論的對象，卽材料對象，而在形式對象，卽討論對象所用的方式。有些眞理是神學所固有的，因爲人的理性對這些眞理一無所知，只透過啓示才能知道，譬如三位一體道理；相反的，有些眞理是哲學所固有的，因爲上帝未曾啓示過，但亦有一些眞理是神學與哲學所共有的，因爲它們被啓示過，同時人的理性也能知道，譬如上帝之存在，上帝是造物主等。哲學家以上帝所賦予的理性之光，去探求上帝之存在及上帝爲萬物之造物主，故哲學家所得的這些原先所不知的（在進行推理前）結論，純出於人類自己的努力，沒有透過任何外力的贊助，這些結論乃人類以自己的理性由前提所推出的（從果推到因）。神學家自然也承認上帝之存在，及上帝爲萬物之造物主，但這些眞理爲上帝所啓示的，故上帝之存在，上帝爲萬物的造物主等等眞理對神學家而言是前提 (premises) 而非結論。是啓示或確實的前提，而非假設的前提 (not hypothetically assumed but revealed)。

總而言之，「神學或論神之學因是藉着上帝的啓示，吾人才認識上帝，所以超越過哲學，而哲學既不以它的前提，也不以它的方法隸屬於神學，而是以它的結論隸屬於神學。對哲學的結論，神學具有一種外在的控制力，因之把自己做成哲學的消極控制法則。」（註二一）

註　釋

註一：J. Maritain, An Introduction to Philosophy, p.108

註二：J. Maritain, op. cit., p.103

註三：J. Maritain, op. cit., p.105.

註四：參看威爾·杜蘭，西洋哲學史話，概論。「哲學是一種科學，它能獲得確定的知識，但却不能說對一切他所提出的解答，在很多地方，哲學家都必須滿足與相近的解決，或者因爲那個問題超出了實際上這種科學的範圍，例如自然哲學或者心理學中某些部分，或受問題本身性質的限制而只能得到相近的答案，例如道德律之對個別事件。但這只是些偶然的事件，哲學的確具備着相當多確實的答案，而許多形上學的結論是比其他純粹屬人的科學更具完整性的。」(J.M. op. cit., p.105.)

註五：Philosophy is the highest of all branches of human knowledge and is in the true sense wisdom. The other human sciences are subject to philosophy, in the sense that it judges and governs them and defends their postulates; philosophy on the other hand is free in relation to the sciences, and only depends on them as the instruments which it employs (Maritain, op. cit., p.123)

註六：房志榮有一段描寫慕尼黑大學神學院上課擁擠的情形是國內人士難以想像得到的：「記得我在慕尼黑大學讀書的時候（一九六一—一九六三）Otto Kups 教授的「新約詮釋」講堂常擠滿了聽衆。換過幾次教室，座位仍不夠敷用。我便曾站在那裏聽過課。至于那些青年學子坐在講壇四周的，席地而坐的，或坐在窗沿上搖着雙腿的，都不乏其人。只有一個特殊階級，那便是穿紅綺衣服的小姐們。她們一到，自會有人讓出座位來，讓她們伏在桌上寫筆記。實際上小姐寫筆記確比他人勤快的多。如果有像 G. Von Rad 或 A. Bea 等負盛名的專家來校演講的話，那就得把好幾個大教室用麥克風聯絡起來，給你來個「只聞其聲，不見其人」。一直要等到講完之後，專家們才分別到每個教室裏來給聽衆們招招手，露露他們的尊容。這就是西德目前最大的一座大學——慕尼黑神學院的情形。」（現代學苑第三十七期）

註七：文藝復興月刊第四期第七十六頁。

註八：參看陳立夫著「孔孟思想何以成爲人類之眞理」及本書的序文。

註九：有關神學院的成立及神學學位之認可問題，筆者却同意陳永璣先生的看法：「我們固然可以否認神學是最重要最高深之學術的說法，但不能不承認神學是相當重要而且高深的學術。例如佛教自隋唐傳入中土，影響我們的哲學思想，所以胡適先生要完成中國哲學史大綱下冊，不能不研究佛家學說之源流。然神學不是哲學，所以擁有三十多個名譽博士學位的通天教主，跳不出如來佛的掌心。如果神學不重要，胡適先生何以必需研究佛家禪宗？如果神學不高深，中國哲學何以未能提前定稿？現在臺灣公私立大學之中，都沒有神學院或宗教學院（現已准許成立宗教學院，有些私立大學正在籌備中——作者），如果友邦專家來觀光考察，回去對記者發表說：『三民主義的中國和共產主義的蘇俄一樣，都是不承認神學院學籍的國家。他們大學對於文化學術的見解，偏狹而且膚淺。』這對於我們國家面子，並不好看，所以我認爲我們的國立大學，固然可以不設神學院，但我們應該鼓勵私立輔仁大學、東海大學及中國文化學院三校，各速添辦宗教學院，來造就天主教、基督教及佛教的宗教學士、碩士乃至博士。神父、修女、牧師、和尚、尼姑等神職人才，和文職人才、武職人才、教職人才一樣，都是國家社會所需要的。需要者配合之。分由三個私立大學來造就，又不花費國庫的民脂民膏，何樂而不爲？神父牧師既修完規定的學分，我們不承認神學院學籍，信仰自由嗎？有個宗教學院研究佛學，妨礙我們中華文化復興嗎？」（文藝復興月刊第十一期第三十八頁）

註一〇：啓示或天啓乃上帝藉着一種超性行爲把一些眞理（這些眞理可以是人類的理解力能知道的及人的理解力所無法知道的）告訴人類(A supernatural act by which God makes known certain truths to man)。

註一一：J. Maritain, op. cit., p. 124.

註一二：S. Th. 1. 1, a. 8 ad 2.

註一三：中古時代的亞味羅學派的學者們(Averoists)及一些現代學者們主張兩立命題(Theory of double truth)。他們認爲同一物從信仰觀點看來是眞的，從理性觀點看來却能是假的，反之亦然。這是極荒謬的說法，因爲凡蒂崗大公會議曾如此宣佈過：「雖然信仰超越理性，但信仰與理性決不相抵觸；因爲把信仰的奧理啓示給人及賦予人信仰的同一上帝把理性之光賞給人，上帝決不能否定或相反自己，故超性界眞理或信仰也決不能與本性界眞理或理性相抵觸。」

註一四：人犯錯的原因請參看拙著「形上學」第三章第五節，商務印書館六十年版。

註一五：J. Maritain, op. cit., p.126-127.

註一六：凡蒂岡會議會說：人的智力是如此薄弱，只靠自己的努力，而缺乏上帝的特殊幫助，人決不可能獲得自然界的所有高深眞理而不犯錯。

註一七：J. Maritain, op. cit., p.131-132.

註一八：Utitur tamen sacra doctrina etian ratione humana...ad manifestandum aliqua alia quae traduntur in hac doctrina. Cum enim gratia non tollat naturam, sed perficiat, oportet quod naturalis ratio subserviat fidei. (S. Th. 1, 1, 8, dn 2)

註一九：J. Maritain, op. cit., p.132.

註二〇：J. Maritain, op. cit., p.129-135.

註二一：赫胥黎(Huxley)就認爲唯理性是眞理的準則，一個不能被證明的結論決不能是確實的(參看 The Encyclopedia of philosophy 。

第十三章 宗教與科學

第一節 人們對宗教的誤會

自從十六世紀開始，人類在自然科學方面所作的努力、所有的成就的確驚人。尤其到了十九世紀，科學的進步更是一日千里。以前，人所夢想之物，今日大都成爲事實；以前，人所認爲不可思議的事，今天都已實現。對過去人而言，宇宙本身不但是神奇萬狀，且被認爲是一個永遠無法解答的謎。可是這個無法解答的謎，因著科學家的不斷努力，逐漸被揭發了，於是有人相信，在不久的將來一定能完全瞭解宇宙，甚至控制宇宙。有些樂觀派者還斷言，科學家將來一定眞正會做到「在太陽之下無任何隱密之物」(nihil novum sub sole)。

宗教之所以爲宗教，多少含有些神祕感。宗教所談論的許多事情，的確使人難以置信，非人的理智所能洞識的。易言之，許多神祕之事，無法瞭解之物，極易變爲信仰的對象，把它們加以神化，奉爲神明。故在宗教裏（廣義的宗教）有時會含有迷信成分，宗教徒極易把那些毫無根據的事信以爲眞。

科學家的任務乃揭發宇宙的奧祕，欲瞭解宇宙間所發生之事的性質，想知道那些統治自然界萬物（包括人在內）的定律或法則（註一）。故科學家之目的乃在於破除迷信，給人指出事情的眞相，告訴人宇宙萬事萬物之所以發生，爲什麼發生及如何發生。如此一來至少對有些人而言，宗教與科學顯然是互相敵對的，因爲宗教講神祕，在宗教中含有迷信，科學則揭發神祕，破除迷信。於是甚至有人以爲宗教與科學乃水火不相容，以爲科學越發達，宗教必定越退化，若科學進步到了極點，宗教的信仰則必定不攻自破。偉大的心理分析家佛洛伊德 (Sigmund Freud, 1856-1940) 似乎就如此主張，請聽佛洛姆 (E. Fromm) 對佛洛伊德的意見所作的描述：「佛洛伊德認爲宗教之緣起，是由於人類對抗外在的自然界力量或內在的本能力量 (instinctive forces) 時，感到自己淒然無助所產生的事物，發生在人類發展的初期，當時人類無法用理性來處理內在和外在的壓力，必須藉情感的力量來抑制它們。不用理性而訴諸感情，其主要作用在抑制無法用理性處理的壓力。」

「在這個歷程中，人們產生了佛洛伊德所謂的「幻覺」，幻覺的題材取自幼時的經驗，當人們面對危險，無法控制，無法瞭解那內發的或外來的壓力時，就憶起幼時的情景，幼時他覺得是有一位有智慧、有力量的人在保護他，只要服從命令，不違犯他的禁令，就可以得到愛及保護。因此當人心理覺得孤獨無助時，就會回歸到這個經驗裏去。」

「因此依佛洛伊德的看法，宗教是幼時經驗的重演。小孩學習依賴、崇拜、敬畏他的父母以消除不安。成人也以同樣的方法來對抗威脅的力量。佛洛伊德拿宗教與兒童的頑念神經症 (obsessional neurosis) 作比較，認爲宗教是集體神經症，其產生與兒童產生神經症的情形相似。」

「佛洛伊德分析宗教的心理基礎，去追究人類何以塑成「神」這個概念，他努力研究的結果，不但找出宗教的心理根源，並且指出有神論者的宗教概念，是一種基於人的願望所產生的幻覺，因而推知這種概念的不眞實性。」（註二）。羅素也與佛洛伊德同一鼻孔出氣：「過去人類一向以迷信方式處理自然加給我們的限制，人們一直以爲神、鬼怪、妖女之類的東西能以法術召喚惡魔，如果人類不卑躬屈膝的設法取悅於它們，天氣就會轉壞。時至今日大主教仍深信久旱霪雨等天災，可以藉祈禱方式解除。迷信所要求的方法不但對實際的災害無補，通常只會使災害增劇。中世紀時期每當黑死病來襲時，則鼓勵人們聚集教堂集體禱告，當然，這是一種極有效的擴大傳染方法。我認爲欲使這類災害滅絕，非科學知識不爲功。科學態度至少有兩種好處：一方面要我們承認並面對災害，一方面幫助我們尋求解決災害的知識與方法。目前世界上還有各式各樣的災害有待人去解決，其中最嚴重的可能是人口問題，我發覺在本問題的處理方式上，卽使最文明的國家都不夠科學。」（註三）。羅素在別處批評宗教徒，所依持的祈禱不可靠時曾說：「在科學世界中，一人若想自己的工作能順利進行，不能靠祈禱，而必須靠有關自然律方面的知識。經由瞭解自然律所獲得的權力，遠比所設想的經由祈禱所獲得的權力要大得多、可靠得多。因爲你無法確知自己的祈禱是否已上達天聽，而且祈禱者不能要求過多，否則卽爲大不敬。但在科學上，人類的要求在某種範圍內可以不受限制。如果有人說信心足以移山，沒有人會相信；可是如果有人說原子彈可以移山，沒有人會不相信。」（註四）。尤其有些宗教家曾極力反對一些科學上的新發現，哲學上的一些新觀念，因爲他們認爲這些科學上的新發現，哲學上的新觀念與他們的宗教信仰相抵觸，於是對提倡這些科學及哲學上新知識的學者們大肆攻擊，甚至加以迫害。大科學家伽利略及自由思想家佈魯諾（G. Bruno, 1548-1600）（註五）就是最好的例子。有了歷史上這些例子，（有關伽利略案件，以後我們會作個客觀及公正的交代）一般人更相信宗教與科學乃格格不入，二者顯然是敵對的，宗教阻止科學的進步，宗教越進步，科學自然越退步，反之亦然。現代歐美科學界的物理權威，一九三二年諾貝爾物理學獎金得主，衞爾奈海森拜教授(Prof. Dr. Werner Heisenberg)也不否認上述觀點爲有些人所贊同的：「猶如衆所週知，在自然科學日邁千里的進展著，而著名反對伽利略學說的聚訟不停中，的確是使人傾向同意：『自然科學的眞理與宗教信仰對宇宙的解釋難趨一致』，而與以共鳴」（註六）。

但倘若吾人對科學及宗教作深一層的研究，有了淸楚的瞭解，卽不難發現上述觀點很膚淺及有欠公正，因爲誠如羅光教授所說「宗教可以是迷信，但不是一切宗教都是迷信。宗教裏可以有迷信，但不是宗教所談的都是迷信」（註七），而嚴格地說來，眞宗教或狹義的宗教與迷信乃格格不入，因爲宗教所談的雖有些是超理之物，但絕非是悖理或反理。迷信則是反理或悖理，因迷信者相信一些無根據及反科學之物爲眞。故眞宗教應是講理的，追求超自然界的眞理，與追求自然界的眞理的科學不但不敵對，且是殊途同歸及相輔相成。科學家對宇宙探討越深、越瞭解，越發覺宇宙的偉大與神奇，同時也越覺得宗教所言有理：宇宙爲一超人力量所創造、管理及支撑，這由發明相對論的愛因斯坦的話可資印證：「這神奇玄妙的感覺，乃是一切藝術，一切科學的活泉。這個對於人生玄妙的直覺，令人發生敬畏之感，也就是宗教的源頭」（註八）。

上面剛提過的海森拜教授也與愛因斯坦有同感：「我雖對自然科學眞理的神聖不可侵犯絕對相信，然而對宗教信仰的內容，則從來未能視其爲人性中，已屬過渡失效應與棄置，或已成爲與我們的將來無用的部分。所以我在有生至今的行程中，時時迫切地關心著這兩個精神領域的相互關係，而與以研究。因爲這兩界所昭示我們的事件，是我從來卽未能置疑的。所以於此我們首先論及科學眞理的不可侵犯性與其價値，進一步則要涉獵更爲廣泛的宗教信仰範疇——有關基督教的部分——正是寡蒂尼以其堅決不疑的文筆所

有著述，但終於極其艱澀地表白出來的——二類眞理相互的關係。」（註九）

第二節　科學與宗教性質不同，但並不衝突，且可相輔相成

科學的進步乃一日千里，這是無可否認的事實，科學上的許多舊觀念，已被新的發現所取代，甚至被完全推翻。從前人以爲物質是類似膠水的東西，現在我們都認爲這種說法十分可笑，因爲科學已指出，它是由纖維極小分子所組成的複雜物；現在科學家已不說宇宙由小彈球組成，而用電來描述它的組成因素參看 Fulton Sheen ; philosophy of Religion, New York, 1948, p.179) 過去人以太陽繞地球乃千眞萬確的說法，現代人却把它視爲無稽之談。一般天文學家的看法，都認爲宇宙是在一次不明原因之星際大爆炸後形成的，到現在大約有一百廿億萬年。也有些學者認爲宇宙可能還要年輕些。但是最近美國加州著名的威爾遜山天文台的 Allan Sandage 提出的最新報告指出，最近發現 m 15 和 m p^2 兩個球狀星團的年齡，高達一百八十億年，而誤差不會超過廿億年。因此，從威爾遜山天文台的發現，宇宙又增加了六十億年的壽命，而且天文學家都相信，一百八十億年也絕不是宇宙的確實年齡，隨着天文科學的進步，一定會不斷有新的發現。我國兩位曾得諾貝爾物理獎的李政道和楊政寧博士，在研究對稱原理中左右對稱問題時，不是也有過新的發現？（基本粒子强作用會顯示對稱，而弱作用會顯示非對稱。）所以任何科學的發現均非蓋棺論定。

既然科學起了革命性的變化，所以有人也提倡宗教與哲學也應隨之而變，他們的口號是：「新的科學

觀產生了新的宇宙觀；新的宇宙觀要求新的宗教觀。」懷德海博士即是此主張的提倡者。

以上意見是值得商議的，因爲學問的區別，乃基於抽象的等級（Degrees of abstraction），以及學問所研究的形式對象（formal object）。

抽象的等級有三種：理智在接觸事物時，可以只注意可感覺的事物，及可實驗的特性，這是第一種抽象等級，屬於自然科學；理智在考慮事物時，可以忽略可感覺和可實驗的部分，而只注意量、數目和伸張性等，是第二種抽象等級，屬於數學；最後，理智在研究事物時，連數量都不加以考慮，而只注意物的最抽象部分——存有（being as being），這是第三種抽象等級，屬於哲學，尤其形上學。易言之，因着抽象等級的不同，有三種不同性質的學問：自然科學、數學和哲學（形上學）。抽象等級的高低，決定學問的等級，因爲抽象等級越高，其對象也就越普遍、越廣泛、越超越、越抽象。一切學問均以物或存有（being）爲研究的對象，但每種學問都在物或存有的觀念上，加上某些特點，否則彼此間就不分了。譬如生物學乃研究有機體之物或存有（organic being），所以生物學不是研究一般的存有，而是研究特定的存有，即「有機存有」，因此在存有的觀念上，加上有機體（organism）的觀念，如此它才是一門與其他性質不同的學問，有所區別的獨立學科。人類學在存有（物）的觀念上，加上屬於人的一切，如人的起源、發展、早期的信仰及風俗習慣等，故人類學以人之爲物（human being）爲其研究對象。自然科學所研究的對象是物質物（material being），所以在存有（物）的觀念上，加上物質的特點。凡在存有（物）的觀念上，有加上任何其他觀念即爲一門特殊的學問，因爲所加上的觀念，多多少少都限制了存有（物）的觀念，故其研究範圍也受到限制，限於存有（物）的一部分。只有一種學問，其對象不受限制，不限於存有（物）

的任何部分，它以存有之爲存有（Being as being）爲研究的對象，故其對象是最普遍的，最廣泛的，其外延最寬，也因此它的地位是最崇高的，是學問之母，其原理原則可普遍地應用於其他學問上，其他學問都受其管轄，它卽是形上學。

學問的一般性區分，以抽象的等級爲基礎外，學問的特殊區分，尙以所研究的形式對象（formal object）做決定。所謂形式對象是研究質料對象（material object），所採取的特殊觀點。換句話說，一門學問的質料對象，是該學問所研究的對象或範圍，此對象可以是許多學問所共同的，但每門學問可以不同的特殊觀點，去研究此共同對象，這種特殊觀點卽是學問的形式對象，它是使一門學問與其他不同的決定因素。譬如心理學、社會學、醫學、生理學均以「人」爲研究的對象，故「人」是它們的共同對象，此卽是所謂的質料對象。但心理學以研究人的「心理」爲出發點，生理學以人的「生理」爲出發點，社會學以人的「社會性」及「人與社會的關係」爲出發點，醫學以人的「身體結構」爲出發點，這些特殊的出發點或觀點，卽是形式對象，因着這些不同的形式對象，它們屬於四種不同性質的學問。自然學問的質料對象有時也不同，譬如動物學的質料對象是「動物」，人類學的質料對象則是「人」，彼此不同。此質料對象與存有（物）一比，又是特殊的形式對象。

既然不同性質的學問乃因着不同的抽象等級和不同的形式對象，那麼，不同的學問所用的方法也應是不同的。因此，一種學問所用的方法並不適合其他學問，對象較狹的學問，如生理學，不能將自己所用的方法及所得的定律應用於對象較廣、較大的形上學，因爲部分不能指揮全體，屬下不能指揮主管。無機學不能命令有機學，有機學不能指揮思維學。研究物質的學問，所採取的是試驗法，此方法就不能適用於研究非物質的學問。科學家研究氫氣的方法，與倫理學家研究勇敢、正義、公理、仁愛等道德，所用的方法截然不同。我們絕不能把人放入油鍋中，看他是否會蒸出藍色的嫉妒來；也不能把狗的身體加以解剖，看牠是否對主人忠實。

既然不同的學問所採用的方法不同，所用的研究方式也不同，那麼所得的結論自然不一樣。一門學問的結論，不一定能適合其他學問、其他對象。科學家發現時空與觀察者是相對的，不能因此結論道德亦是相對。(Westermarck 即持此主張)相對論在自己範圍內是有效的。若將一切事物都變成相對的，都以相對論來解釋宇宙間的物理，那就荒誕不經了。難道獸醫可用同樣的方法醫人嗎？難道人與狗對氣候及其他環境的反應、適應是一樣的嗎？

我們已說過，自然科學屬於第一抽象等級，其抽象性較少，在學問的層次上，所佔的地位也較低，它的許多原理原則乃借自其他較高層次的學問，在這種意義上，它隸屬於其他地位較高的學問。既然如此，它有何權利變爲自高自大，目空一切，告訴我們有關道德、上帝、價值等觀念？研究質量的學問，有何權利管轄，或指揮研究精神的學問？研究原子性能的科學家，怎能成爲否認靈魂和上帝存在的哲學家或神學家？什麼時候，及基於何種理由科學變成萬能、變爲學問之母、變成最高層次的學問以致能管轄倫理學、醫學、心理學、數學、理則學、美學、音樂及形上學等？

每門學問有自己的研究範圍、有自己的討論對象和自己的方法，它在自己的範圍內是有效的，但不能越俎代庖，從事超過自己能力範圍的工作。它所到之處是好的，但不是處處都是好的。最成功的科學家，可能是最差勁的神學家；最出名的藝術家，也可能是最壞的醫學家，反之亦然。是以，若以科學上的新結論應用到宗教上來，不但犯了越俎代庖的毛病，且會產生可悲的後果。新科學觀只能改變舊科學觀，科學的新發現只推翻陳舊的科學論點，並不能改變或影響哲學或宗教，因爲哲學和宗教的原理、原則，並不建立於舊科學上，卽所謂風馬牛不相及，也因此，它們不跟着舊科學一起被推翻，或被建立。形上學所講的同一律、矛盾律、因果律和存有的特性：眞善美等觀念是萬古常存，放諸四海而皆準，證諸百世而不惑；亘古今而不變，歷萬刧而常新，與科學的結構無關。自然科學不是哲學的基礎，而是其原則的應用。有時因着歸納的不佳，推理之欠妥，在應用時可能會犯錯，而引出錯誤的結論，但不能因此而結論說哲學的原理錯了，因此需要新的哲學。有朝一日，現代的新科學觀又被推翻（此乃司空見慣的事），被新的科學觀所取代了，也無需重建新的哲學，或宗教，除非哲學或宗教提到那些落伍的科學觀。難道音樂、藝術、文學也需要隨着科學的新發現而改變？

多瑪斯曾一再强調各種學問因着抽象的等級不同，因着對象（形式對象）的不同而分屬於不同性質的學問，故所用的方法也不同。(There is no uniform method of science-In De Trinitate Boetii, q.5, aa.3,5) 倘若把兩種性質完全不同的學問放在一起，把抽象的等級和對象搞混，且用同樣的方法去研究所有的學問，不但不能達到研究學問的目的，且破壞了所有學問。把一種學問，尤其屬於低層次的學問，作爲所有其他學問的規則、尺寸、指導或代言者，是一種嚴重的罪行，而這種罪行卻層出不窮，而今又變本加厲，極爲普遍，所以才產生無數嚴重的錯誤。孔德以社會學觀點解釋宗教，達爾文以生物學的進化論，說明宗教的起源和上帝的存在，馬克斯以經濟決定論 (The economic determinism) 講解社會與歷史現象，William James 和 Jürger Bora Meyer 從心理學觀點闡明宗教現象，把心理學與神學混爲一談，把宗教的皈依解釋成潛意識心態的表現，把罪惡解釋成情結（complex），佛洛依德從心理分析觀點說明宗教信仰和宗教行爲，把上帝的存在說成「思想的虛構」，或「幼時經驗的重演」，把宗教信仰說成「集體的神經疾」，都犯了利用統一的學術方法的錯誤，把一種學問做爲其他學問的領導者，使層次較低的學問指揮層次較高的學問，强迫其他學問符合其原則，把一門學問所得的結論，不問靑紅皀白，硬應用於其他學問上。

目前最時髦的學問，不是社會學、心理學，或生物學，而是自然科學，故有人把它視爲萬能，是唯一値得追求的學問。它所用的方法是試驗法，所以也以此方法作爲研究學問的唯一可靠方法，以試驗證據爲唯一可靠的證據，一切事物不能以試驗證明的，不是可感覺到的，均不存在，它以領導全群的姿態傲視一切，這是多麼危險與可笑的心態！自然科學家也以科學觀點來解釋有關宗教的一切，以試驗法來說明宗教的現象與行爲，以試驗室作爲證明上帝存在的場所，以太空梭、火箭或飛彈作爲尋找上帝踪跡的工具。這種作爲不但徒勞無功，且荒謬之至！因爲研究宗教，尤其討論上帝的學問是形上學，而非科學；所用的方法是推理，而非經驗或試驗，是以，若以科學觀點，以科學的試驗法去研究宗教乃不得其門而入，猶如心理學的定律不能適用於天文學，音樂的定律不能適用於醫學。同樣的，自然科學的定律，也無法適用於宗教，所以，科學的新發現不影響宗教，更不推翻宗教，因爲宗教並不建立於舊的科學觀上。科學與宗教分別屬於兩門不同性質的學問，其抽象等級、其對象、其方法均不同，路歸路、橋歸橋，井水不犯河水，所以原則上，沒有衝突的可能，除非科學的假設違反宗教的眞理，或有些宗教含有某些違反科學的迷信成分（宗教裏可以有迷信，但不是宗教所談的都是迷信）。

雖然宗教與科學性質不同，但可相輔相成：

我們已說過，雖然宗教所講的不全是迷信，但宗教裡的確含有迷信，尤其有些不正派的宗教，鬼話連篇，故弄玄虛，聳人聽聞，謠言惑衆，使愚夫愚婦疑神疑鬼，神棍們就藉機騙財騙色。我們必須以科學精神，來破除宗教裡所含的迷信部分。

宗教上有些經典有時間接地提到自然科學的常識，這些常識已被科學推翻了，那麼，透過科學的新知識，使人對這些落伍的觀念有了正確的瞭解，同時也有助於對宗教經典的深一層瞭解。

同樣的，宗教對科學也有所幫助，因爲科學只研究物質世界的自然現象，對超物質世界的超自然現象，對精神境界，對道德層次，科學乃無能爲力。宗教則能對超物質世界的超自然現象有合理的解釋，所以 Brightman 說得有理：「每一位報章的閱讀者都知道許多大科學家均得承認單靠科學無法解決由原子分裂所引起的人類問題，他們得求助於哲學和宗教人士。」(An Introduction to philosophy, P.5. ch.1: Every newspaper reader knows that many great scientists are conscious of the inability of science alone to solve the human problems that have been raised by the products of atomic fission. They appeal to philosophers and men of religion for aid.)

再者，科學只能告訴人如何提高物質生活、如何殘殺及如何醫療，它在小地方替人類減少了死亡率，在戰爭中却使死亡率大幅增加。誰不對核子戰爭感到恐怖？這是科學給人類帶來的恩惠嗎？所以有遠見的政治家早就呼籲：我們必須在現代武器毀滅人類之前，將它們加以毀滅。但在一個無宗教、無道德、無愛心；不講公理，只講強權；對物質的盲目追求，貪得無厭，只顧目的而不擇手段，不注重精神生活，只沈迷於物質享受的世界裡，要想徹底毀滅消滅人類的現代武器眞是談何容易，所以經過多年的美蘇限武談判，到目前爲止仍是紙上談兵，隔靴搔癢，且各懷鬼胎，毫無進展，眞是「前途無亮」。所以科學家只能告訴我們如何殺人，如何醫治人；哲學家，尤其宗教人士，却能告訴我們何時當殺人，何時該醫治人。這就是知識（Knowledge）與智慧（Wisdom）的分野。科學所提供的是知識與技術，哲學和宗教所提供的是智慧。（參看威爾．杜蘭著：西洋哲學史話，許大成等譯，協志工業出版社，民國五十五年二月十五日八版，頁三）。以哲學和宗教所提供的智慧來補充科學所發現的知識之不足，人類才能不致於互相殘殺、自我毀滅，才能享有和平，人的生命財產等才有保障，人的生活才充滿意義，社會充滿祥和與溫馨，人生圓滿幸福！

反共大文豪索忍尼辛於一九八三年五月十日，在倫敦白金漢宮接受田普敦宗教進展獎後，復在倫敦市政廳發表演講，題目是「信仰上帝，脫離危機」，一開始就開門見山說，現代人的悲劇、災禍均淵源於人類對上帝的遺忘，對宗教的藐視，對科學的盲目信賴。因其見解的確有獨到之處，故把其中一小段加以介紹：

「遠在五十多年前，當我還是一個小孩時，就聽到許多上了年紀的人們，對俄羅斯所遭到的巨大震撼解釋說：『這一切都是因爲人類忘記了上帝。』

從那個時候起，在致力於研究我們革命歷史的同時，在不到半個世紀的時間裏，我曾讀完了上百部的著作，蒐集了幾百個人的見證。而我本人在清掃整理這處崩潰的地方時，也曾寫了八部著作。如果今天要我以簡明的言語來說出，這場毀滅性的革命吞噬了我們俄羅斯六千萬人。其主要原因，再也沒有比上面所說的：『這一切都是因爲人類忘記了上帝』這句話，所表達得更爲確切的了。

然而，猶有甚者，俄羅斯的革命事件，也許只有在此時，在本世紀末才更能瞭解它。從那時起，在其他的世界，也曾發生過同樣的情景。此處就普遍的發展過程，予以闡明。假若要我以簡短的言語，說出二十世紀的特徵，此刻再也沒有比我剛才所說的：『人類——忘記了——上帝』這句話，來得更確切而富有內容了。

人類意識已失去了神聖的至尊性，其敗德的缺失，是本世紀一切重大罪行的決定因素。第一次世界大戰，要算是其中最大的一項。我們今天的人，有許多都是第一次世界大戰時出生的，好像已經忘記了那次戰爭。當時富裕、積極而繁榮的歐洲，猶如瘋狂一般，把自己投入戰爭，啃嚙着自己；那種對自身的傷害，可能會超過一百年，也許是永永遠遠。那次戰爭，決不能以他種方式解釋說，是那些執政當權者的理智，普遍模糊不清，以及他們喪失了至高無上賦予他們的知覺而造成的。而僅僅出於對無神論者的憤怒，當時基督敎國家的使用毒氣，就這一措施而言，很顯然的，業已超出了人類的範圍之外。

在第二次世界大戰以後，上帝的至尊，又再度的被人類意識中的敗行缺失所剝奪——竟屈從於魔鬼『核子傘』的誘惑。也就是說，我們失去了憂患意識，推卸了對年輕一代應負的責任和義務；我們既不盡力去防衛自己，更遑論去保護他人了。我們堵住雙耳，不聽東歐人民的哀號，而只是追求快樂的生活。萬一危險逼近或者災難壓頂，那麼有核子傘來保護我們；可是，那不是保護我們，到那時只有讓整個世界化爲鬼域，燒成灰燼！今天西方世界，已經快要墮落到令人失望、無助的情緒裏，在種種方面都犯下嚴重的錯誤：保衞和平，而不依賴心靈的堡壘；不仰仗人類的剛毅，而單單去憑藉核子彈本身。

只是在第一次世界大戰之後，在喪失了我們有關神的意識至上的情形下，才以冷漠的態度，去對待俄羅斯被那些吃人肉的黨徒多年折磨下的死亡。在第二次世界大戰之後，又以同樣的態度，去對待東歐的滅亡。然而要知道，導致整個世界滅亡的長期過程，已經開始了。可是，西方世界還未認清這一點，甚至一而再，再而三的去幫助它。在整個世紀中，唯一的一次是西方世界集中力量去抵抗希特勒的戰鬥。但是，這一次勝利的果實，早已喪失了。在這個無神論的世紀裏，却想出了一種痲醉的方法：抵抗吃人肉的黨徒們，應該去和他們通商貿易。這就是我們目前智慧上的結核病。

假若說今天的世界已經走到了過去幾世紀前，就已經敍述的那種境界，那麼，我們所有的人，都也將會聽聞到那種聲音：『天譴！』」（丁源炳譯）

總而言之，科學家所關心的是發展各種科技以提高人的物質生活水準，以減少人類身體方面的痛苦，以延長人的壽命，以各種機器、設備給日常生活帶來諸多方便與享受，這自然具有重大值價與意義，非常值得鼓勵與提倡。然而，科學只能使人的物質生活富裕，却無法使人的精神生活充實，無法提高人的道德意識。一旦人盲目地追求物質享受與舒適，就無暇顧及精神生活，所以二者之間就形成明顯的對比：物質生活越充足，精神生活就越空虛，道德意志也就越低落。這種不平衡的現象正是人類目前所面臨的極大危機，其後果是不堪設想！早在四十年前麥克阿瑟將軍對此危機就提出警告：「……。人類從開始就尋求和平，曾不斷嘗試過許多方法爲設計一個國際性方法去阻止或處理國與國之間的糾紛，但一個接一個都失敗了，如今我們僅有一個最後的機會，否則世界末日就會臨頭……。目前的問題基本上是一個精神方面的問題，牽涉到精神的重整與人性的改良，這種重整與改良必須與過去二千年來，吾人在科學、在藝術、在文學，以及在物質與文化方面的無比進步並駕齊驅，吾人若要拯救肉體就必須先拯救我們的精神（靈魂）」

。（將軍於一九四五年九月二日在「密蘇里」軍艦上接受日本投降時所說的話）

另一方面，科學也無法指出人生的眞諦及人類的道德意識；宗教却能指出人生的眞諦及道德的力量與責任，能給科學研究道出正確的目標與方針。所以科學與宗教雖然是不同性質的學問，然而，彼此間並不衝突（因爲是屬於不同層次的學問。任何衝突之發生，兩者必須先同地相遇或碰面。），而是殊途同歸，彼此相輔相成。科學和宗教以不同的路線達到共同的目標：前者從受造物到達造物主；後者從造物主的直接指示認識造物主。一九一八年諾貝爾物理獎得主蒲郎克（Max Plank，1858-1947），他是量子學的創造人，曾說：「在任何地方、任何事物上，盡我們眼力之所及，在宗教與科學之間，絕對找不到矛盾，反而在一切重要事上，我們所看到的是一片和諧。」

「宗教與科學，決不如我們現代人所想像、所懼怕的會彼此或互相攻擊；相反的，它們和平相處、相輔相成。」

第三節　科學家對宗教的態度

科學與宗教若有衝突，那麼科學家必定都是無宗教信仰者。但事實告訴人，絕大多數的科學家不僅信仰宗教，且其中有些對宗教的態度極爲明確與堅定，主張科學知識越增加，宗教信仰的信心亦越增强。

法國科學名家愛密埃，曾著有四世紀來科學家的信仰，他列舉出四百位大科學家中，只有廿位對宗教信仰模糊；而明顯不信神者，也只有數人而已（註一〇）。

法國著名的「非加洛」(Le Figaro) 報主筆福來爾 (Robert de Flers) 曾於一九二六年，以這問題：「依閣下的意見，科學反對宗教嗎?」向法國國家科學院 (Academie de Sciences)（法國一般著名的大科學家，差不多都是該學院的會員。）的會員們徵求答案。結果七十四位科學家，也就是幾乎全體科學院會員都把答案送到報館。全部覆函正式在報上發表，標題是「宗教與科學」。調查所得的結果如下：在七十四人中，只有一人不贊成宗教。十四人共同承認「科學啓示我們該當謙虛，並尊重別人的意見。」五十九人，也就是全體中百分之八十都認爲宗教與科學絕不衝突（註一一）。

曾有人於一九三二年，調查英國皇家學會，爲數約二百多位的會員們的宗教信仰及對宗教的看法，此調查表曾發表於德羅布利支 (C.R. Drawbridge) 所主編的「科學家的宗教」(The Religion of Scientists) 一書內。調查所得結果百分之九十六，都認爲人對於自己的行爲應負全責，同時也信仰創造萬物的造物主，並且承認「眞」宗教與科學絲毫不相衝突（註一二）。

英國科學會在一八六五年，發表一篇關於宗教與科學的宣言，由六百十七人簽署。這篇宣言，至今尚保存在牛津博德倫圖書館 (Bodleian Library) 其大要如下：余等以自然科學家的立場，簽名發佈我們對於科學與宗教關係的意見。現在科學界若干人士，因爲探求科學眞理，從而懷疑聖經的眞理及其正確性；吾人於此，深覺遺憾！

「我們認爲上帝寫在聖經上的話，和寫在自然界的話，儘管在形式上有何不同，却絕不能彼此發生衝突。」

「我們應當牢記，物理科學，尙未臻於完善，尙在不斷改進之中；目前我們有限的理解力，彷彿對著鏡子觀看，還是模糊不清。」

「現在許多自然科學的學者，對於聖經，不加研究，徒憑其不完善的定律，和有限的理解力，懷疑反對，這種態度，實在不能不令吾人爲之痛惜。」

「我們深信，每一個科學家，研究自然，其唯一目的，只在闡明眞理：倘使他研究的結果，發現聖經和科學有所抵觸（其實只是他們對聖經的曲解），千萬不可輕率武斷，以爲他的結論是正確的，聖經的記載是錯誤的；而應持客觀的態度，平心靜氣，聽神指示，確信二者必然相符，絕不可偏執成見，以爲科學與聖經，有何衝突分歧之處。」

近代天文學的始祖哥白尼 (Nicholas Copernicus, 1473-1543)。是一位天主教司鐸，在他歷時二十年著名的「天體之運行」一書中一反前人所言，主張太陽恆靜不動，地球與其他行星繞之而行，是謂地動說。哥氏並闡明四季之變化，春秋分點之歲差，及行星之靜止與運行，從而奠定近代天文學之基礎。哥白尼不但是一位偉大科學家，同時也是一位虔誠的宗教家，對上帝存在及有關上帝之一切的信心既堅定又明確，因爲他曾以極肯定的口吻說：「假如眞有一種科學，能以使人類靈魂高貴，脫離世間的污穢，這種科學一定是天文學。因爲人類果若見到上帝管理下的宇宙所有的莊嚴秩序時，必要感覺到一種力量，催迫自己趨向於規律的生活，去履行各種道德，可以從萬物中認出造物主，確是眞善之源。」（註一三）

牛頓 (Sir Isaac Newton, 1642-1727) 年二十七歲卽任劍橋大學教授，發明二項定律——微分法與積分法。牛氏引用培根歸納原理，研究宇宙萬象，發現萬有引力定律，並確定運動三定律，爲近代力學的基礎。一六八八年、一七〇一年，兩次當選國會議員，後被選爲皇家學會會長。一七〇五年，授爵士。對於光學和天文學，亦頗有貢獻。

牛氏爲一虔誠基督徒，對於聖經——基督教信仰的主要根據——曾作過一番相當深刻的研究。他對於聖經曾如此作證：

「我們應把上帝的話——聖經，視爲至高無上的哲學；據我研究的結果，聖經記載之信而有徵，實遠非世俗的歷史所能比擬」。

有一天哈萊博士（Dr. Holley），在這位大科學家面前講了一番無信仰的話，牛頓不留情地加以斥責，正告他說：「哈萊博士，我對於你關於天文數理的高見，一向樂於領受，因爲你是研究有素的；但是你對於基督聖道，最好不要隨便發言，因爲你關於此道，我素知你毫無研究，並且我敢斷然的說，你根本是一個門外漢。」

牛頓自從精密研究考察奇妙複雜的宇宙構造後，他便深深感到造物主的莊嚴偉大，實在不可思議；於是，在他平常談話的時候，終不敢妄稱耶和華的名，在提到祂聖名之前，必先肅然靜默，以示敬畏之意。論到天體的構造和運行，牛頓嚴正的表示：

「證諸天文系的奇妙安排，我們不能不承認這必是一位全知全能的上帝的作爲」。他又說：「宇宙間一切有機無機的萬象萬物，都是從永生眞神的智慧大能而來；祂是無處不在，無所不能的；祂在這無量無邊，井然有序的大千世界中，憑其旨意，運行萬物，創造萬物；並將生命、氣息、萬物賜給衆人；我們生活、動作、存留，都在乎祂。」萬物之所以新陳代謝，如果否認係出諸上帝大能的運行，實在無法理解。所以，牛頓在其所著「基本原理」（principia）結論說：「宇宙萬物，必有一位全能的神在掌管統治。」

英國科學促進會會長（British Association for the Advancement of Science 1813-1885）卡本德博士（W.B. Carpenter），當退休的時候，發表一篇演講，對於一般妄用科學來反對聖經眞理的所謂科學家，大加抨擊，其大意說：

「當科學越過了它的領域，侵佔了神學的職權，妄想從其皮相的觀察，來解釋宇宙的奧祕，那便是越俎代庖。假如以爲自然定律是自動的，否定那位創造這些定律的大主宰與全能者，那便是最不哲學和最不合理的武斷。因爲一切管理和主宰宇宙現象的法則，便是那位統治萬有的大主宰運籌安排的結果。只有從這一個假定上，才能得到合理的解釋。」卡氏又說：

「一切科學的任務，只是對於造物主，如何施展其奇妙作爲的一種考察和研究，一切最高的定律法則，只是上帝藉著各樣事物表現祂作爲的結果。一切宇宙的現象，從最簡單和最微小的，到最複雜、最偉大的作爲，應以上帝爲其本源，爲其主因。」

「聖經作者們，雖所生的時代不同，空間不同，但都異曲同工，寫出一個偉大的計畫——便是上帝救世的計畫。這個計畫，完全是眞神的奇妙作爲，救主的偉大恩功，決非人的行爲；我們只有信奉歸皈，才能得救。」

法國化學家巴斯特（Louis Pasteur, 1822-1895）是馳名全球的微菌學的創始者。防疫注射，也是他所發明，對人類健康的貢獻至鉅。巴氏對宗教信仰及對聖經上的教訓更視爲至寶：「如果承認上帝的存在，這一個信仰，實比一切宗教的神蹟更爲超奇，不可思議。如果我們有了這種信心，這種領悟，那便不能不對上帝跪下肅然敬拜」（見 René Valery Radot 著：巴斯特傳）。

法伯樂（Jean Henri Fabre, 1823-1915）是一位觀察動物行爲的第一流專家，他有關動物行爲的著作極多，連達爾文都認爲他是一位難能仿傚的觀察家。有一次，有人問他是否相信上帝，他回答說：「我不僅說，我信上帝，我還要說，我見了上帝。因爲沒有祂，我什麼也不能明白，沒有祂一切都是黑暗的。我覺得無神派的論調，不過是一種時髦玩意，是這時代中的一種流行病，就我來說，我寧願叫人剝去我的皮，也不願叫人奪去我對上帝的信仰。」

勒虛博士（Benjamin Rush, 1745-1813）爲美國革命運動的首領，獨立宣言的簽署者，乃是一位著名的醫學家，亦是一位虔誠的基督徒。他曾極力主張美國公立學校，和其他學府都應設立聖經課程，其主要理由有：

「一、基督教，乃是唯一完善的眞宗教，人類的智慧聰明和幸福快樂，乃以其接受和服從聖經寶訓的程度以爲斷。

「二、要想明白基督教的眞理，其唯一有效的辦法，厥爲誦讀聖經。

「三、聖經裏面所含對人生現世所需的知識，比任何俗世的著作爲多。

「四、倘使在童年的時候，就讀聖經，則其所得的聖經知識，不僅可以歷久不忘，而且可以一生受用不盡。

「五、倘使在學校不讀聖經，則在以後一生的歲月中，實更無機會讀聖經。」

崔尼博士（George Cheyne）爲蘇格蘭著名醫學家，著作很多，其中如「自然宗教之哲學原理」(Philosophical Principles of Natural Religion)，「神經失常」(Treatise on Dervous Disorders) 尤爲有

名。崔氏論宗教與健康之關係說：

「敬愛上帝，乃爲救治一切煩惱痛苦，無上的妙法：第一、可以防止因情慾而來的疾病；第二、可以促使情欲歸於正常；其三、更可因爲一種不可思議的內心的喜樂與平安，得到一個康健與長生最有功效的祕訣。」

牛津大學地質教授白克蘭（William Buckland, 1784-1856）乃是英國最負盛名的地質學家。在他那曾得過倫敦皇家學會獎金的「地質學與礦物學」(Geology and Minerology）一書中，有這樣一段文字：

「整個宇宙從最低的根基，至最高的天體，都傳揚上帝的奇功，述說上帝的榮耀。自然的呼聲，便是上帝啓示的見證。上帝乃是宇宙之源，萬物之因，祂是昔在，今在，今後永在的。『祢世世代代作我們的居所，諸山未曾出生，地與世界祢未曾造成，從亙古到永遠，祢是上帝』（詩九十篇一至二節）」

白氏從研究化石的遺物，發現各種各樣動植物的構造，乃有永遠相同的基本原則，從而證明萬物乃是出於同源，乃是出於一位自有永有全能的上帝的計畫。據此，白氏更斷言：「無神論和多神論，乃是一種無稽的謬論！」（註一四）

白氏復強調他的信仰說：

「一個研究地質學的基督徒，不僅應當接受眞神的最高啓示，而且還有從地質學上作見證的責任。他認爲科學的任務，只能把上帝的本體和屬性，用各樣的證據，來加以闡明。因此，科學家，只是上帝的僕役。」

白氏認爲聖經的啓示和地質學的記載，乃是彼此一致的，他說：「地質學，正和其他科學一樣，尙在幼稚的時期，因此許多學者對於聖經的眞理，存著懷疑敵視的態度；但是，如果一旦豁然貫通，恍然大悟，對於造物主的大能，大智，和大愛，便會深信不疑。人類的知識是有限的，以往一切的科學發明和發現，只是井蛙窺天，侷於一隅，對於宇宙眞象，因未窺其全貌，故常以偏見而拒絕眞理。但一個眞有智慧的人，能領悟這一個偉大的宇宙的現象，其根源乃在上帝，一個相信聖經是神的話的學者，也斷然不會疑懼，聖經的眞理和科學的發現，有何衝突抵觸之處。因爲『眞理和眞理，絕對不相敵對的』；問題僅在不明白眞理。一明白了上帝奇妙的作爲，便能相信聖經的眞理；則一切難題，自然迎刃而解；一切疑慮，自然冰釋；一切反對，自然消逝；而地質的原理，終將成爲神學基本的偉大原理的見證。」

一九一八年諾貝爾物理學獎金得主蒲郎克 (Max Plank 1858-1947)，毫無疑問的，是本世紀最偉大的學者之一。他與愛因斯坦齊名。蒲氏爲量子學創造人。鮑爾 (Bohr) 教授論他時曾說：「在短短的人生旅程中，能像他有如此大結果的發現，眞是少之又少了」。

這位偉大的學者一生所過的生活却並不幸福。他的一個兒子戰死於凡爾登 (Verdun) 之役。另一個兒子在一九四五年死在納粹黨人手中。他的住宅於一九四四年因轟炸失火，他的珍貴藏書也被燒光。在他苦難的日子中，學者 Bertholet 給他很大的精神支持與鼓勵。爲表示誠意，他寫下了這幾句類似出自若伯口吻的話：「對全能與無限美善的天主，我自幼就保守了堅定不移的信德，這眞是天主的大恩惠。的確，天主的措施與我們人類的打算，截然不同，但是，我們誠心依恃祂，就能承當最艱巨的考驗」。

蒲郎克教授在別處對科學與宗教的關係及區別，說得相當透徹：「對教友來講，『天主』是直接思想：基本思想。一切事故、一切神生與形生（有形的生命）都是由祂全能的意願而來的……祂把祂的神聖使命，擱置在信賴祂的信者靈魂內。」

「對學者來講，直接思想、基本思想，是他由有形感覺的內涵及由其所得的結論。這基本思想成爲他的出發點，藉著科學歸納法，領導他尋找天主及祂所造的萬物制度。這是學者最後的目的，雖永遠達不到，可是當盡其所能去設法接近。」

「當科學與宗教對天主表示信仰時，一個是以天主做思想的開端，另一個卻把祂當做思想的結尾；一個把祂看做是宇宙一切現象的基礎，另一個卻把祂看做是完成。」

「在任何地方、任何事物上，盡我們眼力之所及，在宗教與科學之間，我們絕對找不到矛盾，反而在一切重要事上，我們看到一片和諧。」

「宗教與科學，決不如我們現代人所想像、所懼怕的會彼此排擠或互相攻擊；相反地，它們和平相處、相輔相助。」

「爲證明宗教與科學不是勢不兩立的，以基本批評原則具有歷史根據，且最顯而易見的證據是：前古後今的最偉大學者，如克卜勒（Kepler），牛頓（Newton），萊布尼玆（Leibniz）等都有很虔誠的宗教信念。」（"Wege zur physikalischen Erkentnis" C.S. Hinzel, Leipzig, 1944）

林紀（Johannes Reinke, 1849-1931）爲舉世聞名的植物學家，年廿四歲就被聘爲哥丁根（Göttingen）大學教授。對他而言上帝的存在是極爲明顯的事實，因爲研究宇宙萬物時，人到處都會發現上帝的踪跡。「大神學家兼哲學家聖奧斯定」，林紀說：「對人的心理頗有研究，說過一句永垂不朽的話：『我們的心得不到祢，就不能安定』。這句話也就是許許多多的人，無論有學問與否，對天主的存在有懷疑時，心靈中所感受到的最後結論。」

「擺在我們眼前的大自然，不是散漫零亂、毫無秩序的一堆動力，也不是七零八落、亂糟糟的一團活力與分子。它所呈現的秩序，不是對物質活力稍有研究就可以瞭解的。這研究與探討的工作，促使我們想到大自然該有一個極高的根源——一個科學所不能分析的根源。」

「除了這個假設以外，在我們地球上所出現的生動活躍的生物及他們的組成與進化，就無法解釋了。」

「除非我們故做盲人，否則，我們就必須承認有一位全能的創造者，祂管制大自然並維持大自然的秩序。我們對大自然研究越深，對天主神性反映的感受就越强。在人的思想中——它能把天主與大自然現象聯想在一起——天主大能的創造力，是一切事物最後及必然的解答。」

「對於流徙在世間的人，天主的本質眞是神妙難測的。但是天主寓居在大自然內，其眞實與超凡是不容懷疑的。戰勝了懷疑，就獲得聖奧斯定所說的『安定』」（"Naturwissenschaft, Weltanschauung und Religion" (Herder, Freiburg i. Br, 1925)）

最後我們要提被洛奇爵士(Sir Oliver Lodge)譽爲「世界最偉大的人物」愛迪生（Thomas Edison, 1847-1931）了。愛迪生乃是近代科學進步最有貢獻的人。近百餘年的科學家，實沒有一個能夠和他比擬。全世界上，沒有聽到他的大名的人，大概很少吧？我們現代生活上的享受如：電燈、電話、留聲機等用具以及其他科學儀器，大部分都是由他發明或改善的。這樣一位傑出的科學家在人類史上的確罕有。他一生努力於各種研究，廢寢忘食，日以繼夜，據說他經常工作的時間，是每天二十小時。說也奇怪，這位偉大的科學家，却具有强烈的宗教感，因爲他對上帝的存在，上帝創造宇宙及管理並照顧宇宙等道理堅信不疑。密勒氏（Francis Trevelyan Miller）在其所著的愛迪生傳中（Thomas A. Edison Benefactor of Mankind）曾說：「愛迪生如果沒有神的啓示，——如果沒有一個「舵師」——沒有一個引導的力量，他絕不會有一個科學和數學的精密頭腦，來領悟宇宙的奧祕。天體行星，在一定的軌道上，轉動不息，千萬年如一日；種種造化的奇妙，生活的繁殊，以及動、植、礦物的神奇不可思議，凡此均足證明，使愛氏相信，宇宙間必有一位全智全能，至高至尊的上帝」。

有一次愛氏和其友脫洛氏（George Parsons Lathrop）談話，愛氏說：

「我認爲每一個原子必由某種智慧所掌管，所以能千變萬化，成造化之妙。」

其友賴氏發問說：「這種智慧從何而來的？」

愛迪生答：「這種智慧，乃是從一個比我們更偉大的能力而來的。」

賴氏又問：「那你是否相信有一位全能的造物主上帝呢？」

愛迪生肯定的答道：「當然，上帝的存在，在我是幾乎可用科學來加以證明的。」

「愛迪生對於各種宗教哲學都有研究，對聖經尤爲精通，他認爲聖經的寶訓，乃是人類行爲最崇高偉大的規範，亦爲指示人生道路不可須臾或離的指南；因此，愛氏承認教會的事工，實有不可磨滅的偉大貢獻，而教會乃是人類不可缺少的組織。」（註一五）

據愛氏的家屬宣稱，愛氏雖未皈依任何正統的信仰，但對於上帝却有一個虔誠的信心，在其渥蘭琪（Orange）實驗室裏，愛氏曾寫了一篇座右銘，其中說：

「我深信有一位全智全能的，充滿萬有的至高至尊的上帝的存在。」（見愛迪生傳二九二，二九三頁

）（註一六）

愛迪生的確平常沒有在教堂裏作過禮拜或祈禱，故有一天，一些新聞記者，要求他准許在報上發表他是反對宗教的。出乎這些新聞記者意料之外，愛迪生却氣憤憤地回答說：

「具有邏輯頭腦的人，對於不得不承認的事實，總應當接受，從萬物所表現的情形看來，宇宙實在是全能者意志的偉大成績。假如否認至上權能的存在，我就等於褻瀆自己的知識。科學和宗教是由同一根源而來，其間絕不會發生衝突，我相信我主的訓示：人與物是由一個領袖來指導，世界的命運，是由一位至上者來支配。」

英國大科學家，達爾文 (Charles Robert Darwin, 1809-1882) 在生物學方面所作的貢獻不下於哥白尼與伽利略在天文學上的貢獻。達氏提倡進化論，創造「自然淘汰」及「適者生存」的理論。一般人以為達爾文為道地無神論者，徹底反對宗教者。持這樣意見者，我們可以斷言完全是道聽塗說，自己一定一向未曾讀過達爾文的作品。達爾文絕對不是無神論者，充其量，他只是一位不可知論者 (agnostic)，而在他的名著「物種起源論」(The Origin of Species) 我們却發現不少地方提到他相信造物主的存在。於公元一九五一年由牛津大學出版的該書第五五九頁上說：「在我看來一切過去和現在，在世界上屆留過的生物，他們的產生和滅亡，是由於間接的原因。這樣的說法，更符合於我們所知道，有關事物方面的規律，這種規律，是由造物主所製定的」。

該書最後的一句名言是：「Darwin's full text: There is grandeur in this view of life with its several powers having been originally breathed by the CREATOR into a few forms or into one, and that whilst this planet has gone cycling on according to the fixed laws of gravity from so simple a beginning endless forms most beautiful & most wonderful have been and are being evolved」（註一七）

以上所列舉的科學家中，有天文學家（哥白尼、牛頓），生物學家（法伯樂、達爾文），物理學家（蒲郎克、牛頓、愛迪生），醫學家（勒虛、崔尼），化學家（巴斯特），地質學家（白克蘭），植物學家（林紀）對宗敎信仰的言論，足可證明絕大多數科學家都有宗敎信仰，故科學與宗敎不僅絕不衝突，且可相輔相成。這裏筆者再引證三位英國科學家的言論，證實上述的觀點。英國皇家學會副會長愛文爵士（Sir Ewing）說：「科學最近的進展，的確有利於宗敎信仰。科學使明哲者認清唯物論的幼稚性，使眞正飽學者也不敢保證自己的見解是確定的」。赫利遜敎授（Prof. Harrison）說：「最近數年來，物理學的進步，已經移去了宗敎信仰上的重大障礙，它就是以頑固的頭腦，來觀察世界的決定論」。史梯勒敎授（Prof. Steele）說：「我想最近物理學的進展，不但使宗敎信仰成爲可能的，並且是不可避免的」。

誠然亦有些科學家無宗敎信仰，但爲數不多，且是名不見經傳的人物。是以，我們完全贊成大數學家高奇（Cauchy, 1789-1857）的說法：「微小的學識，使人遠離上帝；廣博的學識，使人接近上帝」，及大哲學家培根的觀點：「淺薄的哲學引人到無神主義；巨大的哲學則使人歸向宗敎。」牛頓、哥白尼、伏打和巴斯德等也都認爲：「科學淺，令人不認識神；科學深，則令人認識神」（參看「科學的吶喊」，葉西孟著，民國五十二年光啓出版社——第四七頁）。故愛因斯坦說得有理：「沒有科學的宗敎是瞎子，沒有宗敎的科學是跛子。」

第四節　人們對宗教誤會的原因

科學與宗教既然不衝突，但爲什麼不僅一般人，都認爲宗教反對科學，阻止科學的進步，科學與宗教間存有不可超越的鴻溝？且有些課本和雜誌報章，甚至有些負有傳道、授業、解惑的知識分子，也都以此告訴世人呢？

羅光敎授曾針對此問題作了有力的答覆：

「實際上，不是科學自身反對宗教信仰，而是應用科學方法的人，造成一種心理，這種心理和宗教信仰不相適合。

㈠研究科學的人，注重物質，注重可以用人的理智可以明瞭的事物。超於物質，無形無色，不可捉摸，而且超於人的理智，不可明瞭的宗教信仰，便不爲這般人所重視，甚至被這般人認爲迷信。

㈡研究科學的人，習於實行實驗，一切答案都要有實驗的證據，沒有證據，科學的問題便不能有結論。宗教信仰是不能證明的事，可以證明的事已經不是信仰。於是趨向科學的人，便以宗教信仰爲不足重視。

㈢科學的發明，是人的理智力的收穫；科學的受益者是人能增加生活享受。科學的興盛，增加了人的自信心。十九世紀和廿世紀的思想，乃以人爲中心，宇宙在人權力以下，人的理智將來可以統治一切。因此，神的觀念便被捨棄，他們所要求的宗教神靈，乃是和人平等而由人理智可以明瞭的神」（註一八）。

除了上述理由外，尚有數點應補充的：

一、對宗教的偏見與誤解的心理，造成這種現象。因為一般人對純正宗教未加以研究，對宗教及科學的性質、範圍、及界限不瞭解，往往道聽塗說，以為宗教就是迷信（註一九），而科學乃破除這種迷信，故相信科學與宗教相抵觸，這有曾得過諾貝爾獎金的化學家沙巴悌爾（Paul Sabatier）的話可資印證：「我認為主張科學與宗教對立，是毫無理由又毫無用處的，提倡這種論調的人，大概對於宗教和科學，都沒認清楚」（註二〇），可惜這些人更不知道，眞宗教也是反對迷信的！眞宗教的信徒反對迷信絕不亞於科學家。

二、基於這種對宗教的錯誤心理，於是有些編輯課本及執筆為文者，就未把迷信與宗教分清，將錯就錯，把這種嚴重錯誤告訴世人。一般人都崇拜權威，尤其對那些編課本者更易盲從，於是一傳十，十傳百，錯誤也就普遍化起來了。法國金屬化學家沙特利爾（Le Chatelier）曾經作證說：「在近代刊物中常見到宗教與科學不相符合的言論。這都不是從眞正科學家的口中說出，而是一些對於科學沒有徹底認識的人的見解，其中還摻雜著一些毫無科學知識的作者的話」（註二一）。

三、歷史上曾發生過幾件事，表面上看來為宗教與科學相敵對的例子。於是一般人就更易相信宗教反對科學，宗教與科學乃勢不兩立。其中最有名的為西歐中世紀的宗教法庭（The Inquisition）及伽利略案件。此二事件之是是非非曾引起激烈的爭論，但其中有不少的誤會，隨後必須加以澄清。先談宗教法庭，次說伽利略案件。但首先須聲明，筆者絕無意坦護任何一方，只想道出事情的眞相及澄清一些誤會而已。

四、有些宗教經典所講的，表面上看起來違反科學，人對之誤解，因而也反對宗教。

五、有些宗教的確含有迷信成分，鬼話連篇，妖言惑衆，使愚夫愚婦疑神疑鬼。

第五節　論宗教法庭

有關宗教法庭問題，筆者先簡單介紹其作用及成立經過；次談其合理及合法性；末論其執行程序。

一、宗教法庭簡介：

所謂宗教法庭（註二二），大體而言，是由羅馬天主教會與當地政府合作所設立的法庭，其目的爲審查宗教教義（天主教教義）的異端邪說，並懲罰那些頑強散佈邪說者，開始於十三世紀，由教宗意諾增爵三世所設立，初爲鎭壓華爾多教（Waldenses）（註二三）及阿味欠西斯學派（Albigenses）（註二四）。這些異端邪說重申馬尼派的學說，到處散佈謬論。他們不僅以有毒的思想威脅人類，且企圖以武裝暴力推翻教會及政府，嚴重地影響公共安全和秩序。開始時，教會以慈母心腸用開導及說服的方式，指引這些頑石回頭改過，但徒勞無功。終於教會與政府，決定聯合起來與這些異端邪說對抗，旨在加以撲滅以恢復社會的秩序及教會的安寧。發現、審查異端邪說爲教會的職責。懲罰散佈這些異端邪說者，則是當地政府的任務。故宗教法庭的主要目的，乃爲保護天主教國家免受異端邪說之毒害，及使國家免遭暴亂的侵襲，因爲通常說來，暴亂都由異端邪說所引起的。無可諱言，宗教法庭對維護信仰的純淨，保持國家的統一的確產生過很大的影響，阿味欠西斯派邪說之撲滅，就應歸功於宗教法庭及教士們樂此不疲的宣道精神。

二、原則上宗教法庭爲合理及合法的：

㈠從教會方面來說，首先我們必須說明的一點是，宗教法庭的權威，只及於受過洗禮的信徒們。對無神論者、教外人士及猶太教人士不發生作用。人一經受洗，就成爲教會的一份子，就應遵守教會的規矩、服從教會的權威。每一機關、團體或組織，都有自己的章程或規則，該團體的會員或份子，有責任遵守之。大公會議（Councils）、聖賢們及聖經與聖傳，都主張教會有權利，同時也有責任監護信仰的純淨，故對那些遠離正道的信徒，尤其當他們的行爲對其他信徒的信仰有害時，教會有權及有責任保護信仰的純淨及懲罰（包括體罰）這些害群之馬，因爲偉大的多瑪斯曾說：「對眞理，人只有服從而無選擇的自由」（Contra vero, saltem sunt cogendi）。天主教的道理認爲在信仰眞理上誤入歧途常是一種嚴重罪惡，對天主及教會不忠不信，是罪大惡極的叛徒，教會是耶穌基督所指定爲看護信仰的純淨的機構，故有權及責任懲罰那些誤入歧途者，因爲耶穌基督曾將此權及責任交給其使徒們：「我實在告訴你們，凡你們在地上所束縛的，在天上也要被束縛；凡你們在地上所釋放的，在天上也要被釋放」（註二五）。是以，教會主張自己有權及責任，對自己的不肖教民加以懲罰，包括精神及物質（肉體）的懲罰，此種主張是既合法又合理的。多瑪斯就擁護這種主張：「至論散佈異端邪說者，可從兩方面而言，卽他們自己方面及教會方面。從自己方面而言，因爲所犯的罪極爲嚴重，自己不僅應與教會脫離關係（被開除教籍），甚至還可以處以極刑，因爲異端邪說會危害自己與他人精神或靈魂生命，卽此種罪惡遠比造假錢幣危害物質或肉體生命之罪惡嚴重。造假錢幣者或其他惡行，政府可以處以極刑，那麼散佈邪說者，只要罪證成立，便應立刻驅逐出教會或可以適當地加以懲罰。」

「從教會方面而言，教會應以慈心期待那些誤入歧途者改過自新，故通常都經過一再矯正後才施行懲罰，此乃依照使徒聖保祿的訓示（致第茂第約人書，第三章第十節），經過一再矯正後，若尙執迷不悟，

教會對其歸正已感絕望，爲了顧及這些人會危害到其他人，教會應把他們開除教籍，然後交給政府處以極刑。」（註二六）

事實上，每個社會或完整的團體，都應有權利和責任對其分子的福利表示關心，對自己的生存應作不斷的努力。任何社會或團體，缺乏此種權利及責任感，其本身就無法存在。

教會是一完整社會，她從其創立者——耶穌基督——接受來對自己本身的生存及發展所需要的一切，故她有權利立法及懲罰違法者，因爲此二種權利對促進社會分子的福利，對團體的健全及安寧產生極大作用，偉大柏拉圖對法律所執行懲罰的功效，有一段極精闢的話：「若懲罰實行的適當，可產生兩種好效果：第一、能使當事人（受罰者）改過自新，因而受罰者能從所受的刑罰中得到好處；第二、能收到殺一儆百之效。故懲罰惡人是使社會安寧、團體健全、人民安居樂業的有效方法」（註二七）。

任何團體都有不肖之徒，在不肖之徒中有些乃無可救藥的，因爲他們都是擇惡固執的頑強者。在教會的組織裏自然也有這類人物，違反教會的法律，藐視教會的權威。嚴父兼慈母的教會，若逢遇到這種人物，就可執行她所擁有的權利，善盡她所應盡的責任：矯正及懲罰這些怙惡不悛者，其目的乃使他們回頭改過，及使其他人免受其害。教會在這方面猶如一個家庭的父親，他採取明智及有效的方式矯正家庭中一些敗類，及不使這些敗類擾亂家庭的平安，及影響到家庭的幸福。教會在這方面所採取的手段類似今日世界各國政府，採取有效方法防止鼠疫、霍亂或其他危險的傳染病蔓延與流行；或類似有些政府因着環境的特殊，設立一特殊機構來調查危害國家社會的壞分子，諸如殺人的兇手、害人的流氓、破壞社會秩序的陰謀者等，這些害群之馬一經發現，卽應繩之於法，不讓他們繼續危害公益。宗教法庭在宗教社會裏，猶如父權在家庭或衞生局、警察局、調查局及法院在政治社會裏。易言之，這些機構的設立，都是非常必要的，是既合法又合理的，否則家庭也好，社會、國家也好，都無法生存，其分子的福利也必然會嚴重地受到威脅。

㈡從政府方面。當我們欲知道一個機構的合理及合法性，我們必須先瞭解此機構成立的時代、地點和情形，以及成立的動機。宗敎法庭成立於十三世紀的歐洲，而歐洲在這個時代裏，涵有極濃厚的基督敎氣氛，基督敎義是人類的普遍及永恆眞理，爲普遍信念，故叛逆基督敎義就等於背叛眞理及天主，此乃滔天大罪，遠勝過叛逆合法的國王或法律，猶如目前一些反共國家把共產主義視爲毒蛇猛獸，宣傳共產主義的行爲被視作大逆不道，重則可處以極刑，輕則可處以有期或無期徒刑。

十三世紀的歐洲，毫無疑問地爲基督世界的歐洲，當時的一般人及統治者，都認爲基督敎義是不變眞理，基督敎爲神所啓示的唯一眞宗敎，此宗敎的存在，傳佈對全人類、對整個社會都極爲重要，因爲她關係人的一生幸福或得救，故許多歐洲國家都把基督敎定爲國敎，政敎在當時的歐洲，不僅彼此關係非常密切，而且幾乎完全合一，國法與宗敎法幾乎打成一片，因此國法不但可以，且應該懲罰任何相反宗敎法的明顯行爲。另一方面我們也得知道人爲法（國法）不能深入人的良心，卽人爲法不能約束人的良心，良心只受神的控制，人爲法不能對人的內在行爲有任何作用，故也無法懲罰人的內在行爲。

在這種情形下，沒有比敎會與政府合作成立一個公正及合法的法庭更自然的事了。因爲藉此法庭一些相反宗敎法的外在行爲可被揭發，而違法行爲的有無及輕重也能被鑑定。有了宗敎法庭，一方面那些無辜者就大可放心了，因爲法庭能替他們伸冤；另一方面那些眞正有罪者——宣傳或散佈異端邪說者——就無法消遙法外，他們將公正地得到應得到的懲罰。如此一來，我們不難看出宗教法庭與今日爲了保障人民的福利、名譽、權利、財產、自由等的法院或調查局並無二致，而誰能否認法院之存在爲合理與合法及其設立，對人民而言乃極爲重要的呢？是以，當時許多基督教（天主教）國家的首領們（如法王路易九世），都認爲異端邪說（heresy）與背教行爲（apostasy）是罪大惡極的罪行，必須加以懲罰，以昭炯戒，而儆來茲。他們自然不但不認爲這種作爲是相反人的自由的違法行爲，且相信它是功德無量的行爲，猶如我們不但不認爲懲罰宣傳共產主義的行爲，是違反人的自由之行爲，且相信能促進人民的福利，保持社會的秩序，所以必須採取的行爲，因爲人只有爲善的自由，絕沒有作惡的自由。共產主義或任何相反眞理的異端邪說是思想上的毒菌，是精神上的病症，等於長在人體內的瘤或任何其他危險的傳染病，爲了拯救人命及使他人免受傳染，這些病症必須立刻加以治療或拔除，否則對當事人自己，及整個人類都要遺害無窮。誰敢說醫生醫治人的疾病，尤其危險的傳染病，是相反當事人的自由？是殘忍或不仁道的行爲？誰不主張犯有危險傳染病的病人，必須立刻加以治療或與人群隔離？我們若承認身體上的病症必須加以治療，那麼，比身體上的病症更嚴重，爲害更大的精神或靈魂病症——異端邪說——難道不也應該加以治療嗎？

總括上述，一個完整的社會，如天主教會，無人能否認她有權利及責任，與當地政府合作成立一法庭來審核與懲罰，那些嚴重及能危害他人的罪行，譬如異端邪說。

倘若有人難以接受這種理論，那是因爲我們生活於一沾染罪惡的汚穢社會裏，把罪惡看成極平常的事，不覺得它的可怕及危險，所謂「入鮑魚之肆，久而不聞其臭」，甚至把犯罪當做自由的象徵。殊不知犯罪（作惡）充其量只是自由的記號，絕不是自由的本質，自由的眞正意義是：「一種爲選擇達到目的之方法的權利」（多瑪斯的定義）。人只有選擇方法的自由，對於目的，尤其最後目的，人沒有選擇的自由，是非要不可的，故人無任何權利爲非作歹——犯罪，因爲犯罪的行爲能阻止人達到最後目的——獲得天主。「爲所欲爲」(Do what you please)（主張自由主義者的謬論）是放縱，是自由的濫用，絕非眞自由；自由亦不是「爲所必爲」(Do what you must)，而是「爲所當爲」(Do what you ought)，卽循規蹈矩；合法合理的行爲，才是眞正自由的行爲。人爲造物主——天主——所造的，在一切行動上必須依賴著祂，人所享受的一切也是祂所賜予的，對造物主人只有感激的責任，絕無任何觸犯或褻瀆祂的權利，誠如著名的地質學家盧忠 (Maurice Lugeon 1870-1953) 教授（一九四五年被選爲法國科學研究院院士，曾在洛桑 (Lausanne) 大學及工程學院教授地質學）所說：「朋友們，我們就像一個登山隊，登上了我們生存的高峯，面臨這廣瀚奇偉的景象，凝神靜思，會情不自禁地向陪伴着我們登山越嶺的那位做一番祈禱。你們也體會到，人生快樂不只在於物質的豐滿，另外還該有超性方面的因素。這時，你們也許會想到創世紀開端的一句話：『在起初，天主造了天地。』

我相信，你們一定願同我一起多加一句話：『祂要造我們，同時也要我們享受構成我們生命的快樂。』那麼，我們就該懷着滿心的感激，轉向這位偉大的秩序制定者——造物主，簡單明瞭的說：謝謝！」。（註二八）

教徒藉着基督所建立的聖洗禮，成爲慈母教會的兒女，絕對無權反抗其母親。任何團體或社會的分子都無權破壞，該社會或團體所建立於上的基礎。誠然，人有自由意志，此乃造物主賜予人的尊貴禮物，但天主給人自由意志乃爲了爲善避惡，叫人循規蹈矩，絕不叫人濫用此權以至敗壞其兄弟及導引他們爲非作歹。

錯誤有二種：一爲理性或思想錯誤；另一爲倫理錯誤。在錯誤中自然亦有輕重之分。倫理錯誤往往淵源於理性或思想錯誤，因爲不知無所欲，人不會去追求尙一無所知之物。人若願意欲望正當，先必須認識眞理，追求眞理，揚棄錯誤，避免犯錯，因爲錯誤的認識，往往導致錯誤的欲望，人的思想若缺乏原則，行爲也不會有原則的，思想的原則不正當，行爲亦不會是正當的，因爲思想領導行爲，有正確的思想才會有正確的行爲，反之亦然（註二九）。在所有思想錯誤中，不信 (incredulity)、異端 (heresy) 及背教 (apostasy) 之錯誤最爲嚴重。原因是，這些錯誤直接觸犯到造物主——天主，對祂不忠不信，不恭不敬，而罪或錯誤之重大，以被得罪者的地位的高低爲衡量 (offensus est in offenso)。總統或國王爲一國之首，其地位自然高於一般老百姓，人若對國王或總統不恭不敬，不忠不信，自然要比對其他地位低的人不恭不敬，不忠不信嚴重，而所應得的懲罰也應比較嚴重。造物主——天主——與受造物——其他萬物——在地位上自然有天壤之別，那麼冒犯造物主之罪，譬如上述的不信、異端及背教等罪行，遠比其他罪行嚴重，因爲其他罪行充其量只冒犯受造物而已。假若冒犯造物主之行爲不應受到懲罰，那世界上就無罪可罰了。如此的話，任何司法機構（法院、調查局、刑警隊）之成立都是違法，全是不合理的。社會上若缺乏司法機構，那麼，請問：社會正義能得到伸張？社會基礎能維持嗎？人民的權利、財產、自由、名譽等有保障嗎？故「有功必賞，有罪必罰」是既合理又合情合法的。任何罪行都應得到所應得的懲罰，尤其那些比較嚴重的罪惡，譬如傷害到造物主的權利、地位、尊嚴等罪行更應受到懲罰，不應被原諒，此乃天經地義的，故由政教合作所成立爲懲罰人類最嚴重的罪行——不信、異端邪說及背教等的宗教法庭，在原則上不但是合理合法的，且是必要的。

三、宗教法庭之程序的檢討

我們剛證明過宗教法庭，在原則上或理論上是旣合理又合法的。易言之，那些冒犯上帝的罪行在原則上應受到懲罰。如今我們要問，西歐中世紀時，由政教合作所成立的法庭，懲罰那些有罪者所用的手段、所採取的方式有無可非議之處？是否有欠公道或太殘忍？目前我們就來討論這問題。

首先我們必須指出此問題的重要性，不像第一問題，倘若一些執行法官，在處理這些罪行時有欠公正，因了他們濫用權利，所用的手段太過殘忍，把他們在處理案件時，所犯的過錯歸咎於教會本身，進而堅持法律本身爲不合理及不合法的，那便荒唐之至，此猶如一些政府官吏，在處理一些問題上譬如懲罰貪汚、偷竊、殺人、放火等罪行，所用的手段太過毒辣，於是把他們的過錯，歸咎於立法者或政府本身，進而揚言法律本身爲不合理與不合法，是同樣無理的。

無可置疑的，中世紀的宗教法庭，在懲罰犯人時的程序有時的確太過殘忍，甚至不仁道，尤其西班牙的宗教法庭在審查罪狀，懲罰犯人時所用的手段委實太殘忍點，在程序的進行方面也欠公正，但這些過錯應歸咎於執法的官吏或政府當局，與教會無關，因爲羅馬教宗曾多次嚴厲地指責過這種不仁道的行爲，且教會的責任僅是爲揭發異端邪說，懲罰罪人則是政府的事。歷史曾多次指出，教會常仁慈善待犯人們，譬如聖堂武士團 (Knights Templars) 在受審時，曾明確地自動要求樂意受教會法庭的審判，因爲他們知道教會法庭比較仁慈，若受教會法庭審判，他們有信心不至於被判死刑的，而事實上，雖然教會痛恨異端邪說，但對散佈異端邪說者常表同情，憐憫他們一時的失足，熱切盼望他們能早日改過自新，重回到慈母

教會的懷抱，做個教會的忠實好兒女。（註三〇）

歷史也指出，當法王路易對那些褻瀆者太嚴厲時，教宗格肋孟四世曾於一二〇八年出通諭要求他應以慈悲爲懷，要以仁慈善待那些失足者。

有些教會的敵人之所以對宗教法庭有反感，主要基於一些不忠實的報導及惡意的誹謗，尤其基於史家 Sloreute 的證言。但 Sloreute 所寫有關宗教法庭史被公認爲誣告，有欠公正及爲惡意的誹謗，而他自己也知道他的報導大部分是不忠實的，否則他不會燒毀他所根憑的文件。他之所以燒毀那些文件，主要的企圖是，不讓後代史家有反駁他的機會。

關於西班牙宗教法庭，我們該承認有濫用權利之嫌。但我們已說過，西班牙的宗教法庭完全受政府的控制，教會的影響力極少，故西班牙宗教法庭的法官們由政府指定，聽政府指導，而不聽教會的指導，故實際上，西班牙的宗教法庭，純粹爲政府的一個司法機構，政治氣氛遠濃於宗教氣氛，教會當局對西班牙的宗教法庭也大感不滿，曾多次出通諭譴責西班牙的宗教法庭的濫用權利及過分殘酷。教會當局甚至准許那些被政府法庭判罪者，有權向教會當局作非常上訴。教會甚至曾把那些濫用權利及不服從教會勸導的法官開除教籍。

總而言之，教會曾用盡方法，費盡心機，使當政者及執行法官，在仁慈及善良上面盡量步自己的後塵。因此把西班牙宗教法庭所產生的弊端，所犯的錯誤歸咎於教會當局，是既不公道又荒唐的。

雖然我們承認西班牙宗教法庭的法官，在執行職務時過分嚴厲，但有些對之也言過其實及含有高度惡意。Sloreute 本人雖然痛恨教會及提供許多不忠實的報導，也承認宗教法庭所設的監獄爲有拱形圓屋頂的房子，乾燥及寬大的，若與歐洲其他法庭的監獄一比實際是皇宮。宗教法庭的犯人們絕不用手銬或桎梏，據 Sloreute 的報導，從一七〇七到一七九二總共有三十四萬人之多被西班牙宗教法庭判刑，是難以置信的虛報（註三一）。

「治亂世，用重典」爲至理名言。從果子判斷樹之好壞，中世紀的宗教法庭給許多歐洲國家帶來好處。歐洲許多國家能保持信仰的統一，無可諱言，應歸功於宗教法庭。尤其西班牙的宗教法庭，不但西班牙一直保有信仰的純淨，及宗教上的統一，且使西班牙政治安定，免遭內亂的禍害。福爾泰（Voltaire）雖極力反對教會及宗教法庭，也不得不承認宗教法庭，的確產生過好的效果，因爲他曾說：「十六、十七世紀時的西班牙沒有流血革命，沒有陰謀，也沒有像在歐洲其他法庭，所經常見到的殘酷無仁道的懲罰……在英國及法國，當時的國王常被暗殺或送上斷頭臺，在西班牙却不曾發生類似事件。」故總而言之，西歐中世紀時的宗教法庭，在原則上是合理合法的，雖然在審查罪狀及在懲罰犯人時執行法官，或政府當局所採用的方式及手段有時過分殘酷，但此與原則無關。更不應把這種濫用權利的罪歸咎於維護原則正確性的教會。宗教法庭在原則上既是合理又合法的，它的存在對社會、對國家、對人民都是必要的，遭受宗教法庭判決的犯人們也是咎由自取，罪有應得。雖然在被判刑的犯人中有些是大思想家及科學家，但隔行如隔山，在哲學與科學範圍內他們可能是專家，但對宗教教義則未必精通，尤其在「犯錯乃人之常情」的情形下，他們的思想未必常是正確的，是以，倘若他們的言論與教義（眞理）相抵觸，自然應受宗教法庭的審核。若罪證成立，應受應得的懲罰。宗教法庭這種作法乃爲民除害，給社會帶來秩序，替國家製造安寧，爲教會保持教義的純淨，怎可說它妨害思想或言論自由，反對科學或阻止科學的進步呢？

第六節　伽利略案件的檢討

伽利略（Galileo Calilei）爲著名的意大利物理學家、天文學家及傑出的思想家。於公元一五六四年生於比薩（Pisa），但生命的大部分時間，在文藝復興的發源地佛羅倫斯（Florence）度過。他於十六世紀初採納哥白尼的地球繞日說。伽利略的主張於一六一六年，二月廿四日被羅馬教廷教義部所禁止，因爲此種主張與聖經上所說的不符。起初，此種禁令由羅馬教庭教義部裡的一些會員們發出，羅馬教宗未干預此事。但後來教宗基於聖部裡樞機主教們的報導，出令通知伽利略他的學說被禁止，因爲相反聖經的緣故，並且通知他今後不得堅持這種主張。教宗純粹以私人的名義，而不是以基督世界首領的名義作出宣言。一六一六年三月五日教義部，把有關哥白尼學說的書籍列爲禁書。這時伽利略未受到任何干擾或懲罰，他能自由自在地繼續居住於佛羅倫斯附近的私人別墅。最後於一六三三年伽利略受到宗教法庭的懲罰，命他撤消他所犯的錯誤。教義部於一六一六年所發佈的禁令全文是：「禁書聖部出令禁止討論這種學說的書籍，而聲明此學說爲錯誤及違反聖經」（註三二），但教宗並未在此聲明上簽名。伽利略一方面對教義部，所做的決定大表不滿及不服；另一方面又不能對自己的學說提出有力的科學證據。（實際上也不可能提任何有力的證據，因爲巴黎大學在十八世紀中葉時還說：地球繞日而行說法是一個假設。美國哈佛同耶魯兩大學在十九世紀還說過：陶萊米和哥白尼兩氏的學說是都沒有證據可尋的）。同時他又超出自己學識的範圍任意批評聖經。在他的新著「有關宇宙的兩個體系的對話」（Dialogue on the two systems of the world）裡他曾猛烈抨擊反對他學說的人，自然羅馬教宗及那些對他特別友善的反對者，也是他書中所抨擊的對象。擁護天動說（Ptolemaic System）或太陽繞地球說者，終於被伽利略所觸怒，於是紛紛要求教義部重新譴責伽利略。伽利略於一六三三年再度被定罪。但嚴格地說來，伽利略從未被監禁過，更未受到任何體罰，他仍舊享有一般人的自由。M. de l' Epinois 對伽利略案件作過詳細的研究後說：「伽利略給他最親密的朋友的信裡無一字提到他曾受過體罰。雖然最後一次受審時，他曾被威嚇受刑，但這種威嚇只是一種形式而已」。而事實上伽利略也不可能會受到任何刑罰，因爲當時他已是六十九歲的老年人，而且患病，宗教法庭一般而言不准對年老多病者加刑的。伽利略自己在一六三四年的一封信裡說：「他的生命或榮譽未受到任何損害」（He suffered nothing in his life or honor）（註三三）。

對伽利略的案件，我們已做了簡單的介紹。他的學說已被證實爲眞，天動說終於被推翻了，那麼，教會加給他的多種困擾是否不應該？聖經是否錯了？

對伽利略曾作過深刻研究的學人們的意見是：當時一些宗教家（包括羅馬教宗在內）及聖經學家，拘泥聖經文字上的意義，的確犯了嚴重的錯誤，但聖經本身並不犯錯，因爲聖經是一部宗教經典，宗教教義及倫理問題是它主要及直接所要討論的，它不太關心其他問題，譬如自然科學上的問題。當聖經偶而提到自然科學上的問題時，它乃依照一般人的錯誤見地，將錯就錯，因爲，我們已說過，這些問題不是它主要及直接所欲討論的。當聖經作者說地球不動，而太陽在動時，此種說法乃根據常人之錯誤見解（到目前爲止，一般人還是說太陽東出西落），他不必要及沒有任何責任加以更改，因爲它不是一部自然科學書籍，灌輸自然科學的正確知識旣不是它的責任，又不屬於它的範圍；而且相反常人之見（雖是錯誤的）也不易被人所瞭解與接受，因此又何必多此一舉呢？況且有的聖經學還認爲，當時不是地球眞的停止不動，而是說明上帝是大能大仁的，肯聽人的呼籲，肯幫助以色列人作戰。

雖然聖經無錯，但當時的宗教家及聖經學者錯懂聖經也是事實，他們强迫伽利略放棄其學說也太不應該，故當時的教會在處理伽利略的案件上，犯下錯誤是無法否認的事實，在此，我們完全同意對發現北京人有巨大貢獻的大生物學家，德日進（Teilhard de Chardin）教授所說：「教會欠過伽利略一筆債」。

但當時的宗教家及聖經學者所犯的錯誤，一方面由他們對聖經的不瞭解，另一方面則因伽利略自己所引起的，因爲我們已說過，伽利略在受審時既不能對其學說提出有力及科學化的證據，又任意批評、攻擊聖經及那些反對他學說的人，他的作風，對當時參與此事者看來，近乎無理取鬧，因此他們才强迫他放棄他們認爲是標新立異的學說。故說句公道話，伽利略自己對此案件的發生也應負一部分責任。

卽使當時的一些宗教家、教宗、聖經學者在處理伽利略案件上都錯了，聖經並沒有錯，宗教本身更沒有犯錯，因爲任何私人都不能代表一個宗教集團，以私人名義所作所爲與團體本身無關。團體的一個私人反對某件事，絕不等於該件事爲整個團體所反對。當時的一些宗教家及聖經學者反對科學上的眞理——地球繞日說，因爲他們不能代表整個教會，更不能代表所有宗教，故絕不能引出結論：宗教反對科學，宗教與科學彼此衝突。

第七節　教會對科學的貢獻

宗教與科學倘若衝突，爲自身的存在及安全，宗教一定反對科學。但事實告訴人，宗教不但不反對科學，且鼓勵人從事科學的研究，直接或間接在科學知識上做過莫大的貢獻，此足可再度證明二者間並無衝突（註三四）。

首先我們必須指出，教會的直接及主要職務，乃保存及傳播耶穌基督的道理，使人藉着它而得永生。科學及其他人類知識不是她所主要關心的。所以，縱使教會對科學未作任何貢獻，我們也不能加以譴責。我們難道該指責商人對文學無貢獻，或指責文人們對運動不熱心？

雖然科學之發展，非教會的主要職責，但教會從未忘記促進它的進步，而在這方面教會確實作過大貢獻，因爲人類各種學問、知識，對基督教義的崇高目的大有裨益，它們對信仰道理的瞭解與把握，及對德行的進修能提供很大的貢獻。是以教會法典曾明言：「無知是一切錯誤之母。對俗人而言無知是不可容忍的。對負有傳道責任的司鐸們更是不可原諒的」。教會的聖師們也都異口同聲强調知識的好處。聖額俄略(St. Gregory of Nazianzen) 爲教會最偉大聖師之一，曾說：「知識對人類而言是最值得追求之物之一。我不僅指那些與得救及精神的美好有關的知識，我也指那些世俗知識。無知的有德之士，與有知的無德之士都是有缺陷的。兩者具備才是十全十美的」(The first of blessings is knowledge and I mean not only that which relates to salvation and the beauty of spiritual things, I speak also of profane knowledge. To have only morality or science is to have but one eye, but those who shine in both are perfect)。梵蒂岡大公會議也曾聲明：「教會不但不反對知識與藝術，且想盡辦法幫助及鼓勵人們在這學問上下功夫，因爲她知道這些學問對人生活大有益處。而且，因爲上帝是一切學問的導師或泉源，故世俗學問亦應來自上帝。故教會相信藉着聖寵的幫助，大體而言，一切學問都能領人走向上帝。教會確實不禁止每種學問在自己的範圍內，盡量利用或發揮自己的原理原則及自己的特殊方法」（註三五）。教會絕無理由害怕科學與反對科學，因爲「信仰與理性、自然界眞理與超自然界（啓示）眞理之間絕不相抵觸，因爲二者同來自同一上帝——一切眞理的泉源。上帝旣不能相反祂自己，那麼，科學與信仰之間就不應有任何衝突」（同一大公會曾如此作證）。信仰與理性或宗教與科學之間不但沒有衝突，且能相輔相成，那麼教會爲什麼怕科學或反對科學？教會爲什麼不協助科學的發展？爲什麼不鼓勵人從事科學的研究？而實際上教會對各種學術的貢獻至大至巨。尤其對歐美文化而言，教會更是它的娛姆。歐美文化，嚴格地說來爲基督教文化。當北方野蠻人南侵時，歐洲文化得以保存應歸功於天主教的會士們，故史家 Gibbon 說得有理：「教士們的一個會院對學術所作的貢獻，遠勝過兩個牛津及劍橋大學」。稍知教育史的人，都知道歐洲早期所有有名教育機構，都是教會或教會人士所創辦的。沙來諾大學（University of Salerno）、波羅那大學（University of Bologna）、巴黎大學、牛津大學、劍橋大學、薩拉曼加（University of Salamanca）里斯本大學等都與教會發生密切關係。

自十六世紀以後，教會在教育事業上更形活躍。這種知識運動，由天主教中幾個最活躍的團體——道明會、方濟各會、耶穌會及其他修會——熱烈推行。「比如，在十八世紀末葉，耶穌會在全世界有六百六十九個中學，在法國一國就有十六個中學，還有幾個大學，（現在它在美國有十八個大學）。它在十七和十八世紀，派到中國來傳教的司鐸，都是些數學家、天文家、物理學家、或建築學家、藝術家，如利馬竇、湯若望、南懷仁、郎世寧，都是我們所熟知的。從那時起，在歐洲的天主教學校內，就熱心研究科學」

（註三六）。

衆所周知，天主教——全球最大及最具影響力的宗教團體——的精神領袖是羅馬教宗，全球天主教徒在思想及行爲上都聽他的指導，故羅馬教宗的言論與作風，在某種意義上可以代表整個天主教。歷代教宗不但在言詞上，且在實際行動上都盡力鼓勵科學及其他學術的發揚（連伽利略都拿過教廷的科學研究費）。教宗庇護十一世（一九二二年至一九三九年間的教會首領）爲了提倡科學的研究風氣，於一九三六年曾經重新組織了教廷科學學會，該學會創始於一六〇三年。庇護十一世曾親自邀請了世界上最著名的科學家加入這個學會，共有七十個會員，而能成爲該學會的會員是一種至高無上的榮譽。該會的會員到目前爲止得諾貝爾獎金的人，較遠超過其他學術團體的會員，譬如發明盤尼西林的科學家貫明（Alexander Fleming）就是該會的會員，他於一九四五年獲得諾貝爾獎金。

庇護十二世是多才多藝的一位教宗，他那淵博的學識及語言的天才，曾引起學術界的廣泛注意。他有關鼓勵科學的研究的言論不勝枚舉。「一九五四年四月間，國際X光治療法專科醫師和電氣治療法專科醫師，在羅馬舉行國際會議。同時意大利的這兩種醫師們，也在舉行着會議，兩個會議合起來的人數，共有一千五百位。

庇護十二世告訴他們要繼續他們的研究工作，要有勇氣，要有自信，雖然他們的努力不見得常能得到酬報，也就是說不一定能在治療上立刻獲得成功」（註三七）。他在這篇演說裡有這句話：「凡是關於科學的，和人類幸福的事，沒有能使我們不關心的」，此足證明他對科學的熱心。

教宗良十三對研究學術之熱心乃衆所周知的事實。他與庇護十一世都是頒發偉大通諭的教宗。他的「

永久之父」(Aeterni Patris) 及「明智的上帝」(Providentissimus Deus) 通諭都苦口婆心地勸人對各種學術應做深一層的研究，因爲對各種學術深一層的研究工作，有助眞理的揭發，而眞理對整個人類，對教會都大有裨益。於一八八三年他把梵蒂岡大部分檔案公開給學者們研究，爲了更能瞭解事實的眞相。當他如此做時，他曾說過一句名言：「我不怕把文件公開，因爲眞理對教會無害」(註三八)。良十三世的這句話足可代表宗教對眞理的態度，同時也告訴世人宗教不但不怕眞理，不反對眞理，且對眞理欣喜若狂，那麼，宗教爲什麼要反對揭發宇宙奧祕，使人能知道事情眞相的科學呢？宗教不但不反對科學，且處處都在鼓勵科學的研究、科學的發揚，宗教與科學之間有何衝突呢？

是以，從以上所言，我們願重申我們的立場：「科學與宗教不但不相衝突，且能相輔相成」，這也就是愛因斯坦所說的：「沒有宗教的科學是跛子，沒有科學的宗教是瞎子」。

註釋

註一："The scientist is a man who is trying to find out about nature, about facts and principles which govern the physical world, including the men who live in the physical world... their goal is the understanding, the comprehension of the physical world" (L.A. Du Bridge, What is science?)

註二：參閱佛洛姆(E. Fromm)著「心理學與宗教」，欣瑜譯，有志圖書出版社，民國六十年，第九一十一頁。

註三：參閱石元健編譯「羅素精選集」，民國六十年，大江出版社，第一九五頁。

註四：同上，第一六一一一六二頁。

註　五：佈魯諾主張泛神論，不爲當時教會所容納，於是離開祖國—義大利，到英法等國講學。最後返回威尼斯，被控告散佈異端邪說，終於被宗教法庭判罪，被處火刑。他的思想對斯賓諾薩及萊佈尼茲產生巨大影響。

註　六：參看海森拜教授於本年三月二十三日在西德慕尼黑接受巴嫣公教信徒學會頒給 Guardini-Preis 寡蒂尼獎金時發表的論文，題名：「眞理之與自然科學及宗教信仰」。氰氧山人曾把此論文譯爲中文，刊登於恆毅月刊的第二十二卷的第十二期及第二十三卷第一期。

註　七：羅光：「實踐哲學」上册，一九六〇年，香港出版，第三頁。

註　八：吳經熊：「哲學與文化」，三民書局，六十年，第一八八頁。

註　九：參看同一論文。

註一〇：趙雅博：「哲學新論」，啓業書局，民國五十八年出版卷二，六四一頁。

註一一：「科學與宗教」貝輿仁著。蕭舜華、張準合譯，光啓社出版，民國五十四年，第十二頁。

註一二：同上，第十四頁。

註一三：同上，第六頁。

註一四：參看章力生著，「世界名人宗敎觀」，一九六一年香港證道出版社，第四十五頁。

註一五：同上，第六十八頁。

註一六：同上。

註一七：有關科學家的宗敎信仰問題，主要參考書爲蕭舜華、張準合譯的貝輿仁所著：「科學與宗敎」；章力生的「世界名人宗敎觀」及葛立模編的「大科學家信神嗎？」

註一八：牧盧文集，先知出版社，民國六十一年，卷三，二十五頁。

註一九：有些人尚不能完全脫離迷信也是事實，如把日月蝕、雷擊等天文現象，當作神的行爲，例如最近一次全日蝕（發生於本年（民國六十二年）六月卅日，在肯亞各地）時，印度教徒就成群結隊前往寺廟禱告及獻金，以平息他們的神之憤怒。回教徒亦是如此，紛紛到回教寺中祈禱。（見七月一日中央日報第二版）。

註二〇：參看貝輿仁著「科學與宗教」第十八頁。

註二一：同上。

註二二：與西班牙宗教法庭不同。西班牙宗教法庭由法爾地南(Ferdinand) 五世及依撒伯女王成立於一四八一年，旨在使西班牙宗教信仰統一以對付猶太人及回教徒的陰謀（以調查歸化的猶太人是否有誠意）。西班牙宗教法庭，老實說，政治色彩濃於宗教色彩，雖然教宗西師篤 (Sixtus) 四世批准其成立。國王有權指定法官，任意處罰嫌疑犯，連聖女大德蘭及聖依納爵都曾被控，教宗對此曾表示不滿，但無可奈何。

註二三：為里昂富商彼得・舒瓦多(Peter Swaldo)於一一七九年所創立的教派。其宗旨為效法耶穌門徒們的神貧，認為此種神貧為成全之捷徑，以聖經為生活與信仰的唯一規則，於一二一五年正式宣佈脫離羅馬天主教，他們否認羅馬教宗為基督在世的代表及煉獄、大赦，彌撒等多端道理。

註二四：為中世紀時在法國南部的一派異端。他們繼承馬尼派(manicheism)的學說主張二元論：善神與惡神為善惡的根源；光明與黑暗；靈魂與肉身；今生與來世；戰爭與和平等。他們最古怪的習慣是鼓勵自殺，尤其鼓勵絕食而死，因他們認為現世為罪惡(essential evil)故越早結束生命越好。羅馬教宗有感於他們對教會及國家的威脅，命聖道明到法國南部勸他們回頭改過，但他們對教會及國家的危害越來越嚴重，終於引起一場大戰，法國及西班牙都加入此戰爭。可惜此戰爭政治氣氛濃於宗教氣氛，到一二二九年戰爭結束。教宗額俄略九世於一二三三年成立一審查此異端的委員會，由道明會士主持，此為歐洲中世紀宗教法庭的開始。

註二五：馬太福音第十八章第十八節。

註二六：*S. Th.* 2-2. q. 11, a. 3.

註二七：參看拙著：「柏拉圖的哲學」，民國六十一年臺灣商務印書館出版一六七頁。

註二八：葛力模著「大科學家信神嗎？」華明書局出版，民國六十二年臺北，第四一五頁。

註二九：參看拙著「形上學」，第一三五一一三六頁，民國六十年：「罪行的因素或根源」。

註三〇：為中古時代的一軍事修會的會士。此修會成立的目的是為保護到耶路撒冷的朝聖者。在十字軍東征時出過很多力，會員增加很快，他們的財產及土地極多，爲中古時歐洲有名的富翁。法王菲利普 Philip 四世對他們的財產起嫉心，於是控告他們很多罪名，終於把會員們拘捕，財產充公，許多會員被判死刑。教宗格助孟五世在維亞納會議以教廷通諭解散該會；其首領之一 Jacques de Molay 被判異端，於一三一四年被法國政府處以火刑，到此該修會全部解散。

註三一："The sacred Congregation of Index has rendered a decree in which the books which treat of this doctrine were prohibited, and the doctrine itself declared false and contrary to the Scriptures."

註三二：M. Gilbert: *La Reveue des Questions scientifique,s.* 據說伽利略會被迫下跪宣誓放棄其學說。宣誓後伽利略起立用腳踏地大聲說：「但是地確實在動呀！」(e pursi muove)，這段歷史全是捏造的。有關伽利略案的眞相，可參考 R. Lenoble 的 Histoire de la Science (Gallimard, 1957), p.476 和 (Jerome J. Langford 的 Science and the Church (Descleé Co. Inc.)

註三三：W. Devivier, *Christian Apologetics*, 1903, N.Y., p.551-552.

註三四：*op. cit.*, p.552: "that, far from being opposed to the study of the arts and the sciences, the Church assists and encourages them in numerous ways; for she knows, and does not despise, the advantages which result from them to the life of man. Moreover, as sciences come from God, the Master of all sciences, the Church recognizes that the regular employment of them should, with the assistance of grace, lead man to God. Certainly she does not forbid that the sciences, each in its own sphere, make use of their proper principles and special methods."

註三五：參閱貝興仁著「宗教與科學」，第五三頁。

註三六：同上，五九—六〇頁。

註三七：這裡所有的資料僅限於天主教——世界最大及最具影響力宗教團體——對科學所做的貢獻。其他宗教團體對科學所作的貢獻，因手邊資料不足（正在收集中）故未提及，歉甚！

註三八：參閱黎正甫著「天主教教育史」，民國四十九年，臺中光啓社出版，第三〇一頁。

中篇 論神

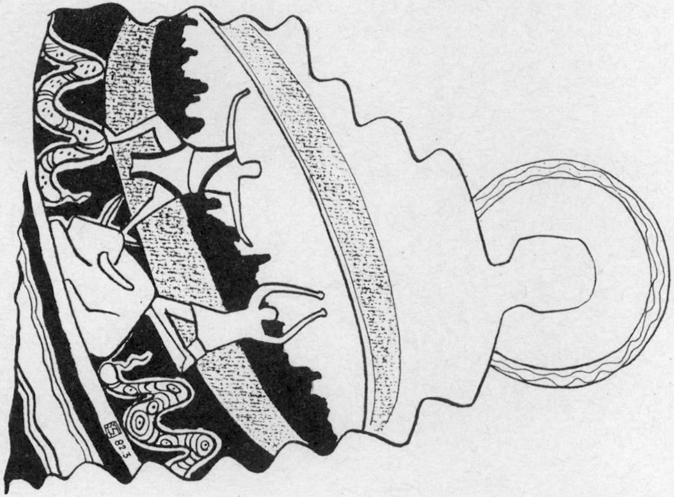

神是宗教哲學的中心課題，所以著者在討論一般有關宗教哲學的問題後，就開始討論此重要課題並想把大部分的時間，集中於此問題上。先論神之存在，次談神之性質。

第一章　神之存在的探討

自古而來，神之存在與否，常是人所最關心的問題之一。古今中外有無數學者、專家在此問題上花時間、費精力，而對神之存在與否則有見仁見智之異。但大體而言，人對神之存在問題的見地可歸納爲二種：否定與肯定。

否定方面首先有無神論者的主張。中文的「無神論」，英文爲 Atheism，其廣義乃指否認神之存在，或任何承認神存在之不可能性的學說。其狹義乃指否認一個有理性 (intelligent)，自由自主 (free) 及位格 (personal) 至高無上能賞善罰惡（卽人的行爲應對祂負責）的神之存在。

第一節　無神論的派系

歷代有很多否認此至高無上的位格神之存在的學說及學派。所有唯物論者必定是無神論者，因爲神是至高的精神實體，是精神界的代表，唯物論者否認一切精神物之存在，故必定贊成無神論。早期以德謨克利圖（Democritus, d. 360B.C.）爲首的希臘原子論者（Atomists）（註一）；享樂派（Cyrenaic）（註二）；唯樂主義（Epicureanism）（註三）及一些文藝復興時代的哲學家們，譬如岡巴尼拉（Campanella, 1568-1639）等都算是唯物論者，故也都是無神論者。啓蒙時代的法國自然主義者如伏爾泰（Voltaire, 1694-1778）；法國百科全書學家如赫爾巴（Holback, 1723-1789）（註四）、尼泥羅（Diderot）、阿冷味（d'Alembert）、拉味弟利（La Mettie, 1709-1751）（註五）；德國實證論者（positivists）及十九世紀的唯物一元論者（materialistic monism），如俄特（Vogt, 1817-1895）、牧特尼爾（Buchner, 1824-1899）、莫利斯古特（Moleschott, 1822-1893），Tyndall（1820-1893）、厄齊（Haeckel, 1834-1919）及左派黑格爾信徒們，如費兒巴赫（Feuerbach, 1804-1872）、馬克思及恩格勒（Engels）；十九世紀的社會學家們；贊成唯物辯證論的人們，如共產主義的擁護者們；尼采、叔本華、卡謬、沙特及哈特曼（N. Hartmann）等，都應列入主張無神論的唯物論者的陣容中，因爲這些學者都主張只有物質存在，並企圖證明神之不存在或不應該存在。

唯物論者的最大命題是：宇宙萬物的形成、演變及進化，乃因着天生隱存於物質內的一股盲目力量，除了有長寬厚三度空間，及能被感官所感覺到的物質外，不曾有任何一物存在過。目前除了物質外，也不會有其他物存在的，宇宙曾是似火的旋轉星雲，卽是赤熱氣體的雲彩，此雲彩的分子具有物理化學力量，此力量經過交互作用，漸漸演變成吾人今日所看到的各種不同的生物及無生物。故生物也只不過是一些精巧的鐘錶而已。人的思想及自由意志也僅僅是物質的動作（註六）。

馬克思主義可能是最能代表唯物論的見地：主張物質先於一切而存在。物質自身是自足的（autosufficient）與自動的，並含有矛盾性質，在其矛盾性質內含有演變衝力，無需靠任何外在原因就足以產生動作。

馬克思主義借用黑格爾的正、反、合三種法則，來解釋宇宙的各種演變。第一是矛盾法則（law of contraries），在此法則裏馬克思主義肯定所有實體都是矛盾的統一，如陰（母）陽（父）爲矛盾物，其結合產生另一新物：子女。在物質內含有矛盾性質，此矛盾性質必然產生動作，故物質是自動的。第二是否定法則（law of negation），物質所產生的動作乃向前邁進，不斷求發展及進步，犧牲自己以成全他物，如種子必須先失去自己的存在（被否定），然後才會有樹的生長；一棵樹原由一粒種子而來，又能生出更多的種子，但仍然是種子，卽種子的量變了，其質則不變。第三是變化法則（law of transformation），馬克思主義以此法則，解釋宇宙間不同性質之物的存在。物質因是自動的，故不斷產生行動，其結果產生許多同性質之物；但在不斷演變中，有時會有一種突然及巨大的變化，在此變化中有些完全不同性質之物就因此而產生，譬如水在逐漸變熱的過程中，最後會變成蒸氣。相反的，水在逐漸變冷的過程中，最後會結成冰。蒸氣及冰在性質上顯然與水不同，但同由水變成，這種性質上的變化，卽在變化法則下完成的。

從物質的第一法則——矛盾法則，所引出的結論是：物質具有自動性質，故無需任何外來原因，以解釋存在於宇宙間的各種動作，自然亦無需第一推動者——至上神——的存在。

從物質的第二法則——否定法則，所引出的結論是：宇宙間各物的發展與進步，乃順著此物質的法則，它們的發展與進步全是自動自發的，故除物質外，無需任何其他指揮萬物前進，或朝向固定目標的智慧或立法者的存在。

宇宙間有形形色色，無奇不有之物存在著，此是事實；這些物不但在數量上不斷增多，且在性質上也大不相同，尤其有些極爲神奇之物的存在，譬如生命及理性等，這種現象顯然無法以前二法則來解釋。馬克思主義於是就發明第三法則——變化法則，來解決這個難題。物質在不斷發展與長久進步中，有時會來個突然與巨大的變化，於是就有出乎人意料的現象產生：一些完全不同性質之物的出現。故縱然發現一些與物質完全不同性質之物出現於宇宙間，吾人亦不必大驚小怪，因為物質的第三法則——變化法則，會給吾人一個圓滿的答案。

總括上述，馬克思主義主張物質是永恆的，且是矛盾的統一(unity of contraries)，從矛盾的元素組成的。因為物質本身含有矛盾性質，故必然產生動作，故物質從其內在本質而言即是自動的。物質既是自動的，在產生行動時，就無須外力的推動。物質既是自動的，它就會不斷地產生行動，不斷地犧牲自己以成全他物，於是宇宙間就會有許多同性質之物的出現。物質在不斷發展及長久進步中，有時會發生突然及巨大的變化，當這種變化來臨時，奇蹟就會出現，於是完全不同性質之物就應時而生，譬如生命、智慧、人的理智就是在這種情形下產生的。照這種唯物論的論調，「自然找不到存在於宇宙以外的一位至高無上的造物主的踪跡」(恩格勒語)(註七)。唯物論應算是最積極及最徹底否認神存在的學說，即是道道地地的無神論者。但不可知論、懷疑論與泛神論也多多少少染上無神論的色彩。

「不可知論」，英文為 agnosticism 從希臘文 agnotos 演變來的，意為「不可知」(unknown)。主張知識上之不可知論，謂吾人無法對存在於宇宙的物體有確實知識，此主張與懷疑論大同小異。在宗教學方面的不可知論，則主張吾人無法找到足夠的理由承認或否認神之存在，此名詞為赫胥黎 (T.H. Huxley, 1825-1895) 所發明的。黎利厄(Stephen, Leslie)於一八七六年曾發表他的「不可知者之辯護」 (An Agnostic's Apology）。其實在早期的哲人中亦不缺乏持此主張者，古希臘哲人普羅達哥拉斯(Protagoras, 480-410B.C.)就如此肯定過：「對神，我無法知道他們存在或不存在。神到底有什麼樣的形狀，我也一無所知」(Diog., IX, 51)。英國哲人斯賓薩 (Herbert Spencer, 1820-1903)是此學說的主要擁護者，他認為「宇宙萬物乃來自一無限及永恆的力量，此力量是宇宙的最終解釋，然而此最終或第一實體超乎人類的思想，故是不可知及是無法知道的。」(The final explanation of the world is to be found in "an infinite, eternal energy from which all things proceed - the ultimate reality transcending human thought." This ultimate reality is unknown and unknowable)（註八）。

不可知者的立論主要根據是：人的智力先天地受到限制，故對無限的神無法有清楚與確實的認識。康德自然也極力主張不可知論，因為他在其所著的「純理性批判」一書中，認為雖能合理地說一物為另一物的原因，但吾人無法斷言，某物為整個宇宙的首因，因為吾人對此毫無經驗，而主張神為整個宇宙之首因，整個宇宙由神所創造，恰是有神論的明確結論，對此結論康德自然不表贊同，至少也表示懷疑，故神的觀念對康德而言乃模糊不清的，不可能有個明確的認識。除康德等外，尚有許多學人們在宗教問題上都可說屬於不可知論，譬如休謨及哈明堂 (William Hamilton, 1788-1856)。後者，在他一篇具有相當影響力的文章裏 (Philosophy of the unconditioned, The Edinburgh Review, 1829) 曾說：「人的思想只能知道有限及有條件的有限之物 (limited and conditionally limited things)，人關於神的知識乃模糊不清。」羅素似乎也應列入不可知論者的行列中，因為在他描述於一九一八年，因從事反戰宣傳被判整整四個半月獄中生活的一段文字裏有這樣一段：「當我抵達監獄大門時，有一個負責監視我的獄吏跟我打招呼，他問我信什麼教，我答說『不可知論者』，他問我這個字怎麼拼，接著嘆道：『宗教種類繁多，但我想它們所崇拜的都是同一個上帝』，他的話使我愉快了一星期。」（註九）。

當柯貝斯當教授(F.C. Copleston)與羅素爭論神的存在時，柯教授問羅素對神的存在採取什麼立場時，羅素答說：「取不可知論者的立場」。下面是他們的對白：

柯教授：「我對一個超越世界，及創造世界的至高位格物之存在，所取的立場是肯定的，即我承認祂的存在，且可以加以證明。或許您可以告訴我，您對此物之存在所採取的立場是什麼？不可知論者的立場或無神論者的立場？我的意思是，您是否要說您能證明神之不存在？」

羅素：「不，我不會那樣說；我採取不可知論者的立場。」

雖然吾人不可把所有不可知論者都列爲無神論者，因爲有些不可知論者對神的存在，不曾表示懷疑過，譬如洛克．哈明堂、曼西(Mansel)等，同爲現代不可知論的提倡人，但他們却深信神的存在。可是事實上，從不可知論極易走上無神論的道路，因爲不可知論的命題是：「吾人對超經驗之物一無所知」，既無所知，自然就不知祂存在與否，既不能提出充分理由證明祂的存在，那麼很容易引出結論：「無超經驗之物的存在」，這豈不是無神論者的論調（註一〇）？

「泛神論」(Pantheism)與唯物論恰好針鋒相對。唯物論主張宇宙僅物質存在著；泛神論則認爲宇宙間所存在的只是精神，此精神就是神，絕對實體。在思想史上希拉克利圖 (Heraclitus, 536-470 B.C.) 可算爲最早的一位泛神論者；其次爲斯多噶學派的學者們 (The Stoics)。近代最有名的泛神論爲荷蘭哲學家斯賓諾莎 (Spinoza, 1632-1677) 及德國唯心論者菲希特 (Fichte, 1762-1814)、黑格爾 (Hegel, 1770-1831) 及謝林（Schelling, 1775-1854）。在當代偉人中，愛因斯坦，應算是泛神論的代表人物（註一一）。依泛神論者的主張，宇宙間的所有現象，一切可有可無之物（contigent beings）全是神本性的顯露或表現（are manifestations of Divine nature），故宇宙萬物，具有同一與同樣性質，都分享神的本性。此學說的邏輯結論是：善惡不分，是非難辨，眞僞相混，神與其他不同性質，尤其相反性質之物，譬如物質合一。善惡與眞僞；生物與無生物；有知者與無知者；過去與目前，甚至與未來之一切物都具同樣性質及是同一物（everything is one and the same）。故泛神論的立論顯然與有神論的立論不同，有神論主張有一創造宇宙並超越宇宙，且與宇宙萬物，在性質上完全不同的至上神之存在；泛神論則不接受此種論調，他們認爲神與宇宙萬物完全合一，故泛神論否認唯一及與衆不同的至上神的存在。

第二節　無神論的證據

無神論者不否認有些人有宗教經驗，而這些經驗使他們相信神的存在。但無神論者只否認「神」的實有。易言之，無神論不否認神的主觀存在，他們所不肯承認的乃神的客觀存在。他們主張可以自然現象來解釋人所有的宗教經驗，無需假定上帝之存在。有二種最具影響力的解釋：

一、社會學家的意見

第一種解釋是在本世紀初期以涂爾幹（Emile Durkheim）（註一二）爲首的法國社會學家們所持有的。按照希克（John Hick）的意思，這派學者認爲神是人虛構的想像物，實際上神是不存在的。他們所持的第一個理由是：社會對其分子的所爲具有巨大影響力，而社會的統治者爲了遂其統治慾乃憑空揑造一個神祇以控制人的思想與行爲。社羣有需要及權利要求其分子的絕對服從與死心踏地的忠貞，尤其在戰時。而宗教信徒們對神聖的神祇與聖經，所表顯的服從與忠貞最爲徹底，故社會才在人心中孕生了上帝這個觀念，以便使人對之生敬畏之情，如此人的行爲自然就受到絕對的控制。

社會的統治者，需要在人心中創造上帝的觀念，培養宗教的情操，而被統治者，即一般平民也未嘗不需要虛構一個高高在上的神祇之存在。理由是，人天生是合羣動物，他的本性傾向於羣居生活，因爲人只有與他人羣居在一起時，才能獲得各種需要的滿足，才感到幸福，才充滿活力。一旦離羣索居，人就會感到很苦悶，感到無依無靠及孤苦伶仃。故人對社會有一種自然的依賴性，尤其當遭遇不幸時，更需要社會的援助與支持。人的這種依賴社會的心理，很容易在宗教裏得到解釋及合理的解決。因爲宗教的本意就是把人連繫在一起，一心一德崇拜至高至尊，且全能全善的神祇，把他們心目中的崇拜偶像，看成他們最後的救助及安全所在，故一般老百姓很迫切地需要，這種能滿足他們的需要，能保護他們及賜予他們安全之物的存在，這就是他們之所以要揑造一個實際上不存在的神祇的原因。下面是希克教授給這派學說所作的較詳細敍述：「這一種分析，起於本世紀初期，主要是由法國的社會學家們——就中又以涂爾幹居首——發展而成，而今天這一代人，在深深觸覺到社會之塑造其分子的心靈爲善爲惡的巨大力量之後，這種分析對他們尤特具吸引力。」

這派宗教的社會學理論之所以要特別提到社會對其成員的影響力，是因爲這派社會學者以爲，人所崇拜的神祇，是社會爲了遂其對個人思想與行爲的控制，而不自覺地虛構出來的想像物。

這派理論認爲，當人產生了面對一股崇高的權力——它超越個人的生命，它的意願加諸人身有若道德誡命一般——這種宗教感覺時，人所面對的，其實是一個巨大的、包圍性的實體。但不管怎麼樣，這種環圍物並不是一位超自然的存有；它只是這社會自然不爭的事實罷了。社會這種圍繞在每個人四周的羣體，對其成員顯示出了神的諸般性質，並且在他們的心裡，孕生了上帝的觀念，但這個觀念，實際上不過是一個代表著社會的象徵而已。

如此，這派社會學家也就認爲，對聖的感覺，對上帝的感覺，旣是神聖要求——要求崇拜者完全的服從——的來源，那麼在這種理論的解釋下，這兩種感覺正好反映了，社會對其分子忠貞的絕對性要求。在原始社會裏（涂爾幹的理論原來卽是以原始社會爲材料），人們有很强烈的意識，認爲社羣有權力要求無容置疑的服從與忠貞。一個部落，就是一個精神性的有機體，各成員在其中生活，有如細胞一般，無法完全從這羣體心靈中脫離，而自成一個個體。部落的習俗、信仰、需求、禁忌等，具有至尊至高的權力，這些合起來表現出的，就是聖之引人畏憚的一面。而縱使在較進步的社會裏，一旦戰爭發生，民族精神能夠對國民施以幾乎無限制的權力之時，這種原始的一體性，每每又部分地出現。

我們知道，在上帝這個觀念所代表的意思中，有一部分是說祂乃是人類最終的救助與安全所在，要解釋這點，可以看看當個人遭逢其生命中的大變時，是如何地受到其所屬社會的眷顧與支撑。根本上，人是社會性的，深深地倚靠其所屬的羣體，在與羣體隔絕之時，人會感到不幸福。羣體，是人精神活力的主要來源，人從羣體中得到了力量及幫助，此時，若是一位信仰者，他就會和他的信仰同道們，共同頌讚這把他們連繫在一起的宗教（宗教—— religion ——這字的字源，是拉丁 ligare 束縛或束縛在一起）。

所以，社會這種在個人之上的巨大環圍物，這種在個人渺小生命開始之前就已存在，在個人死滅後仍長久延續的十足一個「萬古長存者」，就是人用上帝來代表，來象徵的具體的實在。社會所形成的自然壓力，被人類用這種象徵化方法，說成是上帝的超自然存在，而我們上面所述的這種社會學理論，因爲已指出人心所共有的一種創造心靈意象及象徵的趨勢，故適足以解釋、說明這種象徵化作用。

故此，對於宗教的諸般可觀察事實，我們已經從社會學上有了一個梗概的解釋，並且這個解釋，無須乞援於上帝這位超自然的存在，這位創造了人與世界的神。按照這種解釋，上帝是由人這種動物所創造出來的，其目的，則是爲了要保全人自身社會性的生存」（註一三）。

二、佛洛依德的意見

佛洛依德(Sigmund Freud, 1856-1939)是心理分析的創造人。這位重要性堪與加利略、達爾文、愛因斯坦等人相比的人物，曾經對宗教本質的研究，下過很大的工夫（註一四）。

佛氏認爲宗教起源於人對自然力量及自然現象的恐懼心理。當人對一些莫名其妙及神奇萬狀的自然力量，諸如地震、洪水、飛砂走石的强烈暴風雨等表示驚訝及畏懼；對疾病，及不可避免的死亡表示害怕時，人的幻想力就不知不覺地把這些物，變爲神祕的位格化力量。當這些力量發作時，人感到異常渺小及無依無靠，於是就自然而然地用各種方法，來制止他們的發作以免貽害生靈，並用各種方法博取他們的歡心，以得到他們的愛及保護。這種人對自然力量及自然現象的敬畏及依靠心理從小就已根深蒂固，因爲父母，尤其父親在小孩的心目中，就是一位敬畏及依靠的對象。小孩都知道以聽話或服從，可得到父母的愛及保護；不聽話或不服從會招來責駡或懲罰。故宗教是幼時經驗的重演，且具有一種麻醉藥的功用，能給人某種安慰，當人在自然力量面前感到無助及無能時，對人而言，宗教的必需性此時也最迫切。佛洛姆(E. Fromm)在他的「心理分析與宗教」(*Psychoanalysis and Religion*)一書中，把佛洛伊德對宗教的起源、形成及作用的意見作了扼要的介紹：「佛洛依德認爲宗教之緣起，是由於人類對抗外在的自然力量，或內在的本能力量時，感到自己淒然無助時所產生的……。宗教產生在人類發展的初期，當時人類無法用理性來處理內在和外在的壓力，必須藉諸情感的力量來抑制它們，不用理性而藉諸感情，其主要作用在抑制與控制無法用理性處理的壓力。」

「在這歷程中，人們產生了佛洛依德所謂的幻覺(illusion)，幻覺的題材取自幼時的經驗，當人面對危險，無法控制、無法瞭解那內發的或外來的壓力時，就憶起幼時的情景，幼時他覺得是有一位有智慧、有力量的人在保護他，只要服從命令，不違犯他的禁令，就可以得到愛及保護。因此當人心理覺得孤獨無助時，就會回歸到這個經驗裏去。」

「因此依佛洛依德的看法，宗教是幼時經驗的重演。小孩學習依賴、崇拜、敬畏他的父母以消除不安。成人也以同樣的方法來對抗威脅的力量。佛洛依德拿宗教與兒童的頑念神經症(obsessional neurosis)(註一五)作比較，認爲宗教是集體症，其產生與兒童產生神經症情形相似。」

「佛洛依德分析宗教的心理基礎，去根究人類何以塑成『神』這個觀念，他努力研究的結果，不但找出宗教的心理根源，並且指出有神論者的宗教觀念，是一種基於人的願望所產生的幻覺，因而推知這種觀念之不眞實性。」(註一六)

佛洛依德這種從人對自然力量之恐懼心理，解釋宗教的起源及捏造神存在之意見，爲一般反對神的眞實性及宗教爲人的自然需要者所接受，譬如費兒巴赫、第羅、馬克思及羅素等的說法，都與佛氏的說法大同小異。

費兒巴赫在一八四八年冬，應海德堡大學學生之請，在海德堡市政廳大堂做一共三十次有關宗教本質的講演，其中有一次他這樣說：「說是有個神做世界底創造者、保持者和治理者，這個信仰或觀念——這個觀念是人從自己，從政治制度抽象出來，而移置到自然界去的——是因爲人不認識自然界才發生出來的；這個觀念可見發生於人類底幼稚時代，雖然直至今天還保持著；而且唯有當人由於幼稚和無知對自然界底一切現象、一切影響，都歸功於神的時候，這個觀念才是合適的，才是一種至少是主觀的眞理。」（註一七）。

在這方面羅素完全與佛洛依德等同一鼻孔出氣：

「我認爲宗教主要是建立在人類的恐懼心理上；此處所謂的恐懼，一方是指對「未知」的無所適從感；一方面是指當一人在面臨災難與紛爭時，希望有一種力量支撐他的感覺。恐懼的種類很多，如對神祕的恐懼，對失敗與死亡的恐懼等等。」（註一八）

有關泰勒（Tylor）及馬克思等的意見，我們在本書的緒論中已加以介紹了。

依這些學者的意見，宗教的需要及神之存在，既然因著人對自然力量之不瞭解，所產生的恐懼心理所造成，那麼當人能因著科學知識，對自然力量有了深一層瞭解進而加以控制時，宗教與神的觀念自然會不打自滅，對宗教及神的迷信會不攻自破：

「因此，佛洛依德看出來」佛洛姆說，「在幼兒的處境中，存著宗教態度的可能性；他在人面臨自然力量時的無助與無能中，看出宗教的必需性，並由此，他獲得結論，認爲由於人逐漸對自然的控制，宗教將視爲是一個幻象，是日漸多餘的。」（註一九）

「猶太——基督教所採取的方法」希克也如此表達過佛洛依德的意見，「就是把我們早已淡忘了的對父親的記憶，投射到宇宙上，當成了一種巨大的保護性力量。我們在搖籃中看到的對我們微笑的面孔，現在被放大到了無限，在天上對我們展顏微哂。這樣一來，宗教乃是『……人類普遍的强迫性神經症』，直到人學習到了不再依靠幻覺，而用在科學上有證據的知識去面對這世界，就可以棄宗教若嬰兒時代的鞋子了。」（註二〇）

羅素也作類似的主張：「我認爲宗教主要是建立在人類的恐懼心理上。但科學能幫助我們克服這類世代相傳的恐懼。科學告訴我們（其實我們內心也這樣告訴自己），人類根本用不着費心尋求虛妄不實的支撐力量，也毋須揑造一個天國安慰自己，人類單靠自身的力量就足以把世界變成一個樂園，但不是教會所造成的那種樂園。」（註二一）

佛洛依德在「圖騰與禁忌」(*Totem and Taboo*)一書中，用他獨特的「奧狄帕斯」情結(Oedipus complex)（註二二）道出宗教的信仰及神的觀念如何由愛、恨、嫉妒及罪行所造成的內疚、緊張、補償及責任感，各種情緒的交織所產生的。希克教授曾把佛氏的意見作了簡單的介紹：

「他（佛氏）假定在史前時期有一個階段，這時候人的單位是由父親、母親及兒女組成的『原羣』(primal horde)。父親，是居於優勢的男性，他對女性有絕對的權利，而倘使有兒子向他的地位挑戰，他就要把這種兒子驅逐出去，甚或擊殺之。兒子們既知道他們個人獨力無法勝得過這位父親領導者，所以在最後他們聯合起來，把這位父親殺掉（如果他們是食人肉者的話，還會吃掉他）。這便是最原始的罪行，就是在人的精神中，造成了緊張的弑父之罪，道德上的禁忌、圖騰，及其他的宗教現象，亦隨這種緊張而生。這夥爲人子的兄弟們，既殺掉了他們的父親，却又在考慮後深深地覺得懊悔。同時，他們也發現不是每一個弟兄可以繼承老父的地位的，他們還發現，無論什麼時候，都需要有新的約束。於是亡父昔日所不允之事，在一種新的（「道德的」）權威附身後，變成有防止亂倫之效的禁忌。宗教和奧狄帕斯情結之間，這種緊密的關係，佛洛依德相信每個人都有奧狄帕斯情結），在佛洛依德看起來，已足以說明上帝在人心靈中，具有的那種神祕的權威，以及那種强大到能使人向一個幻想物屈服的罪惡感了。所以，宗教之爲物，乃是『被壓抑者的補償』。」（註二三）

三、現代科學的詰疑

自從文藝復興時代開始，科學之進步眞可說一日千里，在各種學問中（諸如天文學、地質學、動物學、化學及物理學等）的許多新發現，都大大地改變了前人對宇宙事物的看法，尤其一般宗教人士基於宗教經典，所得來的科學知識，每每與科學家從直接觀察及實驗所得來的知識大有出入，於是教會人士與科學家之間，產生了不少和長期的衝突，而在這種衝突中，科學家的看法屢次戰勝教會人士的看法，於是人們漸漸對宗教經典上所講的內容失去信心，隨著對宗教起疑心，宗教的權威也就隨著科學的發展逐漸損失了。甚至有人主張科學與宗教，乃站在相衝突的戰線上，科學與宗教的發展成對比。卽科學的發展必定導致宗教的消滅，因爲宗教乃是迷信，而科學是破除迷信的最有效武器，故當科學將有一天把全人類，從迷信中解救出來時，宗教也就自然完全瓦解。「這一段神學（宗教）與科學一消一長的長久歷史」，希克教授曾說，「產生了一次廣泛的結果，這也是我們二十世紀西方世界思想特殊氣氛的一部分：人們認爲科學縱未指名道姓的去推翻宗教的主張，但至少（在並未在任何論點上和宗教衝突的情況下）也使世人頓然明白了，我們僅可以當成無足爲害的個人幻想(harmless private phantasy)。人們認爲宗教無法站得住脚了，在人類的知識領域內宗教必將一步一步地被排除，最後落得和占星術同樣的下場——成爲一種文化的「蛇足」(fifth wheel)，僅是往日我們經驗知識較爲狹隘時所遺留下來的陳跡罷了。」（註二四）

無可否認的，聖經與科學之間存在著一些表面抵觸，而此表面抵觸來自二方面：一方面是對聖經的誤解；另一方面人把科學的假設，當作已被證明的眞理，當這些假設與啓示的眞理相抵觸時，就迫不及待地斷言，宗教相反科學。事實證明這些假設往往很快地被眞科學所否定，譬如達爾文的進化論，物體的進化由簡而繁，由淺而深，由無生物而有生物，由植物而動物，由動物而人，很快就被另一科學家巴斯德(Pasteur)所推翻。

聖經上有些地方當提到科學知識時，表面上與科學家的意見相抵觸，但我們要知道，聖經是一部有關信仰及倫理方面的經典，不是一部有關自然科學的書，有時可能因爲特殊原因必須附帶地提到有關科學上的問題。它的主旨既然不論科學，故當論到自然科學時，它乃依照一般人的見地。若一般人的科學知識發生錯誤時，聖經乃將錯就錯以符合常人之見，免得標新立異反而使人大惑不解。在這種情況下，我們充其量只能說聖經的記載，表面上與科學知識相抵觸，但實際並不抵觸。故梵蒂岡大會議說得好：「科學與信仰間的一切矛盾，或因導源於啓示的道理，未能依照教會的講解正確領悟，或因某種科學假設，而被人們認作已被證明的眞理」（註二五）。

四、惡的問題

希臘哲人亞里斯多德，給善下的定義是：「一切物之所欲也」。惡是善之反，那麼，惡自然是「一切物之所不欲也」。易言之，惡乃相反任何慾望之物，無物欲惡，因爲惡能帶給人煩惱與痛苦。天災、人禍、疾病、死亡、失敗、挫折、罪惡等都是惡，因爲它們所帶來的是痛苦與煩惱，也因此無物會自動自發地對這些物感到興趣、表示好感、產生喜愛。但誰能否認這些不爲物所欲之物，的確存在於宇宙間呢？列子說：「百年壽之大齊，得百年者千無一焉。設有一者，孩提以逮昏老，幾居其半矣。夜眠之所弭，晝覺之所遺，又幾居其半矣。痛疾哀苦，亡失憂懼，又幾居其半矣。十數年之中，迥然而自得，亡介焉之慮者，亦亡一時中耳。」聖經上的智慧篇也說：「虛而又虛，凡事皆虛，無止虛哉，且皆爲苦心事」。人生眞如古人所說：「生年不滿百，常懷千歲憂。」

相反倫理道德的邪惡更是屢見不鮮。殺人放火、偸竊、姦淫、謀財、害命、貪汚、禍國殃民等不法行爲充滿於整個宇宙，這眞是個「人心不古、世風日下」的世界。

是故，惡存在於宇宙間應是極明顯的事實。整個宇宙充滿著罪惡也是無庸置疑的。但惡之存在是神存在的最有力反證及最大疑難（註二六）。因爲神是至善良至美好的（此至少爲基督教會的信念），宇宙既爲祂所創造的，宇宙就也應該是美好的，理由是：「因果之間應有相似性」(Omne agens agit simile sibi)。可是目前的宇宙偏偏就充滿邪惡、汚穢、混亂，故至良善至美好的神就不是宇宙的造物主，因此神或是不存在或不是至善良至美好的。休謨有名的兩端論法可表明一般人對惡的存在與神的存在無法協調的看法：「神到底是否願意或不能阻止惡的發生？若祂不能加以阻止，那祂便是無能的。祂若能加以阻止但不願意加以阻止，那祂就是壞蛋。祂若能夠且願意阻止惡的發生，世界那來的惡？」(Is God willing to prevent evil, but not able? Then is he impotent. Is he able, but no willing? Then is he malevolent.

Is he both able and willing? Whence then is evil?)(Social Sciences, Publishers, New York, 1948, p.198)。故按照休謨及一般人的看法，神若存在，宇宙就不應有惡的存在，因爲祂是善良的，祂必定造一個美好的宇宙。可是惡的存在是鐵一般的事實，也因此神就不可能存在了。倘若神存在的話，此神也應是無能的（因不能阻止惡的發生）或是壞蛋（因不願阻止惡的發生）。

是的，「惡」的確是個大問題，尤其對有神論者而言，更是極其玄奧的問題，許多大思想家都在此問題上費盡心思，甚至連中古大哲人多瑪斯及奧古斯丁等，都承認惡的存在與神的存在之間難（但非不可能）取得協調，故他們也在此問題上花過不少時間。但吾人若對惡的問題作深一層的探討時，不難發覺惡的存在，不但不妨礙神的存在，反而是神存在的有力證據。易言之，世界上就因爲有惡，故才必定有神。神若不存在，世界上所發生的各種邪惡就無法得到滿意的答案與合理的解釋。作者曾在「形上學」書中，論惡問題時已把此難題作了相當清楚及扼要的說明：

「惡存在著，事實勝於雄辯，但惡的存在對神的存在，並無任何影響，卽神與惡之間有協調的可能；只要我們對惡的問題有正確的觀念，有眞正的瞭解。而在某種意義上，我們也可以說，就因爲有神的存在才有惡的存在，惡的存在必要求神的存在，沒有神的存在，惡也不會有。」

「惡是善的剝奪，我們已屢次說過，由於物有缺點，才產生惡，卽惡是因著物之缺點而來，那麼，一物若是完美無缺，十全十美，至善無玷，此物就不能產生任何缺點。神旣是全善全美的，無絲毫缺點，就不能是任何惡的直接因。但神是宇宙的造物主，整個宇宙的美好及完善，是祂創造宇宙的目的。祂爲了顧及整個宇宙的美好、成全及和諧，有時必須促使或許可惡之存在，但惡之存在非祂所希求的，所直接願意的，祂直接希求的是整個宇宙的成全、美好，及整個人類的永生，但祂能藉著一些惡性較小的物理惡的發生，收到更大更好的效果，如此更顯出他的無限德能及智慧。這也是多瑪斯給自己所提出的難題的答覆：「奧古斯丁在 Enchiridium 中說：『因爲神是至善的，所以在祂的工程中，不能有惡的存在。無非因爲祂是善的，且是全能的，所以祂從惡中，也能生出善來。』神能從惡中引出善來，便更看出神的無限美好了。」在這種情形下，宇宙間就是有些惡——天災、人禍、疾病、死亡等——的存在，且神是這些物的間接因，却表示神對整個宇宙的照顧及愛護。「自然界表面的混亂」Clock 在給萊布尼茲的第二封信說：「不是眞正的混亂，因爲那是造物主創造宇宙的計畫的一部分及祂能加以利用爲達到目的。」若沒有懦夫的膽小，暴君的殘忍，賣國賊的無恥，其他動物的薄弱無能，怎能襯托出英雄們的英勇，殉道者的堅忍，愛國志士們的忠貞與高貴，及獅子等動物的剛毅與兇猛？人若不犯罪——倫理惡，神的正義怎得伸張？但神並不願人犯罪，卽神不是罪的任何因，直接或間接因，因這是相反神自己，蓋罪並不只是違反法律，更是遠離神的行爲 (aversion from God)。神願所有人歸向祂，絕不願人叛逆祂，是人的有缺陷意志做了錯誤的選擇，此選擇與神無關。但神仍能從這些倫理惡——罪——中生出善來，比如神自己正義的伸張，使人改過遷善，修德立功。羊如果不死，老虎怎能活？死亡對羊是一物理惡，但却給老虎帶來好處。這就是哲學所謂的：「一物之滅亡，是另一物之產生。」 (Corruptio unius est generatio alterius) 一物之生是神的主要意旨，是神所直接願望的，另一物之滅亡是意外的。原子彈造成許多生靈的滅亡，但却救了更多人的性命，此亦無可厚非的。得了肺病，許多人不幸喪生了，但科學家發現了此病症的可怕後，費盡心力，想盡辦法加以撲滅。肺病的存在不是促進了醫學的進步？少數人的死亡豈不救了更多人的性命？何況許多倫理善也能由物理惡所造成，譬如我們前面所提的，一次大災禍、痛苦、失敗、挫折能使人改邪歸正，修德立功。一場大病很可能給人帶來莫大的好處，改變人的整個人生觀，促使人向善。多少人在病床上，學到許多在別處學不到的待人處事的大道理，發現許多別處無法得到的宇宙奧理。這豈不正是所謂的「因禍得福」或「塞翁失馬」等道理的驗證？我們不是常聽人說「吃一次虧，學一次乖」嗎？由於一些失敗、挫折或不如意事的發生，人因而變成更成熟更穩重，事業也因而更成功，乃是屢見不鮮的！我們常聽人說：「教育我們最深的，莫過於打擊。」你如今淺嚐跌倒的滋味，未來的日子便可以比別人站得更挺，走得更穩哩！」

……………

「從上面的引文中，我們可以看到『善』與『惡』很多時候是相對的觀念，一件你認爲是惡事，可能它就是許多好處的原因，相反亦然。這就是老子所說的：「禍兮福之所倚，福兮禍之所伏」的道理。而善惡的觀念與個人的人生觀有密切關係。若你所追求的只是物質生活的滿足，慾情的享受，及只顧今生，不問來世，對那些更有價值，更高尚的精神生活加以藐視，那你不易發現『因禍得福』的道理及對善惡的觀念與其價值無知，你將要同卡繆等一樣咀咒上帝，侮辱神明，把神當爲人類的最大敵人，最殘忍不仁的兇手。」

「也許有人認爲以上的解釋不能令人滿意。若有至善神的存在，最理想及最明智的事還是叫至善神利用其全能在任何情形下，不使任何惡存在：任何痛苦、憂愁、傷害、危險、災禍、不幸都不應發生，如此天下萬物才能永遠高枕無憂，過其無憂無慮的生活。但這只是癡人的狂想而已，其後果是不堪設想！因爲果能如此，這世界將是比目前更混亂、更充滿邪惡的世界。沒有任何災害存在著，當然任何物都不能受到任何傷害。當一個兇手的刀刺入你的心坎時，爲了不傷及你，或是利刀變成白紙，或是你變成一座刀槍不入的石像。任何欺詐、陰謀、叛逆都不能對社會的結構有所作爲，有任何損害。人因爲絕不能受到任何傷害，故登高山攀峻嶺者都如脚履平地，無任何危險。小孩們可以任意高飛遠走，擔保可平安無事。汽車盡可横衝直撞，如入無人之境。人也不需要工作，因爲不致有不良的效果。如此一來，世界將要變成混亂不堪，而萬物也要遭到更大的傷害及災禍。一塊下墜的瓦爲了不傷及行人，它必須高掛空中。水火爲了不給人惹來麻煩，有時必須改變自己的性質，忽冷忽熱。其他各物也應隨機應變，忽硬忽輭，忽强忽弱，忽輕忽重。重物有時要向上升，有時往下墜；水有時往下流，有時往高就；宇宙間無一定的規律，矛盾律也失去了有效性（矛盾之物不能並存），神爲每物在不同的時間、地點及對不同物的影響，都要做特別及不同的規定，如此，任憑神是如何萬能的，可能也忙不過來了（一笑）。因此，正因爲有神的存在，宇宙間各物才會有條不紊，各物都能按照規則而生存，輭的永遠是輭的，硬的永遠是硬的，輕重、冷熱、高低、上下也都有一定的規律，雖然也因而有時會傷及他物。誰能同意爲了不使行人受到傷害，萬有引力必須加以變更？爲了使萬有引力定律有其恆久不渝的確定性，一個行人遭殃，也是無可奈何的事。同樣，神爲了顧及整個宇宙的成全及美好，有時也要許可一些惡的發生，而這些惡的發生，因與自然律相符，故嚴格地說並非惡。若與整個宇宙的成全一比，充其量只能是微不足道的惡而已，卽爲當事人有害，爲整體却有利。難道爲了避免幾場火災的發生，我們希望火永遠失去燃燒性質嗎？倘使如此，人類豈不將遭到更大的害處？此理甚明，無須多贅。」

多瑪斯曾强調過：世界上惡的存在對神的存在，神創造萬物，管轄萬物並照顧萬物等道理絕不衝突。

因爲：神掌管萬物時以首因的姿態出現，祂的行動不取消次因的行動，故有時因爲次因有缺點，所產生的效果自然也不會十全十美的，次因應對行動效果的毛病負全責，首因則不應負任何責任，就如當一位傑出的畫家，因著所用的工具（畫具）不理想，有缺陷，所畫的畫自然也不理想及有缺陷，但此缺點應由不理想的工具負全責，畫家本身則不必負任何責任（註二七）。

「自由」是神給人的寶貴恩物，是無價之寶，所謂「生命誠可貴，愛情價更高，若爲自由故，兩者皆可拋。」人因爲濫用自由，作了壞的選擇，所以才犯倫理惡——罪行，當犯罪時，免不了要傷害到他人，給社會製造諸多不幸，譬如殺人、放火、偸竊、强暴等罪行所產生的不良後果——物理惡，因此倫理惡（對犯罪者而言），和物理惡（對受害者而言）皆淵源於人對自由的濫用，人是諸惡的直接因，與神無關。易言之，惡之發生是人爲自由所付出的代價。神出於愛，不干涉人的自由，祂只勸誘人做所應做的事，不强迫人做任何事。("Evil is the price we pay for moral freedom...We are not personal unless we choose, and men who make bad choices are bound to harm others...God of love, using persuasion rather than compulsion." D. Trueblood: Philosophy of Religion, 1957, New York, Part IV, No. 17)

第三節　有神論的派系

有神論，顧名思義，與無神論恰恰相反：承認神之存在。就是對神存在的看法乃屬於肯定一面，但對神的概念則有見仁見智之異，故亦有不同派系的產生。

首先有「自然神論」派 (Deism) 。希克教授在宗教哲學一書柬述自然神論有兩種意思：「在一種意思下，它指著是『離席』神。(an absentee God)這樣一個觀念，這樣一位已不在位的神，於很久以前開動了這個宇宙後，就此不再揷手過問了；另一種意義下乃指一個歷史上的名詞，指十八世紀時英國自然神論者所持的立場，他們認爲，若就宗教說來，自然神學（註二九）以未經贊助已綽綽有餘了。」（註二八）故照一般的說法，自然神論乃主張神與我們所居住的宇宙無直接關係。誠然，宇宙爲神所創造，但神創造宇宙及發動宇宙後，就不再管了，任憑自然發展，故宇宙宛如一個大鐘錶，而神是此鐘錶的製造者，在造完此宇宙鐘錶、一次上紘後，此鐘錶就永遠在走動，神從此就高枕無憂，宇宙萬物的生存及行動就無需神的干涉及操心，而實際上，神也不再干涉宇宙萬物的行動。照這樣說法，宗教裏所講的天啓、奇蹟、天佑 (divine providence)、神恩 (grace) 及物性預動 (physical premotion)（註三〇）等都不存在。求神幫助的各種宗教儀式：祈禱、祭祀、奉獻等自然也是無用及虛幻的，因爲人無需神的幫助，而且神也不會幫助人。多瑪哈尼 (Thomas Hardy, 1840–1928) 著名的詩：「被遺忘的神」(God forgotten) 可代表自然神論的說法。故自然神論者與自由思想者 (free thinkers) 幾乎是同義詞。十四世紀的尼格羅・奧黎斯末斯 (Nicolaus of Oresmes, d.1382) 已堅持這種說法。但「自然神論者」(deist) 一字，爲加爾文 (Calvin) 的一位學生比爾・味黎 (Pierre Viret) 所首創的，他於一五六四年在日內瓦出版的「基督教義」(Instruction chrétienne) 一書卷二，曾提到此一他自認爲是完全新的名詞。照他的意思自然神論者相信，神爲天地萬物的造物主，但不願意接受耶穌基督與他的道理，這是一種與無神論完全相反的說法，與一般所謂的「自然神論」不同。

約遜博士 (Dr. Samuel Johnson, 1709–1784) 在他爲英國語言所寫的辭典上，給自然神論者下的定義是：「只相信神的存在，不隸屬於任何宗教（尤其啓示宗教），亦不信任何其他信條的人。」

歐洲到十七及十八世紀時，贊成自然神論的學者越來越多，幾乎有形成一個學派的趨勢。這些學者努力於建立一個以純理性爲基礎的自然宗教，因爲他們認爲宗教與倫理爲自然現象，人能在自然界中找到合乎倫理及宗教生活的必要準則，故天啓對這些人來說，完全是多餘的。神干涉及照顧人的各種行爲的說法，自然也被認爲無稽。近代哲學之父笛卡爾是道地的自然神論者。所以巴斯卡譏笑笛卡爾說，他是不需要上帝，只是需要一位推動宇宙者（Pensee's, 77）。在英國方面主張自然神論的代表人物有：Toland（1670-1722）（註三一）、Collins（1676-1729）（註三二）、Tindal（1657-1733）（註三三）、Thomas Chubb（1679-1746）（註三四）及 Thomas Morgan（d.1743）（註三五）。休謨在他的「英國史」中把 James Harrington（1611-1677）、Algernon Sidney 及 Sir John Wildman 列入著名的自然神論的代表人物（註三六）。

赫伯特（Lord Herbert of Cherbury, 1583-1648）雖然從未直接說自己爲自然神論者，但他的言論染上極濃厚的自然神論色彩，他對後來一些英國思想家產生巨大影響，堪稱爲「英國自然神論之父」（the father of English deism）。Thomas Halyburton 在其「自然宗教不足夠」（*Natural Religion Insufficient*）一書中如此稱呼他。曾寫過「論眞理」一書，於一六二四年在巴黎出版；於一六三三年及一六四五年在倫敦再版。在倫敦的版本中，他強調過下列爲其他自然神論者所同意的數點：一、有至上神的存在；二、此至上神必須受崇拜；三、德行與虔敬（Virtue and Piety）爲崇拜神的主要部分；四、人應對自己所犯的罪感到難過及後悔；五、在今生及來世神乃賞善罰惡的最高法官。他認爲以上眞理爲普遍性的，人理性的自然光輝能認識這些眞理。他雖未公開反對天啓，却認爲天啓是多餘的。他把聖經當作一本平常的史書，不當作神所啓示的經典。他也公開地攻擊神職權力，但否認信仰爲宗教的基礎。他的「異教徒的宗教」(*De Religione Gentilium*) 爲最早的有關比較宗教的論著之一（註三七）。

在法國方面，伏爾泰 (Voltaire, 1694-1778) 應算是首屈一指的自然神論者。這位多才多藝的作家（他是詩人、戲劇家、哲學家、小說家兼史學家）從開始就與當時的教會展開激烈戰爭。因爲他的思想不爲當時教會與政府所容納，就被放逐到英國。在英國時，受洛克等人的自由思想的影響，對當時法國的封閉氣氛更加反對。他於一七三四年暗地出版的「哲學書信」(*Lettres Philosphiques*) 是反對政府及教會專制所投下的第一顆炸彈。

伏爾泰雖自稱是一位「有神論」(theist)，但他的思想極接近英國的自然神論。他從未攻擊神的存在，可是對教會的腐敗、制度及神職權極盡攻擊的能事。他的口號：「粉碎無恥罪行」(Ecrasez l'infâme) 顯然是對當時的教會或守舊的政府而發的。伏氏於一七七〇年給大腓特列 (Frederick the Great) 的一封信裏，對許多哲學家公開承認無神論的態度極表不滿，因爲對他而言，神不但存在，且必須存在。「倘若神不存在，吾人也得假造祂的存在。」(If God did not exist, he would have to be invented) 爲伏爾泰的名言。在「哲學書信」裏，他一方面稱讚教友派的教徒們 (Quakers)（註三八）對宗教的自由態度；另一方面則攻擊巴斯加 (Pascal) 的絕對懷疑論。自然他對洛克所提倡在哲學上的經驗主義，及在宗教上的唯理性主義大加讚揚。他也盡力使法國的科學家接受牛頓的體系。

因爲伏爾泰畢生所相信的宗教，是建立於理性的自然宗教，或開放與自由的宗教，故他對教條主義、迷信、宗教狂及專制加以猛烈的攻擊。伏爾泰的基本態度就好像其他大部分所謂的自然神論者一樣從人文主義的觀點來改善人類的生活方式（註三九）。他的最後遺言：「我死於崇拜一眞神，愛護我的友人，不懷恨我的敵人，但痛恨迫害。」(I die adoring God, loving my friends, not hating my enemies, but detesting persecution) 可代表他一生的思想與待人接物的態度。

鼓吹法國大革命的盧梭 (Jean-Jacques Rousseau, 1712-1778)，也是法國自然神論的中心人物。在思想方面受伏爾泰的影響極大。他數度改變宗教信仰。起初爲基督教徒，後爲天主教徒，最後變成自然神論者。他於一七六二年所出版的 Emile 一書，對當時的教會加以攻擊，故觸怒法國及日內瓦教會當局，終於被禁止，並被焚燒。作者本人也被迫離開本國。在此書中，盧梭强調神造的每一件物都是好的，但到人的手中就變了質，故盧氏主張返回自然 (a return to nature)。作爲人的意志，人的理性，人的力量及人美好的宇宙主宰的神是存在於人心中，故人只從心裏崇拜此神就夠了，無需任何外在的人爲形式。禽獸比人快樂的原因是，人是複雜的受造物，而實際上人是矛盾之物，因爲人一方面對自己有一種天生的愛好，可是另方面也天生有公道心或正義感。人一方面有能力按照自己的願望去追尋事物，而另一方面却不常運用此能力去强迫願望的實現。是以，人是惡的根源，他天生是好的（因是神造的），長大後却學習到各種惡習。神是全能、全善及至公道的。效法神的公道，是人幸福的唯一泉源。在這種情形下，藉着良心所學到的自然宗教，對人而言已綽綽有餘。基督所宣講的天啓 (revelation)、神祕 (obscurity)、奧理(mystery) 與非信不可的教條 (dogma) 充滿困難，極難爲人所接受（註四〇）。

在德國方面，康德似乎應被列入自然神論者的行列中，因爲他贊成自然宗教，反對超自然或啓示宗教。在他的「在理性界限內的宗教」(*Religion within the Limits of Reason alone*) 一書中已把自己對宗教的態度交代清楚。

最後我們也要提一些在美國偉人中自然神論者，衆所周知最早來到美國的是英國移民，而這些移民大多數都因不願在本國內受教條的拘束，嚮往宗教自由、思想自由、言論自由才來到新大陸的。因此，他們在各種思想上，尤其在宗教思想，主張有極大的自由。這可從那些締造美國的偉人們的思想中看出。

美國國父喬治·華盛頓(1732-1799)就可算是一位自然神論者。他雖然常到教堂做禮拜，但堅決主張政教完全分離，及在美國憲法中找不到基督教或任何神的痕跡。他曾坦白地承認「美國政體不建立於基督教上」。

除了華盛頓外，多瑪斯·哲斐遜(Thomas Jefferson, 1743-1826)美國第三任總統及美國獨立宣言的起草人；佛蘭克林(Benjamin Franklin,1706-1790)，文學家、科學家、哲學家兼政治家；都算是自然神論者(註四二)。

在有神論的第二派系為神論派(theism)，其主要主張為：相信一位眞神的存在，此眞神首先是位格的(personal)；其次應受到崇拜；再則與宇宙分離；最後繼續產生活動於宇宙中。

照有神論者的意思，神不但具有理性，且具有意志。因爲神是位格的，故在禱告時，人盡可以「您」來稱呼祂。

神論者主張神應受到崇拜基於兩種理由：第一、祂是至善的；第二、祂的能力大大駕乎人之上，因祂是全能的，卽無所不能。

神論者還認爲神在本質上，與由祂從無中所創造出來的世界不同，此主張與泛神論相反，因爲泛神論主張神與世界合一，世界爲神的一份，卽分享神的本質。

神論者也相信神造了世界後，還繼續保存與干涉世物的存在及行動，世物不能一分一秒脫離神的保存及干涉，故創造宇宙與保存宇宙完全是一回事，神創造宇宙與保存宇宙所用的動作是同一的，此與自然神論不同，因爲自然神論認爲神造世界後，由其自然發展，神對所造成的世界就不再有所作爲了。嚴格的神論與一神論(monotheism)相同，唯一的區別可能在乎後者比較强調神的單一性(the unity of God)而已。

「多神論」(polytheism)自然也應列入有神論的派系。主張許多神之存在，彼此因着不同任務而有所區別。一些古老民族都相信「多神論」，譬如印度、埃及、希臘、羅馬等。印度的吠陀教(Vedic religion of India)相信 India 爲暴風雨神，Agni 爲火神，Vagu 爲風神，Yama 爲死神。古埃及民族所相信的神在數千以上。古希臘羅馬也崇拜不少神，我們所熟悉西烏斯(Zeus)衆神之首，原爲天神(Sky-God)。羅馬人則以丘彼德(Jupiter)代替西烏斯。Demeter 爲地神，Hestia 爲家神，羅馬人則以 Vesta 來代替。Athena 爲智慧、技藝及戰爭之神；阿波羅(Apollo)爲音樂、詩、預言及男性美之神。依洛斯(Eros)或邱彼特(Cupid)爲愛神。哲那斯(Janus)爲家神；馬爾斯(Mars)爲武神；莎托爾諾(Saturnus)爲農神。

摩尼教(Manicheism)所主張的二元論：一爲一切善的根源的至善神之存在，另一爲一切惡的根源的至惡神之存在，自然也算是多神論。多神論相信多神的存在，而把所有神都一視同仁。「擇一神教」(henotheism)則從許多神中選擇一神敬奉之，但同時也承認其他諸神的存在，只是不以同等地位崇拜。

「一神論(monotheism)與「神論」(theism)的主張大同小異，唯一的區別可能僅在乎「一神論」對神的「單一性」(unity)或「唯一性」(uniqueness)特別强調而已。故「一神論」與「神論」一樣，主張有一眞神的存在，祂是位格的(personal)，人可以禱告呼祂的援助，祂是唯一的、獨特的，與宇宙萬物在性質上完全不同。猶太教、基督教及回教所崇拜的就是這樣一位神，故此三大宗教都被稱爲主張一神論的宗教（註四二）。猶太教及基督教的一神論，主張乃根據舊約上神對以色列人的吩咐：「以色列！你要聽清楚，上主我們的神，是唯一的，你當全心全靈，全力愛上主你的神。」（註四三）

至於我國的傳統思想或正統思想究竟是有神論或無神論；一神論或多神論，自然神論或神論，的確是一個極複雜與棘手的問題，據作者所研究的結果，大體而言，我中華民族具有濃厚宗教色彩的民族，譬如，甲骨文就多記載占卜、祭祀，與崇拜，所以，甲骨文「在本質上是宗教與儀式的物事。」（張光直，「商朝文明」，頁二〇二）左傳所說：「國之大事在祀與戎」（成公十三年）是極古老又隆重的習俗。史華慈在其所著的「沈思中國思想之起源」（Speculations on the Beginnings of the Chinese Thought）就强調「對上帝及其能力之信仰」是商朝權力的合法基礎（頁四八）。自然古代的中國人也崇拜自然神祇和祖先（同上）。在商周之際就把「天」視爲至上神（參看顧理雅，「釋天」，頁六一）。

我中華民族，不但有宗教信仰，且大體而言，乃主張有神論及一神論（monotheism）。易言之，我國先民相信一個至高至大，有意志，有知識，創造天地，掌管萬物，賞善罰惡，施恩報德，降禍賜福的主宰之存在，雖然有時對此至高主宰的觀念很模糊與不甚明確。譬如詩經上就充滿著有神論的論調：

「昊天不傭，降此鞠凶；昊天不惠，降此大戾。」「浩浩昊天，不駿其德，降喪儀饉，斬伐四國。」（雨無正）「昊天疾畏，敷於下土，謀猶回遹，何日斯沮。」（小旻）「敬天之怒，無敢戲豫。」（酒誥）「天惟與我民彝大泯亂。」（康誥）「天畏棐忱，民情大可見。」（同上）「惟天監下民，典厥義。」（高宗肜日）「天毒降荒殷邦。」（微子）。天旣能「降凶」、「降喪」、「疾畏」、「怒」、「降命」、「監下民」、「降災」，此足以證明它是有人格及有意志。

周易觀卦的彖辭裡說：「觀天之神道，而四時不忒。聖人以神道設教，而天下服矣。」所謂「聖人以神道設教，」「不是說『聖人設神道以教』。原文的『以』，是依據的意思，絕不是利用，更不是憑空創造的意思。可惜一般膚淺的讀者，往往把這句話誤解，於是聖人變成了為目的不擇手段的無恥政客了。關於這一點，周林根先生，在他的『中國古代禮教史』中，有一個很有意思的按語說：『今之無神論者，故意曲解，謂其假設神道以愚民，何其厚誣聖人？與易經之原意，何其大相悖謬』」（三三六頁）（參看吳經熊著「哲學與文化」三民書局，民國六十年，第一三九頁。）

王治心在他的「中國宗教思想史大綱」，也肯定我國先民的確相信一位至上神的存在，此神先民稱為「天」，是至高的賞善罰惡者，故古代帝王如無懷、伏羲、神農、黃帝、堯、舜、禹、湯、成王等都以身作則祭天以謝天恩，以邀天福：

「虔誠祀天的人，天必定眷顧他，這是古代牢不可破的宗教信仰。夏禹是一位虔誠祀天的人，所以他就得到天的特別眷顧，洪範裏記箕子的話說：

「我聞在昔，鯀湮洪水，汩陳其五行，帝乃震怒，不畀洪範九疇，彝倫攸斁；鯀則殛死，禹乃嗣興，天乃賜禹洪範九疇，彝倫攸敍。」

「九疇是夏代的九條治國憲，在政治上有很重大的關係；天帝用來做賞功的獎品。天怒鯀治水無功，所以不給他，天喜禹治水有功，所以給他這九條獎品；這獎品又好像是做皇帝的記號。帝乃震怒，天乃錫禹，明明寫出一個有意志而施賞罰的上帝，祂的賞罰，是以人的行為做標準，而人的行為，又以能否隨順自然之理為標準。鯀不能隨順自然之理，乃至汩陳其五行，天於是震怒而罰他。五行，金木水火土，古代認爲是宇宙的眞理；把五行擾亂了，宇宙間人類便不能安居生活，是一種違反天理擾亂宇宙秩序的大罪。所以後來啓伐有扈，他的誓師理由，也是因爲『有扈氏侮慢五行』，可見五行是夏朝特別注重的一點，列爲國憲中的第一條。禹能懂得五行的道理，所以能順水性，使泛濫無歸的洪水，流到江海之中——瀹濟漯而注之海，決汝漢，排淮泗而注之江——十三年的苦心經營，竟能把這樣巨大的工程，在短時間內做好，好像不是他的力量，乃是天幫助他的。所以時人顧頡剛不承認有禹這個人，是九鼎上的一個蟲，因爲用十三年的短時間來治平洪水，是不可能的事（見古史辨）。但是在洪範這篇書裏，描寫出天的眷顧，由於虔誠祀天的緣故，這種天啓的神權政治，確是古人宗教思想中的一幕。」（參閱王治心編「中國宗教思想史大綱」。）

後漢書祭祀志上也說：「祭祀之道，自生民以來卽有之矣。」祭天爲報本之行爲，關於這點，禮記上說得最透徹：「萬物本乎天，人本乎祖，此所以配上帝也。郊之祭，大報本反始也。」（禮記郊特性）

儒家思想毫無疑問的是我國的傳統思想，而儒家學說以孔孟思想爲代表。從孔孟之言論，足可證明我國先賢都有極濃厚的宗教感，這可從對孔孟學說有較深刻研究的學人們之言論得到證實：

「我國古代多以天爲主宰，左右人之禍福」嵇哲說，「一切成敗，付之於天，成爲天之所助，敗爲天之所廢；以爲天有人格，有知有識，且有意志，能喜能怒，並能作威作福，所謂統攝萬理，主宰萬物者也。孔子言天，亦爲主宰之天。玆由其順序而爲之說明於下：㈠以天爲不可欺者：當孔子臥病，瀕於危篤之時，子路料理身後，而使門人爲家臣。及其病稍痊可，乃責子路曰：「無臣而爲有臣，吾誰欺，欺天乎」

？（子罕篇）此一例也。㈡爲畏天敬天，既以天爲不可欺，又知天意之所存，實非人力，莫可如何？自必畏天敬天。子曰：「君子有三畏，畏天命，畏大人，畏聖人之言」。（季氏篇）此二例也。㈢爲信天，凡有一事，人雖不知，而其胸中，却有唯天知之之信念。故曰：「不怨天，不尤人，下學而上達，知我者其天乎？」（憲問篇）此三例也。㈣行爲則天，孔子言行舉動，皆以天爲模範，夫子不言，亦則乎天之不言。子曰：「予欲無言」。子貢曰「子如不言，則小子何述焉？」子曰：「天言何哉？四時行焉，百物生焉，天何言哉？」（陽貨篇）此四例也。其他言天，見於論語者，如孔子在宋，遭宋司馬圍害，弟子皆驚怖失色，而孔子泰然自若曰：「天生德於予，桓魋其如予何」（述而篇）此孔子凜然之氣慨也。又在匡時，遭匡人所圍，孔子聲色不動曰：「文王既歿，文不在玆乎？天之喪斯文也，後死者不得與於斯文也，天之未喪斯文也，匡人其如予何！」（子罕篇）又在衞國，孔子見南子，子路不悅。子曰「所予否者，天厭之，天厭之。」（雍也篇）又曰：「獲罪於天，無所禱也。」（八佾篇）又曰：「唯天爲大，唯堯則之。」（泰伯篇）又曰：「五十而知天命。」（爲政篇）此皆「孔子以天爲主宰也。」（參看先秦諸子學，樂天出版社印行，民國五十九年，第五十五頁—五十六頁。）

馮友蘭所著的中國哲學史，也認爲孔子爲有神論者，因爲孔子相信天地萬物的至高眞主宰之存在，此主宰孔子稱祂爲「天」：

「在中國文字中，所謂天有五義：曰物質之天卽與地相對之天曰主宰之天，卽所謂皇天上命，有人格的天帝。曰命運之天，乃指人生中吾人所無奈何者，如孟子所謂「若夫成功則天也」之天是也。曰自然之天，乃指自然之運行，如荀子天論篇所說之天是也。曰義理之天，乃謂宇宙之最高原理，如中庸所說「天命之謂性」之天是也。詩書左傳國語中所謂之天，除指物質之天外，似皆指主宰之天。論語中孔子所說之天，亦皆主宰之天也。」（第一篇第三章）

羅光教授也說：「儒家所敬的天，爲一有人格之神，不是冥冥無知，盲目而行。祂具有理智、具有意志，宇宙的一切，都受天的統制。」這從書經上的幾段可資印證：「天秩有禮，……天命有德，……天討有罪。」（書經皐陶謨）「惟天陰騭下民，相協厥書。」。「天降割於我家，……天降威，……不敢替上帝命，……廸知上帝命，……天命不易。」（書經大誥）

「天統制宇宙」，羅光教授又說，「對於每箇人的遭遇，也常亭毒。孔子孟子就常有這種信仰，認自己的遭遇都有天意。譬如子畏於匡曰：『文王既沒，文不在玆乎！天之將喪斯文也，後死者不得與於斯文也！天之未喪斯文也，匡人其如予何？』」（論語子罕）

人事之吉凶，賞罰都出於天，天賞善人罰惡人爲儒家的堅定思想：「惟上帝不常；作善降之爲祥，作不善，降之爲殃」（書經伊川）；「皇天無親，惟德是輔」（書經蔡仲之命）；「上帝臨汝，無貳爾心」（詩經大雅、大明）。

儒家也認爲君權來自天。但天不直接統治人民，只選一個人君，叫他治理人民。同時，天對每個人，都設有法則。人就該遵守這些法則：

「皇天有眷命，奄有四海，爲天下。」（書經大禹謨）

「有扈氏威侮王行——怠棄三正，天用勦絕其命；今予惟行之罰。」（書經甘誓）

「今商王受，弗敬上天，降災下民。……皇天震怒，命我文考，肅將天威。予小子夙夜祇懼，受命文

考，類於上帝，宜於冢土，以爾有衆，底天之罰。天矜於民，民之所欲，天必從之。」（書經泰誓上）

「天佑下民，作之君作之師，惟其克相上帝，寵綏四方。」（同上）

「天生蒸民，有物有則。民之秉彝，好是懿德。」（詩經蒸民）

「惟皇上帝，降衷於下民。……上民孚佑下民，罪人黜伏。……各守爾典，以承天體。」（書經湯誥）

（參看羅光著中國哲學大綱上冊，一九五二年香港商務印書館，第二三—二四頁）。

儒家這種君權來自上天的思想，與聖保羅的主張眞可以前後媲美：「每個人要服從上級有權柄的人，因爲沒有權柄不是從上帝來的，所有的權柄都是由上帝規定的。所以誰反抗權柄，就是反抗上帝的規定，而反抗規定的人就是自取處罰。因爲長官爲行善的人，不是可怕的；爲行惡的人，才是可怕的。你願意不怕掌權的嗎？你行善罷！那就可由他得到稱讚，因爲他是上帝的僕役，是爲相幫你行善；你若作惡，你就該害怕，因爲他不是無故帶劍；他既是上帝的僕役，就負責懲罰作惡的人；所以他須服從，不只是爲怕懲罰，而也是爲了良心。爲此，你們也該完糧，因爲他們是上帝的差役，是專爲盡這義務的。凡人應得的，你們要付清；該給誰完糧，就完糧；該給誰納稅，就納稅；該敬畏，就敬畏；該尊敬，就尊敬。」（羅、十三章，一—七節）

趙賓實也在其所著的「儒道思想與天主教」一書中主張吾先民信奉一位眞神的存在：

「從五經及其他古籍中我們知道吾先民是信奉一箇眞主宰的。這個眞主宰的名稱，古代各民族稱呼都不一樣。夏代的眞主宰據我考證稱爲『乾』或『乾元』。商代的眞主宰稱爲『帝』、『上帝』。到了周代，則多以『天』稱祂。有的仍稱爲『上帝』，有的在天上另加一個字，稱爲『皇天』、『昊天』、『冥天』等。春秋以後的諸家，孔子稱祂爲『天』，老莊稱祂爲『道』或『天』，列子稱祂爲『泰初』，一般平民則稱祂爲『老天爺』。總之，名稱雖不同，但所指則一。」（光啓出版發行，民國四十九年）

陳健夫先生著「孔子學說新論」曾論及孔子對神的觀念及態度：

「第一、他不否定神的存在，而認爲有這種東西，中庸記載著：『子曰，鬼神之爲德，其盛矣乎！視之而不見，聽之而弗聞，體物而不可遺，……使天下之人齋明盛服以承祭祀，洋洋乎如在其上，如在其左右。』詩曰，『神之格思，不可思度，矧可射思。』可知他並沒有否定神的存在。

第二、孔子承認神的存在，他的作用，既不是迷信，又不是如宗教家那樣拿神來說明宇宙現象。然則是什麼作用呢？胡適對這個問題却有所解答，他認爲孔子不信鬼神而又倡敬祀鬼神之事，其主要作用在使『民德歸厚』『民興於仁』（胡氏著中國哲學史一三四頁）。我同意胡氏這種看法。孔子或者多少有這種宗教的作用。中國社會這種神的作用雖至今日，仍然存在，孔子看見人民都迷信，他也就借此勉勵一番，希望多有一種力量來推動社會趨向『民德歸厚』、『民興於仁』的道路。孔子這種苦心，未嘗沒有。世間有許多無知人民，因畏懼鬼神，却比那些有科學頭腦，不信鬼神的人，講究道德良心。孔子或許也是有見於此而發，所以他自己不迷信鬼神，却不否認神的存在，也不反對別人信仰神，孔子原來也是一箇主張信仰自由的人。」（孔子學說新論，香港東南書局出版，民國五五年，一三三頁。）

先民之祭天爲了知恩及報本反始的宗教意味，皆爲儒家所繼承，這有唐君毅教授的話爲證：「吾人不能所謂祭祖宗與天地聖賢，只爲儒家哲學理論，因此爲中國過去民族生活中之實事，亦不能謂其爲一般之道德心理或道德行爲。因一般道德與行爲，皆不以死人及天地爲對象。……又一般道德心理、道德行爲，皆爲實踐自己所命令於自己者。此中所祭祀者，爲一個超現實存在，與宗教之對象同。而此禮儀之意義，與一切宗教的禮儀，亦皆同爲象徵的。……則此三祭中，明含有今人所說宗教之意義。」（中國人文精神之發展，三八二—三八三頁）。又說：「照我們的看法，中國詩書中之原重上帝或天之信仰是很明顯的。……而祭天地社稷之禮，亦一直爲後代儒家所重視，歷代帝王所遵行，至民國初年而後廢。而中國民間之家庭，今亦尙有天地君親師之神位。說中國人之祭祖宗之禮中，莫有一宗教性的超越感情，是不能說的。」（民主評論第九卷第一期：爲中國文化敬告世界人士宣言）「孔子教人，固重事人重於事鬼，欲人先知生而後知死。然孔子對死者之有知、無知，亦在兩可之間。其答弟子問，固未嘗否認聖賢，祖先之鬼神之存在。而喪祭之禮中，固可祭神如神在，對鬼神之存在，積極加以肯定者也。」（見中國文化之精神價値第十四章、第四節）

黃光漢在他的「儒家思想新論」中也說道：「儒家有一個重要的觀念，叫做『法天』或是『與天地合德』。人是天生的、一切應該以天爲法。……人天一致，原來仍有『和』的意味在內，但這種『和』比一般『和』更爲基本的，人對於天的『和』是一種『孝敬』，是要酬謝生的大惠。孝天敬天，因爲天予我以生命；仁民愛物，因爲民物同是天所予的生命。從此看來，人的德行都由孝天所發。……儒家尊天的宗教就根據這個孝天的哲學，與耶穌教在精神上根本一致。」（民國十七年出版，六三—六四頁）

故儒家傳統思想爲有神論是無可置疑的。關於這點，兩位在海外對弘揚中國傳統思想不遺餘力的學人，唐君毅與牟宗三教授的話最爲中肯及客觀：「關於上帝之存在問題，誠更爲儒家所罕言。然儒家亦實未嘗反對人之出自仁心而祈禱上帝者。如湯之禱雨於桑林，郊祀之禮中之祈天之助，使五穀豐登、國泰民安，固爲儒家所許……。此傳統精神，爲儒家所承。故先秦儒家之於上帝或天之存在，雖未嘗如西方宗教之明顯視爲一人格，更未嘗如西哲之勤求證明其存在之道，然實亦未嘗否認其存在。孔子有知我其天之嘆、畏天命之言。孟子有盡心知性則知天，存心養性以事天之言。其所謂天，吾人實難謂其只如今日科學家所言，感覺界之自然。孔孟之未嘗明白反對中國古代宗教，而否定天神，正是中國古代宗教精神，直接爲孔孟所承。孔孟思想，進於古代宗教者，不在其不信天。而唯在其知人之仁心仁性，卽天道心之直接之顯示。由是而重在立人道，蓋立人道所以見天道。」（中國文化之精神價值，中華民國四十九年臺堂再版三二八頁）

牟宗三先生解釋孔子的：「莫我知也夫！……不怨天，不尤人，下學而上達，知我者其天乎？」；「五十而知天命」；「畏天命」這幾句話時說：「孔子所說的『莫我知也乎』！是意味深長的慨嘆，所以它引起子貢的發問。……」

「知天當然不易」，所以孔子的生命，經過一番踐仁的工夫，直到五十歲才敢說「知天命」。人當盛年，往往由於生命力發展已趨高峯，而表露出驚人的英雄氣慨，壯志豪情。然而到了年行五十之時，原始生命的高潮已過，英雄氣慨與壯志豪情便一一收斂而趨向恬淡的思維。孔子行年五十，由於不斷的踐仁，生命更精純，思想更精微了，德性人格向上發展，人生境界亦向上提高了，因此他敢說「五十而知天命」。在孔子，五十是天性人格的一大轉進的年齡，是與天相知的年齡。

然而，這種與超越者的相知，絕不是經驗知識或者科學知識的知，這樣的知越豐富，人便越自豪，越缺乏對超越者的敬畏。但是知天的知，必然引生敬畏的意識，敬畏的宗教意識。天道高高在上，人只能遙遙的與它相契接，又怎能沒有敬畏呢？故此敬畏的意識是從遙契而來的。從知天命而至畏天命，表示仁者的生命與超越者的關係。但在此我們先要瞭解的，就是暫時不要把天命、天道瞭解爲「形上實體」的含義，在前第四講裡，我們知此含義從古就有。我們可從詩經「唯天之命，於穆不已」，易經「天行健，君子以自强不息」，以及劉康公所謂「民受天地之中以生」，就可看出。後來宋儒則把此義概括爲「天命流行」。把天命、天道說成形而上的實體，或「天命流行之體」，這是瞭解儒家的「天」的一個方式。但是孔子所說的「知我其天」，「知天命」與「畏天命」的天，都不必只是形上體的意義。因爲孔子的生命與超越者的遙契關係，實比較近乎宗教意識。孔子在他與天遙契的精神境界中，不但沒有把天拉下來，而且把天推遠一點。雖在其自己生命中可與天遙契，但是天仍保持它的超越性，高高在上而爲人所敬畏。因此，孔子所說的天，比較含有宗教上的「人格神」(Personal God) 的意味。而宗教意識屬於超越意識，我們可以稱這種遙契爲「超越性」(Transcendent) 遙契。否則，「知我其天」等話是無法解釋的。我們可以說，在孔子踐仁過程中，其所遙契的天實可用兩種意義。從理上說，它是形上的實體。從情說，它是人格神。而孔子的超越遙契，則似乎偏重後者。這是聖者所必然有的情緒。」（中國哲學的特質，第三三—三五）

「儒家講天道」，牟宗三先生又繼續說，「天道是創造性本身，而上帝也是創造性本身。如果把天道加以位格化，不就是上帝，不就是人格神嗎？儒家的創造性本身，從人講爲仁，爲性，從天地萬物講爲天道。人格神意義的上帝或天，在中國並非沒有。詩書中就常有『皇皇上帝』，『超越上帝』，『上帝鑒汝，貳爾心』之語。孔子雖講性與天道，但亦有上帝意義的天。如『知我者其天乎？』『獲罪於天，無所禱也。』『天之將喪斯文也，後死者不得與於斯文也。天之未喪斯文也，匡人其如予何！』都表示一個有意志的天。從情方面講是上帝，從理方面講是天道。從情方面講是上帝，則主觀方面呼求之情亦並非沒有。如司馬遷也說『人窮則反本』，『未嘗不呼天也，未嘗不呼父母也』。此不但普通人有，卽聖人也有。不但古人有，卽今人也有。此呼求之情卽類乎祈禱。」

「在主觀方面有呼求之情，在客觀方面天道就轉爲人格神、上帝。但儒家並沒有把意識全副貫注在客觀的天道之轉爲上帝上，使其形式地站起來，由之而展開其教義。在主觀方面也沒有把呼求之情使其形式地站立起來。如使其形式地站立起來，卽成爲祈禱。此兩方面在儒家並非沒有，他只是把它輕鬆了。因爲儒家的中心點不落在這裡，其重點亦不落在這裡。而這種呼求之情是每一個民族，每一個人都有的。但基督教最彰顯此點。所以基督教乃原始宗教精神保留得最徹底的宗教。儒家呼求之情未轉爲宗教儀式之祈禱，故客觀方面上帝的觀念也不凸出。它的重點並未落在上帝與祈禱上。」（中國哲學的特質，人生出版社印行，民國五十二年，香港，第九五—九六頁）

是以，筆者同意周克勤教授的看法：「先秦諸儒對至上神的信仰比較積極，態度也比較明確，因爲他們大都肯定人格天，所以他們的宗教精神也比較活潑，易爲人所察覺。宋明諸儒對人格天及宗教的態度，則有欠明確。至於時儒，雖然他們尊崇孔孟爲「人倫之至」及「百世之師」的至人，惟在人格天及宗教方面，他們却不師法孔孟。相反地，他們對人格天的態度，比宋明諸儒更消極。其中，有的明確否定人格天，有的則止於所謂「不知爲不知」，避免肯定人格天，以及人與人格天的任何積極關係。」（道德觀要義中册第三一二頁）。但這種違背儒家傳統精神的時儒所爲，也不是所有時儒的共同態度，有的時儒也嚴厲指責這種不忠行爲，並力主恢復儒家的孝天敬天的宗教（自然的）精神，譬如陳健夫先生就這樣說：「今天我們以新儒學來試這種新道統，新宗教，可說是新儒家當仁不讓的責任！……新儒學保持了固有文化的精粹，又接受了堯舜禹湯文武周孔一貫相傳的哲理——大學中庸論語的奧義，而又進一步展開了新時代世界的思潮。我在這裏所以强調這是一種新宗教，是指這樣的宗教，是以神爲最高信仰。不論東方西方，地球上的人都同信仰一位眞神 God，而此眞神則與人之至誠相通，這是人格化的神不是迷信的神。……新宗教崇拜神，其中毫無迷信。自古至今世界上有智慧有學問的人，有權利有地位的人，都是信仰神。人所以如此的敬拜神，不是沒有道理的。人知從父母所生，你可知人與萬物從何而生？這個造化萬物與人類的主宰，便是神。人知敬拜父母，這位創造萬物與人類的神，豈不應該敬拜嗎？所以，人敬拜神，沒有什麼不合理。新儒教對於人類這種合理的信仰，加以承認……。」（新儒家，中華民國五十六年出版，七八至八〇頁）

學者對儒家的有神論思想常有懷疑，因爲儒家雖以「天」代表至上神，但有時也代表「義理」，甚至有時也指形色的天，卽自然的天。可是大家對於墨子的有神論思想絕不懷疑，因爲墨子的「天」明顯指出有意志，有知識，賞善罰惡，降禍賜福，大公無私，有喜怒之情，有愛惡之心等的眞主宰，譬如：「天必欲人之相愛相利，而不欲人之相惡相賊也」（法儀）「天欲其生，而惡其死，欲其富而惡其貧」，「天意曰，此之我所愛，兼而愛之，我所利，兼而利之」（天志）；「因天生五穀，以養群生」（天志）；「此我所以知天之愛天下之百姓也」；「奚以知天之兼而愛之兼而利之也？以其兼而食之也」（法儀）；「然則天亦何欲何惡？天欲義而惡不義。然則天下之百姓，以從事於義，則我乃爲天所欲。我爲天所欲也，天亦爲我所欲。然我何欲何惡？我欲福祿而惡禍祟。若我不爲天所欲，而爲天所不欲，然則我率天下之百姓，以從事於禍祟中也。然則何以知天之欲義而惡不義？曰：天下有義則生，無義則死；有義則富，無義則貧；有義則治，無義則亂，然則天欲其生而惡其死；欲其富而惡其貧；欲其治而惡其亂：此我所以知天欲義而惡不義也。」（天志上）墨子這些話難道不夠淸楚的表示天有意志與喜怒哀樂之情嗎？

「順天意者兼相愛，交相利，必得賞。反天意者，別相害，交相賊，必得罰。」（天志上）

「得罪於家長，猶有鄰家所避逃之；……得罪於國君，猶有鄰國所避之」；「語言有之曰：焉而晏日而得罪，將惡避逃之？無所逃避之，夫天不可稱谷幽閒無人，明必見之。」（天志上）

「天下亂，……皆以疑惑鬼神之有與無之別，不明乎鬼神之能賞賢而罰暴也。」（明鬼）

「故昔也三代之聖王，堯舜禹湯文武之兼愛天下也，從而利之。移其百姓之意焉，率以敬上帝山川鬼神，王以爲從其所愛而愛之，從其所利而利之；於是加以賞焉。使之處上位，立爲天子以法也，名之曰聖人，以此知其賞甚善之證。是故昔也三代的暴王，桀紂幽厲之兼惡天下也，從而賊之，移其百姓之意焉，率以詬侮上帝山川鬼神，天以爲不從其所愛而惡之，不從其所利而賊之，於是加其罰焉，使之父子離散，國家滅亡，擅失社稷憂及其民，是以天下之庶民屬而毁之，業萬世子孫，繼嗣毁之者不之廢也，名之曰失王，以此知其罰暴之證也。」（天志下）

以上諸言又顯明表示「天」乃大公無私並操賞罰之權。既然如此，墨子因此勸人當順天以邀天下福：「天之所欲爲之，天之所不欲則止」（法儀）；「天欲義而惡不義，我乃好天之所欲也……天夭亦爲我所欲」（天志）。

道家思想自然應算是我國重要思潮之一。老莊哲學爲道家的中心思想，而「道」則是老莊的中心思想。老子的「道」眞正含意極爲玄妙，套用老子自己的話，道是「玄之又玄，衆妙之門」。雖然如此，老莊却大談「道」。道具有特殊性質及出奇功能。首先「道」先天地而有：「道可道，非常道。名可名，非常名。無名，天地之始；有名，萬物之母」（道德經第一章）。「有物混成，先地生。……吾不知其名，字之曰道」（道德經第二五章）。次則，道爲萬物之根。莊子說：「夫道……神鬼神帝，生天生地。」老子又說：「道，盅者用之，或不盈，淵興似萬物之宗」（道德經第四章）；「道生一，一生二，二生三，三生萬物」（道德經四十二章）。老莊的這種思想與聖經上所說上帝的存在與其德能頗爲吻合。創世紀的開宗明義就這樣說：「在起初上帝創造了天地。大地還是混沌空虛，深淵上還是一團黑暗。上帝的神在水面上運行。上帝說：『有光！』就有了光，上帝見光好，就將光與黑暗分開，上帝稱光爲『晝』，稱黑暗爲『夜』」（創世紀第一章第一節—第五節）。若望福音也有類似的記載：「太初有道，與天主偕。道卽天主。自始與偕。微道無物。物因道生。天地萬有。資道以成。斯道之內，蘊有生命，生命卽光，生靈所稟。光照冥冥。冥冥不領。」（第一章一—五節）

再者「道」爲自生自有的：「有生不生，有化不化，不生者能生生，不化者能化化。生者不能生，化者不能化，故常生常化。常生常化者，無時不生，無時不化。陰陽爾，四時爾，不生者疑獨，不化者往復。其際不可終，疑獨其道不可窮。黃帝書曰：『谷神不死，是謂玄牝。玄牝之門，是謂天地之根，綿綿若存，用之不勤。』故生物者不生，化物者不化。自生自化，自形自色，自消自息。謂之化形色智力消息者，非也」（列子天瑞篇）。莊子也說「道」是：「自本自根，未有天地，自古以固存」，這和上帝對摩西說：「我是自有的」（I am who am）有何兩樣？而此「自有性」（Subsisting existence）正是至上神的獨有與固有本質，是至上神之所以是至上神，及與其他物不同的最根本理由。

「道」又是不可名的：「道可道，非常道，名可名，非常名」；「吾不知其名，字之曰道，强爲之名曰大」。莊子說：「道不可言，言而非也，道不當名，道之爲名所假而行；道物之極，言默不足以載」。這和聖奧斯定所說的就不謀而合了：「我知道上帝是不可言說的……惟獨一聽這個名，就能想到有一位完全永生的。」又說：「我們說三位，不是爲發明眞實，乃是要免除閉口。」（奧斯定金言錄八六一一一〇）

「道」還是宇宙萬物之法則及掌管者；宇宙萬物不僅爲道所生，並且在旣生之後，還受道的管理。易言之，道不但是宇宙萬物之根源，同時還是宇宙萬物運行的最高法則：「大道氾兮，其可左右，萬物恃之而生，而不辭；功成不名有，衣著萬物而不爲主」（道德經卅四章）；「人法地，地法天，天法道」（道德經卅五章）；「夫道，覆載萬物者也，洋洋乎大哉！」（莊子天下篇）聖經上不是也說：「神呀！除了祢以外，別無照顧萬物的神。」（智、十二、十三）又說：「上帝從容治理萬物。」（智、八、一）

最後，「道」是無限無量，至高至大；無死無生，常生不死；無形無象，不可見聞，又不可捉摸的：「在太極之先而不爲高；在太極之下而不爲深。」（莊子語）

「道無始無終，物有生死，不恃其成，一虛一滿，不位乎其形，年不可舉，時不可止，消息盈虛，終則有始。」（秋水篇）；又說：「道不失其大，常也。」

「無爲無形，可傳而不可受，可得而不可見。」莊子又說：「道不可聞，聞而非也，道不可見，見而非也，道不可言，言而非也，知形形乎不形乎，道不可名。」（知北遊上）

「道」所有的這些特性與基督教的上帝所有的特性頗相似：

「我是『阿爾法』和『敖默加』，那今在昔在及將永在的全能者。上主天主這樣說。」（默、一、八）

「智慧施展威力，從地極直到地極，從容治理萬物。」（默、八、一）

「偉大的上主，實在應受讚美，上主的偉大，高深不可推測；世世代代應宣揚祢的工程，世世代代傳述祢的天能；講述祢的威嚴尊榮，彰明祢的奇異化工，述說祢驚天動地的威能，不斷宣揚祢偉大的無朋；廣傳祢無奇慈愛的紀念，歡呼歌唱祢的公義無限。上主慈悲爲懷，寬宏大方，祂常緩於發怒，仁愛無量。」（詠，一四五）。

從以上對「道」的認識，吾人很清楚地看出，道家的「道」與西方人所說的「造物主」，及儒墨所指的「天」並無兩樣，同是天地萬物的眞主宰，祂是先天地而有及天地萬物從祂而來，祂並繼續掌管天地萬物，故道家應列入有神論的行列中。「道是德之本體」吳靜宇先生說的有理，「也就是大成宇宙萬象之眞主宰，它的功用雖是這樣絕對，但它的眞相却永遠見不到，於萬象變現之際雖可以看到它的朕兆和端倪，但它的實在却永遠不會全現於宇宙間，它的眞體既然這樣微妙莫測，故我們若以後天性的聰明智力，或以像研究科學般的以實驗功夫來捉摸這道時，那麼不論你用心多久也是不可能的。」「道是萬化之祖，未有天地卽有此道」吳靜宇先生繼續說，「天地萬象由它而成，一切生靈萬象亦由它而生，體爲眞空，功至萬能，自古迄今，爲一切至人之最高理想物，世代雖在展延，這道並不因世代之展延而有變，故天地有成敗，道無成敗，萬物有生滅，道無生滅，世有隆替，道無隆替，總而言之，不論現象界與理想界，器世間與氣世間，這道永遠是一切動靜有形無形之主宰，這是絕對不變易的。」

「道是無善不包無美不盡的聖潔體，舉凡一切萬有之合理發展，及一切事物上之善美事態，這都是道的功用流洩。孟子所說的「性善」，就是說道的本質卽善，佛說的法性，卽是說道的本質攝藏萬法，總而言之，這道之本質最聖潔，最光明，最充實，最全能不過的。因它的本質所含藏之能不能一一假言語說出來，故祇可說它是生發萬德之核心，產生衆善之元素，和導成一切合理事態之極則了。是以凡是合乎天理天律之行事，及屬於正氣正義之作爲，而是由人性本然中不曲不阿所生發者，這可以說是道某一方面的功能顯現。若再把道的功用推展到宇宙構成之大方面去時，如諸天星宿之整齊排列，寒來暑往之定期秩序，以及陰陽消長之巧妙運用等，這亦統是道的萬能傑作，故宇宙間一切微妙的設計，善美的事態，和流露在萬事萬物之間之合理現象等，一言以蔽之這都是大道之作用了。」（老子義疏，大衆書局印行，民國五十二年，第三一四頁）。如此偉大、神祕、萬能、至潔至聖、至善至美的「道」，難怪莊子日夜夢想與之結合，朝夕渴望獲得它：「獨與天地精神往來」，或更明顯地「上與造物者遊」（天下篇）。莊子的這種理想不正符合我國儒墨及西方教會所强調的「天人合一」思想嗎？

所以，以「天」或「皇天」爲至上神的信仰，在中國傳統思想是極爲普遍，且根深蒂固的事實，上自天子，下至庶民莫不以至上神爲崇拜、敬畏、服從的對象，此可從資治通鑑唐紀中，所記載唐太宗和魏徵的一段對話中得到印證。有一次太宗問魏徵：「人主何爲而明，何爲而暗？」魏徵答道：「兼聽則明，偏聽則暗。昔堯淸問下民，故有苗之惡得以上聞；舜明四目，達四聰，故共、鯀、驩兜不能蔽也。秦二世偏信趙高，以成望夷之禍……是故人君兼聽廣納，則貴臣不得擁蔽，而下情得以上通也。」後來太宗私下對侍臣說：「人言天子至尊，無所畏憚。朕則不然，上畏皇天之監臨，下憚群臣之瞻仰，兢兢業業，猶恐不合天意，未副人望。」魏徵得悉之後，說了一句言簡意賅的話：「此誠致治之要，願陛下愼終如始，則善矣。」

中國傳統的有神論與一神論的思想皆被　國父孫中山先生所繼承，建立博大的政治思想，故其思想乃綜合我國先賢的傳統，或正統思想（尤其孔孟學說）與西方的基督教義及近代科學思想（參看梁寒操先生的「三民主義與基督教演講詞」），因此在思想裡、言行中充滿著「敬天愛人」「順天行道」的濃厚宗教氣氛：

「因爲天生了我們四萬萬人」，國父曾說，「能夠保存到今日，是天從前不想亡中國，將來如果中國亡了，罪惡是在我們自己，我們就是將來世界上的罪人。天既付托重任於中國人者，如果中國不自愛，是謂逆天。」（國父全書二〇〇頁）　國父接着又責罵那些壓迫我們的帝國主義者「是逆天行道，不是順天行道。我們去抵抗强權，才是順天行道。」中山先生所說的「天」，自然是我先民所說的天地萬物之至高主宰的「天」，或西方教會所說的「上帝」，因爲中山先生爲虔誠的基督徒，他對上帝的堅定愛心，絕對信心與赤子般的依靠心，可從他在倫敦蒙難後寫給區鳳墀長老的一書中，略見一斑：

「弟被誘擒於倫敦，牢於清館十有餘日，擬將弟綑綁，乘夜下船私運出境，船已賃備，惟候機宜。初六七日內，無人知覺，弟在牢中自分必死，無再生之望，窮則呼天，痛癢則呼父母，人之情也。弟此時惟有痛心懺悔，懇切祈禱而已。一連六七日，日夜不斷祈禱，愈祈愈切，至第七日，心中忽然安慰，全無憂色，不期然而然，自云此禱有應，蒙神施恩矣。」

「此十餘日間，使館與北京電報來往不絕，我數十斤肉，任被千方百計而謀耳。幸天心有意，人謀不臧，雖清虜陰謀，終無我何，適足以揚其無道殘暴而已。虜朝之名，從此盡喪矣。弟現擬暫住數月，以交此地賢豪。弟遭此大故，如蕩子還家，亡羊復獲，此皆天父大恩。敬望先生進之以道常賜教言，俾從神道而入治道，則弟甚幸，蒼生幸甚！」

國父不但篤信上帝，且對宗教上所言的眞理非常景仰，故盡力把宗教上的眞理融化於其學說裏，因爲宗教上的許多眞理與我國先賢的主張乃不謀而合。民國元年九月五日在北京教會歡迎會上　國父曾說：「今蒙各大教會開會歡迎，兄弟實不敢當！此次革命成功，兄弟亦滋愧悚。但兄弟數年前，提倡革命，奔走呼號，始終如一，而知革命之眞理者，大半由教會所得來。今日中華民國成立，非兄弟之力，乃教會之功。民國告成，自由平等，萬衆一體，信教自由，亦爲約法所保障。但宗教與政治有連帶關係。國家政治之進行，全賴宗教以補助其所不及。蓋宗教富於道德故也。兄弟希望大衆以宗教上之道德，補政治之所不及，則中華民國萬年鞏固，不第兄弟之幸，亦衆教友之福，四萬萬同胞受賜良多矣。」

民國三年在法教堂歡迎會上他又重申前言：「僕今日得與貴主教及各教士學生等相見，異常感謝。吾人排萬難冒萬死而行革命，今日幸得光復祖國。推其遠因，皆由有外國之觀感。漸染歐美文明，輸入世界新理，以至風氣日開，民智日闢，遂以推倒惡劣異族之政府，蓋無不由此觀感來也。而此觀感，得力於教會西教士傳教者多，此則不僅一人所當感謝，亦我民國四萬萬同胞所當感謝者也。

民國成立，政綱宣佈，信仰自由，則固可以消除昔日滿淸時代民教之衝突，然凡國家政府所不能及者，均幸得宗教有以扶持之，則民德自臻上理。世上宗教甚夥，有野蠻之宗教，有文明之宗教。我國偶像遍地異端尙盛，未能一律崇奉一尊之宗教，今幸有西方教士爲先覺，以開導吾國。惟願將來全國皆欽崇至尊全能之宗教，以補民國政令之不逮。願國政改良，宗教亦漸改良，務使政治與宗教互相提挈，中外人民愈相親睦。僕今在此，與諸君相會，更願諸君同發愛心，對於國民各盡其應盡之責任，有厚望焉！」

是以，筆者非常贊成吳經熊博士的意見：「我們中華民族，絕對不是沒有宗教意識的民族。事實上我們民族有個明明白白的原始信仰，就是敬天愛人的宗教信仰」（哲學與文化，三民書局出版，民國六年，第一四〇頁）。他在另一機會上又說：「我認爲廣義地講，我們是有宗教的，我們是有宗教信仰的。任何一教，終歸都相信天道，賞善罰惡。易經上說：『積善之家，必有餘慶，積不善之家，必有餘殃』，這不是宗教嗎？像從前的城隍廟裏也有一種匾額，所謂善有善報，惡有惡報，這不是宗教嗎？孔子也是以天爲出發點的。所謂『天命之謂性』，孔子時候這個『命』是含有道德意義的，與上帝的『誠命』差不多，絕對不是命運的意思。命運之好壞，和保養天性（卽天命）是風馬牛不相及的。孟子說：『君子所性，雖大行不加焉，雖窮居不損焉。君子所性，仁義禮智根于心，其生色也睟然見于面，盎于背，施于四體，四體不言而喩。』這就是『天命』，也就是最純粹的宗教信念。」（中西文化論集，國防研究院印行，民國五十五年九月，頁四五）而這種敬天愛人的宗教精神不但全爲 國父所繼承，且加以發揚光大而融化於其主義中：

「信仰上帝，就是敬天。」張遐民先生在他的「 國父思想要義」一書中如此强調說，「篤信主義，就是愛人。『敬天愛人』、『天人合一』的思想，是中國哲學思想最高的境界。中華革命青年，秉承上帝仁愛的意旨，虔誠的奉行三民主義，來實現救中國救世人的宏願，這是多麼崇高和偉大的使命。」（二八一——二八二頁）

第四節　有神論的證據

一、神之存在非自明之理，必須加以證明：

西方自從基督教誕生以來，基督教就很快地變成西方文化的中心思想，故吾人若說基督教義即是西方文化，絕不算言過其實。基督教義的中心思想爲崇拜唯一至高無上及位格的眞神，此唯一至高無上的位格神的存在自然成爲西方人士的普遍信念。一般人都認爲神的存在乃極爲明顯的事實，即爲自明之理，吾人既無法加以否認，故也無需加以證明。偉大的聖奧古斯丁似乎就如此主張，因爲他曾說：「否認神的存在乃少數人的狂病」(Insania ista paucorum est)。若望・那馬斯古 (John of Damascus, 700-754)（註四四）及聖安瑟莫(St. Anselm)（註四五）也贊成奧氏的主張，因爲前者曾說：「對衆人而言，神的存在都是顯而易見的事」(Omnibus cognitio existendi Deum naturalirer est inserta)（註四六）；後者則主張「神存在」是一個不需證明或推理作用的命題，因其所含的眞理僅從主詞與述詞的分析 (By a mere analysis of the terms) 就可一望而知（註四七），因爲吾人一旦知道「神」字的含意，吾人就不得不承認神的存在。理由是：「神」一詞的含義是指一位吾人無法想像有比祂更偉大者。但存在於思想中及實在界之物，要比僅存在於思想中者更偉大，故萬物中最偉大的神，應不僅存在於思想中，即人能想像得到的，且也應存在於實在界，否則祂就非最偉大者了（有關此論證的詳細分析，容後再討論）。

但大多數的學人們都贊成多瑪斯的主張：神的存在，至少對人來說，非自明之理，必須加以證明。易言之，吾人必須運用推理作用，才能使人相信神的存在。

爲了正確瞭解多瑪斯的立論，吾人先必須知道人對神的認識，有二種不同方式：首先吾人可在一般即不確定及模糊情形下認識神，譬如把神當做一般幸福與眞理的泉源；其次，吾人可在正確及清楚的情形下認識神，譬如認識神所有的特性：祂是不被他物所推動而能推動他物的推動者（The unmoved mover）；祂是萬物的首因（The first cause of all things）——祂是自有的，即其存在不接受自他物（Subsistent）；祂是一切受造物之造物主。吾人對神的此種認識可說是較正確及較清楚的認識，雖然這種認識既非最完整，又非最徹底的（人對神的完整及徹底認識根本是不可能的）。

對神的不確定及模糊的認識，嚴格地說來，不算是認識，就如同當一個人站在遙遠的地方，雖實際上是張三，因爲距離太遠了，吾人僅能知道他是一個人，却不知道他到底是張三或李四，如此認識張三的方式是極不完全的，等於吾人對張三一無所知、對張三根本就不認識。同樣的，當我們認識神爲人幸福的泉源時，嚴格地說，我們也不認識神，雖然實際上神是人幸福的泉源，因爲有些人還會誤以其他物代替神作爲人幸福的泉源，譬如以權力、以財富、以名聲，甚至有人還把肉慾的享受作爲人的幸福。既然不確定及模糊方式的認識神，嚴格地說來，吾人對神並不認識，那麼這裡就把這種認識方式避開不談。

爲了清楚地瞭解多瑪斯的立論，除了應先知道人對神的二種不同認識方式外，吾人尙應知道眞理的多種明顯性。一種眞理就其本身而言是明顯的（evident quoad se），即當一個命題的述詞含義在主詞裏，至於人是否對此命題所含的眞理有所認識，是無關緊要的，此種眞理就其本身而言是明顯的。另一種眞理對人而言是明顯的（evident quoad nos）（自然就其本身而言也是明顯的，因爲一種眞理就其本身而言先必須是明顯的，然後對人而言才能是明顯的），即當一個命題所含的眞理，僅從述詞與主詞的分析，吾人就可一望而知，「譬如三角形有三個角」，「全體大於該全體的每一部分」（全量大於分量）等命題，所含的眞理都屬於對人而言是明顯的眞理，因爲僅從名詞上的分析，它們的含義就可一目了然。例如以「全體」我指的是組成部分的「總合」，以「部分」我指的是「此組成全體的每一部分」。當我們知道了這些概念或名詞的含義後，便絕對相信「全體大於該全體的每一部分」爲千眞萬確的眞理，因是自明之理，人對它絕不會有懷疑及犯錯的可能，即事實非是如此不可，因爲若不如此，「全體」就不是「全體」，「部分」也就不是「部分」了，這顯然是矛盾的。相反的，「非物質之物不佔地方」的命題就不是自明之理，即對人而言就不是明顯的，因爲此命題的含義對聰明人來說雖然是明顯的，但對一般人而言却極不明顯，一般人無法對此命題，所含的眞理無需經過推理作用就可一望而知。只有聰明人才知道「非物質之物」及「不佔地方」的含義，物之所以佔地方的理由是因着「數量」(quantity)，而「數量」是物質物的第一特性，非物質物則缺乏數量，故才不佔地方，這雖不是很困難及複雜的推理方式，但對一般人而言，已相當不易了，故對人而言不能算是自明之理。

有了以上的觀念後，我們才易於瞭解多瑪斯的觀點。

首先多瑪斯强調，神之存在的命題，就其本身而言是明顯的，即其述詞的含義包含在主詞內，因爲在神內其本質與存在完全是一回事，即完全合一，神的本質就是其存在，而神的存在亦就是神的本質，故神的「存在」（述詞）包括在其主詞「神」內。

神的存在就其本身而言雖是明顯的，對所有人（包括聰明與愚笨）而言則不明顯（相反本體論的主張），因爲人乃由物質與精神，或肉體與靈魂合成之物，人的認識過程乃先透過感官直接認識物質物（material things），非物質之物或精神物（immaterial things or spiritual things）不是人知識的直接對象，尤其純非物質及無限之物——神——人更無法對之有清楚的認識。非物質之物只是人知識的間接對象，人必須先藉着物質物，才能間接認識非物質物，故人必須利用間接與推理方式才能認識非物質之物。神是最非物質物，故人無法直接及立刻（不憑藉推理方式）認識神，而必須藉着推理及間接方式才能認識神。因此無人能清楚地認識神的本質，此乃「神存在」命題的主詞，亦無人能知道述詞（存在）包括在主詞（神）內，是以，「神存在」的命題所含的眞理雖然就其本身來說是自明的，但對人而言則極不清楚，必須透過相當複雜的推理步驟才能知道。西方許多偉大的思想家，曾企圖從這種複雜的推理步驟中，證明神的存在，我們如今就來討論一些比較有名及有力的證據。

二、神存在之證明

我們已說過，西方早期的學人們，大都認爲神之存在，是極明顯的事實，根本無需證明。偉大的奧古斯定卽是此意見的强烈擁護者。近代的學者們則多認爲神的存在，根本無法證明，J.J.C. Smart 及羅素就如此主張過，因後者曾說：「如果每件事物的產生都該有原因，上帝的存在也該有原因；如果有些事物的產生是無原因的，上帝的存在也可以無原因。這樣的論證是得不出什麼有效的結論（對形上學稍有研究者，不難看出羅素的無知，他把非必然者(contingent being)與必然之物（necessary being）混爲一談，甚至他根本不知道二者中之區別點何在——作者）。這種說法在本質上跟印度人的某種說法極爲相似：印度人認爲世界站在大象身上，而大象站在烏龜身上。當有人問他們烏龜究竟站在什麼東西身上時，他們會顧左右而言他的說：『讓我們換個話題吧！』有關上帝存在的一些論證，比起這個來也好不到那裏去。」（註四八）以上兩種極端的主張都有偏差，難爲人所接受。我們却認爲神之存在一方面需要證明，卽對人而言，非自明之理；另一方面，神之存在可以用理論來證明。誠然，神的存在並非十分明顯的，但亦非全然不可知，卽無法證明。

所謂證明是以清楚或明顯的原理，使不清楚或不明顯之物變爲明顯的（from the non-evident to the evident in the light of the evident）。證明的方式有兩種：一種從原因到效果，卽先驗證明法（a priori），從先於他物之物證明後於此物之物之存在；另一種是從效果到原因，卽後驗證明法（a posteriori），從後於他物之物證明先於此物之物之存在。易言之，後驗的證明法是從一個對人而言較明顯的眞理，證明另一個對人而言不太明顯的眞理，但此眞理就其本身而言却是較明顯的。先驗的證明法則是從一個就本身而言是明顯的眞理，證明另一個就本身而言不那麼明顯的眞理。

嚴格地說來，效果實際上附屬及依賴着產生他的原因。在每一個效果裏都印上原因的痕跡，因爲「每一物都產生類似自己的效果」（Todo agenteproduce un efecto semejante a si en la forma por la cual obra）。由效果實際上對原因的依賴性及附屬性，自然可推知效果所依賴及所附屬的原因之存在，及由效果的性質吾人可推知原因的性質，雖然有時知之不詳。故在所有後驗證明裏，效果因着自己對原因的依賴性及附屬性，更易爲吾人所認識。易言之，一般而言，吾人先認識效果，然後才認識此效果的原因，卽效果比原因明顯，也因此更容易爲人所認識。

因此爲了從效果證明原因之存在，需要兩種條件，而僅此二條件也就足夠了：一、該原因應有效果；二、此效果因着對原因的眞正依賴性及附屬性，應比原因更明顯，更容易爲人所認識。

毫無疑問地，神之存在不能以先驗證明法加以證明，因爲神缺乏任何原因，祂是萬物之首因。祂不是任何因之果，蓋先驗證明法，我們已說過，是以原因證明後果。雖然吾人不能以先驗證明法證明神之存在，可是我們盡可以用後驗證明法證明神的存在，因爲神產生後果，萬物爲祂所創造的，自然萬物是祂的後果。神所產生的後果比神之存在更明顯，更容易被人所認識。宇宙萬物皆爲神所造的、所保存及照管，而這些東西（尤其可感覺之果），不但就他們的性質而言，且就他們的依賴性與附屬性而言也比神更明顯，更容易被人所認識，因爲在他們裏面吾人尋找到各種特徵，諸如活動性，因果關係，偶有性，有限性及朝向目標之傾向，這些特徵都顯示他們對一較高原因的依賴性，及要求此一較高原因之存在。

證明神之存在的最有效方法乃是透過因果律，因此若否認因果律之有效性，就無法證明神之存在及對神的性質無知。相反的，若承認因果律之有效性（註四九），就不得不承認神之存在爲確實及必要的眞理。

因果律只能給人指出：神爲宇宙萬物的首因及最終目的，卽給吾人指出神爲自然界的創造者，神也曾經把此眞理啓示給人，而人也能藉着理性的自然光輝推出此眞理。故嚴格地說來，它並非信仰的對象，只能算是信仰的前導（Praeambula fidei），因爲嚴格信仰的眞理是完全超越人的理性，人絕不能僅藉着理性的自然光輝而獲知這種眞理。譬如，神爲超自然界的創造者，是聖恩與天福（grace and glory）的主人等眞理，就不能藉着理性的自然光輝而獲知，必須透過神的啓示（divine revelation）吾人才認識這種眞理，也因此這種眞理就屬於嚴格的信仰範圍，是信仰的對象，人若想得救，就必須以神賦予的信德堅信這種眞理，因爲聖保羅曾如此强調過：「沒有信德，是不可能中悅神的，因爲凡接近神的人，應該信祂存在，且

信祂對尋求祂的人是賞報者。」（註五〇）

神之存在（為自然界的創造者）既能藉着理性的自然光輝加以證明，那麼吾人如今就把一些比較重要的論證寫出以供參考。但首先必須先把「神」一詞的含意加以界定，因為對「神」一詞的意義往往有不同的看法。如果對所要討論之物的意義未加以界定，我們的討論也將不會有什麼結果的。

一般信神的人都認為「神」一詞是指存在於現有宇宙以外的實體，祂具有極偉大的能力（全能）及出奇的智慧（全知）。祂的智慧及能力遠超過吾人所接觸到之物之上。我們所接觸到之物都是祂所創造的，並且祂要時常保管與照顧祂所創造之物，及使之朝向各自及整個宇宙的共同目標。祂並是賞善罰惡的最高及最公道法官（註五一）。或照柯貝斯當（Copleston）教授的說法：「神一詞乃指一個最高的位格物，此位格物是超越世界及創造世界者。」（A supreme personal being-distinct from the world and creator of the world)（註五二）

所以若發問神是否存在，等於問「是否有一種超越時空間及駕乎宇宙萬物之上，萬物由祂所創造、推動、保管，並使萬物朝向各自及整個宇宙的目標之存在者？」吾人若能以推理方式證明此物之存在，那麼我們就可以肯定神的存在，因為這些就是「神」一詞所含的意義。

在人類思想史上一些最聰明的人物，曾嘗試提出不同論證證明此物之存在，其中較有名的有：

㈠本體論證（The ontological argument）（註五三）：

本體論證首先由聖安瑟莫（St. Anselm, 1033-1109）所提出。安氏在其有名的（*Proslogium*）書中（註五四）提到此論證：在我們腦海中有一個無法想像，有比它更偉大者的觀念存在著，就連那些否認神存在的傻子們也會有此觀念（註五五）。一物可以有兩種不同的存在：存在於思想中與存在於實在界（即客觀存在或具體存在）。但一物存在於思想中，同時又存在於實在界，要比僅存在於思想中者更偉大。那麼，很顯然地，吾人無法想像有比它更偉大者，不能僅存在於思想中，因爲我們已說過，此僅存在於思想中之物，就不能成爲吾人所能想像到之物中之最偉大者。理由是，吾人可以想像一個既存在於思想中，又存在於實在界之物，而此物自然要比僅存在於思想中，而不存在於實在界之物更偉大。那麼，僅存在於思想中，而不存在於實在界之物，就非吾人所能想像到之物中之最偉大者，否則此（僅存在於思想中之物）吾人無法想像比它更偉大之物，同時又是一個吾人能想像一個比它更偉大之物（存在於思想中同時又存在於實在界之物要比它——僅存在於思想中之物——更偉大）。這顯然是矛盾的說法。故結論是，毫無疑問地，有一個不僅存在於思想中，且也存在於實在界之物的存在，吾人確實無法想像一個比此物更偉大者，此最偉大之物即是神也（註五六）。

安氏的本體論證可加以系統化：

命題一：「神」一詞的意義是指一個吾人無法想像有比祂更偉大者(ens quo majus cogitari nequit; a being than which nothing greater can be conceived)，甚至連那些否認神之存在的傻子們也承認這種說法。

命題二：此所能想像得到之最偉大之物不能僅存在於思想中。因爲存在於思想中同時又存在於實在界之物要比僅存在於思想中之物更偉大，於是僅存在於思想中之物就不那麼偉大，也因此就不是所能想像得到之物中之最偉大者。而實際上吾人能想像一個沒有比此物更偉大之物（即祂是最偉大之物）存在於實在界，故倘若僅存在於思想中之物，是一個比它更偉大之物，無法想像得到之物，此物（僅存在於思想中之物）同時又是一個比它更偉大之物能想像得到之物——存在於思想中，同時又存在於實在界之物，此顯然是矛盾的，故不可能也。

命題三：此最偉大之物之不存在乃無法想像得到的。理由是，一物其不存在，無法想像得到要比其不存在能想像得到之物更偉大。但倘若一個沒有比祂更偉大之物之不存在可以想像得到的，那麼，同一個無法想像比祂更偉大之物同時又不是無法想像比祂更偉大之物，因爲實際上有一個比祂更偉大之物可以想像得到的，此物（最偉大之物）就是其不存在無法想像得到之物，故傻子們會在心中說出他們所不能想像得到的東西：神不存在。

結　論：無疑地，一個無法想像比他更偉大之物，應不但存在於思想中，且應存在於實在界，其存在是如此實在以致其不存在非吾人所能想像得到的，此物卽神也（註五七）。

安氏的本體論證的原文爲拉丁文，今把其譯文寫出以供參考：

「那怕一個傻子他也深信，至少在思想中有這樣一種東西，它是最偉大者，我們不能想像有比它更偉大者。因爲當他聽說這個最偉大者時，他瞭解這個名詞的意義。而凡被瞭解的東西，必存在於思想之中。顯然地，這個最偉大者，不能單單存在於思想之中。因爲假使它單單存在於思想之中，我們可以想像它也存在於實在界。而存在於思想中又存在於實在界者，比單單存在於思想中者更爲偉大。所以，如果那個最偉大者單單存在於思想之中，那麼將會有一個東西比它更爲偉大。最偉大者而同時又不是最偉大者，這是不可能的（矛盾的）。所以無疑地有着這樣一種東西存在，它是最偉大者，我人不能想像有比它更偉大者

，它不僅存在於思想中，而且也存在於實在界。所以這個最偉大者一定存在，我們甚至不可能想像它不存在。」（註五八）

原文的英譯：

Even the fool is convinced that something exists in the understanding, at least, than which nothing greater can be conceived. For when he hears of this, he understands it. And whatever is understood, exists in the understanding. And assuredly that, than which nothing greater can be conceived, cannot exist in the understanding alone. For, suppose it exists in the understanding alone; then it can be conceived to exist in reality; which is greater. Therefore, if that, than which nothing greater can be conceived, exists in the understanding alone, the very being, than which nothing greater can be conceived, is one, than which a greater can be conceived. But obviously this is impossible. Hence, there is no doubt that there exists a being, than which nothing greater can be conceived, and it exists both in the understanding and in reality...There is, then, so truly a being than which nothing greater can be conceived to exist, that it cannot even be conceived not to exist.

St. Anselm, Proslogium, tr. by S.N. Deane,
Anselm, 2nd ed. (Le Salle, Ill.: Open Court, 1962), pp.8-9.

安氏的本體論證被許多後來的學者所引用，諸如Robert Fitsacens, Alexander Halensis,萊布尼茲等。甚至斯賓諾莎也贊成此論證，他只不過參加了些泛神論的意味在內。聖大亞爾伯(St.Albert the Great)認爲此論證僅對智者有效。

　　但對此論證最感興趣的爲近代哲學之父笛卡爾(Rene Descartes 1596-1650)。他在許多地方曾提到此本體論證：方法導論(Discourse on Method)的第四部；沈思(Meditations)的第五部（註五九）。因了笛卡爾的努力，安氏的論證引起普遍的注意。笛氏首先肯定「存在」爲一物之特性或述詞(predicate)，而一物之本質必須包括某些特性。那麼，「存在」就應包括在神的本質裏的一些特性之一，就好像三內角和等於二直角是三角形的必然特徵。同樣的，存在也應是最偉大，至完美之物——神——的必然特徵。三角形若缺乏組成其本質的特徵，三角形自然就無法存在，卽不能是三角形了。同樣的，神若缺乏存在，神也就不是神了。固然「任何三角形都應有三個角」的命題不能引出「任何三角形都有存在」的結論，因爲存在不屬於三角形的必然特徵，更不屬於三角形的本質，但存在對最偉大、最完美的神而言則不同，因爲存在是神的必要特徵（其實也是神的本質），缺乏存在的任何物，就不是最偉大及最完美的(unlimitedly perfect)，而「神」一詞則指最偉大及最完美之物，故祂應有存在，其存在是必然的。

　　笛氏的論證系統方式是「凡我清晰地看出是屬於一觀念之物，我應該肯定他存在。現在我明顯地看我有一個齊全的觀念，就是神的觀念，因爲存在是齊全的屬性，所以神存在。」(The Phil. Works of Descartes E.S. Haldane, N.Y., Vol. I, p.181)

　　笛卡爾的論證被康德指責過。康德開始同意笛氏的說法，存在的觀念與神的觀念之間有必要的連繫，卽在神的觀念裏含有存在的觀念，就好像在三角形的觀念裏，暗含著三個角的觀念，卽三角形必須有三個角，缺乏三個角的三角形乃不可能的。但康德認爲此並不一定意指有三個角的三角形，一定及實際上存在於實在界。誠然，倘若有三角形之物存在，此物必定有三個角。同樣的，倘若有一無限美好之物，此物就必須有存在，因爲康德曾說：「假定一個三角形的存在，同時又否認它有三個角，那是自相矛盾的。但否認一個三角形，連同它的三個角的存在，並不自相矛盾。同樣的，倘若有一無限美好及絕對必然之物，此物就必須有存在，但此無限美好及絕對必然之物，是否實際上存在於實在界是另一回事。」（註六〇）

康德進一步否認笛氏所主張的「存在」屬於一物的特性或本質的可能性。照康德的意思，存在對一物本質不產生影響，卽對物之本質不能產生增減的作用（註六一）。例如：想像中的一百元和實際上的一百元，是由同樣數目的鈔票所構成的。假使我們肯定鈔票是眞實的或存在的，我們只是把鈔票的概念（想像中的鈔票）應用到實際世界上來而已。故如果說×存在，意思不是說在×的諸般屬性之外，還有「存在」這種屬性，我們的意思只是說，在實際世界裏，確有一個×罷了（註六二）。

羅素在其西洋哲學史上，也曾對安氏的論證作過類似的批評：羅素證明了雖然在文法上說來，「存在」是一個述詞，可是在邏輯的觀點下，這詞另有其功用，這種功用可見於下面這種翻譯：「牛存在」意思等於「確實有這樣的X，X使得『X是一隻牛』這句話爲眞。」這樣翻譯，使我們可以很清楚地看出，說牛存在，並沒有給牛添飾了某種性質（存在），而只是斷言了世界上有這種對象，可以把「牛」這個字，所濃縮代表了的描述應用上去而不致落空。同樣地，「獨角獸不在」這句，等於「沒有這樣的X，這X使得『X是一隻獨角獸』這句話爲眞」。用這種方法來解釋否定的存在述句(existential statements)——這種述句否定某一種事物存在——免掉了對於我們可以斷定決不存在的「某事物」地位究竟何屬這個困擾，這種困擾自古卽已有之。例如：因爲我們可以說及獨角獸，所以很容易以爲獨角獸，一定在某種意義下存在、或暗存（subsist）、或是躲在一個非存有（non-being）或潛在存有（potential being）的奇怪角落裏存在。而現在羅素的分析，已使人搞清楚，「獨角獸不存在」，並不是一個說到了獨角獸的述句，它說到的是「獨角獸」這個概念或這個描述，同時這述句更肯定了「獨角獸」這個概念，沒有任何實際中的東西可以應用上去。（一九四六年倫敦出版的西洋哲學史第八五九—六〇頁）

其實安氏的論證，早就被其同時代的學者哥尼朗（Gannilon）批評過。哥氏曾寫了一本書名為「替愚者代言」（Liber pro insipiente）（註六四）。

「存在於思想中之物，不一定存在於實在界，因為我們可以幻想一物的存在（一物存在於思想中），此物不一定實際上有存在（存在於實在界）。我們可以想像一個虛構之物的存在，譬如黃金山，此物實際上卻不存在。我們可想像到一個最完美的島嶼，但此島嶼不一定存在於實在界。」

安氏為了答覆哥尼朗的難題，曾寫一本名為「答辯替愚者代言者」（*Liber apologeticus ad insipientem*）的書（註六五）。書中安氏認為哥氏所引用的例子不恰當，即最完美的神與最完美的島嶼不盡相同，因為神是非有不可之物，即其存在是必然的，祂既沒有開始，又沒有終了的一天，而除了神以外的任何受造物，都不是非有不可的，即其存在非必然的，因為都是受造物，非自有之物，因此都是非必然者（contingent beings），其存在是可有可無的，也因此其不存在是很可想像得到的，因為由於它不是非有不可之物，而是非必然者，它就不可能是所能想像得到之物中之最偉大及最完美的。神的觀念則與島嶼的觀念完全不同，由於祂是非有不可之物，是必然之物（necessary beings），神的不存在乃無法想像得到的。

多瑪斯在其著作中也批評過安氏的論證（註六六）。例如在神學大全的第一部第二問題的第一章裏，就輕而易舉地指出安氏論證的缺點：

1.不是所有人都認爲「神」一詞，是吾人所能想像到之物中之最偉大者，因爲許多人還認爲神爲物體（物體就不是人所能想像得到之物中之最偉大者——作者）。

2.縱然大家都同意「神」一詞，意指吾人所能想像得到之物中之最偉大者，此並不意味祂必定存在於實在界，因爲觀念界(ideal order)與實在界(real order)或思想界(logical order)與本體界(ontological order)是風馬牛不相及的二界，絕不可混爲一談。一個家徒四壁的窮人，盡可想像他是金玉滿堂的大富翁，他並不因此就搖身一變爲富甲天下的大財主，他仍然是沿門托鉢的可憐人。相反的，我們也可以想像一個實際上存在之物不存在或有另一存在方式，此實際上存在之物，不因此而不存在，或其存在方式就如同我們所想像的那樣，譬如我們可想像神不存在，靈魂與肉體同生同滅及人不會思想等，神也不因此而不存在（不存在於實在界），靈魂不因此而會滅，人也不因此而不會思想。

在哲學大全裏多瑪斯也反駁過安氏的論證：

「第一條理由，一知『神』一詞的含義，立刻便知『神存在』，並不是必然的。一因，連承認神存在的人，也不都知道『神是至高無上，再無更高者人能設想的。』古代有許多人，曾說『這個世界乃是神』。卽使審察達瑪斯齊奴斯(Damascenus)給『神』一詞，指出的那些解釋：也找不到『神』一詞必有『至高無上』的意義」（註六七）。

再者，縱然衆人都以「神」一詞，指示「至高無上更高者不可設想」的意義，名理雖然偉大，但在萬物的自然界和實有界，仍不見得，必須有這樣的一個實體存在。

肯定事物和肯定名理，需用同樣的方式。

吾人心智以內，思念神二字所指的名理，從此所引出的結論，不過只是「神存在」，這句話的意義，也存於吾人心智以內，不必是存在於心外之實有界。如此仍無妨有人主張神不存在。不承認「至上實體，存在於自然界」的人，無妨設想，在心際或實際現有的任何實體以上，尚能有更高的實體。承認自然界，實有那至上實體存在的人，便無理由再作這樣的設想。」（註六八）

從上所言，安氏的本體論證的確有許多困難的地方，不易爲人所接受。易言之，本體論證從哲學觀點而言，不能證明神的存在。也許安氏根本就不想以本體論證，證明神的存在，他的論證與其說用以對付或勸服無神論者，不如說用以對付有神論者，即使有神論者對神的進一步瞭解，對神有更深一層的認識罷了，故是倫理證據，而不是形上證據。持這種主張的人不少，其中最有名爲卡爾巴特（Karl Barth）（註六九）。

安氏的本體論證一直爲學者們所感興趣，最近幾年對此論證，又有新的發展及新的見地，讀者們若有興趣，可參考一些比較重要的著作：

Charles Hartshome, *Man's Vision of God* (1941), chap. II and *The Logic Perfection* (1962), chap. 2; Nicholas Rescher, "The Ontological Argument Revisited," *Australasian Journal of Philosophy* August 1959; Norman Malcolm, *"Anselm's Ontological Arguments" The Philosophical Review*, January 1960; Jerome Shaffer, "Existence, Predication and the Ontological Argument," *Mind*, July 1962.

對安氏的本體論證，我們已經說的夠多了，故不想再多說，「很顯明地，對這樣一個有如此光榮歷史的論證」，我們同意羅素的意見，「無論它是否有效，我們都必須加以尊重的。」(Clearly an argument with such a distinguished history is to be treated with respect)（註七〇）。

㈡形上論證 (Metaphysical argument)

在形上論證中，自然以西方中古最有名的哲學家兼神學家的多瑪斯·亞圭那 (St. Thomas Aquinas, 1225-1247) 的五路證明法最爲有名（註七一）。在介紹多氏的五路證明法時，我們都按一定的順序：先把原文譯出，再加以分析與解釋。

1 第一爲證以動律的論證 (Proof from motion and change)

⑴原文的中英文翻譯：

「神的存在可以用五種方式來證明，第一爲更明顯的路是取自動的方面。宇宙中有些東西在動，而且有感官佐證。然而，凡動者皆爲他物所動。因爲，除非是依照一個潛能之物對其動向的止境而說沒有一物是動的，而推動者必是一現有之物。因爲動不是別的，只是把一件事物由潛能引到現實而已。但是，除非是藉一件在現實的事物，沒有一件事物能由潛能被引到現實，例如火，它是在現實的熱，使水，它是在潛能的熱，成爲現實的熱，這樣它推動和變化它。但是不可能有一物，它同時在同一光景下是在潛能又在現實，只有在不同的光景下才能如此；因爲凡是現實的熱者，不能同時是潛能的熱，但是能同時是潛能的冷者。所以在同一觀點之下，不可能一物同時是推動者和被推動者，就是說它自己推動自己，所以說凡動者必須爲它物所推動，如果推動者本身亦在動，那末必須它自己亦爲它物所推動，而後者又爲第三者所推動。然而這裏不能如此無窮的推下去，因爲不然的話，沒有一個第一推動者了，由是亦沒有其它推動者。因爲中間的推動者不動，除非是被第一推動者所推動，例如棍子不會動，除非是被手所推動。所以必須有一個第一動，不被任何其他事物所推動，而這就是大家所瞭解的神。」

"*I answer that*, The existence of God can be proved in five ways.

The first and more manifest way is the argument from motion. It is certain, and evident to our senses, that in the world some things are in motion. Now whatever is moved is moved by another, for nothing can be moved except it is in potentiality to that towards which it is moved; whereas a thing moves inasmuch as it is in act. For motion is nothing else than the reduction of something from potentiality to actuality. But nothing can be reduced from potentiality to actuality, except by some thing in a state of actuality. Thus that which is actually hot, as fire, makes wood, which is potentially hot, to be actually hot, and thereby moves and changes it. Now it is not possible that the same thing should be at once in actuality and potentiality in the same respect, but only in different respects. For what is actually hot cannot simultaneously be potentially hot; but it is simultaneously potentially cold. It is therefore impossible that in the same respect and in the same way a thing should be both mover and moved, i.e., that it should move itself. Therefore, whatever is moved must be moved by another. If that by which it is moved be itself moved, then this also must needs be moved by another, and that by another again. But this cannot go on to infinity, because then there would be no first mover, and, consequently, no other mover, seeing that subsequent movers move only inasmuch as they are moved by the first mover; as the staff moves only because it is moved by the hand. Therefore it is necessary to arrive at a first mover, moved by no other; and this everyone understands to be God."

(2)論證的系統形式：

命題一：宇宙間有運動存在着（大前提）。

命題二：但運動必受外力的推動才能發生（小前提之一）。

命題三：而受推動的各環不能增加至於無窮以致無最後動力（小前提之二）。

命題四：所以必有最後不被其他外力所推動的動力之存在，此動力便是神也（結論）。

(3)各命題的分析與解釋：

從邏輯觀點來看，以上的多數三段論法是無懈可擊的，故吾人若能把各命題的內容加以證實，多瑪斯的論證就可成立，就是有效的。

命題一：宇宙間有運動存在着。

爲了證實此命題的正確性，吾人須先瞭解運動的意義、性質及其種類。希臘大哲人亞里斯多德（Aristotle, 384-322 B.C.）給運動下過極科學化的定義：「有能者，就因爲有能而得現實」，或「運動是一種能繼續尋找現實的在潛能狀態中的現實」(the act of a being in potency while still in potency)（註七三）。乍看之下這是一個很模糊的定義，但其含義却極爲深長，若不加以詳細解釋，便不易瞭解亞氏定義的含義。

爲了清楚地瞭解亞氏的定義，吾人試以一輛卽將從臺北開往高雄的火車爲喻。臺北站爲該火車的出發

點 (the starting point, termino a quo)，高雄站爲該火車所欲到達的目的地—終點 (the ending point, termino ad quem)。從臺北到高雄爲該火車所必須通過的路程。那麼，火車的動應在何處可找到呢？當火車尚停留在臺北站時，火車尚未開始動，卽無動作，火車不動。當火車到達高雄時，火車就不再動了。故在起點——臺北站——與終點——高雄站——的火車，都是在停留或休息的狀態中，都不動。當火車一離開臺北站時，火車的動就開始，一直等到火車到達高雄時，火車的動才停止。停留在臺北站的火車，套用亞里斯多德的術語，是在全潛能的狀態中 (in complete potency)。到達高雄的火車，則已找到了全部現實 (complete act)。當火車在軌道上奔馳時，就利用其動的潛能，依次地找到部分現實，也因此火車一直都繼續在動，火車越接近目的地，它所找到的現實亦越多，但當它尚未找到全部現實時——到達目的地，它仍然常是局部地在潛能狀態中，因爲它必須繼續尋找其餘的現實，也因此仍繼續保留從潛能到現實的狀態，直到最後到達目的地——找到全部現實——爲止。當火車尚在中途（例如經過新竹、臺中、嘉義及臺南）行走時，它常是一種朝向全部現實的潛能，故所謂火車的動，誠然是一種能繼續不斷尋找現實的在潛能狀態中的現實。易言之，火車的動是一種已局部地變成現實的潛能，但仍然只局部變成現實，而尚能繼續尋找全部現實。總而言之，嚴格地說來，動應稱爲現實，不稱爲潛能，因爲動已經出了潛能境界，雖未找到全部現實，但至少已找到一部分現實，否則就是在全潛能的狀態中，那就不是動了，也因此「動」是一種混合物，從潛能與現實組成之物，它本身是一種不完美之物，它必須繼續尋找所尚未找到的完美——其餘的現實，這也就是亞氏所說的：「動是在潛能狀態中的現實」。故簡而言之，動亦可以說是一種「從潛能到現實的過程」(the transition from potency to act)。

從上所言，動有下列的結果：當一物尚未開始動時，只是在能動（只含有能動的潛能而尚未有實際行動）及能因着動而找到全部現實的狀態中。當此物開始運動時，它就不在只能動的狀態中（因實際上已開始動了），而已經找到了作爲居間現實的動。當正在動時，此物仍然只在爲找到最後及全部現實的潛能狀態中。當它找到最後及全部現實時，該物的動就停止了，動也就不再發生了，因爲它已找到所應有的成全（全部現實）——達到了最後目的。

從我們所作的分析，很顯然地，動含有目的成分在內，因爲當一物在動時，就是爲找到所缺乏及所需要的成全——全部或局部現實，當找到此成全時，它的目的也就算達到了。

動既然含有目的成分，動的區分自然也以其所傾向目的而定（Motus specificatur a termino ad quem），其中比較重要的種類有：

從運動的形相方面來看：有本形上的動（substantial mutation）及副形上的動（accidental mutation）。例如物之產生及毀滅卽是本形上的動。但這種動可算是廣義的動，因爲它們雖然也是從潛能到現實的過程，但此過程是在頃刻之間完成的，故不易看出此過程的實現。副形上的動是比較明顯的動，因爲是連續的變化，在此種動上，吾人極容易看出潛能到現實的實現，例如物體位置的改變（local motion）及物體的其他附屬品的變更，例如物體顏色的改變（alteration）卽是此種動的最好例子。

從運動的形式方面來看有連續的（successive mutation）及瞬息的動（instant mutation）。在連續的動裏從潛能到現實的過程乃逐漸產生的；在瞬息的動裏此過程則立刻實現，缺乏任何中間過程。

知道了運動的意義、性質及其種類後，我們就不得不承認宇宙間有運動存在着，因爲我們的內在與外在經驗，都會證明出此命題的眞確性。人的知識，人的情感及人的感覺（這些可算是人的內在經驗）都是從無到有及從有到無，譬如人開始時，只擁有求知識的潛能，而缺乏任何實際知識，套一句亞里斯多德的名言：人的理智（求知能力）開始時猶如一塊白板（tabula rasa），上面是空白的，一無所有，等到長大後，由不斷與外界世界接觸的結果，人才漸漸求得各種知識，這時原在潛能狀態中的理智，才找到自己的成全——現實（現有學識），這種從潛能到現實過程的實現就稱爲動。人的感情及感覺的形成與消失的過程也是如此，都是從潛能到現實，故它們時常都在變，因此變動乃是每人日常所經驗到的事。

人的外在經驗更迫使我們無法否認動的存在。人的感官每分每秒都接觸到無數的變化，如花開花謝，人生人死及天陰天晴；宇宙萬物大而至於天空的星辰，小而至於原子中的電子無不在變。古時有些學者如西諾（Zeno, 490-430 B.C.）等，雖然違反衆議否認動的存在，但當一隻兇猛狼狗向他窮追時，他們也只好舉起雙脚來「運動」。當他們設法說服他人相信他們的論調時，他們的舌頭還不是在運動？因此「動」存在於宇宙間，乃是一極爲顯明及爲所有正常人所承認的事實。

命題二：但運動必受外力的推動才能發生。

運動基本上是一個原因的後果，是由他物（原因）所引起的，故在運動裏必然含有依賴性及從屬性（依賴推動它的原因）。當我們說一物在運動時，此物是在接受一種前所未有的成全。水從冷變成熱，當水實際上在接受熱度時。一旦接受了熱度，卽冷水一旦變成熱水，動就停止了，變化也就完成了。水在尚未開始接受熱度時，是在全冷的狀態中，這時的水只具有接受熱度的能力，而實際上未擁有熱度。當水只具有接受熱度的能力時，不起任何變化，動也尚未發生。同樣的，當水已接受了所需要的全部熱度時，也不再起變化了，動也就停止了。故水的變化或水的動，產生於當水所具有接受熱度的能力逐漸付諸實現時，即當水正在接受局部熱度時。

一物必須先是動的主體，即先能夠產生運動，然後才能被推動或能起變化。一物之所以能夠動，是因爲先具有能得現實或成全的潛能。一物具有得現實或成全的潛能，此物一方面缺乏現實或成全；另一方面則具有得現實或成全的潛能。倘若水缺乏接受熱度的潛能，它總也不會接受熱度，冷水永遠是冷水，絕不能變成熱水，故也絕不能起任何變化。同樣的，倘若水常擁有熱度，即常是熱的，也不會起任何變化。是以，一個能動之物能夠實際上起變化——接受自身所缺乏的現實或成全，譬如冷水接受熱度，紙接受顏色，人得到學問或修德行等，它必須實際上先缺乏這些成全，而同時又具有能夠擁有這些成全的能力。當一物正在尋找它所需要及所缺乏的現實或成全時，此物就起變化，運動也便開始了。

故運動是使能動者（the movable）從潛能到現實，即使動者的潛能得到發揮，供給能動者原先所能有而未有的成全之行動。當火供給冷水所缺乏的熱度時，在冷水內能接受熱度的潛能就算實現了，那麼，很顯明地，冷水就起了變化，運動也就在那一剎那中發生了。故運動是一種供給他物現實或成全的動作。但因爲物不能給他物自己所缺乏之物，故推動者（the mover）若想給他物成全，它自身必須先擁有該成全，然後才能供給能動者，所缺乏的該成全或現實。相反的，能動者（the movable）實際上則缺乏所欲尋找的成全，否則它就不必尋找了，因爲已經有了所欲尋找的成全，那又何必多此一舉呢？從此我們可得到結論，倘若，一個只在潛能狀態中的動者，能夠推動自己的話，即能夠供給自己成全，就等於供給自己所缺乏的成全，這很顯明的是自相矛盾的說法，因爲能動者（the movable）只具有接受成全或動的能力，而缺乏實際上的成全；推動者（the mover）則擁有成全，故然後才能把自己所擁有的這種成全給他物。一物擁有一種成全（現實），同時又缺乏該成全（潛能），不是矛盾是什麼？倘若一物自己推動自己，即供給自己所缺乏的成全，也就等於該物先擁有一種成全（否則它絕不能把該成全給別人），同時又缺乏該成全（否則它就不需要接受成全），這難道不是矛盾？凡矛盾之物，絕不能同時並存，即絕不能存在或發生，故任何運動（物質的或精神的）在任何情形下，都應被一種與自己完全不同的外力所推動才能產生，此也等於說「潛能不同變爲現實除非被另一現有之物（擁有成全之物）所推動」，此原理是絕對正確的（註七四）。也因此，冷水絕不可能自己使自己發熱，因爲當冷水被火燒熱以前，它原先實際上缺乏熱度。倘若冷水能使自己發熱，此冷水應先已擁有熱度，否則它絕不會使自己發熱，因爲我們已說過，無物能供給他物自己所缺乏之物。我若缺乏十元新臺幣，我絕不能把此十元新臺幣給別人。因此冷水若自己使自己發熱，那它應一方面擁有熱度（故才能使自己發熱），另一方面同時又缺乏該熱度（故才必須使自己發熱），此顯然是矛盾，故是絕不可能發生的事。因此推動者與被推動者應是完全不同之二物，一物絕不可能自己推動自己，在同一觀點下，一物絕不可能是推動者，同時又是被推動者，當它有運動時，它就必須被與自己完全不同之推動者所推動。易言之，任何運動都必受外力的推動才能發生。

命題三：受推動的各環不能增加至於無限而無最後不再受任何其他外力所推動的動力。

從上面的命題我們已知道任何運動，都應被與自身不同的外力所推動。但推動他物者當產生行動時（藉之推動他物之行動）又必須先被另一個與自身不同的他物所推動，否則他也無法產生推動他物的行動，因爲該行動的產生，也是從潛能到現實的過程，即從能推動他物到實際上推動他物的過程。但在這一連串的推動情形下（丙尚未推動丁前，必須先被乙所推動，而乙不能推動丙，除非先受甲的推動），不能推至無窮，故必須有一個不被任何他物所推動的首動者的存在，而其他所有物都受此首動者的推動，否則（若無不被他物所推動的首動者）所有的推動者都成爲居間的推動者，因爲「無窮」指「無始無終」的意思，既沒有最先的推動者，又沒有最後的推動者，其他的推動者自然都是居間的。既無最先的推動者，自然第二推動者也不會產生行動，即不能推動其他物，因爲第二推動者必須先被第一推動者所推動，然後它（第二推動者）才能產生行動——推動第三推動者，猶如乙不會推動丙，除非先被甲所推動，如此說來，所有推動者都陷入麻痺的狀態中，都不會產生行動，那麼宇宙間就不會有運動存在了，這顯然與事實不符，因爲我們已證明過宇宙間充滿着各種變動。宇宙既然充滿着運動，那麼我們就必須承認這些運動，都受與自身不同的外力所推動，而在一連串的推動情形下又不能推至於無窮，故應有一個最初及最後的，不被任何其他外力所推動，而他又能推動其他所有物的推動者之存在，此最初及最後的推動者，吾人無以名之，姑且稱他爲「神」。

2.第二爲證以因果律的論證（Proof by efficient cause）：

(1)原文的中英文翻譯：

「第二路是取自推動因，在這些可感覺的事物中，我們找到推動因的程序。但是找不到，而且也不可能找到一物是自己的推動因，因爲不然的話，他先自己而存在了，這是不可能的。然而在推動因上，無休止的向前推進亦是不可能，因爲在一切有程序的推動因中，第一個是居中者的原因，而居中者是後者的原因。不管居中者是許多或只是一個，取消了原因，則效果亦被取消，所以如果在推動因上，無休止的向前推進，就是說沒有第一個推動因了，那麼這樣也就沒有最後的效果了，亦沒有居中的推動因了，這顯然是假的，所以必須肯定有第一推動因存在，這就是大家所稱呼的神。」

"The second way is from the nature of efficient cause. In the world of sensible things we find there is an order of efficient causes. There is no case known (neither is it, indeed, possible) in which a thing is found to be the efficient cause of itself; for so it would be prior to itself, which is impossible. Now in efficient causes it is not possible to go on to infinity, because in all efficient causes following in order, the first is the cause of the intermediate cause, and the intermediate is the cause of the ultimate cause, whether the intermediate cause be several, or one only. Now to take away the cause is to take away the effect. Therefore, if there be no first cause among efficient causes there will be no ultimate, nor any intermediate, cause. But if in efficient causes it is possible to go on to infinity, there will be no first efficient cause, neither will there be an ultimate effect, nor any intermediate efficient causes; all of which is plainly false. Therefore, it is necessary to admit a first efficient cause, to which everyone gives the name of God."

(2)論證的系統形式：

命題一：經驗告訴人宇宙有產生一共同效果的彼此互連的動因存在着（大前提）。

命題二：但一物不能成爲自身的動因（小前提之一）。

命題三：而在一連串的動因中不能推至無窮（小前提之二）。

命題四：因此必須肯定一個不受任何其他動因所牽制的第一動因的存在，此卽是神也。

(3)各命題的分析與解釋：

命題一：經驗告訴人宇宙間有產生一共同效果的彼此互連的動因存在着。

我們日常的經驗給我們指出宇宙間，不但有動因的存在（相反機會主義者）（註七五），且有爲了產生一共同效果的一連串彼此相連在一起的動因存在着。所謂「彼此相連在一起的動因」是說這些動因彼此間有密切關係，譬如丙促成丁的產生，而丙的行動又受制於乙，乙的行動則又受制於甲，故甲乙丙彼此密切合作才產生丁。樹能開花結果，花與果爲樹所產生的，是樹的果，樹則是它們的因。但樹若缺乏土壤則不能開花結果，而土壤則因着熱度與水分，才能使樹木生殖與發育，進而開花結果。但熱度則來自陽光，而陽光則來自太陽，故果子的產生必先假定一連串的動因存在，譬如太陽、陽光、熱度、水分、土壤與樹木等，它們彼此間互爲隸屬以產生共同效果——果子。在這一連串的動因中，其中任何一個的缺乏，最後及共同的效果——果子——就無法產生。

蒸氣推動船；煤的燃燒產生蒸氣，而燃燒則由火所促成的，可是點火是技工的動作。故船的推動由一連串彼此互連在一起的動因所造成的，它們卽是技工、火、煤的燃燒及蒸氣的產生。再比如，人的意志、欲望、手及筆互連在一起產生一個共同效果——字。因此，只要我們稍加注意，就不難發現宇宙間有產生共同效果的彼此互連在一起的動因存在着。

命題二：但一物在任何情形下，不論在存在界、或在行動界，都不能成爲自身的動因。

經驗告訴人，一物之產生必由一原因所促成，或由許多原因彼此相連在一起而促成的，原因若不存在，效果也無從而有，無因之果乃不可思議的事。當許多原因互連在一起，產生了共同效果時，諸因之間的關係彼此又是因果的關係，彼此互相依賴以致於無前因的影響或存在，其他的因亦無法產生行動。技工若不把火點着，火不會發生燃燒作用。火若不產生燃燒作用，煤怎能產生蒸氣進而推動船呢？故船的推動是在許多因的分工合作，互相影響之下完成的。易言之，因與果之間及前因與後因之間有必然的關係。但沒有一件事物能成爲自身的動因，卽無物能促使自己存在，因爲「促使」是一種行動，存在先於行動，任何物在尚未存在前，絕不能產生行動。我必須先存在着，然後才能寫字——產生行動。故若當一物尚不存在，而能促使自己存在，那就等於說該物在尚未存在前已存在了，因爲它既然能「促使」自己存在，它就必須先有存在，否則它絕不能「促使」自己存在——產生行動。它既已存在了而又「促使」自己存在，那就等於說它有存在（故才能產生行動）同時又不存在（故才需要自己來促使自己的存在），這豈不是矛盾？那又怎能發生呢？因此，我們的結論是，一物絕不能自己促使自己存在。易言之，一物絕不能成爲自身的動因，它的存在必須由與自身不同之物所促成。因此在一連串的動因裏，直接產生效果的動因若不存在的話，該效果也就不會產生，因爲它的存在既不能來自其自身，就必須來自與自身不同及促使它存在的因，否則就有無因之果之情形發生，乃是不可思議的。

在行動界(in the order of operation) 方面，一物更不可能成爲自身的動因。易言之，任何動因，都不能給自身一種可藉之產生行動的動作(the operation by which that thing works)。因爲供給動作是一種行動，若一物能供給自身動作，那就等於說該物在尚未有行動前已能產生行動了，在尚未擁有行動前已有了行動，在尚不能成爲動因前已是動因了，此亦是自相矛盾的說法，是荒唐之至，故也是不可能的。

從上所言，我們所得的結論是，在一連串的動因中，若前因不影響後因，卽不供給後因行動，後因立刻停止行動，卽不能有行動，因爲它既不能供給自己行動，它只好從其他物接受來行動。其他物若不供給它行動，它自然就不能有任何行動。

命題三：而在一連串互相影響的動因中不可能推至無窮。

此命題的含義極爲明顯，因爲這一連串的動因，全是被其他因所推動，故嚴格地說來，全是後果。倘若推至無窮而沒有不受任何其他因所推動的首因的話，那就等於宇宙間能有無因的果之情形發生，此又是不可能。因此吾人必須承認有一個所謂第一動因的存在(the existence of first cause)，此第一動因不被任何其他動因所推動，卽不是任何其他因之果，而其他動因的行動都淵源於它，它是首先發動者，此不被其他因所推動，而又能推動其他因的第一動因卽是神。

3. 第三爲證以萬物的非必然性的論證(Proof from the contingency of beings)

(1) 原文的中英文翻譯：

「第三路是取自可能性和必然性。其推論如下：在事物中我們找到有些是可能存在的及可能不存在的，既然發現有些物出生，有些物損壞，由是它們是可能存在和不存在。但是不可能一切這類性質的事物常常存在，因爲他的不存在是可能的，而有一時期就是不存在。所以如果一切都能不存在，則有一度在事物中什麼也沒有存在。但是如果這事屬實，則現在什麼也不存在了，因爲凡不存在者不能開始存在，除非是來自存在者，所以如果沒有一存在者，則不可能有一物開始存在，而如此，現在什麼也不存在了，這顯然是假的，所以不是一切事物皆是可能存在者，而在事物中必須有必然者。但是一切必然者，或者由別處有其必然的原因，或者沒有，不過在有必然的原因的必然事物中，不可能無休止的向前推進，如同不能在創造因上一般，已爲上面證明了。所以必須肯定有一物，他本身是必然的，不從別處有其必然的原因，而他是其他事物的必然原因。這就是大家所說的神。

The third way is taken from possibility and necessity, and runs thus. We find in nature things that are possible to be and not to be, since they are found to be generated and to be corrupted, and consequently, it is possible for them to be and not to be. But it is impossible for these always to exist, for that which cannot be at some time is not. Therefore, if everything cannot be, then at one time there was nothing in existence. Now if this were true, even now there would be nothing in existence, because that which does not exist begins to exist only through something already existing. Therefore, if at one time nothing was in existence, it would have been impossible for anything to have begun to exist; and thus even now nothing would be in existence--which is absurd. Therefore, not all beings are merely possible, but there must exist something the existence of which is necessary. But every necessary thing either has its necessity caused by another, or not. Now it is impossible to go on to infinity in necessary things which have their necessity caused by another, as has been already proved in regard to efficient causes. Therefore, we cannot but admit the existence of some being having of itself its own necessity, and not receiving it from another, but rather causing in others their necessity. This all men speak of as God.

(2)論證的系統形式：

命題一：宇宙間的所有物大都是可有可無及忽生忽滅的(Possibilia esse et non esse)，此乃有目共睹的事（大前提）。

命題二：但凡可有可無及忽生忽滅之物皆應有原因（大前提之一）。

命題三：而在原因的系列中不能推至無窮（小前提之二）。

命題四：因此必須肯定一個不可或缺之物的存在，此物卽是神（結論）。

(3)論證的分析與解釋：

命題一：宇宙間的所有物大都是可有可無及忽生忽滅的。

我們生活於一個變化不定的世界裏，這是衆所週知的事實。今天一朵怒放的鮮花，很快就變爲明日黃花；相反的，一朵尚未存在的花，很可能就成爲盛開的鮮花。據人類學家統計每天有二十萬人從人羣中被送到墳墓裏去。每小時有六千，每分鐘就有一百多人停止活動。人類的生長率自然要比死亡率高。易言之，人生人死，忽生忽滅的情形乃司空見慣了。但一朵盛開的花或一個活生生的人，在尚未存在前，必須具有存在的眞實及內在潛能，否則他們絕無法存在，宇宙間也絕找不到任何花及任何人。同樣的，一物之所以能消失、滅亡，也先應具有消失或滅亡的潛能，否則該物無論如何不能消失或滅亡的，他們會長生不死。一物若只具有存在或消失的潛能，而缺乏存在或消失的事實，該物就算是可有可無的及忽生忽滅的。

命題二：凡可有可無及忽生忽滅之物皆應有原因。

命題三：而在原因的系列中不能推至無窮。

宇宙間既然充滿了可有可無及忽生忽滅的物，他們在尚未存在前，只具有（及應具有）存在的潛能；

在尙未消失前，也只具有（及應具有）消失的潛能。「除非被另一現有之物所推動，從潛能不能到現實」這是已被證實的原理，而在解釋第一論證時，對此原理已說了很多。故宇宙間所有之物絕不可能都是可有可無及忽生忽滅的，應有一個非有不可及不能沒有之永恆物的存在，否則吾人根本無法解釋可有可無及忽生忽滅之物，如何能從只具有存在或消失的潛能，搖身一變就成爲現實——存在或消失的事實。

若宇宙間萬事萬物都是可有可無，卽可以存在，亦可以不存在的話，那宇宙必定有開始，而曾經有一段時間實際上無任何物存在過，因爲我們已說過，任何可有可無之物，在尙未實際存在前，只具有及必須先具有存在的潛能，而後才能成爲存在事實。只具有存在的潛能之物，實際上是不存在的，故可有之物在尙未實際存在前，雖已具有存在的潛能，但嚴格地說來，實際上是不存在的，而宇宙間的萬事萬物，既然開始時都只是可有的，卽只具有存在的潛能而缺乏存在的現實，那自然在開始時宇宙間無任何物存在過，卽曾有一段時間，實際上無任何物存在過，因爲「常有」與「可有可無」爲兩個矛盾的觀念，絕不能會合於同一物上，吾人若承認宇宙間有一段時間，無任何物存在的話，自然也得承認目前宇宙間亦無任何物存在的（此乃相反事實），因爲無既不能生有，物也不能促使或供給自己存在，那自然不會有任何物存在的。

爲了進一步瞭解上面所說的，吾人先得瞭解何謂「存在的潛能」及「常存在的現實」。所謂「存在的潛能」是一種存在的能力、傾向或欲望。但此傾向或欲望，對任何物而言都是自然的，甚至也可以說是必要的。理由是，所有物，不論如何微小，都自然地愛好自己的存在，及盡其所能地保護與爭取自己的存在，故所有物，當他們有存在的能力時，卽可以生存時他們一定想存在，而會想盡辦法永遠保持存在，除非他們（在不得已的情況）無法存在時，卽失去存在的可能性時，他們才會身不由主的不存在。是以，倘若一物能常存在的話，此物一定常存在及不能不存在。易言之，存在的能力常排除不存在的自然可能性，即常存在之物絕不會自動自發與自由自主地不存在或放棄存在。

「常存在」與「永遠存在」或「不能不存在」爲同義詞。「有時不存在」與「不常存在」則爲同義詞；而「常存在」與「不常存在」自然爲矛盾的觀念。故若一物具有常存在的可能性，即一物可以常存在，此物就會實際上有存在及常存在。相反的，倘若一物只具有存在的潛能，或具有不存在的潛能，此物就不會實際上有存在及常存在。實際上有存在及常存在，與實際上不存在與不常存在顯然又是矛盾的觀念，故彼此排斥，就好像能看見與不能看見，能聽見與不能聽見同爲矛盾的說法一模一樣，故此二情形都不能在同一物上同時發生，否則就等於說，一物存在，同時又不存在，一物常有同時又不常有，這種荒唐的說法誰能接受呢？也因此，吾人很可以大膽地說，能常存在之物，在任何情形下與任何時間裏都有存在，就是在一段能不存在時間裏，他也是能存在及非存在不可的。相反的，不常存在之物，即使在一段很可以存在的時間裏，若單靠自己而無外力的促使，他無論如何也絕不能存在的。

因此，一物若具有不存在的自然及內在的潛能絕不曾常存在過，它必須有開始存在的一刻，即在尙未開始存在前，它必不曾存在過，宇宙間曾有一段時間，一定不曾有過這樣的物。倘若宇宙間之所有物都具有自然及內在的不存在能力（即都是可有可無及忽生忽滅的），那麼整個宇宙也必須有開始的一刻。易言之，整個宇宙有一段時間，不曾有任何東西存在過（包括宇宙本身）。難道吾人能想像得到宇宙間的所有物曾開始存在過，即有一段時間他們都不存在，然後在莫名其妙的情形下，一個接一個出現了，而他們的存在既不能來自自己，那自然只好接受自在他們之前之物了（故凡可有可無及忽生忽滅之物皆應有原因——

第二命題的證明），而這些在他們之前之物的存在，又得來自其他先已存在之物，能如此推至無窮？這種荒唐與悖理的說法，能爲正常的人所接受嗎？因此應有一不曾開始存在之物的存在，此物既不曾開始存在過（卽不是從無到有，而是無始無終之物），他就應常存在，他應具有常存在的自然能力，故是一個非存在不可之物（a necessary being），他的存在一方面不來自其他任何物（否則吾人又得追溯到無窮），他的本質卽是存在，他是自有的（ens a se）；另一方面其他萬物（可有可無及忽生忽滅之物）的存在都從他接受而來的，沒有他宇宙也不會有存在，則宇宙完全處在虛無的狀態中。此一方面是常存在的，是自有的及非存在不可的；另一方面又促使宇宙萬物的存在之物卽是神也。所以神自己不曾「開始」存在，他曾存在，現在仍存在，將來還繼續存在，因爲若說他曾「開始」存在，等於說，在存在之前不存在，否則如何「開始」存在？若一物不存在，又如何開始存在？他不能使自己存在，因爲他尙不存在，所以其存在必須來自他物，此物必須是自有的，卽其存在不來自其他物（否則又得推至無窮），故才能使其他萬物存在，或才能提供存在給其他物。

4. 第四爲證以萬物的成全或美善之等級的論證（Proof from the degrees of perfection of beings）：

(1) 原文之中英文翻譯：

「第四路取自事物中所找到的等級。在事物中發現有些是更多或更少善、眞、和尊貴。如此關於其他同類的性質。但是更多或更少對不同的事物說，是依照他們接近最高事物的不同程度，例如越是接近最熱者，則越熱。所以當有一最眞、最善、最尊貴之物存在，由是他是最高的有。因爲『凡最眞者，亦是最實有者』猶如在形上學書中說了，凡在某種類中是最高者，是一切屬於該類者的原因。比如火，是最熱者，是一切熱的原因，如在同書中所說的，所以有一物存在，他是一切事物的存在、善、和任何完美的原因。而這我們稱他為神。」

The fourth way is taken from the gradation to be found in things. Among beings there are some more and some less good, true, noble, and the like. But *more* and *less* are predicated of different things according as they resemble in their different ways something which is the maximum, as a thing is said to be hotter according as it more nearly resembles that which is hottest; so that there is something which is truest, something best, something noblest, and, consequently, something which is most being, for those things that are greatest in truth are greatest in being, as it is written in *Metaph.* II. Now the maximum in any genus is the cause of all in that genus, as fire, which is the maximum of heat, is the cause of all hot things, as is said in the same book. Therefore, there must also be something which is to all beings the cause of their being, goodness, and every other perfection; and this we call God.

(2)論證的系統形式：

命題一：宇宙間存在着一些擁有不同成全之物，即存在着一些物，在它們間的成全有等級之分，譬如有些物比其他物更美善、更眞實、更尊貴；有些物則不如其他物那麼美善，那麼眞實與那麼尊貴。

命題二：一物之成全的等級以該物接近最成全之物的程度（遠近）而定，譬如一物覺得很熱乃因為最接近極熱之物的緣故。

命題三：因此有一個最成全之物的存在，他是最美好的，最眞實的及最尊貴的，他是其他各物之美善、眞實及尊貴的根源，此物卽神。

(3)論證的分析與解釋：

命題一：宇宙間存在着一些擁有不同成全之物，卽他們所擁有的成全有等級之分。

爲了瞭解此命題的眞意，首先我們要知道成全的不同種類。有些成全不能有「多少」之分，只能有「有無」之別。這些成全一物或全有之或全沒有之，不可能有或多或少或更多、更少的情形發生，譬如本質上的成全(essential perfection)就屬於這種類的成全。一物我們若稱他爲人，他就是因爲擁有人的本質的緣故。而他一旦擁有人的本質，他就全部擁有之，他就道道地地、完完全全是一個人，因爲他擁有人的本質之全部。若他未擁有人的本質，他就不是人。一物我們若稱它爲樹或狗，就因爲它有樹或狗的本質。它一旦擁有樹或狗的本質，它就全部擁有之，它就道道地地是樹或狗，因爲它擁有樹或狗的本質的全部。故任何物從本質上而言，只能是該物或不是該物；只能是人、樹或狗或不是人、樹或狗，一物絕不能更像人或不那麼像人；更像樹或狗或不那麼像樹或狗。是以，本質上的成全就像亞里斯多德所說的，如同數目一樣，絕不能有等級之分。數目「四」絕不可能有更像「四」或不那麼像「四」的情形發生，只能有是「四」或不是「四」的情形發生。這種成全因爲無等級或程度之分，故很顯明地，多瑪斯在第四論證所指的不是這種成全。

有些成全則有多少之分，卽有不同的等級，譬如聰明才智、智慧、公義等。因爲人可以是更聰明的及不那麼聰明的；可以是更公道的及不那麼公道的。

此外還有一些純超越的成全(Pure transcendental perfections)（註七六），如存在及眞善美等成全，自然也有多少之分與不同的等級。大家都知道一物可以是美麗的，但與比它更美之物一比就不是很美麗的。同樣的，張三雖是好人，但李四可能比他更好。

另有一些非超越的純成全(pure non transcendental perfections)　也有等級卽多少之分。所謂「非超越的純成全」乃指這些成全不在所有物中找到，只在一些特定物中找到，譬如生命、理性及意志等。多瑪斯在第四論證裏所指的主要是純超越成全。

如今我們要問，宇宙萬物是否享有這些成全？當他們分享這些成全時，是否有等級之分，卽是否有些分享這些成全較多？有些則不那麼多？有些是否分享這些成全較少？有些則不那麼少？簡言之，宇宙萬物是否有的比較成全(more perfect)，有的則不那麼成全(less perfect)？答案自然是肯定的，此可從日常經驗及自然科學得到證實。因爲誰也無法否認宇宙間之物之成全有不同的等級，譬如植物比礦物成全，比起動物來則又遜色了。居萬物之首的人自然要比其他物成全得多。就是在同種類的物裏的成全也有等級之分。金的價值不是比其他金屬品的價值高嗎？

在形形色色的不同種類之物中的成全更是千變萬化的，譬如存在（與本質連在一起的存在），眞、善、美、尊貴等成全自然有不同等級之分。誰不承認人比動物、植物及礦物尊貴？而在人中所有的尊貴性、眞實性與美好等也不同。有些人比較尊貴，比較美好；有些人則不那麼尊貴，不那麼美好。因此宇宙間之物確實擁有不同的純超越成全。

命題二：一物之成全的等級（卽多或少）以該物接近最成全之物的程度（遠近）而定。

此命題的眞正意義在乎物，所分享的不同等級的成全，必定來自與自身不同的其他物，而此最後供給成全的他物，所具有的成全應是如此完美，如此登峯造極以致此物本身就是各種成全，譬如他本身就是存在，就是美善，就是眞理及尊貴，是各種成全之最後及最基本的根源，他具有應有盡有的成全。任何越接近此物之物，該物也就越成全，就好像物所分享的熱度的等級以接近熱的根源——火——的程度而定。火因爲是熱度的根源，火本身就是熱，故越接近火之物，該物也就越發熱。物的熱度的減少的程度，自然也隨着該物遠離火的程度而定，因爲哲理有言：「相反之物的理是相同的」(contrariorum est eadem ratio)。

爲什麼物所分享不同等級的成全，必須來自與自身不同的其他物呢？因爲一物倘若只分享成全，它所分享的成全不論多少，總不能是成全的全部。旣然如此，它所分享的成全就不屬於其本質，亦不屬於與本質分不開的物之特性。屬於一物之本質或特性之成全，不能有等級或「多少」之分，只有「有無」之別，或擁有此成全之全部，或不擁有任何部分。因爲屬於一物之本質的成全猶如數目，不能有等級之分。譬如屬於人的本質的成全有理性、動物性、生命、物體及自立體，它們也沒有等級之分，若有，則全有；若無，則全無，故多瑪斯說：「屬於一物之本質及不來自其他外物（與生俱來的）的成全，該物不能沒有它及少有它。」（註七七）

同樣的，屬於一物的特性之物，卽一物所常有及必有之物 (quod uni, soli et semper convenit) 也不能有等級之分。一物若有此特性，它就有此特性的全部；若沒有此特性，則此特性的任何一部分（特性根本不會有部分）都不會有，譬如笑的能力爲人的特性，（因爲僅人有此能力，而此能力是所有人所必定有及常有的）人的此種特性自然也無等級之分，吾人絕不能說張三比李四具有更多笑的能力，或李四所具有的笑的能力不如張三所具有的那麼多。

故任何有等級或多少之分的成全，都不能是一物之本質，或是與本質分不開的特性，也因此這些成全就不是與生俱來的，它們必須來自與自身不同的其他物，就好像水及鐵的熱度由與它們不同的其他物——火——所造成或所接受來的。

造成或供應上述成全之物，必須預先擁有此成全，否則他就不能提供該成全，因爲我們已屢次說過，誰也不能給他人自己所沒有之物 (Nemo dat quod non habet)。但它又不能只擁有此成全的一小部分，它必須擁有此成全之全部，卽它所擁有的成全，必須到了頂點以致該成全就是其本質，否則（只擁有一小部分之成全）它所擁有一小部分的成全必定又來自與自身不同的其他物（因爲此成全不屬於其本質或特性的緣故），但吾人不能如此緊追不捨，必須有一個盡頭，必須假定一個擁有全部成全之物的存在，此物本身就是成全 (it is perfection itself)，是其他物所分享的成全的根源，其他物所分享的成全，或多或少全由它所提供，因爲各種成全都屬於它的本質，故他本身就是存在，就是眞理，就是美善，就是尊貴，此物卽是神也。

5. 第五爲證以萬物的秩序和目的的論證 (Proof from the final cause)：

(1) 原文之中英文翻譯：

「第五路取自事物的管理。我們看見有些沒有知識的物體，爲一個目的而行動，這可由事實看出，卽他們常常或經常是用同一方式活動，爲獲得最好之物。由此可見他們達到目的，不是出於偶然，而是出於有意。但是無知之物不會朝向目的，除非是受有知識和理性之物的引導，如箭被發射者所引導一般，所以必須有一個有理性者的存在，一切自然物體都受他的安排，使之朝向目的，這就是我們所稱的神。」

The fifth way is taken from the governance of the world. We see that things which lack knowledge, such as natural bodies, act for an end, and this is evident from their acting always, or nearly always, in the same way, so as to obtain the best result. Hence it is plain that they achieve their end, not fortuitously, but designedly. Now whatever lacks knowledge cannot move towards an end, unless it be directed by some being endowed with knowledge and intelligence; as the arrow is directed by the archer. Therefore, some intelligent being exists by whom all natural things are directed to their end; and this being we call God."

(2)論證的系統形式：

命題一：經驗告訴人宇宙間存在着一些缺乏知識之物，這些物的行動朝向一個固定目標，卽一切物都極有規律地存在與活動（大前提）。

命題二：但缺乏知識之物的行動，不會朝向固定目標，除非被知道該目的之物所引導，猶如箭必須被發射者所引導才能朝向固定的目標（小前提之一）。

命題三：但當發射者引導箭朝向固定目標時，他又必須被與自身不同的其他物所引導。可是在這一連串的引導與被引導的系列中，吾人又不能窮追不捨，必須有個盡頭（小前提之二）。

命題四：故必須有最先指導所有物，朝向固定目標的最高智慧的存在，此卽神也（結論）。

(3)論證的分析與解釋：

命題一：經驗告訴人，宇宙間有一些缺乏知識之物的存在，他們的行動朝一固定目標，卽他們都極有規律地生存與活動。

只要我稍加留心周圍的一切，我們就不難發現宇宙間的每一物，都有自己固定的目標，他們的存在及行動都極有規律，每一物都想得到對自身最適當與最有益之物，他們的行動都非出於偶然。倘若宇宙間之所有物的行動全出於偶然，沒有按照一定的規律，他們的行動方向必定不會永遠一樣，一定千變萬化，每次的目標一定都不一致，每次的方向一定都不相同。但我們所發現的萬物的方向，絕大部分却是相同的，他們的目標也是一致的，很少有變化。因此科學家們才能根據物的固定活動形式，固定的規律或法則，來制定管轄他們的活動的定律。水往下流，重物往下墜，鐵在水中會沉，輕物則在水上會浮；火會燃燒，雨水會侵濕，陽光會照耀；水爲液體，金屬品等爲固體；土是軟的，石是硬的；狂風暴雨會淹沒東西及移山倒海等，萬物的性質與行動正如書經上所說的「天生蒸民，有物有則」及中庸上所說的「天地之道，博也，厚也，高也，明也，悠也，久也。今夫天，斯昭昭之多，及其無窮也，日月星辰繫焉，萬物覆焉，今天地，一撮土之多，及其廣厚，載華嶽而不重，振河海而不洩，萬物載焉。今乎山，一卷石之多，及其廣大，草木生之，禽獸居之，寶藏具焉。今夫水，一勺之多，及其不測，黿鼉蛟龜，魚鼈生焉，貨財殖焉」；「辟如天地之無不持載，無不覆幬，辟如四時之錯行，如日月之代明，萬物並育而不相害，道並行而不相悖。」

「天文家根據星羅棋布的事實，把天空中星宿的繁多、偉大、遼遠、迅速、和並行而不相悖的眞相，給我們報告得令人驚訝不止。人在萬物之中，確是滄海之一粟；太陽固然比地球大一百三十萬倍，但天狼星比太陽還大十二倍，至於天王星比地球大十四倍，海王星大十七倍，土星大九十三倍，木星大一千二百七十九倍，天空中大小星宿，究竟有多少，誰能統計清楚？說到光行的速度，光每秒鐘走三十萬公里，光在一年內所走的路程，叫做光年，距地球最近的恆星，是半人馬座的第一星，它的光線射到地球需要四年零四月，天狼星離地球有八個半光年，北極星離地球有一百七十光年，銀河離我們有二萬光年之遙，銀河後邊有星霧，星霧後邊還有微星，這些微星離我們有八萬光年，這還不算遠，螺形星霧中的星體，離地球竟有六百五十萬光年的遙遠，可是這還不是天之邊，天空眞是大得不可思議了！大小星辰，在天空中暢行無阻，各有航程，絕不相撞，這其間，一定有規律，所以能秩序井然。」（楊紹南：宗教哲學概論，五十八年，第一四四頁）

命題二：缺乏知識之物不能朝向固定目標，不能按照一定定律行動，除非被一個知道該目標，認識或規定該定律之物所引導。

一物假如不預先認識固定的目標或方向，它的行動絕不能朝向該固定目標，它的行動也絕不可能往該固定方向走，更不可能利用適當的方法，達到所欲獲得的目的。因為「固定」意指「有一定的範圍」，既不太偏左，又不太偏右，故朝向固定目標的行動，乃在衆多中之擇一行動，而在衆多中選擇其中之一的行為，只有具有知識者才能辦得到的，宛如一無知的箭，它自身絕不可能朝向固定目標發射，除非被一個具有知識的人，知道該固定方向的射手所引導。一個區區的箭朝向固定目標發射時，還需要一個像人那樣能具有高深知識之物的引導，那麼當宇宙間無數無知識的神奇之物，朝向固定目標時，自然更需要一個比人更聰明，具有更高深知識之物的引導。

命題三：引導缺乏知識之物朝向固定目標的知者（譬如射箭的射手）又得被他物所引導，但不能窮追不捨，推至無窮，必須有個盡頭。

認識是一種實際行動，凡實際行動都必須先假定一種能力的存在，即凡實際行動都需來自一種能力，譬如我目前正在寫字，我正在進行寫字的實際行動，但此行動必先假定我有寫字的能力，否則我無論如何絕不會產生寫字的實際行動。可是寫字的能力在未正式實現寫字的動作前，是在潛能的狀態中，而從只具有寫字的潛能不能到寫字的現實（實際上實行寫字的動作），除非被另一現有之物所推動（註七八）。那麼，很顯然地，認識既是一種實際行動，它也必須來自認識的能力。易言之，一物必須先有認識的能力，而後才能實現認識的實際行動，而認識能力在尚未實現認識的行動前，是在潛能的狀態中，「潛能不能變為現實除非被另一現有之物（即有實際行動之物）所推動」，也因此認識能力必須先被現有之物所推動，否則此能力永遠在潛能的狀態中，永遠不能實行實際行動，即永遠不能實行認識的行動。但促使認識的能力實行認識的行動，也是一種實際上的行動，此行動又得來自能產生此行動的能力，此能力在尚未實行實際行動前，又是在潛能狀態中，自然又需要現有之物的推動才能產生實際行動。但在這一連串的推動與被推動的系列中，吾人不能窮追不捨，必須有個盡頭，故到最後必須有一個不被他物所推動，而又能使認識能力實行認識行動者的存在，而此不被任何其他物所推動，他自己又能促使認識能力實行認識行動者，其本身必須就是認識，他就是認識的行動 (He himself is the act of knowing) 而不是認識的能力，否則同樣的難題又存在着，即此認識能力又需要現有之物的推動，才能實行認識的行動。此不被任何其他物所推動，而他自己又能促使認識能力，實現認識行動之物即是神，是他及唯有他才能使各無知識及有知識之物，按照由他所預先規定的目標或方向，所預先制定的規律而生存、而活動。神為各物所制定的規律，即是經緯萬端的「自然律」(Laws of nature)，各物從開始就遵照此自然律而生存、而活動，故宇宙萬物的生存及活動方式才能是固定的，才能井井有條，毫不凌亂，永遠如此，絕不更改他們的生存方式及活動範圍。

假如我們去參觀一個汽車製造廠。在尚未看到一個已經製造好的車輛前，我們首先看到的是車輛的各部門：一堆鐵板、輪胎、輪輻、輪軸、方向盤、電瓶、燈泡、發動機、引擎、活塞、汽缸、螺釘帽、螺絲釘、雨刮、保險桿、擋泥板、車架、坐位、車箱及其他部門，毫無秩序地堆在一起。幾個鐘頭後我們發現這些亂無章序的部門，被造成若干部精美的車輛，每部門都適得其所，毫釐不差（尤其引擎部分更不能有絲毫的偏差），你能相信這些都出於偶然 (by mere chance) ？你難道會懷疑那是由許多聰明技工分工合作的傑出成果？

再以我們日常所看到的照相機爲喻。衆所週知照相機的結構是相當複雜的，它有鏡頭、隔光板、感光板、暗盒、對光鏡、快門、距離測量表等，而這些東西的構造都極爲複雜。若再把它們相連在一起，成爲一個精美的照相機，以便攝影那更是不簡單的工作，這種工作非具有高度智慧的技工不能勝任，只有非常愚蠢的人才相信一部精美照相機的構成是出於偶然的。

鐘錶又是大家所熟悉的物件。它的組成部分有：錶殼、時針、數字、大小齒輪、發條、螺絲、彈簧、鑽石、鐵片、磁片等。這些複雜部分必須恰當的配合在一起，絲毫不能偏差，否則無法製成一個計時準確的鐘錶。故正常的人看到一只精確及美麗的鐘錶，他必想到一位聰明與技巧的錶匠，因爲卽使一只鐘錶的所有零件完全具備，一個門外漢仍不容易把它們配在一起成爲準確的鐘錶。故假如有人在偏僻荒涼的山上，無意中拾到一隻閃閃發光精確的金色手錶，他必定想到在他以前曾有人來過這裏，不愼把錶遺失了，而此精確手錶必定來自製造鐘錶的錶廠，是許多聰明技工分工合作的結晶。他總不會認爲該精確手錶的構造全出於偶然，沒有任何理性作後盾，是多少年前的一陣狂風暴雨把鐘錶的各部分依序會合在一起，然後又經過許多年大自然冷熱等種種變化而偶然組合成的。

一部車輛，一隻照相機，一個鐘錶的結構是相當複雜的，故絕不能出於偶然，它們的存在必定先假定一些具有高深知識與高度智慧的技工們的存在，沒有聰明技工們的明智指導與長久苦思，這些東西絕不會有的。車輛、照相機及鐘錶的結構雖然複雜，但宇宙間有許多其他物體的結構，比這些東西的結構不知要複雜多少萬倍以上，譬如把機件的各部分組合在一起的技工其思想及其身體的各部分：手、脚、鼻孔、耳朵、眼睛等；天空裏的太陽、月亮、星辰等。

如衆所周知，太陽是宇宙的大鐘錶。當我們看到太陽經過子午線時，那時正是正午十二點。所以，我們日間的測量是以太陽的位置爲尺度。但一方面這個宇宙的大鐘錶比任何人造的鐘錶，要準確萬倍及經久耐用；另一方面它的結構則比其他任何人造鐘錶簡單得多（註七九），它不需要彈簧以及各種螺絲釘、大小齒輪……而能在太空中不停地自由旋轉。它已經運行了千百萬年；到目前爲止仍沒有機件失靈的現象發生。總是千萬年如一日行走不停而且走得那麼準確。能以最簡單的結構發揮最大的功能，自然要比以複雜的結構發揮同樣功能神奇得多，何況人造的鐘錶所發揮的功能，遠不如宇宙的大鐘錶——太陽。當我們看到一只精美的鐘錶，自然地會想到錶匠的巧工與聰明才智。那麼當我們看到比鐘錶美妙萬倍的宇宙，難道會不承認它是一個比錶匠更偉大、更精巧、更聰明的工程師所設計及所完成的？故我們同意培霖教授(Mathias Premm)的說法：「正如一只鐘錶不能出自偶然，秩序井然的天地萬物更不會是偶然的產物。正如一只錶的走動，須要錶匠的安裝檢查，大宇宙中的太陽以及各星體的循軌運行，毫無錯誤，自必更需要一位極其智慧與萬能的錶匠。這位錶匠，我們稱祂爲天主、神或上帝。」（註八〇）

曾有一位鄉下人，問一位科學家：「一架鐘錶的行動，是自造、自動呢？還是被造而有人使之運行？」科學家答說：「自然是被造而有人使之運行。」那個鄉下人便說：「以一架鐘錶之小，尙需有人製造、管理，難道以天地之大，就不須創造、管理嗎？」那位科學家却無言以答。鄉下人便自言自語地說：「鐘錶如無匠，越想越難量；天地果無神，眞要悶煞人。」（牛若望：科學、宗教、人生，一九五九年，光啓出版社，頁六二）

宇宙萬物都受固定的自然律的管轄，乃不爭之論。

先說無生物受自然律的管轄。我們前面已提過天文學家，根據星羅棋布的事實，給我們指出天空中各種星球的分佈，能如此井井有條，就因爲它們都受一些固定的定律管轄，因此才能如此正常以致於任何不規則事件的發生，譬如日蝕、彗星的回航等都可以很準確地預言到。在物理方面，聲音、熱度、光、電等也都有自己的定律，這些定律是如此的完美、正常以致於任何效果都可以用數學的精確性來計算。在化學方面，各種物體都依照固定的定律，產生固定的引力及吸引力。宇宙間的任何其他物體亦有同樣的規律，在同樣情形下同樣之物必定產生同樣效果，譬如火在正常情形下一定會燃燒；水一定會濕潤，風會把東西吹得七零八落。

生物也受自然律的管轄，譬如受營養、發育及生長律的管轄。植物、動物及人都從唯一細胞形成的。在高等生命裏，譬如在人體裏，細胞不斷增多以致能形成許多複雜的器官，諸如眼睛、耳朵、心臟及肺等。每個生物都具有能力補救損壞的部分。在低等動物裏，每一種類裏的各物都具有同樣有用的食慾及傾向或慾望，以便尋找適當的食物以保護自己的生命，進而生育及照顧自己的後裔。人，因爲是萬物之靈，除了具有其他生物所有的東西外，他還具有與衆不同的理性，他對眞善美有强烈及特殊的愛好，進而能善用他那獨特的理性活動從事在科學上、在文學上及在藝術上的各種奇異發明。人所有的活動也受到一些定律的管轄，卽思想定律，就如同種子受生長、發育定律的管轄，漸漸形成莖、樹葉及盛開的花一樣。因此整個宇宙之所以能有條有理，秩序井然，就因爲受固定的自然律管轄的緣故，每物在固定的自然律管制下，其存在與活動方式，才能順着一定的規律以致恆久不變，這一切自然就不會出於偶然，因爲偶然恰恰與規律相反，有規律就不能是偶然的，是偶然的就不能有規律，因爲固定性是規律的特點；變化不定是偶然的特徵。當我們把四根棒子從手中毫無目的地隨便一拋，當一起落地時可能形成一個四方形，但這種情形只能發生一次或兩次，絕不可能會發生千百次。永遠不變地形成一個四方形乃不可思議的事。假若四根棒子當落地時能保持固定的四方形狀，就一定受某種規則的支持。若此種簡單的規律不能出於偶然，那麼誰會相信經緯萬端複雜宇宙裏的萬事萬物的規律性，譬如星球的航道，生物的奧妙結構、組織、生育、發長；動物的本能、各種傾向、嗜好；蜜蜂的工作，飛鳥的建巢以及人的理性活動乃出於偶然？故吾人不得不承認宇宙間必有一制定各種規律的立法者的存在，是祂使宇宙萬物受固定規律的管轄，使各物各得其所以便符合祂造物的原有目的。

培霖 (Mathias Premm) 教授曾用一段很精闢的文字敍述如何由宇宙萬物的存在與活動之規律化證明神的存在，因爲它極有參考價值，故不妨把它寫出以供讀者參考：

「第一…………

第二：『天上、地下都充滿了主的榮耀。』（依：陸・三）一個會思想的人仰觀燦爛天空中的萬億星體，不能不想到創造者的智慧而承認祂爲宇宙的主宰。從天空回到大地，假如我們細心的觀察，一定會發現：『我們的地球同樣充滿了天主的妙工。』

地球上春夏秋冬季節的變化，年復一年，數千年來秩序從未紊亂。近代科學告訴我們，這季節的變化跟地球與太陽間的距離是互相聯繫的。倘若太陽距地球稍近，則地球上一切生物必因熱度之增高而枯死。反之，如果地球在運行中跑出軌道而遠離太陽，則地球會變爲冰國，一切生物也要被凍斃。可是我們的地球千年如一日地常與太陽保持着固定的距離，維繫着一切生命。思想正常的人不能否認地球與太陽的這種依存的關係，是由於一位至上的智慧所設計、由於一位大能者之手所完成，絕不是出自偶然。

在地球上生長的形形色色的動植物，也都彰顯出一位最高智慧者的存在，可惜很少人會去細心觀察。我們是否曾觀察過植物如何奇妙地生存？每棵植物都會把根子伸入地裏去吸收所需要的養料。這養料經過無數的毛細管輸送到植物的全身。一層厚硬的外皮有如人類的衣著，保護着植物不受外來的侵害。植物不但從地裏汲取營養而生存，它還要仰賴空氣所供的碳酸，藉它的枝葉將之吸收，而形成碳化物，由是而生長、開花、結果。所結的果實再播種在地下，就會有一棵新的植物產生。如此，植物的種類得以保存和延續。

植物這種生活的程序又是誰設計和完成的？一棵細小的種子從那裏得到這種生長、開花、結果的神奇力量？是誰賦與自衞的本能，使它們能辨別切身利害的食物以及對於敵人的防範？是誰敎給了蜜蜂築室儲蜜？又是誰教給飛鳥唱出美麗的歌聲？是誰指使候鳥飛向遙遠的南國躱避冬天的嚴寒，而夏天到來時又舊地重遊？

所以宇宙間的一切：無論是地球或星辰等的運行，或者是動植物成長與活動，都遵守着一種固定的規律。規律的存在要求一位規律的製定者。我們守法當然是因爲立法者製定了法律命我們遵守，這是很明顯的道理。

整個宇宙仍然充滿着人類仍未能發現的奧妙。大而如星體，微小而如原子電子的組成與活動，莫不遵守不知何時起卽已固定的規律。這些規律僅有在科學家們，經過常年的研究之後才漸漸被發現。這規律的製定以及宇宙間萬物的創始必出自一位最高智慧、最高能力的『原始科學家』——天主。

兩千年前，聖詠作者已在驚歎宇宙的美妙，而讚美上主的智慧：『上主，我們的天主，祢如何奧妙地在高天下土彰顯了祢的大能與智慧。』（詠・八）『是祢劃分了春夏秋冬。』（詠・柒壹・十七）『天上地下充滿着祢的榮耀。』（依・陸・三）

第三：世界上有很多詩人歌頌宇宙、大地的美妙，却少有人描繪造物主最精巧的傑作——人體。當然有不少文學作品以及雕刻、繪畫是以人體之美爲對象，然則其所注意者僅是人的眉目身段等外表之美。相信只有生物學者的精神，使人會明瞭人體構造之精巧確實應使人驚嘆，確實值得詩人來歌頌。

我們知道照相機的發明，僅是一百年以前的事。我們曾否知道照相機的構造，僅是人眼目的一個粗略的模倣。人的眼睛是最小巧、最精緻的照相機和幻燈射影機。距離、光度以及時速的調整均是完全自動，而且不須換底片與沖洗等手續。一切攝影應用器材均貯蓄在一個小小的眼球中，取之不盡。而攝取的影片，可以常久保存在腦海的暗室中，而不必擔心天氣的乾燥或潮濕，會破壞所照的寶貴的紀念像。人的雙目的確是兩架人們隨時可以携帶的最實用最完美的照相機。你可以想到這照相機的設計師在技術方面，一定比近代最著名之照相機設計師要高明不知多少倍。

耳的構造同樣値得我們驚奇。聲音藉空氣的波動而打擊耳內的鼓膜，與耳骨相連，耳骨把聲波轉送到內耳的一個薄膜袋，袋內的液體將聲波傳到聽神經，最後再傳到大腦。那麽我們便會分辨出所聽到的聲音。人的耳與大腦是最精密的原始電話系統。大腦是人體上的電話總局——指揮中樞，外界來的電訊——聲音，均指向總局，然後由總局發出針對電訊的答覆或其他行動。

人的心臟構造與功能更是令人驚嘆。它是一架完全自動的壓水標。它使血液週身循環不息，有條不紊。循環停止，生命就宣告結束。我們知道每人心臟的跳動有固定的次數。普通成年人大約每分鐘七十次左右。跳動的作用在把血液送到全身各部。心臟就這樣日以繼夜地爲着全身的生命工作不停，而從不感疲勞。是誰賦於它這種耐力？是誰使它這樣遵守這種週期律有條不紊？我們不能不驚異這個『壓水機』的精緻完備。

有些時間我們可以靜靜的觀察與深刻的思考，我們會發現人的身體以及人的生命充滿着無數的奧祕。除了一位全能全智的天主以外，實在找不到其他滿意的答覆。

聖詠的作者在邀請我們：『請你們來看上主的化工，看祂在地上所做的奇事。你們要認識祂，祂比萬民更尊高，較大地更優越。』」（詠・肆陸・九——十一）（征服世界的信仰第十三——十六頁）

從以上所言，我們樂意擧起雙手贊成葉西孟教授所作的結論：

「親愛的讀者！現在，如果我們把地球和那些空中無數龐大的星羣相比較，就好像一粒沙塵和喜馬拉雅山相比一樣。那些無數龐大的星羣不但又多又大，而且像旋風一樣地轉動着，在空中飛馳着，恰像一個看不見的大手拋擲着無數偉大的風馳電掣的放射體一般，寫到這裏，有了一個問題，到底那隻大手是誰所有的呢？那個好像千丈瀑布落在大深淵中濺起浪花的大漩渦，又是誰把它懸掛在天空中？能不能說它們自己造了自己？這一切的一切，到第四章的時候，定有眞確的解答。

現在要問的是：它們運動的動能是自身發出的嗎？根據實驗和物理學的慣性定律：「運動的物體永遠運動，靜止的物體永遠靜止。」也就是說物體本身不能敎本身運動，它的運動必由一個外來的力量。科學家都承認物體的動能是需要有起源的；現在的運動不是永遠的。例如看到一架飛機在空中飛行時，你就可想到它是由引擎推動機身前進的；看到一輛火車在鐵道上威武地開行時，你就要想到蒸氣機膨脹的原動力；當你看到一個石子在天空掠過時，你就要想那是誰投擲的？同理，那些星辰都是物體，它們各個的重量，只要像太陽一般大，就有幾億億噸，假如它們的運動有終了的一天，那麼，它們應該是靜者恆靜的了。但它們是運動着，那麼他們運動的起源，非有一個雄偉的外力不可，可是，這個外力是誰發出來的？請再想一分鐘吧！

最後我們要談到星辰運行的次序，一點兒也不紊亂，這更證明了一個決定的力量存在着。在前面，我曾說過星辰的運行如旋風吹起的灰塵一般，但它們二者之間有個顯著的分別：旋風中的每粒灰塵都是隨風亂舞，沒有一定的方向，就像無舵的船隨風亂飄一樣；星辰呢，卻大不相同了，它們的運動是有次序的，是調和的，都按着數學的精確組合和精密的預算。例如，月球繞着地球，絲毫不越出它的軌道，就好像有個杼軸，緊繫在其中間一樣。地球和其他鄰近的行星，圍繞着太陽旋轉也是如此。它們各個固定方向和常變的速率都是一定的。

太陽所繞的中心，是在人馬宮星座的附近。如果太陽的中心也是天河的中心，那麼其餘天空中在我們系統以內的億萬星辰也都繞着這個中心，各個保持着到中心的定長距離，及彼此間的距離，並各自依照着各自的一定速度，而毫不越出它們固定的軌道，卽使它們在同一道路上先後交錯經過時，也都毫無碰撞的危險。如果任何兩星球互相碰撞時，則整個天體系統的安全，立刻會受到不可思議的嚴重影響的威脅！再問，這樣協和的次序是誰安置的？那一個大科學家設計了它們運行的精確道路？難道是突如其來的嗎？難道都是盲目無知的原子結合而成的力量嗎？

擧個實例來講：讀者都到過現在的通都大邑吧！像上海、紐約……等大都市，在那十字街的交叉點，總有無數汽車、電車……像百川滙海似的蜂擁地馳騁着，它們成百成千的交滙在那兒，宛如羣蟻赴羶，衆矢赴約的樣兒。最令人稱奇的是平時並無衝撞的危險，什麼緣故？不用說，人人都知道是由一位具有聰明才智者指揮着它們的前進，並在那衝要的地方，站着指揮人員，專司它們停止或通行的責任，每個車上都有司機來隨時調節車輛的速度或改變車輛的方向，有這些人的協力與合作，因而造成了一個良好的秩序。試想，假使街上沒有指揮的人，車上沒有司機，任它們自己肆意地馳騁，那麼和平的秩序能維持長久嗎？哎喲！恐怕在一秒鐘內，那和平的次序定要演變成一齣慘劇的結局；那十字街的交叉點，定會變成一座屍積如山的墓地。這是什麼緣故？就是因爲失去了那靈敏指揮的頭腦。你說是嗎？

現在，我們很可以把這個例子和天空中運行的星辰作一比較，天空中星辰的數目，不止成百成千，而是億億萬萬的，那急速運動而令人目眩的星辰是無數的，在短時間內在同一地方交織着，然而它們都各自奔走前程，並無一個受到阻礙，事實的確這樣。最奇怪的是它們那協調的步伐從何處訓練來的？事實使我們承認，定有一位聰明才智者在指揮着。就是哲學家亞里斯多德所說的『動他物而不被動的起源』。這個具有至大的力量和至上的才智者，本性應該是存在着。祂就是柏拉圖 (Plato) 所說的那世界上最偉大的數學幾何家。試問，這數學幾何家到底是誰？這就是全能的天主；就是若望所謂的萬有眞原和萬物的最後終向；也就是保祿所謂的厥初如何，今玆亦然，以迨永遠，及世之世……。」

我們引牧拉特 (Murat) 的話作最後的結論吧！「『我記得一九〇五年的八月，太陽全蝕，在科學家預定全蝕期的前夕，人們都渴望地期待着。剛到那時候，月亮還沒有走到地球和太陽中間，是看不到的，可是一到了預定的時間，月亮慢吞吞地爬到太陽的前面，幾千年前預算出十一時五十九分的全蝕，果眞及時應驗了。可見科學家已司空見慣，分毫不爽。我在十餘年前根據實證知道這一九二七年六月二十一日將有一次完全的日蝕，可是在英國威雷斯 (Walls) 地方看不到全蝕，並曉得直到二一五〇年止，倫敦一定看不到一次全蝕；並曉得一九一〇年哈雷彗星 (Halley) 壯麗地出現了，到一九八五年時還要重現一次。我現在可以寫出以後三千年的日曆，並可說明太陽在這個期間，每天應走的精確道路的數學數字，及每次月亮盈虧的固定日期，並可精確地預言在這三千年內太陽和月亮的全蝕、半蝕、環蝕等，及看得到與看不到的地點。』『這些未來的事實，憑什麼都會知道？因爲天空的星辰都有固定不變的定律，它們運行的次序，更依照着精確的數字的定律。這些定律該有一個萬能的立法者，這個萬能的立法者，對於任何事情都會知道，祂那萬能的本領可驅策那冥然無知的東西，毫無反抗地服從着祂的命令，每個星辰都遵守着它那被指定的道路，這軌道在無限的空間和時間永存着。

『啊！要是某天有一個星辰不遵照那立法者的命令，那麼在一秒鐘內，宇宙間美麗可愛的和平秩序，定會變爲慘淡、混亂，終於死亡。

『親愛的讀者們！請不要害怕吧，切勿杞人憂天，自有一個萬能的才智者，決定了那些艦隊模樣的星辰的航線是固定的，永無差錯。』

親愛的讀者們！達味在聖詠中所說的：『天空頌揚主榮，穹蒼顯示祂所手創的工程罷！』，眞是至理名言，從古迄今，整個人類，不分種族，不分國籍，都由科學家認識了這散佈着億萬星辰的穹窿，是大智大慧者的宮殿，多少科學家對那奇怪偉大的天空膜拜讚歎，悲傷着自身的渺小！

希望讀者諸君，贊成那天然法律的制定者吧！」（科學的吶喊第十五——十八頁。）

生物學家諾威博士（Dr. Decomte du Nouy）在一九四七年二月，於美國發表了一部著作，名爲「人類的命運」（Human Destiny），引起了科學家的普遍注意。在這本著作中，諾威博士强調純粹的巧遇絕不能解釋宇宙萬物的形成。他曾以一個生活的細胞做例子，證明自己的理論的正確性。貝與仁教授曾將他的意見作了扼要的介紹：

「假定我們有一種粉粒，是由一千個白粒，一千個黑粒組成，它們的體積、重量，完全相等，僅有顏色上的差別。在試驗開始時這些粉粒都放在玻璃管內，管的直徑比粉粒的直徑略大，這樣能將二千粉粒排成一行，一粒挨着一粒，並不致混合。一千個白粒在上面，一千個黑粒在下面，憑我們的觀察能力（Scale of observation）看來，玻璃管是一半白，一半黑。這是完全的非對稱（dissymmetry）。數學家說這種非對稱度是一。

將玻璃管一端堵塞，另一端和一個圓形的空瓶相聯，在豎起玻璃管時，粉粒就凌亂地進入圓瓶。充分搖動，然後再使玻璃管採取原先的姿勢，粉粒便充滿管內，但是，這時情形就不同了，它們大概是混合了，從遠處去看玻璃管，它的通身要現灰色，因爲眼睛不能從遠處分清白粒和黑粒。

如果我們再翻轉，再搖動，這二千個粉粒，將要有新的排列法，但是，按我們的觀察能力，若是從遠處觀看，這玻璃管常是灰白的，而不再變動。幾時一千白粒和一千黑粒，完全混合，數學家稱這種非對稱度，爲0.5度：如將瓶和管搖動許多次時，可否有白粒和黑粒完全分開的巧遇呢？根據或然率的計算，有二千隨着六百個零分之一的可能，（2,000……→600個0），說的更精確一點，就是有0.489×10^{-600}的可能；這種數目字，在人看來已經失去意義，乾脆說，這是一件做不到的事。

諾威博士爲了幫助人認識有六百個零相隨的數目，舉出幾個例子來：科學家估計地球的年齡大約是二十萬萬年（2,000,000,000），在2後面僅有九個〇相隨。卽使按秒來計算，却不到2有十七個〇相隨的數目。地球的開始，雖然這樣久遠，可是按秒來計算，仍然是這樣短促。

分子固然是很小了，因爲我們不能用肉眼看出它，卽使用顯微鏡也是枉然；在四外的星辰，體積又大，數目又多，可是將宇宙的星辰湊在一起，分子的總數目字，才等於1以七十九個〇。

所以諾威博士說：「凡是由一百個數目字組成的數，就失去人間的意義。那麼由六百個數目字組成的數，更失去了人間的意義。」他又繼續說：「現在我們要歸入正題，就是：第一批生物的衆分子，是否由於純粹巧遇而形成的呢？」

爲了使問題簡化起見，我們僅就「蛋白質(Proteids)這一種物體作考察的對象：它的分子至少是由四種不同的化學物質構成，就是：碳、氫、氧、氮；另外有銅、鐵或硫。它們的分子量至少也在20,000以上；例如：最簡單的一個蛋白質——卵白——它的分子量是34,500。

現在我們假定分子量是兩萬，每個分子僅是由兩種化學物質組成，平均原子量是十、在每個分子內，有甲種原子一千個，乙種原子一千個。

科學告訴我們，在蛋白質內，這兩千個原子的排列法，是極特別的，不像同質的灰色粉粒那樣的排列。它的非對稱度是0.9（解釋見前）。

這兩千個原子，若是由純粹的巧遇排列成這樣，按或然率來計算，要在多少次中，成功一次呢？

諾威博士說：「吉敎授(Charles Eugene Guye)對於這種問題，曾作過特別的研究，請看他所得的答數：

爲了使兩千個原子，得到形成蛋白質所必需的排列式，所有的希望，不過是五隨以三百二十個〇分之一，寫成算術的形式，就（$\frac{1}{500\cdots320\text{個}0}$大約）或$0.202\times10^{-320}$（準確的）。

第二個問題就是：「自從有了地球以來，這件事能否作得到呢？」爲了解答這個問題，我們假定，這些原子是以最速的顫動而動搖，每秒內顫動的數目，是五隨以十四個〇，相當於熱和光的週率；並且假設自從有了地球以來，就開始這樣顫動着。吉敎授說：「按全地球上原子所有數目，在這種情形之下，爲形成蛋白質的一個分子，在1隨以二百四十三個〇年內，僅有一次可能。

但是，地球的年齡，遠遠小於這種歲數，它僅有2隨以九個○的高壽（二十萬萬年）。這是我們不可忘記的。並且有一件事，也是我們不可忘記的，生物在地面出現，已經有一・○○○・○○○・○○○年（十萬萬年）。地球方才冷却，立刻就有了生物。

所以，這就像一個好賭博的人，得不到所需要的時間，將骰子擲得充足的次數；它的時間，不是短少一百倍，一萬倍，而是五隨以二百三十三個○的倍數！所有的時間儘足去擲一次！世間常有意想不到的成功，也能夠一發而中……我們在第四章所舉的例，從第一數到第十數固然能夠伸手抓到，但，這幾乎是一件聖蹟（只有上主纔能做到），按我們現在所談的情形，蛋白質的一個分子，也能夠一搖而成，但是按諾威博士說：「如果我們肯信任或然率的計算，就得說，這是一件聖蹟。論到所得的結果，不過僅是一個、兩個、或三個分子而已。」

博士繼續說：「但是，爲了組成一個生物，需要幾百萬個相同的分子。一個孤立的分子，按或然率來計算，在非常龐大的試驗次數中，才有一次的可能性……那麼，若說千千萬萬個相同的分子，純粹由於巧遇而一組一組地排列起來，簡直是絕對不可能的。」

所以我們現在有兩條路徑：

或是承認科學的推理是正確的，就是說，上面所提的或然率以及其他計算法，都是對的；因此承認地上的生物，不是由於純粹的巧遇而來，並且要承認，有些問題是不能單獨用科學來解釋的，例如：生命的來源問題。

或者有人願意繼續相信，地上的生物，是自己生出，自己形成的。於是他應當承認上面所提的科學的推理都是錯誤的，或然率的計算，以及分子的計算等，都是毫無價值的；應當否認科學的價值，應當懷疑科學；那麼，要以什麼作根據，相信地上的生物是自己出現的呢？」（蕭舜華與張準譯文）

休謨在他的「宗教的自然史」(Natural History of Religion) 一書中也說：「自然的整個結構均顯示一位明智的創造者之存在。任何推理的學者，經過愼思熟慮之後，都莫不一直相信眞正有神論的大前提是正確的。」(The whole frame of Nature bespeaks an intelligent Author, and no rational inquirer can, after serious reflection, suspend his belief for a moment with regard to the primary Principles of genuine Theism.)

若干年前，某雜誌社之訪問記者，爲瞭解愛因斯坦對於宗教之認識，與神存在與否之觀念起見，約定時日走訪愛氏，當記者依約前往愛因斯坦住宅時，正當愛氏送走另一位客人之際，記者於桌枱上發現咖啡杯、糖果、餅乾等宴客之物，愛氏卽問道：「記者先生，君知否何人將咖啡杯等物安放於此處？」記者答道：「自然係閣下。」愛氏說：「小如咖啡杯等物，尙需一種力量從事安排，君試思宇宙間擁有多少星宿，而每一星宿均依某一軌道運行無間，此種安排運行之力量卽是神。」愛氏又說：「也許閣下會說『我未看見過，也未聽到過神，使我如何相信神之存在？』是的，君具有覺官，卽視、聽、聞、嚐、觸，但此五種覺官是有限度的，例如聲音，從某種程度至某種程度之聲音始可聽到，高於或低於這一程度者皆無法聽到；又遇障碍時亦如此，如看不見隔壁之情況等是；吾人以有限度之覺官，如何能認識出無限神之存在？」接著又說：「今天世界上有許許多多人士，都認爲本人是偉大的科學家，事實上，本人稱不起是偉大科學家，眞正偉大科學家係牛頓，本人祇不過將牛頓在計算上之錯誤加以修正而已；雖然如此，牛頓本人尙且說：『我不過是在大海的邊緣，偶然拾到了一片光彩煥發的蚌殼而已，離著大海眞理的發現還遙遠得很。』」愛氏說：「以牛頓這樣高度智慧之人，尚且還說離著發現大海眞理還遙遠得很，以我們平常人的智慧，要想發現這宇宙的眞理豈不戛戛乎難哉！」愛氏又繼續說：「有些人認爲宗教不合科學道理，本人是一個研究科學的人，我深切知道今天的科學祇能證明某種物體之存在，而不能證明某種物體的不存在，因此我們現在尚未能證明出某種物體之存在，並不能斷定它就是不存在，譬如若干年前我們未能證明核子的存在時，假如我們遽然斷定核子不存在，則在今天看來這不是犯了大大的錯誤？也就因此今天科學沒有把神的存在證明出來，是科學還沒有發展到那種程度，而不是神不存在。」愛氏又繼續說：「總而言之，人的五種感覺是有限度的，無法感覺出神的存在，科學也無法否認神的存在，因此我們應該確信神的存在。」

發現天體動的定律的牛頓，也有一段値得引證的文字：「這個極美麗的太陽、行星及彗星系統若無全能之物的設計與創造決不會存在的。此物管轄一切，但祂並不是世界魂，而是一切物的主人。我們對祂的美好當表示驚訝！對於祂創造了這些物當表示尊敬與崇拜！」

"This most beautiful system of sun, planets and comets could nowise come into existence without the design and ownership of a Being at once intelligent and powerful. This Being governs all things, not as if He were the soul of the world, but as the Lord of everything...We admire Him for His perfections, we venerate Him and we worship Him for his Lordship."（註八一）

㈢永恆眞理論證 (Proof from the eternal truths)：

一般而言，西洋思想史可分爲三大期：上古或希臘哲學期；中古或基督教哲學期；近代。在每期中所强調的問題都不同。在上古期中思想家們多把視線集中到宇宙的起源、構成及物體的組織等問題上，故學人們多把這時期稱爲「以宇宙爲中心期」(Cosmo-centric)。中古時期的歐洲已普遍受基督教義的影響，故一般人都把宗教當作最重要的問題，他們的注意力大都集中到神身上來，「神」於是就成爲此期思想的中心了(Theo-centric)。近代西洋的思想比較缺乏系統，但大體而言，已擺脫了中古思想的束縛，故對「神」已不太感興趣，他們把注意力轉移到「人」身上來，故學人稱此期的思想爲「以人爲本位」(Homo-centric)。

歐洲中古期的思想既以「神」爲中心，自然對神的研究也比較多與透徹，幾乎每位思想家都談及神的存在、本質及人與神及世界的關係等問題。關於神的存在我們已把歐洲中古二大哲人，聖安瑟讀及多瑪斯的意見討論過了，如今我們要把另一大思想家，有關神存在的見地提出研究，因爲他對基督教義的影響之大僅次於多瑪斯，此人卽是大名鼎鼎的奧古斯丁(St. Augustine, 354-430)。

奧氏對神的存在所持的態度，與近代一些學者的態度恰恰相反。無神論者及不可知論者主張神之不存在或神的存在乃不可知的，人無法以理性來證明神的存在。奧古斯丁則唱反調。對奧氏而言，神的存在是如此顯明的，根本無需證明，故他相信只有一些少數傻瓜才否認神的存在(insania ista paucorum est)(註八二)。

既然奧氏認爲只有傻瓜或不正常的人，因着他們的過失，他們擇惡固執態度，才否認或不知道神的存在，而這種人是如此的少以致我們不易發現(註八三)，故他把神的存在當作一種理所當然的明顯事實(to take it for granted)，他也因此不花太多的時間去證明神的存在。雖然如此，他仍然偶而也談到神的存在問題。他的主要證明神存在的論證是「永恆眞理論證」，此論證乃接受自柏拉圖及普羅底魯斯(Plotinus)。

1.奧氏的論證系統形式是：

命題一：有普遍的、必然的及永久的眞理存在着。

命題二：但這種眞理（享有普遍性、必然性及永久性的眞理）必須有根據。但不能根據經驗界的偶有之物，又不能來自我們的理智。

命題三：故只能根據超經驗界的必然的、不變的及永久的物，此物卽神也。

2.論證的分析與解釋：

命題一：有普遍的、必然的及永久的眞理存在着。

對那些贊成傳統形上學者，此命題的含義很容易被接受。因爲形上學所講的眞理都具有普遍性、必然性及永久性，例如第一原理（矛盾律、同一律及因果律）卽是最好的例子（註八四）。此外，每種學科的一些原理原則也具有上述諸特性，譬如數學、幾何、物理上的原理也是常常有效、及處處有效的。誰不承認「二加二等於四」「若A等於B及B等於C，則A等C或A等於B等C」「二直線平行永不相交」「靜者恆靜，動者恆動」的惰性定律及能量不滅定律等爲普遍的、必然的及永久的眞理呢？

再者，還有些對非必然物所形成的判斷也具有同樣的性質，譬如「一物的全部大於該物的每一部分」，這種判斷永遠是眞的，它的眞實性完全超乎時間與空間，它的眞實性先於任何物之存在，亦後於任何物（經驗界的偶有物）之存在。

命題二：這種眞理必須有根據。但又不能根據經驗界的非必然物。

經驗界的非必然物乃可有可無及忽生忽滅的。它們都是暫時的、變化不定的、單獨的及受時間與空間的限制。易言之，經驗界的非必然物所有的特性與眞理所有的特性恰恰相反，基於「因果之間應有相符性」的原則（卽效果不能超過產生它的原因，也不能比原因更成全），具有普遍性、永久性及必然性的眞理自然不能來自經驗界之非必然物了，否則效果（眞理）就比原因（非必然物）成全及超過原因了，此自然爲無稽之談。

具有普遍性、必然性及永久性的眞理能否來自人的理智呢？答案自然是否定的。因爲人的理智也是非必然之物，它也缺乏眞理所具有的特性。何況眞理還在人理智之上，因爲人的理智必須屈服於眞理之前及接受眞理：人的理智既不能制定眞理，又不能修改與改變它。若眞理不如理智，卽在理智之下，理智自然可以改變或修改眞理。如此一來，眞理也就變爲理智的對象，而不是理智的指南了。可是事實告訴我們，眞理不是理智的對象，而是理智的指南，理智要受眞理的約束。譬如當一個人說：「永久之物比暫時之物優」或「七加三等於十」時，沒有人認爲那是應該如此，而大家都認爲那根本就是如此。故當人說出這些眞理時，他不以審察員更正錯誤的姿態出現，而是以該眞理的得意發現者的姿態出現（註八五）。

眞理亦不與理智平等。因爲若如此，則眞理必然與理智一樣，卽與理智具有同等性質：是易變的、暫時的（有時存在，有時則不存在）及特定的。因爲事實給我們指出，人的理智對眞理的認識的情形經常不同，有時比較淸楚，有時則比較模糊，但眞理本身則不變，常是一樣的，絕不因着理智瞭解眞理的情形不同，因而眞理有增減之情形發生。

眞理既不在人理智之下，亦不與理智相等，那自然在人理智之上，卽超越人的理智（註八六）。超越理智之物，自然不能來自理智，否則就又與「因果之間應有相符性」的原則相背了。

我們還要强調的一點是，人的理智都是個別的、特定的；有我的理智，你的理智，或他的理智的說法，但沒有我們的理智的說法，卽沒有普遍性的理智的存在。可是眞理則是普遍的，它對任何理智而言都是相同和一樣的。眞理好像光一樣，不是我的、你的，或他的，而是大家所共有的。雖然當每一個人發現眞理時，該眞理卽屬於其所有，但大家所認識的是同樣的不變眞理在同一時間裏，誰不都說二加二等於四？而誰又能說二加二等四是我所有的眞理，你就不能有，故是我的眞理，而不是你的呢？

含有普遍性、必然性及永久性的眞理既不根據經驗世界的非必然物，又不來自人的理智，又不永久地獨立存在於觀念世界裏（柏拉圖的說法），事又不能出於無因，那麼它從何而來呢？奧古斯丁只好肯定一個可作爲含有普遍性、必然性及永久性眞理的根據之永遠、不變及必然物了，此物卽是神也，唯祂是永恆眞理之根源，一切眞理都以祂爲根據及從祂而來，因爲祂本身就是眞理之故。

毫無疑問的，永恆眞理論是奧氏最喜歡的論證。因了他的影響，後代許多哲人都接受他的論證，其中最有名的有：聖安瑟莫、笛卡爾、馬黎巴朗斯 (Malebranche)、萊佈尼玆、莫蘇厄 (Bossuet) 及西乃朗 (Fénelon) 等。對一些唯心論者而言，在傳統論證中，此爲唯一可靠的論證，譬如Ruyssen及Parodi就有這樣的想法。在新士林學者中也有不少學人贊成此論證，例如 Lepidi, Schiffini, Hontheim, Lehmen 及 Sertillanges 等。有些則不承認此論證的有效性，譬如 Manser, Descoqs 及 Cuervo 等。

萊佈尼玆以簡單的推理方式寫出此論證：「必然的眞理，因爲存在於非必然物之先，故必須基於或建立於必然物的存在上。」（註八七）

莫蘇厄（Bossuet）的態度極為堅決：「你若問我這些永恆及不變的眞理在那裏及存在於何物上，我的答案是，必須存在於一個其本身卽是眞理之物上。」（註八八）

㈣倫理論證（Proof from the moral obligation）：

1. 論證的系統形式：

命題一：經驗指出，在人心裏存在着道德或倫理律（大前提）。

命題二：但倫理律最終要求一個至高無上的制定倫理律者的存在（小前提）。

命題三：此至高無上的倫理律制定者卽是神也。

2. 論證的分析與解釋：

命題一：經驗指出，在人心裏存在着道德或倫理律。

「天命之謂性，率性之謂道，修道之謂教。道也者，不可須臾離也；可離，非道也。是故君子戒愼乎其所不睹，恐懼乎其所不聞。莫見乎隱，莫顯乎微，故君子愼其獨也。」「乃若其情，則可以為善矣；乃所謂善也。若夫為不善，非才之罪也。惻隱之心，人皆有之；羞惡之心，人皆有之；恭敬之心，人皆有之；是非之心，人皆有之。惻隱之心，仁也；羞惡之心，義也；恭敬之心，禮也；是非之心，智也。仁、義、禮、智，非由外鑠我也，我固有之也，弗思耳矣。故曰：『求則得之，舍則失之。』或相倍蓰而無算，不能盡其才者也。」

以上引自中庸與孟子的二段文字，充分證明人的道德觀念乃是與生俱來的，而此觀念是如此普遍以致人人皆有之。凡具有同樣人性的人都有道德觀念，都知道有些事當為，有些事則不當為，此種明辨是非，分別善惡的知識乃內存於人的心中，無需外力的提醒或啓發，這種知識亦就是我國古人所說的「天理」或人之心性所固有的做人之原理或規則。所有人的良心，都極清楚地告訴人說「爲善避惡」是所有人的責任。有些行爲本身是壞的，比如亂殺無辜；另有些行爲則本身是好的，如孝敬父母，濟貧扶弱。故人若做違反這些行爲的舉動，立刻感到良心不安與害羞。相反的，若遵守這些規則，則感到良心平安及人格高尚。這些都極清楚地證明，在人的內心中有道德感與是非心，而這種感覺與心情是如此普遍地深入人心，縱是最野蠻及尙未開化的人也知道它的存在（註八九）。難道會有人不知道或否認偸盜、姦淫、殺人、放火、說謊等爲不道德的，故不當爲？難道有人會不知道或否認愛父母、愛國家、濟貧扶弱等爲道德行爲，故人人當爲之？

聖經上至上神曾對以色列子民說：「其實，我今天吩咐你的這誡命，爲你並不太難，也不是達不到的。這誡命不在天上，以致你能說：『誰能爲我們上到天上，給我們取下，使我們聽了好能遵行呢？』也不在海外，以致你能說：『誰能爲我們渡到海外，給我們取來，使我們聽了好能遵行呢？』其實，這話離你很近，就在你口裏，就在你心裏，使你遵行。」（註九〇）耶和華的這段話很清楚地指出在人心中刻有倫理律。

聖保羅對此更爲肯定：「幾時，沒有法律（神爲法）的外邦人，順着本性去行法律上的事，他們雖然沒有什麼法律（人爲法），但自己對自己就是法律。如此證明了法律的精華已刻在他們的心上，他們的良心也爲此作證，因爲他們的思想有時在控告，有時在辯護。」（註九一）

羅馬哲學家西塞羅（Cicero, 106–43 B.C.）雖缺乏天啓，對基督敎義一無所知，可是他的良知給他指出倫理律的確存在於人心中：「自然法律與神的理智同時存在，而所有人都受此法律的支配。」在別的地方他又說：「實際說來，世間有一種眞的法律——那就是正確的理性——，這種法律是順從自然的，爲全體人類所共有，並且是永久不變的。因爲有這種法律的命令，所以大家纔能履行他們的義務；因爲它的禁止，所以大家纔不敢作惡。他的命令與禁止常可以影響好人，但對於壞人是無用的。世上的立法者想不顧這種法律，絕對不是道德上的義行，他們絕對不應當阻止這種法律的作用，並且若想完全取消這種法律，是絕不可能的事。不論參政院或人民全體，都不能解除了我們服從這種法律的義務；這種法律也用不着艾烈斯 (Sextus Aelius) 的解釋與聲明。並非一種規律在羅馬，另一種規律在雅典；也並非今天一種規律，明天又有一種規律。而是世間只有一種永久不變的法律，在任何時間都拘束任何民族；人間永遠只有一個共同的主人或統治者，那就是上帝；上帝是這種法律的創造者及解釋者。不服從這種法律的人，就是放棄了他的較好的自我，也就是否認了他的眞正天性；那麼，他雖然可以逃脫了人間的懲罰，將來也會受到最嚴酷的處份。」（註九二）

古希臘的詭辯學派主張「相對論」，知識與道德都缺乏客觀標準，都因時因地因人而異。故他們主張憑人的「私慾」左右一切道德。此學派的代表人，普羅特哥拉斯 (Protagoras, 480-410 B.C.) 的名言「人爲萬物之尺度」最能代表此派的見地。但蘇格拉底與柏拉圖及亞里斯多德等哲人，却堅決反對他們的論點。蘇氏等主張任何事物都有人私意所不能左右的公理：「夫音樂家當其整瑟之時」柏拉圖曾說，「除欲調其弦外，有欲越出音樂家所當爲之意乎？余以未必也。……設以醫學家論之，則汝將何謂乎？當其治疾製方之際，其意亦欲超出醫家所當爲者之上耶？是誠不然。請再以知識與愚蠢論之，汝以爲眞能有知識者之言行，將較其他有知識者之言行爲多乎？抑彼之言行，亦僅與其同類之言行相彷也。」（註九三）故依照柏拉圖的意思，「音樂家有音樂家所當守的公理，醫學家有醫學家所當守的公理；同樣，人之言行亦有人之言行所當守的公理。」（註九四）

被尊稱爲自然法或自然道德律之父的亞里斯多德，在分析中庸之道時說：「有數種之事，吾人一見其名，卽知其義，如狠惡、無恥、嫉妬之於感情，姦淫、盜竊。屠殺之於舉動，皆是也。蓋其本質卽爲罪惡。」（註九五）亞氏這段話顯明指出，「對人來說，這些行爲之爲不義或罪惡，並非因爲有人爲法律予以禁止，而是其本性或自然使然。職是之故，不拘任何人，不拘在任何時間或地點，不拘有無人爲法律加以可否，於這些事莫不爲不義或罪惡。由於不義意謂相反法律，顯然地，在人爲法律以外，尚有一更爲普遍的法律作爲義與不義的標準。」（註九六）

被稱爲西方歷史哲學之父的奧古斯丁，對自然倫理律之存在於人心中的主張更爲堅決：「就連不信神的人……，對於人的行動，亦有很多正確的褒貶。請問，他們是根據什麼規則作這種判斷？他們乃根據其所見到的，人人生活都應當遵守的規律，縱然他們自己並不依之生活。」（註九七）以盜竊爲例來說，「主，盜竊一定是祢的法律所禁止的。這個法律刻在人心上，不是他們的罪惡能取消的。」（註九八）卽使概論義與不義，「有那一位不義之人不以談義爲易事？或者當被問及義時，……有誰不會從容地答以何者爲義？因爲我們的造物主親手將這項眞理刻入我們心中：己所不欲，勿施於人。……誰教你不願別人接近你的妻子？誰教你不願被竊？誰教你不願忍受不義，以及其他可能想到的普遍或個別類似之事？……你判斷你所不欲的這些事爲惡，而迫你有這種認識的，是寫於你心之深處的內在法律。」（

註九九）「己所不欲，勿施於人」，以及與它相似的其他自然道德規條，是人人自然而知的、普遍的及永恆不變的。「舉凡能運用自由意志（理智開啓）的人，在其理性以內，有一條自始就寫於心中的法律，它指示人：己所不欲，勿施於人。」（註一〇〇）奧古斯丁論那些否定道德變中有恆的人說：「姑且不提別的實例，他們就沒有明瞭，像『己所不欲，勿施於人』的格言，不會因民族習俗的不同而有任何改變。」（註一〇一）

多瑪斯有關法律的觀點之正確性，極受後代學者的推崇，他論自然倫理性時也與前人的意見大同小異：「所謂自然地公道，乃是說，它處處都有相同的促人行善避惡的權力。其所以如此，乃因人性是此具有定型之公道（正義）的根本，而人性處處相同，在一切人內相同。」（註一〇二）多瑪斯把自然道德律與一些自明的推理原則（譬如矛盾律、同一律等）相提並論，卽同是基本及自明的原則。所不同的是，前者是人道德生活的起點或基礎；後者則是人思辨方面的起點或基礎：「自然道德律令之與實踐理性，正如推理基本原則之與思辨理性。它們都是自明的原則」（註一〇三）。「誠然，正如在思辨領域裏」他繼續說，「有一些自然而知的事，像不待證明而自明的原則……在實踐領域裏，同樣有一些人自然而知其爲不待證明而自明的原則……例如當避惡、勿偷盜以及其他類似的原則。」（註一〇四）

我國的傳統思想也承認道德律存在於人心中，且是與生俱來的，這有牟宗三教授的一段話可資印證：「儒敎之爲日常生活軌道，卽禮樂（尤其是祭禮）與五倫等是。……故這日常生活軌道，在中國以前傳統的看法，是很鄭重而嚴肅的。所以近人把倫常生活看成是社會學的觀念，或是生物學的觀念，這是錯誤的。因如此中有其永恆的眞理，永恆的意義。這是一個道德的觀念，非一社會學的觀念。比如父子所成的這一倫，後面實有天理爲根據，因此而成爲天倫，故是道德的倫理的。……父慈子孝，兄友弟恭，這是天理應當如此的。……倫之所以爲倫，皆因後面有一定的道理使它如此，而這一定的道德也不是生物學或社會學的道德。皆是道德的天理一定如此，所以其所成之倫常，也都是不變的眞理。」（註一〇五）

命題二：但倫理律最終需要求一個至高無上的制定倫理律者的存在。

大體而言，現時代是民主政治抬頭的時代，而民主的最大特點是「在法律面前人人平等」，故民主政治卽是法治政治，也因此現代人乃生活於法治的氣氛中，到處是法律，人人談法律；任何組織，任何團體都受自己的許多法律所支配、所統治。但任何法律條文都非憑空而有，都經過立法者（可以是一個集團或私人）的衡情量理，顧及團體的公益，考慮四周的各種複雜情形而後才擬定原則，進而加以公佈並付諸實行，要求自己的分子遵守所被公認爲合理、合情及能爲大衆帶來公益的法律。易言之，任何法律條文的成立都必先假定立法者的存在，因爲立法者是法律的因，法律條文是他所制定的，故是他的果，事必須出有因。同樣的，若沒有立法者的因的存在，也不可能有法律的果的產生。人爲法的立法者自然是由私人或由許多私人組成的團體，譬如立法院。前面已經說過，管轄自然界的自然律的制定是至上神。那麼管轄萬物之靈的人的自然倫理律的制定者也不能是任何人，因爲這些倫理律在人尚未出生前已存在了，等人出生後，此倫理律就與生俱來。自然倫理律既不出自人，我們自然必須尋求另外的根源，因爲事不能出自於無因，管轄人的自然倫理律既然先於任何人的存在，那麼制定此倫理律者也應該在任何人之先已存在了，他必定是一位超人，應是與任何人不同及在任何人之上的一位大能大智者，此卽神也。這種推論法完全與我國的傳統思想：「天命之謂性，率性之爲道」相吻合。因爲中庸在這裏所說的「天」乃指位格神的意義，讀者若

不信，請參考朱子的意見：「天生蒸民，有物有則。天生蒸民時，便已是命他以此性了。」（答陳衞道書，文集卷五十九第卅頁）

奧古斯丁曾以詰責的口吻說：「他們何時始能明瞭，舉凡理智開啓的人，卽使是邪惡的人，神亦在其良心之內發言？因爲，是誰將自然道德律寫於人心之內？不就是神嗎？」（註一〇六）「這幾句話已爲我們簡單指出：第一、人人都內具自然道德律，而且凡能運用理智的人，亦實際知此內在的自然道德律。第二、此自然道德律是天主（神）在造人之初寫於人心的，代表造物主天主的旨意，故自然道德律卽爲內在於人的天（主之）命，良心之聲卽爲天主之聲。」（註一〇七）

多瑪斯也說：「顯然地，旣然世界受神所照顧及管理……整個宇宙被神之理智所統治，則宇宙統治者所有的統治計畫理當具有法律的性質。由於神，理智對萬物的計畫不隸屬於時間，而是永恆的，……這種法律自當亦稱爲永恆的」（註一〇八）；「永恆法律不是別的，只是神智慧指導（受造物）一切行爲及活動的計畫。」（註一〇九）

我們不但可從自然倫理律之存在證明神的存在，且亦可從世界上所發生的善惡行爲證明神之實有。我們一方面發現很多人的確憑着良心生活，他們寧可過着含辛茹苦的生活，也不願意做任何虧心事；他們循規蹈矩，奉公守法，可是他們有時受盡折磨，忍聲呑氣。另一方面發現更多人爲非作歹，滋事生非，無法無天及胡作非爲，而這些死有餘辜者却能逍遙法外，享盡世間的福樂，成天沉迷於紅燈綠酒中。若這些人到死時，兩眼一閉，一切終了，不必受到任何懲罰；而那些正人君子未得到任何報賞，那不但是非常不公平的，且是不可思議的事。果眞如此，則古人所言：「善有善報，惡有惡報」，就毫無根據了。因此對於善惡的報應，我們不得不加上一句：「若還不報，時辰未到；不在生前，必在死後」。故一方面惡人死後一定得替自己所犯的罪孽做補償；另一方面，好人死後一定要得到應有的賞報，這是天經地義的，否則世間就無公道可言了。來世的最高及最後的賞善罰惡者除了至上神外，我們無法想像其他的代表物了，這也正符合我國的傳統思想：「天道好還，報施不爽」；「天道無親，常與善人」及「惟上帝不常，作善降之百祥，作不善降之百殃。」

總之，無約束力的道德律或法律，乃毫無實際價値，是無意義的。但，道德律或法律不可能有約束力，除非陪伴着適當和公正的「賞」與「罰」。然而，此於今生今世絕無法完全與徹底地實現，故必須求諸於來世，由一位大能、賢明與公正的最高法官做最後的裁決，此郎神也。也因此，吾人若欲提高道德教育，欲加强倫理觀念，以促使人人都能奉公守法，期盼人人均能循規蹈矩，就必須加强對來世生命之實有的觀念，對上帝之存在的信念，郎加强宗敎教育，否則乃隔靴搔癢，不切實際，因爲無法說明人之所以要遵守道德律，要爲善避惡與奉公守法的最基本動機和最根本理由以「有效地」阻止罪行之發生，「成功地」促使德行之進修。

××××

也許有人仍認爲以上論證難以令人信服，而敎徒們對神的信仰也不一定基於上述的論證。其實，證明神的存在遠比證明其不存在容易多，所以大思想家，巴斯噶（Pascal），曾提出一個打賭的說法却非常有理：神若不存在，我却相信祂存在，對我而言，毫無損失。反之，神若存在，我却不相信，我將失去一切，將招來無窮的災害。是以，明智的人應選擇最安全之路：相信神的存在，郎使無法以最明顯和最强有力的論證證明其實有。下面一個故事卽是此說法的印證：

「有一天，一位神父去訪問一位快要去世，而且他什麼宗教都不相信的老人。神父告訴他，升天堂會享永福，下了地獄的人則會受永苦。並希望他能接受天主教的洗禮，救救自己。這位老先生說，我從來都不相信天堂地獄之說。神父說，我也不願意相信有天堂和地獄。但若眞有天堂和地獄，而你現在，在世上不妨先信其有。卽使來日眞的沒有天堂和地獄，你也不會吃虧呀！反過來說，若眞的有天堂而你也相信有，你豈不是佔了個大便宜嗎？否則的話，你這一生可吃虧太大了！這位老先生，像是觸了電似的，忽然從床上坐了起來，連聲說，對！對！我不能在臨死之前，讓自己再吃一次大虧。於是他平靜的、安祥的接受了耶穌基督的洗禮，而獲得了永生。」（劉道全：聰明人‧糊塗人）

註　釋

註　一：德氏說：「存在的只有原子，無限的數目，浩繁無盡的形色，永恆悠然運動於空際。在運動時，像原子互擊互撞，而導成漩渦乃構成宇宙間的萬物；每一物是團原子，即吾人的身體亦然；物質宇宙是個無限至偉的漩渦」。西塞羅評論德氏的思想說：「實體上，德謨克利圖不相信神之存在」（*De natura deorum* 1, 12, 29; Diels, I, c.）

註　二：Aristippus of Cyrene（445–366 B.C.）是此派的始祖，主張縱慾，以爲人的幸福在乎肉體的舒適及物質的享受。

註　三：此學派爲享樂派的延伸。伊璧鳩魯（Epicurus, 341–270 B.C.）於公元前三〇六年於雅典創立此學派。

註　四：百科全書學者之一，爲一位著名唯物論者，著有Le systeme de la nature，此書被稱爲無神論的聖經。（The Bible of Atheism）

註　五：法國有名唯物論者，著有*L'homme machines*，在此書中他主張靈魂爲身體發展的結果；人的頭腦有思想，肌肉就如腿有自己的肌肉（walk mascles）一般。

註 六：M. Sheehan, *Apologetics and Catholic Doctrine*, Dublin, 1951, p.41-42.

註 七：Engels, E.: *Anti-Dühring* N.Y. 1935, p.18. 以上有關馬克思主義的唯物觀的介紹，請參閱馬沙典 C.J. McFadden教授所著「共產主義的哲學」(*The Philosophy of Communism*)的第二章：「共產主義的自然哲學」(*The Philosophy of Nature*)。

註 八：M. Sheehan, *op. cit.*, p.47.

註 九：羅素精選集，石元健編譯，民國六十年，大江出版社，第一六九頁。

註一〇：E. Naville, *Philosophies Negatives*, Paris, 1900, p.85.

註一一：M. Sheehan, *op. cit.*, p.16.

註一二：參閱 *The Elementary Forms of Religions Life*, 1912, London, George Allen & Unwin, Ltd., 1915.

註一三：參閱約翰・希克（John Hick）著「宗教哲學」(*Philosophy of Religion*)，錢永祥譯，臺北三民書局出版，民國六十一年，第五七一六〇頁。

註一四：參閱約翰・希克的「宗教哲學」，第六二一六四頁。佛洛依德有關宗教的意見可參考下列書籍：*Totem and Taboo* (1913), *The Future of an Illusion* (1927); *Moses and Monotheism* (1939); *The Ego and the Id*, (1923); *Civilization and its Discontents* (1930)。

註一五：頑念神經症是神經症的一種，此種病人常會表現一些強迫性行動及思想。某些思想時常在腦海裏旋轉不去，病人常做著重覆的動作。譬如一個人時常洗手或時常數數字或在睡覺前必須把某些事物以一定方式佈置，否則不能安眠等。這些外在行為，乃因在病人的潛意識裏，有一個爲他自己或社會所不能接受的概念或衝動，因而有罪惡感，爲了去掉罪惡感而反應出這類行爲（參看依斂譯「心理學與宗教」有志出版社，民國六十年，第十頁注七）。

註一六：參看「心理分析與宗教」第二章，欣瑜譯文。佛洛依德的這些意見可在其「幻覺的未來」(*The Future of an Illusion*) 書中找到。今把原文幾段有關宗教的起源、形成及作用文字介紹給讀者以供參考：

「這一種情況並不是新奇的。它的原型 (prototype) 可以見之於幼兒；而它僅不過是這個原型之延續而已。因爲在以前他曾有過同樣的無助狀態：當他幼兒時，與父母之間的關係即是如此。對於父母親——特別是父親——他有理由去害怕；然而，你又可以確定，遇到了危險，他一定會保護你。因此，把這兩種處境同化在一起是自然的事。同樣，就像在夢中的生活一樣，此處願望扮演着它的角色。睡夢者可能被一種死亡的預感所攫制，這個死亡威脅着，要把他放進墳墓裏。但是夢的運行知道如何來選擇一個處境，把那可怕的事情轉變爲一種願望的實現：做夢者看到自己是置身在一個伊屈拉西亞(Etruscan)的古墓中，他是攀登下來的，十分高興的發現他的考古學興趣被滿足了。同樣，人不但把自然的種種力量人格化——因之他可以同他們站在平等的地位相連繫（就以自然諸力的本來面貌而言，這是不可能的）並且他還給予他們以父親的性格。他把他們變成諸神，由此，如我所說過的，他與諸神不但是處於一種幼兒原型關係，而且是有着系統發生學上的 (phylogenetic) 關係。

在時間的演進中，人對於自然現象最初的觀察，發現它們是有規則和律例的，而由此，自然諸力便喪失他們的人性特徵。但人的無助却仍舊是存在着，而他對父親和諸神的渴望也隨着存在。諸神具有祂們的三重任務：祂們必須驅除自然界使人所感到恐怖，祂們必須使人和命運的殘酷——特別是展示在死亡的——重新相和，祂們必須爲文化生活所普遍加於生活的痛苦與剝削給予補償。」

佛洛依德問道：「宗教的教義，其內在所含蘊的力量是由什麽構成的？不依理性的贊同與否，就能產生效力，是什麽樣的環境使然？」對於這個問題，佛洛依德回答如下：

「這些（宗教理念）雖然是以教訓之名發佈出來，實際上並非經驗的凝結物，或思想的結果：它們是幻象，是人類最古老、最奇怪和最渴切的願望之實現。它們的力量之祕密來源，在於這些願望所具有的力量。如我們所已經知道的，童年時那種駭人的無助印象，喚起了尋求保護的渴望——由於愛而給予的保護——而這個保護是由父親所給予的；再者，由於認知到這一個無助狀態會終身存在，因此就使人覺得必須去依附一個父親，然而，這次是更有力量的一個。如此，這個崇高的神祇，祂的思想統御，緩解了我們對生命種種危險的恐懼；一種合乎道德的世界秩序之建立，保證了正義的實現——這在人類的文化中，往往總是未能實現的；生命在永生中延續，提供了一個時地的架，在其中，願望的實現得以完成。對於那些誘惑人之好奇心的謎——諸如宇宙如何開始，靈魂與肉體的關係如何——所做的解答，是與這個體系相一致的。個人在幼年從父親所引起的衝突——那些幾乎從未完全克服的情意結衝突（Complex-conflicts）——由於從心理上被移除，並得到一種眾人普遍接受的解決法，因而對個人心理給予極大的鬆懈。」(Sigmund Freud, *The Future of an Illusion*, standard edition, p.30)

註一七：林伊文譯費兒巴赫「宗教本質講演錄」第十六講，一五六頁，民國五十七年五月，商務印書館。

註一八：石元健編譯「羅素精選集」，大江出版社，民國六十年，第一五五頁。

註一九：孟祥譯佛洛姆著「基督教義的心理分析」，民國六十年，晨鐘出版社，第一三〇頁。

註二〇：John Hick, *Philosophy of Religion*, 1963, Prentice-Hall, Inc., p.34（錢永祥文）。

註二一：「羅素精選集」，同上。

註二二：奧狄帕斯是希臘神話中的一個人物，他在不知真相的情況之下，殺了他的父親，娶了他的母親；佛洛依德理論中所謂奧狄帕斯情結，是指兒童在潛意識中對父親的嫉妒以及對母親的愛慾。

註二三：約翰・希克著「宗教哲學」第六三—六四頁。

註二四：參閱約翰・希克著「宗教哲學」，錢永祥譯文第六五—六七頁。

科學相反聖經上的記載最顯明的例子有：科學已推翻了教會人士根據聖經所主張的「天動說」(*Ptolemaic system*)。同樣教會人士所相信的世界是神在六千年前所創造的，當時人類及其他動物也已存在，並且其形像與今日並無一致也被科學所否定了。

註二五：*Denz.*, 1797。有關科學與宗教是否相抵觸的問題，參閱本書「科學與宗教」章。

註二六："To many, the most powerful positive *objection* to belief in God is the fact of evil." *John*

Hick, A Christian View of the Problem of evil: The Problem of Philosophy: introductory readings, edited by William P. Alston, Michigan, 1967, p.92)

註一七：S. Thomas, *S.C.G.* III, 71，多瑪斯在此處尚引證許多其他理由證明惡之存在毫不妨礙神之存在，甚至他還大膽地說：「如果有惡存在，就有神存在。」(Indroducit quendam philosophum quaerentem: "Si Dens est, unde malum? Esset autem e contrario arguendum: si malum est, Deus est." Non enim esset malum sublato ordine boni, cujus privatio est malum. Hic autem ordo non esset, si Deus non esset)。

註一八：自然神學乃指以未經神助的人類理智討探有關神的一切，譬如人僅利用自己所有的理性自然光輝，而無需訴諸天啓(Revelation)就可證明神之存在、神的各種屬性及靈魂不滅的神學上的真理。(Natural theology was held to consist of all those theological truths which can be worked out by the unaided human intellect. It was believed, for example, that the existence and attribute of God and the immortality of the soul can be proved by strict logical argument involving no appeal to revelation.) (John Hick, *op. cit.*, p.63)

註一九：錢永祥譯的約翰・希克著「宗教哲學」第八頁。

註二〇：所有受造物產生任何行動之前必須先被神所推動，這就是神學家及哲學家所說的「物性預動學說」。

註二一：原爲愛爾蘭籍的英國自然神論者，在牛津居住多年。著有「不神祕的基督教」(*Christianity not Mysterious*) (1969)。

註二二：英國自然神論者，爲洛克之好友，著名「理性之運用」(*Use of Reason*) (1707)「思想自由談」。(*Discourse of Free Thinking*) (1713)

註二三：開始爲天主教徒，後爲唯理論者。他於一七〇六出版的「維護基督教的權利」(*The Rights of Chritian Church*

Asserted）引起極大的風波，最後英國下議院（House of Commons）於一七一〇年下令把該作品列入禁書並加以焚燒。

註二四：英國自然神論者。大部分時間爲腊防蠟燭零售商。著有「維護天父的崇高地位」（*The Supremacy of the Father Asserted*）。在此書中氏維護阿咪爾（Arius）的主張：天父的地位比聖靈崇高。

註二五：爲思想獨立的牧師，因爲他的主張不爲敎會所容納，於一七二〇年被解除神職。

註二六：參閱「哲學百科全書」（*The Encyclopedia of Philosophy*）的「自然神論」（Deism）條一九六七年由 Crowell Collier and Macmillan, Inc. 出版。

註二七：同上。

註二八：爲基督敎的一派，正式名稱是：「朋友集團」（*The Society of Friends*）爲佛斯（George Fox, 1674-1691）所創立，主要信條有：順從內在神光的指引；不受制度的拘束；肅靜的神聖；純樸的生活方式；人與人之間的和平相處等。

註二九：「哲學百科全書」，同上。

註四〇：「哲學百科全書」，同上。

註四一：詳細介紹請參閱「哲學百科全書」自然神論條。

註四二：紀元前十四世紀左右，埃及國王法拉奧（Pharaoh I Khnaton）曾指定太陽爲唯一崇拜的對象。但到法拉奧死後，此種崇拜也不存在了。

註四三：申六章四一五節："Hear, O Israel: The Lord our God is one Lord; and you shall love the Lord your God with all your heart, and with all your soul, and with all your might."

註四四：爲東方正敎的偉大神學家及思想家之一，著有「東方正敎的信仰」（*De fide orthodoxa*），此書爲東方正敎信仰的大全。

註四五：聖安瑟莫(St. Anselm of Canterbury, 1033-1109)生於意大利的 Aosta，爲本篤會會士，以本體論證(Ontological argument)證明神之存在而聞名。此爲基督教會最偉大的神學家及最具創見的思想家之一。在哲學思想上安氏乃跟隨奧古斯丁。他的主要著作有：*Monologium*, *Proslogium*

註四六：*De fide orthodoxa*. 1.1,C.1: MG 94, 789; C.3: MG-94, 793.

註四七：或且如多瑪斯所說的："illa dicuntur esse *per se* nota, quae statim, cognitis terminis, coguoscuntur" (*S. th.* I, q. 2, a. 1)。

註四八：石元健編譯的「羅素精選集」，第一六一頁。在這點上，羅素的確是相當無知的，因爲若問誰創造上帝或誰是第一因的因即等於說第一因同時又是第二因，或因同時是果，若是果就不能是第一因，充其量只能是第二因，所以若問誰是第一因的因，即等於問誰是沒有因的因 (What is the cause of the uncaused)，這是一種矛盾的問題。同樣的，若問誰造神 (Who made God)，等於說誰是神的神？或是說：神同時又不是神，因爲神是非受造的，若是受造的，就不是神了，所以也是矛盾的問題。總而言之，這種問題的矛盾結論是顯而易見的：因同時不是因，果又不是果；第一不是第一，第二又不是第二，神又同時不是神。

註四九：關於因果律之有效性之證明請參閱拙著「形上學」，第二五九—二六二頁。

註五〇：致希伯來人書信，第十一章第六節："And without faith it is impossible to please God. For he who comes to God must believe that God exists and is a rewarder to those who seek him."。以上有關證明神存在之可能性的問題，西班牙B.A.C. 書局所出版的多瑪斯神學大全的第一冊爲主要參考資料。

註五一：雖然有些人，尤其哲學家們，不同意這種說法，他們認爲「神」一詞通常有下列三種意義：一、一種超越時空的實在；二、一切存有與價值的基礎；三、一種值得人類崇拜的實在（參看孫振青編著：哲學概論，臺北文景出版社印行，民國六十一年，第一九八頁）。

註五二：*Philosophy of Religion*, edited by John Hick, 1970, p.282.

註五三：康德把本體論證定義爲：「僅以概念來證明一至上神之存在」的論證（*Transcendental Dialectics*, 1.2, C.3, Sec. 4)。

註五四：M. P. L. vol. 158, col. 223 seq. 但嚴格來說，安氏所提出的本體論證僅爲對神之存在的說明，並不證明神之存在，因他認爲神之存在乃自明之理，無需證明。

註五五：Ps. 41,1: "Dixit insipiens in corde suo: non est Deus," (fool says in his heart: "there is no God")。

註五六：要清楚地瞭解安氏的本體論證，我們必須注意的一點是：所能想像到之物中之最偉大者(most perfect conceivable being)的觀念與最偉大者(most perfect being that there is)的觀念不同。前者顯然原比後者更偉大，因前者徹底排除任何比他更偉大者的存在；後者雖也排除其他比他更偉大者之存在，但其排除性不那麼徹底，而安氏在本體論證中所指的最偉大者自然是前者而非後者——所能想像到之物中之最偉大者。

註五七：以上論證可參考 Angel G. Alvarez: *Thelogia natural*, 1968, Madrid, p.145-146.

註五八：安氏的本體論證的拉丁原文是："Ergo, Domine, qui das fidei intellectum, da mihi, ut quantum scis expedire, intelligam quia es, sicut *credimus*, et hoc est, quod credimus. Et quidem credimus te esse aliquid quo nihil *maius cogitari* potest. An ergo non est aliqua talis natura, [quia dixit insipiens in *corde suo: non est* Deus? (Ps. XIII, I) *Certe* idem iese innsipiens,cum audit hoc ipsum quod *dico aliquid* quo maius nihil cogitari *possit*, *intelligit* quod audit, et quod intelligit in intellectu eius est; etiamsi non intilligat illud esse. Aliud est enim rem esse in intellectu, aliud rem intelligere esse. Nam cum pictor praecogitat quae facturus est, habet quidem in intellectu, sed nondum esse intelligit quod nondum fecit. Cum vero iam pinxit, et habet in intellectu, et intelligit esse quod iam fecit.

Convincitur ergo etiam insipiens esse vel in *intellectu* aliquid, quod nihil maius cogitari potest; quia hoc cum audit, intelligit; et quidquid intelligitur, in intellectu est. Et certe id quo maius cogitari nequit non potest esse in intellectu solo. Si enim vel in solo intellectu est, potest cogitari esse et in re: quod maius est. Si ergo id quo maius cogitari non potest est in solo intellectu, id ipsum, quo maius cogitari non potest, est quo maius cogitari potest. Existit ergo procul dubio aliquid quo maius cogitari non valet, et in intellectu et in re" (*Prosl.*, c.2)。

註五九：笛卡爾的本體論證是否接受自安瑟莫，吾人無法確知。當麥仙 Mersenne 問他關於他所提出的論證與安氏的論證的關係時，他只答說：「我將儘速參考安氏的論證」（參看 N. Kelnp Smith, *New Studies in the Philosophy of Descartes*, p.304)。笛氏也在其他地方提出證明神存在的證據，譬如「方法導論」第四部及「沈思」第三部。

註六〇：錢永祥譯的希克所著「宗教哲學」第三一頁。

註六一：康德的觀點已被休謨提過，參看(*A treaty of Human nature*, Book I, part III, sec. VII).

註六二：錢永祥譯的希克所著「宗教哲學」第三二頁。

註六三：同上第三頁。

註六四：M.P.L., t.158, col. 242 sq.

註六五：M.P.L., t.158, col.248 sq.

註六六：*S. Th.*, I. p.2, a. 1 ad 2; *In lid. Boethi de Trinitate expositio*, q. I, a. 3; *In I sentdit.*, 3, q. I, a. 2; *De Veritate*, q. 10, a. 12; I, q. 2, a. 1; *C.G.* c.10-11.

註六七：*De fide orthodoxa* I, 2.

註六八：*C.G.I.* c.10-11. 呂穆迪譯。

註六九：參閱 Karl Barth, Anselm : *Fides Quaerens Intellectum*, 1931 (London : The Student Christian Movement Press and Richmond: The John Knox Press, 1960)，著名史家吉森(E. Gilson)在一篇「聖安瑟莫的論證的意義與性質」(*Sens et nature de I'argument de saint Anselme*)中對卡爾巴特的意見不表贊同。吉森的文章可在 *Archives d'histoire et Iiteraire du moyen age*, 1934 pp. 23f. 找到。

卡爾巴特是當代有名的神學家，於一八八六年生於瑞士，他認為神與人完全不同，人無法認識神。基督教為超自然宗教。人必須信賴神才能得救，否則人只有自取滅亡之一途。神是唯一的最高法官，人無法瞭解神的判決。卡爾巴特的神學被稱為「辯證神學」(Dialectical Theology)，因為他強調神與世界完全處在相反的地位。

註七〇：B. Russell, *History of Western Philosophy*, London, George Allen & Unwin Ltd., 1961, p.411.

註七一：多瑪斯的五路證明法其實分屬於不同性質的論證，有的屬於宇宙論證(The cosmological argument)，有的屬於目的論證(Teleological)，但因為他在五個論證中都以嚴格的推理方式證明神的存在，故為方便起見，我們都把它們放在形上論證中。多瑪斯用「五路」(ways)而不用五個論證(proofs)的理由是，神的存在不因着這些論證而變成更明顯，因為神之存在就其本身而言是極為明顯的，吾人無法把祂的存在變為更明顯。

註七二：多瑪斯的五路證明法在他的兩部巨著中出現過：在他的神學大全(*Summa theologiae*)的第一部，第二章的第三節及他的哲學大全(*Summa Contra Gentiles*)的第一部的第十三章，第一路的證明法乃證以動律，首先在亞里斯多德的著作中找到(*Phys.*, VIII, 5, 311, a. 4 ad foll.; *Metaph.* XII, 6, 1071, 6.2 ad foll.)，但亞氏的原理直到十二世紀末才被人發現。亞尼哈(Adelhard of Bath) (Cf. Baeuniker, witelo, p.322 ad foll.)，大亞爾伯(St. Albert the Great)及馬意莫尼斯(Maimonides 1135-1204), (Guide, tr. Munk, II, 29-36 L.G. Levy, Maimonide, p.126-127)也都會提到此論證。

註七三：*Phys*. VIII, 4, 255a 5-18。

註七四：參閱拙著「形上學」，第一七〇—一七一頁。

註七五：動因（Efficient cause）的定義是：「首先產生動的積極外在根由」（The first positive extrinsic principle of motion）。其他有關因果及動因的存在之各種問題，請參閱拙著「形上學」下半部的第二章第五節：「論因果問題」。

註七六：「純成全」乃指在其定義內（就其本質而言）不含有任何限制，可以無限地增多，譬如眞善美等觀念。「超越」乃指普遍性的意思，即在所有物內都含有此種成全，所有物都是眞實的、美好的及完善的（參閱拙著「形上學」有關眞善美等觀念的探討。）

註七七："Quod alicui convenit ex sua natura et non ex aliqua causa, minoratum in eo et *deficiens* esse non potest" (II *C.G.* 15)。Anything participated is caused, that is, what participated does not belong to its own nature, it has to be sought outside the thing which participates it.

註七八：參閱拙著「形上學」第一七〇頁。

註七九：其實太陽的最大功能是照耀宇宙及供給熱量，而太陽這種功能及體形的巨大眞令人驚嘆不已，這從下面一段描述太陽的文字裏可見一斑：

「太陽是個巨大的燃燒氣球，直徑爲一百五十萬公里，表面熱度有攝氏六千五百度，內部熱度達三千萬或五千萬度。請讀者注意：我們目前人工所達最高溫度，即是用伏打（Volta）電弓所生的熱度——攝氏三千七百度，你可想想：太陽熱度之大了。

請不要忘了它距我們有一萬萬五千萬公里之遙。它的質料爲地球的三十三萬二千九百倍，重量爲二千億億噸，它的光度和熱能也是無法計算，現在我們不妨也來談一下，地球所受的光度是太陽的二十億分之一，也就是等於一千億億支光（W）或狼星光強的一百一十億倍。太陽發出的熱能是五千零四十億億萬匹馬力（H.P.），它給予地球的熱能是二百二十七億萬匹馬力（每秒），我們若以煤來發這樣大的熱能，每天需一地球體積大的煤量。

太陽每平方公尺面積的熱能，經常的發出九萬匹馬力，普通我們一小省面積不斷所受的熱，其熱量等於普天下所有機器發出的熱量總和。科學家們計算地球所受太陽的熱量，在一年中，可將包着地球三十公尺的厚冰溶化，亦就是剛纔所說的二百二十七億萬匹馬力（每秒）。

海水的蒸氣是一個顯著的表現，別的姑且不論，單說熱帶每年變爲熱氣的水量是六百五十億萬噸，而全球每年的海水蒸氣，等於一個長四萬公里，濶五千五百公里，深五公里的大湖水量。

請大家不要忘記太陽還不是最大的星啊！而我們受這樣大的影響，實因它距我們很近的緣故。

在獵戶星座裏，有一星名獵戶座 b (Rigel) 的，它發出的光力竟比太陽強上一萬八千倍。太舟星 a (Canopus) 星的光力竟比太陽強上八萬倍。Doradus 更比太陽約強上三十萬倍，若把此星放到太陽的位置上去，那麽地球會烤成一塊火炭了。

說到這裏，我要問問：太陽是永存的嗎？它會這樣永遠地影響着地球嗎？依現代科學階段來說，是不會永遠的。科學家對這個問題絲毫不加疑問。疑問的是以這自然的定律，去追尋太陽的起源及終了時是怎樣景象。也就是說：太陽何時起源，何時終了。

說太陽總有燒完的一天，並不是一件難懂的事。它是個燃燒着的氣球，它的光力及環境都是可測量的，若由測量斷定它有燒完的時候，那麽就表明它也有起源的一天了。

太陽總有一天要失掉光明——即是燒完的時候，據科學家的計算，照它現在的活動力，只要五千年的時間即可把它同體積大的炭量燒完。其實太陽已經燒了幾百萬年，何以還未燒完呢？科學家的言論多不能令人滿意，太陽一天小似一天，但並非照我們計算的小得那樣快。眞的，雖然太陽在它軌道運行的時候可吸收到四周的可燃體，但據科學家的計算太陽在它軌道上所吸到外界的可燃體每分鐘不到二千噸。而所排出的氣體每分鐘竟有二萬萬五千萬噸，即是吸收的不抵排出的二千分之一。據科學家傑恩斯(Jeans)的推算太陽爲發光的緣故每年消耗的物質爲一百三十一億萬噸，據愛定頓

(Eddington)的推算是一百二十億萬噸，就是一分鐘消失二億五千萬噸，每天消失三千六百億噸。照這樣推算，四千五百萬年以後，太陽只有地球一般大小了。

依這樣的推算，太陽總有一個時期要終了。再反過來想，確知有一個時期太陽還未出世哩！據一些科學家們的說法，太陽已經到了它壯年的時代，然而要多少時候才到壯年時代呢？科學家們的說法也很分歧，傑恩斯的推算太陽已活了五或十億萬年；愛定頓推算已活了五百億萬年；有的科學家只給它二千萬年的年紀；有的還更少一些。

將來太陽還有多大壽命呢？科學家傑恩斯推算是十五到五百億萬年；而賴味里耶 (Leverrier) 說是十七億萬年；湯姆生(Thomson)說是五億萬年。的確，說法雖不一致，然而已定了它的死案。它好比是一座房子慢慢地頹塌了，又像是一座大冰山在慢慢地溶化了。

像這樣的頹塌溶化，總有一個完了的時期，到那時候，太陽黯淡地死似藏在濃霧的背後一般，而後，更漸漸的看不見了，那時它也顧不了什麽地球不地球了。

所以，太陽不是永遠的。」（葉西孟著，陶濱譯「科學的吶喊」民國五二年，臺中光啓社出版，第三八—四〇頁）

「講到太陽能」林卓園說，就會聯想到幾個奇蹟：㈠幾十億年來，太陽就不斷的發出太陽能。這樣大量的能是從什麽地方來的？科學家說是從氫氣熔合變成氦時所產生的（請參照愛因斯坦公式）。太陽每秒鐘，要用六百萬噸的氫氣做原料，這末許多氫氣是從什麽地方來的？答案是：「這是造物的上主的安排，這是奇蹟，非人力所能辦到。」無論是科學家也好，不是科學家也好，用不着反對！㈡離地面十五哩的地方，有一層叫做臭氧層 (Ozone Layer)這臭氧層是太陽發出的紫外光，把氧氣的分子 (O_2) 的鍵打破，然後這游離的氧氣原子 (D)，與氧氣分子結合而成爲臭氧分子 (O_3)，如果沒有這臭氧層，那末人和其他動物就無法生存了！因爲紫外光，尤其是短的紫外光，同X光差不多，會殺死人的，這也是造物的上主的安排，科學家不必自作聰明地加以解釋，這些奇蹟存在時，科學家還未出生呢！」（現代學苑第十卷第十一期）

註八〇：「征服世界的信仰」趙一舟譯，民國五十九年，臺中光啓社出版，第十二頁。

註八一：Principia III, Sch. Gen.

註八二：Serm. 69. 3.

註八三：De Trinitate X, 5, 7; Pl 62, 977.

註八四：參閱拙著「形上學」有關這些原理所作的探討。

註八五："Cum enim dixerit aeterna temporalibus esse potiora, aut septem et tria decem esse, nemo dicit ita esse debuisse, sed tantum ita esse cognoscens, non examinator corrigit, sed tantum laetatur inventor" (De Lib. Arbit. II, 12, 34; PL 32, 1259.)

註八六："Si autem esse aequalis mentibus nostris haec veritas, mutabilis etiam ipsa esset. Mentes enim nostrae aliquando eam plus vident, aliquando minus et ex hoc fatentur se esse mutabiles, cum illa, in se *manens* nec proficiat cum plus a nobis videtur, nec deficiat minus, sed integra et *incorrupta*, et conversos laetificet lumine, et aversos puniat caecitate. Quid, quod etiam de ipsis mentibus nostris secundum illam judicamus, cum de illa nullo modo judicare possimus? Dicimus enim: minus intelligit quam debet, aut tantum quantum debet intelligere, quantum proprius admoveri atque inhaerere potuerit incommutabili veritati. Quare si nec inferior, nec aequalis est, restat ut si superior atque excellentior" (*De Lib. Arbit*. II, 12, 34; PL 32, 1269-60.)

註八七：*Nouveaux essais sur l'entendement*, 1, 4, c. II.

註八八：*Connaissance de Dieu et de soi-meme*, IV, 5.

註八九：參閱拙著「柏拉圖的哲學」，民國六十一年，臺灣商務印書館，第二一四頁。

註九〇：申，卅章，十一—十四節。

註九一：羅，第二章第十三—十五節。

註九二："Orta est simul cum mente divina. Quamobrem lex vera atque princeps, apta ad jubendum et ad vitandum, ratio est recta summi Iovis." (De Legibus, II, 4); "Est non scripta, sed nata lex ad quam non docti, sed facti, non institutti, sed imbiti sumus" (Pro Milone, 10). "Nec erit alia lex Romae, alia Athenis, alia nunc, alia postea, sed et omnes gentes et omni tempore una lex et sempiterna et immutabilis continebit, unsque erit communis quasi magister et imperator omnium Deus, ille legis hujus inventor, disceptator, lator. Cui, qui non parebit, ipse se fugiet ac naturam hominis aspernatus hoc ipso luet maximas poenas" (*De Republica*, III, 22)。

註九三：柏拉圖的理想國第一章三四九—三五〇頁。

註九四：周克勤，「道德觀要義」上冊，商務印書館發行，民國六十一年，第一三六頁。

註九五：NE II, 6, 1107a.

註九六：周克勤，同上，第一四〇頁。

註九七："For hence it is that even the godless think of eternity, and rightly condemn and rightly praise many things in the moral conduct of men: By what rules, pray, do they judge these things if not by those in which they see how each one ought to live, even though they themselves do not live in the same manner?" (*De Trinitate*, XIV, 15, 21; PL 42, 1052; FC 45, 440)。

註九八：*Confessiones*, II, 4, 9; PL 32, 678.

註九九："Cui enim iniquo non facile est loqui justitiam? Aut quis de justitia interrogatus, quando non habet causam, non facile respondeat quid sit justum? Quandoquidem manu formatoris nostri in ipsis cordibus nostris veritas scripsit: Quod tibi non vis fieri, ne facias alter...Quis enim te docuit, nolle accedi ab altero ad uxorem tuam? Quis te docuit, nolle tibi furtum fieri? Quis te docuit, nolle injuriam pati, et quidquid aliud vel universaliter vel particulariter dici potest? ...Judicas enim malum esse in eo quod pati non vis; et hoc te cogit nosse lex intima, in ipso tuo corde conscripta." (*Enarratio in Psalmum* 57, 1; PL 36, 673-674)。

註一〇〇："...There is a law in *man's reason*, written by nature in the heart of everyone who *enjoys the use of* free will, and *this* law suggests that a man do no evil to another which he would not wish to suffer himself..." (*Epistola* 157, 15; PL 33, 681; FC 20, 331)。

註一〇一："Aroused by this diversity of innumerable customs, some souls, drowsy so to speak, who were neither settled in the sound sleep of folly nor able to waken fully to the light of wisdom, have thought that justice did not exist of itself, but that each nation regarded as right that which was its own custom. Since this or that custom is different for every nation, while justice must remain immutable, it becomes evident that there is no justice anywhere. They have not understood (not to multiply instances) that the maxim," Do not do to another what you do not wish to have done to you, "cannot be varied in any way by any national diversity of customs." (*De doctrina christiana*, III, 14, 22; PL 34, 74; FC 2, 134-135)。

註一〇二："That is naturally just which has everywhere the same power and force of inducing toward the good and restraining from evil. Now, this happens because nature, the cause of this concrete justice, is everywhere the same in all men." (*St. Thomas in decem libros Ethicorum expositio*, V. 12)。

註一〇三："It is therefore evident that since the moral precepts are about matters which concern good morals; and since good morals are such as are in accord with reason; and since every judgment of human reason must needs be derived in some way from natural reason, it follows, of necessity, that all the moral precepts belong to the law of nature, but not all in the same way. For there are certain things which the natural reason of very man, of its own *accord* and at once, judges to be done or not to be done: e.g. Honor thy father and thy mother, and, Thou shall not kill, Thou shalt not steal; and these belong to the law of nature absolutely. And there are certain things which, after a more careful consideration, wise men deem obligatory. Such belong to the law of nature, yet so that they need to be inculcated, the wiser teaching the less wise." (*St. Thomas*, 1-2, 100, 1c.)

註一〇四："Indeed, just as there are certain naturally known things in the speculative area, such as the indemonstrable principles..., so also in the operative area are there certain principles that are naturally known as indemonstrable...Examples are: evil is to be avoided; one should not steal; and the like." (*In decem libros Ethicorum exposition*, V, 12.)

註一〇五：中國哲學的特質，香港人生出版社出版，民國五十二年，九十至九一頁。

註一〇六：*De Sermone Domini in monte*, II, 9, 32; PL 34, 1283; FC 11, 140-141.

註一〇七：周克勤，同上，第一四五頁。
註一〇八：St. T. 1-2, 91, a. 1.
註一〇九：St. T. 1-2, 93, a. 1.

第二章　神之性質的探討

討論過神的存在之後，順著邏輯秩序，該談神的性質，而這種順序是由人的求知慾所自然引起的，因爲當人知道了一物之存在後，就會很自然地想知道和急於知道此物之性質。

第一節　人對神之性質的認識方式

衆所週知，文字與言語雖爲兩種表達人的思想與描述事物之性質的最普通與最好的工具，但其用途與優點却是相對的，卽它們並非唯一與十全十美的表達思想之工具；更不能完全把事物之性質描述得淋漓盡致，故有時人的思想或知識與事物之性質會受到文字與言語的阻擾，也因此當我們想要表達一種思想或描述一件東西時，會感到此事此物「非語言與筆墨能形容於萬一也」。或「千言萬語說不盡，一切盡在不言中」。尤其對一些心靈深處的微妙感觸，譬如人極端的喜與怒；哀與樂；愛與惡或慾；恨與怕等情緒，當語言或文字失去作用時，我們慣常以動作或姿勢，來取代文字或語言以表達這些情緒，因爲如此有時會比文字或語言來得更有效，更容易與美滿地把我們的感觸表達出來。譬如我們以手舞足蹈形容快樂；以展眼舒眉形容歡欣；以愁眉不展或眉頭深鎖形容憂愁；以怒目相視或咬牙切齒形容痛恨；以目瞪口呆或驚慌失措形容害怕；以眉目傳情表示相悅；以大肆咆哮表示大吵大鬧；以痛哭流涕表示悲痛；以破涕為笑表示轉憂為喜的心情；以面紅耳赤表示羞愧。

對超感覺之物，我們也不易以文字或言語來表達它們的性質，尤其對最超感覺之物的神之性質更難以文字或言語來描述，因為我們對神之性質知之不詳。既知之不詳，我們自然更不易用文字或語言來表達。

「在本體上，天主是不可道之道。」吳經熊博士曾說，「老子有謂『道可道，非常道。』而天主就是常道，也就是不可道之道，任何定義，任何形容詞，都不能用到祂身上。這就是說你不能以有限的器皿，去測量無限的天。稱祂為道也好，天也好，神也好，上帝也好，都是無關宏旨，總而言之，祂是無限的，是不可思議的（愛因斯坦也說上帝是最不可思議的——作者）。因為這個天主，不僅是太極，而亦是無極。這個無極，是玄之又玄，妙之又妙，絕對不可稱道的。人類的一切語言或想像在無極的身上總不能適用。即使用一種名稱，也不過是假借的類比，用來象徵或暗示，這可說是知其不可道而道之，知其不可名而名之。」（國防研究院印行：中西文化論集，民國五十五年九月，頁二四）聖大雅博 (St. Albert the Great)也說：「上帝是最不可名言的，而同時又是最可名言的（可以用所有名字稱呼祂），但『最不可名言』是祂的所有名稱中最美的，因為此名稱直接使祂超越人嘗試對祂所取的名稱、對祂所作的說明。」("God is Unnameable and All-Nameable at once. He is unnameable, and the Unnameable is the most beautiful of all His names, for it places Him immediately beyond all that one could attempt to say of Him." (S. theo. Tract. III, q.16, ad 1)。

人對神之性質「知之不詳。」或套用多瑪斯的話：「人無法正確知道神到底是什麼」(*what God is*)。

「知之不詳」並不指完全不知，卽對神之性質一無所知，因爲我們確實能有一些有關神之性質的知識，雖然我們不知道神「如何」擁有這些特性。倘若我們對神之性質的知識，乃處在全無知的狀態中，那麼我們對神之存在所提出的論證亦全是無效的，因爲倘若我們對一種物完全無知，亦無法證明或知道他的存在。理由是，「存在」本身就是一物所享有的特性之一，何況想知道一物之存在，通常都會連帶知道一些屬於該物的其他特性，譬如當我們證明神之存在後，我們就知道神是至高無上之存有；是萬物的第一不被他物所推動而能推動他物的推動者(a prime unmoved mover)；是第一推動因 (an uncaused cause)；是必要或非有不可之物 (a necessary being)；是眞善美本身，及眞善美的根源，是至高無上的智慧，更好說是智慧本身(is intelligence itself)。也因此「不可知論」(Agnosticism)（主張人對神一無所知）不但無法成立，且導人陷入無神論。

我們對神之性質雖知道一點，但知之不詳，卽無法加以正確與徹底的直接認識。易言之，我們與其說能正確地知道神是什麼，不如說知道祂不是什麼來得更恰當(to know what God is not easier and better than to know what is God)。譬如我們可以把所有在受造物上所發現的不成全或不美好之物從神那裡除去：「被動」(movement)，「組合」(composition)，「不成全」(imperfection) 及「限制」(limitation) 等。這種對神之性質的認識方式，稱爲「排除」或「否定方式」(Via Remotionis or via negativa)。從證明神的存在，我們知道神是至高無上之物，是所有美好的根源，故我們儘可以認爲神，不但具有所有我們在受造物身上所發現的美好，且神所具有的這些美好都到了登峯造極的地步，譬如說「眞」、「善」、「美」是物之美好或成全，那麼神不但具有眞善美，且具有最高的眞，最大的善及最多的美，甚至是眞善美本身。

這種對神之性質的認識方式稱爲「卓越方式」(Via Eminentiae)。

我們對神之性質雖知道一點，却知之不詳，因神是最非物質之物，且是最精神性之物，是最超感覺之物，祂不是人認識的直接對象。人只能對感覺物，物質物有較正確的觀念，這些物才是人認識的直接對象。人如果對神有正確觀念，那麼神必須與宇宙或物質物同性質，那麼吾人就陷入「神人同性論」(anthropomorphism)之錯誤中，因爲我們是依照人的形象認識神。這種意見爲斯賓諾薩所坦護的，因爲他曾說：「人的理智能正確地認識神的永恒與無限本質」(註一)。

第二節　神是自有的

既然人能認識神，卽對神的性質能有所認識，雖然對神之性質不能有正確與清楚觀念，那麼我們自然要問：神到底是什麼？

首先我們要肯定神是「自有的」(Ipsum esse subsistens; subsisting Existence)，此「自有性」是神之最先及最基本性質，是神之本質或稱爲「形上本質」，因是神之所以爲神之基本理由，是神與其他物(受造的)之主要與基本分別點，是神的其他性質之根源，卽是神之其他美好之基礎，其他美好全建立於此特點之上，全由此特點所引出。

所謂「受造物」(creature)，其存在是暫時的，非永久的，曾有開始過，卽在一段時間裏不曾有過或更淸楚地說，曾在一段時間裏此物(受造物)僅具有存在的潛能，卽僅具有能存在的能力，而缺乏存在的事實，卽缺乏實際的存在。一物若僅具有存在的能力而無存在的事實，此物實際上是不存在的。既然此物實際上不存在，當然此物亦不能自己促使自己存在，因爲「促使」一物存在是一種行動，而存在先於行動，一物尙未存在前，它怎能產生行動呢？從「無」自然也不能生有，那麼很明顯地，僅具有存在能力而無實際存在之物，必須靠與自己不同的外力推動，才能從潛能的有之狀態到實際有之狀態，卽才能有實際之存在。易言之，凡僅具有存在能力而無實際存在之物，其實際存在必須從與自身不同的另一物接受來，此物供給它存在，因此對僅具有存在能力而無實際存在之物而言，其實際存在是外來的，與其本質完全分開的，它的實際存在是因「存在」加入先已有的本質內；它的滅亡是因原加在先已有的本質內的存在，與此本質分離的緣故。總而言之，受造物之所以爲受造物就是因爲其存在來自他物，自己開始時缺乏實際存在，由其他物供給它存在。但在一連串的供給存在與接受存在（供給他物存在者本身之存在又得接受自其他物）的系列中不能推至無窮，必須有個盡頭，必須有一能供給或促使其他物存在，而其本身之存在又不受自任何其他物之存在，此物本身就是存在，其存在非外來的，卽不接受自其他物，其本質卽是存在，而其存在也就等於其本質，卽其存在與其本質合一，是完全一回事，是自有的（Self-Subsistent），其他萬物的存在都從祂而來的，都是祂所提供的，故稱爲「受造物」（creatures），祂則稱爲「造物主」（creator）或「神」，故神與其他萬物之主要及基本分別點在乎前者是「自有的」（Subsisting existence），其他萬物都是「他有的」（ens ab alio）。

神的「自有性」（Subsisting existence）既是神與其他萬物的主要及基本分別點，自然也就是神之爲神之理。譬如人是「理性動物」，那麼人的形上本質，自然是「理性」和「動物性」，而此本質也就是人之所以異於所有其他物之點，例如動物、天使等的最基本及最主要點，而此物（理性加動物性）同時也就是人之所以爲人之理，故人之所以是人，而不是其他物，主要因爲人是「理性動物」，而其他物都不是「理性動物」。同樣的，神之所以爲神，神之所以與其他萬物不同是因爲神是「自有的」，而其他所有物都不是「自有的」，而是「他有的」。

「自有性」卽是神之所以異於其他物之最基本及最主要點；是神之所以爲神之理，那麼很顯然地，此特性（自有性）也應是神所有的特性中最根本及最重要的，是神的其他特性或美好的根源及源頭（root and origin of all other divine perfections），神的其他特性也可以說是此特性之特性，其他特性都從此「自有性」所引出，而事實也正是如此。因爲作者在「形上學」一書中曾强調過「現實因著潛能受限制」。「現實本身是不受限制的。因限制的現實含有二物：成全（現實自身）及成全的限制。被限制的成全是不成成全的成全，故現實不能限制自己，否則應是成全限制成全，卽成全同時又是不成全，因限制卽是成全的缺乏，卽不成全。故應來自別的因素，卽潛能，因除了現實外，所剩的只是潛能。故純現實之物，因不被接受於潛能內，故是不受限制的，是至成全」（註二）。「存在」是現實，現實是成全，故存在本身是成全，它如果不被接受於本質（潛能）內，就不受到限制，不受到限制的成全自然是至成全。神的本質倘若就是其存在，而存在就是其本質，神的存在與神的本質如果是合一的，是完全一回事，那麼神的存在就不受到限制，就是「至成全的」(omniperfect)，是「無限的」(infinite)，在神內就包括所有的成全。首先神是「單純的」(simple)，卽不是從部分合成的，既不從本質與存在合成，自然也不從現實與潛能合成；那麼神就是純現實，也因此神不從原質與原形，依附體與自立體合成的，是「至單純」之物；神如果是至單純的，祂也必須是「不變的」及「永久的」，因爲所有可變之物，都從現實與潛能合成的。理由是，所謂「變化」乃是能失去原先所有的或能找到原先所沒有的。至單純之物既然不從現實與潛能合成，那麼就沒有變化的可能。易言之，就沒有失去一物或找到另一物的潛能，那自然是不變的，是永恒的。而且，自有之物是至成全的，他既不能找到新的成全，亦不能失去所已有的成全，那自然也是不變的。至成全之物是「獨一無二」的，因爲若有二相同性質的至成全之物，其中一個一定缺乏一些，另一個所有之成全或具有一些另一個所缺乏之成全，不論那一個缺乏一些另一個所有之成全，此物就不是至成全的，即就不具有所有應有盡有的成全。

神在聖經上亦肯定自己爲「自有的」。當摩西問祂的名字時，祂答說：「我是自有的」(I am who am)（註三）。另一次祂又告訴摩西說：「你告訴以色列人說『那自有者打發你來的』」(He who is sent you)（註四）。

「自有性」，我們已說過，爲神之最基本性質，此特性也就是神的「形上本質」，是神的其他特性的根源，神的其他特性皆由此特性所引出，譬如「單純性」(Simplicity)，「不變性」(immutability)，「永久性」(eternity)，「獨一無二性」(unity) 及「無限性」(infinity) 等，如今我們就來討論神的這些次要特性。

第三節　神是最單純的

首先神是「最單純的」，卽不從部分合成的。「單純性」對受造物而言是不成全的，是一種缺點，因爲在我們所看到的所有物裏，越單純之物，越不成全，越複雜之物，越成全，譬如人體的組織比其他物體複雜，故人體也比較成全。但「單純性」對神而言却是成全的記號，故神越是單純，祂也就越成全。

「單純性」與「組合性」(composition) 相反，故所謂「單純」乃缺乏部分之謂，一物若是單純的，它就缺乏部分，就不從部分組合而成。但「組合性」有三種，那麼，「單純性」自然亦有三種。「物理組合性」(physical composition)：從原質與原形或從數量部分(quantitative parts)組合而成的，譬如人從靈魂（原形）與肉體（原質）合成，人的身體又從不同數量部分，如頭、手、脚等合成的；石頭由許多不同的分子組成的。在人與石頭裏的組合性都算是「物理組合」。「形上組合性」(metaphysical composition)：從現實與潛能；自立體與依附體；本質與存在合成的。「邏輯組合性」(logical composition)：從近類（proximate genus)與種差 (specific difference)；從本性與個性合成的。神既然是最單純的，那自然缺乏任何一種上述的組合性。

神也缺乏數量部分，因爲「數量」是物體或物質物的特性之一，而神絕不可能是物體或任何物質物，理由是，所有物體或物質物都是被動的，是受推動的推動者 (moved mover)，但神是不受推動的推動者（unmoved mover)（第一證明神之存在的論證），故神不能是物體或任何物質物。既不是物體或任何物質物，那麼，神自然也缺乏數量部分，卽非從數量部分組合而成的。

神不能是物體的另一個理由是，神是純現實 (pure act)，祂絕不可能在潛能狀態中，卽祂的行動及祂的存在絕不像一般物，要經過從潛能到現實的過程。但所有物體開始都可以說先是在潛能的狀態中，而後才變爲現實的。

神不是物體的第三理由是，神是最尊貴之物（第四證明神存在之論證），而物體絕不能是物中之最尊貴者。因爲物體是有生命的或無生命的，有生命之物體自然比無生命的尊貴。但物體本身是無生命的，它之所以有生命乃藉著其他因素，譬如人的身體因著靈魂而有生命，也因此物體因之而有生命之物比物體本身尊貴，那麼物體本身就不可能是最尊貴的。神既然是最尊貴之物，那自然不能是物體（註五）。神既然不是物體，他自然也缺乏數量部分。

神也不是從原質（Prime matter）與原形（Substantial form）合成的。因爲原質不但是「潛能」，且是「純粹潛能」（Pure potency）（註六）。神則不但是「現實」，且是「純現實」（pure act）（註七），在神內不含有任何潛能成分。

再者，因爲神是萬物的首因（證明神存在的第二論證），故不可能由原質與原形合成的。理由是，原質與原形爲兩種不同原素，此二不同原素不可能結合爲一，除非藉著先於它們及與它們不同的第三者的力量。神如果從原質與原形合成的，那麼必須假定一個先於神之存在之物之存在。如此一來神就不是萬物之首因了，那麼神也就不是神了，因爲祂的存在由他物所促成的，那樣祂就是受造物而非造物主了。

「任何一物要能產生行爲，它必須是現實」，因爲現實是成全，行動亦是成全，潛能則是不成全。故產生行動是供給成全，一物若不先具有成全，怎能供給成全？誰能施給他人自己所沒有之物（註八）？但一物是現實乃藉著原形，而原形也是行動的根源（註九）。故「行動」、「現實」及「原形」發生密切關係。神既然是首先產生行動者及祂本身就是行動者（primo et per se agens），其行動不來自，也不受制於任何其他超越自己之物，其本身就是現實，就是原形，而且是不被接受，亦不能被接受於原質內的原形，故在神內絕不含有原質（註一〇）。

神也不從現實與潛能及本質與存在合成的。因爲我們已說過，神之本質與存在合一，是完全一回事，祂的本質就是祂的存在，祂的存在也就是祂的本質。

再者，神是「純現實」(pure act)，因爲祂是「首先不受推動的推動者」。推動者必須是現實，卽必須是現有之物，因爲僅僅現有之物才能產生行動。推動者當產生行動時若必須先受他物的推動，此推動者在沒有產生行動前是在潛能的狀態中，經過他物的推動後，此物才能推動他物，故「受推動的推動者」，當沒有產生行動時是在潛能的狀態中，當產生行動時則在現實的狀態中，故此物一半是潛能、一半則是現實，卽從潛能與現實合成的。那麼，「不受推動的推動者」——神——就應該是「現實」才對。神既是純現實，祂自然也不從存在與本質合成的，因爲存在對本質而言是現實，本質則是潛能（註一一），由本質與存在合成之物，必須是「混合現實」(mixed act)，卽一半是現實（存在），另一半則是潛能（本質）（註一二）。

神也不是從自立體與依附體合成的，因爲自立體與依附體的關係也是現實與潛能的關係。自立體是潛能，它必須受依附體的限定才趨向成全。神既是「純現實」，祂就缺乏任何潛能，故神的自立體本身不受限定，本身就是至完美的，不需要任何其他附加物才趨於完全。再者，依附體是一物之附屬品，它是可有可無及忽有忽無的，它之來去或有無對物本身不發生太大的影響，神所擁有的一切乃具有永恆性的及固定的，絕不會有增減與忽有忽無之可能。

神也不從「近類」與「種差」合成，因爲所謂「類」(genus)是「一種共名所代表的共通物性，爲許多『種』(species)的共通物性。這種物性，不是一個物體的整個物性，只是物體的本性的基本部分。例如『動物』對人而言，不能代表整個人性，但是代表人性的基本部分」（註一三）。

「因此『類名』便是一種共名，在同一意義下，適用於許多『種』。『類名』的外延很廣，同時它的內涵也很簡單」（註一四）。

故「類名」是一種未經限定的物性，而此物性也不指任何特定之物之物性，它必須受「種」的限定，否則人無法知道它究竟爲何物。譬如「動物」爲類名，它可指有理性動物——人——或無理性動物——禽獸，人與禽獸同屬於動物類。故「動物」的類名必須加上特定物——種差，譬如理性或非理性，而後吾人才能知道究竟是人或禽獸。也因此「類」猶如潛能，未受限定，它必須受「種差」的限定，那麼，「種差」等於是現實，因爲它限定類性。

神如果是從「近類」與「種差」合成的，那麼神就不是「純現實」，因爲在祂內含有潛能的因素。再者，神就與其他物同類，神的本性就被許多同類物所分享，因爲「類」——我們已說過，乃代表共通的物性，是許多同類物的基本部分，如此一來，吾人就極易陷入泛神論的錯誤中，卽吾人贊成萬物皆神的謬論。故神不應與任何其他物同類，卽神不應從「近類」與「種差」合成的。

神既缺乏「物理組合性」（不從原質與原形或數量部分合成的）；又缺乏「形上組合性」（不從現實與潛能；自立體與依附體及本質與存在合成的）；也缺乏邏輯組合性（不從近類與種差合成的），那麼神自然是最單純的實體了，所以聖奧斯定說：「神確實是最單純的。」(VI De Trin.)

第四節　神是全不變的

神不僅是最單純的，且是「永不變的」。「不變」的相反是「變」。變化有所謂外在變化與內在變化兩種。一物與其他物發生關係時，此物本身不變，其他物却起了變化，這種變化稱爲外在變化，譬如一物在陽光照耀之下發熱，但該物若加以遮蓋，太陽的威力自然無法滲透，那麼，此物自然也就不發熱。在這種情形下，太陽的威力表面上減少了，起了變化，但實際並未減少。人開始不認識神，後來對神有了認識，神從不爲人所知的狀態到爲人所知的狀態，對神而言，也算是一種變化，但實際上神並未變，而是人的知識起了變化：從無知到有知的狀態。也因此外在變化對物本身不起實際上的作用。這種變化不是不變性的反面，不致損害不變性，與不變性可以是一致的。

內在變化才是眞正的變化，卽物本身起了變化。內在變化有很多種：首先有形上變化 (metaphysical mutation)、物理變化(physical mutation)及倫理變化(moral mutation)。「形上變化」是整個物體所起的變化：譬如一物由無到有的創造與一物由有到無的全滅(annihilation)。「物理變化」是一物的形相(form)所起的變化。這種變化又有兩種：本形的變化 (Substantial mutation) 及副形的變化(accidental Mutation)。本形的變化是一物的生（找到新形）與一物之滅（失去舊形）。副形的變化是物之依附體部分所起的變化：譬如依附體（如顏色）的生與滅，增與減或變更。物的位置的改變 (Local motion) 也算副形變化之一種。「倫理變化」是自由意志之變化，當人的意志開始欲求所不曾欲求之物與不欲求所曾欲求之物都算爲倫理變化。

由上述內在變化的種類看來，很顯明的，所有內在變化都包括潛能意味在內，即一物的內在變化的發生，該物都先必須有變化的能力或可能性（或主觀的可能性或客觀的可能性，前者爲物理及倫理變化所有的，後者爲形上變化所有的），才能實際上接受新的限定。也因此純現實之物，因爲其本身不含有任何潛能因素，故不能產生內在變化。神既是純現實之物，在祂內不可能含有絲毫潛能的意味，故也不可能起任何變化，是全不變的。再者，所有可變之物都意含著「組合性」，至少從主體與形相 (Subject and form or perfection)，或從現實與潛能組合成的。「兩物中的最確定與最實際或眞實的區別莫過於實際之區別」(real distinction)（註一五）。變動或改變是實際區別的最明顯記號，因爲在所有變動或改變中，一定有一主體失去或找到一種成全或形相。當一物失去一形相時，此形相從到當時爲止存在於一主體上實際分離，譬如水的熱度與水分離。當一物找到一形相時，此形相到當時爲止，不存在於該物裏，即該物到當時爲止缺乏該形相。這種主體與形相的分離表明兩者間的實際區別，因此也表示兩者間的實際組合。故所有可變之物都含有「組合性」；從主體與形相，或現實與潛能合成的」（註一六）。但我們已說過，在神內沒有任何「組合性」，祂是最單純的，不從任何部分合成的，故神也應是全不變的。

變化意指變動。所有可變之物都藉著變動找到一些原先所沒有的成全；失去一些原先所有的成全。但神是至成全與最美好之物，祂擁有所有應有盡有之成全或美善，故祂不可能失去任何成全，也無法及無需找到其他成全，那麼，神自然也不能遭受任何變動，是絕對不變的（註一七）。聖經上也明確地說明神是全不變的：「巴拉克起來靜聽！漆頗爾的兒子，傾耳聽我！神不像人能食言，不像人子能反悔。祂說了豈能不做，許了豈能不行？我受命是爲祝福；祂要祝福，我不能變更」（註一八）。

第五節　神是永恒的

神不但是「全不變的」，且是「永恒的」。「永恒」乃超時間之謂，旣無開始又無終了。「時間」的觀念來自動，蓋時間是「按著前後去計算運動」(Numerus motus seeundum prius et posterius)（亞里斯多德的定義），故時間以物體的運動爲根據。沒有運動或變動，便沒有時間。但運動乃從「潛能到現實的過程」（多瑪斯的定義），是以，不含潛能之物就不會產生運動或變動；沒有變動，就沒有時間。沒有變動之物，就是超時間的、永恒的。神因爲是純現實之實體，故是全不變的及絕不變的，那麼神自然也是永恒的，因爲祂缺乏變動的可能性——不含任何潛能的純現實的實體。

再者，神是自有的，其存在不來自他物，祂本身卽是存在，存在就是祂的本質。本身就是存在之物就不能不存在，不能有片刻不存在，祂非存在不可，祂必須永遠存在，故祂是永恒的，旣沒有開始又缺乏終了的一刻。聖經上許多地方特別强調神的「永恒性」：「群山尙未形成，大地寰球尙未出生，從永遠直到永遠，祢就已經是神」（詠第九十篇）；「天地必要毁滅，而祢永遠存在；萬物必要如同衣裳一樣收縮，有如衣服更換，都要新陳代謝；但是祢却永存不變，祢的壽命無盡無限」（詠第一〇二篇）；「我是『阿耳法』和『敖默加』，那今在、昔在及將來永在的全能者至上神這樣說」（默，一、八）。

第六節　神是獨一無二的

神還是「獨一無二的」(unique)。拉丁文的 unitas (unity) 和 unicitas (uniqueness) 的意義有點不同。unitas (unity) 可譯爲「單一性」，一物可以是「單一的」但不一定是「獨一無二的」，譬如張三是一個人 (one man)，但不是獨一無二的人 (unique man)。因爲張三所具有的人性不只他一個人有，故獨一無二之物除了本身是一個外，他所具有的特殊本性是唯一的，不被其他物所分享及共享，也因此獨一無二之物必須也是單一的，但單一之物却不一定是獨一無二的。

神不但是一個一種具有特殊本性的特殊物，且是獨一無二的，卽其特殊本性不被任何其他物所分享及共享。

多神論、泛神論與二元論都否認神是獨一無二的。多神論主張宇宙間有許多神存在，此思想在一些古老民族中是相當普遍的，譬如古希臘與羅馬民族就崇拜許多不同的神。泛神論則主要爲哲學思潮，一些哲學家主張宇宙萬物都分享神的本性，萬物是神的表露，從神的本性所流出的。二元論主張二神之存在，一爲善神，一爲惡神，此思潮淵源於波斯，主要提倡者是波斯的宗教改革家 Zoroaster，後來到了公元第三世紀此學說被另一位波斯人摩尼 (Manes 216-267 A.D.) 所繼承把它變成摩尼敎的信仰 (Manicheism)。

神的「獨一無二性」不但爲許多宗敎的中心信仰之一，且也是許多缺乏天啓，單憑人理性的自然光輝的哲人們的堅決主張，譬如蘇格拉底、柏拉圖及亞里斯多德等。

多瑪斯所提出爲證明神的存在的五個論證都指出神的「獨一無二性」——純現實性。

第一論證指出神爲不受推動的推動者。不受推動的推動者本身就是行動，其行動不受限制，是無限的。因爲不被接受於潛能內，故不受潛能的限制。不受潛能的限制的行動自然其本身就是現實——且是純現實。

第二論證指出神是「沒有原因的首因」(an uncaused cause)。此首因，因爲其行動不接受自他物，故其本身也就是行動，故是自有的及是不受限制，是「純粹行動」(pure operation)。純粹行動自然也應是純現實。

第五論證指出神是指導萬物趨向各自目標的最高智慧。此智慧本身就是一種理解行爲——思維，而非來自理解能力的行爲，也因此是獨立及不受限制的最高智慧，是純思維，是純現實。

多瑪斯在證明神的存在之論證中，一再地指出神是純現實。純現實之物該應只能是一個卽獨一無二的，因爲現實只因著潛能而受到限制或能增多。故缺乏潛能的純現實是不受限制且無法增多的。無法增多之物，自然應只能是一個及是獨一無二的。

多瑪斯的第三論證指出神爲自有的必然物，祂的存在不接受自他物，祂的存在就是祂的本質，祂的本質就是祂的存在，其本質與存在合一。自有之物，因其存在不被接受於本質內，故其存在(現實)不受本質(潛能)的限制。不受限制之存在——現實，自然是存在本身，是全部存在(the plenitude of Being)。

第四論證指出神是最成全，最美好之物，是一切成全與美好的根源，且是成全及美好本身。全部是存在之物，自然也是最成全之物，因爲存在是現實，而現實是成全。最成全之物只能是一個、是獨一無二的，否則（若有兩個同樣最成全之物之存在）將無法彼此區別，理由是，二者必定擁有完全一樣的成全，否則其中一個（缺乏一些另一個所有的成全）就不是最成全之物，就不是存在本身，就不擁有全部存在。如此一來其存在必定受本質的限制，就必定被接受於本質內，就不是自有之物，也不是最成全之物。既不是自有之物，又不是最成全之物，那就不是神了，因爲神之爲神之根本理由是祂的自有性，即其存在不接受自任何其他物，是至成全的。

倘若兩者之中任何一個，都不能沒有另一個所有之物，那麼兩者所有的成全必定是完全一樣的，那二者之間就無區別可談了，故只能是一個及是獨一無二的。

我們如果稍爲留心一下聖經上所說的，就不難發現神的「獨一無二性」，爲聖經作者的中心思想之一。「是否有一民族，如同你一樣，聽到了神由火中說話的聲音，還仍然活著？或者，是否有過一個神，以災難、神蹟、奇事、戰爭、强力的手、伸展的臂和可怕的威能，企圖將某一民族由另一民族中領出來，如上主你們的神在埃及於你們眼前，對你們所做的一切一樣？這一切只顯示給你，是要你知道，只有上主是神，除祂以外再沒有別的神」（申、四、三三～三五）；「所以今日你該知道，且要牢記在心：天上地下，只有上主是神，再沒有別的神」（申、四、三九）；「現在你們應認清，只有我是『那一位』，除我以外沒有別的神；我使人死，也使人活；我擊傷人，也加以治療；誰也不能由我手中救出。」（申、三二、三九）；「上主，以色列的君主、救主、萬軍的上主這樣說：『我是開始，我是終末，在我以外有沒有別的神相似我？讓他前來申述，讓他說明，給我拿出證據來！誰能從永遠預言未來的事，請他告訴我們快要發生的事罷！你們不必驚慌，不用害怕！我不是早已告訴過你，早已宣佈了嗎？你們是我的證人，在我以外還有別的神嗎？絕沒有別的磐石！我一個也不認識！」（依，四十四、六～八）；「除了一個神外，沒有什麼神。因爲雖有稱爲神的，或在天上，或在地下，譬如那多『神』和許多『主』，可是爲我們只有一個神，就是聖父，萬物都出於祂，而我們也歸於祂；也只有一個主，就是耶穌基督，萬物藉著祂而有，我們也藉祂而有」（格前，八、四～六）。

第七節　神是全善的

神還是「全善」(infinitely good)。大哲人亞里斯多德給「善」所下的定義是：「一切物之所欲也」(is that which is desirable or is what all desire)（註一九）。此種解釋「善」的方式是從善在其他物身上，所產生的效果來著手，即任何能引起他物對它產生一種慾望、喜愛、滿足，此物對想獲得慾望，找尋喜愛，要求滿足之物就是善。但任何能引起一物對另一物產生一種慾望或喜愛之物，此物一定是一物所具有的特性中之一種。因爲它是特性，故應是實際物，否則便是「無」，「無」不能引起任何物的興趣，不能使任何物對它有慾望或產生喜愛；再者，一物之所以對其他物有慾望、感興趣、產生喜愛，一方面是因爲它自己有所缺乏及有所需要；另一方面是因爲它能在此物身上，找到自己所缺乏及所需要之物。易言之，任何物能滿足他物之需要，尤其自然或天生的需要，能塡滿他物之缺陷，此物對該有所缺乏及有所需要之物就是「善」，也因此它才對那能滿足自己之需要，及能塡滿自己之缺陷之物感興趣，產生慾望及喜愛。一物能塡滿他物之缺陷，能成全或滿足他物之需要，其本身應先擁有成全，即該物本身應先是圓滿或成全的，而後才能促使他物成全(perfectum in se et perfectivum alterius)。易言之，在善的觀念裏包括一物本身之成全(perfection)及使他物成全之能力(perfectivity)，此二者是善的兩面，前者是善的裏面（內在部分），是善的內在因素，後者是善的外面（外在部分），是善向外表現的工具，也因此成全他物，滿足他物之需要是善之主要特性之一(Bonum est diffusivum sui)，而此特性自然是以善的內在要素（一物本身之成分）爲基礎及根源（註二〇）。

神因爲是純現實，故是至成全及祂本身就是成全，祂具有所有應有盡有的成全，故祂是他物追求的對象，即祂最能引起他物對祂產生慾望、喜愛及滿足。

神是萬物之首因，是萬物存在之根源，萬物是神所產生的效果，而物既然都欲自己之存在，自然也欲使自己存在的根源——神，那麼，神自然又是萬物所要追求的對象了，因爲「除了神外，沒有誰是善的」（谷、十18），充其量，萬物只分享神的善，而神則是善本身，是一切美善之根源。

第八節　神是全能的

神還是「全能的」(ommipotent)。首先我們肯定在神內有行能(active power)，即神有產生行爲的能力。理由是，神是推動其他物的第一推動者（多瑪斯第一證明神存在的論證），是萬物之首因（第二論證），所有其他原因都藉著此首因產生效果；是必然物（第三論證），其他物之存在都從祂而來；是萬物之成全及美好的根源（第四論證），萬物之成全與美好都從祂而來；是使萬物趨向各個目標的最高指揮者（

第五論證）。

神是純現實之物。現實是行動的根源，現實就是行動，因為「唯有現有之物才能產生行動」(unum-quoque in tanfum agit in quautum est actu)「潛能之物只能接受行動，而不能產生行動」(unumquoque patitur in quautum est in potentia)。神既然不僅是現實，且是純現實，自然不但有行動，且其行能是無限大，即神是萬能或全能的，因為其本質即是存在，其存在即是其本質，神的本質與存在合一，完全是一回事，其存在不受限制，不被接受於本質內，是無限的，能產生任何有足夠理由存在之物，即能使任何能存在之物存在。神的能力不伸展到那些本身無法存在或發生之事，譬如矛盾之物，諸如方形的圓周；使過去曾存在之物不存在，也不在神的能力範圍內，因為使過去已存在之物不存在，等於一物存在同時又不存在，這是矛盾、絕無法發生的事。故更好說，矛盾之物本身不具備存在的條件，本身不能存在，而不是神不能使他們存在。

神既是不受推動的第一推動者，是萬物之首因，萬物從祂而來，祂從無中創造萬物，那麼祂的能力也必定是無限的，祂也應是萬能的，因為虛無與存有之間的距離，等於零與一之間的距離都是無限的，若要把此無限距離消除，自然需要無限大的力量，因為「效果應與原因相稱」，效果絕不能超過原因，而原因也不能超過效果，什麼樣的果要求什麼的因，什麼樣的因產生什麼樣的果，這是形上學上既定的原理（註二一）。

聖經上有無數的地方強調過神的全能，而神的這種特性最容易引起人的驚訝，也最容易使人認清神與人及其他受造物之間的不同點，因之而相信神的存在：「上主對亞巴郎說：『撒辣為什麼笑？且說：像我這樣老，眞的還能生育，爲上主豈有難事？』」（創、十八、十三）；「上主又對他說：『我是全能的神』」（創、三五、一一）；「我從起初就預言了末後的事，早就宣佈了未來的事；我如今說：『我的計畫必要成功，我的旨意都要實現』；我要把老鷹從東方召來，把履行我計畫的人由遠方叫來；我說了，必要去行；我決定了，必要去做」（依、四六、一〇）；「啊，我主上主，看，祢以祢的大能和伸展的手臂，創造了天地；爲祢是沒有困難的事。」（耶、三二、一七）「看，我是上主，是一切有血肉者的天主；難道有我做不到的事嗎？」（耶、三二、二七）。「聖神要降臨你，至高者的能力要庇廕你，因此，那要誕生的聖者，將稱爲神的兒子。且看，你的親戚依撒伯爾，她雖在老年，却懷了男胎，本月已六個月了，她原是素稱不生育的，因爲在天主前沒有不能做到的事」（路、一、三五）。

第九節　神是全知的

最後神還是「全知的」(Omnisciens)。一般而言，知識或認識是一種思考作用，藉此作用認識主體（the knowing subject）對對象(The known object)（主體在認識時所趨向到的事物）肯定和否定一個限定，卽對象所具有的特別或特定東西，所以籠統或不確定非認識的對象，卽吾人無法認識籠統或不確定之物。

認識主體認識對象時（神、人、物）先形成單純概念，而後形成判斷。認識主體在進行這種步驟時，對象本身不起任何變化，它完全與先前（未被認識時）一模一樣。主體當認識對象時，把對象的形式（

(forms) 攝取來，但此形式仍然是該對象的形式，不與主體溶化在一起，這就是哲學上給認識所下的定義‥coguoscere, est habere forman alterius ut alterius （註二二）。故認識過程有點類似攝影作用。認識主體猶如照相機，認識客體猶如被攝影的對象（人或物）。當攝影時吾人把照相機對準所要攝取的對象，吾人是把對象的影子攝取於相機內，但被攝取的對象仍完全與先前一模一樣，絲毫未改變，但相片冲洗出來時，相片是相片，相機也仍然是先前的相機，兩者完全保留自己原來的眞面目（In ordine cogu-oscitivo, cognoscens et res cognita physice distincta remament, et forma rei *cognita* attingitur a cognoscente, et in quo existit non ut sua, sed objective ut forma alterius (Grenier p.364)。但認識主體爲什麼除了能有自己的形式外，還可以有其他物之形式，且當有其他物之形式時，此他物之形式完全維持與原先一模一樣，毫無改變？理由是，認識的根源是非物質性，非物質之物是自由自在的，它不受到限制，也不受到約束，因爲物質才是限制與約束的根源。也因此認識範圍的大小，認識能力的强弱，完全以超物質的程度的大小爲準，超越物質之物，他的認識範圍越大，認識能力亦越强。植物及礦物完全是物質物，完全受物質的控制，故缺乏認識能力。動物雖非精神性，但稍爲超物質，故具有一些認識能力；人的主要部分雖是精神體，是非物質的，但其存在與物質相連在一起，故他的認識能力雖比動物强得多，但不能爲所欲爲，稍爲受到限制，故認識的範圍及能力都受到阻礙，此種阻礙只有等與肉體（物質）脫離關係時，即不受物質的牽連時才能免除。在天使的本質內，雖然不含有物質成分，但仍然含有潛能部分，因爲在天使內的本質與存在是分開的，爲兩種完全不同物，它們的關係等於潛能與現實的關係，故其認識能力自然遠超過人，但仍不是最强的，其範圍也不能伸展到所有物上。只有神，因爲是純現實實體，既不受任何物質的任何限制又缺乏任何潛能成分，其認識能力才是最强的，其範圍也是最廣的，可以伸展到所有存在物上，無一物不在其認識範圍之內，不論是過去、現在及未來之物；不論祂自己或其他物；不論好或壞，物質或非物質之物，都在神的知識範圍之內。

有關神的知識之偉大及高深，聖保祿說得最清楚：「啊，神的富饒，上智和知識，是多麼高深，祂的判斷是多麼不可測量！祂的道路是多麼不可探察！」（羅、一一、三四）；「天主的話確實是生活的，是有效力的，比各種雙刃的劍還要銳利，直穿入靈魂和神魂，關節與骨髓的分離點，且可辨別心中的感覺和思念。沒有一個受造物，在神面前不是明顯的，萬物在祂眼前都是袒露敞開的，我們必須向祂交賬」（希、四、一二～一三）。

註釋

註 一："mens humana adaequatam habet cognitionem aeternae et infinitae essentiae Dei" (Ethica, II, prop. 47)

註 二：參看拙著「形上學」臺灣商務印書館，民國六十年第一七三頁。

註 三：Exod. III, 13-14.

註 四：同上。

註 五：S. Th. 1. q. 3, a. 1.

註 六：參閱拙著「形上學」第二一四頁。

註 七：多瑪斯所提出的五個證明神存在的論證都指出神是「純現實」，譬如神是首先的「不動的動者」(first unmoved mover)（第一論證），只有現有之物才能產生行動。若一產生行動者，其行動不受他物的推動，此物一定是純現實，不能含有絲毫潛能。

註　八：參閱拙著「形上學」第一七一頁。

註　九：同上第二一七頁。

註一〇：S. Th. 1. q. 3, a. 2.

註一一：參看拙著「形上學」第一八八頁。

註一二：同上第一六八頁。

註一三：羅光，理論哲學上冊，一九六一年香港公教眞理學會出版，第五四頁。

註一四：同上。

註一五：拙著「形上學」第三六頁。

註一六：Muniz, F., Introduction a la cuestion lX (de la Suma teologica), B.A.C., p.312。

註一七：St. Thomas, S. Th. 1, a, 1, p.8, a, 1.

註一八：戶、二三章十九節。

註一九：Ethics, I, 1. c, 1; at which all things aim.

註二〇：參看拙著「形上學」第一一一頁—一一二頁。

註二一：同上第二六四頁。

註二二：II. Grenier, cursus Philosophiae, Vol. 1, Quebec, Canada, 1947, p.364.

下篇 論人

「人為萬物之靈」這是一般人的共同信念。在所有可見的受造物中唯人為最特殊，最尊貴，故古人把人與天地並立為三才。也許就因為人的獨特性及與衆不同的超越地位，故他的構造也比較複雜，有關人的問題也因此既多且難。人一直為學者們研究的對象，而在所有受造物中，也唯有人能具有宗教感，能與神發生關係，所以雅斯培(Karl Jaspers)說人是「瞻仰上帝的存有。」(the being which glimpses God)(參看聯經新書「當代德國思潮譯叢之一「人與哲學」」)。且宗教之所以為宗教，我們已說過，簡而言之乃「神與人之間的某種特殊關係之成立」，那麼，談宗教，那自然就不得不討論有關人的各種問題，故討論過有關神的各種問題後，我們就應談談人，譬如人類的起源，人的構成因素和各因素間的關係；各因素的性質及其功用等。換而言之，我們必須知道何謂人？

第一章 論人類的起源

人類以自身所擁有的高度智慧，對萬物進行不斷的研究、追根，所以對萬物的瞭解也越來越多、越深、越詳細、越精密。對人類自身也下過不少工夫，可是仍有衆多待解答的問題，甚至對人的本質，即人究竟是什麼，仍是衆說紛紜。有的說人是「具有語言，並且會思考的生物。」有的說：「人是能夠在法律指引下，採取行動，聚落成鎮的生命形式」，即「人是政治動物」；有的說：「人是會製造工具的存有，即工具人(homo faber)，會以工具來工作的存有，即工作人(homo laborans)；有的則說：「是會以群體合作方式，來供給生存所需要的存有，即經濟人」(homo economicus)(參看雅斯培，同上)。當然也有人以為人是群居的動物，卽社會動物(animal socialis)。巴斯卡還說，人是「會思想的蘆葦。」亞里斯多德與多瑪斯等人，把人描寫成更哲學化：「是理性動物」(Rational animal)。

有關人類的起源，也是見仁見智，迄今仍無法尋出一種穩固而毫無破綻的學說。雖然如此，有關此問題，主要不外乎下列數點：

一、人類如何起源（人類是由那裡來的）？關於這點有不同意見：

㈠創造說（The theory of creation）：人是上帝創造的。上帝造人時，是利用業已創造好的物質（其他萬物也是上帝所創造的），配合自己的肖像（指人的精神或理性部分），開始時就創造一男一女，使他們生育繁殖，他們的子孫就逐漸遍佈大地，管轄宇宙，代代相傳，生生不息。此學說也叫做「定型說」（The theory of fixism)，主張不僅人，甚至其他動物的種類(species)也是上帝直接造的。

㈡進化說（The theory of Evolution）：希臘早期有些自然論的哲人們，已主張此說，譬如 Thales（公元前六世紀左右），Anaximander（與前者同時代）和 Empedocles（495-435B.C.)。甚至連聖奧斯定（St. Augustine)所提倡的「理性種子」(Ratio Seminalis)，都暗示進化的可能性。因着科學的進展，各種儀器的出現，人們對自然生物的觀察、實驗越來越有心得。到十八世紀初葉，瑞典名植物學家林奈(Carolus Linnaeus 1707-1778），他同時也是二名分類法之創始人，在晚年時，已開始傾向於主張「物種演變說」(mutability of species)。同時代的法國博物學家戴蒲豐(G.L. Buffon, 1707-1788)，提議「用與不用」(use and disuse) 對脊椎動物的器官之强弱存亡具有影響力（註一）。法國博物學家拉馬克（Lamarck, 1744-1788) 是在達爾文之前，明顯地主張進化論者，他並提供進化作用的機械方法，卽「用與不用說」（

The Theory of Use and Disuse)，並强調「後天獲得性遺傳」(The inheritance of acquired characteristics) 是進化的動力。但科學家們只主張因子遺傳，病菌遺傳，却對「後天獲得性遺傳」（註二）表示異議。繼戴氏之後，英國的地質學家，萊伊爾 (Charles Lyell, 1797-1875) 和博物學家華萊士(A.R. Wallace, 1823-1913) 也都先後發表有關進化論的論文，對達爾文的影響很大，所以進化論並非是達爾文的創見。雖然如此，達爾文在這方面所作的努力實功不可滅，譬如他曾參加英國巡洋艦比格爾(Beagle)的五年航行（一八三一年至三六年），到南美的原始森林，及太平洋群島作實地考察，所以進化論與達爾文結了不解之緣，凡人一想起進化論，莫不同時連想到他，因此達爾文學說 (Darwinism) 簡直就是進化論的別名。

達爾文(C.R. Darwin)爲英國籍博物學家，生於一八〇九年，卒於一八八二年，曾在愛丁堡大學攻醫學，後到劍橋大學讀神學，準備當牧師，但是後來他放棄初衷，轉向自然史的研究。他於一八五九年發表有名的「種源論」(Origin of Species)，及於一八七一年所出版的「人之起源及性方面的淘汰」充分表明了他對生物進化的看法。其主張大致是：「生物不分繁簡，追源溯本，均由以往種類經久長歲月，次第進化；由不顯著的變顯著的，由簡單的變複雜的，由同種變爲不同種。變化越多，種類越雜，便由少數的不等種類，演變出無數的高等種類。」（註三）易言之，達爾文認爲生物因著環境改變而改變構造形態。宇宙萬物乃從最初極小的單細胞原生物「阿米巴」(amoeba)，經過了卅億年漸漸演變成其他物，由它而生植物，由植物而動物，由動物而人。在動物中，因爲猿猴最接近人，所以人與猿猴同種，有共同的祖先，有血緣的關係。達爾文並以「留良律」（在進化中優點得以保留，並傳諸後代）、「停止律」（一切物種，進化到一定的境界，就要停止，不能再變）和「物競天擇，適者生存」(Survival of the fittest)、「自然淘汰」(natural selection) 等原理，來支持自己的論點。因爲求生存，乃是各物的强烈自然傾向，所以必須越變越强，否則無法與强者一爭長短，要遭淘汰的命運。達爾文的進化論，似乎與創造說對抗，所以人們往往把它和無神論相提並論。其實達爾文本人從未明顯地否認神的存在，他自己也不承認是無神論者，只承認對神的存在持不可知論，即相信單憑人的理解，無法對此問題有圓滿的答案（註四）。

因爲達爾文學說多少染上無神論、機械論和唯物論的色彩，儘管它只是一種假設、臆斷，許多地方尚待求證，但仍曾風靡一時，對此學說過分熱衷的人們，不知不覺就把它當做顚撲不破的眞理，視爲已被證實的普遍事實，視爲金科玉律。共產主義的大功臣恩格斯 (F. Engels, 1820-95) 即是其中之一。當他閱讀達爾文的「種源論」時，就寫信給馬克斯說：「我現在正在閱讀達爾文的著作，寫得簡直好極了。其目的論過去在某方面尚未被駁倒，而現在被打破了。此外，至今還從來沒有過這樣大規模的證明自然界歷史發展的嘗試，而且還做得這樣成功。」馬克斯在回信中也贊成達爾文的說法：「包含了我們的見解之自然界歷史的基礎。」（馬克斯恩格斯全集第二九卷及第三〇卷，北京，人民出版社，一九七二年）。我國的一些教科書，也都替進化論作了宣傳：

「今日生物學上研究所得的各種學理均與進化論符合。」（高中生物學（第三册），孔憲章編，第一八六頁）。

「時至今日，凡專門研究科學者，與一般有見識之人，皆相信有機進化論。」（生物學綱要，黃庚祥譯述，第五七六頁）。

「一世紀以前，查理・達爾文發表的演化論，是任何時代中最淵博深奧的學說之一。」(BSCS)高中生物學下册，戈定邦等編著，第二〇七頁)。

「但生物演化的存在有不可爭辯的證據……。」(普通動物學下册，陳兼善編著，第一〇七〇頁)。

陳範予在他所譯的赫胥黎著達爾文，在弁言中說出了一般人的心聲：

「在現代科學裡，進化觀念影響之大，凌駕乎其他一切重大的科學觀念之上，且對現代全部生活，尤其發生極大影響。我們對於自然界與社會界的現象或事情，旣經儘量採用進化的解釋；而對於自己及社會的活動，若不參加於進步的變遷潮流裡，似乎亦不免有沒落或被淘汰之處。」

可是達爾文的學說，經過一百多年來實驗的結果，仍然未成定論，尙存在不少疑問，譬如由巴斯德(Pasteur, 1822-95)試驗的結果，證明在沒有暴露含菌空氣的瓶子裡，無法生出生物來，所以他的結論是：「在我們地球的目前情況下，每一個生物均來自另一個生物。」(註五)於是「無生源論」，或「自然創生論」(Spontaneous generation)便被推翻了。基於這種發現，生物學教科書作了下列的解釋：「現代的建築物是很複雜，而有系統的構造。但生物構造的複雜遠非它們所可比可較的。我們拒絕建築物是自動產生的觀念。正爲著同樣理由，我們不得不拒絕複雜如生物者能自動由無生物而產生，……」(註六)德國生理學家，早在一八五五年，就創立「細胞學說」，指出「細胞皆由細胞產生」(All cells from cells)。著名加州理工學院的敎授莫爾甘(T.H. Morgan)對進化論的批評是：「在人類歷史中，我們找不到一個由一種生物變爲另一種生物的例子。因此我們可以說，進化論缺乏作爲科學論題所必具的條件。」(註七)G.H. Duggan 在「進化與哲學」一書中說：「各種極端的進化論，是科學進步的礁石，因爲使那些信賴它的人錯認他們的問題，並錯解由觀察所得的論據。若生物學要進步，這學說必須摒棄，甚至不可作爲一個假說(Hypothesis)之用……。」（註八）麥克比 (Norman Macbeth) 曾花了十年的時間，讀遍了有關進化論的權威著作，曾寫了一本名叫「達爾文的重審——訴諸理性」(Darwin Retried: An Appeal to Reason)，在該書中對進化論，提出許多非議，他並很自信地說：「假若需要在法庭上反對達爾文，我可以將他的案子推翻。」（註九）Donceel 在他的 Philosophical Anthropology 一書中，很客觀地指出：「主張從單細胞阿米巴，進化到人之普遍進化論，無法被視爲已被證實的事實，很可能將永遠停留在假設的階段，雖然大部分科學家贊成此說。」（註一〇）其實達爾文自己對其原來的主張也缺乏信心，故在「種源論」的第六版已多加修改，所以有的評論家說：「在强烈的批評之下，達爾文一八八二年壽終時，還不能證明自然淘汰是唯一或主要的進化作用之方法，可使與他同時代的科學家滿意不致沮喪不堪。」(Vorzimmer: C. Darwin: The years of Controversy-preface) 在此，作者所要聲明的是：以上所提出的反面意見，僅旨在說明進化論到目前爲止，尚未蓋棺論定，許多圍環着此學說的難題，尚待科學家的繼續研究，若把它視爲一種毫無破綻的眞理，實嫌草率。

㈢「特殊造化說」及「破滅說」(catastrophism)。此學說主要爲法國籍博物學家邱維埃(George Cuvier, 1769-1832) 的主張，其內容是：「自然，或自然之造物主，在創造生物時，於生物將來所處的環境，早已預知，故每種生物均賦以永恒不變之構造，且其生活習慣，以及器官之本能，咸因時、因地而異，以期適合所居住之環境。」（註一一）「破滅說」指出：地球上的生物曾被洪水、地震等天然災害所摧毀，經過一段時間後，完全不同的生物重現於地面上，但新舊生物均爲上帝所創造。十八世紀的 James Hutton，和十九世紀的 G. Poulett Scrope 及 C. Lyell 均反對此種主張。雖然如此，仍有很多人附和，因爲此說比較符合聖經之所載。

㈣創造演化說(Creative Transformation)。法國生物學家及地質學家德日進(P. Teihard de Chardin)主張此說，於一八八一年生於法國，一九五五年在美國逝世。曾到中國來考察，對北京人之發現貢獻很大。他的名著「人的現象」(The phenomenon of man)即是在中國完成的。

德日進的思想不同於達爾文的進化論在於，前者仍然強調上帝在進化過程中，扮演非常重要的角色，所以可稱爲「有神進化論」。他認定宇宙是一個在演化中的整體，由無生命，而有生命，而有精神，直到萬物之靈的人都在變化，而人即是這演化的軸心，不但是演化的開始，尤其是終結(Omega)，直到與上帝合一爲止。楊榮三在其「德日進思想簡介」一文中，曾簡單扼要地介紹了德日進有關宇宙的生成、生命的佈置、人思想之來臨，及整個演化的終極，故加以引用以供參考：

1宇宙在生成：

「宇宙的演化，不能只看某一現象，應從整個演化史着手，不但要注意外在的現象，還要注意內部的特徵，我們的宇宙在有生命之前，即它還只是物質時，已蘊釀着生命的前奏(pre-life)。從開始物質與意識已並存其中，意識的出現並不是在有生命之後，在太初意識已潛在物質中，原來在生命前奏，物質、生命和精神沒有明顯的分界而已。宇宙事物是由同一性質的材料構成，並且產生他們的動力也是相同。故宇宙萬物的一切形相，都有其同一性，都在時間的洪流中演進，人的演化時間十分短暫，但整個的演化是由累積而成的，並且由簡入繁，如物質內層的意識，逐漸演化而有人，則人實是最高存在，不過要知道在演化時，物質與精神是共同進行的。」

2.生命的佈置：

「生命在單細胞階段時，是不分動植物的，原生質與蛋白質亦沒有明顯的區別，爲此，有一時期沒有生命存在，後來生命出現，只是在水中，多而且小，後來，找到好的環境逐漸發展。演化是循螺旋型的方向進行，其動向常是朝更好的方面而且是無止境的。」

3.思想的來臨：

「人的出現是一件十分玄妙的事，他與猿人在身體的結構上相差不遠，所以他的特徵應在於他能思想。自人出現後，生物界起了極大的變動，人被視爲宇宙的中心，宇宙的幅度亦因思想而擴大，我們用透視眼光觀察整個宇宙，發現生命是一股很大的主流，它通過活體表現出更高的生命。人是有思想的動物，因此他還有內在的價值，每一個個體生命，一方面在全體生命大洪流中，隨大家慢慢發展，同時亦漸漸完成自己，宇宙最高演化的精靈層(Noosqhere)，卽人的精神由是出現，今後宇宙繼續演化，是否再有高度的精神出現？這有尙待人類在演化中所貢獻的努力了。」

4.演化的終極：

「我們旣知道演化的事實和動向，則應當肯定個人是不能離開團體而獨立的，團體與團體之間亦不可分散，而更應彼此團結，否則將失去演化的力量。演化原是宇宙事物的大聯合，由於大家團結合作，才能產生更新的能，使精神有更進一步的演化，使大地上翻新(Renovation)。」

人不能無限超越時間與空間，只有精神及心理方面的活動能做到這步，卽因精神的整個翻新，這時，我們的宇宙已進演到終極，卽物質與心靈間的平衡已被破壞，心靈層遂作最後大躍進，拋開物質投向無窮。」

「但是德日進最後指出，人類在這種奔向無窮的過程中，有待從上而來的超宇宙力量的援助，這種超宇宙的力量，同時存在於『人內』和『人外』，它卽，基督神祕力量 (Le christ energetic)，換句話說，是『愛力』。於是我們有宇宙和心靈的大綜合，有二度精神化的人類，使之分享神的生活。由此可見整個宇宙的創造，目的在於產生人，而其演化目的，是依照基督的啓示使人與神的生命交流，達到神人合一的境界。」（註一二）

㈤「外太空播種說」。丹尼肯 (Erich Uon Daniken)，不但對進化論提出許多質問，且更進一步大膽的說出了他的假設：「在大洪水前，外太空曾發生了一次大戰，敗北的一群，逃到地球上來，創造了史前的文明。」這是大膽的假設，但誰又敢肯定它將不會取代現今尙未經完全證實的進化論？（註一三）

二、人類起源於何時？有關此問題不易有圓滿而確定的答覆，因爲到目前爲止，對人類的定義尙無定論，而早期人類具有過渡型相（如具有猿與人的特徵）又甚多，實不易分辨到底是人或其他動物。有些生物學家認爲大約在二千五百萬年以前，人類與猿類的祖先，開始分別向不同的方向演化。靈長類(Australopithecus)，是介於人與猿之間的史前人，科學家認爲很可能就是人類的祖先，從所發現的化石推測，於一百萬到五百萬年之間出現於地球上。有人則說拉瑪猿(Ramapithecus)可能是人類的祖先，他們的出現更早，距今有一千萬年左右。「巧人」(Homo Erectus) 由靈長類演變成人，距今至少也有一百萬年，他們以石頭爲工具，並知道用火，也許還有語言。由「巧人」演變爲「原人」(Homo Sapiens)，大約生存於卅萬年前。尼安德塔人（Deanderthal man），大約於七萬年前至十五萬年前就出現過，不但已開始過原始的社會生活（因爲在他們避難過的洞穴進口處，發現過打火石和火爐），並且發現他們對死者的埋葬十分重視，因爲他們曾把工具和有價值，或有用之物與死者同葬，這表示他們相信人死後靈魂尚存，故應有宗教觀念。歐洲原人（Cro-magnon man）於三萬五千年前出現於歐洲大陸，與現代人同種類，其形狀和現代人相似。爪哇人生存的時間約在五十萬年前。北京人和藍田人可能比爪哇人更早，距今已有六十萬年。

三、人類起源於何處？這又是一個無法得到確實答案的問題，因爲所能有的答案，均從化石的發現而獲得，但，所發現的化石畢竟有限，尚未發現的必然更多。所以皆是猜測的答案，各種不同的說法，往往會因着新化石的出現而改變。達爾文認爲非洲可能是人類的發源地。他的主要根據是許多現代類人猿如大猩猩和黑猩猩分佈在非洲，而牠們最接近人類。後來爪哇人、北京人繼續在亞洲發現，有人又說亞洲爲人類最早的發源地。等到南方古猿人和東非人被發現後，科學家又說非洲的可能性較大。若拉瑪猿是人類之祖先的話，則環繞西藏高原的地區，可能就是人類的發源地。若有朝一日丹尼肯的外太空播種說被證實的話，那麼外太空應算是人類的眞正發源地了。

至於有關人類究竟是單元演化，抑或多元演化又是爭論不休的問題，吾人均無法排除兩者的可能性。

註　釋

註　一：參考 The New Columbia Encyclopedia-Evolution.

註　二：動物因着「用和不用」某種器官，會對該器官產生強弱和消失的可能。若經常利用某器官，該器官就逐漸變更強及繼續發展；相反的，若不加以利用，該器官就逐漸變弱，終致消失。當在一種類動物內兩性的器官發生這種變化時，就會遺傳給後代子孫。按照這種說法，那些主張人由猿猴進化而來者，就認定，人類本來有尾巴，但因為不經常利用它，故變成無用，終致消失不見了。當這種情形發生於同種類的兩性身上時，牠們的子孫也不會有尾巴。但如何解釋新器官的產生？

註　三：何天擇著，人從那裡來？宇宙光出版社，一九八二年二月五版，頁六九。

註　四：Benjamin Farrington: What Darwin Really Said, New York, 1966, pp.97-99.

註　五：J.F. Donceel: Philosophical Anthropology，民國六十三年十二月初版，先知出版社，頁五六。

註　六：G.G. Simpson: An Intr. to Biology.

註　七：The Register, Santa Ana, Calif. Nov. 26, 1972.

註　八：參考何天擇，同上，頁卅一。

註　九：何天擇，同上，頁七十。其他有關進化論的批評，也可參考何著。

註一〇："Yet universal evolution (from ameba to man) cannot be considered to be an established fact and will most probably always remain a hypothesis, although the great majority of scientists favor that view." (Donceel, op. cit., p.67).

註一一：安嘉芳等編著：西洋全史；史前諸時代，民國六十八年七月再版，燕京文化事業股份有限公司出版，頁八十八。

註一二：哲學年報，輔大哲學學會出版，第一期。

註一三：安嘉芳等編著，同上，頁八六。

第二章　論人的構成因素

有關人的構成因素，學者們有見仁見智之異。有一派學者認爲人主要是「魂」，或甚至簡單地可以說人是「心靈」(mind)，此魂或心靈居住在肉體內，而肉體則是魂所利用的工具，或限制魂自由的監牢。柏拉圖自然是此學說的主要人物，因爲他相信人的魂先肉體而獨立存在於觀念世界裏，並且魂脫離肉體後，還繼續存在於不同的肉體內，這就是所謂的「輪迴說」(reincarnation)。照這樣的說法，魂本身自然是完整及獨立的自立體(an independent and complete substance)。亞里斯多德在早期時，其思想尚未完全脫離柏拉圖的影響，因此也贊成這種說法。普羅第奴斯(Plotinus)及其他新柏拉圖主義的學者們也支持這種意見。在基督敎哲學家中，主張魂先肉體而有的人爲數不少，奧利根(Origen)可能是極少數人中的代表。奧古斯丁也用類似柏氏的口氣說人是：「利用可滅與塵世肉體的靈魂」(man is a rational soul using a mortal and earthly body)（註一）；人是「分享理性及適於統治肉體的某種自立體」(a certain substance participating in reason and fitted for ruling a body)（註二）。但奧氏的這種說法，旨在强調魂的特別重要性，卽他主張人由肉體與靈魂合成的混合物，不過靈魂比肉體重要（註三），因爲他曾說：「靈魂與肉體的結合不形成兩個人，而只形成一個人」(a soul in possession of a body does not constitute two persons but one man)（註四）。多瑪斯也主張奧氏的思想與柏拉圖的不同，因爲多氏曾說

：「照奧氏的意思，單單魂不是人，單單肉體也不是人，肉體與靈魂結合才成爲人」（註五）。

唯物論者自然持相反的主張。他們認爲人主要爲物質性的肉體。人雖有魂，但魂只不過和肉體一樣由原子合成，雖然構成魂的原子比較高級，故魂完全依賴着肉體，不能離開肉體而獨立生存。早期的原子論學人們，後來的享樂主義者(Epicureans)及近代的許多唯物論的學者們都提倡此種學說。

上述兩極端的論調雖有些根據，但都不能很合理地及很正確地解釋人的問題。筆者倒認爲經過多瑪斯，所修改與補充的亞里斯多德的成熟思想比較合理，也比較能圓滿地解決有關人的各種問題。

亞里斯多德與多瑪斯等對人的問題，所採取的立場爲中庸之道。一方面他們主張魂不是一個完整的自立體，是肉體的原形（註六），故必須與肉體結合一起，才能形成完整的自立體；另一方面，他們主張人的魂無需依賴肉體而存在，當他脫離肉體時尚能繼續存在，但不再投入其他肉體內。靈魂與肉體的結合，爲良好和自然及正常現象，故當二者結合在一起時，肉體有助靈魂的成全，而不妨害靈魂 (It is not to the detriment of the soul that it is united to a body, but for the perfection of its nature)（註七）。

「魂」是一個廣義的名稱，它是生命的根源。物之所以有生命是因着魂；物之所以能實行生命動作，主要也是因着魂。植物、動物及人都有生命，皆爲生物，故都有魂，但他們各自魂的性質都不同，故有三種不同魂的存在：生魂(Vegetative soul)爲植物所有的魂；覺魂 (Sensitive soul) 爲動物所有的魂；靈魂或理性魂 (rational or human soul) 則爲人所獨有的。魂雖是生命的根源，但不能直接產生行動，必須靠着魂所有的能力或功能才能產生行動，譬如植物能自行營養作用(nutrition)、發育作用(growth)與生殖作用(reproduction)固然主要因着在自身內所有的植魂或生魂，但這些作用的發生，必須藉着植魂所有的能產生這些作用的功能或能力，而它尚需要肉體的合作。同樣的，動物除了有植物所有的營養、發育與生殖作用外，還有植物所不能有的感覺與意識等其他作用，這顯示動物應有與植物不同的魂：覺魂。動物就靠覺魂所有的不同能力，加以與肉體的合作才能產生這些作用。人則比植物與動物有更多的作用，他除了有植物與動物所有的作用外，尚有植物與動物所沒有及所不能有的思想作用及自由選擇作用，此又表示人所有的魂，與其他二者所有的魂在性質上完全不同，否則人就不能有與其他二者不同的作用了。人所有的魂稱為理性魂或靈魂，因此人才不但能有植物與動物所有的作用，且尚能有自己所獨有及所固有的作用：思想與自由選擇作用。但這又不表明在人內有三種不同的魂：生魂、覺魂及靈魂（柏拉圖的主張），而在人內只有一個魂即靈魂或理性魂的存在，此魂藉着各種能力能產生許多作用而已。有些作用的產生由於靈魂與肉體合作的結果，譬如那些植物與動物所有的作用：營養、發育、生殖、感覺等作用；有些作用的產生，嚴格地說，無需透過肉體，譬如思考與自由選擇作用，單獨靈魂自己（自然還要藉着靈魂自己所有的能力：理智與意志）就能產生，雖然在今生今世，即人的靈魂與肉體結合時，靈魂產生這些作用時，在開始仍需要利用肉體為工具，但這是因為靈魂受到肉體阻礙的緣故。當靈魂脫離肉體時，即不受肉體的阻礙時，靈魂藉着自己所有的能力，就能獨自實行這些作用。易言之，靈魂的固有作用（思考與自由選擇作用）嚴格地說來無需藉着肉體或依賴肉體，那麼其存在也不應依賴着肉體，因為哲理有言：「物之行動方式應隨着其存在方式」(operari sequitur esse)(activity follows being)，即物有什麼樣的行動，該物亦應有什麼樣的存在。一物之行動若不依賴肉體，那麼其存在也無需依賴肉體了，它就能脫離肉體而繼續存在。依照大多數哲人的看法，人的靈魂就是這種情形：其存在不依賴着肉體，當脫離肉體後尚能獨自繼續存在，這就是所謂靈魂不滅的說法 (The rational or human soul is immortal)。

註釋

註一：*De moribus eccl.* 1, 1, 27, 52.

註二：*De Quantitate Animae* 13, 21.

註三：E. Gilson, *History of Christian philosophy in the Middle Ages*, 1954, N.Y., p.74: "Augustine has always maintained that man was neither his soul apart nor his body apart, but the whole which results from their union...he has defined man: "a soul that uses a body" as a forcible expression of the transcendent superiority of the soul over the body."

註四：In Joan. Ev. 19, 5, 15.

註五：*S. Th.* 1, q. 75, a. 4, sed contra: "Sed contra quod Augustinus, XIX, 3, 1. de Civ. Dei, commendat Varonem, qui hominem nec animan solam, nec solum corpus, sed animan simul et corpus esse arbitrabatur."

註六：參看拙著「形上學」，臺灣商務印書館，民國六十年，第二篇第三節論原形與原質。

註七：*Quaestio disputata de anima*, 2, ad 14.

第三章　論靈魂的性質——不滅性

人的靈魂能滅或不滅的問題，不但是哲學上的重要問題，且是人生的大問題，對宗教學來說此問題尤爲重要，因爲宗教比較注重來生，蓋宗教所標榜的是：「以今生得來生，以入世求出世」。故一般宗教家必定相信靈魂不滅。卽人除了現世的暫時生活外，尙有含有永久性的來世生活。來世生活的好壞、幸與不幸以現世生活的好歹方式爲衡量、爲決定，這就是一般人所說的善惡報應說。但靈魂若脫離肉體後不能繼續存在，卽靈魂倘若能滅的話，那自然就談不上來世的報應了。宗教家雖認爲人的靈魂不滅，但人不因此就贊成宗教家的說法，而事實也不見得就是如此。故吾人若要確立人的靈魂不滅的觀念，必須加以證明，卽必須尋找哲理的支持。

靈魂之不滅論是如此的重要，不容許任何人對它無知或對它漠不關心，在哲學裏是「首當其衝」的問題。巴斯卡說得好：「哥白尼的天體理論，不去研究，我覺得倒無所謂。但是現在這問題呢？明白靈魂的能滅與否？是有關人終身的大事呀！」。也因此筆者願意在這上面多花費點時間，盡量詳細地提供資料，以供讀者參考。

要清晰及正確地討論靈魂之不滅性，先應談及靈魂之存在、本質及其特性。

首論靈魂之「存在」。人是由靈魂與肉體合成的理性動物。一個正常的人總不會否認人有個靈魂。靈魂之存在與我們睜開雙眼，看見光一樣地明顯與清楚。任何知道一點推理的人都應承認靈魂的存在。從每人良心發現靈魂之存在，比發顯肉體及環繞在四週的物體更確定及明顯。嚴格說起來，肉體及四週的物體能是靈魂的錯覺，但靈魂的存在總不能是人想像的錯覺。

事實上靈魂之存在是一個無需證明的眞理。人能思維，能有抽象概念，如眞善美、愛情、正義、大公無私、知恩報本等概念，而它們不受時間、空間的限制，與物質是風馬牛不相及的，即與物質不發生任何關係。它們既非大小，又不是廣狹；既非圓的，又不是四方的；既非苦辣，又不是酸甜；既沒有顏色，又缺乏形狀。我們從來不能用肉眼觀看、以耳朶傾聽、用手來觸摸這東西。它既不似飛蟲朝生夕死；又不像花草春開秋謝，却是永久存在的。它們既非物質，又不附屬於物質。旣然我們能有這些超物質的概念，就應有生這些概念的根源，「有果必有因」，不能無中生有。它們不能來自肉體、人的大腦，或任何別的物質，因爲非物質的東西無法來自物質，小的不能產生大的，否則就相反哲學上的基本原理：「效果不能超過原因」。故此產生這些抽象概念的根源應是非物質的、是精神體，與物質不可同日而語，並且超過物質，因爲它能產生無限地超過物質的世界，這種根源我們就稱它爲「靈魂」。

近代大思想家柏格森(H. Bergson)的初期思想是純粹唯物論，堅決否認靈魂的存在。他的主張非常激烈，以致人竟送他「無靈魂」的綽號。但出乎意料，這位「無靈魂」的哲學家，後來竟成了靈魂存在的强有力維護者。而且，他竟歸化天主教，作了基督的信徒。是什麼使柏氏的思想作如此重大的改變呢？無他，他積久的反省，親自作過一番研究。事實告訴他，人能思想、能推論、能有超物質的概念，能解答數學的難題，能領會哲學的原理。若是純粹物質，就無法產生這些超物質的行動。又，純粹物質的人絕不會有感情，能哭笑，能受苦，能享福，有煩惱，有憂愁，有歡樂，有愉快，柏氏終於覺悟了，他無法不承認人除了物質——肉體外，還有超物質的力量在背後推動着，使之能產生超物質的行動，這力量非他，就是「靈魂」。

次說靈魂之本質及其特性。先說靈魂是「單純體」(Simplicity of the soul)。所謂「單純體」即是缺可割分及能伸張的部分，物體就不能是單純體，因爲它從可割分及能伸張的部分合成，每部分各佔地方，互不侵犯。一棵樹有盤錯的根，筆直的幹，彎曲的枝及茂盛的葉。人體有頭、身軀、手足各部分，不是單純的，而是從各個不同的部分合成的。

靈魂則不然，是單純體，何以言之？上面說過，靈魂是抽象觀念及人思想的根源。但人的思想及其抽象概念是單純體，故產生思想及抽象概念的根源——靈魂也應該是單純體，因爲哲學上有一個基本原理告訴我們：「物之行動與其本質應相諧」(operari sequitur esse)，即物之功用不能超過其本質，有什麼樣的功用就應有什麼樣的本質或存在。如毛筆的功用爲寫字，剪刀則爲剪東西。毛筆不能用來剪東西，剪刀亦無法用來寫字，物的功用不能超過其本質所賦予的能力，各有各的功用，無法越俎代庖，這是不言而喻的。

何以知道人的思想是單純的呢？從思想的行動可以得知。理則學告訴我們，思想的行動有三：即單純概念、判斷及推論。它們都沒有部分，旣不能分割又不能伸張，故是單純的。那麼產生它們的思想及思想的根源——靈魂——也應是單純的。

人的日常經驗及良心告訴我們「概念」是單純的，不可分的，比如「人」的概念，可適用於全世界所有的人，而概念只是一個。假定說產生概念的根源——靈魂是有部分的，不是單純的，那麼被產生的概念應或是：

一、零碎地由思想的根源的各部分所產生，各部分局部地共同產生一個完整的概念。這個假設是不能成立的，因爲若如此的話，思想的每部分形成概念的一破片(不完整的部分)，這破碎部分的再結合形成一個混合概念，而不是單純及唯一的概念，這是明明相反事實的說法。故以產生概念的根源不能有部分，是不可分的，是單純性。

二、由思想的根源的各部分，產生各個完整的概念，那麼我們同時有許多完整的概念，這又明顯地相反事實，因爲我們只有一個單純及不可分的概念，沒有許多個概念。

思想的第二個行動是「判斷」。所謂「判斷」即是思想把許多概念，互相比較加以「否認」或「承認」。例如「人是聰明的」、「桌子是高的」，都是思想的判斷。思想在沒有形成判斷之前，應先有「人」及「聰明」這兩個概念。如果說思想的根源有部分的話，那麼或是「人」的概念在一個部分，「聰明」的概念在另一部分，但如何把這兩個在不同部分的概念，連接起來形成一個判斷？或是「人」與「聰明」這兩個概念，在兩部分的每一部分，那麼就有兩個比較，兩個判斷，兩個靈魂，兩個我，甚至有更多的，如果思想的根源有更多的部分。這顯明是悖理。如今只剩下第三個可能性，即兩概念在一個唯一的部分裡，不能在別的部分裡，因爲別的部分根本就不存在。思想的根源根本就沒有部分，是單純體。

思想的第三行動是「推論」。所謂「推論」是把兩個或更多的「判斷」相比較，爲求一個新的結論。譬如「凡人都會死」(一個判斷)，「孔子是人」(另一判斷)，故「孔子會死」(結論)，這是「推論」。我們已經證明「概念」是沒有部分的，「判斷」也沒有部分，是單純體，從它們形成的「推論」也應是缺乏部分，是不可分的，是單純體。最後的結論是思想的根源——「靈魂」是單純體。

再說靈魂是「精神體」(Spiritual)，靈魂除了是單純體，還是精神體。單純體與精神體雖有密切關係，但不能混爲一談。單純體是缺乏部分，不可分割，不佔地方，不是物質。精神體不但不是物質，而且最主要的是不依賴物質而生存。故所有的精神體是單純體，不是所有的單純體是精神體。如所有的中國人都是亞洲人，所有的亞洲人並非全是中國人。動物的魂是單純體，是非物質，缺乏部分，但不是精神體，因爲是依賴物質而生存，與物體同生同滅。

靈魂是「精神體」爲證明「靈魂不滅」是極重要的，因爲所有的精神體都不會滅亡。靈魂是精神體，本是顯而易見的眞理，但不幸有少數哲學家却否認此眞理：如：Cartesius, Redium, Damiron，唯物論者如：Democritus, Empedocles, Hobbes，馬克斯及其隨從者—共產信徒。

如何證明靈魂是精神體呢？這很簡單，因爲靈魂是精神行動的根源。精神行動的根源，應是精神體，因爲上面已經說過，哲學上的一個基本原理告訴我們：「凡物之行動應倣效其本質」，卽「物之行動與其本質應相諧」。

爲證明靈魂是精神體，可運用一下理則學上的三段論法：靈魂是精神行動的根源。精神行動的根源應是精神體。故靈魂是精神體。在這個推論中小前題——精神行動的根源是精神體——是顯而易見的眞理。除了已提過的原理：「凡物之行動應與其本質相諧」外，我們還可以找另一個原理：「誰也無法分施給他人自己所缺乏的東西」爲這眞理做註脚。大不能來自小，精神無法源自物質，否則就與「效果不能超過原因」的哲理相悖了。

問題只在大前題：靈魂是精神行動的根源。倘使我們能證明此命題的正確性，以上的推論就可成立了。

其實當證明靈魂之存在時已說過，實際上人有許多抽象的概念，與物質不發生任何關係，全是精神體。如人能有眞善美、正義、法律、智慧、永久、無限、天使及神的觀念；數學上的公式，知道二加二等於四。這些概念旣非物質，又不仰賴任何物體而有，因爲這些東西不從五官感覺而來，是看不見摸不到，聽不着及嗅不到的。它們旣不是長短廣狹，又非高低深淺。如果這些概念不是精神體的話，它們一定有形狀、姿態、形式。如此，它們應是圓的、四方的、直的或彎的，甚至是甜的或鹹的，因爲這些是物質的特性，那豈非荒誕可笑？

又，吾人能認識物之本質 (the essence) 如認識一棵樹、河流、房屋、山等。當我們認識它們時，絕不是整個樹照原來的樣子裝進人的腦海裡（靈魂裡）；並非河流眞的在人的腦海裡川流不息；也不是整個山連石頭、土、花、草等一起到我們智能內，更不是整個房屋連同水泥、磚頭、鋼鐵往人的腦海裡裝，我們所有的是它們的「概念」，卽認識它們的「本質」，而此本質可適用於所有同類之物，雖然這些東西的根源是物質。如認識「人性」(humanity) ，可適用於世界上所有的人，不限於「斯人」，「斯物」，雖然人肉眼所看到是「這人」或「那物」。何以能如此？簡而言之，因人的智能「神化」物質的東西，是精神體之故。如果吾人的智能不是精神體，那麼認識了一物就不能認識他物，因凡物質的東西都受物體及量的約束並限制，無法貫通所有智識。如同一個人戴上紅色眼鏡，看一切東西都是紅的。倘若眼睛要看各種顏色，先必須不沾上任何顏色。同樣的，人的智能應先缺乏物質，才有一切物質的智識。由此看來，靈魂是精神行動的根源應毫無疑問的。

我們知道了靈魂的存在，而其特性，既是單純的——缺乏部分，又是精神體——不依賴物質而生存、而行動，如今來到問題的核心：「靈魂之不滅性」。卽是說人死後，肉體與靈魂分離後，靈魂還繼續存在，永存不滅。誰也無法否認此問題的重要性。巴斯卡曾說：「靈魂不滅的問題是如此重要及與人的關係這樣密切，除非吾人完全失去理智，沒有知覺，否則對它不能漠不關心。」（思想，卷二，二節）所謂：「不滅」或「不朽」，卽是其生命不會「失掉」或「毀滅」。滅亡有兩種，一種是從「有到無」之滅亡，哲學上叫「全滅」(annihilation)；另一種是從「一個有到另一個有」，叫做「腐壞」，(corruption)　這種滅亡又分爲兩種：「直接」的滅亡，卽是一物分解成原先的構成元素。從元素合成的物才能有這種滅亡。單純體，因爲不從元素合成，沒有部分，不能有這種滅亡；一種是「間接」滅亡，隨着所依賴而生存之物之滅亡而滅亡。如動物之魂之存在依賴其肉體，肉體一旦滅亡，其魂也隨之滅亡，依賴他物而生存，自身不能獨立生存之物，才能有這種滅亡。精神體之物，其存在不依賴他物，有獨立的行動，不能有這種滅亡。如上所說靈魂是「單純體」，不能直接滅亡，又是「精神體」，不能間接滅亡，那麼靈魂「不滅論」是可以成立的。

上面關於靈魂不滅的證據，你感到滿意嗎？也許有點抽象，你認爲太玄奧，但這是古今無數哲學家所公認的强有力的證據，是無法否認的恆久不渝的眞理。你如果以爲太抽象的話，那麼你一定聽過我國的俗語：「惡有惡報，善有善報，」「天道好還，報施不爽」，及古聖先賢：「唯上帝不常，作善降之百祥，作不善降之百殃」（書經）「爲善者，天報以福，爲不善者，天報以禍」（論語）「愛人利人者，天必福之，惡人賊人者，天必禍之」（墨子），這些都是衆所週知的語錄，且都含有至理。事實告訴人，我們是處在一個「人心惟危，道心惟微」及「人心不古，世風日下」的世界裡，到處充滿着爲非作歹、謀財害命、殺人放火、姦淫擄掠、胡作非爲、倒行逆施、欺貧凌弱、禍國殃民、作姦犯科、無法無天，却又漏逃法網的壞人。他們却逍遙自在，任性享樂，一直到雙眼一閉爲止。另一方面却又看到奉公守法、安貧樂道、好善樂施、仁民愛物、公而忘私、循規蹈矩的仁人君子，他們都是受盡委屈，歷盡痛苦虐待，直到嚥下最後一口氣，還坎坷終生飲痛忍辱，無法揚眉吐氣，得到任何報賞。「惡有惡報，善有善報」，到何時纔實現呢？不得不加上一句：「不是不報，時辰未到」，或更清楚：「不在生前，必在死後」。是的，死亡與其說是萬事的終了，毋寧說是一切的開始，一切都以死亡爲開端，重新恢復秩序，好人在世，受苦受難，死後將得報賞；相反的，惡人胡作非爲，雖然，在世享受片時的福樂，却只是曇花一現，死後，必得應有的懲罰，任憑他們肉體變成塵土，他們的靈魂將繼續存在，接受各人應得的賞罰。

當法國大革命時，舉國騷動，秩序大亂，「你相信地獄的存在？」一個法官問一位神父。「我怎能不相信」，神父堅定回答說：「環顧目前所發生的事，假若以往不相信，從今開始我應相信」。

法國寫「民約論」的哲人盧梭說：「眼看惡人得志，善人受窘，倘使我沒有別的理由證明靈魂不滅，這些顯明不公道的事，强迫我說：「一切不能以生命爲結果，萬事應以死亡重新恢復秩序。」

睁目四顧，無數的罪惡、謀殺、强姦、偷竊、傾耽、欺詐。回想一下，歷史上發生過無數的罪行，尼羅帝的殘酷，殺人不眨眼的魔王李自成、史達林等的暴行，逞其肆無忌憚的殘酷手段，殺人如芥，騎在人民頭上的桀、紂及法國路易十六等的所作所爲的傷天害理的事，雙眼一閉，一切終了。我不服，我要憤憤不平。果眞如此，誰還循規蹈矩作個仁人君子呢？固然惡行要受法律的制裁，但法律所能及的異常有限，漏逃法網的罪行不勝枚舉。也許你要說漏了法網的人却逃不了良心的責備，殊不知這恰是神存在的有力證據，因爲，良心就是神在人靈內的呼聲，告訴人避惡爲善，一切行爲遲早要得到公道的賞罰，不在生前，必在死後，這是金科玉律之言，顚撲不破的眞理。因此，我們也能明白爲何惡人在世得意享福，善人却失意受窘。因爲事實告訴人，世界上絕難有一個人如此壞，他從未行過一件善舉。同樣的，也不能有一人如此好，以致他畢生未做過虧心事。須知「惡有惡報，善有善報」，「不在生前，必在死後」，一件善事遲早一定要得到報賞。相反的，一件惡事，也絕對要受到懲罰。好人死後得永賞，但他生前所做的虧心事既不能在死後受懲罰，就應在生前。惡人在死後受永苦，可是他曾爲善過，此善應在生前得到報賞。這是極公平又是順情合理的。故善人眼看惡人在世時揚揚得意，作威作福，不必嫉妒，更不必夾雜着憤憤不平之氣，因爲他們死後要永遠替自己的罪孽作補償。自己受苦受窘也不必怨天尤人，憤憤不平，須知人非聖賢，孰能無過，在世應爲自己的罪行作補償，以換取來世的永生。人死後怎能受罰得賞，除非人靈魂是不死不滅的。

「唯物論」者否認靈魂的不滅性，他們斷言靈魂與肉體同生同滅。我國近代學人受十九世紀末期歐美唯物論及反宗敎氣氛的渲染，持此論者比比皆是。這些人大都是人云亦云，被人家牽着鼻子走，自己未做過一番脚踏實地的研究，其後果眞不堪設想。但歐美諸國已深知「無神論」、「唯物主義」無法給人類帶來和平，他們早就喊出「歸返造物主」(Back to God) 的口號。可惜，我們還在如火如荼地高唱「物質萬能」、「物質第一」、「打倒精神」、「反對宗教」（這裏所稱是眞宗教），這纔有近幾十年的慘痛經驗，有意無意地造成赤色唯物的猖獗，大陸淪陷與此關係至大。甚至還有人以宗教信仰爲「落伍」、「頑固」、「理性的叛徒」、「帝國主義的幫兇」，天下荒誕的事，寧過於此？

胡適之先生就是反對靈魂不滅者之一，他贊同范縝的護「神滅論」的主張。胡氏把人肉體與靈魂的關係比喻刀和利。利不能離開刀而生存，同樣靈魂離開肉體也無法存在，保持不死。聰明的讀者，不難看出胡博士之設喻不恰當。鋒利不能離開刀有獨立行動，靈魂却能有自身的獨立行動，不需依賴肉體，其行動與肉體不發生任何關係。如上所說，人能思想，能有各種超物質的概念，這些東西純粹由靈魂來的，完全不含物質成分。既然靈魂能有獨立行動，不依賴肉體，那麼它的存在也應是獨立的，不必仰賴肉體而存在了。

第四章　論靈魂的能力

靈魂有兩種特殊能力，卽理智與意志，藉此能力，靈魂產生思考與自由選擇作用，此兩種人所有的作用就不是其他生物，譬如植物與動物所能有的。因為理智與意志是人所特有的能力，故有特別討論的必要，先談理智，再論意志。

第一節　論理智

我們已說過「人爲萬物之靈」是一般人的共同信念。在所有受造物中唯人爲最特殊，因爲人之所作所爲遠超過其他受造物。易言之，人能做許多其他受造物無法做的事，譬如人能思考，能推理，能利用適當的工具達到所欲獲得的目的。人爲什麼能做這些其他受造物所無法做的事呢？簡單地說，人有與衆不同的能力——思想能力，故有些學者說「人是會思想的動物」，這與亞里斯多德的說法一樣：「人是理性的動物」(man is rational animal)。人是動物的一種，但與動物又大大不同，因爲人具有動物所沒有的能力——思想能力——此思想能力卽是哲學上所說的「理智」(intellect)。

一、理智的意義：

中文的「理智」，英文爲 intellect，原文爲拉丁文 intellectus，由 intus 和 legere 二字合成的。intus 的意義是「在內」，legere 則有「唸」、「讀」的意思。故照洋文文字方面的意義爲「裡知」或「內知」，卽把隱存於內部之物一一唸出，或把存在於裡面或內部之物一一加以揭發。

理智的正式或完整定義是：「一種爲認識非物質之物的非物質認識能力」(Anorganic and spiritual faculty by which the soul immaterial apprehends)。這種認識能力是人與動物或禽獸之主要分別點。易言之，動物只有感覺認識能力，而人除了具有與動物一樣的感覺認識能力外，尙具有理性認識能力——理智。理智是人靈魂所特有的能力，它以靈魂爲主體，爲寄託所，故它的性質與靈魂相同，是精神性，是非物質的。

理智的功用是爲認識事物，在這點上，理智與意志不同。意志是一種欲望能力(appetitive faculty)，它追求由理智所認識之物。理智雖是認識能力，但與感覺認識能力又不同，因爲各自的認識對象不同。理智的認識對象是物之性理或物性，是物之非物質部分(essences of things)。感覺認識能力的對象則是物之個別性(Singulars)，物之外在部分，卽物之形色。故它的功用受時空間的限制。理智的功用則不受時空間的限制，它的能力是無限的，就其本身而言，其對象是一切物之物性，任何物的物性都是理智認識的對象，故亞里斯多德與多瑪斯輩說理智是「萬能的認識能力」(quodammdo omnia)，是名副其實的「爲認識非物質之物的非物質認識能力」，故在本質上，理智——理性認識能力——與感覺認識能力——感官——完全不同，因爲「感官只認識物之表面」多瑪斯曾强調過，「相反的，理智則能深入物體之內，洞識物之性理……我們透過理性認識能力比透過禽獸性的認識能力對物之認識更清楚或深刻」(Sense, by its apprehensions is linked to things in a very superficial manner; intellect, on the contrary, reaches in to grasp the very essence of things...By our union with immaterial forms, we penetrate more deeply to the heart of reality than by the palpable conjunction of sense and object which is manifest in animal cognition)(註一)。

在人內有此認識能力是顯而易見的事，在談意志自由時，我們將證明它的存在，故暫時從略。

二、理智的性質：

知道理智的意義之後，再談談理智的性質，此可助吾人對理智更進一步的認識。

先說人的理智是「受能」(Passive potency)。我們已屢次說過，人是從靈魂與肉體合成的。人的一些活動是靈魂與肉體合作的結果，譬如人的營養、發育及生殖作用；人的感覺作用。但有些活動則純粹由靈魂而來，如人的理性活動與意志活動，因爲理智與意志爲靈魂的能力，它們只存在於靈魂上，以靈魂爲寄託，故嚴格地說它們無需肉體的參與就能產生行動。靈魂是自立體，是人整個本質的一部分，它本身不能直接產生行動，必須藉着自己的官能或能力才有行動，故理智與意志猶爲靈魂產生行爲的工具，藉此工具靈魂才能產生行動。

理智雖是一種能力，却是「受能」(passive potency)，即是被動的，開始時理智是在潛能的狀態中。易言之，開始時理智猶爲一塊白板(tabula rasa)，上面是空白的，但能接受外物的影像(species)，故亞氏與多氏稱人的理智爲被動或含有潛能的智能 (possible intellect)。是以，我們可以說人的被動理智主要爲「受推動的活動能力」(passive operative potency)，與靈魂的本質不同，因爲理智是產生理性動作的依附體——當此能力付諸實現時。

理智還是精神性的認識能力（spiritual）。當我們證明靈魂之存在及靈魂之不滅時已說過，理智的活動不依賴物質，不受物質的限制，譬如，理智能形成普遍概念、判斷、推理等作用，理智能認識物之本質等，理智的這些活動全是超物質的，無需依賴物質而產生，故理智也應是非物質的，是精神性的認識能力。

三、理智的功用與活動——觀念之形成：

理智是精神性或非物質的受能。在開始時必須受一個對象的刺激或推動，然後才能產生行動。但圍繞在我們四週之物都是物質物。一物質物如何可以推動或刺激一非物質的官能呢？

人在今生今世，卽當人的靈魂與肉體結合時，理智的適當對象是物質物之本質。以哲學術語言，理智的對象是「物質本質」(material quiddity)（註二）。誠然，人的理智因爲是精神性，故是超物質認識能力，也因此它能認識物之非物質部分，卽物之本質，但這些本質必須是屬於物質物的，因此非物質物就不是人理智的本來或適當的對象，而人的理智對非物質物也不能有完整的知識。必須依賴物質物的存在方式，人對非物質物才有認識。易言之，必須透過物質物的本質，理智才能有非物質物的某些知識(it is through these natures of visible things that the human intellect rises to some sort of knowledge of things invisible)（註三）。但物質既不是認識的對象，那麼物質物如何推動或刺激非物質官能——理智呢？物質物怎能推動被動理智從潛能到現實——實際認識物體？此的確是一大難題，因此許多大哲人都想盡辦法，費盡心機企圖找個圓滿的答案，但大都事與願違。

在哲學史上，柏拉圖可能是第一個發現這個難題及想辦法加以解決的人。事實上，人確有一些超物質概念及普遍概念，譬如眞、善、美及人、狗、貓、花、草等，而這些概念不可能來自我們的感官所接觸到的物質及個別之物，譬如張三、李四、王五、黃狗、黑貓等。「從個別物無論如何不能獲得普遍概念」(from the particular the universal cannot be derived) 這是柏拉圖所堅持的原則。「一千朶花，雖是一樣的花，但產生一千個不同的個別印象或替身(representations)，每朶花都產生一個與其他花不同的替身，但絕不能產生一個所有一千朶花，所共同及唯一的替身，就如同花的概念（普遍性質的觀念），可適合於所有的花一樣，而同時又與每朶花本身不同。可感覺之物之性質是易變的，是可有可無的，而同時又是個別的。故吾人絕不能從可感覺之物得來普遍及永久不變的觀念」（註四）。

柏拉圖以其有名的觀念論來解決這個難題。人的靈魂在未與肉體結合前，早已存在於觀念世界裡，享見觀念，獲得觀念世界裡的所有觀念，而在觀念世界裡的觀念自然是普遍的，是非物質的。當靈魂與肉體結合時，原先所獲得的普遍觀念暫時被遺忘了，但並未完全失去，一旦機會來臨時，這些原先就有的普遍觀念會一一被找回的，譬如當人與外物的接觸，或經過他人的提醒後，自然會記起原先所有，但暫時被忘記的普遍觀念。故照柏氏的說法，人所有的理性知識只不過是回憶而已——重新找回原有的觀念。故人實際上所有的普遍觀念不從感覺世界的個別及物質物而來。相反的，感覺世界的個別及物質物分享了觀念的實在性，是觀念的影子或拷貝，觀念却是感覺物之根源。柏拉圖的學說稱爲「先天觀念論」(innatism) 或「唯心論」，因爲照他的說法，人的知識沒有客觀性、沒有眞價值、且不與實體相符合，人所認識的是觀念，而不是存在物本身了。柏拉圖的學說直接或間接給後代各種唯心論開了大門，故有人稱柏拉圖爲所有唯心論之父，是有道理的。

對唯物論來說，人的理性知識不產生任何難題。因爲他們只主張物質的實有，非物質物是不存在的。人的理智自然也分享物質性。理智既是物質的，其性質與圍繞在我們四週的感覺物的性質相同，那麼，同性質之物彼此影響，彼此刺激，彼此生效應是順理成章的事。故對主張唯物論者而言，人的知識只不過是一種比較複雜的感覺知識而已，但本質上此知識是物質性的，是個別的，受時空間的限制。故照這樣的說法，唯物論實際上是逃避哲學問題，而不能解決問題。

奧古斯丁則主張人所有的普遍觀念直接來自神。神利用一種特殊的光把普遍觀念射進人的腦海裡，於是人就永久擁有這些超時空間的普遍觀念。奧氏的這種毫無根據的說法很難使人信服的。

亞里斯多德當然也發現這問題的困難，但他反對柏拉圖的先天觀念說，且把它指爲無稽之談。奧氏的神付觀念之主張對亞氏而言更是不可思議。對唯物論的立論亞氏也不表贊同，因爲事實證明人的理智是非物質認識能力，是精神性，物質與精神之間沒有協調的可能。亞里斯多德比較實在一點，他解決哲學問題時，不像柏拉圖一樣喜歡靠幻想，他比較喜歡就事論事，儘量根據事實求問題的解答。因此亞氏主張在人的靈魂裡有一種特別的精神力量，此力量能「神化」或「精神化」物質物以配合理智的需要，此精神力量亞氏稱爲「主動理智」(agent intellect)。主動理智猶如光線（其實希臘文的主動理智就有光明或光照的意思），照耀物質物使變爲可以被理智所認識之物，就好像太陽的光使顏色變成實際上可看見的。主動理智光照物質物的物質幻像(phantasm)或代表物，將它加以改造而後在被動理智裡形成理性表象，藉此表象被動理智才能認識物體。因此亞氏承認理智有雙重力量：抽象力量(ability to abstract)與認識力量(ability to understand)。抽象力量稱爲主動理智，認識力量爲被動理智(possible intellect)。主動理智的功用顧名思義是主動的或具有創造性的(active or productive)。被動理智的功用是被動的或接受的(passive or receptive)。感官的適當對象是感覺物 (sensible)，但感覺物只是潛能地被理智所認識 (potentially intelligible)，因感覺物是物質的，人的理性認識能力——理智——是非物質的。物質物與非物質能力之間不相稱，故物質物照原來的存在方式，即未經過改造，不能被非物質能力所認識，必須先變成非物質後才能被非物質能力所認識。當感官的對象以一種影像或幻像的形式出現於主動理智前時，此對象具有物質物所有的具體性質。因爲它是物質能力的產物，故含有所有物質條件，受時空間的限制，是個別的 (individualided)，具體的。主動理智的主要功能是「光照」。當它向幻象進行光照行爲時，感覺對象的具體或個別性質就被放在一邊，只留下在幻象裡所代表的物體的赤裸裸本質 (only the nude nature of the object represented in the phantasm remains)，這就是所謂的「抽象作用」。因爲所謂抽象作用，乃取此捨彼之謂。感覺的對象在主動理智之强烈光照下，它所含的兩個部分被分得清清楚楚，即：個別部分或具體部分與普遍部分或抽象部分。於是主動理智把普遍或抽象部分抽出。物的這種普遍部分才是理智的認識對象，因爲此部分才是非物質部分，才能被非物質的認識能力——理智——所認識。是以，主動理智在理智認識物的過程中扮演很重要的角色，它把含有物質性之物變成非物質的，把個別物升高爲普遍的，把感官對象變成理智對象，把原來只潛能地被理智所認識之物變爲實際上被理智所認識之物 (from intelligible in potency to intelligible in act)。

主動理智因着自身所具有的創造功能，能產生一種理性印象(impressed species)，此種印象因着主動理智的非物質行動的力量能給被動理智提供知識的資料。被動理智一旦從主動理智接受來知識資料之後就開始自己的行動——產生或形成自己的影像，稱爲理性表象（expressed intelligible species），這種表象又稱爲「觀念」(idea or concept)，藉此理性表象——觀念——理智認識物本身。故觀念只是理性知識的工具，而非知識的對象（相反唯心論的說法）。也因此觀念的定義是：「理智對於所認識的對象所產生的表象」。自然當我們把觀念當做認識的對象時，觀念也可以是認識的對象，卽當我們思考觀念時，此時的觀念就變爲認識的對象。易言之，當我們知道我們所知道之物時，我們就以觀念爲認識的對象（to know that we know what we know），就好像當我們利用望遠鏡看物體，那麼看的對象是物體，而非望遠鏡了。但我們也可以把望遠鏡做爲看的對象，卽我們可以看望遠鏡。主觀唯心論淵源於分不清人所認識之物與藉之認識該物之工具或方法。在近代，洛克應是這種錯誤的主要負責人，因爲他在其「有關人類認識的論著」(Essays concerning human understanding) 中說觀念是：「當人思考時是認識的對象」(idea is an object of the understanding when man thinks)。唯心論分不清物本身與物被我們認識時的樣子。這樣一來，吾人就無法辨別眞與假，因爲人對物不能有假的觀念。理由是，觀念旣是認識的對象，是理智的產物，自然就不必與物相符合，就無所謂眞假，或更好說，觀念一定是眞的。這顯明是反經驗之談。

總括上述，亞氏對人性知識的來源，對觀念的形成作了相當合理的解釋，這是亞氏對人類知識所做的莫大貢獻。他對人的理智的確有獨到的研究。他說，人的理智在開始時極類似原質。原質在未與原形結合前，實際上什麼都不是，但又什麼都可以是。人的理智也是一樣，開始時什麼都沒有，卽什麼都不認識，猶如一張白紙，但有無限大的潛能，卽能認識所有物。知識的初步刺激來自感覺經驗；外在感官（視覺、聽覺、嗅覺、味覺及觸覺）接觸到感覺世界的物體，然後進入內在感官：想像力、記憶、利害感及綜合感，漸漸形成外在感官所接觸到的物體或對象的幻象 (phantasms) 又稱感覺表象 (expressed species of sensible order)，此時主動理智就開始進行它的工作：從幻象中抽出理性印象 (a species of an intelligible order)。故主動理智的作用是光照、淨化及神化物質性的幻象，如此做時，主動理智產生一個與理智（被動）同性質的觀念形象 (intentional form)，這種形象就代表物的普遍性本質或抽象化性質及印在被動理智上的理性印象 (intelligible species which is impressed in possible intellect)。被動理智經過此被接受於其內部深處的形象的發動或刺激後，就能生產理性表象——觀念，哲學家比之於動物懷孕而生子，因此觀念（理性表象）也稱爲理智的兒子 (concept)。爲清楚計，我們把理智形成觀念的各種步驟以圖表加以說明：

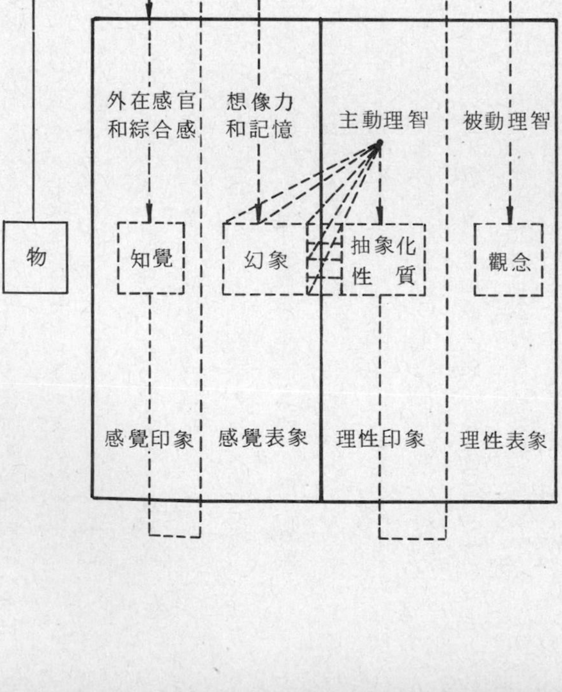

據上所言，在人的理性生命裡，主動理智扮演非常重要的角色，而主動理智的存在是亞氏對解決人理性生命的各種難題的重要發明，及是各種錯誤的剋星，因爲我們若否認此能力之存在，一方面會陷入唯物論的錯誤中：人的理性知識也是物質性的，只是高一

層的感覺知識，如此的話，人就降低爲禽獸，基本上與禽獸無異，只是高等動物而已；另一方面則陷入先天觀念論的錯誤中，此種錯誤與唯心論及懷疑論相去無幾：主張觀念爲人知識的對象，吾人所有的觀念不與客體物相符合，結果吾人就不認識存在於宇宙間的物體的眞性質了。

對亞氏而言，主動理智與被動理智顯然爲二個不同性質的能力，因爲它們的功用完全不同：主動理智產生理性印象；被動理智則接受主動理智所產生的理性印象；主動理智能神化物質物，使物質物變爲與被動理智同性質的認識工具，即使原先只潛能地被認識之物變爲實際上被認識之物，但它本身却不是認識能力，被動理智才是認識能力。雖然被動理智在開始時是被動的，但經過主動理智的發動後，被動理智就能產生行動——形成理性表象或觀念，此理性表象或觀念就是理智認識物體的工具。

四、理智的對象：

理智旣是認識能力，如今我們自然要問理智到底認識些什麼東西？這就是理智的對象問題。

人的理智是一種認識能力，而此認識能力是人靈魂所特有的，藉此能力靈魂才能有自己固有的活動，因此理智應與靈魂同性質。靈魂旣爲精神性，那麼理智也應是精神性。換言之，理智是一種精神性的認識能力。人除了此認識能力外，尙有感覺認識能力，他的認識對象爲物的形色，爲物的外在部分，而理智的認識對象則是物之本質，爲物之內在部分。理智因爲是一種精神性的認識能力，故它不受物質的限制，旣不受物質在能力本身的限制，也不受物質在對象方面的限制。沒有這兩層限制，理智就可以認識所有物的本質。易言之，理智就其本身而言，即理智之所以爲理智的認識對象是所有存在物，不論是現有的或是將有的；不論是抽象的或是具體的；不論是實際的或是理想的；不論是物質的或是非物質的；不論是自立體或依附體；不論是有限的或是無限的都是理智所認識的對象。

人有兩種存在方式：一種是現世的存在方式，卽人由靈魂與肉體結合而成的存在方式；另一種是當人的靈魂脫離肉體後的存在方式。當人的靈魂與肉體結合時，其各種活動至少得透過肉體，就連那些就其本身而言不必依賴肉體的人性活動也得受肉體的限制與干預，譬如人的理性生命，人的理性認識活動。因此當人的靈魂與肉體結合時，理智的認識對象就不是所有存在物的本質，而是物質物的本質，因爲此時人的理智認識其對象時必須先透過感官，沒有感官供應資料，主動理智也無從攝取理性印象，如此的話，被動理智不能形成觀念。旣沒有觀念可作爲工具，理智也就不認識物了，故在理智的認識過程中，理智爲主要因，感官則爲次要因及工具因，這就是哲人們常說的：「感官若不先提供資料，理智就一無所知」(nihil in intellectu quin prius fuerit in sensu)。但感官的直接對象是物質，故此時（與肉體結合時）理智的直接對象也應是物質物的本質(quiddity found in material things)。物質物的本質旣是人在現世的理智的直接認識對象，理智自然對它的認識也比較清楚及比較不容易犯錯，對其他物，譬如非物質物的本質的認識，就不那麼清楚且容易犯錯，因對非物質物理智只能有間接的認識，充其量只能知道這些物的一般及模糊情形，或以類似方式(by analogy)或以否定方式 (by negation) 認識這些物，這種認識方式自然不太可靠及不太正確。

理智的直接對象雖然是物質物的本質，但因爲理智實現其活動時必須先透過感官，那麼理智就受到物質的限制；而其所認識的對象也受到物質的限制，因爲其對象爲物質物的本質，此本質乃隱存於物質背後。理智受到此雙重限制：受物質在認識能力本身的限制及受物質在對象方面的限制，理智也就無法極清楚地及能隨心所欲地認識自己的對象，因爲對象並不直接極清楚地呈現在理智前（因受到物質的限制），而理智也不能直接認識其對象（因它也受到物質的限制）。理智認識物質物的本質時，一方面是從裡面走到外面（從認識能力方面而言）；另一方面則從外面進入裡面（從對象方面而言），故理智不能直接認識物質物的本質本身，只能認識所呈現於感官的物質物之本質的象徵或代表（Human intellect apprehends the essences of sensible things, not in themselves, but in the symbols which these essences manifest to the sense）。

第二節　論意志與意志自由

「自由」、「平等」與「民主」等名詞應是大家所熟悉的，同時也是現代人所最嚮往的。但有關自由的各種問題，諸如其存在與性質及範圍等問題，恐怕所知的人不多，故有究討的必要。一般人所謂的「自由」，乃「意志自由」(*Freedom of the will*)，是以，意志與自由發生密切關係，故在未談自由前，吾人先討論一下意志的意義、存在、對象及其性質。

一、意志的意義與存在：

很少人否認人有一些慾望或傾向（tendencies）。現代心理學家極强調人有感覺慾望(sense appetite)，因爲事實證明人人都有追求快樂與逃避痛苦的自然慾望。但人是否有比感覺慾望更高超的「理性慾望」(rational appetite)——意志，則有見仁見智之異。有些人則承認人有理性慾望——意志，却否認意志是自由的。但一般人不但都認爲人有意志，且主張人的意志是自由的。

心理學家給意志下的定義是：「一種傾向於由理智所認識的善之非物質能力」(an inorganic power which tends towards the good apprehended by the intellect)。

首先意志是一種非物質能力，它不以肉體爲主體或寄託所；它的主體是靈魂，其性質是精神性，是非物質的，故意志也應是精神性，是非物質的。意志既然是非物質能力，不以肉體爲主體、爲寄託所，那麼，自然地，肉體的存亡不影響到意志的存亡。易言之，意志不與肉體同生同滅，肉體不存在時，意志仍然繼續存在，因爲意志的主體或寄託所是靈魂，而非肉體，故只靈魂的存亡才眞正影響到意志的存亡。

在人內的每一種能力都應有對象，譬如視覺的對象爲顏色，聽覺的對象爲聲音，味覺的對象爲味道，嗅覺的對象爲氣味，觸覺則以冷熱硬軟爲其對象。以上是外在感覺能力的各自對象。人除了感覺能力外尚有理性能力：理智及意志。理智的對象是「眞」(truth)，意志的對象則爲「善」(good)，故理智與意志雖然同爲理性能力，同是非物質能力，但彼此的對象不同，故在性質上兩者完全不同。人有兩種慾望能力(appetitive powers)，一種是感覺慾望能力(sense appetite)，另一種是理性慾望能力(rational appetite)。理性慾望能力即是意志。感覺慾望能力與理性慾望能力因爲同是慾望能力，故二者對象是相同的：「善」，卽兩者均傾向於「善」。但慾望是盲目能力，它只能傾向先由其他能力所認識的「善」，其他能力若不提供「善」，卽若不指出何物爲「善」，慾望能力就缺乏對象，此時的慾望就如同英雄無用武之地了。感覺認識能力(sense cognitive faculty)給感覺慾望指出何物爲「善」。理性認識能力(intellectual cognotive faculty)則爲理性慾望指出何物爲「善」。但因爲感覺認識能力是物質性(material)，其認識範圍受到限制，故只能認識特定或個別之物(the singulars)，故也只能指出特定或個別的善(particular good)。那麼，感覺慾望自然也只能傾向於此種由感覺認識能力所認識的善——特定或個別的善。相反的，理性認識能力，因爲其性質是非物質的，是精神性，其認識範圍不受限制，故能認識「普遍善」(universal good)，一般的善(good as such)。理性認識能力認識普遍善後（或其他與普遍善相比之後的善），把此種由自己所認識的善輸送給理性慾望——意志，意志就以此種由理性認識能力所認識的「善」爲對象，爲傾向的目標。是以，感覺慾望能力與理性慾望能力的對象雖同爲「善」，但在性質上仍然爲兩種不同的善：一種爲由感覺認識能力所認識的特定或個別的善；另一種則爲由理性認識能力所認識的普遍或一般的善。感覺認識能力或理性認識能力因爲各自的正式對象(formal object)不同，故在性質上，它們也是兩個完全不同的能力，各種能力因著各自的正式對象的不同而不同，感覺慾望能力與理性慾望能力在性質上也完全不同，因爲各自的正式對象不同。

由上所作的分析，理性慾望能力——意志——與理性認識能力——理智——發生密切關係。易言之，理智若不存在，意志也就不存在，或至少其存在就毫無意義的，因爲它（意志）不能有所作爲，它沒有可以追求的對象或可以傾向的目標（因爲其對象是由理智所提供的善，理智若不存在，自然也不能提供給意志所欲追求的善，因存在先於行動。）理智若存在，意志也就必須存在，因爲理智所認識的善若不被意志所追求（意志若不存在，自然也不能追求善），理智的行爲就毫無意義，毫無目的，而自然絕不使任何無意義之物存在着。自然若使一物存在，此物一定有其存在的意義及價值，同時一定使各物在一般正常情形下能達到各自的目的。理智的存在與意志的存在既然有如此密切的關係，吾人若欲證明意志之存在，自然先須證明理智的存在。

二、理智之存在：

理智之存在雖被許多人否認過，但贊成理智之存在的學人們仍佔絕大多數。

中文的「理智」二字，英語爲 intellect 原爲拉丁文 intellectus 由 intus 及 legere 二字合成的。intus 的意義是「在內」，legere 則有「唸讀」的意思。故照洋文的文字方面的意義爲「裡知」或「內知」，即把隱存於內部之物一一唸出，或把存在於裡面之物一一加以揭發。

心理學給理智所下的正式定義是：「一種爲認識非物質之物的非物質認識能力」(Anorganic and spiritual faculty by which the soul immaterial apprehends)。這種能力是人與禽獸之主要分別點。易言之，禽獸只有感覺認識能力，而人除了具有與禽獸一樣的感覺認識能力外，尚有理性認識能力——理智。理智是人靈魂所特有的能力，它以靈魂爲主體，爲寄託所，故它的性質與靈魂相同，是精神性，是非物質的。理智的功用是爲認識事物，在這點上，理性與意志不同，意志是一種慾望能力，它追求由理智所認識之物。

理智雖是認識能力，但與感覺認識能力又不同，因爲各自的認識對象不同。理智的對象是「物性」或「物之性理」，是物之非物質部分 (essences of things)，理智尙能從個別物中形成能適合於所有同類物的普遍概念 (universal concepts)，並能區別各物的主要部分與次要部分。感覺認識能力的對象則是物之個別性 (the singulars)，物之外在部分，即物之形色，故它的功用則受時空間的限制。理智的功用則不受時空間的限制，它的能力是無限的，就其本身而言，其對象是一切物之物性 (being as being)。任何物之物性都屬於它的認識範圍，故亞里斯多德與多瑪斯等學人說理智是「萬能的認識能力」(quodammado omnia)

，即其能力不受時空的限制，是一種名副其實的「為認識非物質之物的非物質認識能力」，故在本質上，理智——理性認識能力——與感覺認識能力——感官完全不同，因為「感官只認識物的表面」多瑪斯會強調說，「相反的，理智則能深入物體以內，洞識物的性理。我們透過理性認識能力比透過禽獸性的認識能力，對物的認識更清楚或深刻」(Sense, by its apprehensions, is linked to things in a very superficial manner; intellet on the contrary is to grasp the very essence of things...By our union with immaterial forms, we penetrate more deeply to the heart of reality than by the palpalble conjunction of sense and obyet which is manifest in animal cognition (R. Ed. Brennan O.P. Thomistic psychology, The Macnillan Company N.Y. 1960, p.171)

在人內有這種認識能力是顯而易見的事。易言之，人除了兼有與禽獸一樣的感覺認識能力外，尚有任何禽獸所沒有的理性認識能力，此能力是人所固有及特有的，是人與禽獸之主要分別點。此人所固有及所特有的認識能力心理學家稱它為「理智」(intellect)。

有關理智——理性認識能力之根源——之存在與否，學人們有不同的看法。

唯物論者的看法是：人只具有感覺知識 (sense knowledge)，因此，也只具有感覺知識的認識能力。一般人的所謂的理性知識只是高一層的感覺知識而已，但在本質上仍然是感覺知識。唯物論有不同的派別：「感覺主義」(Sensism) 以阿斯密特 (Al. Schmidt 243-324) 為代表，主張人除了感覺知識外，別無任何其他與此知識在性質上不同的知識之存在。此派雖然承認感覺知識有程度上之不同，高一層的感覺知識是人所具有的，有人把它稱為理性知識而已，但在本質上仍屬於感覺知識；「現象主義」(phaenomenism)、

「實證主義」(positivism)、「經驗主義」(Empirism)及「不可知論」(Agnosticism)等，則主張人所能認識的無非是物的現象，卽物的可感覺部分，故人的知識完全限制於現象界內，無所謂形上或超感覺知識，Renourier (1818-1903)及 Hodgson (1852-1913) 等根本否認超現象實體之存在；康德、孔德、洛克、休謨及斯賓塞等雖不否認現象背後的實體的存在，但否認此實體可以被人認識。

由中世紀奧坎(Ocham)所提倡的「唯名論」(Nominalism)也應被列入否認理性知識之存在的學說，因爲此學說主張普遍觀念(universal ideas)僅有其名，而無其實，卽否認普遍概念有眞正內容。

但大多數的哲人們都主張人具有一種在性質上，完全與感覺知識不同的理性知識，也因此人擁有與感官完全不同的理性認識能力。

人的思想能形成普遍概念及有判斷與推理作用，這些全非感覺認識能力所能爲力的，也因此吾人必須要求一個超過，及與感覺認識能力不同的其他認識能力。

人的思想能形成一個可適合於許多同性質之物的普遍概念是事實。譬如人、樹、木、花、草、狗、牛、羊、馬等普遍概念。這些概念可適合於同類的每一個體物。張三、李四、王五、趙六都是人，故人的概念可普遍地適合於這些個別的人。同樣的，樹的概念可適合於所有樹：松樹、樺樹、柳樹及楊樹；大小高低的樹及現在、過去和未來的樹。我們不但有這些普遍概念，且意識到這些概念的普遍性。我們不但有這些普遍概念，且有比這些普遍概念更普遍的概念，譬如「存有」(being)及「某物」(something)等概念，它們可適於所有現有存在，及將有存在之物，因爲凡是有存在及將有存在之物都是存有(All that exist or can exist are beings)：人是「存有」，張三、李四、王五、趙六也全是「存有」。花是「存有」，梅花、菊花、桃花也同樣是「存有」。狗是「存有」，黃狗、黑狗及白狗也都是「存有」。房屋是「存有」，樓房、平房也是「存有」。行為是「存有」，善行、惡行也是「存有」。故任何能想像到的，能冠以名稱的莫不是「存有」，這些物雖然彼此間有不相同，但在「存有」的觀點下，却都是相同的。易言之，「存有」的概念可普遍地適合於所有物，包括過去、現在及未來的一切物，而人也意識到「存有」的這種極度超時空間的普遍性。感覺認識能力絕無法認識這種普遍性。感覺認識能力完全受時空間的限制，它所能達到的只是個別物：我看到「這隻」狗，我摸到「這張」桌子，我聽到「這首」歌曲，我聞到「這種」氣味，我嘗到「這種」味道。內在感覺認識能力也同樣受時空間的限制，譬如我的想像力也只能想像個別的物體。易言之，我決無法想像一個不受時空間限制之物，譬如，我絕不能想像一棵樹它是松樹同時又是柳樹，是大的，同時又是小的，有樹葉，同時又缺乏樹葉的樹。

從以上所言，人受時空間限制的感覺知識與超時空間的理性知識有天壤之別，也因此這兩種在性質上完全不同的知識，亦必須來自在性質上完全不同的認識能力，一為感覺認識能力；另一為理性認識能力，它們之主要區別點在於前者因為是屬於物質性的，故受時空間的限制，也因此其對象是個別的(individual)、單獨的(singular)及具體的(concrete)，後者因為是非物質性的，故不受時空間的限制，也因此其對象是一般性的(general)，是普遍的(universal)，是抽象的(abstract)。

人的思想除了能形成普遍概念外，尚能形成「判斷」(judgment)，這是感覺認識能力，感官與想像力決辦不到的，因為判斷常具有「必要性」，或至少假定的必要性(hypothetical necessity)，「普遍性」及「永久性」，而感覺認識能力的對象，則是偶有物或可有可無之物(contingent being)。易言之，我們藉著感覺認識能力，所接觸及所想像到之物雖存在着，但不是非存在不可的，它們可以存在，亦可以不存在，因為存在不是這些物的本質，是外來的，與物之本質沒有密切關連。相反的，在所有判斷裡常含有一種必要性。縱然是一個有關偶有物的判斷，也同樣含有絕對必要性的成分。譬如說「下雨了」、「天晴了」、「我坐着」、「你站着」這些都不是必要的事實，都是可有可無的。天絕不是非下雨不可，因為實際上天有時不下雨，天也不是非晴不可，因為天有時下雨。我坐着或站著都不是必要的事實，因為我有時坐着，有時却站着。但當我下一個判斷：「下雨了」或「天晴了」，這些判斷雖是有關一些偶有之事，但常含有必要的成分，因為天倘若下雨，那一定下雨，卽非下雨不可。易言之，在同一時間裡，同一地方及同一情形下絕不可能下雨又不下雨。這種假定的(天倘若下雨)必要性(那就非下雨不可)可在人的每一判斷裡找到。

在人的判斷裡所含的這種必要性，在所有數學及形上的判斷裡更為明顯。譬如「二加二等於四」；「有果必有因」（因果律）；「存有是存有」(whatever is, is)（同一律）；「同一物從同一觀點上看不能「是」同時又「不是」；「存有」又是「非存有」（矛盾律）及「一個東西只能是實有與虛無，二者中必居其一，沒有成為第三者的可能性」（排中律）等，這些判斷是絕對必要的，是普遍地及永久地眞實的。我們不知月球上是否有生物存在，但如果月球上的一個地方有兩種生物存在，在另一地方又有另外兩種生物存在的話，那必定總共有四個生物存在，而這些生物的存在也必定接受自其他物，卽必定有促成他們存在的原因之存在。故在人的判斷裡所含的必要性、普遍性及永久性，又證明理性知識在性質上與感覺知識完全不同，那麼，很顯然地，產生這兩種不同知識的能力，在性質上也應完全不同，一個是受時空間限制的感覺認識能力，它是物質性的；另一個是不受時空間限制的理性認識能力，它是非物質的，它不依賴物質而生存與活動，故它能形成含有必要性、普遍性及永久性的判斷（註三）。

推理作用 (Reasoning) 是人思想的第三種活動，同時也是最完美、最高的活動，是一種從已知的眞理推出未知的眞理的動作 (Reasoning is going from one thing that is understood to something else in order to know an intelligible truth) (S. Th. 1. 79.8)。凡是人都會死，孔子是人，故孔子會死。精神體之物是不滅的，靈魂是精神體，故是不滅的。這些都是推理作用，這種作用比單純概念 (simple apprehension)及判斷(judgment)更複雜，這種複雜的推理步驟絕不是任何感覺認識能力所能產生的，是人所特有的，因此在人內必須要求一個產生這種複雜步驟的認識能力之存在，此能力一定遠超過感覺認識能力，我們稱它爲「理性認識能力」或「理智」。

人的理性認識能力或理智還有一種感覺認識能力所沒有的特點：「反省作用」，即「能對自己的行動加以反省」(power of reflecting perfectly on its own activity)（註五）。譬如我不但能想你，我還能想我正在想你，即把正在想你的行爲作爲我思想的對象。易言之，人的理性認識能力不但會產生行動，且也知道正在進行的行動 (the intellect not only performs an activity, but it knows that activity while it is going on)（註六）。感覺認識能力決不能產生這種「反省作用」。我的眼睛雖能看見物體，但絕不能看見自己看見該物體的行爲 (it does not see that it sees)。我的想像力能想像一物體，但絕不能想自己的想像行爲 (it does not imagine its own imagining)。誠然，動物知道自己在聽或在看，但這些行動是來自中樞官能(central sense)。中樞官能雖能知道外在感官的行爲，卻不知道自己的行爲。

理性認識能力能產生感覺認識能力所不能產生的「反省作用」的理由，是因爲前者是非物質的，其存在與行動都不受物質的干擾。後者是物質性的，其存在與行動都受物質的限制，而物質佔空間，每部分有自己固定的地區或範圍，互不侵犯，不能有伸縮性，與其他部分勢不兩立。

人具有與感覺認識能力不同的理性認識能力的另一個證明是，僅人會製造與發明機械及使用這些機械。最高等與最聰明的動物充其量只能做照已存在的東西製造一些簡單的工具及學習使用工具，但絕不能發明東西。

發明是一種高度智慧的行爲，它先看清目的與方法中的密切關係，然後把存在於思想中之物付諸實現，譬如當人發明造鞋的機械，而後藉此機械把那些表面上看來與鞋的製造無明顯關係的各種材料，譬如皮、棉花、塑膠等合在一起製造成精巧的鞋。感官看見這些材料時絕對無法預見一雙鞋的產生。只靠感覺知識，人更無法發明造鞋的工具及利用此工具達到造鞋的目的，鞋的製造過程並不複雜，比鞋的製造複雜千萬倍以上的其他物件，譬如飛機、輪船、汽車及太空船等的完成，更不是任何其他只具有感覺知識的動物所能勝任的，因此這些複雜機械的發明，與使用要求一超感覺知識的存在，此知識僅人能有，稱爲理性知識，這種知識是人所特有的，是人與其他動物的最大區別點，也因此有些哲人把人定義爲：「會利用工具的動物」。法國哲學家柏格森也同意理性是唯一能發明或製選機械的能力（註七）。

從以上所言，吾人對理性認識能力——理智——的存在不應有任何疑問的，而對此能力的性質也有了明確的概念——是非物質的——其存在與活動不受物質的支配及干擾，也因此它是自由自在的，其對象是物之普遍及抽象物性，它的職務乃明辨是非，分別善惡，衡量利弊，比較輕重，而後把由自己所認識的是非善惡，利弊輕重呈給意志，意志就去追求對自己有利之物，去避免對自己有害之物，也因此理性認識能力，所開始的工作等待意志去完成，意志倘若不去完成理性認識能力所開始的工作，理性認識能力所開始的工作就是徒然的，全是白費心機，那理性認識能力之存在又有什麼意義呢？但意志若不存在，自然亦無法去完成理性認識能力所開始的工作，因存在先於行動故也。也因此由於有與感覺認識能力不同的理性認識能力的存在，吾人可推測及證實意志——與感覺慾望不同的理性慾望——之存在。

人的日常經驗也能給吾人指出許多事實證實意志之存在，譬如人的「自制行爲」(act of selfcontrol)。人能因著倫理或理性的高尚理由，忍痛犧牲身體方面的快樂，譬如人會晚睡早起或廢寢忘食，去發憤圖强以求一些理想的實現。抽煙喝酒對煙酒有强烈嗜好者而言是至高享受，但爲了身體的好處他能加以戒止，這種自我的控制行爲也只有人能辦得到。僅具有感覺慾望的動物絕不會實行眞正自制的行爲。一隻經過訓練的餓犬會不吃擺在眼前的食物，但牠絕不是爲了一些高尙的理由忍痛不吃，而是由於過去所得到挨打的痛苦教訓才不敢吃眼前的食物，故擺在眼前的食物在餓犬身上引起兩彼此衝突的傾向：飢餓與恐懼。恐懼由於過去的經驗所引起的，這種恐懼若比飢餓强烈，餓犬就不會吃在眼前的食物。相反的，飢餓若比恐懼强烈，餓犬就會冒險去搶眼前的食物。餓犬的這種作爲猶如小偷因怕警察而不偷拿很容易得到的金錢。但不是所有人不偷錢，都是因怕警察，大部分却因著倫理道德問題而不偷的，或爲獲得來世的賞報或避免來世的懲罰，這種倫理道德或追求來世的幸福，或避免來世的懲罰觀念就不是動物所能有的。

人有時也欲望一些表面上有害之物，尤其對身體有害之物，爲了達到某些遙遠的目的或可能的理想，譬如吃服苦藥爲了病癒，赴湯蹈火甚至犧牲性命爲國家盡大忠，爲民族盡大孝。歷史指出無數志士仁人爲了某種抱負，某些理想而從容就義的事例。我們先烈們都不惜犧牲夫婦新婚之恩愛，以死「助天下愛其所愛。」林覺民烈士就常常說：「今日同胞，非不知革命爲救國之唯一手段，不可一日緩，特未能斷絕家庭情愛耳。」所以他以身作則，犧牲夫婦的恩愛，獻身於救國救民的偉大事業。在他寄給其愛妻的絕筆書裡有一段極感動人的話：「於啼泣之餘，亦以天下人爲念，當亦樂犧牲吾身與汝身之福利，以爲天下人謀永福」。「馮超驤烈士，於同志招赴廣州時，其父原已病重，同志以父子至情，不欲相强。但馮烈士認爲『國事公也，家事私也，吾寧受負父之大罪。』固入與父別。父曰：『兒去爲國努力，勿以吾爲念！』中途，烈士聞父凶耗，一痛哀絕，自誓：『父死我定不生，此去卽幸而成功，事成之後，吾必自刎，以謝我父。』」「先烈們有的且一門赴義，認爲『爲自家計，亦不能不死中求生』。方聲洞烈士，就是與其一兄一姊，一妻一嫂，傾其全家性命，舉族赴義的，烈士每言：『劣者習若，儉則不匱，國事日非，來日大難，非克自勗勵，將何以任天下大事？』其上慈父絕筆書云：『事敗則中國不免於亡，四萬萬人皆死，不特兒一人；如事成，則四萬萬人皆生，兒雖死亦樂也。』」（註八）。歷史上這些具有大無我精神而捨生取義，犧牲暫時快樂爲國爲民的烈士們非有無比的堅强意志絕不能做這些動天地及泣鬼神的轟轟烈烈事業。

人會利用「意識注意」(voluntary attention) 實現某些事。「意識注意」是受意志影響的理智行爲 (an activity of the intellect influenced by the will)。此種注意與自然或無意識的注意 (spontaneous attention) 不同。我們對一些事物未經考慮，就自然地注意到它們的發生或出現，是爲無意識的注意，譬如人或動物都自然地對尖銳的吵聲表示注意；集郵家對新郵票也會很自然地感興趣或表示注意的直接動機一致；在有意識的注意裏注意的對象與動機不一致，卽爲兩個不同之物，例如我們聚精會神於研讀一本枯燥無味的書，此書本身自然不引起我們的興趣，自然也不會引起我們的注意，但我們注意研讀此書是爲了求新知識，而此新知識將來會給我們帶來好處故也。研讀該書的這種未來與隱約甚至渺茫的好處是由理智提供的，理性慾望——意志——於是才對該書引起注意。感覺慾望絕對不能如此做，理由是：它所注意的是目前及直接的好處，因為感覺認識能力對未來的好處一無所知，不知無所欲，故感覺慾望也不會對此未來的好處感與趣進而引起注意。

再者，人會追求一些非物質或精神性之物或行為，譬如神、正義、公道、道德、榮譽、和平、幸福、眞理等。這些物因是超感覺的，決不是感覺知識的認識對象，自然也不是感覺慾望所能追求的。人能追求這些東西，此足可證明人有與感覺慾望不同的理性慾望——意志。

三、意志的對象與性質：

意志與理智同是靈魂的官能，同是非物質的能力，是人所固有及所特有的，雖為二不同能力，前者是認識能力，後者是慾望能力，但彼此間仍有密切關係，也因此有相似的地方。理智與意志的對象是相同的，只是從不同觀點看同一對象而已。易言之，它們的質料對象相同，所不同的是各自的形式對象（ their material object is one and the same, their formal objects differ）。意志的質料對象是任何由理智所提供之「物」(being)，而此「物」也就是理智的認識對象，不過理智是在「眞」的觀點下認識此物，而意志卻在「善」的觀點下慾望此物。故嚴格或正式地說來意志的對象是「善」(good)，而是一般的善(goodness in general, the good as such)，卽絕對善 (absolute good) 或十全十美的善。一旦意志發現此種物——十全十美之物——意志就找到自己的合適對象，意志對此物就無選擇的餘地——意志對此物就非要不可。但所有受造物都非十全十美的，都有缺陷，也因此無物是意志的合適對象，意志對非十全十美之物（有缺陷的善）可追求（在善的觀點下），亦可拒絕（在惡的觀點下），故是完全自由的。神雖是十全十美的，但人在今生今世對神不能有正確及清楚的觀念，故也不能清楚地認識神的全部美好，甚至人還可誤把神當做現世一些幸福的阻礙，把神當做人的利益的敵人，神也就不是人意志的合適對象，如此一來，在今生今世人的意志就找不到一個合適的對象了，因此對任何物，意志都是自由的，都可加以選擇，亦可加以拋棄（當談意志自由時，我們會再詳細討論此問題）。

意志的合適對象雖是十全十美之物，但意志的一般對象是「善」，是任何善：絕對善或相對善，無限善或有限善，物質善或非物質善，物理善 (physical good) 或倫理善，眞正善或表面善（註九）。就好像理智不但認識自己，且也認識其他官能及這些官能的對象。同樣的，意志也不但追求自己本身，且也追求其他官能及這些官能的對象。就好像理智認識自己的認識行爲。同樣的，意志也追求自己的欲望。意志能推動自己，能使自己去追求其他物。

意志也能使其他官能實行它們的行爲，能命它們去產生行爲。意志能命理智去想，命記憶去記，命眼睛去看，命腿去走動。意志雖無法給眼睛提供對象，但意志不但能命眼睛去看，且能指揮眼睛去看在它面前所呈現的各物中之某一特定物。同樣的，意志也能影響理智考慮或不考慮當前的對象，及考慮這個而不考慮那個對象。

「善」既然是意志的對象，那麼善之反的「惡」自然非意志所欲求之物。易言之，一切物都欲「善」，無物欲「惡」，或至少無物在惡的觀點下欲惡，即明知一物對自己不利（惡）而追求之，此乃不可能的，因是相反物的本性。有時物，尤其人會因着理智的過失，理智作了錯誤的判斷，以假善爲眞善，意志因而追求之；就是在這種情形下，意志仍是在善（雖是假善）的觀點下追求該對自己不利之物。譬如一人自殺身死，死亡是一種「惡」，因存在是「善」，人天生求生存，但人絕不會爲自殺而自殺，而是爲了減輕目前所受的痛苦，「兩害相權取其輕，兩利相衡取其重」，死亡與所受的痛苦都是惡，但一比較之下，理智作了錯誤的判斷，以爲死亡所含的惡性較少，目前所受的痛苦的惡性較大，故捨痛苦而選死亡。是以，自殺者仍是在「善」的觀點下選擇了死亡——「惡」（註一〇）。也因此亞里斯多德給善下的定義是：「善爲一切物之所欲也」（註一一）。

從以上所言，意志只能追求經過理智所認識之物——由理智所認識的善。故理智若不預先認識善而後把所認識的善呈現給意志，意志也絕不能採取任何行動，所謂「不知無所欲」也。意志與理智的關係猶如汽車的引擎與輪胎的關係。車輪的動一般而言來自引擎，但動的方向來自輪胎的動作。易言之，理智給意志指出所欲走的方向，至於是否願朝此方向走，那就是意志自己的事。理智若所指的方向是確實的、正確的及有利的，意志則非朝那個方向走不可。但意志選擇任何一方向，都是自由自主的，無人無物可以强迫意志選擇任何物，因爲意志是非物質能力，不受外力的强迫。你可用手槍威脅人搶刼銀行，他表面上會遂你所求，但他內心却極度的不滿。你也可以用暴力强姦一位少女，迫使她就範，但她不會因此同意你的作爲，與你同流合汚，因此我們從來不能說人被强迫犯罪，因爲眞正的犯罪是意志的行爲，是人自動自發去選擇做一些不應選擇去做的事。意志的外在行爲可以被强迫，譬如剛說過的人被迫去搶刼銀行，但只要你不同意竊盜的行爲，你就是無辜的。誰說被强姦的少女有罪？

四、自由的意義與種類：

一般而言「自由」二字的意義是不受約束的意思(absence of restraint)。故約束與自由成反比例。一物受的約束越多，他的自由越少；相反的，一物受的約束越少，他的自由亦越多。因爲有各種不同的約束，故亦有各種不同的自由。當一個爲非作歹的人被監禁在監牢裏，他自然不能自由地出入，他的身體於是受到約束，故在監牢裏的犯人，就沒有身體方面的行動自由。當此犯人刑期已屆，走出監獄，他可隨心所欲的行走，他就有身體方面的行動自由(physical freedom)。

人因爲是理性動物，他所具有的理性是爲告訴他何爲是，何爲非，孰謂善，孰謂惡；何事當爲，何是不當爲，因此人的行爲有些應受一些倫理律的約束，譬如十誡裏所禁止的一些行爲：毋偷盜、毋殺人、毋犯姦等，及一些國法所不許的行爲：不許逃稅、不許走私等；這些行爲在倫理方面都受到約束，在這方面人的行爲於是就沒有自由。相反的，有時同一行爲在一地區受到約束或限制，在另一地區則不受到約束。譬如在自由地區或民主國家裏，人民可以自由的批評政府的政策，可指責政府的政策之不當。在共產社會裏這種情形就不許發生。因此在民主國度裡人民就享有批評政府政策的自由，因爲人民這種行爲不受法律約束。人民所享有的這種沒有法律約束的自由，稱之爲「倫理自由」或「行爲自由」(moral freedom)。

除了「身體行動自由」及「倫理自由」外，尙有一種名之爲「心理方面的自由」(Psychological freedom)，顧名思義，此自由乃缺乏心理方面的約束。當一種物面對著一種非執行不可的動作或無法執行的動作時，此物在心理方面就受到約束或限制，因此就缺乏心理方面的自由。譬如一隻未經訓練的餓猫，身不由主地狼吞虎嚥擺在面前的食物。同樣的，一隻受驚的老鼠會身不由主地抱頭鼠竄。餓猫擇食的行爲及老鼠受驚而逃的舉動，都未受外力的强迫或倫理律的約束而實行，牠們的這些行動都是在無意識中進行着，牠們的天生本能驅使牠們這樣做，乃非如此做不可，毫無選擇的餘地，在這種情形下，餓猫與受驚的老鼠就無心裡方面的自由。相反的，一位飢餓的人，對擺在面前的食物，他能抑制自己，享受挨餓而不吃。同樣的，一位飽受槍林彈雨威脅的受驚士兵，爲了堅守崗位，忠於自己的職責，能寧死也不肯曳兵棄甲。爲什麼人與動物面臨同樣的境遇而有不同的情形發生呢？理由很簡單：人享有心理方面的自由，而動物則缺乏此種自由的緣故。易言之，人對自己的行爲有選擇的餘地，而動物對自己的行動則無所選擇。故心裡方面的自由亦稱爲「選擇的自由」(freedom of choice)，這種自由使一物當面臨各種行爲時，可隨心所欲地選擇其中他認爲爲達到目的比較合適的一種，聖多瑪斯把這種自由定義爲：「能選擇爲達到目的（最後目的）的方法的能力或權利」(The right to choose between means to an end (Walter Farrell. o.p. A Companion to the Summa) Vol. I, p.309 N.Y. 1945)。易言之，「自由」是一種使人是自己行爲的主人的能力，藉著此能力，人能隨心所欲選擇自認爲最合適之物。

人若能從相反之物中選擇其一的話，人就有「相反的自由」或「矛盾自由」(Freedom of contrariety)譬如從「愛與恨」，「德行與罪惡」二者中選擇其一；人若能從不同之物中選擇其一，人就有「相差的自由」(Freedom of disparity)譬如從玩耍、吃飯及睡眠中選擇其一。以上兩種自由都可稱爲「限定自由」(Freedom of specification)。除了限定自由外，尚有「行動的自由」(Freedom of exercise)，卽對一行爲的實行與不實行，譬如讀書或不讀書、寫字或不寫字。

五、自由的存在：

㈠反對意志自由的諸學說：

雖然人的意志是自由的，卽人享有自由，爲極明顯的事實，但違背衆議否認此一事實的人亦爲數不少。

首先有「決定論者」(Determinists) 的主張。此派的學人們主張人的所有行爲都先天地被決定。所有唯物論者及經驗論者 (Sensists) 都應被列入決定論者的陣容中。因爲對這些人而言，人爲純物質物 (a purely material being) 。物質的性質則是完全被決定的及缺乏自由。當我們極淸楚地知道物質系統時，我們就會極精確地預知與預言物質的所有未來動態，譬如天文學家會相當精確地預言所有未來的日蝕。人旣是一純物質物，我們若知道所有對人所能產生的影響時，我們自然就可預言人的所有未來行動，從人的出生日子開始，就可以知道他未來的所有活動。易言之，我們可以從一人的出生日開始寫他的傳記。

決定論的派系很多。有所謂「生理決定論」(Biological determinism)：主張生理因素對人的生活具有決定性的影響。人的所作所爲完全以人從父母接受來何種身體而決定，人的不同活動方式主要因爲人生來就那樣 (born that way) 的緣故。

「社會心理決定論」者(psycho-social)則强調心理與社會因素對人的行爲產生決定性的影響。在心理方面，他們指出强制人的不同傾向與推動力；在社會方面，他們指出各種環境的不斷壓力，譬如言語、風俗習慣、文化、宣傳——尤其教育，特別是人早期所受的教育。

「心理決定論」(The psychological determinists) 强調動機對人的行爲產生決定性的影響。當人面臨兩種相反動機時，比較强烈的動機一定獲勝。故依照這些人的說法，人的意志猶如天秤，必定傾向於較重的一方。因此人的意志必然地選擇更好之物及傾向於較强的動機。

「神學決定論」(Theological determinism) 則主張神決定人的所有活動。人的一切所爲都決定在神手裏，面對著神的指導，人只有服從，不能做任何選擇，故人有時雖覺得自己是自由的，其實這種感覺是錯誤的，因爲實際上神的意志決定人的行爲（註一二）。泛神論者可以說是此派學說的强烈擁護者，譬如斯比諾莎就主張萬物的行動皆爲神所限定，人無任何行動的自由，因爲他曾說：「在宇宙萬物中，沒有一物是偶然的，而且一切皆爲神的本性的必然性所限定，按一定的方式存在和行動」（註一三）。

㈡意志自由的證明：

以上各種學說固然含有部分眞理，但嚴格地說來，他們的論點乃無法成立的，因爲人的意志基於下列諸點可證明是絕對自由的。

1基於人類的共同信念：

世界上絕大部分的人都相信人的意志是自由的，而意志享有的此種自由乃天生的，卽與生俱來的與人的本性相連在一起，無人有權利剝削人的此種權利，因此絕大部分人都贊成「無自由，毋寧死」的口號，這可從美國獨立宣言裏的一段文字可資印證：「我們認爲下面所說的，都是極明顯的眞理：一切人類，生下來都是平等的，造物主賦予他們若干不能出讓的權利，其中如生命、自由、和幸福的追求是也」（We hold these truths to be self-evident, that all men are created equal, that they are endowed by their Creator with certain unalienable rights, that among these are Life, Liberty and the pursuit of Happiness）。「人同此心，心同此理」，絕大部分人的共同信念，一般而言是不會錯的。不論你在任何地方，或大街或小巷，碰到任何一個人，或男或女、或老或幼，都會告訴你，他是自由的，他可以爲所欲爲。他正在行走，但也可隨心所欲地停止不走。他可往前走，但也可隨意往後退。同樣的，他之回答與不回答任何的問題，全由他自己作決定。你若說他沒有自由，他的一切行動全被決定的，會受到約束，譬如他非走不可，他不能不走，那他一定罵你是瘋子。就是那些主張決定論者，也只在理論或口頭上反對人享有自由，實際上他們還是主張人的意志是自由的。

也許有人反對人類共同信念爲眞理的說法，因爲過去有些人類的共同信念到後來被證實爲假的，譬如太陽繞著地球轉爲在哥白尼以前的人類共同信念，但後來天文學家證明此種信念爲假，因爲事實證明地球繞着太陽轉。

誠然，太陽繞地球轉的過去人類共同信念，已被證明爲假的，但這種錯誤的信念，對人的實際生活不發生影響，人的信念不改變太陽或地球的行動，太陽仍然是靜的，地球則是動的，人仍然享受靜態的太陽與動態的地球所帶來的好處，因此人的這種共同信念的錯誤對人的本性、生活、社會的秩序並不發生任何不良影響。但人是否有自由的問題，人是否是自己命運的主人，是否應對自己的行爲負責，是有實際重要性的問題，因爲絕大部分人在此問題上的共同信念，倘若是錯誤的話，則整個宇宙是不可能有秩序的(incompatible with the concept of an ordered universe)，整個社會也將混亂不堪。故不管我們是否贊成決定論或意志自由，對人的實際生活都有極大的影響。因爲人若相信決定論的學說，人就不能爲所欲爲，人就務必爲所必爲，人的所有活動方式都早被決定好的，不能以另一種方式進行，如此一來人就無需且無法作自我控制，那麼人自然對自己的所爲就不負任何責任，這種主張所產生的效果給社會所帶來的不良影響是可想而知的。

「我堅決相信無人對自己的行爲應負倫理上的責任之主張，除了是錯誤的外，它所帶來的後果是極爲不良的，且會增加許多不必要的殘酷與痛苦」顧克（Sidney Hook）教授曾如此强調過，「因爲這種主張實際上是給 Dostojevskij 在其所著的 *The Brothers Karamazov* 書中所說的公式：『一切事都可容許的』（all things are permissible）作辯護。所做的事不能做，或不能做所未做的事之信念，常是人不盡其所能去做好一件事，或至少不把它做得比目前更好的藉口。」（註一四）。

不但絕大部分的一般民衆承認人是自由的，且大多數在此問題上做過深入研究的學者們，也贊成人享有自由。除了主張唯物辯證論者或馬克思信徒們，邏輯實證論者等少數學派主張決定論外，絕大多數的專門哲學思潮，譬如提倡存在主義、現象學及多瑪斯主義的學人們都異口同聲主張人享有自由，人的意志是絕對自由的。一些存在主義的哲人們，甚至過分强調人實際上所享有的自由，譬如撒特就主張人是絕對地、無條件地、以及先天注定地自由。易言之，人所享有的自由是絕對的，不受任何限制。「自由的唯一限制是自由本身。上帝不能限制自由，因爲上帝已經死了。情慾不能限制自由，因爲自由可否定情慾。過去的種種不能限制自由，因爲自由可以擺脫過去，而創造未來。事物不能限制自由，因爲事物之意義和價值，莫不是自由意識所賦予的。環境不能限制自由，因自由可以選擇並改變環境。死亡不能限制自由，因爲死亡不在生命之內，却在生命之外；它是生命的結束，它一來到，生命卽全部消滅。然而在生命之內沒有位置，人一天生活着，他就可以自由行動」（註一五）。

人享有自由權的信念是如此普遍與堅決，以致人不惜以任何代價去爭取自由，近代的許多次流血大革命，譬如法國大革命、美國獨立戰爭等，無一不是爲了爭取人的最基本權利：自由與平等。許多國家把人所應享有的各種自由：行動自由、言論自由、出版自由、信仰自由等列入法律的保障之下，也因此保護人民的自由成了國家政府的神聖職責之一。一九四八年聯合國憲章裡有「人權與基本自由」一章，明確主張自由權爲人類基本權利之一，而此提案也極順利地獲得參與大會的各會員國的通過，從此這種人類的共同信念獲得了國際法律的認可，故作者完全同意于炳南教授所說的：「自有生民以來，一切人沒有不相信自由的；這種信念是自然的，不可抑制的」（註一六）。

2.心理論證：

我們已說過，絕大多數人都承認人的意志是自由的。但人爲何有此信念？主要因爲人直接地或間接地知道自己能自由地做各種決定。當人自由地做決定時，人就直接地知道自己享有自由。當人的許多行爲的發生，無法解釋除非承認自由的存在時，人就間接地知道自己享有自由。

(1)、由人對行爲所做的自由決定對自由的直接認識：

首先我們必須指出，當人實行一項行動時，說是自由的，並非他能做他所願意做的事（許多動物也有此能力，決定論者也承認人有此能力），而是他能願意或不願意做該事。

這種願意與不願意做一件事的能力，每人都可以經驗到的。人可於事先、事後，甚至正在實行該事時意識到此能力的存在。譬如人想消磨時間的方式有很多種：看電影、玩球或散步。在未作決定前每人都深深地感到他可隨心所欲地選擇任何一種。萬一他選擇看電影，他於是就去購票看電影。等他坐下來看電影時，他尚能改變主意，隨時可站起來走出電影院而出去逛街。再譬如：現在的時間是午後四時，當我把這篇文章寫完一個階段時，我會休息一下，去從事一些娛樂，我想去看一場電影或打一場保齡球，甚至也可能去看今晚（十一月七日）八點半，在中華體育館所舉行的中非籃球友誼賽（中華隊對非律賓首都銀行隊）。面臨着三種可能性，我很清楚地可以隨心所欲地，選擇其中任何一個來消磨今晚的時間，甚至到最後，我根本就不想出去，乾脆在家裏看電視也說不定。這種選擇各種不同事情的能力，人人皆有，吾人無法加以否認。

人會後悔所做的事，也是事實。但人爲什麼後悔所做的事呢？因爲我們做了不該做的事，此足證明我們可以不做該事，否則我們怎能後悔所做的事呢？因爲我們倘若非做該事不可的話，我們就不會後悔，也無從後悔了。故做事的決定與否全握在當事人的手中，他可以做一個決定，亦可以不做該決定，甚至也可以另作決定，他完全是自由的。

再舉個例子以證明人做任何決定都是自由的。譬如你是一位主管都市計畫的公務人員，你自然事先知道某一條主要道路要經過什麼地方，於是你想把附近的土地預先以低價買下，等到道路完成時，你可以高價出售。這種觀念很自然地來到你的腦海中，對此觀念的來臨，你無選擇的餘地，卽你不能不有如此想法，因爲人人都想追求對自己有利的事。但你也許（至少應該）立刻發現此種意念不太正當，你能馬上自由地從你的腦海中驅除該不正當念頭。此念頭可能又會重現於你的腦海中，雖然你極不願意它的來臨，但把此念頭驅除與否全在乎你自己。你也很可能自由地決定對此念頭再做深一層的考慮，經過幾天的猶豫後，你終於作了最後的決定——以低價買下附近的土地（你尚可隨時更改此最後決定），而此最後決定雖然受到許多其他因素的影響，諸如你的遺傳、早期所受的敎育、環境及他人的意見等，但這些因素都不能對你所做的決定發生決定性的影響，最後的決定性決定全來自你自己心靈的深處，來自你的自由意志，沒有任何外來因素可以强迫你非如此做不可。

⑵、由人所做的決定對自由的間接認識：

人的日常許多生活細節除非人有自由，否則不能加以解釋的。當人尙未着手從事一件事情前，他會對該事作愼重的考慮，考慮其利弊，衡量其得失。

前面所提過的事後懊悔也是司空見慣的，卽人會對過去的錯誤選擇感到後悔，此足證明人應該並且可以不做如此的選擇，人應該且可以另做選擇，否則人不會對過去的錯誤選擇感到後悔的。

我們也經常讚美、欽佩及酬報好的及勇敢的行爲。我們這樣做，就因爲我們覺得這些行爲出於當事人的自由決定。若舒懷哲 (Albert Schweitzer) 醫生，不是出於他的自願留在非洲與那些可憐病人在一起，過着艱苦的生活，而他不能不如此做，我們就沒有理由去欽佩他。那些爲國犧牲自己性命的烈士們的英勇行爲若出於强迫，而不是出於自己的自由選擇，他們會流芳百世，受衆人的敬仰嗎？對一個因了不可抵抗的天災而斃命的人，和對一個無辜被殺害的人的遭遇，我們的感觸是不同的；對前者的遭遇我們只表惋惜，對後者的遭遇則憤憤不平。如果希特勒不能不下屠殺猶太人的命令，卽他非如此做不可，毫無選擇的餘地，那麼我們只能把猶太人的殺害當做一個天然災禍，我們對希特勒的行爲只能表示惋惜而已！我們沒有理由對之表示憤憤不平，希特勒也不會因此而遺臭萬年的。

絕大多數國家的法庭，審核罪惡的輕重基於犯罪行爲之自由程度的大小，罪罰亦以犯罪行爲之自由程度之大小爲衡量。一位計程司機在不可避免的情形下，把一位穿越街道的行人輾死和一位蓄意殺人者所受的懲罰自然不一樣，這也因爲二者在殺人行爲上所含的自由程度不同的緣故。

「若懲罰實行得正當，它可產生二種好效果」柏拉圖曾如此强調過，「第一，能使當事人（受罰者）

改過自新，因而受罰者，從所受的刑罰中得到好處；第二，能收到殺一儆百之效」（註一七）。柏拉圖的這種主張，應爲所有立法與執法者的共同意見。但人若缺乏自由，他的所做所爲全在不得已情形下發生，人怎能改過自新？他人又怎能因着別人所受的刑罰而有所警惕？

3. 倫理論證：

在所有受造物中，僅人有倫理觀念，知道善惡之標準。但人的所有倫理行爲，都以人所享有的自由爲根據。人若缺乏自由，就無所謂責任感、功過、義務及賞罰等。因此相信人行爲的善惡者，必須承認人有自由，此連反對自由之存在的決定論者也不得不承認的。人若缺乏自由，約束人行爲的倫理法則就毫無意義了。法庭也不能執行任何判決，因爲人的所做所爲全不由己。

健全的社會必須要求義務心（正義感）與責任感。一國家的國民若缺乏義務心與責任感，此國家一定不强盛，國民也一定不能安居樂業，社會也不會安定。我們與別人相處時，我們一方面感到對他們有一些應盡的義務；另一方面更能發現他們對我們也有應盡的責任。任何一方未盡到所應盡的義務，應負起所應負的責任，良心上都會感到不安，心中感到慚愧。相反的，我們若盡了所應盡的責任，完成了所應完成的義務就會如釋重負，感到良心平安、身心愉快。這顯示人能做，但又沒有做所應做的事與能做，而又做了所應做的事，卽人是自由的。故多瑪斯說：「人的意志若缺乏自由，所有勸告、主意、命令、禁令及賞罰都無意義」（註一八）。的確，人如果不能改變原先所做的決定，勸告又有什麼用呢？但事實上，我們經常改變我們原先所定的計畫，甚至有時完全放棄原先的計畫。人的所作所爲若全出於不得已，卽全是非做不可的話，那又何必他人出主意？而他人的主意又有什麼用呢？命令與禁令自然也不必要了，因爲你大可不必命人去做，或禁止人去做他所非做不可的事，因那是極無意義的多此一舉的事。人如果不是自由自主與自動自發去做一些事，而這些事的完成全出於强制或不得已，那就無所謂功或過了，人的行爲既無功過可言，那自然也無賞罰可談了。因此偉大的康德雖認爲自由之存在，無法以嚴格的哲理加以證明（其實可以加以證明的，我們馬上就會提出哲學論證），但他堅決主張自由實際上是存在的，否則吾人無法解決一些倫理上的問題，因爲意志自由是任何道德行爲的先決條件。他從「實踐理性批判」中從道德規律推演出的三個要求 (postulates)，即是意志自由、人靈的不滅及上帝之存在。

4. 哲學論證：

欲從哲學方面證明意志是自由的，吾人必須先重提一下，已論過的意志的性質及其對象。「一種傾向於由理智所認識的善的非物質能力」這是哲學給意志所下的定義。意志與理智同是人所固有及特有的能力，它們的性質是相同的，即二者同爲非物質能力，是精神性之物，其存在與行動都不依賴物質——肉體。但意志的正式對象是「善」，在此觀點下意志與理智不同，因爲理智的正式對象是「眞」。意志的對象是「善」，是一般的善，但此善必經過理智所認識的，因爲意志是一種盲目官能，它不會明辨是非與分別善惡，那是理智的工作，故意志也可以說是：「理性慾望」(a rational appetite)，它必須受理性知識的推動，它的行動受制於理智，也因此人的意志自由建立在理智的性質上。理智因是精神性或非物質的判斷能力，故能把各物加以詳細的比較，把各物的利弊、善惡加以相當徹底的分析。當它分析各物（受造物）時，它發現各物都有好的一面，同時也有壞的一面。易言之，宇宙間的萬事萬物都非十全十美的，都是相對的善。相對的善，自然也是相對的惡，是不好的。「相對的善」多瑪斯曾說，「因爲不擁有全部善，故可以被認爲是惡或不好」(particular goods, insofar as they are lacking in some good, can be regarded as non goods)。當理智把各物的好壞兩面呈顯給意志時，因爲只有十全十美之物對意志才有强制力，即意志對十全十美之物才無選擇的自由，故意志面對非十全十美之物是完全自由的，它不受任何約束，都不是非要不可的；物之好的一面自然能引起意志的好感，意志對之發生興趣，進而對它有傾向。但物的不好一面却引起意志的反感，意志對之不發生興趣，自然也不會傾向於該物，甚至加以拒絕。故任何受造物，因爲都有好壞兩面，故都不能約束意志——意志是完全自由的，可以加以選擇，亦可以加以拋棄。

舉個例子。張三想偸取李四的摩托車。在偸取摩托車的行動未實行之前，張三看到此行動所帶來的後果有好壞兩面，摩托車會給張三帶來許多方便：能避免交通的擁擠，可以利用摩托車帶女友去兜風等，這些是此行動好的一面。但偸車的行動會引起良心的不安，萬一被人發現，他將無顏見人，甚至還要嚐鐵窗的滋味等，可算是此行動壞的一面，張三面對着此行動的好壞兩面時，他對此行動的實行與否會作更進一步的考慮，他的意志不受到任何決定性的約束或强迫，是完全自由的。至於好事的實現也有好壞兩面，譬如救濟窮人是件好事，故能給人帶來許多好處：良心平安，人格高尙，受到表揚等，但此好處也是相對的，因爲它意含其他壞處：自己金錢的損失，夫婦的不和等。

神本身雖然是十全十美的，但我們在今生今世無法徹底認識神，故人在今生今世也可以把神誤認爲非十全十美之物，因爲我們若想追求神，就必須放棄一些不正當的享受，而這些不正當的享受能滿足一些不正當的慾望，這些不正當的慾望，表面上看起來是「善」，而神是這些慾望的滿足之阻礙，故神對想追求這些慾望的滿足的人們是「惡」，「惡」自然不是意志的對象，意志就可以加以拒絕。故理智判斷世物時，沒有一物（包括神在內）是十全十美的。既然無物是十全十美的，意志自然可以隨心所欲地加以選擇，也可以加以放棄，不受到任何約束。我們在選擇一物時，常可以說：「此物是好的，但非最好的」，既然不是最好的，那就含有缺點，既有缺點，那自然是不好的，既是不好的，就不是意志的對象，意志就不會要它，或更好說，意志就不必非要它不可，完全是自由的，意志就不受到任何決定性的約束。故總括上述，在所有受造物中，唯人（天使除外）是自由的，因爲其意志是自由的，而意志之所以是自由的，主要因爲人具有非物質的理性認識能力，它能認識物的好與壞兩面，而後呈現給意志，意志就可隨心所欲地加以選擇或加以放棄，這就是多瑪斯所說的：「人是自由的，因爲人有理智的緣故」(man is rational, it is necessary that he has free choice)（註一九）。

六、自由的性質：

當我們談到自由的意義及其種類時，我們曾指出不同種類的自由，但不是所有自由的種類都構成自由的本質或眞諦，其中以「行動的自由」（行爲的實行或不實行）最爲重要及基本。易言之，當人有能力實行一種行爲或不實行此行爲時，人就是自由的，譬如我現在正在寫這篇文章，我也可以馬上停止不寫，那麼，我就是自由的。「選擇的自由」（從不同的好事中選擇其中一種）雖不構成自由的本質，但能成全自由，故一般說來，人最好有這種自由，人一旦有此自由，人的自由比較圓滿，可是這種自由有時無法實現，因爲有時我們不能做任何其他選擇，譬如臺北市如果只有一種報紙，即中央日報，那麼我們就不能選擇其他報紙，譬如聯合報或中國時報，可是我們可以訂中央日報，也可以不訂中央日報，那麼我們還是自由的。「矛盾自由」（從兩種相反之物中選其中之一，譬如好事與壞事，罪惡與德行）不屬於眞正自由的本質，也不是自由的一部分，充其量只能認爲是自由的一種表達方式（註二〇）。故人不必要享有此種自由。易言之，人若缺乏此種自由，人仍然是自由的，甚至是更自由的，人享有更大及眞正的自由，因爲選擇壞事是自由的缺陷，是自由的減少，人之所以選擇惡事，乃基於理智的錯誤判斷，理智誤把假善當眞善，把大害當小害，於是意志也因之做了錯誤的選擇，選擇不應選擇之物，譬如犯罪的行爲，也因此奧古斯丁說得有理：「人若能不犯罪，人就享有大自由；但人若不能犯罪（卽沒有犯罪的能力），人所享有的自由更大」。故「自由」二字必須加以正確的瞭解，否則對人類及對整個社會都爲害匪淺。「自由」不是「爲所欲爲」(Do what you please)（卽胡作非爲）；亦不是「爲所必爲」(Do what you must)（卽非作不可）；而是「爲所當爲」(Do what you ought)（卽在正當法律所規定的範圍內做你所應當做的事），否則（人若胡作非爲）人不但自己沒有眞正的自由，同時也侵犯到他人的自由，如此一來社會的秩序就受到擾亂，每人的自由就減少到最低的程度。也因此個人的眞正自由，只能在正當法律的保障下才能得到，那麼，正當的法律自然不是自由的阻礙，反而是自由的保姆。因爲自由不是放縱（爲所欲爲或胡作非爲），自由是有條件的，過分的自由卽是自由的最大敵人。「如果自由就是放縱，可以讓你隨心所欲，那普天下就沒有自由這東西」。格黎昧(Henry Blair Gragbiel)教授曾如此强調過，「在沒有法律、警察或政府的無政府狀態中，那你可以來或去，工作或遊蕩，盜竊或殺戮，但你沒有眞正的自由。你經常擔憂有人會攔阻你，打刼你，或者甚至殺害你。在無爲而治的蠻荒之地，或無人爲敵的孤島上，你的自由幾歸烏有，你沒有值得一做的事；你的自由的圈子因太小而毫無用處。相反地，那裏有堅强的政府，繁多的法律和嚴格的官吏，那裏發展的機會便最大。因此，自由不是放縱。放縱增加則自由減少。故任何人應瞭解自由，尊重自由，並與放縱鬥爭，像對付殘酷的侵略者一樣」。也因此「法律之前，人人平等，法律之內，人人自由」才是最理想的原則，同時也是自由的眞諦。

結語：天人合一

從以上對「人」和對「神」所作的探討，我們知道人是一個由肉體與靈魂合成的，及是至上神所創造的受造物。靈魂是不滅的，並有兩種特殊能力：一是精神性的理性認識能力——理智；另一是享有自由的選擇能力——意志，故人應爲自己的行爲負倫理責任。因爲人是至上神的受造物，故人的存在必須是外來的，必須來自至上神。那麼，人與神之間就存在着一種密切的關係：主人與僕人或原因與效果的關係，因此，人需要至上神的創造、照顧、援助與不斷的保管，否則人一方面就無從而有，另一方面也無法繼續存在。是以，人必須完全依賴至上神和對祂絕對的服從，也因此人就應以全部所有對至上神盡其應盡的天職，以邀至上神所賜的來世福樂：以理智認識至上神的眞理，以意志承認至上神的權威及絕對服從祂的命令，以四肢五官向至上神致敬。換言之，人需以理智認識有關神的眞理——教義；以意志遵守祂所昭示的生活準則——爲善避惡——教規；以四肢五官表現對祂的虔誠——教儀，以便在今生度過合於正常人性之守分守己和奉公守法的生活，來世分享神的眞、善、美和聖之更幸福、更圓滿的生命，如此吾人才能眞正攀登上最崇高的人生境界——「天人合一」的理想境界。

註釋

註一：S. Th. 1, 79, a. 4.

註 二：當靈魂與肉體結合時的理智對象是在物質物裡的本質(the object of the human intellect, which is united to a body is the quiddity or nature existing in corporeal matter, S. th. 1, 79, a. 3)

註 三：S. Th. 1, 84, a. 7c.

註 四：參看拙著「柏拉圖的哲學」商務印書館，民國五十一年，第五頁。

註 五：J.F. Donceel, S.J., *Philosophical Psychology*, Sheed and Ward, Inc., 1961, p.253.

註 六：同上。

註 七：Henri Bergson: *Creative Evolution*, N.Y. Henry Holt and Company, 1911, 139 ff.

註 八：總統六十年青年節告全國青年書。

註 九：有關這些善的詳細內容，請參看拙著「形上學」第一一四頁—一一七頁，臺灣商務印書館，六十年出版。

註一〇：參看拙著「形上學」第一一二—一一三頁。

註一一：Ethics, I, 1. C. I,: at which all things aim.

註一二：以上參看 J.F. Donceel 的 *Philosophical Psychology*, Sheed, and Ward, Inc., 1961, p.290-291.

註一三：倫理學第一書的第廿九命題。

註一四：Sidney Hook: "*Determinism and Freedom* in the Age of Modern Science, p.179: ...I am firmly convinced that the belief that nobody is ever morally responsible, in addition to being false, is quite certain to have a mischievous effect and to increase the amount of needless cruelty and suffering. For it justifies Dostojevskij's formula in The Brothers Karamazov: "All things are permissible." One of the commonest experiences is to meet someone whose belief that he can't help doing what he is doing (or failing to do) is often an excuse for not doing as well as he can or at least better than he is at present doing."

註一五：孫振青：存在哲學簡介，光啓出版社，一九六六年初版，第一二四－一二五頁。

註一六：神哲學淺說，第九十頁。

註一七：*Gorgias* 5256.

註一八：*S. th.* 1, 83, 1.

註一九：*S. th.* 1, 83, a. 1.

註二〇：The freedom of contrariety implies a lack of perfect freedom, in so far it supposes some form of willful error. It is therefore, better to say that to will evil is not true freedom, nor a part of freedom, although it can be a manifestation of freedom (Henri Renard, *The Philosophy of Man*, The Bruce Publishing Company, Milwaukee, 1955, p.242-244)

主要參考書

一、中　文

1. 章力生：宗教觀，香港證道出版社，西元一九六〇年出版。
2. 楊紹南：宗教哲學概論，臺灣商務印書館，民國五十八年初版。
3. 費兒巴赫著，林伊文譯：宗教本質講演錄，臺灣商務印書館，民國五十七年初版。
4. 貝興仁著，蕭舜華張準合譯：科學與宗教，光啓出版社，民國五十四年初版。
5. 文嘉禮著，李有行譯：宗教與科學。香港眞理學會，一九五三年再版。
6. 曾仰如：形上學，臺灣商務印書館，民國六十年出版。
7. 曾仰如：柏拉圖的哲學，臺灣商務印書館，民國六十一年出版。
8. 約翰希克著，錢永祥譯：宗教哲學，三民書局出版，民國六十一年。
9. 趙一舟譯：征服世界的信仰，民國五十五年初版。
10. 馬僖，亞力山底合著，晨輝譯：科學，哲學與宗教，民國五十六年再版。
11. A. Lyonnet 著，吳宗文譯：科學與信仰，華明書局出版，民國四十九年出版。
12. 中福敦著，張體謙譯：宗教緒論，香港眞理學會，一九五三年出版。

13. 羅光：理論哲學中册，香港眞理學會，一九六〇年出版。
14. 羅光：實踐哲學，香港眞理學會，一九六〇年出版。
15. 吳經熊：哲學與文化，三民書局，民國六十年初版。
16. 魯一士著，謝扶雅譯：宗教哲學，臺灣商務印書館，民國六十年初版。
17. 石元健譯：羅素精選集，協林印書館，民國六十年初版。
18. 馬鄰翼：伊斯蘭教概論，臺灣商務印書館，民國五十六年四月初版。
19. 甘易達編著，明鏡譯：淺談佛學，光啓出版社，民國七十三年三月再版。
20. 黃士復著：佛學概論，臺灣商務印書館，民國六十七年五月五版。
21. 林世敏著：佛學的精神與特色，佛教法喜蓮社出版，一九七六年。
22. 小柳司氣太著，陳斌和譯：道教概說，臺灣商務印書館印行，民國六十五年四月二版。
23. Alice von Hildebrand 著，韓山城譯：宗教哲學，安道社會學社出版，民國六十二年二月初版。
24. 道森著，柳明譯：進步與宗教，臺灣商務印書館印行，民國六十年一月二版。
25. 費兒巴赫著，林伊文譯：宗教本質講演集，臺灣商務印書館印行，民國五十七年初版。
26. 摩耳著，江紹原譯述：宗教的出生與長成，臺灣商務印書館印行，民國六十二年十二月二版。
27. 袁定安著：猶太教概論，臺灣商務印書館印行，民國五十八年七月初版。
28. 加藤玄智著，鐵錚譯：世界宗教史，臺灣商務印書館印行，民國六十六年六月二版。
29. 傅勤家著：中國道教史，臺灣商務印書館印行，民國六十九年八月七版。

30. 李叔還編著，道教要義問答集成，民國六十年七月港臺版。
31. 林世敏，比較宗教信仰，天華出版事業股份有限公司，民國七十年八月一日三版。
32. 羅素著，王若璧譯，我為什麼不是基督徒，牧童出版社，民國六十八年一月五版。
33. 何天擇著，人從那裏來，宇宙光出版社，一九八二年五版。
34. 王秀谷等著，德日進與人類的遠景，現代學苑月刊社，民國五十八年五月初版。
35. 孫志文主編，人與宗教，聯經出版事業公司印行，民國七十一年。
36. 陳百希著，宗教學，光啓出版社，民國六十八年九月初版。
37. 安嘉芳等編著，西洋全史，史前諸時代，燕京文化事業有限公司印行，民國六十八年七月再版。
38. 第・博雅著，回教哲學史，臺灣商務印書館譯兼印行，民國六十年六月初版。
39. 杜望之著，儒佛道之信仰研究，華明書局印行，民國五十七年十二月初版。
40. 蔣維喬編，佛教綱要，佛教出版社印行，民國六十五年六月初版。
41. 龔天民著，佛教學研究，中國基督徒文字佈道中心出版，一九六七年四月四版。
42. 馬來西亞佛教總會編，佛學入册手册，佛教出版社印行，民國六十五年三月再版。
43. 吳經熊著，吳怡譯，禪學的黃金時代，臺灣商務印書館發行，民國六十六年一月七版。
44. 周中一著，禪話，東大圖書有限公司，民國六十七年七月初版。
45. 羅光著，中國哲學思想史，學生書局印行，民國六十七年十一月初版。

二、西 文

1. Altuna, Luis Rey, *La immortalidad del Alma a la luz de los filosofos*, Madrid, 1959.
2. Angel, G. Alvarez, *Teologia natural*, Madrid, 1968.
3. .....*Ontologia*, Madrid, 1966.
4. Aquinas, St. Thomas, *Summa Theologica, Summa contra Gentiles, De malo.*
5. Augustine, St. *De Civitate Dei, De Confesionibus.*
6. Baschab, c., *A manual of Neo-scholastic philosophy*, London, 1923.
7. Brennan, *Thomistic Psychology*, N.Y. The Macmillan Company, 1960.
8. Bouquet, A.C. *Comparative Religion*, 1941.
9. Copleston, Fr. *A History of philosophy*, London, 1966.
10. Collins, J., *God in modern philosophy*, London, 1960.
11. Catholic Encyclopedia.
12. Devivier, W., *Christian Apologetics*, New York, 1903.
13. Donceel, J.F. *Philosophical psychology*, New York, 1961.
14. *Encyclopedia of Philosophy.*
15. Engels, *Anti-Duhring*, New York, 1935.
16. .....*Ludwig Feuerback*, New York, 1934.
17. Farrell, W., *A companion to the Summa*, N.Y. 1945.
18. Fromm, E., *Psychoanalysis and Religion*, Yale Univ. Press, New Haven, 1969.
19. Fraile, G. *Historia de la filosofia*, Madrid, 1960.
20. Garrigou-Lagrange, *De Revelatione*, Rome, 1950.

21. .....*De Deo Uno*, Rome, 1958.
22. Gredt, J. *Elementa Philosophiae, Aristotelico-Thomisticae*, Barcelona, 1951.
23. Gilson E., *The philosophy of St. Thomas Aquinas*, St. Louis, 1929.
24. Hick, John, *Philosophy of Religion*, Englewood Cliff, N.Y. 1965.
25. Hume, *On Religion*, London, 1963.
26. Hugon, E., *Theologia Naturalis*, Paris, 1934.
27. Lenin, *On Religion*, New York, 1935.
28. Maritain, J., *An Introduction to Philosophy*, New York, 1930.
29. Marx, K., *Selected Essays*, New York, International Publishers, 1926.
30. .....*The poverty of philosophy.*
31. Mcfadden, *The Philosophy of Communism*, New York, 1960.
32. Mercier, Cardinal, *A Manual of Modern Scholastic Philosophy*, London, 1938.
33. Phillips, R.P., *Modern Thomistic Philosophy*, London, 1934.
34. Renard, Henri, *The Philosophy of Being*, The Bruce Publishing Company, Milwaukee, 1943.
35. .....*The Philosophy of Man*, The Bruce Publishing Company, Milwaukee, 1955.
36. Sheen, F., *Liberty, Equality and Fraternity*, New York, 1938.
37. .....*The Philosophy of Religion, Dublin* 1952.
38. Schmidt, W., *Manuale di Storia Comparata Delle Religioni*, Rome, 1949.
39. Sciacca, *Ateos y ateismo*, Madrid, 1965.
40. Sheehan, M., *Apologetics and Catholic Doctrine*, Dublin, 1951.

41. Tanquerey, Ad., *Synopsis Theologiae Dogmaticae Fundamentalis*, Paris, 1937.
42. Todoli, J., *Filosofia de la Religion*, Madrid, 1932.
43. Titus, Harold H., *Living Issues in Philosophy*, American Book Company, 1964.
44. Zigliara, Thomas Maria, *Summa Philosophica*, Paris, 1912.
45. Emile Durkheim: The Elementary Forms of the Religious Life, New York, 1915.
46. Joseph Dabney Bettis, Edited; Phenomemology of Religion, London, 1969.
47. Gerhard Szczesny: The future of Unbelief, New York, 1961.
48. Herve Carrier, S.J. The sociology of Religions Belongings, New York, 1965.
49. Joachin Wach: Sociology of Religion, Chicago, 1944.
50. David Elton Trueblood, Philosophy of Religion, New York, 1957.
51. Guy E. Swanson, The Birth of the Gods, The Origin of primitive beliefs, Univ. of Michigan press, 1964.
52. David Baily Harned, The Ambiguity of Religion, The Westminster press, Philadelphia.
53. E.E. Evans, Pritchard, Theories of Primitive Religion, Oxford, 1965.
54. Frederick Ferre, Basic Modern Phil. of Religion, New York, 1967.
55. Hans Urs Von Balthasar, A Theological Anthropology, New York, 1967.
56. Alfred North Whitehead, Religion in the Making.
57. A New Catechism, Catholic Faith for Adults, Herder and Herder press, New York, 1967.
58. Jean-Marie Aubert, A God for Science, New York, 1967.
59. Walter Houston Clark, Psychology of Religion.

60. Arnold E. Loen, Secularization, Science Without God? The Westminster press, Philadelphia, 1967.

61. Rudolf Otto: The Idea of the Holy, Oxford University Press, 1970.

62. E.O. James: Comparative Religion, University Paperbacks, Barnes & Nobles New York, 1961.

宗教哲學／曾仰如著. --初版. --臺北市：
臺灣商務，民75
面；　公分
參考書目：面
ISBN 957-05-0026-3（平裝）

1. 宗教-哲學，原理

211　　　　82001676

宗教哲學

定價新臺幣 480 元

著 作 者　曾仰如
封面設計　江美芳
校 對 者　陳巧　劉斐娟
出 版 者
印 刷 所　臺灣商務印書館股份有限公司
臺北市 10036 重慶南路 1 段 37 號
電話：(02)23116118 · 23115538
傳眞：(02)23710274 · 23701091
讀者服務專線：0800056196
E-mail：cptw@ms12.hinet.net
網址：www.commercialpress.com.tw
郵政劃撥：0000165 － 1 號
出版事業登記證：局版北市業字第 993 號

- 1986 年 3 月初版第一次印刷
- 2004 年 4 月初版第六次印刷

ISBN 957-05-0026-3（平裝）　　34570022

100臺北市重慶南路一段37號

臺灣商務印書館　收

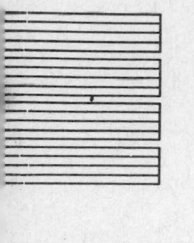

對摺寄回，謝謝！

傳統現代　並翼而翔

Flying with the wings of tradition and modernity.

讀者回函卡

感謝您對本館的支持，為加強對您的服務，請填妥此卡，免付郵資寄回，可隨時收到本館最新出版訊息，及享受各種優惠。

姓名：________________ 性別：☐男 ☐女

出生日期：____年____月____日

職業：☐學生 ☐公務（含軍警） ☐家管 ☐服務 ☐金融 ☐製造
☐資訊 ☐大眾傳播 ☐自由業 ☐農漁牧 ☐退休 ☐其他

學歷：☐高中以下（含高中） ☐大專 ☐研究所（含以上）

地址：☐☐☐________________

____

電話：（H）____________ （O）____________

購買書名：________________

您從何處得知本書？

☐書店 ☐報紙廣告 ☐報紙專欄 ☐雜誌廣告 ☐DM廣告
☐傳單 ☐親友介紹 ☐電視廣播 ☐其他

您對本書的意見？（A/滿意 B/尚可 C/需改進）

內容____ 編輯____ 校對____ 翻譯____
封面設計____ 價格____ 其他________

您的建議：________________

____

____

臺灣商務印書館

台北市重慶南路一段三十七號 電話：（02）23116118・23115538
讀者服務專線：080056196 傳真：（02）23710274
郵撥：0000165-1號 E-mail：cptw@ms12.hinet.net